Vom Grund des Tragischen

Regensburger Klassikstudien
Im Auftrag des Zentrums für Klassikstudien der Universität Regensburg
herausgegeben von
Christian Kunze und Dirk Steuernagel

Zentrum für
Klassikstudien

Band 6

GEORG RECHENAUER – SERGIUSZ KAZMIERSKI (HG.)

Vom Grund des Tragischen

Ansätze zur Interpretation der Tragödie

SCHNELL + STEINER

Abbildung der vorderen Umschlagseite:
Vasenbild auf einer lukanischen Nestoris des Dolon-Malers, 390 – 380 v. Chr., London, British Museum, F 175,
© Trustees of the British Museum.

Bibliographische Informationen der Deutschen Nationalbibliothek:
Die Deutsche Nationalbibliothek verzeichnet diese Publikation
in der Deutschen Nationalbibliographie; detaillierte bibliographische Daten
sind im Internet über https://dnb.de abrufbar.

1. Auflage 2023
© 2023 Verlag Schnell & Steiner GmbH, Leibnizstraße 13, 93055 Regensburg
Umschlaggestaltung: Anna Braungart, Tübingen
Gesamtherstellung Schnell & Steiner
Druck: Huber & Co, Göttingen
ISBN 978-3-7954-3292-8
ISBN 978-3-7954-3875-3 [E-Book]

Alle Rechte vorbehalten. Ohne ausdrückliche Genehmigung des Verlags ist es nicht gestattet, dieses Buch oder Teile daraus auf fototechnischem oder elektronischem Weg zu vervielfältigen.

Weitere Informationen zum Verlagsprogramm erhalten Sie unter:
www.schnell-und-steiner.de

Inhalt

GEORG RECHENAUER UND SERGIUSZ KAZMIERSKI
Einleitung
Wirklichkeit und Möglichkeit des Tragischen 9

Teil I
Ursprünge und Elemente der Gestaltung 27

SUSANNE GÖDDE
›Bocksgesang‹
Kult und Theater in der griechischen Antike 29

BERNHARD ZIMMERMANN
Mythos und Tragödie 49

ALEXANDER SOKOLICEK
Frühe griechische Theaterbauten
Anmerkungen zum Forschungsstand 61

Teil II
Lesarten und Deutungen 81

SABINE FÖLLINGER
Kategorien der Tragödiendeutung am Beispiel von Aischylos' ›Persern‹ 83

ANTON BIERL
Leid, Stimme und Musik als Grund des Tragischen
Metapoetische Reflexionen zur akustischen und choreutischen Dimension
im ›Agamemnon‹ des Aischylos 99

MARKUS A. GRUBER
Der Chor im ›Prometheus Desmotes‹
Erkenntnis, Resignation und die Macht der Sippe 133

GEORG RECHENAUER
Ethos und Dianoia in sophokleischer Dramaturgie 167

SERGIUSZ KAZMIERSKI
Das Tragische und die Zukunft
Eine geschichtliche Quellenstudie zu Sophokles, ›Antigone‹ vv. 332 ff. und
›Aias‹ vv. 646 ff. 185

PHILIPP SCHEIBELREITER
Prozessrechtliches im König Ödipus
Zum ›Verhör‹ des Kreon (Sophokles, ›König Ödipus‹ vv. 511 – 630) 207

WOLFRAM ETTE
Grund und Transzendenz des Tragischen bei Euripides 223

EGERT PÖHLMANN
Sisyphos im Satyrspiel 245

Teil III
Fortwirken 267

ANDREAS HEIL
Atreus actor et spectator
Eine (scheinbare) Metalepse in Senecas ›Thyestes‹ 269

JEFF JAY
Paul, Mark, and the Poetics of a Tragic Confession 287

DENNIS R. MACDONALD
The Imitation of Euripides' ›Bacchae‹ in the Gospel of John 311

REINHOLD F. GLEI
Die Bestimmung des Tragischen in neulateinischen Dido-Dramen 325

DIETER BORCHMEYER
Die Rache des Dionysos
Zur Rezeption der euripideischen ›Bakchen‹:
Goethe – Nietzsche – Thomas Mann – Henze 341

IVO DE GENNARO
Zur Paradoxie des Tragischen 357

DOROTHEE GELHARD
Das Tragische als Form
Von Benjamin zu Szondi 381

ELISABETH STROBL
Staat und Individuum bei Euripides und Federico García Lorca
Welt und Gegenwelt: tragische Reaktion als Schaffensprinzip 407

HERIBERT TOMMEK
Das Leerlaufen der Tragödie
Heiner Müllers Bearbeitung von Sophokles' ›Philoktet‹ 425

Bibliographische Abkürzungen 441

GEORG RECHENAUER UND SERGIUSZ KAZMIERSKI

Einleitung
Wirklichkeit und Möglichkeit des Tragischen

I. Zum Horizont des Bandes

Der vorliegende Band versammelt Beiträge, die unter der Themenstellung »Vom Grund des Tragischen. Ansätze zur Interpretation der Tragödie« im Rahmen einer Ringvorlesung des Zentrums für Klassikstudien der Universität Regensburg im Wintersemester 2015/2016 zum Vortrag kamen. Zur Abrundung und Ergänzung des weitgespannten thematischen Feldes sind einige Beiträge auf Anregung der Herausgeber von einschlägig ausgewiesenen Fachkollegen zusätzlich verfasst worden.[1]

Die dieser Sammlung vorangestellte Formel ›Vom Grund des Tragischen‹ lässt sich implizit als *Frage* lesen. Es geht dabei, ausgehend vom *Begriff* des Grundes, um eine Klärung nach mehrfachen Richtungen.

Zunächst versteht sich die Rede vom ›Grund‹ rein kausal und aitiologisch: Was ist überhaupt ursächlich, worin beruhen die historischen, kulturgeschichtlichen oder poetologischen Herkünfte dafür, dass es das Tragische seit der griechisch-römischen Antike *wirklich* nachweislich gab und heute noch gibt als ein tragendes Element von Literatur und Dichtung, aber auch als ein Phänomen, welches in den Literatur und Dichtung zugrundeliegenden Verhältnissen der Welt *tatsächlich* Ereignis wurde und wird?[2] Diese Perspektive kann auch eine *Verobjektivierung* bedeuten: Welche Umstände *bedingen* es, dass es – in dieser oder jener Form – immer wieder faktisch zur Tragik in der Welt kommt und diese einen entsprechenden wirklichen und sich verwirklichenden Ausdruck findet?

Die Frage nach dem ›Grund des Tragischen‹ lässt sich aber auch *subjektiv* verstehen, in dem Sinne nämlich, wie der Mensch, der ja selbst nicht nur eine tragische Erscheinung unter anderen ist, sondern *die* tragische Gestalt schlechthin werden kann, als solcher die tragischen, ausweglosen, auf ihn selbst zurückschlagenden Geschehnisse auch als tragische *empfindet*. Dies führt sodann weiter zu der Problematik, wie es historisch zu erklären ist, dass es zur Ausbildung eines Bewusstseins vom Tragischen, sodann natürlich aber auch, wie es

---

1 Die Herausgeber danken Marcel Böhme, Sebastian Daniel, Josef Hofmaier und Florian Schmöller für die umfassenden und überaus umsichtig durchgeführten Korrektur- und redaktionellen Arbeiten.
2 Auch wenn die von Friedrich Nietzsche zu Tage geförderten Ergebnisse inzwischen in der Forschung als überholt oder irrig gelten müssen, so bleibt »Die Geburt der Tragödie aus dem Geiste der Musik« für diese wie die folgende, subjektive Perspektive dennoch in der Hinsicht wegweisend, als dass sie — zwar anders gewichtet, gleichwohl zuerst in radikaler Form — die Ursprungsfrage in die Tragödienforschung einführt.

zur Ausformung einer dramatischen Gestaltung des Tragischen gekommen ist, in der dann wiederum das *subjektive* Empfinden *faktisch* ins Werk gesetzt und so *realisiert* erscheint. Nun sind jedoch die Tragödie und das Tragische nicht allein auf den einzelnen, das Individuum orientiert, sondern grundsätzlich in einem Boden des Menschlichen verankert, so dass die Probleme und Einsichten, die darin präsentiert werden, auch auf eine Allgemeinheit übertragbar erscheinen. Dieser Zusammenhang ist dann in der Polis Athen als so grundlegend für das Zusammenleben der Menschen angesehen worden, dass er in einer allgemeinverbindlichen Form institutionalisiert wurde.[3]

Damit verbunden ist ferner ein weiterer Sinn in dem Ausdruck ›Grund des Tragischen‹ zu sehen. Denn sofern die genannte Verobjektivierung und das subjektive, gleichsam institutionalisierte Empfinden des Tragischen immer in einem sich wechselseitig bedingenden Verhältnis stehen, kann die Frage gestellt werden, ob und inwieweit der Genitiv in der Formulierung ›vom Grund *des* Tragischen‹ nicht nur einen subjektiv oder objektiv auszulegenden *genitivus objectivus* anzeigt, indem nach den Gründen *für* das Tragische gefragt wird, sondern vielmehr einen echten *genitivus subjectivus* meinen kann, darin das Tragische sich nicht nur als eine *durch* das menschliche Empfinden oder eine historische Entwicklung grundhaft *bedingte* Erscheinung zeigt, sondern – gerade umgekehrt – als der Name für ein selbst *Grund und Sinn stiftendes Element* stehen kann und darf. In dieser dritten Richtung tritt das Tragische als für das menschliche Dasein in der Welt Grund und Orientierung bietendes Phänomen zu Tage. Dieses beschreibt jetzt weniger eine Wirklichkeit und dabei weder etwas bedingt Objektives noch Subjektives, eher eine unbedingte und bedingungslose *Möglichkeit* und hierin einen auf den Menschen wartenden Möglichkeitsraum, der dem menschlichen Dasein, Tun und Lassen die ihm gemäßen Grenzen und Horizonte zu eröffnen vermag und sich ihm solchermaßen *potenziell* immer schon und immer wieder als zu erkennendes Feld dessen, wer er ist und nicht ist, sein kann und nicht sein kann, bereithält – und zwar zunächst unabhängig von einer konkreten historisch vorgestellten Zeitlichkeit, in der sich diese oder jene Institutionen des Tragischen manifestiert haben. So gesehen bietet sich diese Möglichkeit des Tragischen uns heute noch an, auch gänzlich ohne Kenntnisse des Dass und Wie einer antiken griechischen Tragödiendichtung und -aufführung, sofern uns die Problematik ausdrücklich werden kann, dass das Leben ein Geschehen ist, welches in einer zeitlichen Richtung abläuft, wobei uns das Künftige nicht erkennbar bleibt, auf das hin wir aber gerade unsere Entscheidungen für unser weiteres Fortkommen – aus unserem Wissen vom Vergangenen und Gegenwärtigen – ausrichten.

Dabei verweist – nicht zuletzt in Anbetracht dieses Möglichkeitssinnes des Tragischen – die Präposition im Ausdruck ›vom Grund‹ auf die das Tragische befragende Zurückhaltung von Herausgebern wie Beiträgerinnen und Beiträgern des Bandes: Sofern das Tragische und sein Grund Thema sind, wozu das geisteswissenschaftliche Fragen selbst in einem ausdrück-

---

3 Christian Meier hat hier von der Notwendigkeit einer mentalen Sub- oder Infrastruktur gesprochen, die die Tragödie bereitgestellt und für die Sinngebung gesellschaftlich-politischer Verhältnisse nutzbar gemacht hat, vgl. C. Meier, Die politische Kunst der griechischen Tragödie (München 1988) passim.

lichen oder unausdrücklichen, genuinen Bezug steht, können hier nur Versuche unternommen werden, den Bereich des Grundes des Tragischen – in den drei genannten Sinn- und Fragerichtungen – vorläufig und in Ansätzen, wie auch im Untertitel des Bandes genannt, nach seinen bereits beschrittenen wie einigen vielleicht noch unbeschrittenen, nur angedeuteten Wegen abzustecken. Dahingehend dienen zwar als bleibende Bezugspunkte die tragischen Werke der vier großen überlieferten antiken Tragödiendichter Aischylos, Sophokles, Euripides und Seneca, deren Auslegungen insgesamt den klassischen, vorbildgebenden Zugang ausmachen für ein Verständnis des Tragischen und seines Grundes überhaupt; allerdings bietet das im Haupttitel formulierte Thema die Möglichkeit, den vielfältigen gewachsenen, fachwissenschaftlichen Auseinandersetzungen mit den überlieferten antiken Tragödien einen über die jeweiligen fachwissenschaftlichen Perspektiven hinausgehenden – so offenen wie dezidierten – Rahmen zu geben, in dem *das Tragische selbst*, auch unabhängig von den Antiken, erfahren und bedacht werden kann.

II. Moderne Hauptforschungsperspektiven zur griechischen Tragödie. Ein Abriss

Was nun die moderne fachwissenschaftliche, sich vor allem an der Wirklichkeit des Tragischen orientierende Auseinandersetzung mit der antiken, insbesondere griechischen Tragödie angeht, folgt diese zunächst zwei miteinander in Verbindung stehenden Blickbahnen, wie Bernhard Zimmermann sie treffend beschreibt:

[E]ntweder konzentriert man sich auf die Frage des Ursprungs und versucht, von diesem rekonstruierten Anfang aus den Entwicklungsgang des Dramas nachzuzeichnen – hier sind vor allem anthropologisch-ethnologische und religionswissenschaftliche Ansätze zu nennen –, oder man ist eher am ‚Endprodukt', den ausgebildeten dramatischen Formen, interessiert und blickt von diesen auf die Genese der Gattungen und auf ihre Ursprünge zurück, wie dies Aristoteles in der *Poetik* (1449a7 f.) und in der Moderne zahlreiche Gelehrte tun, die, z. B. von den Bauformen der dramatischen Gattungen ausgehend, rituelle oder volkstümliche Vorläufer suchen. Entscheidend ist die Frage, ob man religionswissenschaftliche und anthropologisch-ethnologische Überlegungen mit der Rekonstruktion der Genese des Dramas, die Aristoteles im 4. und 5. Kapitel der *Poetik* vornimmt, und anderen literarischen und archäologischen Zeugnissen verbinden kann oder darf und, falls dies möglich ist, wie sich dann die einzelnen Elemente stützen oder gar zu einer schlüssigen Entwicklung zusammenfügen lassen. Man muß sich jedoch stets bewußt sein, daß man sich mit diesen Überlegungen im Bereich der Hypothesen und des Vorläufigen bewegt: jeder neue Fund – sei er literarischer, archäologischer oder epigraphischer Art – kann jede noch so plausibel wirkende Rekonstruktion als unhaltbar erweisen. Anthropologisch-ethnologische und religionswissenschaftliche Forschungsansätze […], die in jüngster Zeit durch eine den performativen Kontext berücksichtigende kulturanthropologische Herangehensweise ergänzt [werden] […], sehen den Ursprung des Dramas in mimetisch-prädramatischen Formen, wie sie bei primitiven Stammeskulturen nachweisbar sind.[4]

Diese beiden Hauptfragerichtungen ergänzen sich insofern, als sie, ob vom »rekonstruierten Anfang« oder vom überlieferten »Endprodukt« her, den Ursprung der Tragödie vor allem als Theater und Literatur sowie im Sinne einer politisch-gesellschaftlichen und kultisch-religiösen Institution in den Blick nehmen. Die so – implizit oder explizit – gestellte Frage nach dem historischen Ursprung der Tragödie ist daher immer ein wechselseitiges Befragen von theoretischer Rekonstruktion und theatralisch-literarischer Wirklichkeit, das durch den Fortschritt der jeweils beteiligten Disziplinen und durch Neufunde von Realien und Texten befördert wird.

Eine weitere Untersuchungsrichtung der Tragödie, welche diese doppelte Frage nach dem Ursprung ergänzt, folgt deren Wirkungs- und Rezeptionsgeschichte. Dabei genießen die lateinische kaiserzeitliche Tragödie, die europäischen Literaturen und die musikalischen Formen der Neuzeit, die Philosophien des Deutschen Idealismus und des 19. Jahrhunderts sowie die spätneuzeitliche und frühmoderne, ferner die moderne und postmoderne dichterische, philologische und psychologische Auseinandersetzung besonderes Augenmerk. Insgesamt wird die Tragödie somit zumindest nach mythischen, literaturwissenschaftlichen, religionswissenschaftlichen, politisch-gesellschaftlichen, tatsachenhistorischen, theaterwissenschaftlichen, kulturell-lebensweltlichen, philosophischen, psychologischen, rechtshistorischen und musikwissenschaftlichen Gesichtspunkten befragt, was auch jeweils die Wirkungs- und Rezeptionsgeschichte der Tragödie einschließt.

In neuerer und neuester Zeit finden in Anbetracht dessen – was größere Darstellungen zur griechischen Tragödie anbelangt – diese sowohl nach den Ursprüngen als auch nach den Wirkungen fragenden Ansätze umfassende Berücksichtigung und Weiterentwicklung: zum einen in Sammelbänden und monographischen Untersuchungen, welche sich eher auf einzelne oder mehrere der genannten *Aspekte* verlegen und diese vertiefen,[5] zum anderen in der reichen Einführungsliteratur, die, wiederum ausgehend von einzelnen, wichtigen Ansätzen der modernen Forschung, insbesondere einen *Überblick* über die historischen Hinter-

---

4 B. Zimmermann, Handbuch der griechischen Literatur der Antike. Band 1: Die Literatur der archaischen und klassischen Zeit, Handbuch der Altertumswissenschaft 7,1 (München 2011) 451.
5 Als Beispiele können dienen, unter besonderer Betonung des kultisch-religiösen Aspekts: B. Zimmermann, Europa und die griechische Tragödie. Vom kultischen Spiel zum Theater der Gegenwart (Frankfurt a. M. 2000); zum literarischen Aspekt: W. Frick (Hrsg.), Die Tragödie. Eine Leitgattung der europäischen Literatur. Hrsg. in Zus. m. G. v. Essen und F. Lampart (Göttingen 2003); zum psychologischen Aspekt: M. Vöhler – L. Dirck (Hrsg.), Grenzen der Katharsis in den modernen Künsten. Transformationen des aristotelischen Modells seit Bernays, Nietzsche und Freud (Berlin–New York 2009); unter Betonung des mythischen und des theatralischen Aspekts: C. Mueller-Goldingen, Griechische Tragödie. Autoren, Themen, Perspektiven, Aktuelle Antike, Beiträge zur Literatur der Griechen und Römer 4 (Berlin 2010); zum philosophischen Aspekt: L. Hühn – P. Schwab (Hrsg.), Die Philosophie des Tragischen. Schopenhauer – Schelling – Nietzsche (Berlin–New York 2011).

gründe, eine ausgewählte Textbasis und zum Teil auch die Wirkungs- und Rezeptionsgeschichte geben.[6]

III. Versuch einer allgemeinen kritischen Diagnose der Forschungslage zur griechischen Tragödie

Die so abrisshaft gezeichneten Hauptforschungsperspektiven lassen die Lage erkennen, in welcher sich die Tragödienforschung befindet. So werden in der Literatur in neuester Zeit zwar reiche Erkenntnisse gewonnen bezüglich der verschiedenen Aspekte, welche die Tragödie, ihre Hintergründe, die Textbasis und deren Überlieferung hervorkehren, und es fehlt auch nicht an Überblicken und summierenden Bilanzierungen. Was allerdings weitgehend *ausbleibt*, sind Ansätze mit dem Ziel, das der Tragödie und deren Begriff zugrundeliegende Tragische selbst zum Aufweis zu bringen.[7] Diese Ansätze können weder von den konstitutiven Einzelaspekten (wie z. B. dem kultisch-religiösen) absehen noch können sie lediglich auf deren Summierung aussein. Vielmehr ist der Begriff der Tragödie und des Tragischen in der modernen fachwissenschaftlichen Perspektive, vorläufig gesagt, als emergente Eigenschaft aller Einzelansätze insgesamt zu verstehen.

Wie nun die Frage nach dem Grund des Tragischen in der modernen Forschung ausbleibt, lässt sich – keineswegs erschöpfend – nach sieben Hinsichten kennzeichnen. Diese Bahnen des Ausbleibens erweisen sich hierbei allerdings nicht als Sackgassen, sondern gerade als Möglichkeiten, um zu einer vorläufigen Bestimmung des Tragischen selbst zu gelangen:

(1) Die *Auswahl der Quellen* erfolgt bei der eher Überblick gebenden Literatur zumeist in der Weise, dass, soweit möglich und vom gewählten Ansatz her sinnvoll, der überwiegende Großteil der tradierten Texte berücksichtigt oder aber, im Fall der eher forschenden

---

6 Hieraus seien exemplarisch erwähnt: D.W. Lucas, The Greek Tragic Poets (London ²1959, ¹1950); J. Ferguson, A Companion to Greek Tragedy (Austin/TX 1972); A. Lesky, Die tragische Dichtung der Hellenen (Göttingen ³1972, ²1964, ¹1956); A. Brown, A New Companion to Greek Tragedy. With a Foreword by P.E. Easterling (London u. a. 1983, ND 2014) [als Nachschlagewerk angelegt, insb. ausgehend von 15 ausgewählten Tragödien]; E. Segal (Ed.), Oxford Readings in Greek Tragedy (Oxford 1983); B. Zimmermann, Die griechische Tragödie. Eine Einführung (München u. a. 1992); P.E. Easterling (Ed.), The Cambridge Companion to Greek Tragedy (Cambridge 1997); J. Latacz, Die griechische Tragödie (Göttingen ²2003, ¹1993); J. Gregory (Ed.), A Companion to Greek Tragedy (Oxford 2005).

7 Von den Ausnahmen aus der moderneren Tragödienforschung sei der Sammelband von M.S. Silk (Ed.), Tragedy and the Tragic. Greek Theatre and Beyond (Oxford u. a. 1996) erwähnt, dessen Anliegen es ist, zum einen »Greek tragedy and tragedy as a whole« zu bestimmen, zum anderen die »tragicness of Greek tragedy [...] by comparison or contrast with the tragicness of non-Greek tragedy« (ebd., 2 f.) offenzulegen; siehe ferner, wiederum exemplarisch, die ältere Abhandlung von H.J. Mueller, The Spirit of Tragedy (New York ²1968, ¹1956) sowie die jüngere literaturästhetische Untersuchung von K.H. Bohrer, Das Tragische. Erscheinung, Pathos, Klage (München 2009). Vgl. allgemein auch zum Ausbleiben einer Thematisierung des Tragischen in der modernen Tragödienforschung M.A. Gruber, Rezension von: S. Goldhill, Sophocles and the Language of Tragedy (Oxford 2012), in: Gnomon 89/4, 2017, 304 – 310, hier insb. 308.

Literatur, eine den gewählten Ansatz stützende Quellenbasis bestimmt wird. Folglich werden die Texte entweder von vornherein in der Weise ausgewählt, dass diejenigen besonderen Stellen, welche einen Blick auf das Tragische als solches offenbar werden lassen, vor dem Hintergrund der Vielfalt des gesamten Textcorpus zumeist überlesen werden müssen, da das synoptische Ganze der Stücke im Vordergrund steht; oder aber die ausgewählten Quellen gehorchen Einzelaspekten und lassen dann nicht unbedingt zu, dass mit ihnen und durch sie ein Blick auf das Tragische selbst fallen kann.

(2) Die *Behandlung der Quellen* verfolgt zum einen eher das Ziel, in die Tragödie einzuführen und entsprechende Daten und Gedanken handbuchartig zusammenzutragen, zum anderen aber fokussiert sie sich auf bestimmte Aspekte, um so Ursprung und Wirkung der Tragödien tiefergehend zu erforschen. Diese beiden Ziele, d. h. das unterrichtende und das erforschende Ziel, werden somit zumeist getrennt behandelt. Die zureichende Bestimmung des tragenden Grundes des Tragischen kann und muss jedoch beiden Zielen zugleich gerecht werden: zum einen hat sie als Forschung auf diesen Grund selbst ausdrücklich zu verweisen; zum anderen ist dieser Grund nur dann getroffen, wenn durch ihn das Ganze dessen, was es über die Tragödie und das Tragische sowie deren Geschichte zu wissen und zu sagen gibt, im Zusammenhang darstellbar und hinsichtlich seiner Berechtigung und seines Sinnes beurteilbar wird.

(3) Der *methodische Begriffsapparat* der Behandlung der Quellen folgt oftmals, ausdrücklich oder unausdrücklich, Anschauungen, welche der neuzeitlichen und modernen Wissenschafts- und Literaturauffassung verpflichtet sind, und zwar zum Teil auch dann, wenn, wie im Fall der aristotelischen ›Poetik‹ oder der aristophanischen ›Frösche‹, antike Texte zum Verständnis des Tragischen herbeigezogen werden. Hier erweist sich die Literatur häufig als eine Form der *Rückprojizierung* neuzeitlicher und moderner Begrifflichkeiten: sowohl in die tragischen Quellen selbst als auch in die antiken Beleg- und Auslegungstexte zur Tragödie.

(4) Die *Gewinnung eines Begriffs der Tragödie* wird, wenn sie überhaupt eine Rolle spielt, sowohl in der eher unterrichtenden als auch in der vorrangig forschenden Literatur, als eine Summierung der verschiedenen zu untersuchenden Einzelhinsichten der Tragödie, und zwar im Hinblick auf die vollständige Berücksichtigung des überlieferten Textcorpus unternommen. Der Begriff der Tragödie erweist sich so aber letztlich, in Anbetracht der Vielfalt der Ansätze und der Unterschiedlichkeit der überlieferten Tragödientexte, als überaus komplex bzw. als spekulative Rekonstruktion. Es bleibt jedoch zu bedenken, ob die scheinbare Komplexität eines in dieser Weise vorgestellten Begriffs der Tragödie nicht eher ein Problem der modernen Forschung, weniger der griechischen Tragödie selbst ist und inwieweit die spekulative Rekonstruktion der ursprünglichen *Wirklichkeit* der Tragödienaufführungen überhaupt zu einem Begriff der Tragödie – d. h. nicht nur zu einer Kenntnis, sondern zu einem wesentlichen Wissen vom Tragischen – beitragen kann. Wäre dem so, dann müsste z. B. das plötzliche Auftauchen eines überwiegenden Großteils aller jemals im 5. Jh. v. Chr. geschriebener Tragödien die moderne Tragödienforschung in die Lage versetzen, einem Begriff des Tragischen näher zu kommen. Dagegen ist es gut denkbar, dass

ein solcher zweifelsohne überaus wichtiger Fund nicht unbedingt die Begriffsfindung fördern, sondern eher erschweren würde, insofern die Kenntnis der literarischen Wirklichkeit und ihre Rekonstruktion gerade auf die Diversität hinblickt, die Begriffsbildung dagegen eine denkende Vereinfachung auf das Wesentliche und Tragende bedeutet.[8]

(5) Das *dem Begriff der Tragödie zugrundeliegende Tragische selbst* wird letztlich als eine Summierung des Sinnes aller überlieferter Textinhalte und Realien angenommen. Das, was dabei als Sinn zur Auffassung kommt, begreift das Tragische und seinen Grund vor allem im Kontext des kultischen Wettstreites, einer politischen Institution sowie einer als Literatur verstandenen Dichtung. Hierin lassen jedoch die Forschungspositionen zur Tragödie immer wieder durchscheinen, dass die Tragödie für die mit ihr verbundenen Griechen nicht *nur* eine Literaturgattung oder der wesentliche Teil eines kultischen Festes bzw. einer politischen Institution gewesen sein kann, sondern *auch* Ausdruck von und für etwas, das sich erst als Fest, Literatur und Institution manifestiert hat, also etwas gleichsam Vorliterarisches und Vorinstitutionelles. In Anbetracht dessen darf die Tragödie als etwas gelten, das nicht nur *bei* den Griechen oder *in* Athen eine wichtige Rolle spielte, sondern zuvor als Hinweis auf ein sinngebendes Element, welches das griechische Dasein und seine Welt als solche zu konstituieren in der Lage war. Dieser für die griechische Poliswelt und den griechischen Menschen ›tragisch‹ zu nennende, konstitutive Grundzug der Tragödie kann mit dem Grund des Tragischen gleichgesetzt werden:[9] Die ›Griechen‹, sofern wir sie auch noch heute – insbesondere von den Athenern her verallgemeinernd – im Sinne der potenziellen Einheit eines überaus vielgestaltigen griechischen Kosmos ansprechen wollen, erscheinen so selbst als tragisch in einer Weise, wie wir es – in unserer von der neuzeitlichen

---

8 Die Tatsache, dass uns die Tradition die bekannten und nicht *mehr* Stücke (von geringerer Qualität z. B.) übermittelt hat, ist durch die Tradition und ihren Bezug zur sinnerschließenden Kraft der Sprachwerke selbst mitbedingt. Dieser Tradition scheint daher — von sich her — ein Blick für das Wesentliche und damit das die Begriffsbildung Fördernde zu eignen. So sind selbstverständlich über die Jahrhunderte hin große Sprachwerke verloren gegangen. Dies kann jedoch nicht als ein Argument dafür gelten, dass die Erhaltung gerade dieser und nicht anderer Stücke nichts mit deren Qualität und geschichtlicher Bedeutung zu tun habe und daher reiner Zufall sei. Überlieferungstechnisch ist somit ein Zufallsfund im ägyptischen Wüstensand etwas wesentlich anderes als die seit der Antike oder dem Mittelalter bezeugbare Erhaltung eines Textes und Auseinandersetzung mit demselben. So hat die letztgenannte Überlieferungsart uns zwar große Kunstwerke vorenthalten, welche dann z. T. erst im 19. Jh., auf ägyptischem Papyrus, wiederentdeckt wurden; sie hat aber auch gerade ebensolche wichtigen Sprachwerke erhalten, was nicht zuletzt an deren ursprünglicher Bedeutung und Größe liegen dürfte. Folglich können wir, wenn wir z. B. auf die Weise der Überlieferung der erhaltenen sieben sophokleischen Stücke oder der beiden homerischen Epen blicken, davon ausgehen, dass sie nicht zu den schlechtesten sophokleischen bzw. homerischen, eher zu den besten zählten, was wiederum als ein Hinweis darauf gesehen werden kann, dass diese Quellentexte so, wie die Überlieferung sie gleichsam für uns ausgewählt hat, gerade der Gewinnung eines Begriffs der Tragödie bzw. des Epos förderlich sein dürften. Die Begriffsgewinnung ist somit auch der Versuch, bei der Interpretation der Texte wieder verstärkt auf die Entwicklung eines kritischen Vertrauens in den Sinn der Textüberlieferung zu achten.

9 Vgl. oben unter *I. Zum Horizont des Bandes* die dritte Sinnrichtung zum ›Grund des Tragischen‹.

und modernen Wissenschaftsauffassung geprägten Welt – weder sein können noch auch müssen.[10]

(6) Die *Frage nach dem Grund des Tragischen*, welche die moderne Erforschung und Darstellung der Tragödie zumeist unausdrücklich begleitet, deutet darauf hin, dass wir es bei der Tragödie und ihrem den griechischen Kosmos konstituierenden Grundzug mit einem Rätsel, nicht nur von Texten und Realien, sondern eines ›griechisch‹ zu nennenden Selbstverständnisses und seiner Welt zu tun haben. Die Tatsache, dass die moderne Literatur über Ursprung und Wirkung der Tragödie (und mit ihr des Tragischen) *rätselt*, ist – so scheint es vor dem Hintergrund der überlieferten Quellen selbst und der durch sie aufgeworfenen Fragen nach dem Sinn des menschlichen Daseins überhaupt – nicht als eine Schwäche der modernen Tragödienforschung zu verstehen, sondern vielmehr als eine, noch nicht zureichend von der modernen Forschung selbst gesehene Stärke ihres eigenen Ansetzens. Die Schwierigkeit einer zureichenden Klärung dieses *Rätsels des Tragischen* erweist sich somit weniger als das Resultat des zeitlichen Abstandes von mehr als 2400 Jahren; eher scheint sie in den durch die überlieferten Tragödientexte selbst aufgeworfenen Fragen und Problemen zu liegen, die für die Griechen vielleicht gerade nicht weniger rätselhaft, sondern noch rätselhafter und dabei noch unheimlicher gewesen sein dürften, als sie es für uns jemals sein könnten. Wäre dem aber so, dann dürfte keine Interpretation der Tragödie, egal wie – nach moderner, auf Klarheit, Eindeutigkeit und Widerspruchsfreiheit zielender Wissens- und Wissenschaftsauffassung – einleuchtend sie auch sein mag, uns dem Tragischen und seinem rätselhaften Grund näherbringen. Dagegen kann die Hinwendung z. B. zur Bestimmung des Rätselhaften und Offenen und damit einhergehenden Unheimlichen der griechischen Tragödie, das sich in nahezu allen modernen Forschungsansätzen als ein zumeist nur unausdrücklich in Frage stehender, emergenter Grundzug erweist, uns der möglichst genauen Fassung und Anzeige nicht nur der griechischen Sicht auf die Tragödie, sondern auch dem Grund des Tragischen und damit dem griechischen Kosmos und Selbstverständnis *potenziell* näher bringen.

(7) Die *rezeptions- und wirkungsgeschichtlichen Texte und Kunstformen des Tragischen* werden in der modernen Literatur als sekundäre bzw. abkünftige Ausdrucksformen der Tragödie aufgefasst. Sofern aber die Quellen der Tragödie wie auch die Erforschung und Darstellung dieser Quellen das Tragische als offenes Rätsel erkennbar werden lassen, stellt sich die Frage, ob nicht z. B. die Tragödien Senecas, die neuzeitliche Oper, die hölderlinsche Übersetzung der ›Antigone‹ oder die ›Penthesilea‹ Kleists an diesem Rätsel selbst mitdichtende und miträtselnde Ausdrucksformen und somit paradigmatische Grundbestimmungs-

---

10 Unsere moderne Rede von einem ›tragischen Ereignis‹ oder einer ›tragischen Gestalt‹ verweist auf einen von einem unausdrücklichen fatalistischen Schicksalsbezug getragenen Pessimismus, welchen wir mit dem ›Tragischen‹ in Verbindung bringen. Der hier im Blick stehende ›tragisch-griechische Kosmos‹ ist dagegen Ausdruck einer wertungsfrei zu begreifenden und allererst wieder neu zu bestimmenden Grundbedingung des griechischen, für die europäische Geistesgeschichte hochbedeutsamen menschlichen Daseins und seiner geschichtlichen Welt, wie u. a. Friedrich Nietzsche in ›Die Geburt der Tragödie aus dem Geiste der Musik‹ gezeigt hat.

versuche des Tragischen darstellen, folglich nicht als sekundäre, vielmehr als primäre Auseinandersetzungen mit dem Grund des Tragischen verstanden werden dürfen. Wir können uns daher fragen, ob nicht jede echte Auseinandersetzung der Kunst mit dem Unheimlichen des menschlichen Daseins als solches am Grund des Tragischen miträtseln muss. Wäre dem so, dann müsste der tragische Grundzug der abendländischen Geistes- und Kulturgeschichte, als künftige *Möglichkeit* der Tragödienforschung selbst, allererst neu bestimmt werden.

IV. Zu Aufbau und Inhalt des Bandes

Sofern der Ausdruck ›Grund des Tragischen‹ einen, wie hier, dreifachen Fragegestus zum Ausdruck bringen kann,[11] wobei, wie gezeigt, die modernen Forschungsperspektiven ausdrücklich vor allem den ersten beiden Fragerichtungen sowie der Wirkungs- und Rezeptionsgeschichte folgen[12] und dabei die dritte Fragerichtung einerseits ausbleibt, andererseits in verschiedenen Forschungsaspekten implizit oder unausdrücklich als offenes Rätsel berücksichtigt wird,[13] ordnen sich die vorliegenden ›Ansätze zur Interpretation der Tragödie‹ in drei Gruppen von Beiträgen; diese spiegeln zum einen diejenigen Forschungsperspektiven wider, welche sich an der Wirklichkeit der antiken Tragödien wie den von diesen Dichtungen abstammenden Formen orientieren, zum anderen erscheinen sie dabei im vorliegenden Rahmen immer wieder durchlässig für die dritte, den Möglichkeitssinn des Tragischen erschließende Fragerichtung, in welcher der Forschung das Tragische als ein offenes, so vergangenes wie gegenwärtiges und zukünftiges Rätsel auch explizit begegnen kann.

In Anbetracht dessen versucht Teil I (»Ursprünge und Elemente der Gestaltung«) entsprechende kausale Kontexte herzustellen, die sich auf die Herkünfte der Tragödie und die der Ausprägung der Tragödien zugrundeliegenden Faktoren beziehen.

Der Beitrag von SUSANNE GÖDDE mit dem Titel »›Bocksgesang‹: Kult und Theater in der griechischen Antike« eröffnet den Rahmen, der sich mit den historischen Kontexten des Tragischen befasst. Hier wird am Leitfaden des Dionysischen die Frage nach der Vorgeschichte der griechischen Tragödie in den Bereich der kultischen Ursprünge hinein verfolgt. Gleichwohl werden diese Überlegungen einer Cautel dahingehend unterstellt, dass die antike Tragödie in historischer Betrachtung nicht notwendigerweise als dezidiert religiöse Praxis verstanden oder einer Theologie subsumiert werden darf, sondern als eine reflektierende Auseinandersetzung mit Religion gesehen werden soll. Eingebunden in diese methodische Konturgebung liefert die in der ›Poetik‹ des Aristoteles fassbare Rückführung auf chorische Aufführungen des Dionysoskultes und die bemerkenswerte Verschränkung mit dem Satyrhaften eine Klärung zum Wesen ursprünglicher Formen des tragischen Spiels, die recht

---

11 Vgl. oben zu *I. Zum Horizont des Bandes.*
12 Vgl. oben *II. Moderne Hauptforschungsperspektiven zur griechischen Tragödie. Ein Abriss.*
13 Vgl. oben *III. Versuch einer allgemeinen kritischen Diagnose der Forschungslage zur griechischen Tragödie.*

deutlich an Animalisches und Sexuelles gebunden sind. Verdeutlichend tritt hierzu die etymologische Erklärung der ›Trag-odia‹ als »Gesang um den Preis eines Bockes« als Opfertier, die hier einen Zusammenhang mit dem existentiellen Grundthema des Todes herstellt. Weitere Erhellung für die Frage, wie die Tragödie als Spiel an den Kult des Dionysos angeschlossen war, liefert hier ein intensiver Blick auf die räumlichen und institutionellen Kontexte der Aufführungen. Bedeutsam für die Frage, nach welcher Maßgabe sich dabei ein »Zähmungsprozess« des Dionysischen vollzogen hat, ist neben der religiösen Sinngebung die Verbindung zum Politischen als Fundierung eines neuen bürgergesellschaftlichen Ordnungsrahmens. Zeigt sich hier eine Spannung von der auf der einen Seite religiös-rituellen Komponente des Dionysischen mit dem Transgressiven der Derbheit des Körperlichen und andererseits den tragischen Konflikten der Dramen, die letztlich auf das Geltendmachen einer Norm für das Leben der Polis hinauslaufen, so verbindet sich diese Spannung in einer durchaus kritischen Sinngebung, die auf die Abgründe des menschlichen Daseins in seiner Gefährdung durch eigene Affekte, aber auch auf die Aporien hinweist, die sich im Kontext göttlich-religiöser Provenienz stellen.

BERNHARD ZIMMERMANN untersucht in seinem Beitrag »Mythos und Tragödie« das Verhältnis, das zwischen den im Mythos bereitliegenden Stoffen und den jeweiligen Möglichkeiten zu ihrer dramatischen Gestaltung in der Tragödie besteht. Ausgehend von der Beobachtung, dass die Tragödiendichter in der Auswahl der für ihre Stücke genutzten Mythenstoffe gewissen Beschränkungen unterlagen, die von der Eignung der mythologischen Vorgaben für die grundlegenden poetischen Gestaltungsweisen des Tragischen her bestimmt waren, liegt der Fokus der Untersuchung auf der Frage, welche Freiräume darstellerischer Variation die einzelnen Dichter nutzen konnten, um angesichts eines relativ engen Spektrums der von der mythologischen Tradition als Plot gegebenen Handlungsvorlagen ihrem Bedürfnis nach Originalität und Eigenständigkeit entsprechen zu können. In verschiedenen einschlägigen Beispielen werden dabei die Konsequenzen betrachtet, die solche offenbar poetologisch fixierten Restriktionen für den Schaffensprozess des einzelnen Tragödiendichters mit sich brachten, und die gestalterischen Modalitäten untersucht, die die Dichter nutzten, um angesichts der dem Publikum jeweils bekannten Mythosvorlage mit eigenständigen Neuformierungen im Motivationsdiskurs sowie in der Handlungs- und Personenzeichnung zu reüssieren. Als wesentliches Charakteristikum im Umgang der Tragödie mit dem Mythos lotet der Beitrag insbesondere aus, wie hierbei ein Heranholen der mythologischen Figuration an die eigene Gegenwart praktiziert wurde, um dadurch über die Tragödie einen politisch-theologischen Deutungsrahmen zu konturieren, der für eine Reflexion über die der aktuellen politischen Situation geschuldeten Handlungs- und Verfahrensweisen nutzbar zu machen war.

Als wesentliche Ergänzung zu den Grundlegungen der Tragödie tritt zu diesem Abschnitt von archäologischer Seite die Untersuchung von ALEXANDER SOKOLICEK, der in einer kritischen Umschau über die Entwicklungsgeschichte des griechischen Theaters ein ganz konkretes Anliegen für die Frage nach dem Grund des Tragischen in den Blick fasst: Die baulichen Anlagen, in denen der jeweilige Handlungsgang des dramatischen Spiels in Szene gesetzt wurde und die in ihrer architektonischen Gestaltung eine wesentliche Basis für die inszenatorischen Darbietungsformen wie für die damit einhergehende rezeptive Wirkung bildeten. Dabei ist der Fokus insbesondere auf den Zuschauerraum und dessen Möglichkeiten für die Wahrnehmung des Spiels gerichtet. Als bedeutsamer historischer Hintergrund wird ein möglicher Zusammenhang von politischem Versammlungsplatz und der »Schauanlage« des Theaters untersucht. Als gewichtiges Argument für diese Verbindung spricht, dass die ursprüngliche Theaterform die rektilineare Anlage war, aus der sich dann wohl schrittweise die halbrunde Form mit der bekannten *cavea* bzw. dem κοῖλον des Zuschauerraumes entwickelte. Mit dezidiertem Bezug auf die neuesten archäologischen Erkenntnisse zu diesem Thema, die auch weit über den Rahmen der in Athen anzusetzenden Anlagen hinausreichen, wird hier ein neues Bild von der Geschichte der Theaterarchitektur gezeichnet, in dem es vor allem um den Fragekreis geht, inwieweit Stufenanlagen, wie sie in kultischen Stätten zu finden sind, als Ursprungsbereich anzusehen sind, oder ob hierfür entsprechende politische Versammlungsstätten, die offenbar schon recht früh eine kreisrunde Struktur aufweisen, das Vorbild für die Bauform des Theaters geliefert haben. Diese Überlegungen zentrieren weiterhin in der Frage, ob sich die Form des Theaters aus den Erfordernissen der Aufführungen oder von den Bedürfnissen der Zuschauer veranlasst ergeben hat.

In Teil II (»Lesarten und Deutungen«) finden exemplarische Interpretationen aus methodisch unterschiedlichen Blickrichtungen zu den einzelnen großen Tragikern, ihren Stücken und diversen Werkfacetten ihre Darlegung.

In drei Beiträgen wird zunächst an Aischylos, dem großen Archegeten der griechischen Tragödie, ein Deutungsrahmen gesetzt, der in seiner Spannweite die möglichen Aktualisierungen moderner Interpretationen auslotet.

So entwickelt SABINE FÖLLINGER in einem vielschichtig angelegten Tableau die Möglichkeiten, aber auch die Grenzen unterschiedlicher Zugangsweisen zu den ›Persern‹ des Aischylos, wie sie in der aktuellen Deutungsgeschichte praktiziert werden. Dabei stellt sie das hermeneutische Potential einer rein textinternen Erschließung in Vergleich zu einem politisch-pragmatischen sowie einem handlungstheoretischen Deutungsmodell. Angelehnt an die von Aristoteles in der ›Poetik‹ entwickelten Kategorien zur Bedeutung der Affekte führt sie dann eine hermeneutische Facettierung der ›Perser‹ vor, die das Stück wechselweise aus den Blickrichtungen von Handlungstheorie sowie politischer Pragmatik in seiner jeweiligen Tragweite als Geschichtsdrama wie als Familiendrama auslotet. Damit wird hier als Grundmuster der Tragödie ihr Allgemeinheitscharakter und die Übertragbarkeit als Warnung vor Hybris plausibilisiert.

Am Beispiel von Aischylos' ›Agamemnon‹ lenkt ANTON BIERL in einer subtilen Exegese den Blick auf die akustischen wie die choreutischen Komponenten, die für die performative Vermittlung des tragischen Leids in einer dramatischen Bühnenaufführung eingesetzt werden. Insofern als dabei an textlichen Signalen jeweils der Modus greifbar wird, mit dem die Intensität von Leid im sprachlichen und stimmlichen Gestus ausgedrückt wird, erschließt sich hier eine hermeneutische Perspektive auf einen metatheatralischen Diskurs, der im

Übergang von den performativen Usancen des Theaters, wie sie vom Chor in Tanz und Ritual praktiziert werden, auf das Verhalten von Einzelpersonen zur Anwendung kommt. Damit erlangt die musikalisch-lautliche und choreutische Dimension eine selbstreferentielle Schlüsselrolle für das Verständnis des Gesamtsinns, wodurch den Aspekten der Performanz eine wichtige Funktion als Grund der Tragödie zugewiesen wird.

Auf einen weiteren mit der Problemstellung um den Grund des Tragischen verbundenen Aspekt stößt man mit der Frage nach der dramatischen Funktion des Chores in der Tragödie. MARKUS GRUBER lenkt hier am Beispiel des Okeanidenchores im ›Prometheus Desmotes‹ die Aufmerksamkeit auf ein Specimen, das von der Forschung – nicht zuletzt wegen der strittigen Echtheitsfrage dieses Stücks – recht stiefmütterlich behandelt worden ist. Denn bislang konzentrierte sich der Blick meist in partieller Ausrichtung auf die Erhellung aufführungstechnischer Bewandtnisse (Okeanidenomnibus, Kataklysmos) oder auf Mutmaßungen, inwieweit der Chor als wirkende *dramatis persona* zu nehmen ist und sich dabei auf eine Stufe mit den handelnden Antagonisten Prometheus und Zeus stellen lasse. In diesem Beitrag wird der methodische Fokus vor allem auf die rezeptionsästhetische Wirkung gelegt, die der Chor in seiner im äußeren Kommunikationssystem verankerten Nahbeziehung zum Empfinden der Zuschauer und damit zum Verständnis der Tragödie leistet. Dazu wird in einem mehrschichtigen Turnus von Interpretationen der Chorpartien gezeigt, wie der Chor im Zuge differierender Positionen, die er gegenüber Prometheus einnimmt, diesen zum Einsatz des entscheidenden Gegenmittels (Wissen um Zukunft) veranlasst und damit letztlich zur äußersten Zuspitzung des Konflikts beiträgt. Insofern wirkt der Chor, wie hier plausibel gemacht wird, als Boden der Tragödie, der dazu verhilft, den Konflikt auf seinen Grund zurückzuführen. Dabei bildet der Chor in einer transitorischen Verschiebung seiner jeweiligen argumentativen Pole das Korrelat zu den notwendigen Entwicklungen, die von Zeus wie von Prometheus und der Menschheit durchgemacht werden müssen, um zu einer Aufhebung des tragischen Konflikts zu führen.

Die weiteren Beiträge dieses Teils widmen sich Sophokles dem großen Klassiker der griechischen Tragödie, Euripides sowie dem ›Sisyphos‹-Fragment.

Ausgehend von den beiden Begriffen ἦθος und διάνοια, wie sie Aristoteles in seiner ›Poetik‹ zu wesentlichen Bestandteilen des Tragischen erklärt hat, untersucht GEORG RECHENAUER an der dramaturgischen Durchführung einiger zentraler Stücke, wie diese beiden Parameter bei Sophokles den Fortgang der Handlung tragen und damit die Wirkqualität des tragischen Spiels bestimmen. Anhand der durch diese Termini markierten Bestimmungsmerkmale des tragischen Konfliktes erschließt sich die Frage nach der Qualität des Handelns der menschlichen Akteure und damit auch das Problem eines Angebots möglicher Identifikationsmuster für den Zuschauer, so dass damit auch die Bewertung von Schuld und Unschuld Kontur gewinnt. Daher spiegelt sich in diesen konträr zueinander geführten Diskursen nichts Geringeres als die Inkompatibilität der jeweils vertretenen Ordnungsansprüche und damit letztlich die Grundstruktur des Tragischen. Dabei zeigt sich, dass die vom ἦθος markierte Position zwar affektiv mitteilbar, aber nicht logisch klar vermittelbar ist, weswegen auch jeder Versuch, das jeweils in Frage stehende Wertedilemma mit den rhetorischen Mitteln und Strategien der διάνοια zu überwinden, fehlschlagen muss.

Gründend in der Unterscheidung zwischen der Wirklichkeit der überlieferten antiken Tragödien und der Möglichkeit des Tragischen überhaupt, befasst sich SERGIUSZ KAZMIERSKI in seinem Beitrag »Das Tragische und die Zukunft« mit dem ›Phänomen des Tragischen‹ als solchem. In einer Untersuchung, welche die Perspektive historisch-wissenschaftlicher Vorstellungen von der Wirklichkeit der antiken Tragödien ausklammert, um sich – ausgehend von der Unterscheidung zwischen der Tragödie als Literatur und als Dichtung – der geschichtlichen, am tragischen Geschehen selbst orientierten Blickbahn zuzuwenden, werden anhand des berühmten ersten Standliedes aus der ›Antigone‹ und der sogenannten ›Trugrede‹ aus dem ›Aias‹ zwei wesentliche Grundzüge des Tragischen gehoben: zum einen das, was zufolge der Übersetzung der ›Antigone‹ durch Friedrich Hölderlin ›das Ungeheuere‹ (τὸ δεινόν) genannt werden kann (im Sinne eines ›deinotischen‹ Grundzugs); zum anderen die so und im ›Aias‹ noch expliziter ausdrücklich gemachte endliche Zeitlichkeit, durch die der Grund des Tragischen temporal fundiert und fundierend erscheint und die tragische Konstitution des Menschen als in seinem Zukunftsbezug gründend nachgewiesen wird. Durch diesen Ansatz werden u. a. zwei bestehende philologische Probleme neu beleuchtet: auf der einen Seite kann die ›Trugrede‹ als eigentliche tragische »Wahrrede« zum Aufweis kommen, auf der anderen Seite die heute übliche Lesung der vv. 361 f. der ›Antigone‹ (ἄπορος ἐπ' οὐδὲν ἔρχεται / τὸ μέλλον) in ihrem tragisch-temporalen Grundsinn erschlossen werden.

Die analytische Struktur des sophokleischen ›Oidipus Tyrannos‹ hat immer wieder dazu animiert, den Gehalt des Stückes mithilfe juristischer Interpretation weiter zu erhellen, so wenn etwa das Augenmerk auf strafrechtliche Gesichtspunkte gelegt oder das Ganze gar im Sinne einer Kriminalgeschichte gelesen wurde. Doch geht es im Beitrag von PHILIPP SCHEIBELREITER nicht um die Qualifikation der juristischen Straftatbestände, sondern um die im Eigentlichen rechtshistorische Frage, ob die Tragödie Bezugnahmen auf das attische Prozessrecht enthält. In eingehender Betrachtung der verwendeten Terminologie wird dabei vor allem anhand der Verhörszene, in der Ödipus seinen Schwager Kreon verschwörerischer Machenschaften gegen sein Herrscheramt überführen will, herausgearbeitet, dass hier reguläre Praktiken des athenischen Prozessrechtes als Gerüst der Argumentation dienen. Das juristische Instrumentarium, das insbesondere sein Vorbild in der dialektisch ablaufenden Prozedur der sog. ἀνάκρισις hat, stellt hierbei den Grund dafür dar, dass sich tragisches Geschehen in einer dem damaligen Zuschauerverständnis besonders vertrauten Weise entfaltet.

Für WOLFRAM ETTE steht in der Frage nach dem Grund des Tragischen zunächst die singuläre anthropologische Disposition des Menschen zu einem als tragisch zu bezeichnenden Geschehen im Vordergrund. Diesem weist er als maßgebliches Signum die Bestimmung zu, dass solche Geschehnisse stets als Prozesse menschlicher Selbstzerstörung stattfinden. In weiterer Schärfung hebt er heraus, dass dies aber keine lediglich vom Schicksal über einen Unschuldigen hereinbrechende Zerstörung bedeutet, allerdings auch keine in vollem Bewusstsein und mit voller Absicht selbst herbeigeführte Vernichtung darstellt. Das eigentlich Tragische hat seinen aitiologischen Grund also genau in dem ›Zwischen‹ der Pole Verantwortung und Nichtverantwortung, Wissen und Unwissen, Freiheit und Zwang. Der tragische Held sieht zwar, dass sein Weg in den Untergang führen wird, aber er unternimmt nichts dagegen. Im Ausgriff auf ein weitgefächertes Tableau von Tragödien führt Ette dieses als Grund des Tragischen ausgemachte Deutungsmuster, in dem sich die ambivalente Dynamik von Wissen und Unwissen mit einem Bedürfnis nach Selbstzerstörung verschränkt, vor. Insbesondere Euripides liefert hier reiches Belegmaterial einer solchen Untergangssehnsucht, wobei sich die Frage nach dem Grund gerade bei ihm noch weiter spezifizieren lässt und letztlich die modernste, da von profunder psychologischer Kenntnis bestimmte Antwort erfährt: Im Handeln des tragischen Akteurs manifestiert sich eine spezifische Komplizenschaft mit dem eigenen Untergang, die ihren Grund in der menschlichen Seele hat. Gespiegelt und überlagert wird diese Aitiologie bei Euripides durch weitere irrational willkürliche Mächte, die sowohl auf theologischer Ebene lagern wie auch in einem Transzendentalbereich hypostastierter, aber letztlich deregulierter Ordnung wurzeln.

An dem wegen seines radikal-aufklärerischen Gestus ebenso berühmten wie in der Zuweisung an einen Autor (Kritias?) nach wie vor strittigen Fragment, das aus einem unter dem Titel ›Sisyphos‹ gehenden Satyrspiel (DK 88 B 25) herstammt, erprobt EGERT PÖHLMANN klärende Antworten auf ein vielschichtiges Feld von Problemen. Die Ausgangsfrage, welcher dramatischen Figur als Sprecher dieses nonchalante Plädoyer für eine Destruktion jeglichen Götterglaubens zuzuweisen ist, verschränkt sich dabei mit einer Bestimmung von Redegestus und -intention, wie sich diese in dem Text manifestieren. In Verbindung mit einem Seitenblick auf das typische Verlaufsmuster eines Satyrspiels, wie es sich von Aischylos bis Euripides rekonstruieren und festmachen lässt, werden sodann weitere Grundlinien eines Handlungsverlaufes für das um das Redefragment anzusetzende Gesamtstück mit Sisyphos als Protagonisten gesucht. Besonders eng erweist sich dabei die Nähe zum ›Kyklops‹ des Euripides, weswegen Pöhlmann bei der Frage nach der Autorschaft für die Zuweisung an ihn anstatt an den als Protagonisten der radikalen Sophistik gehandelten Kritias plädiert.

In Teil III schließen sich Untersuchungen an, die das »Fortwirken« des von den Griechen geprägten Verständnisses von Tragik über die verschiedenen Verzweigungen der Folgezeit, insbesondere der europäischen Literatur, behandeln.

Dabei geht es in dem Beitrag von ANDREAS HEIL in eine Richtung, die von der aristotelischen Auffassung, wonach tragisches Leid mit einem »Verfehlen« (hamartia) zu tun habe, grundlegend abweicht: Anhand eines Beispiels einer Tragödie aus der sog. Silbernen Latinität von dem stoischen Philosophen und Rhetor Seneca, wird hier ein mentales Szenario für das Handeln der tragischen Akteure vorgeführt, worin die Notwendigkeit zu schlimmem Tun nicht so sehr einem Konflikt mit Werten oder einem Anstoß von außen entspringt, sondern einem eigenen unüberbietbaren Trieb nach Rache. Losgelöst von jeglicher moralischen Integrität ist das Handeln von einer monströsen Perfektionierung des Bösen bestimmt. Dieser Aspekt wird methodisch vor allem durch einen genauen Blick auf die metatheatralische Handhabung impliziter Textanweisungen herausgestellt, die gleichsam auf die Regieführung durch eine vom Göttlichen her wirkende Macht der Raserei (Furie) verweisen. Dabei zeigt sich, dass die unüberbietbaren Extreme des Bösen, zu dem das menschliche Agieren sich in ekstatischem Triumphgefühl aufschwingt, letztlich Scheintriumphe bleiben, da der Mensch in seinen Handlungen nur Marionette bleibt, die den Masterplan einer sinistren göttlichen Macht ausführt.

In einen größeren Rahmen der Wirkungsgeschichte gehören die beiden nächsten Beiträge, die jeweils dem Problemkreis von möglichen Einflüssen der griechischen Tragödie auf die Gestaltung biblischer Texte nachgehen.

So widmet sich JEFF JAY der Frage, inwiefern die ›Paulusbriefe‹ und das ›Markusevangelium‹ in ihren Aussagen zur Kreuzigung Christi vom Modell einer aus der griechischen Tragödie erwachsenen Leidensgeschichte geprägt sind. Ihren Ausgang nimmt diese Betrachtung bei antiken Autoren, die lebhafte Kritik an der biblischen Passionsgeschichte vorgebracht haben, beispielsweise wenn etwa der Platoniker Celsus von Alexandria in einer Streitschrift gegen das Christentum (›Wahre Lehre‹) die biblische Darstellung als Abklatsch älterer phantastischer Mythen vom Sterben mit anschließender Wiederauferstehung eines Heros oder eines Gottes dekonstruiert. Hier wird anhand reicher Details gezeigt, dass die Erzählung vom Tode Christi schon in der Antike in klarer Affinität zum tragischen Drama gesehen wurde. Dieser Befund führt weiterhin auf das Problem, was die frühchristliche literarische Tradition ursächlich dazu gebracht hat, das Narrativ von der Kreuzigung und Auferstehung Christi in einer Weise zu gestalten, die so offenkundige Affinität zu einem gängigen Verlaufsmodell der griechischen Tragödie aufwies, dass die Erzählung als pure Fiktion und insofern als unhistorische Erfindung kritisierbar wurde. Damit wird ein neuer methodologischer Horizont eröffnet, in dem vordringlich zu analysieren ist, inwieweit die ursprüngliche Verkündigungs-Poetik der Kreuzespassion geeignet ist, für eine rezeptive Wahrnehmung auf einen wesensmäßig als tragisch bestimmbaren Grund modifiziert zu werden.

Dieser heuristischen Richtung folgt auch der Beitrag von DENNIS MACDONALD, der an einem breiten Bündel von Motiven aufzeigt, wie die Struktur und inhaltlich-thematische Durchführung des ›Johannesevangeliums‹ von den ›Bakchen‹ des Euripides beeinflusst ist. Beide Darstellungen zentrieren um die Ankunft eines Gottes (Dionysos, Jesus), der als Fremder zu Menschen kommt, dabei in seinem Wesen als Gott verkannt und schließlich verfolgt wird (Pentheus, Pharisäer). Zur methodischen Absicherung der Ergebnisse wird dabei eine Skalierung von Prämissen reflektiert, anhand derer sich eine grundlegende Einflussbeziehung, die über lediglich zufällige Affinitäten hinausgeht, absichern lässt. Im vorliegenden Fall liefert eine gemeinsame interpretatorische Grundstruktur die entscheidenden Hinweise dafür, dass der Autor des ›Johannesevangeliums‹ ein Bild Jesu entwerfen wollte, das diesen ebenfalls als eine »schenkende« Gottheit zu präsentieren beabsichtigte, die in keiner Weise der großen männlichen Schenkungsgottheit der Griechen nachstand. Angesichts der Tatsache, dass solche Zusammenhänge weder von der neutestamentlichen Forschung noch von der klassisch-philologischen Seite bislang große Beachtung gefunden haben, ist ein Plädoyer, in dem die griechische Tragödie als grundlegendes Gestaltungsprinzip der Johannespassion erwiesen werden soll, überaus zu begrüßen.

Die Diskussion um die frühneuzeitlichen Konzeptionen des Tragischen eröffnet REINHOLD GLEI mit einer Analyse von neulateinischen Dramen, die die vor allem durch Vergil bekannte unglückliche Liebe der Karthagerkönigin Dido zu Aeneas zur stofflichen Grundlage einer Tragödie genommen haben. Sein besonderes Interesse gilt dabei der häufig vertretenen These, in der neuzeitlichen Literatur bestehe kein einheitliches Verständnis des Tragischen mehr, sondern es müsse eine breite Variabilität von Tragikkonzepten angenommen werden. Um die Triftigkeit einer solchen Prämisse aufzuklären, ist das hier eingeschlagene Verfahren, das sich auf Specimina tragischer Gestaltung konzentriert, die von der stofflichen Thematik her gleichgelagert sind, besonders aussagekräftig, da hier in einem diachronen Schnitt recht unterschiedliche zeitliche, lokale und individuelle Kontexte geprüft werden können, die ein hinreichend differenziertes Spektrum dessen liefern, was man im frühneuzeitlichen Rahmen unter Tragik verstehen konnte. Im Wesentlichen ist an den vorgeführten Modellen ein transitorischer Wechsel in der Grundlegung des Tragischen zu beobachten, dessen Rahmen sich zwischen den Polen der aristotelischen Hamartia-Konzeption und einer von göttlich-dämonischen Gewalten verursachten Raserei, die den Menschen befällt, aufspannen lässt, in dem aber auch die Härte des Tragischen gänzlich aufgehoben sein kann.

Solche transitorische Handhabung im Umgang mit dem antiken Muster der Tragödie hat für die Folgezeit eine Offenheit geboten, das Tragische je neu zu deuten. Einen aufschlussreichen Streifzug, in dem einige Stationen einer diversen künstlerischen und philosophischen Neubegründung des Tragischen dokumentiert sind, bieten die weiteren Beiträge.

Die ›Bakchen‹ des Euripides gelten als das Exemplum schlechthin, um hieran die Verbindung von Tragödie und Dionysoskult zu dokumentieren. Naheliegenderweise kann DIETER BORCHMEYER daher gerade dieses Stück als Orientierungspunkt wählen, um – in einem Rekurs auf einschlägige Bezugnahmen, wie sie in neuzeitlicher Literatur (J.W. v. Goethe, Th. Mann) und Musik (H.W. Henze) vorliegen – eine Problematik aufzuzeigen, die die idealistisch-klassizistisch verbrämte Moderne mit den diesem Gott zuzuweisenden Kulturinhalten hatte. Sofern das Dionysische nicht gänzlich unter dem Verdikt »halbgriechisch« oder gar »ungriechisch« aus dem Applikationsrahmen der eigenen Hermeneutik ausgestoßen wurde, konnte es allenfalls unter der Signatur von rauschhafter Erregung und Ekstase, die es als Gegenpol zur Vernunft und Klarheit des Apollinischen firmieren ließ, eine Faszination verströmen, durch die es etwa bei Nietzsche eine grundlegende Aufwertung im Sinne einer elementaren Lebensmacht erfuhr und für ihn zu einem Hauptimpuls des Tragischen wurde. Gerade der fulminante Umschlag, der in den ›Bakchen‹ den Ordnungszwang stringenter Vernunft in einen orgiastischen Wahnsinn hinein fortreißt, galt Nietzsche als angemessene Rache des Dionysos an der Verderbtheit sokratischer Vernünftelei. Entsprechend legt auch Th. Mann im ›Tod in Venedig‹ (1912) einen Deutungsrahmen über die Geschehnisse, der diese als Rache des Dionysos für seine Unterdrückung durch das zum ›Sokratischen‹ degenerierte Apollinische aufweist, aber dieser Triumph des Dionysos wird dabei nicht wie in Nietzsches Euripides-Deutung mit positivem Vorzeichen versehen, sondern umgewertet zum historischen Krisenphänomen, zum Fanal apokalyptischer Zerstörung der individuellen und sozialen Ordnung. Deutlich positiver und dabei letztlich wieder an Nietzsche anknüpfend hat H. W. Henze in den ›Bassariden‹ die Dionysossphäre zur Geltung gebracht, wobei diese nicht nur durch rauschhaften Wohlklang der Musik, sondern ebenso eine trancehafte Rhythmik und Tanzwelt des Chores als Lebensgrund der gesellschaftlichen Befreiung empfohlen wird.

Eine philosophische Ergründung dessen, was das Tragische in einem ontologischen Sinne ausmacht, unternimmt Ivo De Gennaro im Zuge einer phänomenologischen Betrachtung. Diese zentriert in vielfältiger Fragestellung um Hölderlins Versuch, ein Verständnis des Tragischen anhand der Denkfigur des Paradoxons zu erschließen. Ein solches Paradoxon tut sich für Hölderlin auf in der Differenz zwischen der vollkommenen Ganzheit ursprünglicher Wirklichkeit und der Schwachheit ihrer Erscheinung. Dabei sieht er das Tragische zwar seinem Wesen nach in eben diesem Ursprünglichen des Seins, das als ein Ganzes existiert, verwurzelt, es verfällt aber dadurch dem Paradoxon, dass das Ursprüngliche sich eigentlich nur in seiner Schwäche darstellt, indem es im Vermögen des Wirklichen sich verbirgt und gerade da, wo das Wirkliche am Wirklichsten ist, am wenigsten erscheint. Damit wird dem Tragischen als philosophische Grundlage eine dialektische Spannung zugewiesen, die der ursprünglichen Seins-Einheit im Sinne des heraklitischen »hen diapheromenon heauto« zugrundeliegt, die sich aber letztlich jeweils erst im Stadium des phänomenal wirklich Seienden offen zeigt.

Für Dorothee Gelhard liefert die seit der Aufklärung des 18. Jahrhunderts virulente Forderung nach Wahrheit und Authentizität, wie sie damals in nahezu allen Bereichen der Geistesgeschichte erhoben wurde, einen Hintergrund, um den Blick auf das Tragische als Form, die durch die Unmittelbarkeit der von ihr zur Anwendung gebrachten Darstellungselemente wirkt, zu richten. In diesem Kontext hat Walter Benjamin das Elementare von Sprache, Musik und Gesang als entscheidendes Verstehensmoment für Trauerspiel und Tragödie betont. Er widersprach damit entschieden einer Textauffassung, die Sprache lediglich als Transformation individueller Sinneswahrnehmung in mitteilbare Form betrachtete, Benjamin ging es um die Umsetzung des qualitativ gefühlten Gehalts in Sprache. Die von ihm rekonstruierte Evolution der Sprache auf einen Elementargrund von Erleben und Anschauung hin dient ihm als methodischer Leitfaden, um – ganz im Geiste Platons – aus der Totalität der Trauerspiele in ihrer polymorphen Disparatheit die reine Idee der Tragödie zu erschließen. Gerade mit dieser Hinwendung zum Ästhetischen war ein Weg gebahnt, der für Überlegungen zur Tragödie in der Folgezeit leitend wurde, wobei diese etwa bei Th.W. Adorno in eine Betrachtung eingebaut erscheinen, die die Kunstformen als Widerspiegelung des historisch-sozialen Gefüges nimmt, wohingegen P. Szondi mit der Überzeugung, dass die innere Struktur des Tragicums nicht nur im Ästhetischen aufzudecken sei, wieder für eine Rückführung auf einen Elementargrund im dialektischen Gefüge einer philosophisch zu deutenden Weltordnung steht.

Für ihre Suche nach dem Tragischen begibt sich ELISABETH STROBL auf einen grenzgängerischen Weg, indem sie in einem sozio-politischen Vergleich die antik-griechische Tragödie des Euripides und das moderne spanische Drama von Federigo García Lorca zusammenführt: Im Zentrum stehen dabei Tragödien, die jeweils die Frage nach menschlichem Leid aus einem archetypischen Konfliktpotential zwischen den Geschlechtern von Weiblich und Männlich behandeln und diese im Zuge einer Kollision der jeweiligen Ordnungsfixierungen durchspielen. Als besonders fruchtbarer Leitfaden für die Klärung der Ursächlichkeit des tragischen Geschehens erweist sich dabei der Blick auf die psychische Motivation der Akteure, die von einem Streben nach Selbstbehauptung bestimmt ist. Dabei ist beidseits das Bemühen unverkennbar, einer Realistik des Lebens nahezukommen, indem vor allem psychische wie gesellschaftliche Verhältnisse besonders in die Suche nach der Handlungsmotivation eingeschmolzen werden. In der dramatischen Struktur der behandelten Stücke zeigt sich dann die Grundkonstellation eines tragischen Antagonismus, wobei die Frau jeweils danach strebt, den Kräften, die die Natur in ihr zur Wirksamkeit bringt, zu folgen. Doch stellt sich der Verwirklichung der ›physis‹ der weiblichen Protagonistinnen eine unnachgiebige Restriktion durch männlich geprägten Herrschaftsanspruch entgegen, der als sein Fundament jeweils eine politisch oder gesellschaftlich etablierte Ordnung, einen ›nomos‹, als verhaltensgebende Norm geltend macht, die aber von deren Vertretern nicht hinreichend in ihrer konventionalistischen »Gesetztheit« erkannt und durchschaut wird.

Den Abschluss der auf die Rezeption und Wirkung des Tragischen ausgerichteten Untersuchungsreihe macht der Beitrag von HERIBERT TOMMEK, der dem ›Grund des Tragischen‹ anhand des ›Philoktet‹-Mythos in der dramatischen Gestaltung des Sophokles und dann vor allem in der Bearbeitung von Heiner Müller nachgeht. In der Fokussierung auf die durch Sophokles paradigmatisch vorgeführte existenzielle Situation des entfremdeten und von der Gesellschaft instrumentalisierten Menschen wird hier der Grund für eine Renaissance der Figur in der Moderne deutlich gemacht, die sich vollkommen von der Mitleidspoetik, die Lessing zu diesem Thema geliefert hatte, fernhält. So nähert sich die Darstellung von Heiner Müller in gewisser Weise wieder recht deutlich dem Mythos bzw. dem von Sophokles gestalteten Stück an, indem sie den Konflikt zwischen den Ansprüchen der Gesellschaft und denen des Individuums neu verhandelt. Dabei kann Tommek zeigen, wie im Zuge der rezeptiven Neubearbeitung des Themas durch Heiner Müller die Tragödie ihren Grund verliert, da die Peripetie nicht mehr von einer Einsicht in eine höhere Notwendigkeit bestimmt ist, sondern den tragischen Konflikt der zu späten Erkenntnis einer übergeordneten Sinnhaftigkeit lediglich als Hohlform beibehält und daher, gemessen an der Frage nach dem Grund des Tragischen, leerläuft. Das Thema um den Grund des Tragischen hat Müller schließlich in der ›Hamletmaschine‹ in einem neuen wörtlichen Sinn verortet, indem er die Folgen der Katastrophe durch ein Szenario auf dem Grund der Tiefsee vorführt – mit Ophelia im Rollstuhl, an der Fische, Trümmer und Leichen vorbeitreiben. Hier hat das Agieren des tragischen Helden jegliche geschichts- und geschehensverändernde Rolle verloren.

Teil I
Ursprünge und Elemente der Gestaltung

SUSANNE GÖDDE

›Bocksgesang‹
Kult und Theater in der griechischen Antike[1]

1. Kult und Spiel

Der dionysische Rahmen der klassischen griechischen Tragödie im fünften Jahrhundert vor Christus ist unbestritten: Institutionell waren die Aufführungen der Dramen in ein Dionysosfest eingebunden, das alljährlich im Dionysos-Theater nahe dem Dionysos-Heiligtum stattfand und in dem der Priester des Dionysos einen Ehrenplatz erhielt. Nichtsdestotrotz haben antike Philologen und Antiquare ebenso wie moderne Theaterhistoriker immer wieder nach dem ›Davor‹ gefragt, nach der Vorgeschichte der Institutionalisierung des Theaters, den kultischen Ursprüngen. Versucht man, die antike Diskussion zu dieser Frage zu rekonstruieren, so entsteht der Eindruck, als handele es sich bei der Entwicklung der Tragödie um einen Zähmungsprozess, als sei etwas verloren gegangen im Laufe der Jahrhunderte, nämlich das ›Dionysische‹. *Oudèn pròs tòn Diónȳson* (»Das hat doch nichts mit Dionysos zu tun«) - so lautet ein in der modernen Forschung viel beachtetes antikes Sprichwort, das im zweiten Jahrhundert nach Christus erstmals überliefert ist, aber dessen Wurzeln bisweilen mit Positionen der alexandrinischen beziehungsweise peripatetischen Philologie im dritten Jahrhundert vor Christus in Zusammenhang gebracht werden.[2]

---

1 Der vorliegende Text entspricht zu großen Teilen der folgenden Veröffentlichung: S. Gödde, Theater, in: R. Raja – J. Rüpke (Eds.), A Companion to the Archaeology of Religion in the Ancient World (Oxford 2015) 333 – 348; er wurde gelegentlich erweitert durch zusätzliche Diskussionen in den Fußnoten sowie durch Referate aus meinen früheren Aufsätzen zur Frühgeschichte und zum dionysischen Rahmen der antiken Tragödie: S. Gödde, Böcke, Satyrn, wilde Männer: Ursprungsmythen des antiken Theaters, in: E. Fischer-Lichte – M. Dreyer (Hrsg.), Antike Tragödie heute. Vorträge und Materialien zum Antiken-Projekt des Deutschen Theaters (Berlin 2007) 17 – 32; Die Polis auf der Bühne: Die großen Dionysien im klassischen Athen, in: R. Schlesier – A. Schwarzmaier (Hrsg.), Dionysos. Verwandlung und Ekstase, Ausstellungskatalog Pergamonmuseum Berlin (Regensburg 2008) 94 – 105; Unschuldskomödie oder Euphemismus: Walter Burkerts Theorie des Opfers und die Tragödie, in: A. Bierl – W. Braungart (Hrsg.), Gewalt und Opfer. Im Dialog mit Walter Burkert (Berlin–New York 2010) 215 – 245; »Gottesdienst« und »Staatsakt«? Politik und Ritual an den Großen Dionysien in Athen, in: C. Risi u. a. (Hrsg.), Theater als Fest, Fest als Theater. Bayreuth und die moderne Festspielidee (Leipzig 2010) 99 – 118.
2 Das Sprichwort findet sich in der Sprichwortsammlung des Zenobius (2. Jh. n. Chr.) 5,40 sowie im Lexikon des Suidas (um 1000 n. Chr.), s.v. »*Oudèn pròs tòn Diónȳson*« (o 806 Adler); bei Plutarch ist es als Frage formuliert, vermutlich, aber nicht zwingend, in rhetorischer Absicht, also mit der implizierten Antwort ›nichts‹: Plutarch, ›Quaestiones Convivales‹ 1,1,5: »*tí taûta pròs tòn Diónȳson?*« – Vgl. zur Überlieferung und Deutung des Sprichworts: A.W. Pickard-Cambridge, Dithyramb, Tragedy and Comedy (Oxford ¹1927) 166 – 168; (²1962. Revised by T.B.L. Webster) 124 – 126; A.F.H. Bierl, Dionysos und die griechische Tragödie. Politische und 'metatheatralische' Aspekte im Text (Tübingen 1991) 6 f. mit Anm. 9 und 10;

Die zum Sprichwort mutierte und auch in anderen Kontexten als dem Theater angewandte Formel scheint nicht allein einen Verlust zu beklagen, sondern zugleich einen ganz bestimmten Ursprung zu postulieren. Sie suggeriert, dass die frühe Tragödie, im Vergleich zu derjenigen zum jeweiligen Zeitpunkt der Äußerung, ›dionysischer‹ war beziehungsweise in einem deutlicheren Bezug zum Gott Dionysos gestanden habe. Es ist nicht anzunehmen, dass diese Debatte allein den Mythen galt, die zur Aufführung kamen. Das Sprichwort dürfte sich auch auf andere Aspekte der Darstellung bezogen haben: auf die Charakteristik der Chöre, auf Musik und Tanz, oder gar auf Momente der Ekstase oder der Festesfreude. Weder kennen wir den Tonfall der Phrase, noch wissen wir genau, was man in hellenistischer Zeit unter ›dionysisch‹ verstand. Wo also finden sich die Spuren des Gottes in der Frühgeschichte des Theaters, wo berühren sich Kult und Drama, Literatur und Religion?

Das griechische – und später das römische – Theater war während der gesamten Antike durch seine Einbindung in religiöse Feste und durch seine räumliche Nähe zu Tempeln und Altären eng an die religiöse Praxis angebunden.[3] War es im klassischen Athen der Kult des Dionysos, in dessen Rahmen Tragödien, Komödien und Satyrspiele aufgeführt wurden, so löste sich das Theater allmählich von der engen Bindung an den Dionysoskult und konnte – insbesondere vom Hellenismus bis in die römische Kaiserzeit – auch an den Festen anderer Götter aufgeführt werden.[4] Das Theater des Pompeius, das erste römische Steintheater, erbaut im Jahr 55 vor Christus, ist berühmt für die Verbindung von Theater und Tempel zu einem Baukomplex, die durch eine strenge räumliche Achsenbildung hergestellt wird. Es greift eine nicht in Griechenland, aber im italischen Raum – etwa in Augst, Vienne oder Lyon, in Tivoli oder Palestrina – häufiger zu findende Kombination auf, die in John Arthur Hansons maßgeblicher Monographie zu diesem Thema als »Theater-Temples« bezeichnet wird, doch ist ihre genaue Funktion Gegenstand von Debatten.[5] Trotz der historischen und genetischen Nähe des Theaters zum Kult bleibt jedoch die Frage, ob das Theater in der Antike eine sakrale oder eine profane Institution gewesen ist, schwer zu beantworten – nicht zuletzt aufgrund der hohen Durchlässigkeit zwischen beiden Kategorien, die zumindest für die antike griechische Kultur charakteristisch ist und eine solche Fragestellung problematisch erscheinen lässt.

Daher wäre es wohl vorschnell, das antike Theater unbesehen als ›heiliges Spiel‹ oder ›kultisches Drama‹ zu bezeichnen. Dass die Dramendichter zugleich ›Priester‹ der Kunst und die Tragödie eine ›Kunstreligion‹ gewesen sei, ist eine genuin moderne Vorstellung, die

---

grundsätzlich zum (dionysischen) Kontext des Dramas: J.J. Winkler – F.I. Zeitlin (Eds.), Nothing to Do with Dionysos? Athenian Drama and Its Social Context (Princeton/NJ 1990).

3 Vgl. J. Blänsdorf, Antike Theaterbauten und ihre Funktion, in: G. Holtus (Hrsg.), Theaterwesen und dramatische Literatur. Beiträge zur Geschichte des Theaters (Tübingen 1987) 75 – 107.

4 Dazu etwa S. Scullion, »Nothing to Do with Dionysus«: Tragedy Misconceived as Ritual, The Classical Quarterly 52/1, 2002, 102 – 137, hier: 112 – 114, der daraus ableitet, dass die Tragödie nicht als genuin dionysisch aufzufassen sei. Vgl. auch, mit derselben Argumentation, S. Scullion, Tragedy and Religion: The Problem of Origins, in: J. Gregory (Ed.), A Companion to Greek Tragedy (Oxford 2005) 23 – 37.

5 J.A. Hanson, Roman Theater-Temples (Princeton/NJ 1959); vgl. auch F. Sear, Roman Theatres. An Architectural Study (Oxford 2006) 44 f.

besonders im 19. Jahrhundert – etwa in der deutschen Romantik, bei Richard Wagner – Konjunktur hatte.[6] Die antike Tragödie jedoch sollte, in historischer Betrachtung, nicht als dezidiert religiöse Praxis missverstanden oder einer Theologie subsumiert werden. Zwar weisen Ritual und Drama in ihrer äußeren Performanz gewisse Ähnlichkeiten auf, doch sind die Tragödien und Komödien, die im Athener Dionysostheater zur Aufführung kamen, keine Rituale.[7] Die rituellen Handlungen, die innerhalb der Dramenhandlung vollzogen oder sprachlich evoziert werden, sind durch den fiktionalen Pakt auf einer anderen Ebene angesiedelt als im Kult der Alltagswelt.

Zugleich ist davon auszugehen und wohl auch archäologisch dokumentierbar, dass im Rahmen des Kultes, also bei Götterfesten – jenseits der uns bekannten schriftlich verfassten und überlieferten Dramen – theatrale Aufführungen stattfanden. So hat etwa Inge Nielsen in zahlreichen minoischen und mykenischen Palast- und Tempelanlagen theaterähnliche Strukturen nachgewiesen, zu deren bekanntesten die ›Schautreppen‹ in Knossos und Phaistos gehören.[8] Aber auch in späteren Tempelanlagen lassen sich Versammlungs- bzw. Schauorte (*théātra*) finden, die der Aufführung kultischer Spiele gedient haben könnten.[9] Aufgrund der Annahme, dass an diesen Orten sogenannte ›kultische Dramen‹ aufgeführt worden seien, werden derartige Strukturen in der Forschung als ›cultic theatres‹ oder ›sanctuary theatres‹ bezeichnet. Als ›kultisches Drama‹ kann die szenische Umsetzung eines Göttermythos gelten (wie die möglicherweise zur Aufführung gebrachte Suche der Demeter nach Persephone während der Mysterienfeier von Eleusis), ferner ein ritueller *hieròs gámos* (der etwa für die Anthesterien überliefert wird) oder aber die kultische Verwandlung von Festteilnehmern in Tiere, zum Beispiel in Fohlen (im Spartanischen Kult der Leukippiden) oder Bären (im Artemis-Kult von Brauron).[10]

---

6   Vgl. dazu mit weiterer Literatur: Gödde, »Gottesdienst« und »Staatsakt« (wie Anm. 1) bes. Anm. 15 und 16.
7   Vgl. R. Parker, Polytheism and Society at Athens (Oxford 2005) 137 f. und passim; skeptisch zur Unterscheidung ›religiös‹ vs. ›säkular‹ bereits R. Parker, Athenian Religion: A History (Oxford 1996) 79 f. sowie, mit Bezug zur Tragödie, Scullion, »Nothing to Do with Dionysus« (wie Anm. 4) bes. 134 f.; für eine deutlichere Annäherung von Drama und Ritual beziehungsweise dionysischem Mythos plädieren hingegen u. a. R. Seaford, Reciprocity and Ritual. Homer and Tragedy in the Developing City-State (Oxford 1994); ders., Cosmology and the Polis. The Social Construction of Space and Time in the Tragedies of Aeschylus (Cambridge 2012) Kapitel 4 und 5; A. Bierl, Der Chor in der Alten Komödie. Ritual und Performativität (unter besonderer Berücksichtigung von Aristophanes' ›Thesmophoriazusen‹ und der Phalloslieder fr. 851 PMG) (München–Leipzig 2001) sowie C. Sourvinou-Inwood, Tragedy and Athenian Religion (Lanham/MD 2003) bes. 215.
8   I. Nielsen, Cultic Theatres and Ritual Drama: A Study in Regional Development and Religious Interchange between East and West in Antiquity (Aarhus 2002) 69 – 76.
9   Vgl. C. Anti, Teatri greci arcaici da Minosse a Pericle (Padua 1947) 27 – 51; Sear, Roman Theatres (wie Anm. 5) 44 – 45; skeptisch zur These, dass es sich hier um Vorläufer des späteren Theaters handele: E. Pöhlmann, Die Prohedrie des Dionysos-Theaters im 5. Jh. und das Bühnenspiel der Klassik, Museum Helveticum 38, 1981, 129 – 146, hier: 136; ›Theater II. Architektur‹ (H.-P. Isler), in: DNP 12/1, 2002, 259 – 266, hier: 260.
10 Vgl. Nielsen, Cultic Theatres (wie Anm. 8) 83; generell zum rituellen Theater bzw. zu Theaterritualen: E. Csapo – M.C. Miller (Eds.), The Origins of Theater in Ancient Greece and Beyond: From Ritual to Drama (Cambridge 2007); A. Chaniotis, Theatre Rituals, in: P. Wilson (Ed.), The Greek Theatre and Festivals. Documentary Studies (Oxford 2007) 48 – 66.

2. Satyrn, Komasten und Böcke: Die Frühgeschichte der Tragödie

Während jedoch das genaue, genealogische Verhältnis dieser ›Kultspiele‹ zur uns bekannten Tragödie umstritten ist, hat Aristoteles einen konkreten, literaturgeschichtlich rekonstruierbaren kultischen Ursprung des Theaters postuliert.[11] Im vierten Kapitel seiner ›Poetik‹ führt er Tragödie und Komödie auf die Aufführung dionysischer Kultlieder zurück: die Tragödie auf den Dithyrambos, die Komödie auf Lieder bei Phallosumzügen.[12] Beide Ausdrucksformen des ›Dionysischen‹ haben sich bis in die Aufführungspraxis der klassischen Zeit im Rahmen der Großen Dionysien erhalten: Dithyramben-Aufführungen gingen den Dramen am ersten Festtag voraus, und der lederne Phallos war Teil des komischen Schauspielerkostüms. Die postulierte Nähe der Tragödie zum Dithyrambos lenkt den Blick zum einen auf den Bereich des Dionysos,[13] zum anderen auf den Chor als potentielle Keimzelle des Dramas. Denn auch jenseits eines genealogischen Argumentes gilt es darüber nachzudenken, inwieweit der Chor, der ja ein unerläßlicher Bestandteil der antiken Tragödie wie Komödie in klassischer Zeit war, als wesentlich religiöses oder rituelles Element des Dramas zu verstehen ist.[14]

Aristoteles fügt seiner Genealogie, die von rituell-volkstümlichen Anfängen zu einer erhabenen Form führt, noch ein weiteres Moment hinzu: Die Tragödie, so postuliert er, sei anfangs weniger ernst gewesen, da sie sich »aus« dem eher heiteren »Satyrhaften« (*ek satyrikoû*) entwickelt habe:

> Was ferner die Größe betrifft, so gelangte die Tragödie aus kleinen Geschichten (*ek mīkrôn mýthōn*) und einer auf Lachen zielenden Redeweise, da sie sich aus dem Satyrhaften (*ek satyrikoû*) umbildete, erst spät zu Feierlichkeit, und hinsichtlich des Versmaßes ersetzte der iambische Trimeter den trochäischen Tetrameter. Denn zunächst hatte man den Tetrameter

---

11 Anders Scullion, »Nothing to Do with Dionysus« (wie Anm. 4), der bezweifelt, dass Aristoteles' Angaben auf einer sicheren Grundlage fußen können.
12 In umgekehrter Zuordnung versteht diese Aristoteles-Stelle J. Leonhardt, Phalloslied und Dithyrambos. Aristoteles über den Ursprung des griechischen Dramas (Heidelberg 1991). Vgl. dazu die Kritik von Scullion, »Nothing to Do with Dionysus« (wie Anm. 4) 107 f., Anm. 13.
13 Allerdings ist das meist diesem Gott zugeordnete Kultlied auch für die Feste anderer Götter nachweisbar: siehe P. Wilson, The Athenian Institution of the »Khoregia«. The Chorus, the City and the Stage (Cambridge 2000) 15, 33 f.; Scullion, »Nothing to Do with Dionysus« (wie Anm. 4) 127 f.; P. Ceccarelli – S. Milanezi, Dithyramb, Tragedy – and Cyrene, in: Wilson, Greek Theatre (wie Anm. 10) 185 – 214, hier: 198. – Vgl. zum Dithyrambos auch unten Anm. 16 und 55. Grundsätzlich: B. Zimmermann, Dithyrambos. Geschichte einer Gattung (Göttingen 1992). Eine wichtige Rolle spielt der Dithyrambos auch in Seafords politischer Aitiologie der Tragödie: Seaford, Cosmology and the Polis (wie Anm. 7) Kapitel 5.
14 Siehe zum Tragödienchor: C. Calame, From Choral Poetry to Tragic Stasimon: The Enactment of Women's Song, Arion: A Journal of Humanities and the Classics, Third Series, 3/1, 1994 – 1995, 136 – 154; H.P. Foley, Choral Identity in Greek Tragedy, Classical Philology 98, 2003, 1 – 30; zum Komödienchor: Bierl, Der Chor in der Alten Komödie (wie Anm. 7); zum Chor »as consecrated to the gods«: Wilson, The Athenian Institution of the »Khoregia« (wie Anm. 13) 11 und unten Abschnitt 5.

verwendet, weil die Dichtung satyrhaft (*satyrikēn*) war und dem Tanz näher stand (*orchēstikōtérān*).[15]

Wie sich der erste von Aristoteles benannte Ursprung der Tragödie, der Dithyrambos (Aristoteles, ›Poetik‹ 4, 1449a 7 – 15), zur hier reklamierten Entwicklung aus dem Satyrhaften verhält, blieb vielen Interpreten lange Zeit unklar.[16] Konstitutiv für das ›satyrikón‹ sei, so Aristoteles, statt des iambischen Trimeters der trochäische Tetrameter gewesen, und demnach habe die Tragödie in dieser frühen Phase dem Tanz näher gestanden. Damit ist nicht das erst später als eigene dramatische Gattung entstandene Satyrspiel gemeint,[17] sondern ein bestimmter Sprechrhythmus sowie eine spezifische Form des Mimischen, wie wir sie etwa den Satyrdarstellungen der Vasenmalerei ablesen können.[18] Der Satyr, der hier zum Emblem für die frühe, ›scherzende Tragödie‹ wird,[19] gehört allerdings weniger in den historischen Kult als in das mythologische Imaginäre, wo er – in Bildkunst und Literatur – die dionysische Sphäre anzeigt. Er wird assoziiert mit animalischen Zügen, mit Sexualität und Trunkenheit, aber auch mit der Erfindung bestimmter Musikinstrumente – darunter der dionysische Aulos und das Tympanon – sowie natürlich mit dem Tanz.[20]

Nachdem es vielen Forschern der ersten Hälfte des 20. Jahrhunderts – allen voran Ulrich von Wilamowitz-Moellendorff und Arthur W. Pickard-Cambridge – als ein Sakrileg erschien, die ehrwürdige Tragödie mit derart burlesken, ja obszönen Tänzen in Verbindung

---

15 Aristoteles, ›Poetik‹ 4, 1449a 19 ff., hier in der leicht modifizierten Übersetzung von M. Fuhrmann (Aristoteles, ›Poetik‹. Übers. u. hrsg. v. M. Fuhrmann [Stuttgart 1994] 14 f.).
16 Noch 2000 schrieb Scullion, »Nothing to Do with Dionysus« (wie Anm. 4) 103 f.: »nobody seems to believe in goat-satyrs and practically nobody in satyric dithyramb anymore«; ähnlich 107; in Anm. 2 nennt er als Ausnahmen T.B.L. Webster in der zweiten Auflage von Pickard-Cambridge, Dithyramb, Tragedy and Comedy (wie Anm. 2) und Seaford, Reciprocity and Ritual (wie Anm. 7) 267 – 269; zugleich aber führt Scullion (ebd., 109) Archilochos Frg. 120 als Beleg für eine mögliche Verbindung zwischen Dithyrambos und ›satyrischer‹ Darstellungsform an; die ausschließliche Zugehörigkeit des Dithyrambos zum Kult des Dionysos negiert er hingegen. – Vgl. zu diesem Komplex jetzt O. Primavesi, Zur Genealogie der Poesie (Kap. 4), in: O. Höffe (Hrsg.), Aristoteles, Poetik (Berlin 2009) 47 – 67, hier: 58 und 61 f., der für die aristotelische Genealogie das Satyrikon als Zwischenstufe zwischen Dithyrambos und Tragödie identifiziert und den »Dithyrambos in Form eines Satyr-Rollenspiels« (ebd., 62) als Erfindung des Arion und zentrales Element in der Entwicklung annimmt. – Zur aristotelischen Genealogie siehe ebenfalls: D. Depew, From Hymn to Tragedy: Aristotle's Genealogy of Poetic Kinds, in: Csapo – Miller, The Origins of Theater (wie Anm. 10) 126 – 149. Zum Dithyrambos siehe auch oben Anm. 13 und unten Anm. 55.
17 B. Seidensticker, Dithyramb, Comedy, and Satyr-Play, in: Gregory, A Companion to Greek Tragedy (wie Anm. 4) 38 – 54, hier: 8.
18 Vgl. C. Isler-Kerényi, Civilizing Violence. Satyrs on 6th-Century Greek Vases (Fribourg–Göttingen 2004).
19 So der hellenistische Stiltheoretiker Demetrios über das Satyrspiel: ›de elocutione‹ 169.
20 Einen Überblick über die wichtigsten Textzeugnisse zu den Satyrn gibt R. Seaford, On the Origins of Satyric Drama, Maia 28, 1976, 209 – 221. – Scullion, »Nothing to Do with Dionysus« (wie Anm. 4) 117 postuliert unter Rückgriff auf einen Aufsatz von François Lissarrague (Why Satyrs Are Good to Represent, in: Winkler – Zeitlin, Nothing to Do with Dionysos [wie Anm. 2] 228 – 236, hier: 232), dass Satyrn auch sehr generell als »antitypes of men and god« aufgefasst werden können und nicht ausschließlich der dionysischen Sphäre zugerechnet werden müssen.

zu bringen,²¹ ist die jüngere Forschung in diesem Punkt unbefangener und stützt sich zudem auf eine bessere, vor allem archäologische Materialbasis.²² Zeugnisse über den frühen Dithyrambos etwa eines Arion oder des Archilochos werden mit der Ikonographie von Satyrn und den sogenannten Komasten oder Dickbauchtänzern enggeführt, und am Beginn der Entwicklung der Tragödie lassen sich chorisch aufgeführte Lieder zu Ehren des Dionysos denken, die von den erwähnten Tänzern oder auch von als Satyrn verkleideten Männern aufgeführt wurden.²³

Ein anderer Versuch, kultische Ursprünge der Tragödie namhaft zu machen, nimmt seinen Ausgang von der wörtlichen Bedeutung des Gattungsbegriffs Tragödie: ›Bocksgesang‹. Die eindringlichste Studie dazu hat Walter Burkert vorgelegt, der die frühe Tragödie als »Gesang um den Preis eines Bocks« bzw. als »Gesang beim Bocksopfer« rekonstruierte.²⁴ Ein umstrittenes architektonisches Element des antiken Theaters sollte Burkerts These stützen: die *thymélē*, eine im Zusammenhang mit dem Theater immer wieder erwähnte Einrichtung, die bald als Altar, als Opferbank oder auch als Podium gedeutet wurde.²⁵ Den Ausgangspunkt von Burkerts Überlegungen bildet die Zusammensetzung des Wortes ›tragōdía‹ aus ›trágos‹, »Bock«, und ›ōdē‹, »Gesang«, dessen Analyse unter Hinzuziehung zahlreicher Parallelzeugnisse zu dem Ergebnis führt, dass der Terminus nicht, wie in der früheren Tragödienforschung gelegentlich vorgeschlagen, »singende Böcke« bezeichnet, sondern vielmehr den »Gesang um den Preis eines Bockes«, eine Deutung, die sich bereits in hellenistischen Quellen findet und die das Bocksopfer einschließt.²⁶ Mit der aus der Etymologie abgeleiteten Schlussfolgerung, dass »inmitten der Dionysischen Aufführung der

---

21 Dazu E. Csapo – M.C. Miller, General Introduction, in: dies., The Origins of Theater (wie Anm. 10) 1 – 38, hier: 29; C. Isler-Kerényi, Komasts, Mythic Imaginary, and Ritual, in: Csapo – Miller, The Origins of Theater (wie Anm. 10) 77 – 95, hier: 79 – 81.

22 Vgl. vor allem die Beiträge zu den Komasten bzw. Dickbauchtänzern in: Csapo – Miller, The Origins of Theater (wie Anm. 10), die eine Beziehung zwischen den Komasten und Dionysos allerdings keineswegs als unumstritten darstellen.

23 Freilich lässt das Material die Rekonstruktion einer lückenlosen Genealogie von kultischem Tanz zu späterem Drama nicht zu und die fragliche Kontinuität zwischen beidem wird immer wieder mit großer Vorsicht kommentiert, zumal die Komasten zunächst vor allem auf korinthischen Vasen belegt sind: siehe Isler-Kerényi, Komasts (wie Anm. 21) 90; T.J. Smith, The Corpus of Komast Vases: From Identity to Exegesis, in: Csapo – Miller, The Origins of Theater (wie Anm. 10) 48 – 76; J.R. Green, Let's Hear It for the Fat Man: Padded Dancers and The Prehistory of Drama, in: Csapo – Miller, The Origins of Theater (wie Anm. 10) 96 – 107; T.H. Carpenter, Discussion, in: Csapo – Miller, The Origins of Theater (wie Anm. 10) 108 – 117, hier: 114.

24 W. Burkert, Greek Tragedy and Sacrificial Ritual, Greek, Roman and Byzantine Studies 7, 1966, 87 – 121; dt. Übers.: Griechische Tragödie und Opferritual, in: W. Burkert, Wilder Ursprung. Opferritual und Mythos bei den Griechen. Hrsg. mit einem Vorwort v. G.W. Most (Berlin 1990) 13 – 39. Vgl. dazu auch Gödde, Unschuldskomödie (wie Anm. 1).

25 Burkert, Griechische Tragödie (wie Anm. 24) 19; siehe auch H.-D. Blume, Einführung in das antike Theaterwesen (Darmstadt 1978, ²1984, ³1991) 73. Zur Bedeutung verschiedener Herde als Orte chorischer Darbietungen im Rahmen der Dionysien siehe Seaford, Cosmology and the Polis (wie Anm. 7). Das Folgende nach Gödde, Unschuldskomödie (wie Anm. 1) 218 f.

26 Burkert, Griechische Tragödie (wie Anm. 24) 15 f. – Die ›singenden Böcke‹ waren ein Versuch, die Etymologie von *tragōdía* mit dem aus Aristoteles' *satyrikón* abgeleiteten Satyrchor zu harmonisieren. Die beste Übersicht über diese Debatte bietet immer noch A. Lesky, Die tragische Dichtung der Hellenen

Hinweis aufs Opfer« stehe,[27] löst Burkert die Tragödie aus ihrer philosophisch-humanistischen Interpretationsgeschichte und stellt ihren befremdlichen Charakter als Bestandteil des antiken Dionysos-Kultes neu zur Disposition: »*tragôdia*«, so schreibt er, »heißt ›Bocksgesang‹ – ein Wort, das die Fratze des Tieres in die Entwicklung hoher Menschenkultur hineinblicken läßt, das Primitive und Groteske in die erhabenste literarische Schöpfung«.[28]

Liest man Burkerts Aufsatz jedoch genau, so wird man feststellen, dass ihm nicht vorrangig an einer stichhaltigen Ursprungstheorie gelegen ist. Er räumt immer wieder ein, dass die Quellen zu dieser Frage ihre Grenzen haben und dass seine Überlegungen nicht den Anspruch erheben, den *einen* Ursprung der Gattung zu erweisen.[29] Was Burkert in diesem Aufsatz vielmehr interessiert, ist ein existentielles Grundthema der Tragödie, der Tod, das er durch den Hinweis auf den rituellen ›Unterbau‹ der Gattung und durch den Verweis auf das Opfer ins Bewusstsein heben möchte. Seine Rekonstruktion der Gattungsgenese ist zudem darum bemüht – im Gegenzug zu all jenen Tragödienforschern, die allein das Satyrhafte oder gar das Satyrspiel selbst am Beginn der Tragödie ausmachen wollen – eine Vorstufe zu reklamieren, die ebenfalls für den Ernst der entwickelten Tragödie bürgen kann.

Es sind drei Komplexe, die die Anbindung des antiken Dramas an den Kult dokumentieren können: der satyrhafte Tanz, der (Dithyramben-)Chor als Keimzelle der Tragödie und der räumliche und institutionelle Kontext der Aufführungen, dem wir uns nun zuwenden.

3. Das Dionysostheater in Athen

Am Beispiel Athens lässt sich der städtische – politische und religiöse – Rahmen des Theaters in frühklassischer und klassischer Zeit am vollständigsten demonstrieren. Neben der gut erforschten Baugeschichte des Dionysostheaters ermöglichen die Quellen ein ungefähres Bild des Festablaufs; zudem handelt es sich hier um die einzige Polis, von deren Dichtern uns Dramentexte überliefert sind.

Doch zunächst einige grundsätzliche Bemerkungen zur Bauform des Theaters: Bevor das Dionysostheater um 500 vor Christus in Athen zum Spielort der Dramen wurde, wohnten die Athener den Theateraufführungen auf der Agora bei, und zwar vermutlich im Heiligtum des Dionysos Lenaios, dem Lenaion,[30] wo sie auf temporär errichteten Holztribünen (*íkria*) Platz fanden. Von dort wanderten die Aufführungen um 500 in den Kultbezirk des Dionysos Eleuthereus, der sich am Südosthang der Akropolis befindet. Auch hier bestanden die am Hang des Burgbergs errichteten Tribünen zunächst noch aus Holz, ebenso wie alle anderen

---

(Göttingen ¹1956, ³1972) 17 – 48; alle relevanten Zeugnisse sind gesammelt und besprochen in Pickard-Cambridge, Dithyramb, Tragedy and Comedy (wie Anm. 2).
27 Burkert, Griechische Tragödie (wie Anm. 24) 20.
28 Burkert, Griechische Tragödie (wie Anm. 24) 13.
29 Etwa Burkert, Griechische Tragödie (wie Anm. 24) 29.
30 F. Kolb, Agora und Theater, Volks- und Festversammlung. Theaterpublikum und Gesellschaft in der griechischen Welt (Berlin 1981) 29 – 58.

Elemente des Theaters, etwa die als ›skēnē‹ bezeichnete Bude hinter dem Spielort, in der die Schauspieler sich umkleideten, und möglicherweise auch ein als Bühne dienendes niedriges Podest.[31] Im Laufe des fünften Jahrhunderts entstanden dann die steinerne Prohedrie, die Sitzplätze für Priester und andere Würdenträger, sowie einige weitere steinerne Sitzreihen für privilegierte Zuschauer, während die Zuschauer auf den oberen Rängen lange Zeit auf Holzbänken saßen. Die kanonische Form des Theaters, die wir auch heute noch in Athen erkennen können – die steinerne halbrunde Cavea, die um die Hälfte einer kreisrunden Orchestra herum angelegt ist, sowie das steinerne Bühnenhaus – sind Produkte der späteren Umgestaltung der Anlage, die unter Lykurg gegen 330 vor Christus vorgenommen wurde. Diesen kanonischen Typus, der sich erst in früh-hellenistischer Zeit durchzusetzen beginnt, bezeugt am vollständigsten das Theater von Epidauros. Während von nun an Zuschauerraum und Orchestra in ihrer Bauform weitgehend festgelegt waren, erfuhr das Skenegebäude im Laufe der Zeit immer wieder starke Veränderungen.

Die Frage, wie sich das Athener Dionysostheater zwischen der Jahrhundertwende um 500 und dem Jahre 330 vor Christus genau entwickelt habe, hat in den letzten gut hundert Jahren die Forschung immer wieder bewegt. Es ging dabei um nicht wenig, denn zur Debatte stand eine hoch aufgeladene symbolische Form, der Kreis, der den Ursprung des Theaterspiels aus dem Chortanz, hier als kreisförmiger Reigentanz vorgestellt, bezeugen sollte. Inzwischen hat sich die Erkenntnis durchgesetzt, dass die meisten der frühen Theater – schon aus bautechnischen Gründen – im Kern eine rechteckige oder trapezförmige Spielfläche besaßen, deren Form sich im Zuschauerbereich, der dementsprechend zwei seitliche Flügel aufwies, fortsetzte. Archäologisches Indiz für diese Form sind die Funde von gradlinigen Blöcken, die die Orchestra zum Zuschauerraum hin abgrenzten.[32] Eindeutig als rectilinear identifizierte frühe griechische Theater sind – neben dem Dionysostheater in Athen – unter anderen die Theater von Thorikos, Trachones und Argos.[33] Neben der rectilinearen Form können für das fünfte Jahrhundert auch bereits curvilineare Theater nachgewiesen werden, so die unteritalischen Theater von Metapont und Paestum.[34]

Lange Zeit hielt sich die Vorstellung der frühen kreisrunden Orchestra, wie sie die ersten Ausgräber des Dionysostheaters (Dörpfeld und Reisch, 1896) postuliert hatten, hartnäckig.[35] Nicht zuletzt Aristoteles' Herleitung der Tragödie aus den Dithyramben, deren Chöre auch

---

31 Zu hölzernen Theatern E. Csapo, The Men Who Built the Theatres: *Theatropolai*, *Theatronai*, and *Arkhitektones*. With an Archaeological Appendix by H.R. Goette, in: Wilson, Greek Theatre (wie Anm. 10) 87 – 121, hier: 103 – 108.
32 Zusammenfassung der Befunde bei K. Junker, Vom Theatron zum Theater. Zur Genese eines griechischen Bautypus, Antike Kunst 47, 2004, 10 – 33; erstmals formuliert von Anti, Teatri (wie Anm. 9) und E. Gebhardt, The Form of the Orchestra in the Early Greek Theater, Hesperia: The Journal of the American School of Classical Studies at Athens 43, 1974, 428 – 440.
33 Letzteres wird ausführlich dokumentiert in R. Ginouvès, Le *théâtron* à gradins droits et l'Odéon d'Argos (Paris 1972).
34 Metapont: Rundform des Zuschauerbereichs beidseitig von einer rechteckigen Spielfläche, vgl. Junker, Theatron (wie Anm. 32) Abb. 8; Paestum: ebd., Abb. 6 und 7.
35 Siehe noch Blänsdorf, Antike Theaterbauten (wie Anm. 3) 87.

als ›kýklioi choroí‹ bezeichnet wurden, schien diese Annahme stützen zu können.³⁶ Moderne Interpreten wollten den Kreis entweder als religiöses oder als politisches Symbol für die Geschichte des Theaters reklamieren, und verwiesen dafür auf die poetische Redewendung von einem »heiligen Kreis«, einem *hieròs kýklos*, wie er bei Homer (›Ilias‹ 18,504) oder bei Euripides (›Orestes‹ v. 919) für juridische oder politische Versammlungen Erwähnung findet.³⁷ Noch in jüngster Zeit sah Peter Wilson in der Kreisform der Dithyramben-Chöre, die mit der Kreisform der Orchestra korrespondiere, die symbolische Form der neuen Kleisthenischen Phylenordnung gespiegelt.³⁸

In der Forschungsgeschichte zum antiken Theaterbau lässt sich also – ähnlich wie bei der Debatte um die Ursprünge des Dramas – ein engagiertes Ringen um die religiösen Anteile des Theaters ausmachen, die sich hier an die Kreisform der Orchestra hefteten. Größer ist hingegen, auch baugeschichtlich, die Verbindung zu politischen Institutionen. Die ersten steinernen Theater entstanden nicht zuletzt aus dem Bedürfnis, den zunehmend an Einfluss gewinnenden Bürgergremien, allen voran der Volksversammlung und den Gerichten, einen adäquaten Ort zu verschaffen – dementsprechend sind die zahlreich in Griechenland bezeugten Theater zunächst nicht exklusiv der Dramenaufführung vorbehalten, sondern als Mehrzweckbauten für politische Versammlungen aller Arten anzusehen.³⁹

Während die Form des Theaters also zunächst eher von praktischen Möglichkeiten bestimmt war und es seine auratische kreisrunde Gestalt erst im späten vierten Jahrhundert vor Christus erhielt, lässt die Lage des Athener Dionysos-Theaters, seine Nähe zum Tempel des Dionysos Eleuthereus, an den es unmittelbar angrenzte,⁴⁰ keinen Zweifel an der Einbindung in den Kult des Dionysos. Dramatische Aufführungen fanden im Athen der klassischen Zeit ausschließlich an den im Kultkalender festgelegten Dionysos-Festen statt, und der Ablauf des größten dieser Feste, der Städtischen Dionysien, mag weitere Antworten auf die Frage nach den religiösen Bezügen des antiken Theaters bereitstellen.

4. Die Großen Dionysien in Athen⁴¹

Wenn während der Großen Dionysien, die alljährlich Ende März unter Beteiligung der gesamten Polis inklusive der zugereisten Fremden und Bündnispartner im Theater von

---

36 Siehe Junker, Theatron (wie Anm. 32) 15, 17.
37 Vgl. etwa E. Burmeister, Antike griechische und römische Theater (Darmstadt 2006) 19.
38 Wilson, The Athenian Institution of the »Khoregia« (wie Anm. 13) 17 mit Anm. 40.
39 Junker, Theatron (wie Anm. 32).
40 Siehe z. B. den Plan in Wilson, The Athenian Institution of the »Khoregia« (wie Anm. 13) 210, Abb. 9.
41 Das Folgende nach Gödde, Ursprungsmythen (wie Anm. 1); Gödde, Die Polis auf der Bühne (wie Anm. 1) und Gödde, »Gottesdienst« und »Staatsakt« (wie Anm. 1); grundsätzlich zu den Großen Dionysien: A.W. Pickard-Cambridge, The Dramatic Festivals of Athens (Oxford ¹1953; ²1968. Revised by J. Gould and D.M. Lewis); Blume, Theaterwesen (wie Anm. 25); S. Goldhill, The Great Dionysia and Civic Ideology, in: Winkler – Zeitlin, Nothing to Do with Dionysos (wie Anm. 2) 97 – 129; E. Csapo – W.J. Slater (Eds.), The Context of Ancient Drama (Ann Arbor 1995).

Athen gefeiert wurden,[42] die Dramenaufführungen unmittelbar in ein Götterfest eingebunden waren, dann bedeutet das keineswegs zwingend, dass das Theaterspiel selbst hier zum religiösen oder gar archaischen Ritual wird. Während die zuvor referierte Debatte um die Ursprünge sehr stark von der Antithese zwischen Religion und Kunst, zwischen niedriger und hoher Kultur geprägt ist, scheint das athenische Theaterfest eher von fließenden Übergängen zwischen Sakralität und Profanität zu zeugen, oder besser: Es scheint ganz ohne diese Kategorien auszukommen. Religion war in der griechischen Antike kein vom Alltag distinkt unterschiedener Bereich, alles war Religion oder religiös markiert, und daher kann das Etikett – etwa auf das Theater angewandt – leicht zu Missverständnissen führen. Wichtiger für das Verständnis der Großen Dionysien dürfte vielmehr der eminent öffentliche und politische Charakter des Festes sein, der Umstand, dass die Polisgemeinschaft eine knappe Woche lang von morgens bis abends mit nichts anderem beschäftigt war als mit dem Theater.[43] Viele Bürger Athens waren überdies aktiv an den Aufführungen beteiligt, entweder als Sänger in einem der zahlreichen Chöre, die bei den Dithyramben-Agonen oder innerhalb der Dramenaufführung auftraten, oder aber als Choregen, die für die Einstudierung und Finanzierung eines Chors zu sorgen hatten – ein Amt, das im Griechischen mit dem *terminus technicus* ›*leitourgía*‹ bezeichnet wurde, der sich in unserer heutigen religiösen ›Liturgie‹ erhalten hat.

Die gesamte Winterzeit des attischen Jahres bis zum anbrechenden Frühjahr, also von Dezember bis April, war von Festen für Dionysos skandiert: Es begann mit den Ländlichen Dionysien im Monat *posideōn* (Dezember/Januar), die von den attischen Demen ausgerichtet wurden und deren Charakter – neben der Aufführung von Dramen – vor allem durch eine Phallos-Prozession bestimmt war. Dann folgten im Monat *gamēliōn* (Januar/Februar) die Lenäen, ein Fest, das durch seinen Namen mit den ›*lênai*‹, ekstatischen Dionysosanhängerinnen gleich den Mänaden, zu verbinden ist; das Programm der Lenäen, die am Rande der Athener Agora stattfanden, war vermutlich in der Frühzeit durch ein Übergewicht der Komödie gekennzeichnet, wobei ein staatlich kontrollierter Agon für beide Gattungen, Komödie wie Tragödie, erst vergleichsweise spät, nämlich kurz nach der Mitte des fünften Jahrhunderts vor Christus, installiert wurde.[44] Das dreitägige Anthesterienfest im Monat *anthestēriōn* (Februar/März) ist das einzige der vier Winterfeste, an dem das Theater keine Rolle spielte.

Die Großen oder Städtischen Dionysien fanden jedes Jahr Ende März, Anfang April (im griechischen Monat *elaphēboliōn*), und damit zeitgleich mit der im Frühling erneut

---

42 Ob Frauen als Zuschauerinnen im Theater zugelassen waren, ist immer noch weitgehend umstritten: siehe J.W. Henderson, Women and the Athenian Dramatic Festivals, Transactions and Proceedings of the American Philological Association 121, 1991, 133 – 147; nicht fraglich ist dagegen ihre Beteiligung an der Prozession.

43 Am ersten Tag fanden die Aufführungen der insgesamt wohl 10 Dithyramben-Chöre statt, es folgten fünf Komödien am zweiten Festtag, dann drei Tage mit je einer tragischen Tetralogie; vgl. die Übersicht bei Blume, Theaterwesen (wie Anm. 25) 25 f.

44 Komödie: 444 v. Chr.; Tragödie: 432 v. Chr.

einsetzenden Schiffahrt, statt. Dieses Fest wurde etwa zwischen 536 und 533 vor Christus, also unter dem Tyrannen Peisistratos, erstmals und dann ein zweites Mal um 509, im Anschluss an die Kleisthenische Phylenreform, reformiert und neu choreographiert. Die politische Bedeutung der Großen Dionysien zeigt sich nicht zuletzt in dem Umstand, dass für ihre Organisation der *árchōn epōnymos* verantwortlich zeichnete, ein Beamter der Polis, der anders als der *árchōn basileús*, eher für politische und nicht für rein kultische Belange zuständig war.

Der Ablauf des Theaterfestes ist an keiner Stelle unserer Überlieferung im Zusammenhang greifbar. Die folgende Rekonstruktion setzt die zahlreichen, aus verschiedenen Epochen und Kontexten stammenden Splitter zu einem Bild zusammen, das allenfalls als idealtypisch gelten kann. Das Fest wurde vorbereitet durch die Einholung des Gottes ins Theater. Hierfür wurde das Kultbild des Dionysos am Vortag aus dem Heiligtum am Dionysos-Theater heraus und an den Stadtrand zu einem Altar in der Nähe der Akademie verbracht, von wo es am Abend ins Heiligtum zurückgeführt und später im Theater selbst installiert wurde. Diese Einholung des Gottes – so eine weithin akzeptierte Forschungsmeinung – soll an die ursprüngliche Überführung seines Kultes aus Eleutherai, einem attisch-böotischen Grenzort, nach Athen erinnern, denn die Großen Dionysien waren dem Dionysos Eleuthereus geweiht.[45]

Christiane Sourvinou-Inwood sieht in der Einholung hingegen den Reflex eines alten *xenismós*-Rituals, also einer Speisung des Gottes, mit der die für den Gott Dionysos so typische Ankunft oder auch Epiphanie gefeiert werden sollte.[46] Für die Frühzeit der Dionysien, also vor dem fünften Jahrhundert, nimmt sie daher die zentrale (wenngleich in keiner Quelle belegte) Bedeutung des Prytaneions an. In klassischer Zeit habe man dann mit der inschriftlich belegten Einholung des Gottes vom Herd (*apò tês escháras*), vermutlich des 12-Götter-Altars, an die ursprüngliche Funktion des Prytaneions angeknüpft.[47] Sourvinou-Inwood schleust das Prytaneion der alten Agora, das erwiesenermaßen den Ausgangspunkt zahlreicher Prozessionen im archaischen Athen bildete[48] und das durch die Tripoden-Straße mit dem Dionysos-Theater verbunden war, per Analogieschluss in die Rekonstruktion der Großen Dionysien und ihrer Frühgeschichte ein.

Nachdem die Präsenz des Gottes im Theater auf diese Weise gewährleistet war, wurde das eigentliche Fest am nächsten Tag mit einer prachtvollen Prozession eröffnet, an der nahezu die gesamte Stadt teilnahm und in der zahlreiche Opfertiere und Kultgegenstände mitgeführt wurden. Die Abfolge der prozessierenden Gruppen spiegelte die soziale Struktur der Polis wider: Einheimische waren von Fremden getrennt, Männer von Frauen, Junge von Alten,

---

45 Dazu unter anderen W.R. Connor, City Dionysia and Athenian Democracy, Classica et Mediaevalia 40, 1989, 7 – 32.
46 C. Sourvinou-Inwood, Something to Do with Athens. Tragedy and Ritual, in: R. Osborne – S. Hornblower (Eds.), Ritual, Finance, Politics. Athenian Democratic Accounts Presented to D. Lewis (Oxford 1994) 269 – 290; vgl. auch dies., Tragedy and Athenian Religion (wie Anm. 7).
47 IG II² 1006, 12 – 13, 121 BCE; Csapo – Slater, Context (wie Anm. 41) 111, test. III 11.
48 Vgl. N. Robertson, The City Center of Archaic Athens, Hesperia 67, 1998, 283 – 302.

wobei den Epheben, den jungen Männern, die auf ihre militärischen Aufgaben vorbereitet wurden, die besondere Rolle zukam, das Hauptopfer für Dionysos, einen prächtigen Stier, zu führen.[49] Aber auch die unterschiedlichen Funktionsträger des Festes erhielten ihren Platz, darunter besonders prominent die durch prächtige Gewänder ausgezeichneten Choregen, die die Einstudierung und Finanzierung der Chöre übernommen hatten. Ein markantes Element dieser Zeremonie war die sogenannte Phallophorie, das Tragen von hölzernen Phalloi, die alljährlich für das Fest neu angefertigt und zum Teil von den Bündnispartnern Athens gestiftet worden waren. Der Verlauf der Prozession, die von Aulos-Spielern begleitet wurde, wurde an verschiedenen Altären der Stadt durch hymnische Einlagen von Chören unterbrochen – ein Zeichen dafür, dass das Fest für Dionysos auch andere Gottheiten einschließen konnte.[50]

Die Prozession endete im Dionysos-Heiligtum mit einem großen Opfer, bei dem 200 bis 300 Tiere geschlachtet wurden und auf das ein Festmahl folgte – für viele Athener Bürger eine der eher seltenen Gelegenheiten zum Fleischverzehr. Erst jetzt begannen die Aktivitäten im Theater selbst, das, wenn wir dem späten Zeugnis der Suda (um 1000 nach Christus) Glauben schenken dürfen, zuvor mit dem Blut geopferter Ferkel gereinigt und somit gewissermaßen als ›geheiligter Raum‹ gekennzeichnet worden war. Doch bevor die erste chorische Aufführung, der Dithyramben-Agon, und am zweiten Festtag dann die Dramenaufführungen auf dem Programm standen, erfolgten zunächst die politischen Zeremonien, die zeigen, dass das Theater-Fest zugleich als Möglichkeit der Selbstdarstellung der Polis begriffen wurde. Zunächst wurde die üblicherweise einem Ritual vorausgehende Libation nicht, wie zu erwarten, vom Dionysos-Priester, sondern von zehn dafür ausgewählten Strategen vollzogen.[51] Während der Vormacht-Stellung Athens im Attisch-Delischen Seebund wurden im Anschluss an die Libationen die Abgaben der Verbündeten vor dem Theaterpublikum ausgestellt.[52] Diese Geste hatte eine zusätzliche Pointe in dem Umstand, dass zu den Großen Dionysien in der Regel auch Vertreter fremder Poleis, insbesondere die Bündnispartner selbst, anreisten, so dass Athen sich vor einem ›internationalen‹ Publikum präsentieren konnte. Ferner ließ man die Kriegswaisen, die volljährig geworden waren, in einer Parade aufmarschieren und feierte ihren Eintritt ins Mannesalter.[53] Während die Polis bis zu diesem Zeitpunkt für die Waisen aufgekommen war, erhielten sie nun eine eigene Rüstung und wurden zu Vollbürgern der Stadt. Schließlich verlas ein Herold die Namen

---

49 IG II² 1006, 12 – 13, 121 BCE; Csapo – Slater, Context (wie Anm. 41) 111, test. III 11; zur Rolle der Epheben vgl. J.J. Winkler, The Ephebes' Song: Tragôidia and Polis, in: Winkler – Zeitlin, Nothing to Do with Dionysos (wie Anm. 2) 20 – 62.
50 Xenophon, ›Hipparchikos‹ 3,2 (ca. 388 – 355 v. Chr.); siehe Csapo – Slater, Context (wie Anm. 41) 115, test. III 27.
51 Plutarch, ›Cimon‹ 8,7 – 9 (ca. 115 n. Chr., aber mit Bezug auf ein Ereignis im Jahre 468 v. Chr.); siehe Csapo – Slater, Context (wie Anm. 41) 161, test. III 112.
52 Isokrates, ›de pace‹ 82 (356 v. Chr., mit Bezug zur Praxis des 5. Jhdts. v. Chr.); siehe Csapo – Slater, Context (wie Anm. 41) 117, test. III 35 A.
53 Isokrates, ›de pace‹ 82; Aischines, ›in Ctesiphontem‹ 154.

derjenigen Bürger, die sich um das Wohl der Stadt verdient gemacht hatten, und man ehrte sie mit einem Kranz.[54]

5. Chor und Choregie

Erst nach diesen politischen Zeremonien – den Ehrungen und Akten nationaler Selbstdarstellung inklusive der Demonstration militärischer Macht – folgten die ›musischen‹ Aufführungen. Die zweite Hälfte des ersten Festtages galt dem Wettbewerb der Dithyrambenchöre. Dieser Agon, über den wir uns leider aufgrund der nicht erhaltenen Liedtexte nur ein sehr schemenhaftes Bild machen können, scheint für die Frage nach der religionspolitischen Dimension des Festes, aber auch nach dessen archäologischen Spuren, eine besondere Rolle zu spielen.[55] Zum einen handelt es sich hier um die seit alters stark religiös besetzte Chorlyrik, die ein fester Bestandteil jedes Götterfestes war. Zum anderen spiegelt sich im Dithyrambenagon eine Neustrukturierung der Polis, nämlich die von Kleisthenes um 509 vor Christus vorgenommene Einteilung in zehn Phylen. Und drittens bildete sich dieser Wettbewerb konkret im Athener Stadtbild ab, nämlich in den eindrucksvollen Choregenmonumenten, die die Produzenten siegreicher Chöre auf der sogenannten Tripoden-Straße aufstellen ließen.

Durch die Phylenreform des Kleisthenes erhielt die Polis Athen eine neue Binnengliederung, in der die zehn neu geschaffenen Einheiten, die Phylen, die alten Adelsverbände ersetzen sollten. Die großen Gremien der Polis, wie Ratsversammlung, Geschworenengericht oder die Gruppe der Archonten, setzten sich gleichmäßig aus Vertretern der einzelnen Phylen zusammen. Diese neue politische Struktur bildete sich nun in zweifacher Hinsicht in den Großen Dionysien ab: Zum einen entsandten die zehn Phylen zum Agon der Dithyramben je einen Männer- und einen Knabenchor, insgesamt also zwanzig Chöre à fünfzig Sängern und damit eine Menge von eintausend Choreuten – ein Ereignis, das die aktive Beteiligung der Bürgerschaft an diesem Fest besonders eindrücklich demonstrierte. Zum anderen gab die Zugehörigkeit zu den Phylen – so lässt sich vermuten – die Sitzordnung im

---

54 Demosthenes, ›de corona‹ 120 (330 v. Chr.); siehe Csapo – Slater, Context (wie Anm. 41) 118 f., test. III 37; zu den inschriftlich überlieferten ›crowning formulae‹ siehe Chaniotis, Theatre Rituals (wie Anm. 10) 54 – 59.
55 Vgl. jetzt B. Kowalzig – P. Wilson (Eds.), Dithyramb in Context (Oxford 2013). In einem früheren Beitrag (»And Now All the World Shall Dance!« [Eur. Bacch. 114]: Dionysus' *Choroi* between Drama and Ritual, in: Csapo – Miller, The Origins of Theater [wie Anm. 10] 221 – 251) identifiziert Kowalzig den Dithyrambos als eine zentrale Liedform im Rahmen der dionysischen Mysterien; an diesen kultischen Komplex schließen nach Kowalzig die tragischen Chöre an, die, insbesondere in ihren selbstreferentiellen Momenten, einen »Dionysiac mode« (ebd., 233, 236) und eine mystische Erfahrung transportieren, die wiederum der Heroisierung der Protagonisten zuarbeite (ebd., 243). Die Mysterien als Vorform der Tragödie spielen ebenfalls eine zentrale Rolle in den Arbeiten von R. Seaford (wie Anm. 7); vgl. auch Schlesier, siehe unten Anm. 72. – Zur Gegenposition siehe die in Anm. 13 genannten Forschungen, die das genuin Dionysische des Dithyrambos in Frage stellen.

Theater vor. Beides sollte vermutlich einer Einübung und Habitualisierung der neuen politischen Mitgliedschaft dienen.[56]

Die im Dithyramben-Wettbewerb siegreichen Choregen, reiche Athener Bürger, die die Kosten der Einstudierung der Chöre trugen, erhielten als Preis von der Polis neben einem Stier, der für ein Opfer bestimmt war, auch einen bronzenen Dreifuß. Diese – immerhin drei bis fünf Meter hohen – Dreifüße wurden von den Choregen geweiht und auf reich ausgestalteten Basen, auf kleinen Tempeln (*naïskoi*) oder Säulen, entlang einer eigens dafür vorgesehenen Straße, in der Antike *trípodes* genannt, platziert.[57] Damit wurde im Stadtbild des antiken Athen auf deutlich sichtbare Weise über die Festzeit hinaus an die leitourgischen Leistungen der Choregen für das Theaterfest erinnert, und es bleibt dahingestellt, ob, wie Peter Wilson meint, diese Zurschaustellung der Siege und des Reichtums in einem spannungsvollen Verhältnis zur Demokratisierung stand.[58] Lediglich sieben Fundamente von Basen, die zu Choregenmonumenten gehörten, konnten ausgegraben werden,[59] drei Monumente sind heute noch – zum Teil durch Rekonstruktionen – bekannt: das vollständig erhaltene Lysikrates-Monument, das am Ostfuß der Akropolis errichtet wurde und auf dessen quadratischem Sockel sich ein sechssäuliger korinthischer Pseudomonopteros erhebt; das Thrasyllos-Monument am Südhang der Akropolis, oberhalb des Theaters, das Pausanias (›Beschreibung Griechenlands‹ 1, 21, 3) indirekt erwähnt und das die Fassade des Südflügels der Akropolis-Propyläen kopierte; sowie das Nikias-Monument, das westlich des Temenos des Dionysos stand und die Fassade eines sechssäuligen Dorischen Tempels aufwies.[60] Alle drei Weihgeschenke stammen aus dem letzten Drittel des vierten Jahrhunderts vor Christus.

Verschiedene Details dieser Praxis werfen Fragen auf: Zum einen ist es zunächst verwunderlich, dass der Kult des Dionysos beziehungsweise das Theater hier ein traditionell eng mit Apollon verbundenes Symbol, den Dreifuß, gewissermaßen annektiert hat. Im Laufe der Zeit wurde das ursprünglich Apollinische Utensil offenbar in ein typisch Dionysisches, nämlich das Mischgefäß, den Krater, umgedeutet[61] und galt lange Zeit als Inbegriff der Athener Chor- und Theaterkultur. Befremdlich ist des Weiteren, dass unsere Zeugnisse den Eindruck vermitteln, als habe die Stadt Athen mit dieser dauerhaften Auszeichnung nur die Sieger im Dithyramben-Agon gewürdigt, während den Choregen, die für die dramatischen

---

56 Wilson, The Athenian Institution of the »Khoregia« (wie Anm. 13) 17.
57 Pausanias, ›Beschreibung Griechenlands‹ 1,20,1. – Zu den Athener Dreifüßen: P. Amandry, Trépieds d'Athènes: I. Dionysies, Bulletin de Correspondance Hellénique 100, 1976, 15 – 93; A. Scholl, Denkmäler der Choregen, Dichter und Schauspieler des athenischen Theaters, in: W.-D. Heilmeyer (Hrsg.), Die griechische Klassik – Idee oder Wirklichkeit, Ausstellungskatalog (Mainz 2002) 546 – 553; H.R. Goette, Griechischer Theaterbau der Klassik – Forschungsstand und Fragestellungen, in: E. Pöhlmann (Hrsg.), Studien zur Bühnendichtung und zum Theaterbau der Antike (Frankfurt a. M. u. a. 1995) 9 – 48.
58 Wilson, The Athenian Institution of the »Khoregia« (wie Anm. 13) 198 – 262; vgl. auch Goette, Griechischer Theaterbau der Klassik (wie Anm. 57).
59 J. Travlos, Bildlexikon zur Topographie des antiken Athen (Tübingen 1971) 566.
60 Wilson, The Athenian Institution of the »Khoregia« (wie Anm. 13) 220 – 235, fig. 11 – 20; Goette, Griechischer Theaterbau der Klassik (wie Anm. 57) 132 – 135.
61 Athenaios, ›Deipnosophistae‹ 2,37 f.; Wilson, The Athenian Institution of the »Khoregia« (wie Anm. 13) 16 und 201.

Chöre verantwortlich zeichneten, der Dreifuß und damit der Platz im steinernen Gedächtnis der Stadt vorenthalten wurde.[62] Peter Wilson erklärt dies mit der zentralen politischen Bedeutung der Dithyramben-Aufführung als Ausdruck des neuen Phylensystems, doch steht dies in einem gewissen Missverhältnis zu dem zeitlich viel umfangreicheren Programm der Dramenaufführungen.

Inwiefern nun lassen sich die Choregen-Monumente, die ja wegen ihrer öffentlichen Aufstellung in der Forschung regelmäßig als Weihgeschenke bezeichnet werden, als Ausdruck der religiösen Dimension des Theaters greifen? Hier ist zu betonen, dass die auf den Monumenten angebrachten Inschriften in der Regel keine Adressierung an einen Gott enthalten wie sonst bei Weihgeschenken üblich, dass es sich demnach wohl nicht explizit und direkt um Weihungen an den Gott Dionysos gehandelt habe. Der Aufstellungsort der Monumente, die Tripodenstraße und nur selten das Dionysos-Heiligtum,[63] scheint diese Vermutung zu bestätigen und legt nahe, die Choregen-Weihungen tentativ als Ausdruck des kulturellen und materiellen Reichtums der Stadt Athen, aber auch des Ruhms individueller Choregen zu verstehen.

Aufschlussreich für unsere Fragestellung ist hingegen der Verlauf der Tripodenstraße: Pausanias berichtet (›Beschreibung Griechenlands‹ 1,20,1), dass diese Prachtstraße vom Prytaneion, das sich auf der alten Agora befand,[64] ihren Ausgang nahm. Die alte Agora konnte inzwischen im Osten der Akropolis lokalisiert werden. Die Reste der Monumentbasen dokumentieren, dass sie am Temenos des Dionysos Eleuthereus beziehungsweise am Theater endete.[65] Geht man, wie die jüngere Forschung dies tut,[66] davon aus, dass das bisher nicht identifizierte Lenaion, der Ort der dramatischen Agone vor der ersten Errichtung des hölzernen Dionysostheaters, nicht auf der jüngeren neuen Agora im Nordwesten der Akropolis gelegen war,[67] sondern in der Nähe des Prytaneions auf der älteren Agora aus dem sechsten Jahrhundert vor Christus, so ergibt sich der Befund, dass die Tripodenstraße beide Dionysos-Heiligtümer, das des Dionysos Lenaios und das des Dionysos Eleuthereus, miteinander verband und die Weihungen der Choregen somit durchaus in eine rituelle Semiotik eingebunden waren.[68]

62 Wilson, The Athenian Institution of the »Khoregia« (wie Anm. 13) 207 mit Anm. 31; zu einigen Choregen-Weihungen für dramatische Siege siehe Goette, Griechischer Theaterbau der Klassik (wie Anm. 57).
63 Wilson, The Athenian Institution of the »Khoregia« (wie Anm. 13) 209 mit Anm. 33.
64 Robertson, City Center (wie Anm. 48).
65 Wilson, The Athenian Institution of the »Khoregia« (wie Anm. 13) 210 f., Abb. 9 und 10.
66 Ch. Schnurr, Zur Topographie der Theaterstätten und der Tripodenstraße in Athen, Zeitschrift für Papyrologie und Epigraphik 105, 1995, 139 – 153.
67 So noch Kolb, Agora und Theater (wie Anm. 30).
68 Wilson, The Athenian Institution of the »Khoregia« (wie Anm. 13) 213; vgl. auch Travlos, Bildlexikon zur Topographie (wie Anm. 59) 566 mit der älteren Lokalisierung des Lenaion bzw. der Alten Agora; sowie Sourvinou-Inwood, Tragedy and Ritual (wie Anm. 46) passim, die glaubt, dass das Prytaneion während der Prozession der Großen Dionysien in der Frühzeit eine wichtige Rolle gespielt habe.

6. Die Dramen

Die bisherigen Überlegungen konnten deutlich machen, dass sich in der Institution des antiken Theaters religiöse, politische und künstlerische Diskurse (und Rituale) überlagern. Während es – wie oben bereits angedeutet – nicht sinnvoll erscheint, die zur Aufführung gebrachten Dramen als rituelle Handlungen zu definieren, findet sich bisweilen in antiker wie moderner Literatur durchaus die Vorstellung, es handele sich dabei gewissermaßen um ›Weihgaben‹ an den Gott Dionysos. Zu diesem Eindruck mag der Chor des Dramas beitragen, der eine gewisse Kontinuität zwischen Ritual – hier im Sinne von Hymnos und Gebet – und Drama herstellen kann.[69] Und wenn wirklich das Theater vor Beginn der Aufführungen mit Ferkelblut gereinigt wurde,[70] dann haben infolgedessen die dort aufgeführten Chöre und Dramen in der Tat einen anderen symbolischen Status, als wenn sie auf ›ungeweihtem‹ Boden zur Aufführung gebracht worden wären.

Welchen Beitrag leisten nun die Dramen selbst – die Plots von Tragödien, Komödien und Satyrspielen – zur Auffassung des Theaters als einem Ort, an dem auch Religiöses verhandelt wird? Auch bei Festen für andere Götter waren musische (und sportliche) Agone ein integrativer Bestandteil, so dass wir zunächst festhalten können, dass Religion und Unterhaltung sich im antiken Griechenland (genau wie später in der römischen Kultur) nicht ausschlossen. Wie das Epos, die hexametrischen Hymnen oder die Chorlyrik bringt auch die Tragödie (weniger ausgeprägt die Komödie) die mythologische Tradition zur Aufführung und damit Geschichten von denselben Göttern und Heroen, die im alltäglichen Kult adressiert wurden. Allerdings kommen bei den Dramen des fünften Jahrhunderts vor Christus zwei entscheidende Parameter hinzu, die bei anderen religiösen Festen vermutlich fehlten: Zum einen sind die Plots der Dramen wohl aufgrund ihres Konfliktpotentials von größerer politischer (wenngleich nicht tagespolitischer) Brisanz als die Themen von Epos oder Chorlyrik; zweitens zielt die Tragödie – und nur sie – mit ihren meist katastrophisch endenden Handlungen auf eine Erfahrung, die von anderen Götterfesten ausgeschlossen war: das Leiden, das Pathos, welches zwischen Empathie und Entsetzen changiert und dessen Status im Grenzbereich von Religion und Kunsterfahrung schwer zu bestimmen ist.

Vermutlich sind wir gut beraten, wenn wir dieses Pathos – der Deutung der aristotelischen ›Poetik‹ folgend – zunächst nicht als religiöse Erfahrung werten, sondern als ein Ausleben emotionaler Grenzsituationen, das – im sicheren Rahmen des Mimetischen – den physisch-psychischen Emotionshaushalt des Zuschauers reguliert beziehungsweise ›reinigt‹, indem es starke und tendenziell destruktive Affekte abspaltet und so zu einer Art Erleichterung führt. Andererseits lässt sich vom Pathos, vom Leiden, das in der Tragödie immer wieder auch Gegenstand der Klage ist, möglicherweise eine Linie zum Heroen-Kult ziehen,

---

69 Parker, Polytheism (wie Anm. 7) 138.
70 Siehe oben S. 40 nach Anm. 50.

für den die rituelle Klage ebenfalls zentral gewesen sein dürfte.[71] Nach Herodot (›Historien‹ 5,67) soll Kleisthenes, der Tyrann von Sikyon, im frühen sechsten Jahrhundert vor Christus tragische Chöre (*tragikoì choroí*), die sich auf die »Leiden (*páthea*) des Adrast bezogen«, »dem Dionysos zurückgegeben« haben. Da in anderen Religionen als der antik-griechischen – allen voran in der christlichen – Leiden durchaus religiös aufgeladen sein kann, war es für moderne Interpreten immer wieder verführerisch, die antike Tragödie aufgrund dieser Herodot-Stelle als Reflex der ›Leiden des Dionysos‹ zu fassen. Doch lässt sich diese Deutung weder durch die Herodot-Stelle, an der ausschließlich von den Leiden des Adrast die Rede ist, noch durch die Mythen um Dionysos verifizieren,[72] zumal die Geschichte vom Tod des Dionysos durch die Titanen nicht zum Kern der mythologischen Tradition dieses Gottes in klassischer Zeit gehörte.

Verschiebt man den Akzent nun von der emotionalen Dimension der Tragödie zu im engeren Sinne religiösen Mustern, so zeigt sich der Umgang der Gattung mit der Religion als ein auch kritischer, zumindest aber nachdenklich-reflektierender. Illustrieren lässt sich das etwa an der Dramatisierung, aber zugleich Problematisierung, bisweilen auch Mystifizierung einiger Heroengeschichten, insbesondere in der Tragödie des Sophokles. Nicht Ruhm und Unsterblichkeit stehen im Vordergrund dieser Plots, sondern das Leiden und der Tod, dessen genaue Bedeutung in der Schwebe gehalten wird: Wenn Herakles in Sophokles' ›Trachinierinnen‹ das selbstgewählte, aber auch von den Göttern vorherbestimmte Ende auf dem Scheiterhaufen findet, bleibt seine aus anderen Quellen bekannte Apotheose unerwähnt; Ödipus wird zwar von den Göttern im ›Ödipus auf Kolonos‹ nach einem langen Leben voller Qualen und Leiden zum ›heiligen Mann‹ erhöht, dessen Grab den Athenern Schutz gewähren kann, doch bleibt unklar, wie der Kult, der das Gedächtnis an ihn lebendig erhalten soll, praktiziert werden kann, da der Ort seines Grabes ein Geheimnis – man könnte auch sagen: ein Tabu – bleibt.[73] Die Tragödiendichter, so formuliert es Robert Parker,[74] haben das heroische Zeitalter entzaubert, ihre Behandlung der Heroen folgt nicht einem hagiographischen Interesse.

---

71 Vgl. Parker, Polytheism (wie Anm. 7) 141. – Zur Herleitung der Tragödie aus dem Heroenkult siehe insbesondere die ältere Arbeit von G.F. Else, The Origin and Early Form of Greek Tragedy (Cambridge/MA 1965); siehe auch Scullion, »Nothing to Do with Dionysus« (wie Anm. 4) 125.
72 Dazu R. Schlesier, Die Leiden des Dionysos, in: A. Kneppe – D. Metzler (Hrsg.), Die emotionale Dimension antiker Religiosität (Münster 2003) 1 – 20 sowie dies., Lust durch Leid: Aristoteles' Tragödientheorie und die Mysterien. Eine interpretationsgeschichtliche Studie, in: W. Eder (Hrsg.), Die athenische Demokratie im 4. Jahrhundert v. Chr.: Vollendung oder Verfall einer Verfassungsform? (Stuttgart 1995) 389 – 415. – Zu Formen und Funktionen des *páthos* in der Tragödie, jenseits von Ursprungsfragen, siehe S. Gödde, Pathos in der griechischen Tragödie, in: M. v. Koppenfels – C. Zumbusch (Hrsg.), Handbuch Literatur & Emotionen (Berlin–Boston 2016) 209 – 243.
73 Vgl. meine Lektüren von Sophokles' ›Trachinierinnen‹ und ›Ödipus auf Kolonos‹ in: S. Gödde, *euphêmia*. Die gute Rede in Kult und Literatur der griechischen Antike (Heidelberg 2011) Kapitel III, 2 und III, 4.
74 Parker, Polytheism (wie Anm. 7) 140.

Insbesondere die Tragödien des Euripides reizen die religionspolitische Dimension der Mythen aus.[75] Das gilt etwa für die von Euripides dramatisierten Aitiologien, die einen Bezug herstellen zwischen der mythischen Vorgeschichte und der aktuellen kultischen oder politischen Ordnung im zeitgenössischen Athen – besonders deutlich etwa im fragmentarisch erhaltenen ›Erechtheus‹ oder im ›Ion‹. In der Regel erfüllen die Aitiologien, die häufig einem *deus ex machina* in den Mund gelegt werden, der die Bestimmung der Protagonisten für einen bestimmten Kult verkündet (so etwa am Ende des ›Hippolytos‹ oder der ›Iphigenie in Tauris‹) die Funktion einer gewissen ›closure‹, einer Befriedung der leidvollen Handlung, die als ›Sinnstiftung‹ aufgefasst werden könnte. Richtiger wäre es wohl, die Funktion der vom Gott angeordneten Kultgründung darin zu sehen, an das Leid der mythischen Protagonisten zu erinnern, ohne es hagiographisch zu erhöhen. Doch können kultpolitische Strategien auch kritisch beleuchtet werden: Im ›Ion‹ etwa, der erklärt, wie Athen zur Mutterstadt der Ionier wurde, gründet diese Funktion auf einer Geschichte aus Gewalt und Intrigen, in der Apollon, der Gott der Wahrheit und des Orakels, zum Lügner werden muss. Auch andere Stücke des Euripides eröffnen die Möglichkeit zu einer kritischen Sicht der Götter: allen voran die ›Bakchen‹, in denen Dionysos die Thebaner in grausamer und – aus der Sicht des Kadmos – unverhältnismäßiger Weise für ihre Verweigerung seines Kultes bestraft, oder aber der ›Hippolytos‹, in dem die ›Eifersucht‹ der vom Protagonisten vernachlässigten Aphrodite zwei Menschenleben kostet. Der Wahnsinn, den die Götter im ›Rasenden Herakles‹ über den Titelhelden verhängen, entbehrt jeder klar nachvollziehbaren Logik und erscheint als Willkürakt. Freilich sind diese Tragödien mit der Formel ›ungerecht strafende Götter‹ verkürzt beschrieben:[76] Die grausamen Strafen der Götter sind auf einem anderen Plan der Hebel, durch den der Tragiker die Abgründe menschlicher Affekte freilegt: in den ›Bakchen‹ den Kontrollverlust durch die Ekstase, im ›Hippolytos‹ die zerstörerische Wirkung von Phaidras Liebe.

Rituelle Handlungsmuster stehen auch in jenen Tragödien auf dem Prüfstand, in denen ein Menschenopfer der Lösung einer politischen beziehungsweise militärischen Krise dienen soll: in Euripides' ›Herakliden‹, ›Erechtheus‹, ›Phoenissen‹ und ›Iphigenie in Aulis‹ sowie mit leicht verschobener Begründungskonstellation auch in seiner ›Hekabe‹. Ob es sich dabei um literarische Überformungen einer tatsächlichen Praxis, etwa eines *pharmakós*-Rituals, handelt oder um reine Fiktion, sei dahingestellt. Jedenfalls provozieren die Götter, Priester und Politiker, die diese Opfer fordern, aber auch die heroischen Jungfrauen, die sich häufig freiwillig opfern, eine kontroverse und kritische Debatte, und möglicherweise wird sogar das Opfer als solches, eine der zentralen Institutionen religiösen Lebens, problematisiert.[77]

---

75 Dazu Ch. Wildberg, Hyperesie und Epiphanie. Ein Versuch über die Bedeutung der Götter in den Dramen des Euripides (München 2002); Sourvinou-Inwood, Tragedy and Athenian Religion (wie Anm. 7) Kap. 3.
76 Vgl. R. Parker, Gods Cruel and Kind: Tragic and Civic Theology, in: C.B.R. Pelling (Ed.), Greek Tragedy and the Historian (Oxford 1997) 143 – 160 zum Unterschied zwischen »tragic and civic theology«.
77 Vgl. dazu S. Gödde, Ein Opfer für Ares. Zur Paradoxie des Gründungsmythos in Euripides' ›Phoinissen‹, Poetica 50, 2020, 19 – 52; dort weitere Literatur zu den Menschenopfern in der Tragödie des Euripides.

Zusammenfassend lässt sich sagen, dass die Tragödien dazu beitragen, die Erzählungen von den Heroen und Göttern nicht nur präsent zu halten, sondern sie zum Gegenstand einer intellektuellen Debatte zu machen, indem sie politische wie anthropologische Aporien und Konflikte ins Zentrum stellen, die von überzeitlicher Relevanz sind. Ein gewisses Gegengewicht zum überwiegend fatalistischen Weltbild der Tragödien schaffen Satyrspiel und Komödie. Der Bereich der Religion wird in der Komödie meist mit Momenten von Heiterkeit, Festesfreude und Frieden assoziiert, etwa wenn Dikaiopolis in den ›Acharnern‹ den für die Ländlichen Dionysien charakteristischen Phallos-Umzug als Zeichen seines Privatfriedens veranstaltet oder wenn am Ende vieler Stücke die Konfliktlösung durch eine festliche Prozession und die Aussicht auf ein Opfermahl oder eine Hochzeit angezeigt wird. Wegen ihrer freizügigen Kritik und ihrer Lizenz zur Verhöhnung renommierter Mitbürger hat man die Komödie immer wieder mit einem bestimmten Muster antiker Feste, insbesondere der Feste des Dionysos und der Demeter, in Verbindung gebracht: nämlich mit der Aischrologie, der kultisch legitimierten Verspottung der Festteilnehmer, etwa in den sogenannten Brückenliedern (*gephyrismoí*) während der Prozession der Mysten nach Eleusis.[78] Dass an den Theater-Festen zu Ehren des Dionysos zweierlei Transgressionen erlaubt waren – die Evokation von Leid und Trauer in der Tragödie und der scharfe Spott gegen Politiker und andere Würdenträger in der Komödie – das lässt sich durchaus als die dionysische Dimension des antiken Theaters reklamieren.

7. Was hat denn das mit Dionysos zu tun?

Es leuchtet ein, dass in einem Sammelband zum ›Grund des Tragischen‹ die Anfänge des europäischen Theaters und seine Verbindungen zu Dionysos, dem Gott des Theaters, nicht fehlen sollten. Zugleich bleibt aber zu fragen, inwieweit ausgehend von dem hier dargebotenen Material ein ›Ansatz zur Interpretation der Tragödie‹ entwickelt werden kann. Die Verbindungen zwischen der Tragödie, wie sie uns überliefert ist, und der Körperlichkeit von Satyrn und Dickbauchtänzern, wie wir sie von griechischen Vasen kennen, erscheinen zunächst sehr äußerlich. Das Polis-Fest mit seinen Prozessionen und Preisen repräsentiert eine andere Welt als die tragischen Plots mit ihren Konflikten zwischen den Figuren der mythischen Vergangenheit. Simon Goldhill hat gerade dieses Zusammenspiel zwischen Norm und Transgression als das spezifisch Dionysische der Großen Dionysien bezeichnet.[79] Eine solche Position setzt voraus, dass sich die Kulte und Mythen des Gottes Dionysos in einem Konzept verdichten lassen, das durch Ambiguität, Ambivalenz und die Infragestellung der Normen charakterisiert wäre.[80] Kritiker einer solchen Deutung verweisen darauf,

---

78 Vgl. Gödde, *euphêmia* (wie Anm. 73) 289 – 292 mit weiterer Literatur.
79 Goldhill, The Great Dionysia (wie Anm. 41) 127.
80 Deutliche Kritik an einem solchen, von Nietzsche beeinflussten, »metaphyischen« Konzept äußert immer wieder R. Seaford, der als dessen Vertreter neben Simon Goldhill auch Jean-Pierre Vernant zitiert: siehe R.

dass eine derartige Metaphorisierung des Gottes Dionysos aus der griechischen Antike nicht überliefert ist und man daher in ihr auch nicht das spezifisch Dionysische der Tragödie ausmachen dürfe. Insbesondere Richard Seaford hat immer wieder für eine politische Deutung eines den Tragödien zugrunde liegenden dionysischen Mythos plädiert. »Greek tragedy«, so seine Definition der Tragödie, »is the dramatization of aetiological myth shaped by the vital need to create and sustain the polis«.[81] Ein solches Resümee, das am Ende der Tragödien die Stiftung einer anti-tyrannischen Polis-Ordnung im Zeichen des Dionysos sieht, ist der oben angedeuteten religionskritischen Tendenz der Tragödien diametral entgegengesetzt.

Der vorliegende Beitrag hat sich darauf beschränkt, die textlichen und materiellen Zeugnisse vorzustellen, die auf genealogische oder aitiologische, auf räumliche oder institutionelle Bezüge zwischen Tragödie und Dionysoskult beziehungsweise auf religiöse Kontexte im weiteren Sinne verweisen. Darüber hinaus ging es mir darum, das Bedürfnis der modernen Forschung zu skizzieren, die Tragödie im Kult oder in religiöser Symbolik zu verankern. Eine intrinsische Verbindung zwischen dem festlichen, kultischen oder politischen Rahmen und der Interpretation der Stücke wurde dabei nicht insinuiert, geschweige denn eine Auffassung der Tragödie als Ritual. Dennoch gehörte eine gewisse Amalgamierung von Ritual, Tanz und Drama gewiss zum mentalen Archiv der griechischen Kultur. Zugleich dürfte das Athener Theaterpublikum zu keinem Zeitpunkt vergessen haben, dass all dies – die Dithyramben, die Komödien, die Tragödien und die Satyrspiele – zu Ehren des Dionysos aufgeführt wurde. In diesem institutionellen Rahmen haben die drei attischen Tragiker Stücke produziert, die sich eindeutigen politischen oder religiösen Deutungen oder gar Funktionalisierungen mit Erfolg entziehen.

Seaford, Something to Do with Dionysos – Tragedy and the Dionysiac: Response to Friedrich, in: M.S. Silk (Ed.), Tragedy and the Tragic. Greek Theatre and Beyond (Oxford 1996) 284 – 294, hier: 285 und zu Vernant: 292.
81 Seaford, Something to Do with Dionysos (wie Anm. 80) 293.

BERNHARD ZIMMERMANN

Mythos und Tragödie*

Peter Riemer zum 65. Geburtstag

I.

An den Großen Dionysien,[1] dem zentralen Fest der attischen Demokratie, das nach unserem Kalender im April stattfand, kamen, eingebettet in einen religiösen und politischen Rahmen, vier literarische Formen zur Aufführung, die vor allem dadurch untereinander verbunden sind, dass sie dem Gott Dionysos geweiht waren, ihm als geistige Opfergaben der Polis dargebracht wurden und deshalb – aufgrund dieses Opfercharakters – nur einmal an demselben Anlass aufgeführt werden durften.[2] Alle vier Gattungen – der Dithyrambos, das traditionelle Kultlied für den Gott,[3] die Komödie und Tragödie samt Satyrspiel – sind weiterhin dadurch verbunden, dass sie einen Chor aufweisen. Dithyramben sind rein

---

* Teile der folgenden Abschnitte dieses Beitrags gehen zurück auf bereits erschienene Publikationen oder wurden anderweitig veröffentlicht: Zu Abschnitt I vgl. B. Zimmermann, Europa und die griechische Tragödie. Vom kultischen Spiel zum Theater der Gegenwart (Frankfurt a. M. 2000, ND 2015) 113 – 118; ders., Eine Dichterfehde in Altathen (Aristophanes und Kratinos), in: C. Kugelmeier (Hrsg.), Translatio humanitatis. Festschrift zum 60. Geburtstag von Peter Riemer (St. Ingbert 2015) 133 – 145, hier: 133. – Zu Abschnitt III vgl. Zimmermann, Handbuch (wie Anm. 1) 537 – 538. – Zu Abschnitt IV vgl. ebd., 496 – 497. – Zu Abschnitt V vgl. ders., Vorwort, in: Aischylos, Die Tragödien. Üb. v. J.G. Droysen. Durchges. v. W. Nestle. Neu hrsg. u. eingel. v. B.Z. (Stuttgart 2016) VII – XL, hier: XIII – XVI; ders., Handbuch, 491 – 492, 564. – Zu Abschnitt VI vgl. ebd., 570 – 571.
1 Zu dem institutionellen Rahmen, in den Dramenaufführungen eingebettet waren, vgl. A. Pickard-Cambridge, The Dramatic Festivals of Athens. Rev. by J. Gould and D.M. Lewis with a New Supplement (Oxford 1988); E. Csapo – W.J. Slater, The Context of Ancient Drama (Ann Arbor 1995). – Leider sind die Quellen zu dürftig, als dass ein genauer ›Spielplan‹ im Sinne eines Ablaufes des Festes erstellt werden könnte; vgl. die Diskussion bei B. Zimmermann, Handbuch der griechischen Literatur der Antike. Band 1: Die Literatur der archaischen und klassischen Zeit (München 2011) 471 f. Das zweite, zwar ältere, aber nicht so bedeutende Fest, an dem in Athen Dramen zur Aufführung gelangten, waren die Lenäen (ca. Februar). Bei den lokalen Ländlichen Dionysien, die den dionysischen Festreigen im Winter eröffneten, wurden ebenfalls außerhalb von Athen in den Dörfern Dramen aufgeführt. Nach einer ironischen Bemerkung in Platons ›Staat‹ (475d) kann man annehmen, dass die ländlichen Demen das Datum des Festes untereinander abstimmten, so dass ein regelrechter ›Festspieltourismus‹ von Theaterliebhabern stattfand.
2 Vgl. dazu B. Zimmermann, Passato e presente nei generi letterari ›dionisaci‹ del V sec. a. C. (Trieste 2015) 5.
3 Trotz seiner Bedeutung als ›Lied der Polis‹ ist der Dithyrambos eine schlecht überlieferte literarische Form – und dies, obwohl allein bei den Großen Dionysien alljährlich 20 Dithyramben aufgeführt wurden. Jede der zehn Phylen, der Verwaltungseinheiten des demokratischen Athen, trat mit je zwei Chören, einem Männer- und einem Knabenchor, zum Wettstreit an; die Zeugnisse sind zusammengestellt von G. Ieranò, Il ditirambo di Dioniso. Le testimonianze antiche (Pisa–Roma 1997); zum Dithyrambos als einer literarischen Form vgl. B. Zimmermann, Dithyrambos. Geschichte einer Gattung (Berlin ²2008).

chorisch, Dramen dagegen ein Zusammenspiel von Chor und Schauspielern. Unterschiedlich dagegen ist die Stoffbasis: Dithyrambos, Tragödie und Satyrspiel verdanken ihren Stoff den Mythen, jenem Schatzhaus der Erinnerung, zu dem die Dichter als ›Seher‹ oder ›Musenherolde‹[4] Zugang haben und die jeden Athener in seinem Alltag ständig umgaben: als Tempelschmuck, in den bildlichen Darstellungen auf Keramik und in der Vielzahl von literarischen mythologischen Formen, den Epen, der Lyrik und Chorlyrik, aber auch den öffentlichen Reden wie den Epitaphien, den Gedenkreden auf die im Vorjahr Gefallenen, in denen die mythische Vergangenheit als Teil der attischen Geschichte einen herausragenden Platz innehatte. Die Komödiendichter dagegen – und darauf kommen sie immer wieder mit Nachdruck zu sprechen – sehen sich dem ständigen Druck ausgesetzt, immer Neues sagen zu müssen (καινὰ λέγειν), neue Einfälle, neue Witze auf die Bühne zu bringen, um ihre Rivalen im Agon auszustechen.[5] In einer Komödie des Antiphanes (Frg. 189)[6] mit dem programmatischen Titel ›Dichtung‹ (›poíēsis‹) beschreibt die *persona loquens* – entweder die Komödie oder die Dichtkunst selbst – diesen Innovationsdruck, unter dem die Komiker im Gegensatz zu den Tragikern stehen. Während bei einer Tragödienaufführung schon das Stichwort ›Oidipus‹ reiche, um jedem im Theater sofort den ganzen mythologischen Zusammenhang ins Gedächtnis zu rufen, wer der Vater und wer die Mutter sei, wer die Töchter und Söhne, und vor allem, was er getan und erlitten habe, und außerdem die Tragiker, wenn ihnen die Ideen ausgingen, immer noch einen *deus ex machina* als Notlösung aufbieten könnten, um ein Stück zu dem durch den Mythos vorgegebenen Ende zu bringen, gehe es den Komödiendichtern bedeutend schlechter. Alles müssten sie neu erfinden, neue Namen, neue Handlungen, neue Geschichten, und das theatererfahrene, verwöhnte Publikum erwarte von ihnen eben genau dies, dass sie immer mit Neuem, Überraschendem aufwarteten.[7]

Doch auch die Tragiker schrieben ihre Stücke nicht in einem Raum der dichterischen Freiheit, auch ihr Ziel war es, im tragischen Wettbewerb zu obsiegen, auch sie waren also dem ständigen Wettbewerb ausgesetzt. Als Besonderheit kommt hinzu, dass, entgegen der normalen Praxis der einmaligen Aufführung, Aischylos nach seinem Tod das exklusive Recht der Wiederaufführung seiner Stücke zuerkannt worden war. Wer Aischylos auf die Bühne brachte, trat mit den Stücken des Altmeisters gegen Zeitgenossen an. Aischylos war also für die nachfolgenden Tragikergenerationen ein Zeitgenosse, mit dem es sich zu messen galt.[8] So ist zu beobachten, dass sie sich, obwohl bei der unüberschaubaren Fülle von Mythen

---

4 So nennt sich Pindar Frg. 75,13; 70b,24 f. Maehler.
5 Zu diesem agonalen Dialog der Dichter, der zweifelsohne die wesentliche Ursache der schnellen Entwicklung der dramatischen Gattungen darstellt, vgl. Z.P. Biles, Aristophanes and the Poetics of Competition (Cambridge 2011).
6 R. Kassel – C. Austin (Hrsg.), Poetae Comici Graeci. Vol. II: Agathenor – Aristonymus (Berlin–New York 1991).
7 Platon in seiner kleinen Geschichte der lyrischen Formen in den ›Nomoi‹ (701a 3) spricht von »theātrokratía«, der Herrschaft des Publikums im Theater.
8 Zu Wiederaufführungen des Aischylos vgl. C. Brockmann, Aristophanes und die Freiheit der Komödie. Untersuchungen zu den frühen Stücken unter besonderer Berücksichtigung der ›Acharner‹ (München–Leipzig 2003) 42 – 141.

anderes möglich gewesen wäre, auf eine bestimmte, überschaubare Zahl von Mythen konzentrierten, auf den Alkmeon-, Oidipus-, Orest-, Meleager-, Thyest- und Telephosstoff, wie Aristoteles in der ›Poetik‹ feststellt (14, 1453a 17 – 22). Das Gerüst der Geschichte, der ›mythische Kern‹ – fährt Aristoteles fort – dürfe nicht angetastet werden. Klytaimestra müsse also durch die Hand ihres Sohnes sterben, wie Eriphyle von ihrem Sohn Alkmeon umgebracht werden müsse (1453b 22–26). Innerhalb des mythischen Geschehnisrahmens jedoch hat der Dichter alle Freiheit, sein Stück auszugestalten und von den Tragödien seiner Vorgänger abzusetzen.[9] Dies kann er erreichen, indem er z. B. neue Personen in die Handlung einführt oder bestimmte, im Mythos latent angelegte Fakten stärker akzentuiert, besonders jedoch dadurch, dass er die handelnden Personen anders charakterisiert oder ihre Taten in ein anderes Licht rückt und damit eine andere, zumeist theologische Gesamtdeutung in das Stück einfließen lässt.

So besaß gerade die Wiederkehr derselben zentralen Mythen auf der attischen Bühne des 5. Jahrhunderts v. Chr. für den Zuschauer einen unmittelbaren Reiz. Er konnte das Stück, das er gerade sah, mit anderen Tragödien desselben mythologischen Zusammenhangs, die er in seinem Leben als athenischer Theaterbesucher schon gesehen hatte, in seinem ›literarischen Gedächtnis‹ vergleichen. Wir können diesen Vergleich nur für den Elektra-Stoff (Aischylos, ›Choephoren‹; Sophokles, ›Elektra‹; Euripides, ›Elektra‹ und ›Orestes‹) vornehmen und teilweise für den thebanischen Sagenkreis (Aischylos, ›Sieben gegen Theben‹; Euripides, ›Phönizierinnen‹). Für das Publikum des 5. Jahrhunderts war der Titel das Signal, um ein Stück einem bestimmten Sagenkreis im Voraus zuzuordnen.[10] Euripides spielt mit diesem Signalcharakter. In seinen ›Phönizierinnen‹ erinnert er mit der Titelgebung bewusst an das gleichnamige, historische Drama des Phrynichos,[11] in dem der Vorgänger des Aischylos im Jahre 476 aus der Sicht der Unterlegenen, der phönizischen Frauen, die persische Niederlage bei Salamis darstellt; tatsächlich aber unterzieht er Aischylos' ›Sieben gegen Theben‹ einer neuen Deutung.

II.

Stoff der Tragödien sind also, von wenigen Sonderfällen mit historischem Inhalt abgesehen, Mythen, jene zahlreichen Geschichten, die in der Antike vor allem mit dem Namen Homers und insbesondere den beiden großen, im 7. Jahrhundert v. Chr. entstandenen Epen ›Ilias‹

---

9 Vgl. dazu B. Seidensticker, Mythenkorrekturen, in: B. Zimmermann (Hrsg.), Mythische Wiederkehr. Der Ödipus- und Medea-Mythos im Wandel der Zeiten (Freiburg i.Br. u. a. 2009) 17 – 40.
10 Dies wird vor allem dadurch gewährleistet, dass bei dem vor dem eigentlichen Wettkampf stattfindenden *proágōn*, dem ›Vorspiel des Agons‹, die Dichter zusammen mit dem Chor auftraten und ihre Stücke vorstellten.
11 Zu Phrynichos vgl. zusammenfassend Zimmermann, Handbuch (wie Anm. 1) 558 – 561.

und ›Odyssee‹ verbunden waren.[12] Mythen sind in der Regel aitiologisch. Sie versuchen den Ursprung oder die Herkunft von Gebräuchen, von Riten, von Institutionen oder menschlichen Verhaltensweisen in Erzählungen zu erklären. Häufig handeln Mythen von krisenhaften Situationen eines einzelnen oder einer Gemeinschaft; häufig sind diese Krisen mit Grenzüberschreitungen, mit Inzest, Gatten-, Mutter-, Kindermord, mit Menschopfern, Gewalt und Tod verbunden.[13] Diese beiden Grundelemente des Mythos, Aitiologie und Grenzüberschreitung, bestimmen die Handlung der meisten Tragödien. Besonderes Augenmerk richten die Tragiker darauf, welche Auswirkungen Grenzüberschreitungen einzelner für das Gemeinwesen haben. In einer Vielzahl von Stücken wird auf der Bühne vorgeführt, wie das Zerbrechen eines Hauses, eines *oîkos*, die Gesamtheit, die *pólis*, ins Verderben zu reißen droht und wie unter dem Verbrechen einzelner die Gemeinschaft zu leiden hat. Durch den Bruderzwist zwischen den Oidipus-Söhnen Eteokles und Polyneikes steht die Stadt Theben am Abgrund. Und zu Beginn des ›Agamemnon‹ wird das Haus, der »*oîkos*«, angesprochen (v. 37) – als Ort der Verbrechen des Atridengeschlechts, als »Menschenschlachthaus« (v. 1092) –, das nicht nur für die Nachkommen des Atreus, sondern für das ganze Gemeinwesen Ursprung von Unheil und Verderben ist.

III.

Aischylos fühlte sich in besonderer Weise den homerischen Epen als Quelle seiner Dramen verpflichtet, wie die bei dem kaiserzeitlichen Autor Athenaios (2. Jahrhundert n. Chr.) Aischylos zugeschriebene Aussage, seine Stücke seien »Schnitten von den großen Mahlzeiten Homers«, bildlich vor Augen führt (›Deipnosophistae‹ 8,347e). Eine Durchsicht der 80 bezeugten Titel des Aischylos bekräftigt das Diktum: 18 oder gar 21 (d. h. 21 % bzw. 26 %)

---

12 Es versteht sich von selbst, dass an dieser Stelle keine Diskussion über die vielfältigen Mythos-Konzeptionen, mit denen man eine Bibliothek füllen könnte, stattfinden kann; zur Einführung vgl. F. Graf, Griechische Mythologie. Eine Einführung (München–Zürich ²1987) 15 – 57, erweiterte Fassung als: Greek Mythology. An Introduction (Baltimore–London 1993) 9 – 56.
13 Walter Burkert sieht in diesem auffallenden Merkmal vieler Tragödien Spuren des Ursprungs der Gattung im Opferritual (Griechische Tragödie und Opferritual, in: ders., Wilder Ursprung. Opferritual und Mythos bei den Griechen [Berlin 1990] 13 – 39, hier: 26 = Greek Tragedy and Sacrificial Ritual, Greek, Roman and Byzantine Studies 7, 1966, 87 – 121, hier: 115 = Kleine Schriften. Band VII: Tragica et Historica. Hrsg. v. W. Rösler [Göttingen 2007] 1 – 36, hier: 26): »Die τραγῳδοί sind ursprünglich eine Gruppe maskierter Männer, die das im Frühjahr fällige Bocksopfer vollziehen; sie treten auf mit Klage, Gesang, Vermummung, und dürfen zuletzt den Bock verspeisen. Es ist möglich, dass der Brauch in Ikaria beheimatet war. Ernst und ›satyrhafte‹ Lustigkeit mögen sich in eigentümlicher Weise durchdrungen haben. Ansätze zu einem Agon, zum Wettstreit verschiedener Gruppen konnten früh schon vorkommen. Die Transformation auf das Niveau hoher Literatur, mit den Formen der Chorlyrik und der Adaptation des heroischen Mythos, bleibt eine einzigartige Leistung, die sich doch auf vorgegebene Elemente gründet: Gebrauch von Masken, Gesang und Tanz auf der θυμέλη, Klage, Flötenmusik, der Name τραγῳδοί, alles vereint in der Grundsituation des Opfers: Der Mensch im Angesicht des Todes.«

der Stücke entstammen dem trojanischen Sagenkreis; davon sind sieben oder eventuell sogar zehn Titel auf die homerische ›Ilias‹ und ›Odyssee‹ zurückzuführen.[14]

Am Beispiel der ›Sieben gegen Theben‹ lässt sich besonders deutlich nachvollziehen, wie im Handlungsgefüge der Tragödie die ständigen Homer-Bezüge dem Bühnengeschehen Bedeutungspotential verleihen. Die Charakterisierung, die der Sophist Gorgias (ca. 480 – 380 v. Chr.) den ›Sieben gegen Theben‹ angedeihen lässt – das Stück sei »voll des Ares« (DK 82 B 24) –,[15] unterstreicht, dass schon die Zeitgenossen die Tragödie als homerisch betrachteten, als ein Stück, das sich mit den in der ›Ilias‹ aufgeworfenen Fragen nach Krieg, Kriegsschuld und durch Krieg verursachtem Leid befasste. Der homerische Hintergrund der ›Sieben gegen Theben‹ ist unübersehbar. Die Ausgangssituation – eine Stadt wird längere Zeit belagert, der Kampf tobt unentschieden hin und her – lässt von Beginn an das homerische Modell durchscheinen, das durch eine Vielzahl von homerischen Wörtern auf der sprachlichen Ebene und von homerischen Szenentypen wie der ›Mauerschau‹ (›Ilias‹ 3,121 – 244) verstärkt wird. Besonders deutliche Anklänge weist der Eingangsteil der ›Sieben‹ zum 6. Buch der ›Ilias‹ auf. In der ›Ilias‹ sehen sich in der furchtbaren Schlacht die Trojaner immer mehr von den Griechen unter Druck gesetzt (6,4 – 74). Hektor, der Anführer der trojanischen Truppen, begibt sich in die Stadt, trifft auf die Schar der um ihre Söhne, Brüder, Männer und Verwandten bangenden Frauen und fordert sie auf, zu den Göttern zu beten (6,237 – 241). Der kurze Kommentar des allwissenden Autors (6,241) macht die Vergeblichkeit der Gebete klar. Die zunächst über die Anwesenheit ihres Sohnes erstaunte Hekabe kommt unverzüglich Hektors Auftrag nach (6,254 – 286). Sie versammelt die Frauen, betet zu Athena um die Rettung der Stadt (6,286 – 310). Doch die Göttin verweigert ihre Hilfe (6,311). Hektor begibt sich unterdessen zu Paris, um ihn an seine Pflicht, den bedrängten Trojanern beizustehen, zu erinnern, und dann auf die Suche nach seiner Frau Andromache und seinem kleinen Sohn Astyanax.

Die Übereinstimmungen der Handlungsführung der ›Sieben gegen Theben‹ mit dem 6. Buch der ›Ilias‹ sind deutlich. Die lange Zeit der Belagerung (vv. 21 – 23) ist bisher mit Hilfe der Götter ohne Schaden für die Stadt verlaufen. Doch jetzt steht, wie vom Seher vorausgesagt, ein mächtiger Angriff der Feinde bevor, gegen den es sich zu rüsten gelte (vv. 24 – 29). Der Welt der Männer, die im Prolog entwickelt wird, ist die Reaktion der Frauen im Einzugslied des Chores (vv. 78 – 180) entgegengestellt. Das Lied ist eine lyrische, expressive Umsetzung der Angst und Panik, die die thebanischen Frauen angesichts der heranrückenden Feinde befällt, es ist eine visionäre Mauerschau (›Teichoskopie‹), die die furchtbaren Bilder, die die Vorstellung der Frauen peinigt, in Worte umsetzt. Im 1. Epeisodion treffen die beiden, zunächst getrennt exponierten Welten direkt aufeinander. Eteokles, der Verteidiger der Stadt gegen die Truppen seines Bruders Polyneikes, weist die Frauen wegen ihrer Angst mit schroffen Worten zurecht. Nach einer langen Auseinanderset-

---

14 Vgl. dazu S. Radt, Sophokles in seinen Fragmenten, in: J. de Romilly (éd.), Sophocle (Genève 1983) 185 – 222, hier: 194 – 202; Zimmermann, Handbuch (wie Anm. 1) 536 ff.
15 Vgl. auch Aristophanes, ›Frösche‹ v. 1021.

zung fordert er sie auf, einen Hymnos, einen ›Paian‹, zur Rettung der Stadt anzustimmen (v. 268) und nicht unter Jammern und Stöhnen zu den Göttern zu flehen (vv. 279 f.). Doch der Chor ist nicht imstande, Eteokles' Befehl nachzukommen (v. 287). Ihn überkommt wieder Panik, das Gebet wächst sich zu einer Vision der Greuel aus, die mit der befürchteten Eroberung verbunden sind (vv. 287 – 368).

Die Parallelität der Szenenfolge der ›Sieben gegen Theben‹ mit dem 6. Buch der ›Ilias‹ fordert den Zuschauer dazu auf, die beiden zentralen Gestalten, den homerischen Hektor und den aischyleischen Eteokles, und die unterschiedlichen Konzepte des Heroischen, die die beiden vertreten, zueinander in Bezug zu setzen. Dem in die Gesamtheit der trojanischen Kämpfer integrierten Hektor steht der einsame, isolierte Eteokles entgegen, der seine Heimatstadt nicht gegen einen fremden Angreifer, sondern gegen seinen eigenen Bruder verteidigt. Gerade dadurch, dass Hektor im 6. Buch der ›Ilias‹ in seinen vielfältigen sozialen Beziehungen als Kampfgefährte, als Bruder und Sohn, als liebevoller Ehemann und Vater dargestellt ist, der selbst in höchster Kriegsgefahr seine Menschlichkeit und seinen Humor behält, als er lachend den Helm abnimmt, da der kleine Astyanax sich vor dem wippenden Helmbusch fürchtet,[16] sticht Eteokles' Einsamkeit und Monomanie umso mehr ins Auge. Der Unterschied zwischen Hektor und Eteokles wird besonders in ihrem Verhalten den Frauen gegenüber deutlich: Hektor bittet sie mit ruhigen Worten, zu den Göttern zu beten (›Ilias‹ 6,237 – 241), während Eteokles sie mit harten Worten beschimpft, ohne Verständnis für ihre Angst zu zeigen (›Sieben gegen Theben‹ v. 186). Auf der sprachlichen Ebene wird dieser enge Bezug zwischen der epischen und tragischen Szene durch das Epitheton »Stadtschützerin« (ῥυσίπολις) unterstrichen – gleichsam ein ›Brückenwort‹, das die beiden Texte verbindet –, mit dem sowohl der Chor der ›Sieben gegen Theben‹ (v. 130) als auch die Trojanerinnen (›Ilias‹ 6,305) Athena anrufen.

IV.

Die Fragilität der menschlichen Existenz auf der einen und die Bedrohung des Gemeinwohls durch einzelne auf der anderen Seite sind zentrale Themen, die die Tragödie zu einer durch und durch politischen Gattung machen, wobei ›politisch‹ in diesem Zusammenhang im Sinne des griechischen πολιτικός (*politikós*) verstanden werden sollte: zu einer Gattung, die das behandelt, was die Polis, das Gemeinwesen, insgesamt betrifft. So werden in der Tragödie Formen und Weisen, vor allem jedoch Gefährdungen des menschlichen Zusammenlebens im mythischen Spiel vorgeführt.

---

16 Die Bekanntheit dieser Szene wird durch die Parodie in Aristophanes' ›Acharnern‹ deutlich (vv. 572 – 586). Der komische Held Dikaiopolis fürchtet sich vor dem wippenden Helmbusch des martialischen Strategen Lamachos derart, dass er ihn bittet, den Helm abzunehmen. Lamachos kommt dem Ansinnen nach, Dikaiopolis zieht eine Feder aus dem Busch, kitzelt sich damit den Gaumen und übergibt sich in den Helm – denn Helme sind ihm einfach zum Kotzen.

Besonders deutlich lässt sich das Wechselspiel zwischen politischer Aktualität und Mythos an den 458 v. Chr. aufgeführten ›Eumeniden‹ aufzeigen, an dem die ›Orestie‹ abschließenden Stück.[17] Der durch den Muttermord befleckte Orest begibt sich auf Geheiß Apollons von Delphi nach Athen, wo er in einem regelrechten Gerichtsverfahren von dem eigens zu diesem Zweck von der Stadtgöttin Athena eingesetzten Areopag freigesprochen wird. Mit dieser Einsetzungsszene reagiert Aischylos auf das einschneidende politische Ereignis des Jahres 462, die Entmachtung des Areopags durch Ephialtes, der dem vormals einflussreichen Adelsrat nur die Kompetenz beließ, die ihm in der aischyleischen Tragödie durch Athena verliehen wird: die Blutgerichtsbarkeit. Aischylos bekräftigt somit in seinem Stück die demokratische Reform und macht sie damit unangreifbar und unumstößlich, indem er sie in der Form der Aitiologie auf die Stadtgöttin Pallas Athena zurückführt. Gleichzeitig bedeutet jedoch die Einsetzung des Areopags in der einzigen Funktion der Blutgerichtsbarkeit, die ihm geblieben war, eine besondere Ehrung des Gremiums, kann es sich doch direkt auf Athenas Willen berufen.[18]

Das ganze Stück durchzieht eine die politischen Gegensätze ausgleichende Tendenz. Immer wieder wird auf die Vorteile einer gemäßigten, ›mittleren‹ Regierungsform verwiesen (vv. 516 – 530, 690 – 698), in der das, was Furcht einflößt (δεινόν), eine regulierende Wirkung ausübt, die zu einem maßvollen Verhalten (σωφροσύνη) führt. Da diese Aussagen von den Antagonisten, von Athena und den Erinyen, kommen, wird ihre Allgemeingültigkeit unterstrichen. Auf der Ebene des Mythos wird die politische Realität am Ende von allen Seiten akzeptiert, und die Interessen beider Seiten werden respektiert. Für die Aristokraten hatte die radikale Demokratie den Beigeschmack des Anarchischen und Herrschaftslosen, die Demokraten wiederum waren von der ständigen Furcht vor Tyrannenherrschaft umgetrieben. Aischylos entwickelt vor diesem politischen Hintergrund das Idealbild einer in Eintracht (ὁμόνοια) lebenden Bürgerschaft besonders deutlich im Schlussteil des Stücks, in den Segensgesängen der zu Eumeniden, zu ›wohlmeinenden Göttinnen‹, gewandelten Erinyen für die Stadt Athen, in denen sie versprechen, Bürgerkrieg (στάσις), das größte Übel, von Athen fernzuhalten (vv. 976 – 987).

Die Struktur des Stücks ist durch eine durchgängige Spannung zwischen Mythisierung auf der einen und ein Heranholen dieser mythischen, dramatisch dargestellten Handlung an die Gegenwart auf der anderen Seite bestimmt.[19] Der Funktionswandel des Areopags und andere, insbesondere außenpolitischen Ereignisse der Aufführungszeit werden in eine mythische Vergangenheit verlegt und dadurch unangreifbar, allgemeingültig und ewig (vv. 572, 708, 763). Daneben finden sich, wie besonders in den Ausführungen über die Funktion des Furchteinflößenden in der Gesellschaft oder in der Mahnung, die Polis nicht in

---

17 Vgl. dazu Aeschylus, Eumenides. Ed. by A.H. Sommerstein (Cambridge 1989) 25 – 32; Zimmermann, Passato (wie Anm. 2) 13 – 18.
18 Vgl. auch S. Föllinger, Aischylos. Meister der griechischen Tragödie (München 2009) 152 – 165.
19 In der englischsprachigen Forschung wurde dieses Verfahren passend mit dem Film entlehnten Begriffen ›zooming effect‹ und ›distancing effect‹ beschrieben; vgl. C. Sourvinou-Inwood, Assumptions and the Creation of Meaning. Reading Sophocles' ›Antigone‹, Journal of Hellenic Studies 109, 1989, 134 – 148.

Bürgerkrieg zu stürzen, allgemeine Konzepte des bürgerlichen Zusammenlebens, die im Jahr der Aufführung, vier Jahre nach der Entmachtung des Areopags, von besonderer Brisanz waren. Der Zuschauer wird durch dieses ständige Wechselspiel dazu aufgefordert, die Alltagsrealität mit der tragischen Handlung und den dort entwickelten Vorstellungen zu konfrontieren – und diese Alltagsrealität war im Jahre der Aufführung sicher nicht einfach, sondern wohl von Bürgerkrieg bedroht.

Der Tragödiendichter schlägt demnach in der Verwendung mythischer Vergangenheit einen den Chorlyrikern entgegengesetzten Weg ein. Der Chorlyriker hat einen fest definierten aktuellen Anlass, den Sieg eines Adligen bei einem der panhellenischen Wettkämpfe in Olympia oder Delphi, in Nemea oder Korinth, und spiegelt diesen Anlass, den Sieger und seine Leistung im Mythos wider. Der Tragiker dagegen geht von der mythischen Ebene aus, nähert den Mythos immer wieder durch Schlüssel- oder Brückenworte an die Gegenwart an und macht so die dramatische Handlung zum Modell der Gegenwart. Im Gegensatz zu den Epitaphien, den alljährlich stattfindenden Gedenkreden auf die Gefallenen, in denen der Redner beschwörend die mythische und historische Geschichte der Stadt rekapituliert, kann dieser Bezug zwischen Mythos und Gegenwart in der Tragödie jedoch nicht nur affirmativ sein; vielmehr kann in der Tragödie aufgrund der Polyphonie der Gattung – die Positionen werden von unterschiedlichen Sprechern vorgetragen – ein kritisches Potential verborgen sein, und dies in vielfacher Art und Weise: Der Rezipient kann dazu gebracht werden, den im Drama entwickelten Anspruch mit der Realität zu vergleichen, die Stimmigkeit der Argumentationen zu überprüfen und zu überlegen, wie und ob überhaupt die von bestimmten *dramatis personae* vorgebrachten Argumente mit ihrer Charakterisierung und ihrem Verhalten im Stück zusammenpassen. Die Wirkung der Tragödie auf die Zuschauer könnte man somit am besten als Irritation bezeichnen.

V.

Es ist auffallend, dass in der Anfangsphase der Gattungsgeschichte drei Stücke historischen Inhalts stehen: die beiden verlorenen Dramen des Phrynichos, die ›Einnahme Milets‹ (492/491) und die ›Phönizierinnen‹ (476), sowie Aischylos' erhaltene ›Perser‹ aus dem Jahr 472. Diese historischen Dramen könnte man als Spuren des chorischen Ursprungs der Gattung ›Tragödie‹ ansehen. Der Chor bringt – und dies ist für das Verständnis der tragischen Chöre wichtig – in die Tragödie literarische Techniken ein, die mit traditionellen chorischen Aufführungen verbunden sind. Chorlyrik, wie sie uns in den erhaltenen Gedichten des Pindar (ca. 518 – 440 v. Chr.) und Bakchylides (ca. 520 – 450 v. Chr.) entgegentritt, ist an bestimmte Anlässe gebunden: an religiöse Feste zu Ehren einer Gottheit oder an Feiern, die ein Sieger bei den panhellenischen Festspielen zu seiner Verherrlichung in Auftrag gab. Gemeinsam ist allen chorlyrischen Formen, dass die Dichter von dem aktuellen Anlass ausgehen und diesen in der Ebene des Mythos widerspiegeln. Die Gegenwart wird auf die mythische Vergangenheit hin geöffnet, der Mythos wird als

Deutungsfolie für die Gegenwart genutzt. Der Übergang von der Gegenwart in die mythische Vergangenheit wird oft durch ein »wie einst« oder »wie schon früher« (ποτέ) hergestellt. Die Gegenwart ist somit ein Palimpsest, in dem die Vergangenheit immer durchscheint. Dadurch, dass ein Chor, der in der traditionellen Chorlyrik keinen bestimmten Charakter innehat, sondern als anonymer Repräsentant einer wie auch immer gearteten Gruppierung – in der Regel einer Festgemeinde – auftritt, tanzt und singt, in der Tragödie in eine Handlung gesetzt wird und eine Rolle zugewiesen bekommt, ergibt sich eine dramaturgische Schwierigkeit, an der sich Regisseure und Literaturtheoretiker seit der Antike abmühen. Einerseits agiert ein tragischer Chor wie ein traditioneller chorlyrischer Chor, der Zugang zur Welt der Erinnerung hat, andererseits ist er aber in der neuen chorischen Gattung ›Tragödie‹ eine dramatische Person mit einem mehr oder weniger fest umrissenen Charakter, die an der Handlung entweder als ganze Gruppe oder mit dem Chorführer als Vertreter des Kollektivs teilnimmt. Dieses janusköpfige Wesen des Chores begann schon bald zu stören. So werden die Chöre bei Euripides in seiner späten Schaffensphase zu in die Handlung lose integrierten Fremdkörpern, zu Zuschauern, zu Durchreisenden, die wie in den ›Phönizierinnen‹ nach Theben oder nach Aulis wie in der ›Iphigenie in Aulis‹ kommen und wie das Publikum im Theater das tragische Geschehen wahrnehmen und es voller Anteilnahme kommentieren.

Die chorlyrischen Ursprünge der Tragödie sind im ersten Viertel des 5. Jahrhunderts noch darin zu greifen, dass auch aktuelle historische Ereignisse dramatisiert wurden.[20] Die Tragiker, Phrynichos und Aischylos, folgten damit der chorlyrischen Praxis, Aktuelles als Ausgangspunkt für ihre Dichtung zu nehmen und es im dichterischen Medium zu reflektieren und zu deuten. Phrynichos, ein älterer Zeitgenosse des Aischylos, der in den Anfangsjahren der Demokratie um 510 v. Chr. im tragischen Agon erfolgreich war, brachte 492/491 in der ›Einnahme Milets‹ und 476 in den ›Phönizierinnen‹ Tagesgeschehen auf die Bühne. In der ›Einnahme Milets‹, von der kein einziges Fragment erhalten ist, behandelte er die Einnahme der ionischen Stadt durch die Perser. Nach dem Bericht des Historikers Herodot (ca. 490 – 420 v. Chr.) hätten die Athener schwer unter dem Fall der mit ihnen freundschaftlich verbundenen Stadt gelitten (›Historien‹ 6,21,2). Als Phrynichos das Schicksal Milets auf die Bühne gebracht habe, seien die Zuschauer in Tränen ausgebrochen, da der Dichter sie an eigenes Leid – wohl die von den Persern ausgehende Gefahr für Athen – erinnert habe. Für diese Reaktion des Publikums sei Phrynichos mit einer Strafe von 1000 Drachmen belegt und es sei generell verboten worden, »das Drama künftig noch einmal zu gebrauchen«, was wohl bedeutet, dass eine Aufführung außerhalb Athens oder gar die neuerliche Verwendung dieses Stoffes untersagt wurde. In den ›Phönizierinnen‹ (476 v. Chr.) erhalten, soweit wir dies den wenigen Fragmenten entnehmen können, die auf die Heimkehr ihrer Männer wartenden Frauen die traurige Nachricht vom Tod ihrer Männer, die in der persischen Flotte als Matrosen dienten. Das Stück dürfte nach dem Bericht eines

---

20 Man kann darüber nur spekulieren, warum nach den ›Persern‹ des Jahres 472 keine historischen Dramen mehr geschrieben wurden; vgl. Zimmermann, Handbuch (wie Anm. 1) 491 f.

Boten über die persische Niederlage bei Salamis aus einer Abfolge von Klagen des Chores der Frauen bestanden haben.

Aischylos übernimmt in seinen ›Persern‹ (472 v. Chr.), die dasselbe Ereignis wie Phrynichos' ›Phönizierinnen‹ behandeln, die Dramaturgie von seinem Vorgänger. Die aktuellen Ereignisse, der Sieg der Griechen, werden aus der Sicht der Unterlegenen dargestellt. Im Eingangsteil (vv. 1 – 248) baut Aischylos zunächst eine Stimmung banger Erwartung auf, die durch einen Boten, der die persische Niederlage bei Salamis meldet (vv. 353 – 514), ihre Bestätigung erhält. Die zentrale Szene ist die Totenbeschwörung und Epiphanie des Großkönigs Dareios (vv. 599 – 907), der, von seiner Witwe Atossa aus der Unterwelt heraufgerufen, eine theologische Deutung der persischen Niederlage gibt. Zwar weist auch er, wie dies zuvor der Bote (v. 354), Atossa (vv. 472, 724) und der Chor (v. 515) getan haben, einem bösen Daimon die Schuld zu (vv. 739 ff.). Verantwortlich ist jedoch sein Sohn Xerxes, der die vom Gott den Persern gesetzten Grenzen, nur zu Lande Macht auszuüben, nicht beachtete und sich auf seinem Feldzug gegen die Griechen zahlreiche Freveltaten zuschulden kommen ließ. Der letzte Teil des Stücks führt das Ausmaß der Niederlage vor Augen (vv. 908 – 1077). Die Klagen des einsam zurückkehrenden, geschlagenen Königs Xerxes und die Aufzählung der persischen Verluste stehen in deutlichem Kontrast zu den stolzen Worten des Einzugslieds, mit denen der Chor die persische Größe pries, und zeigen umso deutlicher die Katastrophe, in die Persien durch Xerxes' Unternehmung stürzte.

Während in den mythologischen Tragödien der Bezug zwischen Gegenwart und Vergangenheit durch ›Brücken‹ hergestellt wird – seien dies einzelne Worte oder im mythischen Kontext anachronistische Vorstellungen, Konzepte und Theorien, oder seien es Aitiologien, durch die ein kulturelles Phänomen, eine politische Institution oder ein Kult vor den Augen des Theaterpublikums begründet werden –, wird in historischen Dramen wie in Aischylos' ›Persern‹ oder in Phrynichos' ›Einnahme Milets‹ und ›Phönizierinnen‹ durch die poetische Form mit all den ihr innewohnenden Verfremdungseffekten und vor allem dadurch, dass die Gegenwart einer aus der mythologischen Tragödie und dem Chorlied bekannten theologischen Deutung unterzogen wird, das aktuelle Ereignis aus der unmittelbaren Gegenwart weggerückt. Erst in der durch diese Technik zustande kommenden Distanz kann man die Gegenwart, in der man verwurzelt ist, überblicken, als Ganzes erfassen und verstehen. Das aktuelle historische Ereignis wird mit einer über es hinausweisenden Bedeutung aufgeladen und kann damit als Modell zum Verständnis der Gegenwart beitragen, wie dies Herodots Bericht über die Reaktion des Publikums bei der Aufführung von Phrynichos' ›Einnahme Milets‹ zeigt: Im Schicksal der unterlegenen Stadt Milet sehen die Athener modellhaft, was ihnen selbst widerfahren könnte. Indem beide Tragiker, Phrynichos wie Aischylos, den Sturz aus der Höhe der Macht aus der Sicht der Unterlegenen darstellen, enthalten ihre Stücke eine ganz dem Geist der Tragödie entsprechende Mahnung, es im Triumph nicht zu Taten der Grenzüberschreitung, der Hybris (ὕβρις), kommen, sondern sich von einem maßvollen Verhalten (σωφροσύνη) leiten zu lassen.

VI.

Die in den tragischen Mythen immer wieder dargestellten Grenzüberschreitungen und Grenzverletzungen, die in frevelhafter Anmaßung (ὕβρις) begangenen Taten verweisen auf ein weiteres Charakteristikum der griechischen Tragödie: Sie ist eine religiöse Form insofern, als in den Stücken das Verhältnis von Mensch und Gott thematisiert wird, als versucht wird, das Göttliche und seine Auswirkungen auf die Menschen zu ergründen. Die traditionellen Mythen werden in den Tragödien einer theologischen Deutung unterzogen.[21] Die Protagonisten handeln auf der einen Seite unter einem äußeren Zwang, sei es eines auf dem Geschlecht oder eines auf einer Person lastenden Fluchs, sei es eines Daimons. Durch einen alten Orakelspruch ist der Untergang der persischen Macht vorausgesagt (›Perser‹ vv. 719 ff.), Eteokles und Polyneikes stehen unter einem Fluch ihres Vaters Oidipus (›Sieben gegen Theben‹ vv. 739 ff.), und auf Agamemnon lastet die Schuld seines Vaters Atreus (›Agamemnon‹ vv. 1178 ff.). Doch die Menschen laden selbst weitere Schuld auf sich, indem sie in ihrer Verblendung (ἄτη) die von den Göttern gesetzten Grenzen verletzten (ὕβρις). Dareios spricht in den ›Persern‹ (v. 742) gleichsam den Merksatz der aischyleischen Theologie: »Aber wenn einer selbst Eifer an den Tag legt, dann greift auch noch der Gott mit an« – und beschleunigt seinen Untergang, müsste man ergänzen. Der aus der Unterwelt heraufgerufene Großkönig, Xerxes' Vater, bestreitet nicht die Einwirkung eines Daimons (v. 725). Dass jedoch das Unheil so schnell über Persien hereinbrach, ist allein die Schuld seines Sohnes, der in seinem ungestümen Wesen (vv. 718, 754), von Ehrgeiz, es seinem großen Vater gleichzutun, verleitet und dem Rat falscher Freunde gehorchend, Persien ins Unglück stürzte. Die Überquerung des Bosporos auf einer Schiffsbrücke und die Durchstechung des Athos, um die Umschiffung des gefährlichen Kaps unnötig zu machen, bedeuten einen Eingriff in die natürliche Ordnung der Welt: Wasser wird zu Land, Land zu Wasser. Dazu kommen als weitere Freveltaten in Griechenland die Verwüstung und Zerstörung heiliger Stätten. Von Dareios' Deutung zurückblickend, erhalten die zwei Strophen des Einzugslieds ihren eigentlichen Sinn. Dort betonte der Chor, dass von alters her die Gottheit den Persern die Macht zu Lande übertragen habe (vv. 101 – 105), während die Seefahrt nicht gottgegeben, sondern erlernt sei (vv. 109 – 114). Indem Xerxes den Weg über das Meer einschlug, erlag er dem »listensinnenden Trug der Gottheit« (v. 93). Je mehr er handelte, desto mehr verstrickte er sich im Netz von Verblendung und Frevel, von Ate (ἄτη) und Hybris, aus dem es kein Entrinnen mehr gab: »Wer handelt, muss leiden«, singt der Chor im ›Agamemnon‹ (v. 1564); wer handelt, muss für die Konsequenzen seiner Taten einstehen. Dareios übernimmt mit seiner Deutung gleichsam die Position, die Zeus in der Eröffnung der ›Odyssee‹ im Götterrat (1,32 – 43) als Kritik vorträgt. Der Mensch ist nicht bereit, die Folgen der von ihm freiwillig begangenen Taten zu akzeptieren, vielmehr weist er den Göttern die

---

21 Zur theologischen Dimension der aischyleischen Tragödie vgl. Föllinger, Aischylos (wie Anm. 18) 48 – 52. Zum Zusammenhang von Theologie und Inszenierung vgl. K. Reinhardt, Aischylos als Regisseur und Theologe (Bern 1949).

Schuld zu – und dies, obwohl er von ihnen gewarnt worden ist. Da Zeus in der ›Odyssee‹ (1,29 f.) als Beispiel für dieses menschliche Verhalten auf Aigisth verweist, der trotz Hermes' Warnung Agamemnon erschlug und dafür von Orest getötet wurde, liegt es nahe, den Ansatzpunkt für die aischyleische Theologie in dieser homerischen Szene zu suchen.[22]

Eine den ›Persern‹ vergleichbare Konstellation liegt in den ›Sieben gegen Theben‹ und im ›Agamemnon‹ vor. Zwar stehen Polyneikes und Eteokles unter dem Fluch ihres Vaters Oidipus (›Sieben gegen Theben‹ vv. 721 ff.). Beide treiben jedoch durch ihr Handeln den Gang des Schicksals voran, Polyneikes, indem er gegen die Heimat zu Felde zieht, Eteokles, indem er sich am siebten Tor aus freien Stücken dem Bruder entgegenstellt. Agamemnon ringt sich aus einem inneren, unkontrollierten Impuls heraus zur Opferung seiner Tochter durch (›Agamemnon‹ vv. 215 f.). Im Zeus-Hymnos (vv. 176 ff.) gibt der Chor eine Erklärung mit dem gnomischen πάθει μάθος (*páthei máthos*), »durch Leid zur Erkenntnis« (vgl. vv. 250 f.); er deutet also das menschliche Leiden als eine harte Erziehung, durch die die Gottheit die Menschen zur vernünftigen Einsicht bringt, wobei diese Einsicht selbst zu denen kommen kann, die dies nicht wollen. Die Gottheit, die am »erhabenen Weltenruder« sitzt, kann ihre Gunst (χάρις, *cháris*) willkürlich, mit Gewalt zukommen lassen, wem sie will.

VII.

Mythen bieten – dies dürfte der Überblick deutlich gemacht haben – den Tragikern eine Vielzahl von Möglichkeiten für Handlungsentwürfe ihrer Dramen. Während der mythische Kern, die Basis-Fakten der Mythen, unverändert bleiben muss, können um diesen Kern herum Änderungen, Erweiterungen oder Reduzierungen vorgenommen werden. Vor allem jedoch suchen die Tragiker die Auseinandersetzung mit ihren Konkurrenten im tragischen Agon, indem sie den jeweiligen Mythos einer immer neuen Deutung zuführen – einer Deutung, die man politisch-theologisch nennen könnte. Dadurch können die tragischen Mythen im Sinne von tragischen Handlungen – man kann dies als ein Relikt der chorischen Ursprünge der Gattung ansehen – zur Deutungsfolie für die Gegenwart werden. ›Brücken‹ zwischen Vergangenheit und Gegenwart sind in den Texten angelegt. Es sind dies vor allem dem aktuellen Diskurs entlehnte Begriffe und Vorstellungen. Diese müssen vom Rezipienten erst entdeckt werden – dies ist der Unterschied zur autoritativen Chorlyrik – und werden bis heute in Neuinszenierungen und Neubearbeitungen griechischer Tragödien immer wieder aufs Neue entdeckt, so dass die alte Gattung immer aktuell, immer zeitgenössisch bleibt und bleiben wird.

---

22 Zum ›Atridenparadigma‹ der ›Odyssee‹ und dem Einfluss auf die attische Tragödie vgl. C. Michel, Homer und die Tragödie (Tübingen 2014) 35 – 50.

ALEXANDER SOKOLICEK

Frühe griechische Theaterbauten
Anmerkungen zum Forschungsstand

Dieser Beitrag widmet sich in erster Linie den frühen griechischen Theaterbauten des späten 6. bis zum 4. Jh. v. Chr., die nicht der kanonischen Rundform entsprechen, sondern rektilineare oder Π-förmige Grundrisse haben und im urbanen oder peri-urbanen Bereich liegen. Diese Theater sind in der jüngeren Literatur wiederholt und ausführlich besprochen worden, doch erscheinen zum gegenwärtigen Forschungsstand zwei Aspekte relevant, die noch weiter ausgeführt werden können. Dies ist zum einen die Frage nach der architektonischen Tradition, in der frühe Theater zu verorten sein könnten; und zum anderen stellt sich die Frage, in welchem Zusammenhang die architektonische Entwicklung des Theaters im 4. Jh. v. Chr. mit der dramatischen Dichtung stehen könnte. In dieser Zeit hat sich mit dem Steinbau des Dionysos-Theaters in Athen nicht nur das erste Mal die modellgebende Rundform verwirklicht, deren Baubeginn auf die Zeit um 350 v. Chr. und deren Vollendung auf nach 320 v. Chr. datiert werden kann,[1] sondern es ist auch die Neue Komödie durch Menander entstanden.[2] Dieser Einschnitt in der Geschichte der Theaterbauten ist von wesentlicher Bedeutung, da mit der Errichtung eines halbrunden Koilons eine luxuriöse Ausstattung einhergeht, die bei den älteren, linearen Theatern in keiner Weise realisiert und womit insofern ein neuer Bautyp geschaffen worden war.[3] Dieser Beitrag soll daher den Umbruch zur Monumentalität nochmals unter dem Aspekt der Veränderung v. a. des Zuschauerraumes beleuchten.

Lineare Theater bzw. Schauanlagen gibt es sowohl im urbanen Bereich als auch in Heiligtümern. Formal sind sich diese Theater durchaus ähnlich: Es handelt sich meist um einfache Stufenanlagen, die sich auf einen Platz oder einen verbreiterten Weg hin öffnen. Ein Vergleich dieser Schauanlagen zeigt, dass sie formal nicht eindeutig voneinander zu unterscheiden sind, und es stellt sich die Frage, ob die archaisch-klassischen Theatra einen gemeinsamen Ursprung besitzen. Im Folgenden sollen die frühen Theater im urbanen Bereich als ›pólis-Theater‹ bezeichnet werden, da sie unterschiedlichen Versammlungen

---

1 Diese Ergebnisse beruhen auf neuen Grabungen im Theater durch C. Papastamati-von Moock, die auch die bisherigen Datierungsansätze für die Fertigstellung des Theaters auf die Amtszeit des Lykurg neu aufrollt; siehe C. Papastmati-von Moock, The Theatre of Dionysus Eleuthereus in Athens. New Data and Observations on its ›Lycurgan‹ Phase, in: E. Csapo – H. R. Goette – J. R. Green – P. Wilson (Eds.), Greek Theatre in the Fourth Century B.C. (Berlin–Boston 2014) 15 – 76, hier: 33 – 35.
2 S. Nervegna, Menander in Antiquity. The Contexts of Reception (Cambridge 2013).
3 K. Junker, Vom Theatron zum Theater. Zur Genese eines griechischen Bautypus, Antike Kunst 47, 2004, 10 – 33, hier: 31.

gedient haben, die für die Polis von Bedeutung waren – Theateraufführungen sowie politischen Versammlungen. Unterschiedlich zu bewerten sind Schauanlagen in Heiligtümern, die in Anlehnung an I. Nielsen[4] als ›kultische Theater‹ bezeichnet werden sollen. Dabei handelt es sich um Stufenanlagen, die formal den frühen linearen Theatern ähnlich sind; doch sind diese so stark mit dem Kult im Heiligtum verbunden, dass sie vorrangig mit Ausübung von Religion in Heiligtümern in Verbindung zu bringen sind.

Forschungsstand

In der jüngeren Forschung sind frühe griechische Theater und Schautreppen wiederholt und unter unterschiedlichen Gesichtspunkten behandelt worden, wobei das Hauptaugenmerk eindeutig auf die formale Gestalt und den kultischen und politischen Fokus gelegt ist. Die Darstellung des Forschungsstandes ist aber notwendig, um weitere Ideen zu formulieren und die Komplexität der frühen Theaterlandschaft zu beschreiben. Im Folgenden wird keine vollständige Besprechung und Einbeziehung aller archäologisch und/oder literarisch bekannten Theateranlagen angestrebt; so sollen hier nur die wichtigsten Beispiele und ihre Beurteilung in der Literatur genannt werden. Es sei hier aber auf die detailreichen Analysen von H.R. Goette[5] und J. Paga[6] verwiesen.

Die erste, wegweisende Diskussion von E. Gebhard zur frühgriechischen Orchestra mit rektilinearen Theatern[7] hat den Fokus auf die vor-kanonischen Theater gelenkt. Ihre entscheidende Erkenntnis, dass lineare Theater älter und nicht ›primitiver‹ seien, ist nur zögerlich rezipiert worden. Die synoptische Betrachtung rektilinearer Theater durch H.R. Goette – gut 20 Jahre später – bekräftigt die Sichtweise, dass rektilineare Theater die ursprüngliche und nicht die abweichende Form von Theatern seien;[8] diese Interpretation wurde aber vereinzelt vehement abgelehnt.[9] Neue Grabungsergebnisse und neue Sichtweisen

---

4 I. Nielsen, Cultic Theatres and Ritual Drama. A Study in Regional Development and Religious Interchange Between East and West in Antiquity (Aarhus 2002).
5 H. R. Goette, Griechische Theaterbauten der Klassik. Forschungsstand und Fragestellungen, in: E. Pöhlmann (Hrsg.), Studien zur Bühnendichtung und zum Theaterbau der Antike, Studien zur klassischen Philologie 93 (Frankfurt 1995) 9 – 48; H. R. Goette, Archaeological Appendix, in: P. J. Wilson (Hrsg.), The Greek Theatre and Festivals. Documentary studies (Oxford 2007) 116 – 121; H. R. Goette, Die Architektur des Klassischen Theaters unter besonderer Berücksichtigung Athens und Attikas, in: B. Zimmermann (Hrsg.), Die Literatur der archaischen und klassischen Zeit, Handbuch der Altertumswissenschaft 7,1 (München 2011) 474 – 484; H. R. Goette, The Archaeology of the ›Rural‹ Dionysia in Attica, in: E. Csapo – H. R. Goette – J. R. Green – P. Wilson (Eds.), Greek Theatre in the Fourth Century BC (Berlin–Boston 2014) 77 – 105.
6 J. Paga, Deme Theaters in Attica and the Trittys System, Hesperia 79, 2010, 351 – 384; dies., The Greek Theater, in: M. M. Miles (Hrsg.), Blackwell's Companion to Greek Architecture (Hoboken 2016) 360 – 373.
7 E. R. Gebhard, The Form of the Orchestra in the Early Greek Theater, Hesperia 43, 1974, 428 – 440.
8 Goette, Archaeological Appendix (wie Anm. 5); ders., Die Architektur des Klassischen Theaters (wie Anm. 5).
9 D. Wiles, Tragedy in Athens. Performance Space and Theatrical Meaning (Cambridge 1999).

auf bekannte Theater und Stufenanlagen haben die Diskussion von Architektur und Theateraufführungen seitdem bereichert, wenn auch nicht vereinfacht. Hervorzuheben ist vor allem die Studie von K. Junker zur Entwicklungsgeschichte des Theaters, in der er die Evolution der linearen Bühnen zu runden Theatern diskutiert und zum Schluss kommt, dass das kanonische Theater mit halbrundem Koilon keine einmalig getane Erfindung sei, sondern in ihrer Ausformung schrittweise erfolgte.[10] Bereits in älteren Studien waren Form, Funktion und vor allem der politisch-urbane Kontext archaisch-klassischer Theater und Versammlungsbauten diskutiert worden von W.A. MacDonald, C. Anti, O.A.W. Dilke, R. Ginouvès und vor allem F. Kolb.[11] Weiter geht J. Paga in zwei Analysen griechischer Theater und speziell attischer Demen-Theater,[12] worin sie mehrfach die multifunktionale Bedeutung griechischer Theaterbauten hervorhebt. Besonders interessant ist der politische Aspekt der attischen Demen-Theater: Paga betont, dass die Theater in Demen so verteilt waren, dass es ein Theater pro Trittys für Demen- und Trittyen-Versammlungen gab. Dadurch waren sie wesentliche Bestandteile gelebter Demokratie und haben dazu beigetragen, das komplexe System demokratischer Identität in Attika zu festigen.

In anderen Arbeiten wurde der Blick auch auf einfache Stufenanlagen sowohl in Heiligtümern als auch in urbanen Zentren gelenkt. Die Erweiterung der Diskussion auf Heiligtümer hat zu neuen Klassifikationen geführt. So bespricht I. Nielsen in ihrer umfassenden Sammlung sogenannte »cultic theaters«,[13] die sie im Kontext von Heiligtümern als eigenen Bautyp bewertet. Im Hinblick auf Stufenanlagen in Heiligtümern räumt sie allerdings ein, dass kultische Theater »always remained rather primitive in form, and are sometimes even difficult to distinguish from terrace walls and staircases«.[14] In seiner 2003 erschienenen Dissertation ›Griechische Stufenanlagen‹ möchte T. Becker eine klare Trennung zwischen Theateranlagen und Stufenanlagen in Heiligtümern erkennen, die mit theatralischen Aufführungen nichts zu tun hätten. Diese strikte Klassifizierung erscheint jedoch problematisch, da gerade die Ausübung von Religion mit Performanz verbunden ist, die ›theatralische‹ Aufführungen keineswegs ausschließt. Auch wenn neue Überlegungen zu Stufenanlagen in Heiligtümern und ihre mögliche Beziehung zu theatralischen Aufführungen innerhalb des Kultes – wie möglicherweise im Tempelbezirk von Selinunt[15] – diese Sichtweise zu überdenken anregen, so hat diese Diskussion aber den Blick auf eine

---

10 Junker, Vom Theatron zum Theater (wie Anm. 3).
11 W. A. MacDonald, The Political Meeting Places of the Greeks (Baltimore 1943); C. Anti, Teatri greci arcaici da Minosse a Pericle (Padua 1947); O. A. W. Dilke, Details and Chronology of Greek Theatre Caveas, Annual of the British School at Athens 45, 1950, 21-62; R. Ginouvès, Le théâtron à gradins droits et l'Odéon d'Argos (Paris 1972); F. Kolb, Agora und Theater, Volks- und Festversammlung. Theaterpublikum und Gesellschaft in der griechischen Welt (Berlin 1981).
12 Paga, Deme Theaters in Attica (wie Anm. 6); dies., The Greek Theater (wie Anm. 6).
13 Nielsen, Cultic Theatres and Ritual Drama (wie Anm. 4).
14 Ebd., 118 – 119.
15 C. Marconi – D. R. Scahill, The ›South Building‹ in the Main Urban Sanctuary of Selinunte. A Theatral Structure?, in: R. Frederiksen – E. R. Gebhard – A. Sokolicek (Eds.), The Architecture of the Ancient Greek Theatre, Acts of an International Conference at the Danish Institute at Athens 27 – 30 January 2012 (Aarhus 2015) 279 – 292.

allgemeinere Ebene gelenkt und viele Stufenanlagen in die Behandlung von Schauanlagen gebracht, die in allgemeinen Studien zu Theatern bislang wenig Aufmerksamkeit gefunden haben. Hier muss aber auf die Analysen aus dem Kreis des Copenhagen Polis Center unter der Leitung von M.H. Hansen hingewiesen werden, vor allem auf die Arbeiten von R. Frederiksen, dessen allgemeine Theaterforschungen und speziell seine Arbeiten zum Theater von Kalydon wesentliche Impulse zum Verständnis hochklassischer Theaterbauten gegeben haben.[16] Ein von E. Csapo, H.R. Goette, J.R. Green und P. Wilson ediertes Sammelwerk zeichnet ein reiches und überzeugendes Bild des Athener Theaters im 4. Jh. v. Chr.: Es kann keine Rede von einem Niedergang der Theaterkultur sein, vielmehr von einer Transformation der Dichtung, der Kanonisierung der großen drei Tragödiendichter des 5. Jh. v. Chr., Aischylos, Sophokles und Euripides, und einer zielbewussten Neuformation der Architektur – also von Maßnahmen, die gemeinsam dazu verhalfen, das griechische Theater an sich als eigenständige Institution in einen größeren sozialen Diskurs einzubetten.[17] Ein wichtiger Ansatz geht jüngst von M.B. Hollinshead aus, deren 2015 erschienene Studie zu monumentalen Stufenanlagen in der griechischen Architektur den menschlichen Faktor, also die praktische Nutzung der Stufenanlagen und deren performative Funktion als »participatory architecture« hervorhebt.[18] Dieser ›menschliche Faktor‹ sei zum Anlass genommen, die Form und Funktion frühgriechischer Theaterbauten und ihre Transformation im 4. Jh. unter dem Aspekt der Performanz zu betrachten. Stufenanlagen in unterschiedlichen urbanen oder sakralen Kontexten haben viele formale Gemeinsamkeiten, die einer Funktionalität oder Zweckmäßigkeit folgen. Es stellt sich daher die Frage, ob frühe Theaterbauten eher in der Tradition kultischer und agonaler Stufenanlagen zu sehen sind, als in der Tradition von politischen Versammlungsgebäuden, oder überhaupt als eigenständiger Bautyp, wie das kanonische Theater des 4. Jh. v. Chr. selbstverständlich bezeichnet werden muss.

Rektilineare Theaterbauten im urbanen Kontext (Polis-Theater)

Die Diskussion auf frühe Theaterbauten vor der Kanonisierung zu lenken, ist deshalb von Relevanz, weil der Unterschied zwischen kanonischen und vor-kanonischen Theatern

---

16 R. Frederiksen, Typology of the Greek Theatre Building in Late Classical and Hellenistic Times, in: S. Isager – I. Nielsen (Eds.), Proceedings of the Danish Institute at Athens III (Aarhus 2000) 135 – 175; R. Frederiksen, The Greek Theater. A Typical Building in the Urban Centre of the Polis?, in: Th. H. Nielsen (Ed.), Even More Studies in the Ancient Greek Polis, Papers from the Copenhagen Polis Center 6 (Stuttgart 2002) 65 – 124; R. Frederiksen, Early Greek Theatre Architecture and the Appearance of the Semi-circular Canonical Koilon, in: ders. – Gebhard – Sokolicek, The Architecture of the Ancient Greek Theatre (wie Anm. 15) 81 – 95.
17 E. Csapo – H. R. Goette – J. R. Green – P. Wilson (Eds.), Greek Theatre in the Fourth Century BC (Berlin–Boston 2014).
18 M. B. Hollinshead, Shaping Ceremony. Monumental Steps and Greek Architecture (London 2015) 29, 81. Wichtig ist die Diskussion der Forschungsgeschichte bis 2015, die sich vom Ansatz Hollinsheads dadurch abhebt, dass Architektur und Performanz getrennt voneinander diskutiert wurden, siehe ebd., 5 – 7.

grundlegend ist: Orchestra und Koilon der frühen Theater sind recht- oder mehreckig, und sie fassen zumeist um ein Vielfaches weniger Zuseher als runde Theaterbauten. Gerade letzteres Unterscheidungsmerkmal ist in der Literatur nur wenig behandelt worden; es stellt aber m. E. einen wichtigen Punkt für die Interpretation der frühen Theater dar (s. u. Diskussion). Die zwingenden Kriterien, die sich aus dem Vergleich mit den Rundtheatern ergeben – und auch in der Literatur behandelt wurden[19] – betreffen die Bereiche Aufführung und Publikum: Ergibt sich die Form des frühen griechischen Theaters aus einer bestimmten Funktion der Aufführungspraxis oder aus Anforderungen des Publikums? Und: Welche Parameter könnten entscheidend gewesen sein, dass sich die Form des Theaters binnen kurzer Zeit in der ersten Hälfte des 4. Jh. v. Chr. entscheidend verändert hat?

Es ist für die Besprechung früher griechischer Theateranlagen sinnvoll, die Theater nach formalen Kriterien, wie sie R. Frederiksen vorgeschlagen hat, zu gliedern (s. u.).[20] Die Form und die Größe der Gesamtanlage lässt einerseits auf die Zuschauerzahl schließen; diese Überlegungen sind vor allem in Bezug auf die Funktion der Theaterbauten wichtig. Darüber hinaus sind auch, sofern es sich eindeutig um Theater für Dramen handelt, Rückschlüsse auf die Aufführungspraxis möglich.[21] Die Größe der Zuschauermenge offenbart aber die größten Unterschiede der vor-kanonischen Theater zu den Rundtheatern, da sich mit der Einführung der Rundtheater um die Mitte des 4. Jh. v. Chr. die mögliche Zuschaueranzahl etwa verzehnfacht (s. u.).

Die meisten frühen griechischen Theaterbauten liegen in Attika und Aitolien, einige wenige auch in Sizilien und auf der Peloponnes. Eine genaue Datierung der Theater ist aufgrund der Befundsituation schwierig: Die meisten Theater sind in den Fels gebaut und können nur über sekundäre Kontexte zeitlich eingeordnet werden. Die Zeitspanne der frühen griechischen Theater umfasst etwa das späte 6. bis ins 4. Jh. v. Chr. Unter den frühen ›Polis-Theatern‹ gibt es unterschiedliche Varianten, die nach der formalen Klassifizierung von R. Frederiksen mit folgenden Charakteristika ausgestattet sind: (1) Theater mit geradliniger Prohedrie am Hang ohne gebaute Stufen; (2) Theater mit parallelen, geradlinigen Sitzreihen; (3) Theater mit unregelmäßigen Koila und (4) solche mit symmetrischem, Π-förmigem Grundriss.[22]

Zu der **ersten Gruppe** zählen die Theater in Ikaria (6. Jh. v. Chr.) und in Rhamnous (spätes 4. Jh. v. Chr.; mit Vorbehalt). Diese Theater besitzen keine gebauten Zuschauerräume, vielmehr hat das Publikum auf den Hängen Platz gefunden. Diese einfache Theaterform hat Parallelen zu anderen Anlagen, wie frühen Stadien. So hatte das archaische Stadion in Olympia einen Zuschauerbereich der ebenfalls als einfache Böschung ohne Sitzstufen gestaltet war.[23] Während in Athen am Südhang der Akropolis mit der Einführung des Kultes

---

19 Siehe v. a. Junker, Vom Theatron zum Theater (wie Anm. 3) mit Verweis auf ältere Arbeiten.
20 Frederiksen, Early Greek Theatre Architecture (wie Anm. 16).
21 Goette, Griechische Theaterbauten der Klassik (wie Anm. 5).
22 Die Gruppeneinteilung nach Frederiksen, Early Greek Theatre Architecture (wie Anm. 16) 82.
23 Olympia: U. Sinn, Kult, Sport und Fest in der Antike (München 1996) 33; zu weiteren Stadien siehe oben Anm. 6.

für Dionysos Eleuthereus um 540 v. Chr. und dem Sieg des Thespis bei den ersten Dionysien ebenfalls eine einfache Zuschaueranlage anzunehmen ist,[24] gibt es auf attischen Vasen bereits im 6. Jh. v. Chr., wie auf der berühmten Scherbe des Sophilos, Darstellungen von Zusehern auf gebauten Tribünen was offensichtlich eine generelle Praxis bei Großveranstaltungen beschreibt.[25] Möglicherweise sind temporäre Tribünen oder Holzplanken auf die Hänge dieser Theateranlagen gesetzt worden.

Zu den ältesten erhaltenen Theaterbauten gehört das Dionysos-Theater in Ikaria am Nordhang des Pentelikon. Es dürfte im späten 6. Jh. v. Chr. entstanden[26] und bis in hellenistische Zeit[27] genutzt, aber nie mit einer runden Anlage überbaut worden sein. Das ›Koilon‹ besteht lediglich aus einem befestigten Hang in unmittelbarer Nähe von öffentlichen Kult- und Verwaltungsgebäuden des Dionysos-Heiligtums.[28] Am Rand der Orchestra befindet sich ein 3,55 m langes Fundament, neben dem ein 1,30 m breiter Doppelsitz, sowie ein Einzel- und ein weiterer Doppelsitz stehen.[29] An die Prohedrie wurde nach Süden ein weiteres Fundament (für Stelen?) angebaut. Die Gesamtlänge des Ensembles ergibt 10 m und bildet den westlichen Abschluss der Orchestra. Gegenüber, jedoch nicht parallel, befindet sich eine 13,30 m lange Stützmauer für die Orchestra mit einer Fläche von etwa 160 m². Die Bedeutung des Theaters liegt nicht nur in seinem Alter, sondern auch in der mythologischen und historischen Verbindung zum griechischen Theater: Der Lokalheros Ikarios soll den Gott Dionysos gastlich aufgenommen haben und dafür mit Wein beschenkt worden sein.[30] Der Gott und Ikaria sind aber auch mit den ältesten Theaterfestspielen verbunden: Thespis aus Ikaria siegte in den ersten Großen Dionysien in Athen, die im Allgemeinen auf 534/533 v. Chr. datiert werden.[31]

Vom Theater in Rhamnous, innerhalb der Befestigung in der Nähe des Tors zur Akropolis gelegen, hat sich eine geradlinige, 13,90 m lange Prohedrieschwelle mit mehreren Sitzen und Einlassungen für Stelen erhalten.[32] Ein einfacher Hang diente als Zuschauerraum. Die Prohedrie begrenzt die nördliche Seite einer rechteckigen Orchestra; wie groß die

---

24 C. Papastamati-von Moock, The Wooden Theatre of Dionysos Eleuthereus in Athens. Old Issues, New Research, in: Frederiksen – Gebhard – Sokolicek, The Architecture of the Ancient Greek Theatre (wie Anm. 15) 43.
25 H. Froning, Bauformen – Vom Holzgerüst zum Theater von Epidaurus, in: S. Moraw – E. Nölle (Hrsg.), Die Geburt des Theaters in der griechischen Antike (Mainz 2002) 34 – 35.
26 Zur Datierung: Goette, Griechische Theaterbauten der Klassik (wie Anm. 5) 11.
27 Davon zeugen choregische Inschriften; siehe Dilke, Details and Chronology of Greek Theatre Caveas (wie Anm. 11) 31; D. Whitehead, The Demes of Attica 508/7 – ca. 250 B.C. A political and social study (London 1986) 215 – 223.
28 Diese Funktion ist durch den Fund von Inschriften bezeugt: IG I² 186 – 187; IG II 1281b, 1282 b, 1285b.
29 C. D. Buck, Discoveries in the Attic Deme of Ikaria, AJA 5, 1889, 176 – 178.
30 Die Bewohner Ikarias erschlugen Ikarios, weil sie das neue Getränk für vergiftet hielten, Apollodoros, ›Bibliotheke‹ 3,191 – 195.
31 A. W. Pickard-Cambridge, Dithyramb, Tragedy, and Comedy (Oxford 1966) 69 – 72.
32 J. Pouilloux, La forteresse de Rhamnonte (Paris 1954) 73 – 80. Eine zweizeilige Inschrift an der Front der Prohedrie weist sie als Weihungen an Dionysos durch den Priester des Heros Archegetes aus, ebd., no. 25; B. Ch. Petrakos, Ο δήμος του Ραμνούντος (Athen 1999) Nr. 82; Paga, Deme Theaters in Attica (wie Anm. 6) 361.

Orchestra tatsächlich war, lässt sich aus dem Befund nicht mehr klar erschließen.[33] Nach den Angaben der Ausgräber H. Bulle und J. Pouilloux dürfte die Orchestra – wie in Ikaria – mindestens 150 m² groß gewesen sein. Einige Inschriften, die im Theaterbereich gefunden wurden,[34] lassen vermuten, dass das Theater erst im 4. Jh. v. Chr. errichtet wurde;[35] möglicherweise haben hier auch schon früher Versammlungen stattgefunden.[36]

Die **zweite Gruppe** nach Frederiksen besitzt ein Koilon mit linearen Fels-Stufen. Dazu zählen die Theater in Argos, Chaironeia, Stymphalos und Syrakus, wobei letzteres Theater eher im kultischen Bereich zu sehen ist.

Das rektilineare Theater von Argos, westlich vom frühhellenistischen, kanonischen Theater gelegen,[37] wurde etwa in der Mitte des 5. Jhs. v. Chr.[38] aus dem Fels geschlagen und besaß mindestens 33 Sitzreihen, die über die vertikale Segmentierung in vier ›kerkídes‹ hin in drei Stufenreihen unterteilt waren. Die 0,90 m tiefen Bänke fassten etwa 2000 – 2300 Zuseher. Wie die Dementheater in Attika dürfte die Anlage nicht nur für Theateraufführungen, sondern auch anderwärtig genutzt worden sein, etwa als Ort für die argivische Volksversammlung.[39] Wahrscheinlich wurde die ältere Anlage auch nach dem Bau des kanonischen Theaters weiterhin genutzt; es ist zumindest erstaunlich, dass es erst in römischer Zeit von einem Odeon überbaut wurde.[40] Dies ist auch in Syrakus der Fall,[41] wo im 5. Jh. v. Chr. im Bereich des Stadtteils Epipolai im unmittelbaren Nahbereich des Apollon-Temenites-Heiligtums und der Contrada Fusco, einer geometrisch-archaischen Nekropole, eine rektilineare Felstreppe entstand. Siebzehn parallele Stufen bieten etwa 1000 Zusehern Platz, ein leicht ansteigender Platz hinter den Stufen könnte auch noch weitere Zuseher

---

33 Das südliche Ende der Orchestra sah H. Bulle in einer Kante 11,40 m von der Prohedrie entfernt (H. Bulle, Untersuchungen an griechischen Theatern. Mit Beiträgen von K. Lehmann-Hartleben, H. Möbius und W. Wrede, Abhandlungen der Bayerischen Akademie der Wissenschaften, Philosophisch-Philologische und Historische Klasse, 33 [München 1928] Taf. 1), was der Ausgräber J. Pouilloux aber nicht bestätigen konnte, siehe Pouilloux, La forteresse de Rhamnonte (wie Anm. 32) 141 – 142.
34 Eine Inschriftenstele aus dem 3. Jh. v. Chr., die im Theaterbezirk gefunden wurde, sollte nach der angebrachten Anweisung »im Theater« aufgestellt werden, womit sicherlich dieses Theater gemeint war: IG II² 1311, Z. 7; siehe ferner eine Weihinschrift aus dem 4. Jh. v. Chr. (IG II² 3108).
35 Pouilloux, La forteresse de Rhamnonte (wie Anm. 32) 142, der Bulles Datierung (Bulle, Untersuchungen an griechischen Theatern [wie Anm. 33] 3) bestätigt. Dieser Datierung folgt auch Paga, Deme Theaters in Attica (wie Anm. 6) 361.
36 F. Kolb sieht keinen Zweifel daran, den Platz als Versammlungsort bereits in archaischer Zeit anzunehmen (Kolb, Agora und Theater [wie Anm. 11] 69); etwas vorsichtiger Dilke, Details and Chronology of Greek Theatre Caveas (wie Anm. 11) 30.
37 G. Roux, Argos, in: Chronique des Fouilles 1955, Bulletin de Correspondance Hellénique 80, 1956, 391; ders., Argos, in: Chronique des Fouilles 1955, Bulletin de Correspondance Hellénique 81, 1957, 643.
38 Im unmittelbaren Stadtgebiet von Argos gibt es fünf »théâtra«, J.-Ch. Moretti, Les théâtres d'Argos, École française d'Athènes (Athen 1993).
39 Ginouvès, Le théâtron à gradins droits et l'Odéon d'Argos (wie Anm. 11) 77 – 78; Kolb, Agora und Theater (wie Anm. 11) 91. – Zur Verfassung von Argos s. M. Wörrle, Untersuchungen zur Verfassungsgeschichte von Argos im 5. Jahrhundert vor Christus (Diss. Erlangen 1964) 32 – 36.
40 Ginouvès, Le théâtron à gradins droits et l'Odéon d'Argos (wie Anm. 11) 15 – 82; TGR II, 123. Denkbar wäre, dass die Stufenanlage Ort der von Pausanias (›Beschreibung Griechenlands‹ 2,34,11; 2,35,4) und von Denias aus Argos (FGrHist III, 25 Nr. 3) erwähnten Gerichtsstätte von Argos (Pron) war.
41 G. V. Gentili, Nuovo esempio di ›theatron‹ con gradinata rettilinea a Siracusa, Dioniso 15, 1952, 122.

aufgenommen haben. Zwei Kerkides teilen den unteren Teil der etwa 0,75 m tiefen Stufen in drei Sektoren von je ca. 7 m Breite.[42] Welche ursprüngliche Funktion die Felstreppe hatte, ist Gegenstand langer Auseinandersetzung, die keine eindeutige Klarheit verschafft hat. Die Treppe lag zum Zeitpunkt ihrer Errichtung außerhalb des Stadtgebietes von Syrakus, weshalb H.R. Goette die Felstreppe eher in einem Zusammenhang mit dem nahegelegenen Heiligtum des Apollon Temenites sieht;[43] ähnlich H.-P. Drögemüller, der in dem »Lineartheater« eine kultische Schautreppe sieht, die »am ehesten für die Verehrung von Demeter und Kore« gedient habe.[44] In Analogie zum Theatron von Argos[45] und aufgrund eines »Zusammenhang[es] zwischen Volksversammlungsplatz und Heroenkult«, sieht Kolb wegen des hinter dem Theatron und gleichzeitig benutzten (Heroen?)Grabes mit Votivnischen die Interpretation der Anlage als Volksversammlungsplatz gerechtfertigt;[46] eine Vorstellung, die jüngst auch von E.W. Robinson vertreten wurde.[47] Dies ist allerdings wenig wahrscheinlich, weil das Theater nicht im bewohnten Gebiet, sondern über einen Kilometer von der Ortygia entfernt lag und die Existenz eines – weiteren – Theaters, das zur Abhaltung von Aufführungen diente, außer Zweifel steht.[48] H.R. Goette hat bereits vermutet, dass ein klassisches Theater, das ein gewisser Damokopos errichtet haben soll,[49] im archaischen Stadtbereich auf der Halbinsel Ortygia zu suchen sei.[50] Dies ist plausibel, auch, weil Aischylos 471/470 v. Chr. von Hieron I. nach Sizilien eingeladen wurde, um die ›Perser‹ wieder aufzuführen, und Aischylos ein weiteres Stück, die ›Aitnaierinnen‹, zu Ehren der neu gegründeten Stadt Aitnai verfasste und daher auch entsprechend Raum für die Aufführungen brauchte.[51] Der Ausgräber der Felstreppe, G.V. Gentili, vermutete, dass die Felstreppe für Theateraufführungen – etwa die des sizilischen Komödien- und Travestiedichters Epicharm – alleine für die aristokratische Oberschicht Syrakus' gebaut worden wäre und ein

---

42 Die Sitzreihen sind nicht exakt waagrecht, sondern leicht zu ihren Außenpunkten hin gekurvt, wahrscheinlich, um das Regenwasser abzuleiten.
43 Goette, Griechische Theaterbauten der Klassik (wie Anm. 5) 20.
44 H.-P. Drögemüller, Syrakus. Zur Topographie und Geschichte einer griechischen Stadt, Gymnasium Beiheft 6 (Heidelberg 1969) 48. Generelle Zweifel an der Interpretation als Theater äußern Nielsen, Cultic Theatres and Ritual Drama (wie Anm. 4) 145 – 146; D. Mertens, Städte und Bauten Städte und Bauten der Westgriechen. Von der Kolonisationszeit bis zur Krise um 400 vor Christus (München 2006) 313.
45 Ginouvès, Le théâtron à gradins droits et l'Odéon d'Argos (wie Anm. 11) 61.
46 Kolb, Agora und Theater (wie Anm. 11) 92.
47 E. W. Robinson, Democracy Beyond Athens. Popular Government in the Greek Classical Age (Cambridge 2011) 88 (ohne Bezug auf Kolb, Agora und Theater [wie Anm. 11]).
48 Einerseits ist Syrakus mit Epicharm einer langen Theatertradition verbunden, andererseits hatte auch Aischylos wesentlich zur Theaterkultur in Syrakus beigetragen, als er in den 470er Jahren mehrmals Syrakus besuchte und Theaterstücke, u. a. die Wiederaufnahme der ›Perser‹ (Eratosthenes, Scholia ad Aristophanem, ›Ranae‹ v. 1028) aufführte, siehe A. H. Sommerstein, Aeschylean Tragedy (Bari 1996) 33; B. Kowalzig, Nothing to do with Demeter? Something to do with Sicily! Theatre and society in the early fifth-century west, in: M. Revermann – P. Wilson (Eds.), Performance, Iconography, Reception. Studies in honour of Oliver Taplin (Oxford 2008) v. a. 142 – 143.
49 Eustathios ad ›Odysseam‹ 3,68.
50 Goette, Griechische Theaterbauten der Klassik (wie Anm. 5) 20.
51 E. Pöhlmann, Epicharmus and Aeschylus on Stage in Syracuse in the 5th Century, Greek and Roman Musical Studies 3,1, 2015 137 – 166.

Großteil der Bevölkerung am Hang dahinter Platz hätte finden können.[52] Dies ist jüngst auch von E. Pöhlmann vorgeschlagen worden, der dies mit der Vermutung kombinierte, dass ein weiteres Theater auf der Ortygia – aus Holz und an das Vorbild des neu rekonstruierten Dionysos-Theaters des 5. Jh. in Athen angelehnt – anzunehmen sei.[53] Dabei ist zwischen den unterschiedlichen Aufführungen des Epicharm und des Aischylos zu unterscheiden: Adressierte Epicharm seine Komödien und Travestien mit mehreren Schauspielern, aber keinem Chor an die aristokratische Oberschicht in Syrakus, so hatten Aischylos' ›Perser‹ und ›Aitnaierinnen‹ eine politische Motivation und stellten auch andere Bedingungen an den Aufführungsraum, da die Aufführungen an den Demos und damit an eine größere Zuseherzahl gerichtet waren.[54]

Eine ähnliche Treppenanlage liegt in Chaironeia (I), wo parallele Sitzstufen – möglicherweise gegen Ende des 5. Jh. v. Chr. – in den Fels der Akropolis geschlagen wurden. Die Felstreppe besteht aus (noch erhaltenen) 8 Sitzreihen, die parallel und ohne Kerkides verlaufen[55] und maximal 500 Zuseher aufnehmen konnten. Eine Vergrößerung des Zuschauerraums mit im Grundriss ovalen Sitzstufen erfolgte im 4. Jh. v. Chr., die in die parallelen Sitzreihen eingetieft wurden.

Die **dritte Gruppe** nach Frederiksen lässt sich als Theaterbauten mit unregelmäßigen Formen zusammenfassen. Dazu zählen die Theater in Chaironeia (II), Makyneia (Ätolien), Orchomenos, Oropos, Tegea und Thorikos.

Das Theater in Thorikos gehört wahrscheinlich zu einem Dionysos-Heiligtum, dessen Tempel unmittelbar südlich des westlichen Koilons des Theaters liegt.[56] Gegenüber, am östlichen Rand der Orchestra, befindet sich ein Altar. Das Theater besteht aus zwei Rängen: Der untere Rang fasst 21 Reihen und ist in drei Teile untergliedert, dessen mittlerer 13 – 14 m lang ist und geradlinig verläuft. Er ist durch zwei Kerkides von den Nebenflügeln getrennt; der westliche ist stärker gekrümmt als der östliche. Die Stufen sind durchschnittlich 33 cm hoch und 60 cm tief. Der Ausgräber T. Hackens datiert die 14 m lange Terrassenmauer A-A nach keramischem Material an das Ende des 6. Jhs. v. Chr.,[57] die Sitze nach keramischem Material als Erweiterung in der Zeit um 450 v. Chr. Dadurch wurde die Orchestra um 4.25 m nach Süden erweitert, wodurch eine neue Terrassenmauer mit einer Länge von 29.80 m Länge notwendig geworden war. Dadurch vergrößerte sich die Orches-

---

52 Gentili, Nuovo esempio di ›theatron‹ con gradinata rettilinea a Siracusa (wie Anm. 41) 128, 229; in diesem Sinne auch M.P. Loicq-Berger, Syracuse. Histoire culturelle d'une cité grecque (Brüssel 1967) 95 – 96.
53 Pöhlmann, Epicharmus and Aeschylus on Stage in Syracuse in the 5th Century (wie Anm. 51) 140 – 150.
54 Pöhlmann, Epicharmus and Aeschylus on Stage in Syracuse in the 5th Century (wie Anm. 51).
55 C. Anti – L. Polacco, Nuove ricerche sui teatri greci arcaici (Padua 1969) 18 – 44.
56 F. Kolb, Die Bau-, Religions- und Kulturpolitik der Peisistratiden, Jahrbuch des Deutschen Archäologischen Instituts 92, 1972, 99 – 138, hier: 132. – Aus dem Grab 8 der Nekropole von Thorikos stammt ein attischer Skyphos mit tanzenden Komasten (585 – 570 v. Chr.), der in Zusammenhang mit dem Dionysoskult gesehen werden kann: T. Hackens, La nécropole au sud de théâtre, Thorikos II (Brüssel 1967) 94 – 95 fig. 98.
57 T. Hackens, Le théâtre de Thorikos, in: H. F. Mussche – J. Bingen – J. Servais – J. de Geyter – T. Hackens – P. Spitaels – A. Gautier (Éds.), Thorikos III: Rapport préliminaire sur la troisième campagne de fouilles (Brüssel 1965) 75 – 96; Hackens, La nécropole au sud de théâtre (wie Anm. 56) 75 – 80.

trafläche auf ca. 380 m² und war sogar größer als die großen, klassischen Orchestren von Epidauros und Athen (beide ca. 300 m²). Beim Bau der Terrassenmauer musste man auf eine Nekropole unmittelbar vor dem Theaterbau Rücksicht nehmen; die Nekropole wurde noch im 5. und 4. Jh. v. Chr. belegt.[58] Das Theater von Thorikos ist nicht nur das älteste bekannte Theater in Attika; auch seine eigenartige Form, die Nähe zur Nekropole und die kultischen Einrichtungen haben in der Vergangenheit mit Recht dazu geführt, im Theater von Thorikos einen besonderen Meilenstein der Theatergeschichte zu sehen. F. Kolb hat aufgrund der unmittelbaren Nähe zur Nekropole im Theater von Thorikos den Ursprung der Agora und der Versammlung des Demos gesehen,[59] weshalb die Frage, ob das Theater vorkleisthenisch oder nachkleisthenisch ist, von besonderer Relevanz ist.[60] Im Zusammenhang mit anderen Demen-Theatern in Attika ist eine vorrangig politische Funktion des Theaters von Thorikos naheliegend. J. Paga hat in ihrer Studie der Dementheater mehrfach betont, dass die Theater in den Demen für Demenversammlungen und andere politische Veranstaltungen gedient haben und so wesentlich zur Festigung der Demokratie beigetragen haben, ohne jedoch Theateraufführungen auszuschließen.[61] Dass es in Thorikos tatsächlich Theateraufführungen gegeben hat, beweisen nicht zuletzt Inschriften von Choregen und Schauspielern, die im Bereich des Theaters gefunden wurden.[62]

Als **vierte Gruppe** mit Π-förmigem Grundriss stellen sich die Theater in Euonymon (Trachones) und Kalydon sowie das Dionysos-Theater in Athen dar.

Das prominenteste und auch größte vorkanonische Theater ist das Dionysostheater in Athen, das durch neue Grabungsergebnisse von C. Papastamati-von Moock neu rekonstruiert werden konnte.[63] In mehreren Sondagen wurden Pfostenlöcher für hölzerne Ikria nachgewiesen, aus denen sich eine Π-förmige Anlage mit etwa 25 Sitzreihen und einer Kapazität von 14.000 – 15.000 Zusehern erschließen lässt. Dabei waren im Perikleischen Theater (aus Holz) die westliche und östliche Stützmauer des Theaters an den Enden gekurvt, was die kanonische Rundform des spätklassischen Dionysos-Theaters bereits ahnen lässt.[64] Besonders interessant ist die große Zahl an Zusehern, die sich in etwa mit der

---

58 H. F. Mussche, Das Theater von Thorikos. Einige Betrachtungen, in: M. Geerard – J. Desmet – R. Vander Plaetse (Eds.), Opes Atticae: miscelleanea philologica et historica Raymondo Bogaert et Hermanno van Looy oblata, Sacris erudiri 31 (Steenbrugge–The Hague 1990) 314; H. F. Mussche, Thorikos During the Last Years of the Sixth Century B.C., in: O. Palagia – W. Coulsen (Eds.), The Archaeology of Athens and Attica under the Democracy. Proceedings of an International Conference Celebrating 2500 Years since the Birth of Democracy in Greece, Held at the American School of Classical Studies at Athens, December 4 – 6, 1992 (Oxford 1994) 212 – 214.
59 Kolb, Agora und Theater (wie Anm. 11) 65 – 66.
60 Die Formierung einer vorkleisthenischen Demenversammlung in einem Theater außerhalb Athens wäre allerdings außergewöhnlich; siehe D. Boehringer, Heroenkulte in Griechenland von der geometrischen bis zur klassischen Zeit, Klio Beiheft N.F. 3 (Berlin 2001) 127.
61 Paga, Deme Theaters in Attica (wie Anm. 6) passim; siehe auch Goette, Die Architektur des Klassischen Theaters (wie Anm. 5) 480 ff.
62 D. Somma, Attori e coreghi in Attica. Iscrizioni dal teatro di Thorikos, ZPE 157, 2006, 77 – 86.
63 Papastamati-von Moock, The Wooden Theatre of Dionysos Eleuthereus in Athens (wie Anm. 24).
64 Papastamati-von Moock, The Wooden Theatre of Dionysos Eleuthereus in Athens (wie Anm. 24) 70.

Kapazität des Versammlungsplatzes auf der Pnyx, in der zweiten Phase (spätes 5. Jh. v. Chr.) vergleichen lässt.[65]

Das Theater in Trachones (antik: Aixone) liegt im modernen Vorort Athens Glyphada. Das Theater war bis in das 19. Jh. sichtbar[66] und wurde seit 1973 von O. Tzachou-Alexandri in mehreren Kampagnen wieder freigelegt und untersucht.[67] Das Theater datiert auf das 5. oder 4. Jh. v. Chr.; es besteht aus 21 recht flach ansteigenden Stufen, die rechtwinkelig in der Form eines Π angeordnet sind. Vor der ersten Sitzstufe befindet sich – dezentriert an den Rand der Orchestra gerückt – eine Prohedrie aus sechs Marmorthronen; die unteren Stufen bestehen ebenfalls aus Marmor und die oberen waren wahrscheinlich aus Holz gefertigt. Das Theater wurde in den anstehenden Hang gebaut und fasste 2500 – 3700 Zuseher. Im frühen 4. Jh. wurde das Theater mit einem steinernen Bühnenhaus ausgestattet.[68]

Einen ähnlichen Grundriss hat das von R. Frederiksen neu untersuchte Theater von Kalydon, errichtet um 400 v. Chr.:[69] In einem Π-förmigen Grundriss sind insgesamt ca. 26 Sitzreihen vor einer rechteckigen, 224 m² großen Orchestra eingepasst, wobei die unteren 9 Reihen rechtwinkelig zueinander stehen; ab der 10. Reihe verlaufen die Sitzreihen zwar noch weiter geradlinig, sind aber an den Eckverbindungen gekurvt. Diese Lösung eines Π-förmigen Theaters mit Ansätzen zu einer Rundform dürfte bislang einzigartig sein. Die Kapazität erreichte eine Zuseheranzahl von 4.000 – 5.000 Personen.

Theater im Kontext von Heiligtümern (kultische Theater)

Die Funktion der ›kultischen Theater‹ ist vordergründig mit dem Betrieb in Heiligtümern in Verbindung zu bringen; sie können nicht als primärer Ort von Theateraufführungen angesehen werden. Theater oder Treppenanlagen in Heiligtümern sind vor allem als Mittel der Kommunikation im Rituellen und Kultischen zu verstehen; sie dienten wahrscheinlich nicht nur dazu, Besuchern des Heiligtums Gelegenheit zur Beobachtung ritueller Aktivitäten zu geben, sondern waren möglicherweise auch Ort ›dramatischer‹ oder mimetischer

---

65 G. R. Stanton, The shape and size of the Athenian assembly place in its second phase', in: B. Forsén – G. R. Stanton (Eds.), The Pnyx in the history of Athens. Proceedings of an international colloquium organized by the Finnish Institute at Athens, 7 – 9 October, 1994 (Helsinki 1996) 17 – 20.
66 H. G. Lolling, Inschriften aus Nordgriechenland I. Aus dem Attischen Demos Aixone, AM 4, 1879, 193 – 194.
67 O. Tzachou-Alexandri, Ανασκαφή θεάτρου στους Τράχωνες Αττικής, Πρακτικά της εν Αθήναις Αρχαιολογικής Εταιρείας 136, 1980, 64 – 67; dies., Ανασκαφή στους Τράχωνες Αττικής, Πρακτικά της εν Αθήναις Αρχαιολογικής Εταιρείας 137, 1981, 154; dies., The original plan of the Greek theater reconsidered. The theater at Evonymon of Attica, in: R. F. Docter – E. M. Moorman (Eds.), Proceedings of the XVth International Congress of Classical Archaeology. Archaeology towards the third millennium. Reflections and perspectives, Amsterdam, 12.–17. 7. 1998 (Amsterdam 1999) 420 – 423.
68 Goette, Die Architektur des Klassischen Theaters (wie Anm. 5) 480.
69 O. Vikatou – R. Frederiksen – S. Handberg, The Danish–Greek Excavations at Kalydon, Aitolia. The Theatre Project: Preliminary report from the 2011 and 2012 campaigns, The Danish Institute at Athens. Proceedings 7, 2014, 221 – 234.

Aufführungen im Kontext des Kultgeschehens.[70] Auch im außergriechischen Bereich gab es eine Reihe von Stufenanlagen, die sich in Heiligtümern befinden oder mit ihnen assoziiert sind;[71] im griechischen Kulturbereich sind Treppenanlagen zwar nicht mit einer bestimmten Gottheit in Verbindung zu bringen, dennoch fallen Beispiele aus den Heiligtümern für Dionysos und Demeter besonders auf.[72] Beispielhaft sei die Stufenanlage im Temenos des Demeter-Heiligtums von Eleusis genannt:[73] In die Südflanke der Akropolis gebaut, besitzt das Theatron von Eleusis acht in den Fels gehauene Stufenreihen mit einem kurzen Schenkel. Von diesem Theatron, das sich ausschließlich an die Teilnehmer der Demeter-Prozessionen richtete, konnte man den Heiligen Weg innerhalb des Heiligtums und auch auf die Propyläen des Heiligtums einsehen. Szenische Darbietungen während des Mysterienkults sind wahrscheinlich, wenn auch nicht ausdrücklich beschrieben.[74] Differenzierter sind Theaterbauten außerhalb Attikas, vor allem in Heiligtümern Siziliens, zu betrachten. Dies hat vor allem damit zu tun, dass der Beginn des Dramas in Sizilien mit Demeter, Aphrodite, Artemis und Apollo in Verbindung steht und nicht mit Dionysos wie in Athen.[75] Eine Stufenanlage im Heiligtumsbezirk von Selinunt muss daher nicht ausschließlich kultische Funktion gehabt haben, sondern könnte – nach der Hypothese von C. Marconi[76] – auch mit Theateraufführungen im Zusammenhang mit dem Demeterkult in Sizilien zu tun haben. Eine exakte Trennung zwischen kultischen und anderen Theatern ist allerdings nur mit Vorbehalt zu ziehen, denn im Prinzip ist jedes Theater kultisch und mit Ritualen und Religionsausübung verbunden.

Vom Grund der tragischen Architektur: Aufführung und Publikum

Die Grundvoraussetzungen für die Diskussion der Frage nach der Monumentalisierung des Theaters, die in der Literatur freilich kontrovers diskutiert wurden, liegen in der neuen Beurteilung der alten Theater in den vergangenen Jahrzehnten. Literarische, epigraphische und vor allem archäologische Evidenz hat die Annahme eines großen Theaterrunds, in dem Aischylos, Sophokles und Euripides ihre Dramen aufführten, widerlegt. Die Jahrzehnte lang

---

70 I. Mylonopoulos, Greek Sanctuaries as Places of Communication through Rituals. An Archaeological Perspective, in: E. Stavrianopoulou (Ed.), Ritual and Communication in the Graeco-Roman World, Kernos Suppl. 16 (Liège 2006) 69 – 110.
71 Nielsen, Cultic Theatres and Ritual Drama (wie Anm. 4).
72 Mylonopoulos, Greek Sanctuaries as Places of Communication through Rituals (wie Anm. 70) 85.
73 G. E. Mylonas, Eleusis and the Eleusinian Mysteries (Princeton 1961) 137 – 143; Nielsen, Cultic Theatres and Ritual Drama (wie Anm. 4) 127 – 128.
74 Aufführungen können auch Teil der Initiation gewesen sein, siehe K. Clinton, Stages of Initiation in the Eleusinian and Samothracian mysteries, in: M. B. Cosmopoulos (Eds.), Greek Mysteries. The Archaeology and Ritual of Ancient Greek Secret Cults (London 2003) 67 – 70; K. Clinton, The Mysteries of Demeter and Kore, in: D. Ogden, A Companion the Greek Religion (Oxford 2007) 345.
75 L. Polacco, Il teatro di Dioniso Eleuterio ad Atene (Rom 1990) 119 – 159; K. Bosher, Theater Outside Athens. Drama in Greek Sicily and South Italy (Cambridge 2012) 118 – 120.
76 Marconi – Scahill, The ›South Building‹ in the Main Urban Sanctuary of Selinunte (wie Anm. 15) 290.

vorherrschende Vorstellung eines ursprünglich runden Theaters hat aber nicht nur die Geschichte der Theaterarchitektur geprägt, sondern diese Annahme hatte auch Auswirkungen auf die Rekonstruktion von Theateraufführungen und die dabei anzunehmende Positionierung des Publikums.[77] Den Ausschlag dafür gaben die Studien zum Dionysostheater in Athen durch W. Dörpfeld und U. von Wilamowitz; letzterer hatte durch die Verbindung des Reigentanzes mit einer kreisrunden Orchestra die gesamte Theaterforschung nachhaltig beeinflusst.[78] Auf Grundlage dieser Interpretationen wurden Aufführungsszenarien entworfen, und auch die Annahme eines großen, demokratischen Publikums war von Dörpfelds Rekonstruktion abhängig. Wie fest verankert das Bild eines hochklassischen Theaterrunds in der Rezeption des klassischen Athen noch ist, zeigt J. Obers Analyse der attischen Demokratie:[79] Das Athener Publikum hätte sich nicht nur die Produktionen in einem nach innen gerichteten Kreis angesehen, sondern die Zuschauer hätten auch die Möglichkeit gehabt, einander zu beobachten und eine »civic ideology«[80] zu entwickeln. »Das Theater als Brennpunkt des demokratischen Athen« nannte C. Witschel das griechische Theater des 5. Jh. v. Chr., der die Versammlungen im Theater mit den Kongregationen der *ekklēsía* vergleicht und daher den Theateraufführungen einen politischen Aspekt einräumt.[81] Dies ist sicherlich ein wesentlicher Aspekt der Theaterkultur, und man darf hierbei auch nicht unberücksichtigt lassen, dass die Volksversammlung nach der Mitte des 4. Jh. v. Chr. von der Pnyx in das neu errichtete Dionysostheater übersiedelte.[82] Selbstverständlich waren Theateraufführungen im Athen des 5. Jh. v. Chr. und später sinnstiftende Erlebnisse: Die Zuseher am Südabhang der Akropolis überblicken nicht nur das Theaterspiel, sondern auch die Stadt bis hin zum Meer; das Dionysosfestival bot mit Tänzen und Chören einen Rahmen, der die Gesamtheit des Religiösen, Politischen und Performativen auf das Dichteste miteinander verband. Die »civic ideology« konnte aber – und dies ist ein wenig beachteter Aspekt – nur in Athen bereits im 5. Jh. v. Chr. ein großes Publikum von max. 15.000 Personen erreichen. In die Theater der kleinen Demen passten lediglich 500 (Argos) bis max. 3.000 (Thorikos) Zuseher. Erst mit der Errichtung der großen runden Theaterbauten war es auch außerhalb Athens möglich, 10.000 – 20.000 Zuseher zu fassen. Diese Zahlen haben dramatische Auswirkungen auf die Rekonstruktion des Publikums: Warum bot im 4. Jh. das Theater einer weitaus größeren Menge an Zusehern Platz, und was hat diese plötzliche ›Monumentalisierung‹ des Theaters verursacht?

---

77 Analytisch zusammenfassend mit älterer Literatur P. Meineck, The embodied space. Performance and visual cognition at the fifth century Athenian theatre, New England Classical Journal 39/1, 2012, 3 – 46.
78 Goette, Griechische Theaterbauten der Klassik (wie Anm. 5) 9.
79 J. Ober, Democracy and Knowledge. Innovation and Learning in Classical Athens (Princeton 2008) 199 – 200.
80 S. Goldhill, The Great Dionysia and Civic Ideology, Journal of Hellenic Studies 107, 1987, 58 – 76.
81 C. Witschel, Athen im 5. Jh. v. Chr. Der historische Kontext, in: S. Moraw – E. Nölle (Hrsg.), Die Geburt des Theaters in der griechischen Antike (Mainz 2002) 17 – 18.
82 Kolb, Agora und Theater (wie Anm. 11) 92 – 96; S. D. Lambert, Polis and theatre in Lykourgan Athens. The honorific decrees, in: A. Matthaiou – I. Polinskaya (Eds.), Polis and theatre in Lykourgan Athens. The honorific decrees. Μικρός Ιερομνήμων: μελέτες εις μνήμην Michael H. Jameson (Athen 2008) 53 – 55.

Dabei sind die frühen Theaterbauten keinesfalls die einzigen Versammlungsbauten der archaisch-klassischen Zeit, sondern auch politische Bauten und Sportstätten führten Publikum und ›Darsteller‹ zusammen. Inszenierte Darstellungen sind nicht auf das Theater beschränkt. Zitate aus Theaterstücken und das Gefühl, einen Part im ›Lebensspiel‹ übernommen zu haben, sind zumindest seit hellenistischer Zeit ein häufiger Topos. Als »theatricality beyond the theater« bezeichnete A. Chaniotis dieses Lebensgefühl – die Welt als Bühne wird seit der Antike als Metapher herangezogen,[83] um das Spannungsverhältnis von freiem Willen und göttlicher-schicksalhafter Lenkung zu beschreiben. In seinen Gesetzen sieht Platon den Menschen als Marionette der Götter[84] und hat mit diesem Vergleich den direkten Bezug zum Theater gewählt: die Götter als die Instanz der Spielleiter, der Mensch als Schauspieler zwischen Freiheit und göttlichem Willen.[85] Die Lebens-Rolle des Menschen kommt dabei einem Schauspiel gleich, dessen Dramaturgie und Ablauf von Kräften jenseits seiner Kontrolle bestimmt wird. Der Vergleich zwischen Theater und realem Leben bleibt eine geläufige Metapher, etwa wenn Polybios den Konflikt der beiden Söhne Philipps V. als Drama der Göttin Tyche beschreibt.[86] Eine ›theatralische Mentalität‹ hat viele Aspekte des Lebensgefühls beherrscht, zumindest ab hellenistischer Zeit.[87] Die Metapher mag einen philosophischen Aspekt antiken Lebensverständnisses beschreiben, doch nicht zufällig wird das (literarische) Drama als Metapher bemüht. Der (scheinbare) Gegensatz zwischen inszeniertem Theater und realem Leben ist für die Frage nach dem frühen gebauten griechischen Theater relevant, denn es stellt sich die Frage, welchen architektonischen Rahmen das Theaterspiel oder andere performative Aktivitäten brauchen, um effektvoll dargestellt zu werden. Neben dem eigentlichen Theaterspiel brauchen vor allem Sport und Politik ein Publikum und damit einen geeigneten Rahmen: In Stadien, *bouleutéria* oder *ekklēsiastéria* ging es vornehmlich darum, dem Publikum uneingeschränkte Sicht auf das Dargebotene zu gewähren. Grundsätzlich ist das Performative nicht an Architektur gebunden, doch finden wir Versammlungsbauten, sowohl für sportliche als auch für politische Zusammenkünfte, bereits in archaisch-klassischer Zeit: In Olympia, Isthmia und Nemea

---

83 A. Chaniotis, Theatricality Beyond the Theater. Staging Public Life in the Hellenistic World, in: Brigitte le Guen (Éd.), De la scène aux gradins. Théâtre et représentations dramatiques après Alexandre le Grand dans les cités hellénistiques. Actes du Colloque, Toulouse 1997, Pallas 41 (Toulouse 1997) 219 und Anm. 3.

84 Platon, ›Nomoi‹ 644d–e: »Wir wollen jedes von uns lebendigen Wesen als eine Gliederpuppe ansehen, welche die Götter, sei es bloß zu ihrem Spielzeug, sei es zu einem ernsteren Zwecke, gebildet haben, denn das wissen wir so recht eigentlich nicht. Das aber wissen wir, dass die eben genannten Regungen in uns gleichsam wie Fäden oder Schnüre uns leiten und, wie sie einander entgegengesetzt sind, einander entgegenwirkend uns zu entgegengesetzten Handlungen hinziehen, und dass eben hierin der Unterschied von Tugend und Laster beschlossen liegt.« (Übersetzung K. Schöpsdau, Platon, Werke. Nomoi, Tomoi 1–12 [Darmstadt 2016]).

85 F. Link, Götter, Gott und Spielleiter, in: ders. – G. Niggl (Hrsg.), Theatrum Mundi. Götter, Gott und Spielleiter im Drama von der Antike bis zur Gegenwart (Berlin 1981) 1–48; bes. 1–2.

86 Polybios, ›Historien‹ 23,10,12 und 16; siehe Chaniotis, Theatricality Beyond the Theater (wie Anm. 83) 220.

87 Chaniotis, Theatricality Beyond the Theater (wie Anm. 83) 221 mit Bezug auf J. J. Pollitt, Art in the Hellenistic Age (Cambridge 1986) 4 und H. v. Hesberg, Privatheit und Öffentlichkeit der frühhellenistischen Hofarchitektur, in: W. Hoepfner – G. Brands (Hrsg.), Basileia. Die Paläste der hellenistischen Könige. Internationales Symposion in Berlin, 16.12.–20.12.1992 (Mainz 1989) 61.

schuf man im 6. Jh. v. Chr. Stadien, die als bleibende Einrichtung konzipiert waren;[88] in Athen wurde mit der Errichtung der Pnyx am Ende des 6. Jh. v. Chr. politischen Versammlungen Raum geboten,[89] genauso wie in den *ekklēsiastéria* von Paestum und Metapont gegen Ende des 6. bzw. frühen 5. Jh. v. Chr.[90] Das Auffälligste an den genannten politischen Versammlungsbauten ist, dass sie einen runden Zuschauerraum besitzen. Diese grundlegend von den rektilinearen Theatern unterschiedliche Form wirft die Frage auf, weshalb es in (spät)archaisch-klassischer Zeit unterschiedliche Formen von Zuschauerbauten gab.

Was die frühe Form der Theaterbauten betrifft, ist R. Frederiksen in seiner Studie zur Entwicklung des Theaterbaus von der rektilinearen zur runden Bauform zum Schluss gekommen, dass »it was the specatator area that drove the evolution in the shape of the whole theater.«[91] Dieser Theorie steht eine frühere These H.R. Goettes entgegen, der einräumt, dass die rektilineare Form der Theaterbauten und eine »lange Skenefassade« der Aufführungspraxis sowie den dramaturgischen Erfordernissen für die wechselnden Ortszenen der Theaterspiele entgegenkam, wohingegen die runde Orchestra auf einen Punkt hin konzentriert sei.[92] Dem ist allerdings entgegenzuhalten, dass die Gestalt der Skenengebäude der Theater im 5. Jh. v. Chr. archäologisch nicht einwandfrei belegt ist[93] und auch spätere Skenengebäude ja nie auf das Zentrum der Orchestra hin orientiert waren, sondern immer linear ausgerichtet waren. Die ›Rechteckigkeit‹ einer Orchestra ist allerdings der Aufführung von Tänzen und gleichzeitig agierenden Dialogpartnern dienlicher als eine runde Orchestra, wenn sie groß genug ist;[94] tatsächlich sind die bekannten Orchestren wie jene in Thorikos mit ca. 380 m² größer als die runden Orchestren der spätklassischen Theater in Athen oder

---

88 J. Schilbach, Olympia. Die Entwicklungsphase des Stadions, in: W. D. E. Coulson – H. Kyrieleis (Eds.), Proceedings of an International Symposium on the Olympic Games (Athen 1992) 33 – 37; Sinn, Kult, Sport und Fest in der Antike (wie Anm. 23) 33; zur Einebnung des Bodens um die Mitte des 6. Jh. v. Chr.: N. Hellner, Die Sportstätten, in: W.-D. Heilmeyer – N. Kaltsas (Hrsg.), Mythos Olympia. Kult und Spiele (München 2012) 278; U. Sinn, Das antike Olympia. Götter, Spiel und Kunst (München 2004) 133 – 134; Nemea: S. G. Miller, The shrine of Opheltes and the earliest stadium of Nemea, in: H. Kyrieleis (Hrsg.), Olympia 1875 – 2000. 125 Jahre Deutsche Ausgrabungen. Internationales Symposion, Berlin 9.–11. November 2000 (Berlin 2003) 239 – 250; Isthmia: E. R. Gebhard, The Evolution of a Panhellenic Sanctuary. From Archaeology towards History at Isthmia, in: N. Marinatos – R. Hägg (Eds.), Greek Sanctuaries. New Approaches (London 1993) 162.
89 H. A. Thompson, The Pnyx in Models, in: Studies in Attic Epigraphy, History, and Topography, Festschrift Eugene Vanderpool, Hesperia Suppl. 19 (Princeton 1982) 133 – 147; B. Forsén, The Sanctuary of Zeus Hypsistos and the Assembly Place on the Pnyx, Hesperia 62, 1993, 507 – 521.
90 D. Mertens – A. A. De Siena, Metaponto. Il teatro-ekklesiasterion I, BdA N.S. 16, 1982, 16 – 57; D. Mertens, Das Theater-Ekklesiasterion auf der Agora von Metapont, Architectura 12, 1982, 93 – 124 (Metapont); E. Greco – D. Theodorescu, Poseidonia-Paestum 2: L'Agora, CEFR 42 (Rom 1983) 34 – 49; 79 – 81; 87 – 138; M. H. Hansen – T. Fischer-Hansen, Monumental political architecture in archaic and classical Greece, in: M. H. Hansen (Ed.), The Ancient Greek City-State. Symposium on the occasion of the 250th anniversary of The Royal Danish Academy of Sciences and Letters, July, 1 – 4 1992, Acts of the Copenhagen Polis Centre vol. 1 (Kopenhagen 1993) 69 – 71 (Paestum).
91 Frederiksen, Early Greek Theatre Architecture (wie Anm. 16) 81.
92 Goette, Griechische Theaterbauten der Klassik (wie Anm. 5) 9.
93 Papastamati-von Moock, The Wooden Theatre of Dionysos Eleuthereus in Athens (wie Anm. 24) 70 für das Dionysostheater in Athen.
94 Junker, Vom Theatron zum Theater (wie Anm. 3) 17 Anm. 70.

Epidauros. Jedenfalls ist die Entwicklungsreihe der frühen griechischen Theater von Experimenten geprägt, bei denen man Koila halbrund vergrößerte (Thorikos) oder nur manche Bereiche abrundete (Kalydon), Felsstufen mit Kerkides versah (Syrakus, Argos, Thorikos) und eine regelmäßige Gestaltung verfolgte (Dionysostheater in Athen). Eine mögliche sehr frühe Form eines runden Theatrons liegt auf der Akropolis von Velia in Unteritalien. Dort fanden sich bei Grabungen auf der Akropolis geringe Reste einer in polygonalen Steinen ausgeführten Analemmamauer, die eindeutig in ein gekurvtes Koilon übergeht. Das Theatron setzt dabei an die Ecke einer Terrassenmauer an, deren Errichtung auf etwa 400 v. Chr. datiert werden kann, und wird von einem frühhellenistischen Theater am Ende des 4. Jhs. v. Chr. vollständig überbaut.[95] Wahrscheinlich ist eine Datierung des Theatrons in die ersten Jahrzehnte des 4. Jh. v. Chr., weil polygonale Mauertechnik in Velia ausschließlich zwischen dem 6. und späten 5. Jh. v. Chr. auftritt.[96] Falls sich eine frühe Datierung des Theatrons bestätigen sollte, wäre das Theatron von Velia – unabhängig von seiner noch nicht geklärten Funktion – eines der ältesten Theater mit rundem Koilon und gerader Analemmamauer. Die unterschiedlichen Beispiele zeigen, dass man um eine dem Zweck verpflichtete Idealform bemüht war, aber das Theater als solches nicht als eigenen Bautyp mit eigenständiger Monumentalität und Ausstattung verstand. Vielleicht liegt dies darin begründet, dass man zumindest seit dem 7./6. Jh. v. Chr. (Stadion von Olympia) kultische und agonistische Aktivitäten vor Holz- oder Felstreppen abhielt und Theaterbauten in der Tradition von »Festtreppen« verstand. Auffällig ist jedenfalls, dass die meisten Fortschritte und Veränderungen den Zuschauerraum betroffen haben und dabei die Vergrößerung des Zuschauerraumes im Vordergrund stand. Damit gewinnt R. Frederiksens wichtige Beobachtung, dass der Zuschauer im Zentrum der Entwicklung zu sehen ist, weitere Relevanz: Die ältesten Theater in Thorikos, Argos, Rhamnous, Syrakus und Ikaria haben Sitzreihen, die parallel zur eckigen Orchestra angeordnet sind, doch ist schon in der zweiten Bauphase des Theaters in Thorikos (Mitte 5. Jh. v. Chr.) zu beobachten, dass der Zuschauerraum U-förmig erweitert wird, so wie es im Dionysostheater in Athen bereits im 5. Jh. v. Chr., in Kalydon und in Trachones im 4. Jh. bereits bei Baubeginn festgelegt war.

Dass mit der Erweiterung des Koilons um Seitenflügel mehr Zuschauer ins Theater gebracht werden konnten, ist evident, doch warum hat man so lange darauf gewartet, die Rundform – bereits von der Pnyx in Athen, dem *ekklēsiastérion* in Paestum und vom Rundbau in Metapont bekannt – ins Theater einzubringen? K. Junker hat ebenfalls argumentiert, dass die Entwicklung vom linearen zum runden Theater eine Optimierung für die Zuseher motiviert hat und die »idealtypische Form« zum Standard im 4. Jh. v. Chr.

---

95 F. Krinzinger, Die Monumentalisierung der Akropolis und die urbanistische Entwicklung von Velia, in: F. Krinzinger – F. Krinzinger – G. Tocca – G. Jenewein (Hrsg.), Neue Forschungen in Velia. Akten des Kongresses »La ricerca archeologia a Velia«, Rom, 1 – 2 juli 1993, Velia-Studien 1 (Wien 1999) 24 – 25; F. Krinzinger, Il teatro di Velia, in: G. Greco (a cura di), Elea – Velia. Le nuove ricerche. Atti del Convegno di Studi, Napoli 14 dicembre 2001, Quaderni del Centro Studi Magna Grecia 1 (Neapel 2003) 21 – 27.

96 L. Cicala, L'edilizia domestica tardo arcaica di Elea, Quaderni del Centro Studi Magna Grecia 2 (Pozzuoli 2002).

geworden sei, verursacht durch die »starke Aufwertung der politischen Institutionen und das Aufblühen des Theaters als literarisch-performative Praxis« sowie durch einen ästhetischen Anspruch an Theatergebäude, die eben dann erst zu einem eigenständigen Bautyp geworden sind.[97] Gebäude des Sakralen und Politischen, wie Tempel, Altäre und Hestiateria, waren die ersten monumentalen Ausformungen griechischer Architektur. Gebäude außerhalb dieser Sphäre wie Theater wurden erst spät in den Kanon der monumentalen griechischen Steinarchitektur aufgenommen. J.C. Moretti sieht den Grund darin, dass monumentale Architektur den Göttern und einer reichen Elite vorbehalten war, und dass öffentliche Versammlungsbauten bescheiden, bisweilen überhaupt nur temporär und vor allem ohne Dekor oder eine architektonische Ordnung gehalten wurden.[98] Die Entscheidung, das Monumentale mit dem Dekorativen zu verbinden und für den Demos und nicht ausschließlich für Götter und Herrscher zu bauen, entschied man erst in der Mitte des 4. Jh. v. Chr.

Vor diesem Hintergrund – Monumentalisierung und Optimierung mit gleichzeitig hochdekorativer Ausstattung – stellt sich die Frage, was diese Entwicklung verursacht hat. P. Pedersen macht eine plötzliche Entwurfsentscheidung in Athen in der Zeit um 400 v. Chr. für die Entstehung der Rundform verantwortlich – als Ursprung des auf ein Zentrum gerichteten Bauwerks sieht er den Westraum des Parthenons und das Telesterion in Eleusis an:[99] Beide Bauten sind rechteckig im Grundriss, sind aber – im Gegensatz zu den rein rektilinearen Theatern – auf ein Zentrum ausgerichtet. Die konsequente Weiterentwicklung sieht Pedersen in der Tholos in Delphi und schließlich im spätklassischen Theater von Epidauros, das aber nach neuen Forschungen erst nach dem lykourgischen Theater in Athen errichtet wurde.[100] Pedersens Verneinung einer graduellen Entwicklung (»either a theater is semicircular or it is not«) stehen die jüngst erforschten und aufsehenerregenden Befunde des Theaters in Kalydon nicht gänzlich entgegen: Dieses Theater hat – wie das Theater in Thorikos (zweite Bauphase) oder das Theater in Trachones bei Athen – ein Π-förmiges Koilon; in Kalydon ist sogar eine Ecke des Theaters gerundet. Auch die Stützmauern des Dionysostheaters weisen bereits eine leichte Rundung auf. Diese unterschiedlichen Formen von Koila unterscheiden sich jedoch grundlegend von runden Bauten, da sie nicht auf ein Zentrum ausgerichtet sind. Pedersen argumentiert, dass das runde Koilon von einem genialen Architekten entworfen und ausgeführt worden sei,[101] und tatsächlich stellt sich die Frage, wie ein formal stimmiger und akustisch idealer Zuschauerraum ohne direkte Vorbilder geschaffen worden sein kann.

---

97   Junker, Vom Theatron zum Theater (wie Anm. 3) 28 – 29.
98   J.-C. Moretti, The evolution of theater architecture outside of Athens in the fourth century, in: E. Csapo – H. R. Goette – J. R. Green – P. Wilson (Eds.), Greek Theatre in the Fourth Century BC (Berlin–Boston 2014) 107.
99   P. Pedersen – S. Isager, The Theatre at Halikarnassos. And Some Thoughts on the Origin of the Semicircular Greek Theatre. With an appendix »The Inscriptions from the Theatre at Halikarnassos«, in: Frederiksen – Gebhard – Sokolicek, The Architecture of the Ancient Greek Theatre (wie Anm. 15) 306.
100 Papastmati-von Moock, The Theatre of Dionysus Eleuthereus in Athens (wie Anm. 1) 33 – 35; Junker, Vom Theatron zum Theater (wie Anm. 3).
101 Pedersen – Isager, The Theatre at Halikarnassos (wie Anm. 99) 306.

Die monumentalen Theater des 4. Jh. v. Chr. finden sich in Athen, Epidauros und Megalopolis; daneben gab es auch noch im 4. Jh. v. Chr. Neubauten, die der traditionellen Form folgten, wie etwa die Theater in Trachones, Rhamnous und Isthmia,[102] die noch im späten 4. Jh. v. Chr. einen rektilinearen Grundriss besaßen. Möglicherweise hat man bewusst einen ›altmodischen‹ Bau akzeptiert oder gewollt; es ist aber zu überlegen, ob die Form bewusst nicht verändert wurde, weil man eine rechteckige Form einer runden vorzog, oder weil eben doch die Gestaltung eines runden Theaters im 4. Jh. v. Chr. für kleinere Demen zu aufwändig war.

Es fällt auf, dass die einfachen frühen griechischen Theater formal den kultischen oder agonalen Stufenanlagen in Heiligtümern oder bei Agorai entsprechen,[103] aber sich von einigen zeitgleichen runden politischen Versammlungsbauten wie der Pnyx in Athen, dem *ekklēsiastērion* in Paestum, und dem Rundbau in Metapont grundsätzlich unterscheiden. Ob runde Theatra weit verbreitet waren und sich der archäologischen Kenntnis entziehen, wie K. Junker vermutete,[104] lässt sich nicht beweisen; es ist allerdings bemerkenswert, dass sich kein frühes Theater in Rundform erhalten hat. Dass sie erst im 4. Jh. v. Chr. formal den politischen Versammlungsbauten des späten 6. und 5. Jh. v. Chr. folgen, hat sich aus ihrer erweiterten Funktion sowie einem veränderten Formwillen ergeben. R. Frederiksen hat die Bedürfnisse des Publikums dafür verantwortlich gemacht; H.R. Goette sieht in den linearen Orchestrai Vorteile für die Aufführungspraxis. K. Junker hat in seiner Analyse die »Zweckhaftigkeit« der frühen Theater des 5. Jh. v. Chr. angesprochen und die Entwicklung zum monumentalen Theaterbau des 4. Jh. v. Chr. nicht nur in der »explosiven Steigerung der Kapazität des Zuschauerraums« gesehen,[105] sondern auch in der prunkvollen Ausstattung, die über das Praktische hinausgeht und die Vorreiterrolle Athens in kultureller Hinsicht betonen sollte.[106]

Ein wesentlicher Aspekt der Entwicklung zum Rundtheater, der bislang nur wenig beachtet wurde, liegt aber in der Anzahl der Zuseher.[107] Die Veränderung des Theaterbaus in spätklassischer Zeit hat das Publikum ungleich mehr betroffen als Orchestren und Bühnengebäude, die zwar aufwändiger ausgestattet wurden, aber ihre prinzipielle Konzeption nicht veränderten. Das Koilon wurde im 4. Jh. ein eigenständiger, mit hohem Aufwand und technischer Finesse gestalteter Bau und konnte bis zu 20-mal mehr Zuschauer als die kleinen

---

102 Das Theater in Isthmia geht möglicherweise auf eine ältere Anlage zurück; es ist aber erstaunlich, dass ein möglicher Vorgängerbau – im Gegensatz zu den Theatern etwa in Argos, Charioneia oder Athen – nicht von einem Rundbau ersetzt wurde; E. R. Gebhard, The Theater at Isthmia (Chicago 1973).
103 Th. Becker, Griechische Stufenanlagen. Untersuchungen zur Architektur, Entwicklungsgeschichte, Funktion und Repräsentation (Münster 2003); Hollinshead, Shaping Ceremony (wie Anm. 18).
104 Junker, Vom Theatron zum Theater (wie Anm. 3) 20.
105 Junker, Vom Theatron zum Theater (wie Anm. 3) 31.
106 Junker, Vom Theatron zum Theater (wie Anm. 3) 30 – 31; in gleichem Sinne Papastmati-von Moock, The Theatre of Dionysus Eleuthereus in Athens (wie Anm. 1) 34.
107 Zum Publikum und seiner Größe siehe Junker, Vom Theatron zum Theater (wie Anm. 3) 31; Papastmati-von Moock, The Theatre of Dionysus Eleuthereus in Athens (wie Anm. 1) 34.

Theater des 5. Jh. v. Chr. fassen. Die Ursachen für die Vergrößerung des Theaters können nicht auf eine bestimmte, eine Revolution auslösende Begebenheit reduziert werden.

Wir können resümieren: Die lineare Theaterform war mit unterschiedlichen Ausformungen seit früh- oder hochklassischer Zeit die vorherrschende Form, meist als in bescheidenem Ausmaß in den Fels geschlagene Treppen (Argos, Syrakus) gestaltet oder natürliche Hänge (Ikaria, Isthmia, Rhamnous) ausnützend, die entsprechend Platz für szenische Darstellungen oder dergleichen hatten. Vereinzelt gibt es aufwändigere Formen mit Π-förmigem Grundriss (Athen), die aber vorbildhaft für die weitere Entwicklung des Theaterbaus waren. Diese Theater bildeten – zumindest in Attika – als Dementheater einen wesentlichen Bestandteil der gelebten Demokratie, da hier neben dramatischen Aufführungen vor allem die Versammlungen der Demen und Trittyen abgehalten wurden. Die linearen Theater sind formal den ›kultischen Theatern‹ in Heiligtümern eng verwandt; es lässt sich vermuten, dass Treppenanlagen einer gemeinsamen architektonischen Form entspringen. Der Theaterbau wurde gegen die Mitte des 4. Jh. v. Chr. revolutioniert, als mit dem runden Steinbau des Dionysostheaters ein neuer Bautyp in Erscheinung tritt, der den Standardtyp definieren sollte. Diese Entstehung kann nicht als plötzliche Erfindung angesehen werden, sondern es sind Einzelelemente, die bereits existierten, zu einem neuen und monumentalen Theaterbau verbunden worden. Eine wesentliche Entwicklung hat aber auch bei der Produktion von Tragödien und Komödien im 4. Jh. v. Chr. selbst stattgefunden, als nach dem Ende des Peloponnesischen Krieges sich die auf Athen konzentrierten Themenbereiche veränderten. Ausschlaggebend dafür sind viele Gründe; A. Hartwig hat dafür auch die finanzielle Attraktivität genannt, von der angezogen im frühen 4. Jh. v. Chr. auch nicht-attische Komödiendichter in Athen Erfolge feiern; die Mittlere Komödie sieht sich Einflüssen ausgesetzt, die vor allem von außerhalb Attikas kommen und die Theaterproduktion ›internationalisieren‹, neue Themen, Genres, Charaktere und Werte vermitteln, die sich bis in die Neue Komödie und zu Menander ziehen.[108] Am Ende des Jahrhunderts entsteht mit Menander die Neue Komödie, und sie bedient ganz andere Themen als noch die Tragödien- und Komödiendichter des 5. Jh. v. Chr.[109] Waren es in der Blütezeit der Demokratie im früh- und hochklassischen Athen spezifische Themen, die auf die gelebte Realität der Athener und ihrer Nachbarn eingingen und so den politischen Diskurs förderten und auf die Bühne brachten, so trat mit der Neuen Komödie auch das Private in den Vordergrund. Mit der Machtübernahme Philipps II. und Alexanders nach der Schlacht bei Chaironeia 338 v. Chr. zeichnet sich die Tendenz ab, nicht mehr das Politische im Vordergrund zu sehen, sondern das Empfinden und Erleben von Kultur.[110] Die architektonische Entwicklung des Theaters ist generell von gesellschaftlichen und politischen Veränderungen, insbesondere denen des 4.

---

108 A. Hartwig, The Evolution of Comedy in the Fourth Century, in: E. Csapo – H. R. Goette – J. R. Green – P. Wilson (Eds.), Greek Theatre in the Fourth Century BC (Berlin–Boston 2014) v. a. 218 mit Referenzen zu Dichtern der Mittleren und Neuen Komödie.
109 Zu Menander und seiner Reputation siehe Nervegna, Menander in Antiquity (wie Anm. 2).
110 S. Moraw, Das Publikum. Der mündige Bürger als Ideal, in: S. Moraw – E. Nölle (Hrsg.), Die Geburt des Theaters in der griechischen Antike, Antike Welt Sonderband (Mainz 2002) 153.

Jh. v. Chr., nicht zu trennen: Das Theater wurde für das Publikum errichtet. Freilich blieben die monumentalen Theaterbauten auch politisch – in Athen übersiedelte die Ekklesia, die noch in der Pnyx tagte, nach der Mitte des 4. Jh. v. Chr. in das neue Dionysostheater;[111] und auch die erstarkenden politischen Bünde[112] und Institutionen des 4. Jh. v. Chr. konnten in den neuen Theatergebäuden wie in Megalopolis einen Ort vorfinden, der vielen Tausenden Platz bot. Eine Generalversammlung des Korinthischen, Aitolischen oder etwa Achaischen Bundes hätte in einem linearen Theatron des 5. Jh. v. Chr. kaum Platz gefunden.

Was also diese wesentliche Frage für die griechische Theatergeschichte betrifft – was ist der Grund der tragischen Architektur? –, so scheint der Paradigmenwechsel vom einfachen linearen zum ausgeschmückten monumentalen Theater entscheidend zu sein. Natürlich hat das Publikum vom verbesserten akustischen Erlebnis und der besseren Sicht auf Bühne und Orchestra profitiert. Vielleicht ist die Frage nach der linearen oder runden Form weniger wichtig als die Frage nach der Monumentalität und Ausstattung spätklassischer Theater im Gegensatz zu den einfach gehaltenen Anlagen des 5. Jh. v. Chr. Die Funktionalität der vorkanonischen Theater reduziert das Theatererlebnis auf die Performanz und die eingangs geschilderte Dramatik der Topographie, um »civic identity« zu erzeugen und zu stärken. Mit der Erbauung des spätklassischen Dionysostheaters in Athen hat man einen neuen – und im Unterschied zu früheren Theatern – monumentalen Rahmen geschaffen, der zweierlei Bedürfnisse bediente: Mit der Neuen Komödie wurde die lokale »civic identity« gestärkt, allerdings die eines weitaus größeren Publikums. Mehr noch wurde jedoch ein panhellenisches Gefühl befördert, das vor dem Hintergrund der Dichter, die aus weiten Teilen der griechischen Welt im Athen des 4. Jh. v. Chr. ihre Stücke aufführten, eine neue ›globalisiertere‹, aber in Bezug auf den Geschmack des Publikums weniger politische Zeit widerspiegelt.

---

111 Kolb, Agora und Theater (wie Anm. 11) 92 – 96; Lambert, Polis and theatre in Lykourgan Athens (wie Anm. 82) 53 – 55.
112 Zu den Bünden siehe P. Siewert – L. Aigner-Foresti (Hrsg.), Föderalismus in der griechischen und römischen Antike (Stuttgart 2005); A. Sokolicek, Form and Function of the Earliest Greek Theatres, in: Frederiksen – Gebhard – Sokolicek, The Architecture of the Ancient Greek Theatre (wie Anm. 15) 97 – 104.

Teil II
Lesarten und Deutungen

SABINE FÖLLINGER

Kategorien der Tragödiendeutung am Beispiel von Aischylos' ›Persern‹

1. Problemstellung und Kategorienbildung

In der Tragödie ›Perser‹ hat Aischylos im Jahr 472 v. Chr. den Sieg, den die Griechen acht Jahre vorher über die Perser errungen hatten, auf die Bühne gebracht. Es handelt sich also um ein Drama mit historischem Sujet und stellt somit eine Besonderheit dar. Denn in der Regel entnahmen die Dichter ihre Stoffe mythischen Erzählungen. Dies hindert aber nicht daran, mögliche Kategorien der Tragödiendeutung an ihm zu zeigen, denn für die Griechen bildeten, wie noch zu sehen sein wird, ›mythische‹ Vergangenheit und ›historische‹ Vergangenheit ein Kontinuum. Darüber hinaus besteht ein Reiz darin, daß uns in den ›Persern‹ die früheste vollständig erhaltene Tragödie vorliegt.

1,1. Textinterne / innerliterarische Interpretation

Einen ersten Zugang zu einer Tragödie bietet die textinterne Analyse: Wie sind Aufbau und Struktur gestaltet? Welche Figurenkonstellationen gibt es? Wie sind die Charaktere ausgearbeitet? Wie sind der Handlungsverlauf und damit die Interdependenz von Figur und Handlung gestaltet? Aber auch die Untersuchung von Story und Plot gehört dazu: Wie macht der Autor aus einer Erzählung eine durch Kausalitäten geordnete Handlungsstruktur? So wird etwa das Geschehen, das im Sophokleischen ›König Ödipus‹ die Voraussetzung für den Plot der Tragödie bildet – das Orakel an Ödipus und dessen verhängnisvolle Begegnung mit seinem Vater am Dreiweg –, im Drama in Rückblenden eingeholt, weil Sophokles den Fokus auf den schrittweise und schuldhaft verzögerten Erkenntnisfortschritt des Ödipus legt.

Durch solche Feinanalysen lassen sich Aussagen über den Charakter der Akteure und die Sympathielenkung treffen: Ist der Charakter einer *dramatis persona* durch das, was sie sagt und tut, und durch das, was andere über sie sagen, als dumm, hinterhältig, sympathisch oder mitleiderregend gezeichnet? Entscheidende Weichenstellungen für die Verwissenschaftlichung einer solchen Untersuchungsmethode hat Aristoteles mit seiner ›Poetik‹ vorgenommen, so daß sich die von ihm eingeführten Konzeptionen und Begriffe wie die Einteilung einer Tragödie in Epeisodien und Chorlieder, aber auch die eine Tragödie konstituierenden

Elemente wie Handlungsstruktur = Plot, Charakter, Gedankenführung und Inszenierung bis in aktuelle Dramentheorien gehalten haben und diskutiert werden.[1]

1,2. Die politische (pragmatische) Tragödiendeutung

Die textinterne Analyse führt zu wichtigen und interessanten Deutungen. Aber fast automatisch stellen sich über sie hinaus weitere Fragen wie: Welche Intention leitet den Autor bei seiner Dramengestaltung, und was bedeutet die jeweilige Gestaltung angesichts des performativen Kontextes und im Hinblick auf die kollektive Rezeptionssituation? Dieser Aspekt ist für die attische Tragödie von besonderer Bedeutung, da sie bekanntlich im Rahmen von politisch-religiösen Festen aufgeführt wurde, deren wichtigstes die Großen Dionysien waren. Zwar geben uns die Didaskalien Aufschluß darüber, welche Tragödien im Agon den Sieg davontrugen, aber der Zuschnitt der ›historischen Adressaten‹ ist nur mühsam und indirekt zu erschließen. So wird in der berühmten Komödie ›Die Frösche‹ des Aristophanes ein Dichteragon zwischen Aischylos und Euripides auf die Bühne gebracht, dessen Schiedsrichter der Theatergott Dionysos ist. Diese Komödie erhebt zum Kriterium einer guten Tragödie den Umstand, ob ein Tragödiendichter die Bürger das Richtige lehre. Lange Zeit wurde Aristophanes als Zeuge für eine didaktische Funktion der aischyleischen Tragödien ernstgenommen. Dabei wurde aber vielfach die Verzerrung verkannt, mit der die Komödie einzelne Tragödienverse zitiert. Dagegen werden in jüngerer Zeit vermehrt Stimmen laut, die die Ernsthaftigkeit der aristophanischen Tragödiendeutung bestreiten.[2] Und Ernst Richard Schwinge[3] konnte zeigen, daß es sich bei Aristophanes' Auffassung um eine individuelle Zuspitzung handelt, mit der der Dichter das Ziel seiner Komödie auf die Tragödie überträgt.

Gleichzeitig mit Aristophanes' Ansatz entwickelte sich eine andere Kategorie der Tragödieninterpretation, die man als ›ästhetische‹ Kategorie bezeichnen könnte. Denn der Sophist Gorgias sah das Ziel der Dichtung allgemein in der Psychagogie, weil sie Emotionen errege, indem sie »furchtvollen Schauder« (φρίκη περίφοβος), »tränenreiches Mitleid« (ἔλεος πολύδακρυς) und »leidliebendes Verlangen« (πόθος φιλοπενθής) errege[4] und mit diesen Emotionen den Rezipienten Lust und Freude bereite. Die Affekte *phóbos* und *éleos* greift Aristoteles in der ›Poetik‹ auf, in der er in Auseinandersetzung mit der Platonischen Tragödienkritik der Gattung Tragödie einen eigenen wichtigen Stellenwert zuweist.

---

1 Ein wichtiges Beispiel hierfür ist das Standardwerk von M. Pfister, Das Drama. Theorie und Analyse (München [11]2001).
2 Vgl. P. von Moellendorff, Aristophanes (Hildesheim u. a. 2002) 155 – 164.
3 E.-R. Schwinge, Griechische Tragödie und zeitgenössische Rezeption: Aristophanes und Gorgias. Zur Frage einer angemessenen Tragödiendeutung (Hamburg 1997).
4 Bei beiden von Gorgias der Tragödie zugeschriebenen Funktionen, zu belehren und Psychagogie zu betreiben, handelt es sich – wie Schwinge richtig hervorhebt – um „Radikalisierungen" der seit Homer als Funktionen der Dichtung gesehenen Effekte: zu unterhalten und zu nützen.

Für eine ›pragmatische‹ Tragödieninterpretation darf die Bedeutung des agonalen Kontextes nicht unterschätzt werden: Die Tragödien wurden in Form von Wettbewerben aufgeführt. Die Jury bestand nicht aus Experten, sondern aus Bürgern, die nach einem bestimmten Verfahren aus jeder Phyle Athens ausgewählt waren.[5] Die Regeln für die Jury selbst, von denen wir aus Quellen des 4. Jahrhunderts v. Chr. wissen, waren kompliziert und sollten unbedingt Bestechung vermeiden. Diese Parameter sind wichtig im Hinblick auf die Erwartungen, mit denen die Dichter zu rechnen hatten, zumal wenn sie, was anzunehmen ist, siegreich aus dem Wettbewerb hervorgehen wollten. Esoterische Werke aus dem ›Elfenbeinernen Turm‹, geschaffen für ein elitäres Publikum, dürften von vornherein weniger Aussicht auf Erfolg gehabt haben, oder anders ausgedrückt: Der Dichter wird versucht haben, Stücke auf die Bühne zu bringen, die auf verschiedenen Ebenen zu lesen waren und sowohl ein einfacheres als auch ein gebildetes Publikum ansprachen. Das bedeutete aber auch: Er mußte ›den Nerv‹ treffen. Der Eindruck, daß das Stück einen selbst etwas angehe, wurde dem einzelnen Zuschauer dadurch vermittelt, daß die Tragödien individuelles Entscheiden und Handeln auf die Bühne bringen, aber auch durch den Bezug zur eigenen Polis und zu aktuellen Problemen, den die Dichter geschickt in ihre Stücke verwoben. Den Zusammenhang von Aufführungsbedingungen und Polisbezug hat der Althistoriker Christian Meier stark gemacht und – im Anschluß an ältere Arbeiten – sogar die Schlußfolgerung gezogen, die Tragödie sei ein Medium politischer Unterrichtung gewesen.[6]

Der agonale Kontext hatte entscheidenden Einfluß auf die Tragödienproduktion selbst. Denn sie ist, wie antike Literatur überhaupt, durch das Prinzip von ›*imitatio*‹ und ›*aemulatio*‹ geprägt, so daß die eigene, durch intertextuelle Bezüge verdeutlichte, Neukonzeption auch dem Willen zur Distinktion entsprang. Dies läßt sich selbst an den ›Persern‹ erkennen.[7]

Zur pragmatischen Tragödiendeutung lassen sich meines Erachtens auch Ansätze rechnen, die die Tragödien als Medium theologischen Denkens betrachten. So glaubte man etwa, Aischylos habe mit seinem Werk ein bestimmtes Zeusbild vermitteln wollen.[8]

1,3. Die handlungstheoretische Tragödiendeutung

Eine dritte Interpretationsrichtung deutet die Tragödie handlungstheoretisch und sieht auf der Grundlage der aristotelischen Tragödientheorie ihre Funktion in einer positiven

---

5 Zu den Aufführungsbedingungen der griechischen Tragödie vgl. etwa A.W. Pickard-Cambridge, The Dramatic Festivals of Athens (Oxford ²1968) und H.-D. Blume, Einführung in das antike Theaterwesen (Darmstadt ³1991).
6 C. Meier, Die politische Kunst der griechischen Tragödie (München 1988). Im Falle der ›Perser‹ habe Aischylos die Bürger lehren wollen, daß man Krieg zwar nicht abschaffen könne, aber »ihn mindestens nicht leichtfertig vom Zaune brechen sollte« (ebd., 93).
7 Siehe hierzu unten, S. 88.
8 Vgl. in jüngerer Zeit R. Bees, Aischylos. Interpretationen zum Verständnis seiner Theologie (München 2009).

Beeinflussung der Affekte. Dabei deutet sie die »Reinigung« (*kátharsis*) der Affekte, die Aristoteles als Wirkung einer Tragödie betrachtet, als einen Prozeß, mit dem Aristoteles nicht allein die ästhetische Wirkung der Tragödie beschreiben will[9], sondern den er als eine Art von Läuterungsvorgang versteht, der zu einem richtigen Umgang mit den Affekten verhilft.[10] Dabei sind bestimmte Charakteristika der Handlungsstruktur oder der Gestaltung der Charaktere Aristoteles zufolge dem kathartischen Effekt förderlich.[11]

Der Inszenierung weist Aristoteles eine unbedeutendere Rolle zu; das bedeutet aber nicht, daß er sie ganz vernachlässigt.[12] Vielmehr besitzt sie unter den verschiedenen Elementen einer Tragödie den geringsten Stellenwert. Diese Bewertung dürfte damit zusammenhängen, daß Aristoteles an der Tragödie dasjenige interessiert, was Allgemeinheitscharakter besitzt. Dies aber ist der vom Dichter festgelegte Plot, nicht die jeweils neue und andere Inszenierung. Darüber hinaus bewertet er auch: Was nur durch die Inszenierung erschüttert, ist nicht nachhaltig und damit auch nicht so qualitätvoll, im Unterschied zu einer durchgängigen Emotionalisierung, deren Grundlage die Handlungsstruktur bildet und die deshalb mit einem bestimmten Maß an Einsicht verbunden ist, so daß der Effekt in mehr als einer momentanen Erschütterung besteht. Übertragen auf ein modernes Genre, könnte man sagen: Horrorfilme beeindrucken momentan, bewirken beim Zuschauer aber kaum ein über die kurzfristige Emotionalisierung hinausreichendes Nachdenken, im Unterschied etwa zu Krimis, deren Handlung konzis, gut strukturiert, in sich plausibel und konsequent ist und Probleme von einem gewissen Allgemeinheitsgrad behandelt. Meines Erachtens bieten die aristotelischen Überlegungen zur Bedeutung der Emotionen für die Tragödienrezeption einen guten Anhaltspunkt zur Tragödieninterpretation. Daß die Tragödie stark emotionalisierend wirkte, bezeugen Platons Tragödienkritik und die aristotelische Tragödientheorie. Sie lassen sich in einen Diskurs einreihen, zu dem auch Gorgias, wie gesehen, beitrug.[13]

Die genannten Möglichkeiten einer Tragödiendeutung müssen sich nicht ausschließen. Vielmehr können sie sich gegenseitig ergänzen bzw. sie können ineinandergreifen. Dies möchte ich im folgenden am Beispiel der ›Perser‹ zeigen.[14]

---

9   Zur ›ästhetischen Deutung‹ vgl. J. Holzhausen, Paideía oder Paidiá. Aristoteles und Aristophanes zur Wirkung der griechischen Tragödie (Stuttgart 2000).
10 Siehe z. B. A. Schmitt, Zur Aristoteles-Rezeption in Schillers Theorie des Tragischen. Hermeneutisch-kritische Anmerkungen zur Anwendung neuzeitlicher Tragikkonzepte auf die griechische Tragödie, in: B. Zimmermann (Hrsg.), Antike Dramentheorien und ihre Rezeption (Stuttgart 1992) 191 – 213, und A. Schmitt, Wesenszüge der griechischen Tragödie. Schicksal, Schuld, Tragik, in: H. Flashar (Hrsg.), Tragödie. Idee und Transformation (Stuttgart–Leipzig 1997) 5 – 49.
11 Zur ›Familientragödie‹ siehe unten, S. 90.
12 Zur Bedeutung der ὄψις in der aristotelischen ›Poetik‹ siehe C. Lattmann, Vom Nutzen der ὄψις: Aristoteles, ›Poetik‹ 1450a12 – 14, Philologus 159, 2015, 251 – 271.
13 Vgl. oben, S. 84.
14 Im folgenden greife ich – in zum Teil enger Anlehnung – auf meine bereits früher vorgelegten Interpretationen zu den ›Persern‹ zurück: S. Föllinger, Genosdependenzen. Studien zur Arbeit am Mythos bei Aischylos (Göttingen 2003); S. Föllinger, Genealogie und Herrscherlegitimation in Aischylos' ›Persern‹, in: T. Baier (Hrsg.), Die Legitimation der Einzelherrschaft im Kontext der Generationenthematik (Berlin–New York 2008) 11 – 24; S. Föllinger, Aischylos. Meister der griechischen Tragödie (München 2009).

2. Historischer Kontext der ›Perser‹

Das Drama ›Perser‹ stellt die Niederlage des persischen Königs Xerxes und seines Heeres bei Salamis im Jahr 480 v. Chr. dar. Die Perserkriege hatten ihren Anfang genommen, als in den 90er Jahren des 5. Jahrhunderts v. Chr. Griechen, die an der kleinasiatischen Küste siedelten, einen Aufstand gegen die persischen Herrscher unternahmen und dabei von Griechen aus Athen unterstützt wurden. Im Gefolge davon schickte der persische Großkönig Dareios ein Heer, um Griechenland zu erobern. Doch dieses unterlag bei Marathon einer relativ kleinen Anzahl von Griechen im Jahr 490 v. Chr. Auch Dareios' Sohn Xerxes erlitt eine Niederlage, als er 480 v. Chr. versuchte, Griechenland und vor allem Athen zu erobern. In verschiedenen Schlachten besiegten ihn die Griechen.

3. Inhaltsskizze

Die Handlung spielt in der persischen Hauptstadt Susa. Der Chor besteht aus den persischen Ältesten und damit aus einer Generation von Männern, die zu alt war, um in den Krieg gegen die Griechen zu ziehen. Weitere Personen sind Xerxes' Mutter, die im Stück namenlos bleibt,[15] sein Vater Dareios bzw. dessen Totengeist, den die Königsmutter und der Chor nach der Nachricht von Xerxes' Niederlage beschwören, und Xerxes selbst.

Die Spannung des Dramas besteht darin, daß die Nachricht von Xerxes' Niederlage sukzessive zur Gewißheit wird und die Zuschauer die Reaktionen der anderen Akteure erfahren, bevor Xerxes am Schluß selbst auftritt: Während der Chor am Beginn noch Xerxes und die Stärke des persischen Heeres besingt, mischt sich schon Furcht vor einer möglichen Katastrophe in sein Lied.[16] Die Angst wird geschürt durch einen Traum der Königsmutter, der auf eine Schwäche des Großkönigs hindeutet. Vollends bewahrheiten sich die Befürchtungen, als ein Bote kommt und von der katastrophalen Niederlage bei Salamis berichtet. Die Niederlage führt er darauf zurück, daß Xerxes auf eine List der Griechen hereinfiel (vv. 361 f.).[17] In dieser Situation der Verzweiflung und Ratlosigkeit läßt die Königsmutter eine Totenbeschwörung durch den Chor vornehmen: Sie gilt ihrem verstorbenen Ehemann und Xerxes' Vater, Dareios. Als dieser[18] erscheint und von dem Geschehenen erfährt, verurteilt er Xerxes' Handeln, insbesondere dessen pietätlose Überbrückung des Hellespont und bittet den Chor, seinen Sohn zur Vernunft zu bringen. Furios endet das Drama mit dem

---

15   Bei Herodot heißt sie Atossa (›Historien‹ 7,2,2).
16   Zu der ambivalenten Stimmung des Chores vgl. die gute Analyse von M.A. Gruber, Der Chor in den Tragödien des Aischylos. Affekt und Reaktion (Tübingen 2009) 111 – 118.
17   Damit wird auf die List, die Themistokles anwandte, angespielt.
18   Zur Zeit der Aufführung der ›Perser‹ war der historische Dareios bereits 14 Jahre tot (er starb 486, vgl. J. Wiesehöfer, Das antike Persien von 550 v. Chr. bis 650 n. Chr. [Düsseldorf-Zürich 1993, Neuauflage 1998] 91). Xerxes lebte noch bis 465.

Erscheinen des Xerxes, der allein, in Lumpen und mit leerem Köcher die Bühne betritt und in einem groß angelegten Trauergesang zusammen mit dem Chor sein Schicksal beklagt.

Auch die ›Perser‹ waren, wie andere Tragödien, in eine Tetralogie eingebunden. Leider sind aufgrund der schlechten Quellenlage unsere Kenntnisse über die anderen Stücke zu gering, als daß wir weiterreichende Aussagen treffen könnten.[19] Signifikant ist aber, daß die anderen Dramen mythische Sujets hatten. Dieser Umstand gibt uns Aufschluß über die Sicht auf das Verhältnis von Mythos und Historie. Darauf wird weiter unten zurückzukommen sein.

4. Die ›Perser‹ als Geschichtsdrama

Ein ›Geschichtsdrama‹ war nichts Neues. Vielmehr ist Aischylos' Persertragödie das Ergebnis einer fruchtbaren und kreativen Konkurrenz zu dem Dramendichter Phrynichos, der zur Zeit der Aufführung der ›Perser‹ bereits tot war, doch dessen Stücke dem Publikum noch in lebhafter Erinnerung gewesen sein dürften. Dieser hatte vier Jahre vorher ebenfalls den Sieg der Griechen bei Salamis aus persischer Perspektive in einem Drama ›Phoenissen‹ aufgeführt. Bereits das Wenige, was wir über dieses wissen, macht deutlich, daß Aischylos andere Wege beschritt. So begannen die ›Phoenissen‹ mit dem Monolog eines Eunuchen, wohingegen die ›Perser‹ mit einem Lied des Chores einsetzen. Damit wird schon ein erstes Signal gegeben für den Generationenkonflikt, der das Drama bestimmt: den Konflikt zwischen dem jungen Sohn Xerxes, der in seinem jugendlichen Übermut die Niederlage verschuldet, und seinem toten Vater Dareios, dessen Sicht der Chor vertritt. Bereits die wenigen Vergleiche, die uns aufgrund der Überlieferungslage möglich sind, verdeutlichen also, daß die aischyleische Konzeption auch ein Ergebnis der produktiven Auseinandersetzung mit seinem Konkurrenten ist.

Wenn hier von einem ›Geschichtsdrama‹ die Rede ist, gilt es allerdings dreierlei zu beachten.

Erstens ist die Verwendung des Begriffs anachronistisch, weil Aischylos noch nicht mit der Gattung der Geschichtsschreibung vertraut war, Denn Herodot, den man als ersten Geschichtsschreiber betrachtet, beginnt sein Werk später. Vorher behandelten Dichter historische Themen in Form von Elegien oder Epen. Das heißt, daß das Drama hier die Nachfolge antritt bzw. in Konkurrenz zu diesen Gattungen steht.

Zweitens besteht nicht – wie man aus moderner Sicht vermuten könnte – ein Gegensatz darin, daß Aischylos neben mythischen Sujets auch ein historisches Thema wählte. Denn für die Griechen bildeten die (aus unserer Sicht) ›mythischen Geschehnisse‹ eine Vorstufe der

---

19 Jedenfalls standen die ›Perser‹ in der Mitte zwischen zwei mythischen Dramen, ›Phineus‹ und ›Glaukos‹, das Satyrspiel war ein ›Prometheus‹. Zu Überlegungen über eine mögliche Verbindung der Dramen der Tetralogie siehe Föllinger, Aischylos (wie Anm. 14) 59 f.

(wiederum aus unserer Sicht) ›historischen Geschehnisse‹.[20] So sahen etwa den Trojanischen Krieg sowohl Herodot als auch Thukydides, der sich selbst gegenüber Herodot als ›Rationalisierer‹ betrachtete, als ein historisches Faktum an. Mythenkritik war darum bemüht, mythische Erzählungen zu verbessern oder zu erklären, aber nicht darum, mythische Erzählungen ganz abzuschaffen.[21] Daß Mythos und Geschichte für die Griechen ineinander übergingen, wird durch politische Bildprogramme bestätigt:[22] In dem wohl 460 v. Chr. entstandenen öffentlichen Athener Gebäude ›Stoa Poikile‹ waren historische Kämpfe, eine Schlacht zwischen athenischer Infanterie und den Spartanern bei dem argivischen Oinoe sowie die Schlacht von Marathon, und mythische Kämpfe, Theseus' Schlacht gegen die Amazonen und eine Szene aus dem Trojanischen Krieg, nebeneinandergestellt. Darüber hinaus bezeichnet Aristoteles in seiner ›Poetik‹ die Stoffe der Tragödie als »tatsächlich Geschehenes« (γενόμενα) (›Poetik‹ 9, 1451b 15 f.: ἐπὶ δὲ τῆς τραγῳδίας τῶν γενομένων ὀνομάτων ἀντέχονται. αἴτιον δ' ὅτι πιθανόν ἐστι τὸ δυνατόν), was aufschlußreich für das griechische Verständnis von Tragödie und Historie ist. Aristoteles begründet geradezu ein Geschichtsdrama, wenn er seine Tragödientheorie auch auf historische Stoffe bezieht (›Poetik‹ 9, 1451b 29 – 32):

> Und auch wenn er (sc. der Tragödiendichter) reale Geschehnisse in Dichtung umsetzt, ist er nichtsdestotrotz ein Dichter. Denn nichts hindert daran, daß einige der realen Geschichten so sind, daß sie der Wahrscheinlichkeit nach passieren und passieren können, also das Kriterium befolgen, nach dem jener ein Dichter ist.[23]

Damit liefert er implizit eine Erklärung dafür, warum eine Tragödie mit historischem Sujet zu einer Tragödie mit mythischem Sujet in Parallele gesetzt werden kann. Denn er stellt fest (›Poetik‹ 9, 1451a 36 – 38):

> Die Aufgabe des Dichters ist es nicht, Dinge, die geschehen sind, zu erzählen, sondern Dinge, wie sie geschehen könnten, und zwar diejenigen, die nach den Regeln der Wahrscheinlichkeit oder Notwendigkeit möglich sind.[24]

Nicht anders als etwa ein moderner historischer Roman oder ein moderner Historienfilm verbindet Aischylos in seiner Tragödie historische Fakten mit einer individuellen Gewichtung und auch mit eigener Erfindung bis hin zur Faktenfälschung. Im Falle der ›Perser‹ haben wir in dem Geschichtsschreiber Herodot, der um die Mitte des 5. Jahrhunderts die

---

20 Vgl. hierzu Föllinger, Aischylos (wie Anm. 14) 55 f.
21 Vgl. hierzu Föllinger, Genosdependenzen (wie Anm. 14) 17 – 34.
22 Vgl. Föllinger, Aischylos (wie Anm. 14) 56.
23 κἂν ἄρα συμβῇ γενόμενα ποιεῖν, οὐθὲν ἧττον ποιητής ἐστι· τῶν γὰρ γενομένων ἔνια οὐδὲν κωλύει τοιαῦτα εἶναι οἷα ἂν εἰκὸς γενέσθαι καὶ δυνατὰ γενέσθαι, καθ' ὃ ἐκεῖνος αὐτῶν ποιητής ἐστιν.
24 Φανερὸν δὲ ἐκ τῶν εἰρημένων καὶ ὅτι οὐ τὸ τὰ γενόμενα λέγειν, τοῦτο ποιητοῦ ἔργον ἐστίν, ἀλλ' οἷα ἂν γένοιτο καὶ τὰ δυνατὰ κατὰ τὸ εἰκὸς ἢ τὸ ἀναγκαῖον.

Entstehung und den Verlauf der Perserkriege schilderte, eine Quelle, die einen Vergleich mit der aischyleischen Konzeption ermöglicht. So stellt in der Tragödie die Niederlage der Perser bei Salamis das entscheidende Ereignis dar, wohingegen die Schlacht bei Plataiai nur Teil von Dareios' Prophezeiung ist (vv. 816 – 817).[25]

Da ein Teil von Aischylos' Publikum zumindest rudimentäre Kenntnisse über die Perser gehabt haben dürfte, zumal viele Männer in den Perserkriegen in persönlichen Kontakt mit ihnen gekommen waren, musste Aischylos bei aller Eigenwilligkeit eine gewisse Realitätstreue wahren. Typisch persische Eigenheiten, die den Athenern durch Wirtschaftsbeziehungen, diplomatische Kontakte und Kriegserfahrungen bekannt waren, bettet er geschickt in einen griechischen Kontext ein, so daß sein griechisches Publikum die Gestalten auf der Bühne zwar eindeutig als Perser erkannte, diese andererseits wiederum so vertraut waren, daß der dramatisierte Konflikt für das Publikum einen Wiedererkennungswert hatte. So tragen die Perser einerseits typisch persische Kleidung, und die Größe des persischen Reiches sowie die zahlenmäßige Überlegenheit der Perser stellen ein Leitmotiv dar. Außerdem vollzieht der Chor die Proskynese, die nach griechischer Auffassung nur Göttern gebührte. Alle diese Charakteristika führten dem griechischen Publikum vor Augen, daß es sich bei den handelnden Personen um ›andere‹, um den ›Feind‹ handelte. Doch gleichzeitig waren diese ›anderen‹ auch vertraut. Denn die Perser der Tragödie sprechen Griechisch (anders wären sie vom griechischen Publikum wohl auch kaum verstanden worden), und sie verehren dieselben Götter. Trotz der wiederholten Kontrastierung von griechischen und persischen Gewohnheiten läßt sich nicht sagen, daß die Perser explizit negativ bewertet werden. Aber auch eine implizite Minderbewertung läßt sich kaum fassen.[26]

5. Die ›Perser‹ als ›Familiendrama‹: eine handlungstheoretische Deutung

Der aristotelischen Tragödientheorie zufolge behandelt Dichtung eher das »Allgemeine« (τὰ καθόλου) – im Unterschied zu Geschichtsschreibung, deren Sujet eher das Individuelle und Kontingente ist.[27] Betrachtet man die überzeitliche Wirkung der klassischen Tragödien, von der auch die modernen Aufführungen zeugen,[28] so muß man Aristoteles wohl recht geben. Denn ausschließlich historische oder individuelle Probleme würden kein so zeitenübergreifendes und immer wieder neues Interesse erregen. Daß die ›Perser‹ trotz ihres historischen

---

25 Vgl. hierzu und zu anderen aischyleischen Gewichtungen Föllinger, Aischylos (wie Anm. 14) 56 f.
26 Vgl. hierzu Föllinger, Aischylos (wie Anm. 14) 59.
27 Aristoteles, ›Poetik‹ 9, 1451a 38–b 7: ὁ γὰρ ἱστορικὸς καὶ ὁ ποιητὴς οὐ τῷ ἢ ἔμμετρα λέγειν ἢ ἄμετρα διαφέρουσιν (εἴη γὰρ ἂν τὰ Ἡροδότου εἰς μέτρα τεθῆναι καὶ οὐδὲν ἧττον ἂν εἴη ἱστορία τις μετὰ μέτρου ἢ ἄνευ μέτρων)· ἀλλὰ τούτῳ διαφέρει, τῷ τὸν μὲν τὰ γενόμενα λέγειν, τὸν δὲ οἷα ἂν γένοιτο. διὸ καὶ φιλοσοφώτερον καὶ σπουδαιότερον ποίησις ἱστορίας ἐστίν· ἡ μὲν γὰρ ποίησις μᾶλλον τὰ καθόλου, ἡ δ᾽ ἱστορία τὰ καθ᾽ ἕκαστον λέγει.
28 Vgl. H. Flashar, Inszenierung der Antike. Das griechische Drama auf der Bühne. Von der frühen Neuzeit bis zur Gegenwart (München ²2009).

Sujets eine Problematik von ›allgemeinem‹ Charakter behandeln, hat seinen Grund darin, daß Aischylos' Drama gleichzeitig ein ›Familiendrama‹ ist. Denn er verbindet den Konflikt zwischen Persern und Griechen mit einem Generationenkonflikt.[29] Dabei wird Xerxes als unüberlegt und fehlerhaft handelnder junger Heißsporn negativ dem Vater Dareios gegenübergestellt, der als klug und vorausschauend gezeichnet wird und als ein König, der – im Gegensatz zu seinem Sohn – seinem Land niemals Schaden zugefügt habe. Da 480 v. Chr. der historische Dareios bereits tot war, konnte Aischylos nicht, ohne daß sein Plot unglaubwürdig gewesen wäre, Vater und Sohn in eine direkte Auseinandersetzung treten lassen. Daher wird der Konflikt aus der Perspektive der anderen, des Chors, der Mutter des Xerxes und seines Vaters, geschildert. Was Dareios mit dem Chor verbindet, ist nicht nur das Alter, sondern auch eine unterschiedliche Weltsicht.[30] Dabei unterliegt dem Drama die psychologische Konzeption, daß Xerxes' Entschluß, die Perser zur Seefahrt anzustiften, eine unbesonnene Tat war, zu der er sich aufgrund seines Geltungsbedürfnisses, den Vater zu übertrumpfen, verleiten ließ. Aus der Perspektive aller Akteure erscheint er als der für das Desaster Verantwortliche. Schuld ist sein Ehrgeiz, der ihn dazu verleitete, sich von den tradierten Normen, an denen sein Vater festhielt, abzuwenden. Diese Ambitionen sind seiner Jugend und seinem allzu großen Selbstvertrauen geschuldet. Er ist θρασύς, was nicht nur positiv »mutig, risikofreudig«, sondern auch »draufgängerisch, voreilig« bedeutet. Im Kontrast dazu wird sein Vater als reflektiert und vorausschauend gezeichnet. Die Gegensätzlichkeit betrifft auch das Verhältnis zum Kollektiv des Perserreiches: Dareios tat in allen Dingen für seine Leute Gutes, Xerxes dagegen führt durch seine Unüberlegtheit das ganze Perserreich ins Verderben.

Dareios selbst bzw. sein Totengeist sieht die persische Niederlage als katastrophale Folge von Xerxes' Unbedarftheit und tadelt dessen hybrides Vorgehen, das in seinem Transgressionsbedürfnis resultierte (vv. 743 – 746):

Jetzt scheint klar die Quelle der Übel für alle Freunde aufgedeckt:
Mein Sohn hat, da er nicht verstand, dies in jugendlichem Leichtsinn bewerkstelligt,
der hoffte, er werde den Hellespont, den heiligen, als Sklaven wie mit Fesseln
in seiner Strömung festhalten.[31]

Zugunsten des fiktiven Vater-Sohn-Konflikts veränderte Aischylos die historischen Fakten.[32] Denn der historische Dareios griff sehr wohl über Asien hinaus und führte sogar selbst eine

---

29 Zu folgendem vgl. ausführlich Föllinger, Genealogie und Herrscherlegitimation (wie Anm. 14) und Föllinger, Aischylos (wie Anm. 14) 61 – 74.
30 Zur Funktion des Chores in den ›Persern‹ vgl. grundlegend Gruber, Der Chor in den Tragödien des Aischylos (wie Anm. 16) 103 – 155.
31 νῦν κακῶν ἔοικε πηγὴ πᾶσιν ηὑρῆσθαι φίλοις.
παῖς δ' ἐμὸς τάδ' οὐ κατειδὼς ἤνυσεν νέῳ θράσει·
ὅστις Ἑλλήσποντον ἱρὸν δοῦλον ὣς δεσμώμασιν   745
ἤλπισε σχήσειν ῥέοντα [...]
32 Vgl. auch S. Saïd, Darius et Xerxès dans les ›Perses‹ d'Eschyle, Ktema 6, 1981, 17 – 38.

Meeresüberbrückung durch, indem er eine Brücke über den thrakischen Bosporus schlagen ließ.[33]

Der Generationenkonflikt wird auch in der Sprache präsent: Die Opposition von ›Alt‹ und ›Jung/Neu‹ bildet ein Leitmotiv, und Xerxes wird oft als τέκνον und παῖς bezeichnet. Ebenso weist die Dramaturgie auf den Konflikt hin: Xerxes wird von verschiedenen Protagonisten charakterisiert, bevor er am Schluß selbst auftritt. So verfestigt sich das Bild des jugendlich-unbedacht-überehrgeizigen, mit dem toten Vater in Konkurrenz stehenden Königs. Dabei wurde der Generationenkonflikt optisch präsent: Xerxes tritt am Schluß des Stückes besiegt, leidend und zerlumpt auf und bildet so einen augenfälligen Kontrast zu seinem Vater, der vorher in prachtvoller Gewandung erschien (vv. 658 – 663).[34] Dem entspricht die Entgegensetzung in der Bewaffnung: Den Vater preist der Chor als »Beherrscher des Bogens« (v. 556), der Sohn kehrt mit dem leeren Köcher zurück (vv. 1016 – 1025).

Das Handeln des Xerxes ist deshalb fehlerhaft, weil es von mangelnder Voraussicht und überstürztem Vorgehen geprägt ist.[35] Damit steht ein intellektuelles Unvermögen im Vordergrund, aus dem heraus Xerxes in seinem jugendlichen Leichtsinn zum κακόν für das Perserreich wurde. Er »schadet« den Seinen im Gegensatz zu seinem Vater: Sein individuelles Fehlhandeln bedeutet eine Katastrophe für die ganze Gemeinschaft.

Dareios formuliert die Problematik klar als Generationenkonflikt in seinen Abschlußworten, mit denen er den Chor als seine Generation anspricht (vv. 780 – 786) und Xerxes' Abweichen von der väterlichen Norm tadelt:

> Auch ich unternahm viele Feldzüge mit gewaltigem Heer,
> aber ich brachte nicht solches Unglück der Stadt.
> Xerxes aber, mein Sohn, plant, da er jung ist, Neues
> und erinnert sich nicht an meine Weisungen.
> Ganz klar nämlich wißt ihr, Männer meiner Generation, dies:
> Wir alle, die wir diese Macht erhalten hatten,
> haben nicht solch ein Ausmaß an Leiden verursacht;
> das dürfte wohl offensichtlich sein![36]

---

33 Herodot, ›Historien‹ 4,83,1; 4,83,5.
34 Zu spezifisch königlichen Gewändern und Schuhen als Insignien achämenidischer Königsmacht siehe Wiesehöfer, Das antike Persien (wie Anm. 18) 57 f.
35 Dieses Handeln könnte man als ἁμαρτία im Sinne der aristotelischen Tragödientheorie werten.
36 κἀπεστράτευσα πολλὰ σὺν πολλῷ στρατῷ   780
   ἀλλ' οὐ κακὸν τοσόνδε προσέβαλον πόλει·
   Ξέρξης δ' ἐμὸς παῖς νέος ἐὼν νέα φρονεῖ,
   κοὐ μνημονεύει τὰς ἐμὰς ἐπιστολάς.
   εὖ γὰρ σαφῶς τόδ' ἴστ', ἐμοὶ ξυνήλικες·
   ἅπαντες ἡμεῖς, οἳ κράτη τάδ' ἔσχομεν,   785
   οὐκ ἂν φανεῖμεν πήματ' ἔρξαντες τόσα.

6. Warnung vor Hybris: Eine politische Deutung

Der handlungstheoretische Ansatz, der den Beobachtungen des Aristoteles zum Zusammenhang von Charakter und Handlungsstruktur entspricht,[37] läßt sich mit der politischen Deutung, die meines Erachtens die ›Perser‹ zulassen, verbinden:

Daß sich Xerxes in der Konkurrenz mit seinem Vater als Versager erweisen wird, wird schon nach der Parodos deutlich, als seine Mutter dem Chor besorgt von einem Traum berichtet: Sie sah zwei Schwestern, von denen eine Griechenland, die andere Barbarenland als Heimat erlost hatte. Als diese in Streit gerieten, habe Xerxes vergeblich versucht, sie zu bändigen, indem er sie unter ein Joch zusammenspannte. Die eine ließ sich mit stolzem Gestus willig lenken, die andere hingegen bäumte sich auf, zerriß mit den Händen das Geschirr, zerbrach das Joch und brachte Xerxes zu Fall.

Für eine Deutung dieser Stelle ist die Unterscheidung in das »innere Kommunikationssystem« und das »äußere Kommunikationssystem« des Dramas von Bedeutung.[38] Denn während der Chor keine Deutung des Traums vornimmt, sondern Atossa mit allgemeinen Worten und der Aufforderung, Opfer darzubringen, zu beruhigen versucht, vermag der Zuschauer aufgrund seines Informationsvorsprungs den Traum zu deuten: Die folgsame Schwester ist Persien, die widerstrebende, freiheitsliebende steht für Griechenland. Doch das Bemerkenswerte an Atossas Traum ist, daß er von einer Verwandtschaft von Griechen und Persern spricht; hier steht also nicht das Barbarische als das ›ganz andere‹ dem Griechischen gegenüber. Vielmehr wird die Verwandtschaft betont: Die Schwestern entstammen demselben Geschlecht, sind also blutsverwandt. Damit wird an den griechischen Mythos von der auf gemeinsamer Abstammung von Perseus beruhenden Verwandtschaft von Griechen und Persern[39] erinnert. Die Schwestern erscheinen als ganz ebenbürtig (vv. 181 – 199). Beide Frauen sind gut gekleidet und schöner als alle lebenden Frauen. Daß sie unterschiedliche Gebiete der Erde bewohnen, ist ein Ergebnis des Loses, das ihnen zugefallen ist.

In dieser Beschreibung zeigt sich keinerlei Minderbewertung Persiens, ebensowenig in der Art, wie ihr Streit beschrieben wird, für den bezeichnenderweise der Terminus für Bürgerkrieg, στάσις, gebraucht wird (vv. 188 – 189). Auch wird keine plakative Antithese zwischen den starken mutigen Griechen und den verweichlichten Barbaren beschworen. Der Gegensatz liegt vielmehr in dem überlegten und geordneten Vorgehen (v. 417) der Griechen auf der einen Seite und der – von Xerxes verschuldeten – Unüberlegtheit und Unordnung der Perser auf der anderen Seite. Die Art, wie der Bote das entscheidende Aufeinandertreffen berichtet, macht aber auch deutlich, was der Grund für das Fehlverhalten der Perser ist: Sie kämpfen nicht aus eigener Motivation, sondern unter dem von ihrem König auferlegten Zwang, der wiederum ein Resultat seiner falschen Entscheidung ist. Denn Xerxes, kaum daß der vermeintliche Überläufer von den Athenern ihn informiert hat, die Griechen hätten vor

---

37 Vgl. oben, 1,3.
38 Zur Terminologie vgl. Pfister, Das Drama (wie Anm. 1) 20 – 22.
39 Herodot, ›Historien‹ 7,61 – 62; 150.

zu fliehen, fällt auf diese List herein und droht seinen Leuten, er werde jeden umbringen, der nicht mit aller Macht gegen die Griechen kämpfe (vv. 361 – 373):

> Kaum hatte Xerxes es gehört und weil er weder die List des Griechen
> durchschaute noch den Neid der Götter,
> teilt er allen Flottenführern diese Weisung mit:
> Sobald die flammenstrahlende Sonne die Erde
> verlassen und Dunkel den Raum des Äthers erfasst habe,
> solle die Schar der Schiffe mit drei Reihen
> die Ausfahrt bewachen und die salzige Flut,
> andere sollten die Insel des Aias rings einschließen, dicht an dicht.
> Denn wenn ihrem Schicksal entflöhen die Griechen, ihrem bösen,
> indem sie mit ihren Schiffen irgendeinen heimlichen Fluchtweg fänden,
> so müssten alle persischen Anführer mit ihrem Leben dafür bezahlen.
> Solches sprach er, im Überschwang seines Hochgefühls.
> Denn er wußte nicht, welche Zukunft ihm von den Göttern her drohte.[40]

Griechischer Freiheitsdrang steht also der Unmotiviertheit des persischen Heeres gegenüber, dessen einziger Antrieb der erzwungene Gehorsam gegenüber dem Monarchen ist. Damit wird die Abhängigkeit der Vielen von dem Einen sinnfällig. Der Gedanke, welche Gefahren die Alleinherrschaft für eine Gemeinschaft bedeutet, wird im weiteren Verlauf der Tragödie weiter vertieft. Denn die Ursache der Niederlage ist nicht in einer prinzipiellen militärischen Unterlegenheit der Perser zu suchen, sondern in der Hybris ihres Herrschers.

Einer Schwarz-Weiß-Zeichnung steht darüber hinaus auch die Schilderung der Brutalität, mit der die Griechen gegen die Perser vorgehen, entgegen. Der Bote verwendet dabei das Bild der Thunfischjagd (vv. 419 – 428):

> […], das Meer war nicht mehr zu sehen, so bedeckt war es von Schiffstrümmern und von Leichen.
> Die Meeresufer und Klippen waren voll von Toten.

---

40 ὁ δ' εὐθὺς ὡς ἤκουσεν, οὐ ξυνεὶς δόλον
Ἕλληνος ἀνδρὸς οὐδὲ τὸν θεῶν φθόνον,
πᾶσιν προφωνεῖ τόνδε ναυάρχοις λόγον,
εὖτ' ἂν φλέγων ἀκτῖσιν ἥλιος χθόνα
λήξῃ, κνέφας δὲ τέμενος αἰθέρος λάβῃ, 365
τάξαι νεῶν στῖφος μὲν ἐν στοίχοις τρισὶν
ἔκπλους φυλάσσειν καὶ πόρους ἁλιρρόθους,
ἄλλας δὲ κύκλῳ νῆσον Αἴαντος πέριξ·
ὡς εἰ μόρον φευξοίαθ' Ἕλληνες κακόν,
ναυσὶν κρυφαίως δρασμὸν εὑρόντες τινά, 370
πᾶσιν στέρεσθαι κρατὸς ἦν προκείμενον.
τοσαῦτ' ἔλεξε κᾶρθ' ὑπ' εὐθύμου φρενός·
οὐ γὰρ τὸ μέλλον ἐκ θεῶν ἠπίστατο.

In wilder Flucht versuchte sich jedes Schiff zu retten
Die aber (die Griechen) erschlugen sie und hieben sie entzwei wie Thunfische oder einen Fischschwarm mit
Bruchstücken von Rudern und Splittern von Wrackteilen,
zugleich aber war die Salzflut von Geschrei und Kreischen erfüllt,
bis das schwarze Auge der Nacht alles hinwegnahm.[41]

Mit dem Bild des Thunfischfangs wird ein grausam-brutales Bild beschworen: Denn Thunfische wurden gefangen, indem man sie mit Booten und Schleppnetzen einkreiste und dann mit Harpunen oder durch Schläge mit Keulen tötete.[42]

Die Frage ist, wie die Grausamkeit der Griechen zu bewerten ist. Hier muß man meines Erachtens wiederum die Funktion im ›inneren Kommunikationssystem‹ einerseits und die im ›äußeren Kommunikationssystem‹ andererseits unterscheiden. Da die Perspektive, aus der die Metzelei berichtet wird, die des persischen Boten bildet, der die Geschehnisse der Schlacht Xerxes' Mutter und dem Chor berichtet, erzeugt sein Bericht im ›inneren Kommunikationssystem‹ Schmerz und Entsetzen, zumal der schmähliche Untergang im Gegensatz zu der wiederholten Schilderung der Exzellenz und Pracht der einzelnen Anführer der zum persischen Heer gehörenden Kontingente steht. Aber wie könnte die Wirkung auf die Zuschauer gewesen sein? Hierzu möchte ich die Untersuchung von Susanne Muth zu Gewaltdarstellungen heranziehen. Sie ist zu dem Ergebnis gelangt, daß Gewalt im Medium gerade nicht von der Gewalt in der Realität bedingt ist und daß es sich bei der Darstellung von Gewalt in Bildern attischer Vasen nicht um ein Bildthema, sondern um ein Bildmotiv handelt. Das heißt, es geht nicht darum, Gewalt um der Gewalt willen darzustellen, sondern Gewalt wird dargestellt, »weil sie als Bildmotiv die einzige Möglichkeit eröffnet, im Bild andere Tatbestände zu beschreiben, um die es eigentlich primär geht: Stärke, Kraft, Überlegenheit etc.«[43]. Für das literarische bzw. in diesem Fall performative Medium funktioniert die auf der Bühne stattfindende Darstellung von Gewalt etwas anders: Durch die Beschreibung von Gewalt imaginiert der Zuschauer anschaulich die Brutalität, was zu der zur Tragödie gehörenden Pathoserregung beiträgt. Doch über die Erregung eines gewisser-

---

41 [...], θάλασσα δ' οὐκέτ' ἦν ἰδεῖν,
ναυαγίων πλήθουσα καὶ φόνου βροτῶν·   420
ἀκταὶ δὲ νεκρῶν χοιράδες τ' ἐπλήθυον.
φυγῇ δ' ἀκόσμως πᾶσα ναῦς ἠρέσσετο,
ὅσαιπερ ἦσαν βαρβάρου στρατεύματος.
τοὶ δ' ὥστε θύννους ἤ τιν' ἰχθύων βόλον
ἀγῇσι κωπῶν θραύμασίν τ' ἐρειπίων   425
ἔπαιον, ἐρράχιζον· οἰμωγὴ δ' ὁμοῦ
κωκύμασιν κατεῖχε πελαγίαν ἅλα,
ἕως κελαινὸν νυκτὸς ὄμμ' ἀφείλετο.
42 Oppian, ›Halieutika‹ 3,637 – 641.
43 S. Muth, Gewalt im Bild. Das Phänomen der medialen Gewalt im Athen des 6. und 5. Jahrhunderts v. Chr. (Berlin–New York 2008) 222.

maßen lustvollen Pathos hinaus kann auch diese Gewaltdarstellung als Motiv funktionieren, aber meines Erachtens auf zwei Ebenen: Sie zeigt die mächtige Überlegenheit der Griechen und ist damit dasselbe Phänomen, das Muth für Vasendarstellungen von über Perser siegenden Griechen herausgearbeitet hat. Doch gleichzeitig signalisiert sie auch Warnung vor Hybris.

Auf jeden Fall zeigt der grausame Tod in den Wellen sinnfällig die Folgen der persischen bzw. der von Xerxes den Persern verordneten Hybris, daß sie nämlich in dem Element, dessen Inanspruchnahme ein Vergehen gegen die Götter darstellt, umkommen. Doch erzeugte der Bericht beim griechischen Publikum nur Schadenfreude? Angesichts der Tatsache, daß schiffbrüchig zu sein und kein Grab zu haben, das Schlimmste war, was einem griechischen Kämpfer geschehen konnte (man denke an den späteren Arginusenprozeß!), könnte sich die Grausamkeit, die die Griechen hier an den Tag legen, auch als eine Warnung vor Hybris an die Adresse der Athener lesen lassen.[44] Für eine solche Deutung lassen sich folgende Argumente anführen:

Erstens verbindet das Drama, wie ich zu zeigen versucht habe, auf geschickte Weise den Konflikt der Völker mit dem Generationenkonflikt. Indem es diese Deutung der persischen Niederlage anbietet, ist es eine Tragödie und nicht ein Stück Geschichtsschreibung. Zweitens ist die Fokussierung auf die Gefahr, die einer politischen Gemeinschaft droht, wenn sie ganz von einer Person abhängig ist, meines Erachtens nicht nur so zu lesen, daß damit das eigene System der Demokratie positiv bestätigt werden sollte. Darüberhinaus kann man die Verwendung des Begriffs εὔθυνος (v. 213) als Verweis auf eine demokratische Praxis Athens lesen. Der Terminus bezeichnete in der politischen Sprache Athens den Umstand, daß ein Beamter hinsichtlich seiner Amtsführung rechenschaftspflichtig war.[45] Xerxes' Mutter hingegen gebraucht den Begriff, um zu betonen, daß für ihren Sohn als Monarchen eine derartige Pflicht, sich für die Ausübung seiner Herrschaft zu verantworten, gerade nicht gelte.[46] Bekanntlich entstammten auch im demokratischen Athen die führenden Politiker nach wie vor aristokratischen Familien, von denen einige bereits in den Jahrhunderten vorher entscheidenden politischen Einfluß gehabt hatten.[47] Und auch wenn bereits in der archaischen Zeit der Begriff des Aristokraten nicht nur den Aspekt der Abstammung beinhaltet hatte, so war doch in der Demokratie die Qualität der geforderten Leistung – jedenfalls zum großen Teil – eine andere und wurde jetzt vom Demos kontrolliert und bewertet.[48] So kann also die Problematisierung der monarchischen Herrschaftslegitimation *ex negativo* die Vorzüge der eigenen Verfassung aufweisen. Gleichzeitig könnte sie aber auch

---

44 Zu dieser Deutung vgl. Föllinger, Genealogie und Herrscherlegitimation (wie Anm. 14) 21 – 23.
45 Vgl. LSJ s.v. εὔθυνος.
46 Vgl. die Verfassungsdebatte in Herodot, Historien 3,80,3, wo das Fehlen der Rechenschaftspflicht als Nachteil der Monarchie bezeichnet wird.
47 Vgl. E. Stein-Hölkeskamp, Adelskultur und Polisgesellschaft. Studien zum griechischen Adel in archaischer und klassischer Zeit (Stuttgart 1989), passim; M. Stahl, Gesellschaft und Staat bei den Griechen: Klassische Zeit (Paderborn 2003) 109 f.
48 Vgl. Stein-Hölkeskamp, Adelskultur und Polisgesellschaft (wie Anm. 47) 176 f.

eine Warnung an die eigenen Landsleute vor individueller Überheblichkeit bei der Ausübung von Ämtern sein. Eine mögliche Identifikation wurde durch die oben genannten Elemente sowie die Tatsache, daß das Perserreich im Drama als ›Polis‹ konzipiert ist, erleichtert.

7. Resümee

Mit diesem Beitrag habe ich versucht, zu zeigen, daß die Tragödie ›Perser‹ einen interpretatorischen Zugriff erlaubt, der die handlungstheoretische Deutung mit einer politischen Interpretation zusammenführt. Raffiniert hat Aischylos in Verbindung mit einem Generationenkonflikt fehlerhaftes individuelles Verhalten vorgeführt, an dem die Problematik von Alleinherrschaft aufgezeigt und mit dem eine Warnung vor Hybris verknüpft wird. Wenn man meiner Interpretation folgt, ist die Darstellung der Folgen hybriden Handelns eine sublime Warnung nicht nur an die Feinde. Diese Konzeption bewirkt, daß das Drama nicht einfach ein kontingentes Geschehen auf die Bühne bringt. Vielmehr zeigt es am Fall des Xerxes, dessen individuelles Fehlverhalten massive negative Folgen für die ganze Gemeinschaft hat, etwas Allgemeines. Und indem es dessen ›psychologische‹ Motive – die Abgrenzung gegenüber dem eigenen Vater – herausarbeitet, bewirkt es, daß der Zuschauer – in aristotelischen Kriterien gesprochen – sogar Mitleid mit der Figur des Xerxes auf der Bühne empfinden kann.

ANTON BIERL

Leid, Stimme und Musik als Grund des Tragischen
Metapoetische Reflexionen zur akustischen und choreutischen Dimension im ›Agamemnon‹ des Aischylos[*]

Seit den 1990er Jahren kann man in der traditionell deutlich textlich ausgerichteten Klassischen Philologie vom Einzug des neuen Paradigmas der Performance, insbesondere in der Gräzistik, sprechen: Dies gilt besonders in der Dramenforschung, wo eine Beschäftigung mit den Medien jenseits des reinen Texts und gerade die Berücksichtigung der Dimensionen der Stimme, des Chorischen, des Musikalischen, der lyrischen Poetizität, der Performativität und Ritualität im Sinne eines Gesamtkunstwerks auf der Hand liegen.[1] Hierin manifestiert sich gewissermaßen der Grund des Tragischen, das dadurch erst theatral wirksam werden kann.

Bekanntermaßen ist der Chor ein multimedial und -modal zusammengesetztes Element, das sich aus Lied mit stimmlich geäußerten Wortinhalten (*molpe*), rhythmischem Tanz als

---

[*] Ich danke Georg Rechenauer für die Einladung zur Regensburger Ringvorlesung und für die sorgfältige Herausgabe des Texts, der in weiten Teilen auf dem deutschen und hierfür nochmals überarbeiteten Originalmanuskript meines englischen Beitrags *Melizein Pathe* or the Tonal Dimension in Aeschylus' ›Agamemnon‹: Voice, Song, and *Choreia* as Leitmotifs and Metatragic Signals for Expressing Suffering, in: N.W. Slater (Ed.), Voice and Voices in Antiquity (Leiden–Boston 2017) 166 – 207 basiert.
[1] Zur *choreia* und Performance vgl. e. g. C. Calame, Les chœurs de jeunes filles en Grèce archaïque, I: Morphologie, fonction religieuse et sociale (Rom 1977), engl.: C. Calame, Choruses of Young Women in Ancient Greece. Their Morphology, Religious Role, and Social Function. Translated by D. Collins and J. Orion (Lanham/MD 1997); G. Nagy, Pindar's Homer. The Lyric Possession of an Epic Past (Baltimore 1990) bes. 339 – 381; A. Bierl, Der Chor in der Alten Komödie. Ritual und Performativität (unter besonderer Berücksichtigung von Aristophanes' ›Thesmophoriazusen‹ und der Phalloslieder fr. 851 PMG) (München–Leipzig 2001), engl.: Ritual and Performativity. The Chorus in Old Comedy. Translated by A. Hollmann (Washington/DC–Cambridge/MA 2009). – Zur lyrischen Poetizität vgl. S. Nooter, When Heroes Sing. Sophocles and the Shifting Soundscape of Tragedy (Cambridge 2012). – Zum Schweigen vgl. S. Montiglio, Silence in the Land of Logos (Princeton/NJ 2000). – Zur *euphemia* vgl. S. Gödde, *euphêmia*. Die gute Rede in Kult und Literatur der griechischen Antike (Heidelberg 2011). – Zum *goos* und zur Klage vgl. G. Holst-Warhaft, Dangerous Voices. Women's Laments and Greek Literature (London–New York 1992); C. Dué, The Captive Woman's Lament in Greek Tragedy (Austin/TX 2006) und allgemein M. Alexiou, The Ritual Lament in Greek Tradition (Lanham/MD ²2002). – Als Textgrundlage dient weitgehend die Teubner-Ausgabe von West 1998 (Aeschyli tragoediae cum incerti poetae Prometheo, ed. M.L. West [Stuttgart–Leipzig ²1998]). Die Übersetzungen sind von mir.

Körperbewegung und Musikbegleitung zusammensetzt. Vornehmlich ist Choralität mit rituellen und mythischen Inhalten verbunden, mit Verehrung der Götter und Erziehung in mythischen Inhalten zum Zweck einer umfassenden Welterklärung. Tragödie ist bekanntlich aus dem Chor hervorgegangen, was impliziert, dass antikes Theater nicht, wie man landläufig zu glauben meint, dramatische Dialoge plus Chorintermezzi bedeuten, sondern zunächst das Chorische das entscheidende Element ist, das später mit Figuren in eine Interaktion tritt.[2]

Insbesondere bei Aischylos ist der Chor noch sehr dominant. Gerade im ›Agamemnon‹ bestimmt er weite Teile des Spielumfangs. Das erste Stück der ›Orestie‹ liefert so gewissermaßen die chorische Basis, das musikalisch-multimediale Vorspiel zur umfassenden Behandlung und Auflösung der elementaren gesellschaftlichen Konflikte. Zudem ist neben dem Visuellen die Dimension des Akustischen für das antike Theater von herausragender Bedeutung, selbst wenn man diese schon allein wegen des Begriffs *theatron* (von θεᾶσθαι, »schauen«) gern etwas zu unterschätzen pflegt.

Im Folgenden geht es mir darum, die These genauer zu belegen, dass gerade die Stimme und Musik sowie das Chorische in der Verbindung von Gesang und Tanz Schlüsselmotive im ›Agamemnon‹ des Aischylos darstellen. Es gilt zu zeigen, dass das Akustische in einer Chor- und Liedkultur nicht eines von zahlreichen Themen und Diskursen wie Opfer, Kleider, Hochzeit etc. ausmacht, die sich in die Textur des ›Agamemnon‹ einschreiben und das Gewebe der Handlung untermalen,[3] sondern für den tragischen Autor Aischylos zum zentralen und grundlegenden dramatischen Ausdrucksmittel für die Pathoslenkung und

---

2 Vgl. allgemein Bierl, Der Chor in der Alten Komödie (wie Anm. 1) 11 – 106, engl.: Ritual and Performativity (wie Anm. 1) 1 – 82.
3 Vgl. G. Ferrari, Figures in the Text: Metaphors and Riddles in the ›Agamemnon‹, Classical Philology 92, 1997, 1 – 45; ähnlich in den ›Persern‹ S. Gödde, Zu einer Poetik des Rituals in Aischylos' ›Persern‹, in: dies. – T. Heinze (Hrsg.), Skenika. Beiträge zum antiken Theater und seiner Rezeption. Festschrift zum 65. Geburtstag von H.-D. Blume (Darmstadt 2000) 31 – 47; in den ›Hiketiden‹ S. Gödde, Das Drama der Hikesie. Ritual und Rhetorik in Aischylos' ›Hiketiden‹ (Münster 2000); für die ›Orestie‹ wurden folgende Diskurse, Motive, Bilder und Metaphern als bestimmend ausgemacht: Licht–Dunkel (S. Goldhill, Language, Sexuality, Narrative: ›The Oresteia‹ [Cambridge 1984]), Opfer (u. a. F.I. Zeitlin, The Motif of the Corrupted Sacrifice in Aeschylus' ›Oresteia‹, Transactions and Proceedings of the American Philological Association 96, 1965, 463 – 505; F.I. Zeitlin, Postscript to Sacrificial Imagery in the ›Oresteia‹ [Ag. 1235 – 37], Transactions and Proceedings of the American Philological Association 97, 1966, 645 – 653), Libation, Tiere allgemein (u. a. J. Heath, Disentangling the Beast: Humans and Other Animals in Aeschylus' ›Oresteia‹, The Journal of Hellenic Studies 119, 1999, 17 – 48) (bes. Vögel, Schlangen, Löwen, Hunde), Ackerbau, Jagd (P. Vidal-Naquet, Hunting and Sacrifice in Aeschylus' ›Oresteia‹, in: J.-P. Vernant – P. Vidal-Naquet (Eds.), Myth and Tragedy in Ancient Greece. Translated by J. Lloyd [New York 1988] 141 – 159, 439 – 452), Krankheit und Heilung, Feuer, Schlag, Wind; vgl. zu ihrem Zusammenspiel bes. A. Lebeck, The ›Oresteia‹: A Study in Language and Structure (Washington/DC–Cambridge/MA 1971); insgesamt vgl. D. Raeburn – O. Thomas, The ›Agamemnon‹ of Aeschylus: A Commentary for Students (Oxford 2011) lxv–lxix. – Zum Musikalischen vgl. bisher E. Moutsopoulos, Une philosophie de la musique chez Eschyle, Revue des Études Grecques 72, 1959, 18 – 56; J.A. Haldane, Musical Themes and Imagery in Aeschylus, The Journal of Hellenic Studies 85, 1965, 33 – 41; T.J. Fleming, The Musical Nomos in Aeschylus' ›Oresteia‹, The Classical Journal 72, 1977, 222 – 233; P. Wilson – O. Taplin, The Aetiology of Tragedy in the ›Oresteia‹, Proceedings of the Cambridge Philological Society 39, 1993, 169 – 180.

metatheatrale Sinnstiftung beim Publikum avancieren. Denn durch laufende metatragische Markierung der stimmlich-musikalischen Dimension gelingt es Aischylos, Bedeutung im Konnex mit anderen Diskursebenen zu kreieren und damit die Zuschauerrezeption bezüglich Vorahnung, Dramatik, Handlungsentwicklung und Emotion zu steuern.[4]

Wenn man sich im dramatischen Spiel demnach auf diese Dimension in metatheatraler Weise bezieht, ist dies kein postmoderner Anachronismus oder eine modische Projektion. Bereits das rituelle Chorlied, wie etwa der Dithyrambos, Paian oder Hymnos, aus dem sich das tragische Chortheater herausentwickelt hat, bezieht sich laufend auf die eigene Performance und Liedproduktion zurück. Offenbar bedarf es solch selbstreferentieller Hinweise, um die eigene Aufführung immer wieder zu bestärken.[5] Zunehmend werden dann im Drama solche Selbstverweise auf die eigene Stimme, die Musikbegleitung und den Chortanz als Bedeutung aufladende und theatral tragende Mittel eingesetzt.[6]

Metatheatralität und selbstreferentielles Bewusstsein eines Spiels im Spiel wurde für die antike Tragödie lange Zeit aufgrund der von der aristotelischen ›Poetik‹ vorgegebenen Dogmatik nicht erkannt, bis sich in den 1980er Jahren langsam die Erkenntnis durchsetzte, dass solche Gesichtspunkte auch hier eine Rolle spielen. Obwohl diese Ergebnisse zunächst auf heftigen Widerstand stießen, gehören sie heute zum Allgemeingut.[7] Erste Arbeiten für

---

4   Zur chorischen Selbstbezüglichkeit vgl. A. Henrichs, »Why Should I Dance?«: Choral Self-Referentiality in Greek Tragedy, Arion: A Journal of Humanities and the Classics, Third Series, 3/1, 1994 – 1995, 56 – 111 und Bierl, Der Chor in der Alten Komödie (wie Anm. 1) bes. 37 – 51, engl.: Ritual and Performativity (wie Anm. 1) 24 – 36; zur Beziehung zur Metatheatralität vgl. ebd., 43 – 45, engl.: 29 – 31.

5   Vgl. Bierl, Der Chor in der Alten Komödie (wie Anm. 1) bes. 45 – 54, 300 – 314, engl.: Ritual and Performativity (wie Anm. 1) 31 – 38, 267 – 280. Das griechische Lied-Theater hat bekanntlich all diese Genera der Liedkultur einverleibt. Vgl. L.A. Swift, The Hidden Chorus. Echoes of Genre in Tragic Lyric (Oxford 2010).

6   Vgl. u. a. C. Segal, Dionysiac Poetics and Euripides' ›Bacchae‹ (Princeton/NJ ²1997, ¹1982) 215 – 271; H.P. Foley, Ritual Irony. Poetry and Sacrifice in Euripides (Ithaca 1985) 205 – 258; A.F.H. Bierl, Dionysos und die griechische Tragödie. Politische und ›metatheatralische‹ Aspekte im Text (Tübingen 1991) 111 – 218; Henrichs, »Why Should I Dance?« (wie Anm. 4); M. Ringer, Electra and the Empty Urn. Metatheater and Role Playing in Sophocles (Chapel Hill 1998); G.W. Dobrov, Figures of Play. Greek Drama and Metafictional Poetics (Oxford 2001); F. Dunn, Metatheatre and Crisis in Euripides' ›Bacchae‹ and Sophocles' ›Oedipus at Colonus‹, in: A. Markantonatos – B. Zimmermann (Eds.), Crisis on Stage: Tragedy and Comedy in Late Fifth-Century Athens (Berlin 2011) 359 – 376; I. Torrance, Metapoetry in Euripides (Oxford 2013). – Zur Komödie vgl. Bierl, Der Chor in der Alten Komödie (wie Anm. 1) bes. 37 – 86, engl.: Ritual and Performativity (wie Anm. 1) 24 – 66; Dobrov, Figures of Play; N.W. Slater, Spectator Politics. Metatheatre and Performance in Aristophanes (Philadelphia 2002). – Zum Satyrspiel vgl. P.E. Easterling, A Show for Dionysus, in: dies. (Ed.), The Cambridge Companion to Greek Tragedy (Cambridge 1997) 36 – 53, bes. 42 – 44; Bierl, Der Chor in der Alten Komödie (wie Anm. 1) 64 – 86, bes. 76 – 79, engl.: Ritual and Performativity (wie Anm. 1) 47 – 66, bes. 58 – 61; M. Kaimio et al., Metatheatricality in the Greek Satyr-Play, Arctos 35, 2001, 35 – 78; A. Bierl, Tragödie als Spiel und das Satyrspiel. Die Geburt des griechischen Theaters aus dem Geiste des Chortanzes und seines Gottes Dionysos, in: J. Sánchez de Murillo – M. Thurner (Hrsg.), Kind und Spiel (Stuttgart 2006) 111 – 138; R. Lämmle, Poetik des Satyrspiels (Heidelberg 2013) 155 – 243.

7   Vgl. W. Kullmann, Die ›Rolle‹ des euripideischen Pentheus. Haben die ›Bakchen‹ eine ›metatheatralische‹ Bedeutung?, in: G.W. Most – H. Petersmann – A.M. Ritter (Hrsg.), Philanthropia kai Eusebeia. Festschrift für A. Dihle zum 70. Geburtstag (Göttingen 1993) 248 – 263 und G. Radke, Tragik und Metatragik. Euripides' ›Bakchen‹ und die moderne Literaturwissenschaft (Berlin–New York 2003). Radkes massive

die ›Orestie‹ in dieser metatheatralen Richtung stammten aus der Feder von Peter Wilson und Oliver Taplin, während man früher das Thema von musikalischen Referenzen als eines unter vielen eher positivistisch abhandelte:[8] Taplin hatte zunächst jegliche metatheatrale Selbstbezüglichkeit wie viele Kritikerinnen und Kritiker dezidiert abgelehnt, revidierte dann aber im Jahre 1993 diese Position, zumindest für die ›Orestie‹, die für ihn und Wilson nach Elizabeth Belfiore die »Aitiologie der Tragödie« darstellt.[9] Wilson und Taplin betonten zu Recht die Thematik von der Auflösung der chorischen Formation und Reintegration des Chors am Ende als Zeichen der Ordnung, wobei die Eingliederung der Erinyen gewissermaßen den Selbstreflex des Tragischen ausmache, Schreckliches für die Polis fruchtbar zu machen. In Bezug auf die klangliche Perspektive hat jüngst Susanne Gödde in einer umfassenden Interpretation die Bedeutung des euphemistischen Sprechens in der ›Orestie‹ gezeigt und betont, wie *euphemia* eben nicht nur das Gebot zum rituellen Schweigen, sondern insgesamt den performativen Ausdruck bedeutet, Dinge laut und deutlich als gut zu bestimmen, Gefahren zu übertönen und nach rituellen Mustern, insbesondere mit Opfern zu besänftigen.[10] Diese nützlichen Einsichten werden im Folgenden auf eine allgemeine Analyse in Bezug auf die Stimme und die *choreia* in performativer, ästhetischer und metatragischer Perspektive ausgeweitet.[11]

Choreia und Musik stellen in der archaischen Liedkultur *paideia* dar, die Erziehung zum Guten mithilfe positiver Inhalte und Bewegungen oder auch in der Kontrastwirkung mit die Norm überschreitenden Verhaltensweisen des Hässlichen.[12] Das *mathein*, das Lernen und die Erkenntnis sind gerade im ›Agamemnon‹ ein zentrales Motiv. Immer wieder wird das

---

Pauschalkritik an diesem Ansatz kann nicht überzeugen, weil sie Versuche, die Frage auf eine neue Grundlage zu stellen (Bierl, Der Chor in der Alten Komödie [wie Anm. 1] bes. 37 – 86, engl.: Ritual and Performativity [wie Anm. 1] 24 – 66, und Kaimio et al., Metatheatricality [wie Anm. 6]) schlichtweg ignoriert. Die Forschungen hinsichtlich der metatheatralischen Dimension, gerade der ›Bakchen‹, kann man nicht einfach als ›postmodern‹ oder poststrukturalistisch abtun. Zur Frage vgl. auch Segals Behandlung derselben im Nachwort von Segal, Dionysiac Poetics (wie Anm. 6) 369 – 378, bes. 370 – 375 und seine Antwort (Bryn Mawr Classical Review 98.5.26) auf Seafords kritische Rezension (Bryn Mawr Classical Review 98.3.10).

8 Wilson – Taplin, The Aetiology of Tragedy (wie Anm. 3). – Zu Arbeiten zur Musik in der ›Orestie‹ vgl. Moutsopoulos, Une philosophie de la musique (wie Anm. 3); Haldane, Musical Themes and Imagery (wie Anm. 3); Fleming, The Musical Nomos (wie Anm. 3).
9 Vgl. O. Taplin, Fifth-Century Tragedy and Comedy: A ›Synkrisis‹, The Journal of Hellenic Studies 106, 1986, 163 – 174; aber Wilson – Taplin, The Aetiology of Tragedy (wie Anm. 3); vgl. E.S. Belfiore, Tragic Pleasures. Aristotle on Plot and Emotion (Princeton/NJ 1992) 26 – 30.
10 Vgl. Gödde, *euphêmia* (wie Anm. 1) bes. 95 – 127. – Zur Macht des Worts vgl. J.J. Peradotto, Cledonomancy in the ›Oresteia‹, American Journal of Philology 90, 1969, 1 – 21.
11 Siehe einige gute Bemerkungen und Beispiele dazu auch bei N. Loraux, La métaphore sans métaphore. À propos de l'›Orestie‹, Revue philosophique de la France et de l'Étranger 180, 1990, 247 – 268, hier: 263 – 268.
12 Zu beiden Tendenzen vgl. Bierl, Der Chor in der Alten Komödie (wie Anm. 1) bes. 30 – 37, engl.: Ritual and Performativity (wie Anm. 1) 18 – 24; zum ersteren Aspekt vgl. auch J.H. Collins, Dancing the Virtues, Becoming Virtuous: Procedural Memory and Ethical Presence, Ramus 42, 2013, 183 – 206. – Platons ›Nomoi‹ Bücher 2 und 7 stellen einen wichtigen, wenngleich philosophisch-konstruierten Reflex auf die archaischen Verhältnisse dar; vgl. A.-E. Peponi (Ed.), Performance and Culture in Plato's ›Laws‹ (Cambridge 2013).

Motto »aus Leiden Lernen« (πάθει μάθος) nahezu eingehämmert (v. 177).[13] Freilich lernen die Figuren im Spiel nur wenig und selbstverständlich verstehen sie noch nicht alles. Deutlich leiden sie jedoch an den schrecklichen Ereignissen und drücken dies auf der Bühne genreadäquat stimmlich-musikalisch aus. Der durchgehende Bezug auf das Stimmliche und Chorische im ›Agamemnon‹ muss demnach umfassend mit der Polisreligion und ihrer Tendenz der performativen Überspielung, des rhetorischen, musikalischen und rituellen Schönredens der gesamten Zustände in der Stadt Argos in Zusammenhang gebracht werden. Mit kollektiven Stimmen und Körperregimen versucht die Polis, Ordnung zu fördern, was ihr freilich angesichts des aufbrechenden Leids nicht gelingt. Erst als Athen mittels seiner weisen Stadtgöttin Athene eingreift, wird ein Ausweg und Ausgleich gefunden, der wiederum mit den Selbstverweisen auf die performative Ebene markiert wird.

Die Polis und ihre Repräsentanten der Macht sind also darauf bedacht, schlimme und leidvolle Ereignisse gutzureden. Statt den Sieg im trojanischen Krieg zu feiern und die negativen Dimensionen zu verschweigen, kommen diese leidvollen Ereignissen immer wieder an die Oberfläche. Aischylos' ›Agamemnon‹ reflektiert eine Spannung zwischen *euphemia* und *dysphemia*, zwischen Versuchen der Figuren, den Schrecken der reinen Stimme auszustellen oder zu mildern und ganz zum Schweigen zu bringen.[14] Aischylos »ästhetisiert« zugleich in gewaltsamen Ausbrüchen das *pathos*, das sich in grellen Schreien, *goos* und verzerrten Bewegungen manifestiert.[15] Tragödie bedeutet Leid, Furcht und Schrecken.[16] *Pathos* ist der Grund der Gattung und ihr Ziel. Angesichts des Schmerzes sind alle Versuche der Euphemisierung zum Scheitern verurteilt. Freilich werden in der Tragödie, besonders bei Aischylos, selbst Gewalt und Klage in musikalischen, stimmlichen und ästhetischen Formen ausgedrückt und somit selbstreferentiell und metapoetisch unterstrichen. Im folgenden Beitrag wird deutlich, inwiefern dieses Paradox von Leid, das schön gemacht wurde, für die Gattung konstitutiv ist.

Blicken wir nun im Einzelnen darauf, wie die Stimme, das Lied und die *choreia* als dramatisches Signal und metatragisches Mittel im ›Agamemnon‹ eingesetzt werden, um den Zustand der Polis Argos im Inneren hervorzuheben und die Tragödie als ästhetischen Ausdruck des Leids und des Versuchs, dieses zu überspielen, vor dem Publikum im adäquaten Medium, also metaperformativ und -rituell, präsent werden zu lassen.

---

13 Siehe Aischylos, ›Agamemnon‹ v. 250: τοῖς μὲν παθοῦσιν μαθεῖν […]; vgl. auch ›Agamemnon‹ vv. 709 – 711: μεταμανθάνουσα δ' ὕμνον/ Πριάμου πόλις γεραιά/ πολύθρηνον (»Doch umlernen musste den Hymnos Priamos' altehrwürdige Stadt in ein Lied reich an Threnos«). Vgl. auch ›Agamemnon‹ v. 39.
14 Vgl. Gödde, *euphêmia* (wie Anm. 1) bes. 95 – 127.
15 Vgl. K.H. Bohrer, Zur ästhetischen Funktion von Gewalt-Darstellung in der Griechischen Tragödie, in: B. Seidensticker – M. Vöhler (Hrsg.), Gewalt und Ästhetik. Zur Gewalt und ihrer Darstellung in der griechischen Klassik (Berlin–New York 2006) 169 – 184.
16 Vgl. Aristoteles' Tragödiensatz in der ›Poetik‹ 6, 1449b 24 – 28, bes. 27.

Der Wächter als individueller Choreut

Der Wächter liegt eingangs auf dem Dach, verzweifelt Ausschau haltend nach dem von Klytaimestra installierten Feuerzeichen. Singen und Pfeifen (ἀείδειν ἢ μινύρεσθαι v. 16) setzt er als Mittel zum Wachbleiben ein. Wann auch immer er zu diesen stimmlich-musikalischen Ablenkungen greift – »einschneidend ein Heilmittel gegen den Schlaf« –, wird es ihm eine »anti-*molpe*-Arznei« (ὕπνου τόδ' ἀντίμολπον ἐντέμνων ἄκος v. 17),[17] sowohl Heilmittel als auch Gift für die offizielle Musik, da er nur weinen und klagen kann (v. 18). Aus chorischer *aoide*, die in der Vereinzelung bereits verkehrt und inoffiziell-privat geworden ist, wird also *goos*, Klage, derer sich ein Mann eigentlich nicht bedienen darf, da es unziemlich ist.

Als das vereinbarte Feuerzeichen am Himmel endlich erscheint, begrüßt es der Wächter enthusiastisch als »Leuchter (λαμπτήρ), der in der Nacht Tageslicht verkündet (φάος πιφαύσκων) und die Darbietung zahlreicher Reigentänze in Argos (χορῶν κατάστασιν/ πολλῶν ἐν Ἄργει)« (vv. 23 – 24).[18] Chorisches Tanzen und Singen bedeuten grundsätzlich Freude, weshalb an dieser Stelle die Freude über das ersehnte Zeichen auch mit dem zentralen performativen Ausdrucksmittel der Tragödie unterstrichen wird. Der Wächter deutet also die verabredeten Zeichen (*semata*) – das Stück als Vorspiel wird zur Hermeneutik und Zeicheninterpretation – vollkommen klar, wobei er selbst neue Zeichen lautstark der Herrin des Hauses signalisiert (σημαίνω τορῶς v. 26): Der Krieg ist gewonnen; Klytaimestra soll sich in Eile von ihrem Lager erheben (v. 27) und im Haus den »*ololygmos*, entsprechend den Regeln der *euphemia*, für diese Fackel laut aufjauchzen lassen« (ὀλολυγμὸν εὐφημοῦντα τῆιδε λαμπάδι/ ἐπορθιάζειν vv. 28 – 29). Der *ololygmos* ist freilich nicht nur der Jubelschrei,[19] sondern auch der schrille, gellende Schrei der Frauen, der in der Krisensituation das Moment der Gefahr übertönt.[20] Insbesondere unmittelbar vor dem Abschlachten des Opfertiers beim

---

17 Vgl. Aeschylus, Agamemnon. Ed. with a Commentary by E. Fraenkel. 3 Volumes. Vol. II: Commentary on 1 – 1055 (Oxford 1950) 13 ad 17 [im Folgenden zitiert als Fraenkel mit Bandzahl, hier: II 13 ad 17]. – Zur pharmazeutischen Vorstellung in Bezug auf das Singen als heilender Wurzelsaft vgl. J. Bollack – P. Judet de La Combe (Éds.), L'›Agamemnon‹ d'Eschyle. Le texte et ses interpretations. Band 1,1 (Prologue, Parados anapestique, Parados lyrique I) u. 1,2 (Parados lyrique II-III, présentation du premier épisode, premier Stasimon, index) v. J. Bollack, Band 2 (Deuxième Stasimon, accueil d'Agamemnon, troisième Stasimon, dernier Stasimon) v. P. Judet de La Combe (Paris-Lille 1981 – 1982) [im Folgenden zitiert als Bollack – Judet de La Combe I / II, die Fortsetzung bei Pierre Judet de La Combe (Éd.), L'›Agamemnon‹ d'Eschyle. Commentaire des dialogues. 2 Bände (Paris–Lille 2001) wird zitiert als Bollack – Judet de La Combe III / IV] hier: I 22 – 25 ad 17.
18 Aeschylus, Agamemnon. Ed. by J.D. Denniston and D.L. Page (Oxford 1957) 69 ad 23: »a common way of celebrating success«; vgl. auch Fraenkel II 17 ad 23 f., mit Bezug auf Euripides, ›Alkestis‹ vv. 1154 – 1155; ›Herakles‹ vv. 763 – 764 und Sophokles, ›Elektra‹ vv. 278 – 280.
19 So Fraenkel II 18 ad 28 und Raeburn – Thomas, ›Agamemnon‹ of Aeschylus (wie Anm. 3) 70 ad 27 – 29. Sie gehen aber auch auf den »problematischen« Charakter dieser Rufe in Bezug auf den Verwandtenmord ein: vgl. ›Agamemnon‹ vv. 587, 595, 1118; ›Choephoren‹ vv. 387, 942. – Als Ausdruck der Freude vgl. L. Deubner, Ololyge und Verwandtes, Abhandlungen der Preußischen Akademie der Wissenschaften zu Berlin, Philosophisch-Historische Klasse, 1 (Berlin 1941) 3 – 28, hier: 10.
20 Vgl. Deubner, Ololyge und Verwandtes (wie Anm. 19) 14 (Entladung der angstvollen Spannung); W. Burkert, Griechische Religion der archaischen und klassischen Epoche (Stuttgart ²2011) 94, 119 (Moment der Krise und Entscheidung). Vgl. auch Gödde, *euphêmia* (wie Anm. 1) 98 – 116 (»Angst vor der Gefahr«

rituellen Opfer, das üblicherweise von Chorreigen begleitet wird, lässt man diesen Schrei vonseiten der beistehenden Frauen aufheulen (ἐπορθιάζειν v. 29).²¹ Klytaimestra jubelt also nicht nur über den endlich eingetretenen Sieg, sondern leitet mit dem Schrei auch die Handlung des pervertierten Opferrituals ein.²²

Das Signal wird Ausgangspunkt einer Handlungskette von schrecklichen Ereignissen, wobei die Diktion des Wächters nur in tragischer Ironie diese Zusammenhänge impliziert, er selbst aber zunächst als Untertan der tyrannischen Herrschaft den Befehl gemäß den rituellen Abläufen wie vereinbart initiiert. Er betätigt sich als letztes Glied einer Kommunikationsstruktur, die für die Bürger das Signal des Jubels über den ersehnten Sieg auslösen soll. Nach seiner langen schlaflosen Wache ist er von den Leiden befreit. Daher schickt er sich im ›performativen Futur‹ nun selbst an,²³ aus Freude und Erleichterung den ersten Vortanz, das Proöm zu einem schrecklichen Hymnos zu tanzen (φροίμιον χορεύσομαι v. 31), der das tragische Geschehen als Melodie bestimmen wird.²⁴ Die angesetzte Signalvorrichtung mitsamt der Reaktion einer spontanen Freude stellt also ein erstes Vorspiel, den Prolog des ›Agamemnon‹ und den Auftakt zur gesamten Trilogie dar. Freilich möchte der Wächter die *choreia* isoliert vom Kollektiv der Bürger allein tanzen, was einer Anomalie gleichkommt.²⁵ Er hält sich damit in seinem Vorhaben an die rituelle Norm der vom Herrscherhaus

---

und »Freude über den glücklichen Ausgang, der [...] gewissermaßen unter gleichzeitiger ›Absonderung‹ der Angstgefühle evoziert werden soll« [ebd., 100]). – Besonders von weiblichen Chören: Sappho Frg. 17,16 (nun nach dem allerneuesten Sappho-Papyrusfund Papyrus Green Collection inv. 105 [Frg. 2 col. II, 9 – 25] ergänzt von F. Ferrari, Saffo e i suoi fratelli e altri brani del primo libro, Zeitschrift für Papyrologie und Epigraphik 192, 2014, 1 – 19, hier: 15) und Alkaios Frg. 130b,20 Voigt (im Fest). – Zum *ololygmos* im ›Agamemnon‹ vgl. auch S. Amendola, Il grido di Clitemestra. L'ololygmos e la 'donna virile', Lexis 23, 2005, 19 – 29.

21 Vgl. W. Burkert, Homo Necans. Interpretationen altgriechischer Opferriten und Mythen (Berlin–New York ²1997) 12, 19, 66 (zur *ololyge*) und Burkert, Griechische Religion (wie Anm. 20) 94, 116, 119.

22 Zum pervertierten Opferritual in der Tragödie, bes. in der ›Orestie‹, vgl. Zeitlin, The Motif of the Corrupted Sacrifice (wie Anm. 3); dies., Postscript to Sacrificial Imagery (wie Anm. 3); W. Burkert, Greek Tragedy and Sacrificial Ritual, Greek, Roman and Byzantine Studies 7, 1966, 87 – 121, bes. 119 – 120; P. Pucci, Human Sacrifices in the ›Oresteia‹, in: R. Hexter – D. Selden (Eds.), Innovations of Antiquity (New York 1992) 513 – 536; A. Henrichs, Drama and ›Dromena‹: Bloodshed, Violence, and Sacrificial Metaphor in Euripides, Harvard Studies in Classical Philology 100, 2000, 173 – 188, bes. 180 – 184; ders., Blutvergießen am Altar: Zur Ritualisierung der Gewalt im griechischen Opferkult, in: B. Seidensticker – M. Vöhler (Hrsg.), Gewalt und Ästhetik. Zur Gewalt und ihrer Darstellung in der griechischen Klassik (Berlin–New York 2006) 59 – 87, bes. 67 – 74; J.C. Gibert, Apollo's Sacrifice. The Limits of a Metaphor in Greek Tragedy, Harvard Studies in Classical Philology 101, 2003, 159 – 206. – Zum schönen Opfer im ›Agamemnon‹ vgl. S. Gödde, Unschuldskomödie oder Euphemismus. Walter Burkerts Theorie des Opfers und die Tragödie, in: A. Bierl – W. Braungart (Hrsg.), Gewalt und Opfer. Im Dialog mit W. Burkert (Berlin–New York 2010) 215 – 245, hier: 232 – 237. Insgesamt A. Bierl, Literatur und Religion als Rito- und Mythopoetik. Überblicksartikel zu einem neuen Ansatz in der Klassischen Philologie, in: ders. – R. Lämmle – K. Wesselmann (Hrsg.), Literatur und Religion 1. Wege zu einer mythisch-rituellen Poetik bei den Griechen (Berlin–New York 2007) 1 – 76, hier: 33 – 37.

23 Zum performativen Futur vgl. die Verweise in Bierl, Der Chor in der Alten Komödie (wie Anm. 1) 329 Anm. 77, engl.: Ritual and Performativity (wie Anm. 1) 294 Anm. 77.

24 Loraux, La métaphore sans métaphore (wie Anm. 11) 263 Anm. 40: »il revient en effet au veilleur de dire le prologue, mais, à vouloir danser, il anticipe l'entrée du choeur au vers 40.«

25 *Contra* Fraenkel II 19 ad 31.

ausgegebenen Polisdoktrin, in *euphemia* zu jauchzen – dies überlässt er weitgehend Klytaimestra – und zu tanzen, was eigentlich die Reaktion und Aufgabe der Bürger im Chor wäre.

Gleichzeitig ist es ihm danach, da er nicht alles schönreden kann (vgl. εὐφημοῦντα v. 28), von den anderen Dingen zu schweigen, was ja Teil der *euphemia* ist, die bisweilen heiliges Schweigen impliziert. »Ein Rind, ein großes, ist auf die Zunge getreten« (βοῦς ἐπὶ γλώσσηι μέγας/ βέβηκεν vv. 36 – 37), sodass er nicht weiter sprechen kann. Vielleicht ist neben dem vordergründigen Sprichwortcharakter[26] gerade auch deswegen die Rede von einem Rind, da entsprechend den rituellen Vorgaben dieses prestigeträchtige Tier beim Opfer trotz der ihm zugefügten Gewalt bekanntermaßen jegliche Lautäußerung möglichst unterdrücken und sogar noch der eigenen Abschlachtung mit Kopfnicken zustimmen soll.[27] Durch die Anspielung auf diese kulturellen Hintergründe können zugleich erste Vorahnungen darüber in Gang gesetzt werden, welche Mordopfer sich in der Bühnenrealität von Argos abspielen werden. Zunächst werden freilich erst einmal Versöhnungsopfer von Klytaimestra angeordnet.

Das Haus selbst, so meint der Wächter, wenn es lautliche Äußerung ergreifen könnte (φθογγὴν λάβοι v. 37), würde aufs deutlichste sprechen (vv. 37 – 38). Er deutet nun in den letzten eineinhalb Versen an, dass er gerne den Kundigen, also die gelernt haben, damit stimmlich alles hintergründig aufschlüsseln wolle. Gleichzeitig wird er sich den Nicht-Verständigen, die nicht gelernt haben, im Verborgenen halten (μαθοῦσιν αὐδῶ κοὐ μαθοῦσι λήθομαι v. 39). Er benimmt sich als einfacher Wächter wie ein Initiierter in Geheimkulten: Esoterisches kann nur bei den Insidern geäußert werden, für die Nicht-Eingeweihten herrscht das Gebot der *lethe*, das Unsagbare (*arrheton*) nicht auszusprechen und zu verschweigen.[28]

Damit verhält der Wächter sich ganz nach den Regeln, die eine tyrannische Polis ihm auferlegt. Die *euphemia* wird nach den Regeln von Herrschern und Beherrschten aufgeteilt: 1) in lautes, performatives Jubelgeschrei, das in der Krisensituation der Entscheidung, ob sich alles zum Guten wendet – für das Haus innen, ob die Rache erfolgreich als Opfer gelingt –, alle negativen Aspekte und Befürchtungen übertüncht; 2) und in Schweigen gegenüber allen Vorahnungen. Die spontane Freudenreaktion des Tanzes seitens des Wächters bezieht sich nur auf seine persönliche Befreiung von den Mühen.[29]

---

26 Zu Parallelen bei Fraenkel II 23 ad 36 f.: u. a. Theognis v. 815.
27 Vgl. Burkert, Homo Necans (wie Anm. 21) 11 und Burkert, Griechische Religion (wie Anm. 20) 94.
28 Zur Nähe zur Mysteriendiktion vgl. auch Bollack – Judet de La Combe I 40 – 41.
29 Dazu vgl. Gödde, *euphêmia* (wie Anm. 1) 98 – 103.

Der Chor als Anti-Chor in der Parodos:
Ein Netz polyphoner Stimmen und *parathelxis*

Im Gegensatz zum Wächter ist der Chor der alten Männer ein typischer Chor der Marginalität.[30] Vor allem ist es ein Chor, der kaum tanzt und in seinem Gesang wenig Autorität ausübt. Zunächst tappt er mit seiner Lageanalyse komplett im Dunkeln. Er spricht in Rätseln. In enigmatischen Bildern antizipiert er Dinge, die an diesem Punkt noch gar nicht bekannt sein können.

In der ›Orestie‹ befinden wir uns in einem Gewebe von Motiven, die zum Teil weitgehend kontrafaktisch miteinander in Beziehung gesetzt werden, ohne dem neuzeitlichen Kausalnexus zu folgen.[31] Die Parodos (vv. 40 – 257) bildet ein solches stimmliches Äußerungsgewebe.[32] Bilder und Ereignisse werden zusammengeflochten, die zunächst wenig Sinn ergeben.[33] Während sich Klytaimestra durch sprachliche und rituelle Manipulation um den Verlauf der Zukunft, das *telos* der Ereignisse, kümmert und zudem Kassandra durch Prophetie die Zukunft als wahr vorwegnimmt, versucht der Chor gewissermaßen in ›Post-phetie‹, die Motivverkettungen aus der Sicht der Vergangenheit seit der Abfahrt nach Troia einzubeziehen. In dem Bild von einem Paar von Geiern, das sich um die jammernde Brut kümmert (vv. 49 – 59), nimmt er partiell das reale Vogelzeichen der Adler vorweg (vv. 112 – 120), das im Erzählablauf gleich der Abfahrt folgt.

Vögel sind wie Sterne beliebte Projektionswesen für Chöre.[34] Die beiden Geier sind gewissermaßen Chorführer, die hoch in die Lüfte ihre Kreise schrauben. Das Verb (στροφοδινοῦνται v. 51) bezieht sich auf die Drehbewegung des Reigentanzes. Die Geier stoßen Laute der Klage (κλάζοντες v. 48) und der Aggression aus, da sie sich nicht um ihren Chor, die Bürger, aber erst recht nicht um die eigene Brut, Helena und Iphigenie, kümmern konnten.[35] Ein Gott hört den *goos* als Vogelgejammer (οἰωνόθροον γόον v. 56). *Goos* steht im ›Agamemnon‹ stets im Kontrast zum positiven Reigenlied, das Freude vermittelt. Denn ein Chor singt und tanzt eigentlich grundsätzlich aus Freude, weswegen das Verb *paizein*, »sich heiter wie ein Kind zu bewegen«, den Terminus technicus für die Aktivität der *choreia*

---

30 Vgl. J. Gould, Tragedy and Collective Experience, in: M.S. Silk (Ed.), Tragedy and the Tragic. Greek Theatre and Beyond (Oxford 1996) 217 – 243; zur Parodos vgl. Bollack – Judet de La Combe I 42 – 345; S.L. Schein, Narrative Technique in the ›Parodos‹ of Aeschylus' ›Agamemnon‹, in: J. Grethlein – A. Rengakos (Eds.), Narratology and Interpretation. The Content of Narrative Form in Ancient Literature (Berlin 2009) 377 – 398; J. Grethlein, Choral Intertemporality in the ›Oresteia‹, in: R. Gagné – M. Govers Hopman (Eds.), Choral Mediations in Greek Tragedy (Cambridge 2013) 78 – 99, hier: 79 – 85.

31 Vgl. L. Käppel, Die Konstruktion der Handlung in der ›Orestie‹ des Aischylos. Die Makrostruktur des ›Plot‹ als Sinnträger in der Darstellung des Geschlechterfluchs (München 1998) bes. 25 – 38.

32 Vgl. Käppel, Konstruktion der Handlung (wie Anm. 31) 47 – 137.

33 Vgl. auch Ferrari, Figures in the Text (wie Anm. 3).

34 Vgl. P. Wilson, Euripides' Tragic Muse, in: M. Cropp – K. Lee – D. Sansone (Eds.), Euripides and Tragic Theatre in the Late Fifth Century (Champaign/IL 1999 – 2000) 427 – 449 und E. Csapo, Later Euripidean Music, in: ebd., 399 – 426.

35 R. Thiel, Chor und tragische Handlung im ›Agamemnon‹ des Aischylos (Stuttgart 1993) 42 sieht zunächst nur den Kriegsruf, der sich erst später zum Klageruf wandelt.

darstellt. Doch in der Tragödie gibt es häufig auch Lied und Tanz angesichts des exzessiven Leids als Ausdruck des Pathos.[36] In typischer Weise überlappen sich bereits Vehicle (Vogel) und Tenor (griechische Heerführer) in der konkreten und zugleich enigmatischen Semantik. Als Reaktion auf den gellenden Schrei (ὀξυβόαν v. 57) dieser Metoiken (τῶνδε μετοίκων v. 57) als Schützlinge – beide Heerführer, Agamemnon und Menelaos, sind nämlich schon zur kriegerischen Racheaktion aufgebrochen, wobei μέτοικοι demnach wohl resultativ und proleptisch zu verstehen ist[37] – schickt der Gott den »Frevlern«, den Trojanern, »die rächende Erinys« (ὑστερόποινον πέμπει παραβᾶσιν Ἐρινύν vv. 58 – 59). Ebenso sendet Zeus Xenios Atreus' Söhne, die um ihre Ehre betrogen sind, gegen Paris aus (vv. 61 – 62), um dessen Verfehlung, die Entführung von Helena aus dem Hause des Menelaos, zu rächen.

Der Krieg scheint nun zu Beginn der Trilogie beendet, doch anstehende Versöhnungsopfer der Klytaimestra oder Tränen des *goos* können nach Aussage der Choreuten den Zorn nie übertönen, überzaubern und -spielen (vv. 69 – 71) (παραθέλξειν vgl. v. 71). Choreutik als ästhetische und autoritative *aoide* ist ebenso *parathelxis*, magische Verzückung der Rezipienten, d. h. im spezifischen Fall der Götter. In der ›Orestie‹, wie deutlich werden wird, geht es laufend um das Schönreden, Betören, Verzaubern und Übertönen von Liedern der Klage und Tränen (*gooi*) sowie um weitere Besänftigungsstrategien mittels ritueller Praktiken wie des Opfers, weswegen diese rhetorischen und performativen Verfahrensweisen immer wieder zum Thema gemacht werden.

Im chorischen Wir singt nun der Chor, dass er aufgrund des Alters zu Hause blieb, also gar nichts wirklich von den Ereignissen um Troia als Augenzeuge weiß (vv. 72 – 74). Als Gruppe von Greisen, deren Frische des Blattwerks aufgrund des vorangeschrittenen Alters schon längst verwelkt ist (vv. 79 – 80), »schleicht« dieser Chor, gestützt auf einen Stab (v. 75), »in einem dreifüßigen Gang dahin des Wegs« (τρίποδας μὲν ὁδοὺς στείχει v. 81). Die Aussage bezieht sich direkt auf die eigene Bewegung des Einzugs in die Orchestra. Der Chor der Alten von Argos agiert wie Kinder (v. 81) und Greise zugleich, »ein Traumbild, das am Tage erscheint« (ὄναρ ἡμερόφαντον v. 82), lebendig und doch schon tot. Die Autorität und Kraft fehlen.

Als man neugierig an das Tor des Palasts tritt, um Klytaimestra für den Grund der Opferfeuer zu befragen,[38] dieses jedoch verschlossen bleibt, holen die Alten nun zu weiteren Reflektionen aus und maßen sich als Chor Autorität an (vv. 104 – 106):[39]

---

36 Vgl. Bierl, Der Chor in der Alten Komödie (wie Anm. 1) 85, engl.: Ritual and Performativity (wie Anm. 1) 66.
37 Anders Fraenkel II 37 ad 57, der das Adjektiv auf die ferne Höhe, wo die Vögel in der Luft leben, bezieht. Die Heerführer werden wie die in Eumeniden verwandelten Erinyen schließlich am Ende der Trilogie als Metöken bezeichnet (›Eumeniden‹ v. 1044). Zudem ruft der Chor allzu optimistisch, dass die Plagegeister des Hauses bald wieder draußen – also als Metöken – fallen, also dann daliegen, werden (μέτοικοι δόμων, πεσοῦνται πάλιν ›Choephoren‹ v. 971).
38 Vgl. Käppel, Konstruktion der Handlung (wie Anm. 31) 48 – 53.
39 Vgl. Fraenkel II 59 ad 104 und Denniston – Page, Agamemnon (wie Anm. 18) 77 ad 104.

κύριός εἰμι θροεῖν ὅδιον κράτος αἴσιον ἀνδρῶν
ἐκτελέων – ἔτι γὰρ θεόθεν καταπνεύει
πειθώ, μολπᾶν ἀλκάν, ξύμφυτος αἰών –

Die Autorität liegt bei mir, die Macht zu besingen der Helden, die unter
glücklichen Vorzeichen aufbrachen. Denn noch von einer göttlichen Instanz haucht
mir mein Alter, die Überredungsgabe des Worts, die Kraft des Chorgesangs ein.

Göttliche Inspiration[40] (θεόθεν καταπνεύει v. 105) führt ihn trotz des Greisenalters zur *peitho* des autoritativen Worts, »der Kraft des Chorgesangs« (μολπᾶν ἀλκάν v. 106). Selbst der Chor besitzt seiner Meinung nach *peitho*, womit er wie Klytaimestra auf die Deutungshoheit über die Dinge pocht. *Peitho* ist hier besonders die Fähigkeit, Dinge auf der Grundlage einer theologischen Erörterung nach den Maßstäben von traditioneller Ethik zu bewerten und damit auch zu beschönigen, weil es angeblich der Wille der Götter ist. Was er mit diesen Worten für sich beansprucht, ist exakt die prophetische Autorität, die dem Bürgerkollektiv des Chors in seiner autoritativen Stimme zusteht. Jedoch klaffen Anspruch und Wirklichkeit auseinander. Er versucht Sinn in die Abläufe der Vorgeschichte zu bringen; gleichzeitig ergreifen die negativen Faktoren trotz Beschönigung immer wieder von dessen Stimme Besitz, die damit vom hymnischen Preis in die Klage umschlägt.

Die Ereignisse der Vergangenheit werden bei ihm zu einem rätselhaften Gewebe von Bezügen, die sich auf einzelne Ereignisse im Ablauf nach vorne und hinten beziehen lassen.[41] Das konkrete Vogelzeichen vor der Abfahrt der Raubvögel, die eine trächtige Häsin ergreifen und reißen (vv. 109 – 120), kann man als positives Vorzeichen für den Fall Troias, aber auch als Ausdruck schrecklicher Gewalt lesen, die einem mit Artemis im engen Konnex stehenden jungen Mädchen, also Iphigenie, widerfährt. Der refrainartige Interkalarvers, die Selbstaufforderung und Klage αἴλινον αἴλινον εἰπέ, τό δ' εὖ νικάτω (vv. 121, 139, 159) ist gewissermaßen die magische Beschönigung.[42] Die automatisierte Klage über den jungen Linos soll damit in gute Rede überführt, also beschönigt werden, so dass das Gute Oberhand behält – in einem Moment, wo die Geschichte das Zerfleischen eines wehrlosen Opfers behandelt. Die Deutung wird referiert – die ganze Parodos stellt weitgehend Narratio und kaum eigene autoritative Deutung dar – in den direkten Worten des mit einem autoritativen, guten Wort ausgestatteten Sehers Kalchas (vv. 126 – 138 und 140 – 155).[43] Als Experte des

---

40 Vgl. Fraenkel II 64 – 65 ad 106.
41 Vgl. Ferrari, Figures in the Text (wie Anm. 3) bes. 24 – 43.
42 Vgl. A. Henrichs, »Let the Good Prevail«: Perversions of the Ritual Process in Greek Tragedy, in: D. Yatromanolakis – P. Roilos (Eds.), Greek Ritual Poetics (Cambridge/MA 2004) 189 – 198, bes. 198: »In tragedy, ritual remedies usually fail, and instead of being the solution, ritual becomes part of the problem. That is why Kalkhas is so concerned, and why his words are apotropaic.«
43 Zur Besonderheit der eingelegten direkten Reden von Kalchas in der Parodos, die »zum spezifisch prophetischen und episierenden Stil der Chorlyrik im ›Agamemnon‹ passt«, vgl. Schein, Narrative Technique (wie Anm. 30) 393 – 395, übersetztes Zitat 395. Vgl. auch J. Fletcher, Choral Voice and Narrative in the First Stasimon of Aeschylus, ›Agamemnon‹, Phoenix 53, 1999, 29 – 49, bes. 30 – 32 (»[...]

richtigen theologischen Worts und der angemessenen kultischen Praktiken liefert Kalchas eine Interpretation, die in dem wiedergegebenen Zitat ähnlich rätselhaft bleibt wie die chorische Erzählung, wobei sich beide Stimmen in einer polyphonen Hybridisierung überlagern.

Reden ist Zeichenvermittlung, die ambivalente und widersprüchliche Deutung ermöglicht. Die Gegensätze werden also in dem Lied in aller Drastik bloßgelegt. Die keusche Artemis (Ἄρτεμις ἁγνά v. 134) widersetzt sich den Flügelhunden des Vaters Zeus – ein Konflikt wird damit bereits im Götterhimmel offenkund. Sie zürnt ihnen, »weil sie die selbstgebärende, vor der Geburt ihres Wurfs stehende und daher winselnde Häsin opfern« (αὐτότοκον πρὸ λόχου μογερὰν πτάκα θυομένοισιν v. 136) (vgl. insgesamt vv. 134 – 136). Artemis graut es vor diesem Opfermahl (v. 137), doch das ungute Gefühl wird erneut mit dem refrainartigen Vers als Selbstaufforderung αἴλινον αἴλινον εἰπέ, τὸ δ᾽ εὖ νικάτω nahezu magisch übertönt (v. 139). »Die *Menis*, die Walterin im Hause, die listig sich dieser Dinge erinnert und ihr Kind rächen will« (οἰκονόμος δολία, μνάμων Μῆνις τεκνόποινος v. 155) verkörpert Klytaimestra, die damit gleichzeitig zur strafenden Erinye wird. Die Sprachäußerung des Sehers Kalchas ist von gesanglicher Qualität (ἀπέκλαγξεν v. 156), wobei κλαγγή soviel wie poetische und somit autoritative Diktion mittels durchdringenden Lauts bedeutet:[44] Großes Glück (v. 156) steht schlimmem Schicksal gegenüber – beides ist gemischt. Im Einklang (ὁμόφωνον v. 158) mit dieser Gemengelage steht der Refrain als Wehruf, der zugleich das Gute (v. 159) heraufbeschwört. Die Passage erhält eine eigene poetisch-lyrisch Klangfarbe durch Kalchas, während der Chor erneut nur durch seinen Sprechakt der mantraartigen Aufforderung versucht, die Waagschale in Richtung auf Gutes zu beeinflussen (v. 159).

Der berühmte eingeschobene Zeushymnos (vv. 160 – 183) ist als Gebet eine weitere derartige magische Besänftigung oder Beschönigung mittels Sprache. Aus Zeus, der höchsten göttlichen Instanz der Gerechtigkeit, die gegen Artemis' Tat einschreiten müsste, könnte erneut Unheil erwachsen. Der Chor betont, dass, wer »Zeus freudig mit Siegesliedern feierlich anruft« (Ζῆνα δέ τις προφρόνως ἐπινίκια κλάζων v. 174), »Einsicht im ganzen gewinnen wird« (τεύξεται φρενῶν τὸ πᾶν v. 175), da der Gott die Menschen »auf den Weg des Denkens führt« (τὸν φρονεῖν βροτοὺς ὁδώ-/ σαντα vv. 176 – 177) und damit dem Prinzip des *pathei mathos* (v. 177) Gültigkeit verschafft (τὸν πάθει μάθος/ θέντα κυρίως ἔχειν

---

the prediction of Calchas is a device by which the poet insinuates his voice into the discourse of the chorus in order to remind us of where the drama is headed.« [ebd., 31]). Vgl. auch Grethlein, Choral Intertemporality (wie Anm. 30) 85.

44 Gödde, *euphêmia* (wie Anm. 1) 121 beschreibt κλαγγή wie im Fall der Kassandra (v. 1153) als »vorwiegend durchdringende, bisweilen auch animalische Laute«. Oft sind sie mit schlimmem Leid verbunden, vgl. auch Schein, Narrative Technique (wie Anm. 30) 391. Die akustische Eindringlichkeit interpretiert Gödde, *euphêmia* (wie Anm. 1) 121 Anm. 85 als »Signum für die unabwendbare und zerstörerische Wahrheit der Prophezeiung«. Fraenkel II 95 ad 156 f. bezieht nach Headlam den Ausdruck auf die Lautstärke und die Erregung der Stimme.

vv. 177 – 178).[45] Wie der Chor κύριος (v. 104) zu sein beansprucht, also Autorität zum deutenden Gesang zu besitzen, so verkörpert Zeus nichts anderes als die abstrakte Formel, die schon der Wächter betonte. Pathos, Leid, ist vorhanden, es bringt gewaltsam (vgl. v. 183) die Einsicht, sich zu fügen und alles besonnen über sich ergehen zu lassen. Doch wenn Leid überhand nimmt, geht der Glaube an die gerechte Weltordnung verloren. Letztlich wird man freilich durch Anmut, *charis* (v. 182), sowie Gewalt ins Joch dieser richtigen Welt- und Denkordnung gezwungen. Die ästhetische Übertönung der gefährlichen Misstöne durch magische Beschwörung des Guten ist nur zum Teil erfolgreich, wobei der Chor – nun zugleich Stimme des Zeus – die zentrale Erfahrung und Aufgabe der Tragödie erfüllt: die Übertragung von Pathos in ästhetisch schönen Formen sowie die Vermittlung von Einsichten und tiefen Gedanken in chorlyrischer Diktion angesichts des überwältigenden Leids.

Von Kalchas nun in der Situation der Windstille vor Aulis vor das Dilemma gestellt, entweder sein Führungsamt zu verlieren oder seine Tochter zu opfern, wie der Chor berichtet, wählt Agamemnon – wieder in eingebetteter direkter Rede – den Weg der Besänftigung (vv. 206 – 217). Das grausame Jungfernopfer, das zuletzt in der Parodos beschrieben wird (vv. 184 – 257), soll nach dem Wunsch von Agamemnon gut sein, weil es Recht ist (v. 217).[46] Dementsprechend beschwört auch Agamemnon den guten Ausgang. Obwohl ihm das Verbrechen vor Augen steht, begeht er die rituelle Tat des Jungfrauenvoropfers vor ihrer Hochzeit (προτέλεια v. 227) für die Ausfahrt der Schiffe, als Ausdruck seines Wahnsinns. Das abschließende Tableau hinsichtlich Iphigenies Tod voller theatraler Eindringlichkeit wird erneut zur fein austarierten metatheatralen *mise en abyme* des Kampfs über die Politik der Stimmen in der Spannung zwischen den Mächtigen und Unterdrückten. Wann auch immer man die Stimme des Leids zum Schweigen zu bringen sucht, wird es doch über andere Kanäle, besonders durch das Visuelle, wieder hervorbrechen. Auf die Gebet- und Flehrufe des Mädchens, das an ihren Vater appelliert, es zu schonen (λιτὰς δὲ καὶ κληδόνας πατρῴους v. 228), geben die Herrscher nichts (vv. 228 – 230).[47] Umgekehrt vollzieht Agamemnon ein stimmlich markiertes Gebet (εὐχάν v. 231) und er weist zum pervertierten Opfer seiner Tochter nach Geißenart an (φράσεν v. 231).[48] Vor allem soll ihr »schönschnabliger Mund« (στόματός τε καλλιπρῴρου v. 235) davor zurückgehalten werden, »einen Fluchlaut dem Haus gegenüber« (φθόγγον ἀραῖον οἴκοις v. 237) auszustoßen, also etwas, was als Fluch diesem positiv gefärbten Diskurs der Mächtigen entgegensteht.

Durch Knebelgewalt kann Iphigenie nichts mehr sagen, doch stumm können immer noch visuell Signale des Flehens im Leid gesandt werden, die wie Pfeile ihr Ziel treffen. Im

---

45 Raeburn – Thomas, ›Agamemnon‹ of Aeschylus (wie Anm. 3) 87 ad 176 – 178 betonen, dass sich mit *brotoi* die Aussage auf die Menschheit im allgemeinen und damit auch auf das Publikum bezieht, das mit den Protagonisten mitleidet. A. Lesky, Die tragische Dichtung der Hellenen (Göttingen ³1972) 163 sieht das *pathei mathos* als »Leitwort der aischyleischen Tragödie«.
46 Fraenkel II 126 ad 217: »Behind the last phrase seems to lie a regular concluding formula from the language of prayer.« Wests Emendation ἀπὸ δ' αὐδᾶι (v. 216) erkennt andererseits die falsche Natur des Opfers.
47 Zur Macht des Wortes und bes. der Kledonomantik vgl. Peradotto, Cledonomancy in the ›Oresteia‹ (wie Anm. 10).
48 Vgl. Henrichs, Blutvergießen am Altar (wie Anm. 22) 67 – 74.

Verlangen der Klangäußerung gleicht sie nackt einem stummen Bild (v. 242) voller Erotik, von dem man doch die theatrale Geste ablesen kann. Ihre Intention wird deutlich, zumal sie ja sonst sooft im Männersaal voll reich geschmückter Tische bei schönen Opfern das fromm-reine Lied in der richtigen Klangfärbung sang (vv. 240 – 246). Denn mit »geheiligter Stimme sang die Jungfrau, noch unbegattet« (ἔμελψεν, ἁγνᾶι δ' ἀταύρωτος αὐδᾶι v. 245) zu dreifacher Spende, also einem Libationsopfer des Danks, den Paian, die musikalische Konkretisierung des Heilgotts Paion-Apoll (παιῶνα v. 247). Ihr Gesang war also das glückverheißende Lied der Hoffnung auf Heil und der rituellen Feierlichkeit, die alles beschönigt, während sie nun zum Fluchlied ausholen will, an dem sie brachial gehindert wird.[49]

Dike wird verkörpert durch Zeus. Ein wenig resigniert folgt die Parole, zu leiden und daraus zu lernen (vgl. v. 177): Δίκα δὲ τοῖς μὲν παθοῦσιν μαθεῖν ἐπιρρέπει (v. 250) – »Gerechtigkeit wägt den Leidenden zu lernen zu.« Alle Hoffnung freilich ist vergebens. Doch obwohl der Chor weiß, dass der Grund der tragischen Realität nur Leid und Klage bedeuten kann, nimmt sein Wunsch eines guten Endes doch bereits in metatragischer Weise den positiven Ausgang der gesamten Trilogie vorweg.

Klytaimestras Auftritt

Allerdings droht das Motto des *pathei mathos*, das die Zeusreligion beschönigt, laufend in die Komponente des Leidens aufzubrechen. Angesichts des endlich erfolgenden Auftritts von Klytaimestra zieht man aus Besonnenheit vor, gegenüber dem Übermaß an Pathos zu schweigen, und akzeptiert die theologische Überhöhung des Zusammenhangs. Der Chor empfindet auf die frohe Botschaft voller guter Hoffnung hin (εὐαγγέλοισιν ἐλπίσιν v. 262) Freude, die zwar Tränen, aber nicht die Reaktion des Tanzes hervorruft (v. 270). Skeptisch fragt man nach, ob der ersehnte Sieg über Troia vielleicht doch lediglich Gerücht (φάτις v. 276)[50] sei und Klytaimestra nur Träumen der Nacht Glauben schenke (ὀνείρων φάσματ' εὐπειθῆ σέβεις v. 274). Doch die Herrscherin ist sich ganz sicher, wobei sie ihre selbst erdachte Signalkette der Fackelfeuer noch mit göttlichen Assoziationen zu überhöhen versucht. Für Klytaimestra ist der Fall klar: es gibt Sieger und Besiegte, die klar geschieden sind wie Essig und Öl (v. 322). Eros, also sexuelles Verlangen, und Gewinnsucht (vv. 341 – 342) sind die einzigen Triebfedern, die den Fall eines Siegers bewirken konnten. Ebenso wie der Chor in der Parodos bestärkt auch Klytaimestra sprachmagisch ihre Sehnsucht nach einem glücklichen Ausgang (τὸ δ' εὖ κρατοίη v. 349).[51]

---

49 Vgl. J.M. Degener, ΣΥΜΒΟΛΟΝ ΙΦΙΓΕΝΕΙΑΣ: la kledonographia de l'›Agamemnon‹ d'Eschyle, Cahier du Groupe Interdisciplinaire du Théâtre Antique 9, 1996, 31 – 51.
50 Vgl. Bollack – Judet de La Combe III 108 – 116.
51 Fraenkel II 178 ad 348 f. sieht darin eine Art »travesty« des Spruchs in der Parodos.

Der Zwang der Stimme der *Peitho*

Der Chor versucht im folgenden ersten Stasimon (vv. 355 – 487) erneut durch frommes Gebet den Göttern für die Gunst zu danken (v. 354).[52] Gebet und autoritatives Wort suchen nach Sinnbildung, um theologisch das Geschehen als Zeusgerechtigkeit zu deuten. Die »elende *peitho*«, das Schönreden mit rhetorischen Mitteln, so meint er, ist gewaltsamer Zwang (βιᾶται δ' ἁ τάλαινα Πειθώ v. 385), Heilung von *Ate* ist eine Illusion (vv. 386 – 387).[53] So sehr man stimmlich besänftigen, heilen und mäßigen möchte, das Leid bricht immer durch. In dieser Weise wird die Vergangenheit weiter narrativ durchbesprochen, vor allem wieder in der Vermengung von Stimmen, wobei die eingelegte Perspektive der »Seher des Hauses« (v. 409), »almost a chorus within a chorus«, mittels Polyphonie und Hybridisierung weiter zur rätselhaften Qualität beitragen.[54] Schweigend hätte Menelaos Helenas Untreue ertragen müssen; Eros und Pothos, erotisches Verlangen nach ihr, schlagen sich nieder »in schöngestalteten Statuen« (εὐμόρφων δὲ κολοσσῶν v. 416), die Illusion, Gefahr und Jammer bedeuten (vv. 414 – 419).[55] Solche Wahnbilder von Leid sind Trug aus Traum (ὀνειρόφαντοι δὲ πενθήμονες […] δόξαι vv. 420 – 421) und folglich nicht fassbar (vv. 420 – 425). Aus Eros erwachsen Krieg und Tod. Man klagt um die Gefallenen. Beschönigen (εὖ λέγοντες v. 445) kann man nur ihren heroischen Tod, in Wirklichkeit ist dieses Tun nur Wahn. Wer tötete, dem folgen die Erinyen (v. 463) – sie werden später in den ›Eumeniden‹ zum handelnden, nicht nur erzählend-deutenden Chor. Als der Bote kommt, äußert der Chor nochmals den Wunsch, dass Gutes zum schon gut Erschienenen sich noch aufhäufe (εὖ γὰρ πρὸς εὖ φανεῖσι προσθήκη πέλοι v. 500).

Das Leid bricht aus der Fassade hervor: Der Paian der Erinyen

Der Bote, der gewissermaßen aus dem Totenreich Trojas zurückgekehrt ist, ist ebenso ganz darauf bedacht, alles vor der Herrschaft im rechten Licht erscheinen zu lassen. Schweigen ist nach der Meinung des Chors die einzige »Arznei gegen Schaden« (πάλαι τὸ σιγᾶν φάρμακον βλάβης ἔχω v. 548). Klage und Unheil sind deshalb zu verbergen. Der Chor ist nach dem Bericht nun bereit, den Sieg nicht mehr abzustreiten (οὐκ ἀναίνομαι v. 583). Selbst Greise lernen gut (εὐμαθεῖν v. 584) – das Leid fehlt dabei nicht. Klytaimestra jubelt vor Freude (ἀνωλόλυξα μὲν πάλαι χαρᾶς ὕπο v. 587) und ihr erneuter *ololygmos* (v. 595) ist ihre Form der selbstsicheren Übertönung der Krise und Einleitung zum Besänftigungsopfer sowie zum

---

52 Vgl. Bollack – Judet de La Combe I 369 – 493.
53 Dazu vgl. Käppel, Konstruktion der Handlung (wie Anm. 31) 141 – 142 und Aeschylus, Oresteia. Translated with Notes by H. Lloyd-Jones (Berkeley 1979) 50 ad 386.
54 Vgl. Fletcher, Choral Voice and Narrative (wie Anm. 43) (Zitat ebd., 36).
55 Vgl. Bollack – Judet de La Combe I 429 – 437. Vgl. auch K. Karamitrou, Aischylos' Kassandra: A Human Trophy, ›Entheos Eros‹, Exposure, Liminality, Madness and Theatricality, Parnassos 41, 1999, 380 – 394. – Zu κολοσσός als Doppel und Ersatz vgl. Bollack – Judet de La Combe I 432 – 435.

pervertierten Opfer. Der Chor erkennt an, dass Klytaimestra den klanglichen und semantischen Sinnstiftungsprozess allein als Dolmetscherin für klare Deuter (τοροῖσιν ἑρμηνεῦσιν v. 616) unter Kontrolle hat (vv. 615 – 616). Mit *peitho* und wohlgefälligem (εὐπρεπῆ v. 616) Wort sagt sie den Lauf der Dinge offiziell an und deutet alles in rituellen Formen.[56]

Auf die Frage der Choreuten, wie es mit den anderen Kriegern, insbesondere mit Menelaos steht, bricht auch beim Boten die Dimension des Leids hervor, selbst wenn er dies noch abzuwehren versucht: »Glückseligen Tag, der gut performativ vertont ist, ziemt es nicht, mit schlechtkündender Zunge zu beflecken« (εὔφημον ἦμαρ οὐ πρέπει κακαγγέλῳ/ γλώσσῃ μιαίνειν· vv. 636 – 637). »Die Ehre der Götter« wäre dahin (χωρὶς ἡ τιμὴ θεῶν v. 637)[57] – die Menschen versuchen die Götter im guten Licht erscheinen zu lassen. Das Ambivalente muss durchgestrichen und zum Positiven umgeformt werden. Angesichts der Toten jedoch »ziemt es sich« nach Meinung des Boten, »diesen Erinyenpaian anzustimmen« (πρέπει λέγειν παιῶνα τόνδ' Ἐρινύων v. 645), also ein Lied, das die Rache und das Negative in gleicher Weise betonen. Der Paian ist eigentlich der Gesang in der Krise, um die Gefahr zu überwinden.[58] Die paradoxe Verbindung des Lieds des Heils im Erinyenton legt die Spannung zwischen Paian und *goos*, Glücks- und Klagelied, offen.[59]

Im zweiten Stasimon (vv. 681 – 781)[60] singt der Chor pseudo-etymologisch (vgl. ἐτητύμως v. 681) von Helena, der Verderberin von Schiffen, Männern und der Stadt (ἑλέναυς ἕλανδρος ἑλέπτολις v. 690). Zeus strafte die Trojaner, die das »Brautlied« – »in falscher Tonlage« (ἐκφάτως v. 706) – hervorbrachten (vv. 705 – 706), das sie als Schwäger zu singen hatten (vv. 707 – 708). »Umlernen« (μεταμανθάνουσα v. 709), das heißt aus Leiden lernen, musste Troia, nun ist aus dem »Brautlied ein riesiger Threnos« (ὕμνον […] πολύθρηνον vv. 709 – 711) geworden. Das bedeutet, dass der Freudengesang in einen *goos* oder *threnos*, also in Liedgattungen, die der jetzigen Stimmung entsprechen, umschlagen kann. Das Lied gibt die vorherrschende Stimmung wieder, weshalb es als Spiegel des Daseins anzusehen ist. Die tragische *metabole* ist also erneut in selbstreferentieller Weise durch Töne und Melodien ausgedrückt. Helena, die »herzverwundende Erosblüte« (v. 743) kam als Tränen bringende Braut und Erinye (v. 749) in ihrer ganzen erotischen Aufmachung. Aus Glück kann schnell »unersättliches Wehschrein erwachsen« (βλαστάνειν ἀκόρεστον οἰζύν) (v. 756). Trotz der negativen Anzeichen versucht sich der Chor noch von der anderen Tonalität der Klage zu distanzieren (v. 757).

---

56 Vgl. Bollack – Judet de La Combe III 241 – 243.
57 Vgl. Bollack – Judet de La Combe III 250 – 251.
58 Vgl. L. Käppel, Paian. Studien zur Geschichte einer Gattung (Berlin–New York 1992); dazu vgl. Gödde, euphêmia (wie Anm. 1) 119 – 120, die das deiktische τόνδ' nicht nur auf das vorher Erwähnte, sondern auf den gesamten Botenbericht beziehet, der aufgrund der »paradoxen« Vermengung von Sieg und Leid im ebenso paradoxen »›Paian der Erinyen‹« (ebd., 120) seinen Ausdruck findet.
59 Fraenkel II 321 ad 645 spricht von einem »blasphemous paradox« und verweist auf ›Agamemnon‹ vv. 1144 und 1386 – 1387. Gutes und Böses sind vermischt (›Agamemnon‹ v. 648), während Klytaimestra noch meinte, Essig und Öl klar voneinander scheiden zu können (›Agamemnon‹ vv. 322 – 323).
60 Vgl. Bollack – Judet de La Combe II 1 – 156.

Als Agamemnon dann endlich erscheint, gilt sein erster Gruß, dieses Vorlied und Proöm (φροίμιον τόδε v. 829), den Göttern; ebenso beschwört er das Gute: »Was gut ist, dass es dauerhaft gut bleibt, darum solle man besorgt sein« (τὸ μὲν καλῶς ἔχον/ ὅπως χρονίζον εὖ μενεῖ βουλευτέον vv. 846 – 847). Sonst solle man zur Abwehr der Krankheit Heilmittel anwenden, eben auch solche, die mit dem Heil und dem Paian zu tun haben (φαρμάκων παιωνίων v. 848) (vv. 848 – 850). Danach gelingt es Klytaimestra, Agamemnon auf dem roten Teppich symbolisch die Bahn des Bluts ins Haus betreten zu lassen (vv. 855 – 974).

Der leierlose Threnos der Erinys, der ganz allein und von innen her einsetzt

Im dritten Stasimon (vv. 975 – 1034) ergreift nun die böse Vorahnung die Stimme des Chors endgültig,[61] nachdem er immer wieder versucht hat, seine Äußerungen nach den Prinzipien der Herrschaft auszurichten und dementsprechend gut zu reden. Sein Gesang ist plötzlich auf gar keinen Fall mehr optimistische, gute Stimme, sondern gleicht auf einmal der mantischen Prophetie von Traumbildern der Angst. Ganz spontan kommen die negativen Lieder aus dem Inneren hervor, wobei die Alten den »lyralosen Threnos der Erinys« (vv. 990 – 991) anstimmen (vv. 988 – 993):

πεύθομαι δ' ἀπ' ὀμμάτων
νόστον αὐτόμαρτυς ὤν·
τὸν δ' ἄνευ λύρας ὅμως ὑμνῳδεῖ
θρῆνον Ἐρινύος αὐτοδίδακτος ἔσωθεν
θυμός, οὐ τὸ πᾶν ἔχων
ἐλπίδος φίλον θράσος.

Ich erkenne mit den Augen
die Rückkehr, wobei ich selbst Zeuge bin;
den ohne Leier, stimmt dennoch
den Threnos der Erinys ganz ohne Instruktion von innen her an
die Brust, ohne dass ich dabei in irgendeiner Weise
von der Hoffnung lieben Mut besitze.

Alle Versuche, hier Heilsgesänge, Deutung und Zuversicht walten zu lassen, scheitern also zunehmend angesichts der Realität. Dem Chor als Seher entströmt spontan eine innere Stimme. Zugleich sieht er Traumbilder des Schreckens und der Vorahnung. Nun stimmt sein Innerstes einen Threnos hymnisch an, den eine Erinye, die sich bald als Klytaimestra erweisen wird, bestimmt. Das Herz des Chors wird durch die Strudel der auf das Ende

---

61 Vgl. Bollack – Judet de La Combe II 199 – 289.

zielenden Dynamik im Kreis bewegt (τελεσφόροις δίναις κυκλούμενον κέαρ v. 997), ähnlich wie ein Chor im Reigentanz wirbelt. Nun fängt der alte Körper an, sich doch noch tänzerisch auszudrücken. Die Drehbewegung des Tanzes vermittelt den Sturm der Gefühle. Spontan, »selbst beigebracht« und ohne Chorodidaskalos (vgl. αὐτοδίδακτος v. 992),[62] windet der Chor sich zum Threnos und zu den expressiven Klagemelodien. Aus der einhämmernd-tastenden Sinnsuche in theologischer Orientierung nach Melodien des Maßes und Glücks wird ein unkontrollierbarer Tanz, der Chaos und Schrecken impliziert. Es ist freilich fraglich, ob der Tanz wirklich real stattfindet oder nur metaphorisch auf das Innenleben projiziert wird. Wie auch immer, das Lied untermalt erneut deutlich die tragische Entwicklung in metatheatraler Weise. Ein tragischer Chor singt typischerweise selbstreferentiell in chorischen und musikalischen Begriffen über sein Pathos. Zunächst ist es noch eine Klage von Erinyen, die nur metaphorisch wirksam sind. Doch das Tanzlied aus dem Inneren antizipiert bereits die schrecklichen Lieder, die später der real auftretende Chor von Erinyen in ihrer theatralen Epiphanie im letzten Teil der Trilogie aufführen wird. Ist ein Mann, so gipfeln die Gedanken des Chors in der zweiten Antistrophe, einmal getötet, gibt es kein Zurück mehr durch Beschwörung (πάλιν ἀγκαλέσαιτ' ἐπαείδων v. 1021). Das Anstimmen von magischen Liedern, ἐπῳδαί, bedeutet exakt den Sprechakt des ›Darauf-Singens‹, so dass durch verzaubernde Weise alles wieder gut erscheint und selbst ein Toter wieder auf die Erde zurückkehren kann.

Während die Selbstreferenzen auf Stimme, Musikalität und *choreia* bisher hauptsächlich den Chor selbst betrafen, der in seinem Bestreben, stimmliche und rituelle Kontrolle über das Geschehen in autoritativer Form zu gewinnen, und im gleichzeitigen Scheitern an diesen Bemühungen gezeigt wird, hatten wir bereits beim Wächter, Boten und bei Klytaimestra Indizien dafür gesehen, dass zudem Individuen mit diesen metatheatralen Mitteln charakterisiert werden. Ganz deutlich wird dies in der Folge bei Kassandra.

Die prophetische Stimme der Kassandra: *Goos* gegen *euphemia* (vv. 1035 – 1371)

Mit Kassandra kommt nun eine Seherin in den Fokus, die das Bemühen des Chors, Sinnstiftung in das vorherige Geschehen zu bringen, durch Prophetie ergänzt, die sich als innere Leidensäußerung auch schon beim Chor abzeichnete. Allerdings versucht nun der Chor im Folgenden seine Ahnungen und Pathosausbrüche sowie die seines Gegenübers wiederum laufend zu kontrollieren. Kassandra vermittelt als klar die Dinge sowie ihr eigenes Schicksal vorhersehende junge Frau die Stimme der Klage.[63] Zunächst aber war sie seit der

---

62 Vgl. Homer, ›Odyssee‹ 22,346 – 347: *autodidaktos* (in Bezug auf Phemios); vgl. Fraenkel II 446 ad 992.
63 Zur Kassandra-Szene vgl. u. a. K. Reinhardt, Aischylos als Regisseur und Theologe (Bern 1949) 97 – 105; B.M.W. Knox, Aeschylus and the Third Actor, American Journal of Philology 93, 1972, 104 – 124, hier: 109 – 121; bes. Lebeck, The ›Oresteia‹ (wie Anm. 3) 28 – 39, 47 – 56, 61 – 62, 84 – 85 und R. Mitchell-Boyask, The Marriage of Cassandra and the ›Oresteia‹: Text, Image, Performance, Transactions of the

Ankunft mit Agamemnon lange Zeit schweigend auf der Bühne verharrt, hat also genau dies umgesetzt, was der Wächter und andere immer betonten.[64] Als man sie endlich direkt adressiert, da sie weiterhin still auf der Bühne verbleibt, vermutet man, sie verstehe als Barbarin nicht die griechische Sprache. Klytaimestra bietet ihr sogar zunächst ein alternatives Kommunikationsmedium an, also »statt mit der Stimme« (ἀντὶ φωνῆς) sich über Gebärdensprache mit der »barbarischen Hand« (καρβάνωι χερί) zu verständigen (v. 1061). Man scheint einen *hermeneus*, einen Dolmetscher und Deuter, zu benötigen (v. 1061). Doch wie Klytaimestra kann auch Kassandra im Gegensatz zum Chor alles mit kristallklarer Sicht verstehen und selbst deuten.[65] Klytaimestra droht ihr dann das brutale Zaumzeug (χαλινόν v. 1066) zur Unterjochung an und geht, um sich keine Niederlage von diesem Sehermädchen einzuhandeln. Der Chor empfindet jedoch Mitleid mit Kassandra und in einem Amoibaion (vv. 1072 – 1177) treten sie in direkte Interaktion.

Plötzlich bricht sie in einen zunächst unartikulierten, eindringlichen Wehlaut aus, der in einen ebenso rein klanglichen, das Signifikat nahezu ausschaltenden Apolloruf mündet (vv. 1072 – 1073). Der Gottesanruf wird ihr zum inständigen Ruf des Leids und Threnos, da sie ihren sicheren Tod bei Eintritt ins Haus deutlich vor Augen hat. Für den Chor ist dies mehr als unverständlich, da doch der Heilgott und Reiniger, der Gott des Paians, der die Arznei gegen Leid unter anderem mithilfe hymnischen Schönredens bringt, grundsätzlich nichts mit Jammern und Threnos zu tun hat (vv. 1074 – 1075). Der gellende Ruf ὀτοτοτοτοῖ ποποῖ δᾶ (v. 1072) geht über in »oh Apollon-Apollon« (ὤπολλον ὤπολλον v. 1073) – er ist zunächst wie alle emotionalen griechischen Schreie bar jeder propositionalen Botschaft, reine spontane Exklamation, die performativ zur Abwehr in einer Krise zum Ausdruck kommt.[66] Apoll wird hier zu einer typischen Epiklese, die zunächst ohne jeglichen Sinn als Schrei die Gottheit zu personifizieren scheint. Gerade um den komplementären, ebenfalls häufig mit dem Barbarentum assoziierten Gott der Epiphanie Dionysos herbeizuzitieren, versetzt man sich durch unartikulierte, kurze und oft wiederholt ausgestoßene Lautkombinationen wie *iakch-*, *bakch-*, *eua-*, *eui-*, *ie-*, *iy-* in Raserei.[67] Der personifizierte Ruf ὤπολλον ὤπολλον, der mit dem reinen Klagelaut ὀτοτοτοῖ ποποῖ δᾶ in den sinnentleerten, die reine Emotionalität ausdrückenden o-Lauten fast zur Einheit verschmilzt, wird die Bezeichnung des Gottes selbst, der nichts anderes als diese pathetische Performanz bedeutet. Zugleich

---

American Philological Association 136, 2006, 269 – 297; vgl. auch Thiel, Chor und tragische Handlung (wie Anm. 35) 289 – 347.

64 Zu Kassandras Schweigen vgl. W.G. Thalmann, Speech and Silence in the ›Oresteia‹ 2, Phoenix 39, 1985, 221 – 237, hier: 228 – 229, und Montiglio, Silence in the Land of Logos (wie Anm. 1) 213 – 216.

65 Klytaimestra wird als *hermeneus* gekennzeichnet (›Agamemnon‹ v. 616).

66 Zum Schrei, der »die Signifikationsgeste verkörpert, ohne im Besonderen etwas auszudrücken«, vgl. M. Dolar, A Voice and Nothing More (Cambridge/MA 2006) 27 – 29 (Zitat 28); Dolar (ebd., 73) zeigt, dass der Schrei als Stimme zwischen Körper und Sprache steht.

67 Vgl. auch H.S. Versnel, Triumphus. An Inquiry into the Origin, Development and Meaning of the Roman Triumph (Leiden 1970) 27 – 34. – Zum Schrei als Ausdruck des Leids vgl. Bollack – Judet de La Combe IV 429 – 431 und 432. L.J. Heirman, Kassandra's Glossolalia, Mnemosyne 28, 1975, 257 – 267 nennt diesen eine »glossolalia«.

vermitteln diese wiederholt ausgestoßenen Lautkombinationen etwas von Roman Jakobsons »poetischer Funktion«.[68]

Der Chor hingegen sieht diesen Schrei als *dysphemia* an, eine Stimmäußerung, womit Kassandra gegen das rituelle Gebot der Dezenz den Gott nun in einer *goos*-Situation zum Beistand anruft (ἥδ' αὖτε δυσφημοῦσα τὸν θεὸν καλεῖ/ οὐδὲν προσήκοντ' ἐν γόοις παραστατεῖν vv. 1078 – 1079).[69] *Goos* bedeutet hier nicht die feierliche Stimme des Kollektivs, sondern eine Einzelstimme einer Klagenden, die in ihrer Intensität jegliche bestehende Ordnung aufzulösen droht. Der Ruf wird nun pseudo-etymologisch von Kassandra mit *apollymi* (ἀπώλεσας »du hast vernichtet« v. 1082) in Zusammenhang gebracht, also nachträglich doch mit aus der griechischen Sprache stammenden Sinn belegt. Sie ist also durchaus als Barbarin selbst ohne Dolmetscher der Kommunikation mittels stimmlich geäußerter Sprache mächtig. Mit seinem Tun hat Apoll sie vernichtet, so klagt Kassandra, obwohl sie doch unter seiner Schirmherrschaft steht.

Sehen durch Stimme

Als gottesbegnadete Prophetin sieht Kassandra das Haus als »Menschenschlachthaus« (ἀνδροσφαγεῖον v. 1092). Der Chor kann sich nur vorstellen, dass sie als wildes Tier über besonderen Geruchssinn verfügt, so dass sie erkennen kann, dass im Haus Blut und Mord eine Rolle spielen (vv. 1093 – 1094). Die Bemerkung ist eigentlich eher zynisch-abwehrend: Kassandra ist in den Augen des Chors eine Art Spürhund (κυνὸς δίκην v. 1093) – junge Mädchen werden oft mit ungezähmten Tieren verglichen[70] – ein wirklicher Mensch kann dies gar nicht wissen. Doch in Wirklichkeit verfügt sie über eine besondere Sehergabe.

Der Chor wehrt ab: Solche falschen Propheten brauchen wir nicht! Sie haben bei uns keinen Platz! (vv. 1098 – 1099). Und in einer neuen Welle von aus dem Inneren aufsteigenden Bildern, die nur stimmlich in den Klangraum gestellt werden, sieht Kassandra nun den Mord an Agamemnon in der Wanne vor sich (vv. 1100 – 1104, 1107 – 1110), während der Chor, der bereits vorher mit seinen Deutungen im Dunklen tappte, mit der andeutenden und rätselhaften Sprache anderer nichts anzufangen weiß (ἄιδρίς εἰμι v. 1105), weil er sich offenbar in die Konstellation der *euphemia* neu gefügt hat. Er wiederholt sein Nichtverstehen (οὔπω ξυνῆκα v. 1112) und betont, dass er wegen der Verrätselung der undeutlichen

---

68 R. Jakobson (Closing Statement): Linguistics and Poetics, in: T.A. Sebeok (Ed.), Style in Language (Cambridge/MA 1960) 350 – 377, bes. 358; Nachdruck in: S. Rudy (Ed.), Roman Jakobson. Selected Writings III (The Hague 1981) 18 – 51, bes. 27. Vgl. S.J. Tambiah, Culture, Thought, and Social Action. An Anthropological Perspective (Cambridge/MA 1985) 165 und Bierl, Der Chor in der Alten Komödie (wie Anm. 1) 287 – 299, bes. 293 mit Anm. 503, 331 – 346, bes. 335 mit Anm. 92, engl.: Ritual and Performativity (wie Anm. 1) 254 – 265, bes. 259 – 260 mit Anm. 503, 296 – 310, bes. 299 mit Anm. 92.
69 Vgl. Gödde, *euphêmia* (wie Anm. 1) 121.
70 Vgl. Calame, Les chœurs de jeunes filles (wie Anm. 1) 411 – 420, engl.: Choruses of Young Women (wie Anm. 1) 238 – 244, und R. Seaford, The Tragic Wedding, The Journal of Hellenic Studies 107, 1987, 106 – 130, hier: 111 (128 mit Bezug auf Kassandra).

Sehersprüche im Unklaren bleibt (νῦν γὰρ ἐξ αἰνιγμάτων/ ἐπαργέμοισι θεσφάτοις ἀμηχανῶ vv. 1112 – 1113). Kassandra betont in der Vision des Mords, dass die *stasis*, die Zweitracht, jubeln soll im *ololygmos* (στάσις [...] κατολολυξάτω vv. 1117 – 1118). *Stasis* als Aufstellung bedeutet zugleich soviel wie die *katastasis* der Reigen (vgl. χορῶν κατάστασιν v. 23), die Formation der Chöre,[71] zumal der Chor der Erinyen ebenfalls mit diesem *ololygmos* aufheult.[72]

Der Chor interpretiert die Bemerkung in der Tat als Aufforderung an eine Erinys aufzujauchzen (Ἐρινὺν [...]/ ἐπορθιάζειν vv. 1119 - 1020), nicht ahnend, dass die Erinys Klytaimestra selbst ist. Kassandra spricht im lauten Ton davon, dass neben den Horrorszenarien, die andere betreffen, sie auch ihr eigenes Los antönt, um ihr Leid hineinzuschütten (τὸ γὰρ ἐμὸν θροῶ πάθος ἐπεγχέασα v. 1137). Das ὀλολύζειν und ihre anderen stimmlich unartikulierten gellenden Schreie (ἐπορθιάζειν, θροεῖν) sind weiterhin verwirrend und erscheinen als lautlicher Ausdruck einer Wahnsinnigen, die der rationalen Ordnung der Polis und der Zeusreligion entgegensteht. Wie gesagt steht gerade der *ololygmos* von Anfang an als ein Schlüsselmotiv im Zusammenhang mit Klytaimestra. Dieser bedeutet eben nicht nur Jubel, sondern den schrillen Schrei der Frauen, der in der Krisensituation das Moment der Gefahr performativ übertönt. Insbesondere unmittelbar vor dem Abschlachten des Opfertiers beim rituellen Opfer, das üblicherweise von Chorreigen begleitet wird, lässt man diesen Schrei aufheulen.[73] Klytaimestra soll diesen Schrei zum Schein des Jubels über die Rückkehr an Agamemnon anstimmen (ὀλολυγμὸν [...]/ ἐπορθιάζειν vv. 28 – 29), – zugleich antizipiert er den als Opfer stilisierten Mord an diesem. Ebenso tun dies in der Vorstellung die Erinyen und Kassandra selbst, die dadurch wiederum das als rituelles Opfer euphemistisch konnotierte Abschlachten ironisch thematisiert.[74]

Wahnsinn, Klage und paradoxer Gesang

Nun wendet sich der Chor entsetzt ab und stimmt ein Lied gegen die angeblich Wahnsinnige an (vv. 1140 – 1145):

φρενομανής τις εἶ θεοφόρητος, ἀμ-
φὶ δ' αὑτᾶς θροεῖς

---

71 Zu der *katastasis*, der ›Einrichtung‹ von chorischen Aufführungstraditionen in Sparta, vgl. Nagy, Pindar's Homer (wie Anm. 1) 343 – 344; zu *stasis* als »constitution« and »division« vgl. ebd., 366 – 367; zur Stelle vgl. Loraux, La métaphore sans métaphore (wie Anm. 11) 267; zur Bedeutung ›chorische Gruppe‹ vgl. ›Choephoren‹ v. 458 und ›Eumeniden‹ v. 311.
72 *Contra* Fraenkel III 505 ad 1117 und Bollack – Judet de La Combe IV 452 – 454.
73 Vgl. Aischylos, ›Sieben gegen Theben‹ vv. 268 – 269; vgl. oben Anm. 19 – 21.
74 Zum Opfermotiv vgl. Zeitlin, The Motif of the Corrupted Sacrifice (wie Anm. 3); Zeitlin, Postscript to Sacrificial Imagery (wie Anm. 3); Burkert, Greek Tragedy and Sacrificial Ritual (wie Anm. 22) bes. 119 – 120; Pucci, Human Sacrifices (wie Anm. 22); Henrichs, Drama and ›Dromena‹ (wie Anm. 22) bes. 180 – 184; Henrichs, Blutvergießen am Altar (wie Anm. 22) bes. 67 – 74.

νόμον ἄνομον, οἷά τις ξουθά
ἀκόρετος βοᾶς, φεῦ, φιλοίκτοις φρεσίν
Ἴτυν Ἴτυν στένουσ' ἀμφιθαλῆ κακοῖς
ἀηδὼν μόρον.

Wahnbefangen bist Du, gottgetrieben; um
Dich selbst lässt du laute Klage erheben,
Sang, der kein Gesang ist. Wie irgendeine goldbraune
Nachtigall unersättlich im Ruf, oh weh, im elenden Sinne
›Itys, Itys‹ klagt um ihr leidumblühtes Lebenslos.

In den Augen des Chors ist Kassandra, die in unartikulierter, reiner Stimmlichkeit heftige Klagelaute ausstößt, wahnsinnig und gottbesessen. Er kann diese schrecklich-eindringlichen Laute nur als ein Lied einer Verrückten abtun, das entgegen den Geboten der *euphemia* gestimmt ist. Diesen rituellen Wohlklang fordern die Polis und die Herrschenden, die darauf bedacht sind, die schlimmen und leidvollen Ereignisse gutzureden und performativ zu überspielen, in der Krisensituation von einem Chor oder einer Einzelsängerin ein. Daher nennt der Chor die durchdringenden, für ihn nahezu tierisch wirkenden Lautäußerungen in für die tragische Gattung typisch paradoxer Zuspitzung einen *nomos*, eine Tonart, die keinen *nomos* darstellt, da ihm der harmonisch-feierliche Wohlklang des Offiziellen fehlt.[75] Und doch ist es ein monodisches Lied (vv. 1140 – 1142) – im theatral-musikalischen Genre der Tragödie wäre es kaum anders zu bezeichnen –, in dem der Klagemodus dominiert. Danach vergleicht der Chor Kassandras Gesang mit dem berühmten Itys-Klagelied der Nachtigall, die über den versehentlichen Mord an ihrem eigenen Sohn ständig klagt. Kassandra entgegnet daraufhin, dass die Götter der Nachtigall im Vergleich zu ihr ein süß- und helltönendes Leben gaben (λιγείας βίος [μόρος Pauw, aufgenommen von West] ἀηδόνος v. 1146), da sie Aedon mit einer beflügelten Gestalt umgaben.[76] Bei Aedon (abgeleitet von ἀείδω »singen«) ist also die Metamorphose Umhüllung, musikalisch-melodische Beschönigung, während auf Kassandra selbst die Spaltung mit dem Hackbeil wartet (vv. 1146 – 1149). Die drohende Entzweiung entäußert sich proleptisch bereits in der zerhackten, zweigeteilten

---

[75] Zum *nomos* als Gesetz, Kultanordnung, Ritual und Liedgattung vgl. Platons ›Nomoi‹, in denen thematisiert wird, dass die *choreia* und die Musik zusammen mit den *nomoi* tugendhaftes Verhalten und eine positive Haltung gegenüber der Polis und dem göttlichen Kosmos bewirken können. Zum *nomos* als musischem Fachterminus und Liedgattung (Plutarch [›De Musica‹] 1132d) vgl. Nagy, Pindar's Homer (wie Anm. 1) 355: »a lyric composition that followed a set mode of melodic pattern.« – Zum Oxymoron vgl. Fraenkel III 519 ad 1142.

[76] Zu Aedon und einer metapoetischen Tradition vgl. Homer, ›Odyssee‹ 19,519 – 523 und die Bemerkungen von G. Nagy, Poetry as Performance. Homer and Beyond (Cambridge 1996) 59 – 86. – Zur Nachtigall als schöner Sängerin der Klage vgl. ›Homerische Hymnen‹ 19,16 – 18 und die Zusammenstellung der Stellen bei Bollack – Judet de La Combe IV 472. Zur Nachtigall und zum Weben als metapoetischen Metaphern vgl. I. Papadopoulou-Belmehdi, Le chant de Pénélope. Poétique du tissage féminin dans l'›Odyssée‹ (Paris 1994) 155 – 156.

Stimme, die als theatrales Medium des Gesangs das Pathos der Körperlichkeit in aller Eindringlichkeit dem Publikum vermittelt.

Darauf wundert sich der Chor, woher sie den gottgetriebenen Wahn habe, dass sie so »Furchtbares stimmlich auspräge mit übel beleumundetem Klang und zugleich mit hellen Tönen« (τὰ δ' ἐπίφοβα δυσφάτωι κλαγγᾶι/ μελοτυπεῖς ὁμοῦ τ' ὀρθίοις ἐν νόμοις vv. 1152 – 1153):[77] Die Musik des *goos* ist eben neben aller Schrecklichkeit, die vom Chor als entgegen der rituellen Ordnung bezeichnet wird, doch gleichzeitig ästhetisch schön und melodisch, selbst in der Offenlegung des wahr bevorstehenden furchtbaren Schicksals, das aller Zivilisation und göttlicher Wohlgefügtheit spottet. In dieser Paradoxie einer – mit Heraklit gesprochen – *palintonos harmonia* (»zurückgespannten Harmonie«) der Klänge steckt gewissermaßen die Poetik der gesamten Tragödie.[78]

Langsam muss sogar der Chor eingestehen, Kassandra überdeutlich (τορὸν ἄγαν) zu verstehen (v. 1162); selbst ein Kind sei dazu in der Lage (v. 1163). Der Chor reflektiert daraufhin die Reaktion bei sich als innerem Rezipienten, es sei wie ein Biss in die Seele (vv. 1164 – 1166). Der Chor, der bei der Seherin immer die Gottesinspiration betont, fragt schließlich nach, »welcher übelgesonnener Daimon auf sie in voller Wucht gestürzt sei, um solch klägliche Pathoserfahrungen zu besingen«, d. h. ihre »notvollen, todbringenden Leidensgeschichten in *melos* zu überführen« (τίς σε κακοφρονεῖν τίθη-/ σι δαίμων ὑπερβαρὴς ἐμπίτνων/ μελίζειν πάθη γοερὰ θανατοφόρα vv. 1174 – 1176). Einer inneren Macht fühlte sich der Chor eben noch selbst ausgesetzt (vgl. vv. 988 – 1000). Die Musik kommt von innen und spontan, wobei die Tragödie weiterhin beständig auf ihr eigenes Medium Bezug nimmt. Der oxymoronartige Ausdruck μελίζειν πάθη (v. 1176) fasst das tragische Paradox sinnbildlich zusammen. Kassandra entäußert das Leid, doch in der Tragödie geschieht dies auf lyrische, musikalische und ästhetische Art und Weise.[79]

Kassandra als prophetische Anti-Braut und die Schreckensmusik des imaginierten Erinyenchors

Im Folgenden macht Kassandra klar, dass ihre Prophetie nicht mehr nur rätselhaft verdeckt bleibt – in der schönen und keuschen Verhüllung des Schleiers und der Bemäntelung (ὁ χρησμὸς οὐκέτ' ἐκ καλυμμάτων/ ἔσται vv. 1178 – 1179) –, sondern ganz klar, wie Licht, geschieht (vv. 1180 – 1183). Das Visuelle geht synästhetisch ins Akustische über. Deutlich stellt sie eine Verbindung mit dem Anakalypteria-Ritual der Hochzeit der jungen Braut her

---

77 Vgl. insgesamt vv. 1150 – 1153. Zur möglichen Anspielung auf den *nomos orthios* vgl. Haldane, Musical Themes and Imagery (wie Anm. 3) 39 und Fleming, The Musical Nomos (wie Anm. 3) 231; dazu vgl. Suda s.v. ἀμφιανακτίζειν, ein Zitat aus Terpander PMG 697; vgl. auch Nagy, Pindar's Homer (wie Anm. 1) 358.
78 DK 22 B 51. – Vgl. Loraux, La métaphore sans métaphore (wie Anm. 11) 265 und Bohrer, Zur ästhetischen Funktion von Gewalt-Darstellung (wie Anm. 15).
79 Vgl. Bohrer, Zur ästhetischen Funktion von Gewalt-Darstellung (wie Anm. 15) 178 – 181.

(νεογάμου νύμφης δίκην v. 1179).[80] Das Lied ist freilich kein Brautlied, sondern wie im Falle von Helena, ein schrecklicher, ganz unverblümter *goos*.

Das Hochzeitsritual ist allerdings in weiten Teilen vom Klage- und Todesritual überlagert, weswegen beide Liedgattungen hier ebenfalls interferieren. Der Abschied vom Haus der Eltern und der Weg ins Haus des Gatten ist ein *rite de passage*, der als Krise durchlebt wird.[81] Das Heben des Schleiers im Augenblick, wenn der Bräutigam die Braut vor dem Hause abholt und hineinführt, wird hier freilich mit dem unverblümten Wahrheitscharakter in Verbindung gesetzt. Zudem wird Kassandra als Anti-Braut und Wahrsagerin ebenfalls gleich den notwendigen Weg ins Haus beschreiten. Wie ein Jagdhund wittert sie nun die Zeichen und die Spur bezüglich der Zeichen (ἴχνος κακῶν/ ῥινηλατούσηι vv. 1184 – 1185), die über die schrecklichen Geschehnisse innen Aufschluss geben.

Als Grund gibt Kassandra an (vv. 1186 – 1192):

τὴν γὰρ στέγην τήνδ' οὔποτ' ἐκλείπει χορός
ξύμφθογγος οὐκ εὔφωνος· οὐ γὰρ εὖ λέγει.
καὶ μὴν πεπωκώς γ', ὡς θρασύνεσθαι πλέον,
βρότειον αἷμα κῶμος ἐν δόμοις μένει,
δύσπεμπτος ἔξω, συγγόνων Ἐρινύων·
ὑμνοῦσι δ' ὕμνον δώμασιν προσήμεναι
πρώταρχον ἄτην, [...]

Denn dieses Haus hier – niemals lässt es frei der Chor,
dessen Harmonie nicht schön tönt. Denn er spricht nicht gut.
Und der Komos hat getrunken, in noch größeren Übermut zu verfallen,
Menschenblut und bleibt im Hause,
schwer fortzujagen, der Schwarm der Erinyen von Verwandten.
Sie besingen im Hymnos, beim Hause kauernd,
die Urverblendung, den allersten Anfang der Schuld.

Der Chor der Rachegeister, dessen Zusammenklang übel klingt, lässt das Haus nicht mehr aus seinen Fängen. Denn er spricht nicht gut und weist sich ganz und gar nicht in *euphemia*

---

[80] Vgl. Fraenkel III 540 ad 1179; vgl. auch Raeburn – Thomas, ›Agamemnon‹ of Aeschylus (wie Anm. 3) 193 – 194 ad 1178 – 1179; Seaford, The Tragic Wedding (wie Anm. 70) 124; R. Rehm, Marriage to Death. The Conflation of Wedding and Funeral Rituals in Greek Tragedy (Princeton/NJ 1994) 47 – 48; Mitchell-Boyask, The Marriage of Cassandra (wie Anm. 63) 277. – Zur Abhängigkeit dieser Stellen vom Hochzeitsritual vgl. I. Jenkins, Is There Life after Marriage? A Study of the Abduction Motif in Vase Paintings of the Athenian Wedding Ceremony, Bulletin of the Institute of Classical Studies 30, 1983, 137 – 145; Seaford, The Tragic Wedding (wie Anm. 70) 127 – 128 (Kassandra als Braut von Agamemnon); Rehm, Marriage to Death, 44, 50 – 52; Mitchell-Boyask, The Marriage of Cassandra (wie Anm. 63) (u. a. Kassandra als Braut von Apollo); vgl. auch P. Debnar, The Sexual Status of Aeschylus' Cassandra, Classical Philology 105, 2010, 129 – 145.
[81] Vgl. Alexiou, The Ritual Lament (wie Anm. 1) 120 – 122 und Seaford, The Tragic Wedding (wie Anm. 70).

aus, weswegen Kassandra ungeschönt und offen darüber spricht. In der Tragödie kann Kassandra nicht umhin, sich die Erinyen als Chor vorzustellen.

Der von ihr imaginierte Erinyenchor hat Menschenblut gekostet, nicht Wein. Er ist also ein wahnsinniger Komos, ein Schwarmzug einer pervertierten Welt,[82] der im Haus festsitzt, eine wilde Truppe bluttrunkener Rachegeister, die den Verwandtenmord ahnden. Dieser Hymnos ist die Verkehrung des feierlichen Inhalts eines Epithalamion, weil die von Kassandra imaginierten Erinyen in ihren rasenden Rachegedanken vor allem den Uranfang der Schuld und Verblendung, den Ausgangspunkt der Kette von Rache und Widerrache, in Thyestes ausmachen, der Ehebruch mit der Frau seines Bruders Atreus beging (vv. 1189 – 1193). Ähnliches hat schon der Chor und Kassandra selbst geleistet, indem sie zu den Motiven der Vergangenheit vorstießen. Der Chor, den Kassandra hier in ihrer mantischen Phantasie vor Augen sieht, wird dann in den ›Eumeniden‹ zum handelnden, realen Chor.[83] Hier ist er erst einmal gewissermaßen nur ein innerer, metaphorischer Chor, von dem sich die Lied- und Tanzkomponente auf die wissenden Einzelsänger überträgt. In der Chorkultur werden also selbst Visionen als musisch-choreutische Bilder umgesetzt, auf denen es sich für den Rezipienten, der einer chorischen Aufführung beiwohnt, »gut denken lässt«.[84]

Selbst ein Schwur, dass Kassandra die Wahrheit sagt, kann in den Augen des Chors nicht mehr zum Paionion (παιώνιον v. 1199), zum »Heilsgesang«, werden. Ungeschminkte Wahrheit kann also den Lauf der tragischen Entwicklungen nicht mehr aufhalten oder gar zum Heil wenden, obwohl der Chor, selbst wenn er wenigstens jetzt Kassandra Glauben schenken und vehement eingreifen würde, vielleicht gerade noch in letzter Sekunde den Mord verhindern könnte. Doch dafür ist er zu alt und gebrechlich.

Ursache für Kassandras so besonders treffsichere Analyse, die das, was es normalweise zu verbergen gilt, gnadenlos demaskiert, sind Eros und Himeros, also die sexuellen Begierden (vgl. auch vv. 1441 – 1442, 1446). Apoll, der für die Reinigung, Heilung, Aufklärung und den euphemistisch-feierlichen Paian zuständige Gott, hat Kassandra aus Rache dafür, dass sie das Versprechen auf die erstrebte Liebesvereinigung mit ihm nicht einhielt, in diese Position gebracht. Die delphische Gottheit straft mit seinem Mittel der Prophetie. Allerdings lässt er sich eine besonders heimtückische Variante einfallen, nämlich dass er Kassandra durch eine pervertierte Form einer eindeutigen Seherkunst zu Fall bringt. Da Kassandra vor Apoll log, stößt sie als apollinische Seherin bei niemandem mehr auf Glauben, wodurch sie langfristig

---

82 Vgl. Fraenkel III 544 ad 1186 ff.
83 Vgl. Fraenkel III 543 ad 1186 ff.: »Here the poet, with magnificent simplicity, has erected one of the supporting pillars of his great edifice. In this passage the choir of the Erinyes makes its entry into the trilogy, which it is to dominate until the end. The tale of the monsters who, surfeited with the blood of their victims, chant their sinister song looks forward to the choruses of the *Eumenides*, in particular to the δέσμιος ὕμνος.« In der Tat wird der Chor der Erinyen als Blut trinkend vorgestellt (Aischylos, ›Eumeniden‹ vv. 264 – 266).
84 In Anverwandlung von C. Lévi-Strauss, La pensée sauvage (Paris 1962) 132 »bonnes à penser«.

ihren Untergang findet (vv. 1202 – 1212).[85] Aufgrund ihres Dienstes in Delphi wird Apoll für sie in dieser Szene zugleich symbolisch zum verkehrten Bräutigam, der bei ihr den Schleier der im Zusammenhang mit Orakel- und Sehersprüchen stehenden Rätsel lüftet (vv. 1178 – 1179). Dadurch lässt er Kassandra den ganzen Schrecken ihres eigenen Endes in einer falschen Liebesbeziehung mit Agamemnon klar sehen und aussprechen, weshalb sie nur noch ihren eigenen *goos* anstimmen kann.

Der Chor schenkt ihr nach langer Skepsis schließlich weitgehend Glauben. Da manifestiert sich bei Kassandra in einem letzten Anfall der Schrecken erneut körpersprachlich in Torsionen, Verdrehungen und Wirbeln (στροβεῖ ταράσσων φροιμίοις v. 1216), die als verkehrte Formen der feierlichen chorischen Kreisbewegung am vereinzelten Individuum anzusehen sind (vv. 1214 – 1216). »Der gewaltige Schmerz der rechten Wahrsagekunst« (δεινὸς ὀρθομαντείας πόνος v. 1215), die sich helltönend, aufrecht und richtig als Melodie und stimmliche Äußerung – bei dem pointierten Ausdruck ὀρθο-μαντεία denkt man zudem an die kitharodische Tonlage des *orthios nomos* (vgl. v. 1153) – präsentiert und sich nicht durch allzu dunkle Verrätselung auszeichnet, fährt in sie hinein und wirbelt sie herum. Als Reaktion windet und dreht sich das Mädchen wie eine Einzeltänzerin, wobei es teilweise die Erinyen-*choreia* nachempfindet. Somit wird auch diese letzte Ankündigung mit metatheatraler Sprache untermalt. Der Zustand der emotionalen Aufgewühltheit schlägt sich in Performanz nieder, in stimmlichem Ausdruck und Körperbewegung. Der Tanz ist gewissermaßen Auftakt oder erneut »Vorgesang« (*phroimion*) zum gleich eintretenden Mordgeschehen und Schreckens-Hymnos der tatsächlich in den ›Eumeniden‹ als Chor auftretenden Erinyen, der im Hause als verkehrtes Opfermordszenario imaginär schon vorweggenommen wird.[86]

Nachdem Kassandra die bevorstehende Wahrheit des Mords mit einleitendem *ololygmos* der Täterin Klytaimestra (vgl. v. 1236) ausgebreitet hat, ermahnt sie der Chorführer eben doch noch einmal, die Wahrheit zu maskieren, »den Mund einzuschläfern, so dass er *euphemon* werde« (εὔφημον, [...] κοίμησον στόμα v. 1247). Kassandra entgegnet diesem Ansinnen, dass kein Paion (παιών v. 1248), also Apoll in seiner Manifestation als Gott des chorischen Paians,[87] mehr einem solchen guten Worte zu Hilfe kommen werde (v. 1248). Noch immer widersetzt sich also der Chor der unverblümten Wahrheit und hofft, dass die Vision nicht wahr wird (v. 1249). Flehen und Beten (vgl. κατεύχῃ v. 1250) helfen nach Kassandras Meinung freilich nicht mehr. In einem erneuten Anfall sagt Kassandra schließlich deutlich ihren Tod voraus und entledigt sich des Stabs und der Binde (vv. 1265 – 1267), der apollinischen Zeichen ihrer Seherwürde.

---

85 Zur Bestrafung mit dem der Gottheit eigenen rituellen Zuständigkeitsbereich vgl. Dionysos' Rache an Pentheus in den ›Bakchen‹ und die Bemerkungen von Bierl, Dionysos und die griechische Tragödie (wie Anm. 6) 210 – 215; vgl. auch Bierl, Maenadism as Self-Referential Chorality in Euripides' ›Bacchae‹, in: R. Gagné – M. Govers Hopman (Eds.), Choral Mediations in Greek Tragedy (Cambridge 2013) 211 – 226, hier: 214.
86 Vgl. φροίμιον τόδε v. 829; φροιμιάζονται v. 1354.
87 Zur Assoziation des Paians vgl. schon Fraenkel III 577 ad 1248.

Apoll, so empfindet sie deutlich als Vision, auf die sie deiktisch verweist, entkleidet sie selbst (Ἀπόλλων αὐτὸς ἐκδύων/ χρηστηρίαν ἐσθῆτ' vv. 1269 – 1270) wie ein Bräutigam.[88] Im apollinischen Schmuck wurde sie als Magierin, Bettlerin und Hungerleiderin verhöhnt (vv. 1271 – 1274), weil ihr niemand Glauben schenken wollte. Als Agyios führt Apoll sie nun den Weg des Todes (v. 1276). Obwohl sie voll des Gotts, also im Enthusiasmos, Eudaimonie erfahren haben müsste, ist sie nun als »gottgetriebene« (v. 1297) in den Augen des Chors unselig (v. 1295). Auf dem Weg hinein ins Haus empfindet sie plötzlich Ekel vor dem Geruch des Bluts (vv. 1306 – 1309), während der Chor ihr erneut den üblen Gestank als Duft von Opfern und syrische Wohlgerüche schönredet (vv. 1310 – 1312) – erneut schwenkt man kurzfristig von der akustischen und visuellen Ebene auf den Geruchssinn, da das Olfaktorische in rituellen Performanzen im multimedialen Zusammenspiel nicht wegzudenken ist.

Kassandras Stimme und die Vogelmetapher

Kassandra schreitet nun hinein und betont, sie wolle dabei nicht »schrill-unharmonisch pfeifen und jammern wie ein Vogel im Gestrüpp aus Angst« (οὔτοι δυσοίζω θάμνον ὡς ὄρνις φόβωι v. 1316), was sich nochmals auf die Metapher der Nachtigall zurückbezieht. Ganz zuletzt geht sie also gegen den Vorwurf der üblen Klänge an und betont, dass sie erhobenen Hauptes und mit Hoffnung auf Rache stirbt (vv. 1316 – 1320). Als sie weiter hineingeht, dringen schon die Schreie (vgl. οἰμώγματα v. 1346) aus dem Haus, die die Choreuten mitsamt der Mordtat erneut als »Vorspiel/Vorlied« (vgl. φροιμιάζονται v. 1354) zum misslichen Pathos-Hymnos der Tyrannis über die ganze Stadt bezeichnen. Nach Klytaimestras Aussage starb Kassandra mit dem Schwanengesang: »Wie ein Schwan sang sie ihren letzten Todes-*goos*« (ἡ δέ τοι κύκνου δίκην/ τὸν ὕστατον μέλψασα θανάσιμον γόον vv. 1444 – 1445). Durch den Vergleich mit dem Apollon geheiligten Vogel unterstreicht Klytaimestra ihre triumphierende Verachtung für Kassandras apollinisches Sehertum (vgl. v. 1440). Noch im Tod gab sie sich ganz ihrer musikalisch-unmusikalischen Todesklage hin und setzte mit ihrem Melos ein Signal gegen alle Versuche, sie wie andere Todeskandidaten zu knebeln und ihre Stimme des Fluchs nicht ertönen zu lassen. Als *goos* steht die Melodie erneut den Beschönigungsversuchen Klytaimestras entgegen.

In Abstufungen wird das elende Mädchen mit der Vogelmetapher von Außenstehenden versehen, womit erneut das metapoetische Potential von Stimme und Musik ausgedrückt wird.[89] Von der Schwalbe (v. 1050), zur ewig den *goos* modulierenden Nachtigall (v. 1145) bis zum prächtigen Schwan ist ein Prestigegewinn ablesbar. Die Schwalbe steht für den

---

88 Vgl. Mitchell-Boyask, The Marriage of Cassandra (wie Anm. 63) 278.
89 Zur chorischen Projektion auf Vögel vgl. Bierl, Der Chor in der Alten Komödie (wie Anm. 1) 99 – 100, 297 Anm. 512, engl.: Ritual and Performativity (wie Anm. 1) 78 – 79, 263 Anm. 512. In der griechischen Literatur ist dies nachweisbar seit Alkmans Partheneion (Alkman Frg. 1), vgl. Bierl, Der Chor in der Alten Komödie, 48 – 51, engl.: Ritual and Performativity, 34 – 36, und besonders wirksam in Aristophanes' ›Vögeln‹.

zwitschernden Zugvogel, den Ankömmling von außen, der Barbarisch-Unverständliches äußert. Das Lied der Nachtigall ist mit der Liedproduktion der Nacht, mit Klage und Harmonie, mit metapoetischer Klangmodulation, sexueller Bedrohung und tragisch-dionysischer Rache assoziiert. Penelope vergleicht sich selbstreferentiell mit dem nämlichen Vogel der Klage (Homer, ›Odyssee‹ 19,518 – 523). Schwalbe und Nachtigall sind insbesondere mit dem Mythos von Tereus und den Schwestern Philomela und Prokne verbunden, die sich nach der Vergewaltigung von der ersteren, der medialen Vermittlung an letztere und der gemeinsamen Rache respektive in diese Vögel verwandeln. Kassandra gleicht einerseits Itys/Itylos, der im Wahnsinn von einer älteren Frau getötet wird, andererseits in ihrer Klage auch der mütterlichen Täterin (vv. 1140 – 1145) und den in ihrer Jungfräulichkeit bedrohten Mädchen, die allesamt in ihrem Leid wie Vögel singen. Als Schwan, Apolls Vogel par excellence (Aristophanes, ›Vögel‹ v. 772), singt sie zuletzt mit tieftrauriger, doch auch verzaubernder Stimme ihr letztes apollinisches Lied vor dem Tod, wohl nicht nur aus Furcht vor dem Tod und klagend, sondern unter Umständen sogar in Vorahnung eines besseren Lebens in der Unterwelt (vgl. Platon, ›Phaidon‹ 84e 3 – 85b 4). Vielleicht ist der Schwanengesang doch auch als verzweifelter Ausdruck der erotischen Verbindung mit Apollon zu verstehen. Sein Sohn ist der liedliebende Kyknos (»Schwan«), der sich aus Trauer um seinen Geliebten Phaeton in die Fluten des Eridanos (oder nach anderer Version von einem Felsen) stürzt, um zum Schwan zu werden.[90] Nach Klytaimestras Meinung wird diese erotische Komponente vor allem durch die Liebesbeziehung zu Agamemnon betont, dem sie in den Tod folgt (vv. 1440 – 1443, 1446).

Das Bild des Vogels, der wie gesagt mit Vorliebe mit dem Chorgesang in Verbindung gebracht wird, wird wenig später durch den Chor aufgenommen. Erneut beschreibt er den Daimon des Atridenhauses als Macht, die sein Innerstes zerfleischt (κράτος […] καρδιόδηκτον vv. 1470 – 1471), vergleichbar mit einem feindlichen Raben, der sich auf die Leichen setzt und dann einen Sieges-Hymnos anstimmt. Diese Melodie läuft dem angemessenen Gebet zuwider und ist in einer Tonlage gefasst, die außerhalb jeglicher Harmonie steht (ἐπὶ δὲ σώματος δίκαν {μοι}/ κόρακος ἐχθροῦ σταθεὶς ἐκνόμως/ ὕμνον ὑμνεῖν ἐπεύχεται vv. 1472 – 1474) (vgl. vv. 1468 – 1474).[91] In verschlüsselter Weise zielt die Aussage auf die pervertierte Choreutin Klytaimestra, die in Aufnahme des von Kassandra antizipierten Erinyenhymnos hier ihr Lied anstimmt.[92] Krähen krächzen, singen eben unschön und ohne Ziel.[93]

Abschließend ist festzuhalten, dass Kassandras Einzug in den Palast, der für sie dem Hades (vgl. v. 1291) gleichkommt, weniger visuell als akustisch mit misstönenden Stimmäußerungen ausgestellt wird. Die mit Sehergabe ausgestattete Troerin entäußert in zunächst unartikulierter, bloßer Stimme ihr Leid als Klage. Die theatrale »Pathosformel« (A. M.

---

90 Vgl. Ovid, ›Metamorphosen‹ 2,367 – 380, wo Cycnus der Sohn des Sthenelos ist. Es gibt selbstverständlich keinen Beweis dafür, dass diese Geschichte schon zu Zeiten des Aischylos bekannt war.
91 Vgl ἐκνόμως/ ὕμνον ὑμνεῖν (vv. 1473 – 1474) mit θροεῖς/ νόμον ἄνομον (vv. 1141 – 1142).
92 Vgl. den Erinyenpaian: παιᾶνα τόνδ᾽Ἐρινύων (v. 645).
93 Vgl. κόρακες ὣς ἄκραντα γαρύετων (Pindar, ›Olympische Oden‹ 2,87).

Warburg) vermittelt über Klage das Leid in gellender Form.[94] Die Schreie dringen förmlich ein in den Körper und Geist des Publikums. Der Chor als innerer Zuhörer und Kommunikationspartner versucht die Wehklagende zu anderen Tonalitäten zu bewegen, die mit der Ordnung der als Stimmungs- und Bewegungsregime funktionierenden Polis eher in Einklang stehen. Im mit umfassend musikalischen Mitteln operierenden Theater wird *choreia*, Musik und Stimme zum die Handlung untermalenden selbstreferentiellen Diskurs. Das für die Tragödie zentrale Pathos entäußert sich in paradoxer Musik als Anti-Musik. Selbst ein das Mark durchdringender Schrei hat in seiner klanglichen Struktur, in der Anordnung der Laute bar jeder Signifikation eine »poetische Funktion« im Sinne einer Ästhetik des Schrecklichen.[95]

Die reine Stimme als atmosphärischer Ausdruck wandelt sich im Laufe der Szene zur Stimme, die innere Bilder akustisch im Kopfe der Zuschauer vorstellbar werden lässt. Das Unartikulierte verändert sich zur klaren Gewissheit, die in ihrer deutlichen Zeichenhaftigkeit und dem Verweis auf das Unvorstellbare des Grauens freilich zunächst nur als Rätsel erscheint. Sinn wird über Lautäußerung transportiert. Langsam erhebt sich aus der propositionslosen reinen Stimme eine Stimme als Sprachform, die mit Zeichen Botschaften über das kommende Geschehen vermittelt, die in Vorausschau über die Seherin den hinterszenischen Mord bereits antizipieren.

Coda: Der Chor findet zu seiner Stimme und Vorschau auf den Rest der Trilogie

Im weiteren Verlauf setzt sich der metatheatrale Grundzug fort, durch selbstreferentielle Verweise auf die eigene theatrale Performanz, auf Musik, Stimme und Chortanz, die tragische Entwicklung der Handlung zu unterstreichen sowie die im Widerstreit befindlichen Figuren durch Anspielungen auf Wohl- bzw. Missklänge zu charakterisieren.

Im Schlagabtausch mit Aigisth findet der Chor nun erst nach der Katastrophe zu seiner wirklichen Stimme und bäumt sich gegen die sich abzeichnende Tyrannis auf. Aigisth droht ihm Gewalt und Lehrgeld an. Die offenen Worte gegen das System werden »Urquell von Geheul« sein (v. 1628). Aigisth meint ferner, er habe eben »im Vergleich zu Orpheus eine diametral gegensätzliche Zunge« (v. 1629): Denn der magische Sänger »führt alles von der Stimme her zur Freude, du aber wirst in der Rebellion zu kindischem Gebelfer geführt« (ὁ μὲν γὰρ ἦγε πάντ' ἀπὸ φθογγῆς χαρᾶι,/ σὺ δ' ἐξορίνας ⟨ν⟩ηπίοις ὑλάγμασιν/ ἄξηι vv. 1630 – 1632). Aigisth wirft dem Chor also vor, dass er den Pfad der lyrischen Musikalität

---

94 A.M. Warburg, Dürer und die italienische Antike, in: K. Dissel (Hrsg.), Verhandlungen der 48. Versammlung deutscher Philologen und Schulmänner in Hamburg vom 3. bis 6. Oktober 1905 (Leipzig 1906) 55 – 60, hier: 56.
95 Jakobson, Linguistics and Poetics (wie Anm. 68) bes. 358 (im Nachdruck: Selected Writings III, 27).

der Freude endgültig verlassen hat und mit seinem Geheul nun auf der Seite von Kassandras *goos* steht, der Fluch und Gefahr für das System darstellt.[96]

Agamemnon liegt zuletzt getötet im Netz der Spinne (vv. 1492, 1516), das nach Aigisth zugleich das gesponnene Kleid der Erinyen (v. 1579) und der Dike (v. 1611) darstellt. Metapoetisch ist es das stimmlich-musikalische Netz der tragischen Performance,[97] das auf den Protagonisten geworfen wird. Da die politische und musische Ordnung kollabiert, drohen der Text und die Tradition, die Choreutik und der Wohlklang, mit dem Ende des ›Agamemnon‹ selbst unterzugehen.

Doch angesichts der Fortsetzung in der Trilogie ist die aufbrechende Dekomposition der Tragödie im ›Agamemnon‹ nur ein *phroimion*, das Vorspiel zu einem unsäglichen Hymnos der Gewalt, den schließlich die Erinyen selbst als handelnder Chor in den ›Eumeniden‹ singend und tanzend in der Orchestra aufführen. Zunächst wird in den ›Choephoren‹ der Kommos (›Choephoren‹ vv. 306 – 478) – erneut schrecklicher Klagegesang, um den Toten Agamemnon zur Hilfe heraufzubeschwören –[98] zugleich für den Chor eine Quelle der Hoffnung, dass »ein Gott, wenn er will, schöner tönende Klänge (κελάδους εὐφθογγοτέτερους) geben könnte« (›Choephoren‹ vv. 340 – 341); »anstelle von Trauer-Threnos am Grab möge ein Paian (ἀντὶ δὲ θρήνων ἐπιτυμβιδίων/ παιών)« Agamemnon »zurückbringen« (›Choephoren‹ vv. 342 – 344).[99] Rache wird für den Chor zum Jubelgesang eines *ololygmos* (ἐφυμνῆσαι […] ὀλολυγμόν) (›Choephoren‹ vv. 386 – 387). In der Vorstellung der Choreuten kommt mit dem Helfer von der Erde und den unterirdischen Göttern »dieser Hymnos« (ὅδ' ὕμνος) herauf, also das gerade aufgeführte Lied des Kommos (›Choephoren‹ v. 475), um in der Orchestra manifest zu werden. Er ist Vorbote des Triumphs über die jetzige Situation des Elends, die ebenfalls musikalisch umschrieben wird: »Not des Stammes und gegenmusikalischer, blutiger Schlag der Verblendung (πόνος ἐγγενὴς/ καὶ παράμουσος Ἄτας/ αἱματόεσσα πλαγά)« (›Choephoren‹ vv. 466 – 468).[100] Der Schlag selbst wird dann mit dem Ruf

---

96 Vgl. auch Nooter, When Heroes Sing (wie Anm. 1) 8.
97 Zum metapoetischen Gewebe der Penelope und Weben als Metapher des Dichtens vgl. Papadopoulou-Belmehdi, Le chant de Pénélope (wie Anm. 76) bes. 111 – 184; Nagy, Poetry as Performance (wie Anm. 76) 39 – 86; A. Bierl, Die Wiedererkennung von Odysseus und seiner treuen Gattin Penelope. Das Ablegen der Maske – zwischen traditioneller Erzählkunst, Metanarration und psychologischer Vertiefung, in: A. Bierl – A. Schmitt – A. Willi (Hrsg.), Antike Literatur in neuer Deutung. Festschrift für J. Latacz anlässlich seines 70. Geburtstages (München–Leipzig 2004) 103 – 126, bes. 110 – 111; B. Clayton, A Penelopean Poetics: Reweaving the Feminine in Homer's ›Odyssey‹ (Lanham/MD 2004).
98 Die Chorgruppe ist als Formation dabei, eine *stasis* (›Choephoren‹ v. 458; vgl. ›Agamemnon‹ v. 23), die mit schrecklichem Klagelaut die Protagonisten begleitet, wobei sich der Übelklang durch das Ohr einbohrt (›Choephoren‹ vv. 451 – 452).
99 Bemerkenswert ist, wie auch hier »[…] das Bild des erhofften Umschwungs […] ganz vom akustischen Effekt her gestaltet« wird (A. Lesky, Der Kommos der ›Choephoren‹ [Wien 1943] 45). Vgl. auch K. Sier, Die lyrischen Partien der ›Choephoren‹ des Aischylos. Text, Übersetzung, Kommentar (Stuttgart–Wiesbaden 1988) 116 ad 343.
100 Zu παράμουσος, »misstönend«, »gegenmusisch«, vgl. ›Agamemnon‹ v. 1187 (zum imaginierten Chor der Erinyen). Zur Vorstellung des Heraufzitierens von Toten, der sog. Nekyomantie, über das Medium des *goos* seitens meist orientalisch gezeichneter Spezialisten, Zauberpriester, genannt *Goetes, Agyrtoi, Magoi* vgl. bes. die magische Szene in den ›Persern‹ (vv. 598 – 680, bes. das Lied vv. 623 – 680) und allgemein D.

nach dem *ololygmos* (ἐπολολύξατ᾽ v. 942) vom Chor als Markierung des perversen Opfers eingeleitet.[101] Kaum ist die Tat geschehen, fühlt Orest eine Furcht im Herzen »bereit zu singen und unter Groll zu tanzen (ᾄδειν ἕτοιμος, ἣ δ᾽ ὑπορχεῖσθαι Κότωι)« (›Choephoren‹ vv. 1024 – 1025).[102] Aus dem Erinyen-Komos der visionären Vorstellung bei Kassandra und dann zu Ende der ›Choephoren‹ im Kopfe des Orest wird schließlich eine theatral reale und wirksame Chortruppe, die nicht nur den *nomos* als Tonalität, sondern die gesamte politische Ordnung aus den Angeln zu heben droht. Ihre Gewalt manifestiert sich im Theater wiederum musikalisch, stimmlich und im Chortanz, vor allem im berühmten Fesselhymnos (ὕμνον […] δέσμιον ›Eumeniden‹ v. 306) (›Eumeniden‹ vv. 307 – 396).[103] Nur eine Gottheit wie Athene kann mittels *peitho* den Chor wieder in die menschliche Gemeinschaft – nun aber in ihre Stadt Athen – und in das theologisch gute Gesamtgefüge eingliedern, indem sie die Erinyen in rote Mäntel einhüllt (φοινικοβάπτοις ἐνδυτοῖς ἐσθήμασι ›Eumeniden‹ v. 1028), wodurch sie schließlich von Erinyen zu Eumeniden werden, die dem einen *aoidai*, »freudige Lieder« (›Eumeniden‹ v. 954), dem anderen Tränen bringen können (›Eumeniden‹ vv. 954 – 955). Bezeichnenderweise reflektiert das Schlusslied die berühmte panathenäische Prozession, die vom Festchor der gesamten Polis aufgeführt wird.[104] Er zieht zum *nomos* (›Eumeniden‹ v. 1032)[105] in *euphemia* und vor dem gesamten Volk (εὐφαμεῖτε δὲ χωρῖται/ bzw. πανδεμεί ›Eumeniden‹ vv. 1035, 1039) feierlich mit Gesang und im Jubelgeschrei (ὀλολύξατε νῦν ἐπὶ μολπαῖς ›Eumeniden‹ vv. 1043, 1047) aus der Orchestra. Aus Klage, *goos* und drohender Vernichtung mit dem *ololygmos* als krisenübertönendes Geheul wird endlich Siegesfeier, Paian, Freudenchoreutik mit *ololygmos* als Jubelschrei, der nach den Schreckensereignissen die Gemeinschaft der Polis festigt.

Ogden, Greek and Roman Necromancy (Princeton/NJ 2001) bes. 95 – 148, 161 – 268; S.I. Johnston, Restless Dead. Encounters between the Living and the Dead in Ancient Greece (Berkeley 1999) 82 – 125; A. Bierl, Momente performativen Selbstreflexiv-Werdens in der Tragödie des Aischylos (mit besonderem Blick auf die Dareios-Szene in den ›Persern‹), Forum Modernes Theater 30/1 – 2, 2015 (2019), 86 – 105.

101 Zum Mord des Orest und zum Jubel als unterstützender, ritueller Akklamation mit Rückverweis auf Klytaimestras Tat im ›Agamemnon‹ vgl. auch Sier, Die lyrischen Partien der ›Choephoren‹ (wie Anm. 99) 135 – 136 ad vv. 386 f.

102 Loraux, La métaphore sans métaphore (wie Anm. 11) 264 weist mit Verweis auf Nagy, Pindar's Homer (wie Anm. 1) 351 darauf hin, dass mit dem nämlichen Wort die Unterordnung und »supporting role« des Tanzes unter den Chorgesang ausgedrückt wird (vgl. *hyporchema*). »The supporting role of a given component of choral lyric can entail an intensification of virtuosity for the performer« (Nagy, Pindar's Homer, 351), weshalb unter einem Gesang des Horrors ein kunstfertiger Tanz der Manie aufgeführt werde.

103 Zum chorischen Selbstbezug mittels der Sprechakttheorie vgl. Y. Prins, The Power of the Speech Act: Aeschylus' Furies and Their Binding Song, Arethusa 24, 1991, 177 – 195; Bierl, Der Chor in der Alten Komödie (wie Anm. 1) 81 – 83, engl.: Ritual and Performativity (wie Anm. 1) 62 – 65; Henrichs, »Why Should I Dance?« (wie Anm. 4) 60 – 65; zum Bezug zu magischen Praktiken vgl. C.A. Faraone, Aeschylus' ὕμνος δέσμιος (Eum. 306) and Attic Judicial Curse Tablets, The Journal of Hellenic Studies 105, 1985, 150 – 154.

104 Vgl. Belfiore, Tragic Pleasures (wie Anm. 9) 27 (mit Anm. 59) und A.M. Bowie, Religion and Politics in Aeschylus' ›Oresteia‹, The Classical Quarterly 43, 1993, 10 – 31.

105 βᾶτε νόμωι ist eine Konjektur von Merkel, die Murray in seinen Text aufnimmt. West und Sommerstein lehnen sie ab, doch die Argumentation dieses Beitrags könnte für deren Verteidigung sprechen.

Schluss

Die in der ›Orestie‹ dargestellte »Konstruktion einer welthistorischen Prozessualität wird umgesetzt in eine große theatrale Bewegung. Sie reicht von anfänglicher enigmatischer Undeutlichkeit, die in überlangen Chorpassagen und in einem lyrischen Solo der Kassandra im ›Agamemnon‹ vermittelt wird, zu klarerem Spiel der Widerrache in den ›Choephoren‹ bis hin zum visionären Götterspiel einer Selbstinszenierung der aktuellen Polis Athen in den ›Eumeniden‹.«[106] Diese Bewegung kann man also als einen langen Weg beschreiben, der mit allen Mitteln der Performativität zunächst ein umfassendes Aufbrechen der Gegensätze und damit der festgefügten Ordnung inszeniert. Über ein krisenhaftes Stadium des Kampfs zwischen den Gegensätzen und der Entscheidung gelangt man zum glücklichen Ende, wo die Kluft wieder geschlossen wird und alles in die richtige, neue Ordnung kommt. Als Kern der Trilogie hat dabei die *choreia*, die Musikalität, Tonalität und der Ausdruck von Stimme und Körperbewegung im Verhältnis zur theologischen Ordnung, nicht nur die Funktion eines Begleitmotivs, sondern sie spielt die Rolle eines selbstreferentiellen Schlüssels zum Verständnis des Gesamtsinns, der die Prozessualität mit Verweis auf die für die Gattung entscheidenden performativen Faktoren – den Grund der Tragödie – unterstreicht.

Das Augenmerk auf die Stimme, die Musik und den Klang als theatrale Medien, d. h. der besondere Fokus auf die Akustik jenseits der Seh-Komponente, die vermeintlich Theater (von *theasthai* »sehen«) ausmacht, kommt insbesondere im ersten Teil der Trilogie zum Vorschein. Neben der θέα, der Schau im Sinne von θέατρον (Schauraum und Versammlungsort der Zuschauer),[107] ist das attische Theater vor allem ἀκοή, ein Ort des Hörens, den man auch als ἀκουστήριον (Auditorium und Versammlungsort der Zuhörer) bezeichnen könnte.[108] Musikalische Klänge und Stimmen erzeugen Pathos und vermitteln neben allen Mitteln der visuellen Darstellung – den Gesten, dem Ausdruck, der Körperpräsenz, dem Tanz, den Masken, Kostümen, Objekten, Requisiten und der allgemeinen Regie – einen akustischen Sinn hinsichtlich der Handlung, die in den Köpfen des Publikums innere Bilder mittels klanglicher Elemente und Zeichen erzeugt.

Tragödie ist demnach nicht nur Handlung, nach Aristoteles *mythos* und *mimesis*, sondern vor allem auch Performativität, also Schauspiel, zudem Zeigen und Entäußerung von Leid. Gerade im ›Agamemnon‹ wird zur Vorstellung und Entwicklung der Vorgeschich-

---

106 A. Bierl, Nachwort, in: Aischylos, ›Die Orestie‹. ›Agamemnon‹, ›Choephoren‹, ›Eumeniden‹. In einer Neuübersetzung v. K. Steinmann (Stuttgart 2016) 239 – 289, hier: 264.
107 Vgl. Bierl, Der Chor in der Alten Komödie (wie Anm. 1) 306, engl.: Ritual and Performativity (wie Anm. 1) 272 – 273.
108 Zum Begriff und zur Entwicklung in der ›Orestie‹ von einem Hör- und zum Seh-Theater vgl. E. Fischer-Lichte, Thinking about the Origins of Theatre in the 1970s, in: E. Hall – F. Macintosh – A. Wrigley (Eds.), Dionysus Since 69. Greek Tragedy at the Dawn of the Third Millennium (Oxford 2004) 329 – 360, hier: 347 – 352; E. Fischer-Lichte, Berliner Antikenprojekte – 150 Jahre Theatergeschichte, in: dies. – M. Dreyer (Hrsg.), Antike Tragödie heute. Vorträge und Materialien zum Antiken-Projekt des Deutschen Theaters (Berlin 2007) 111 – 140, hier: 134 – 138 (bezüglich der Inszenierung von Peter Stein aus dem Jahre 1980, der entsprechend die Trilogie von einem Hör- und Sprachraum zu einem Sehraum gestaltete).

te, also gewissermaßen im ›Proömion‹ zur Handlung der gesamten ›Orestie‹, ein besonderer Klangraum der Klage und deren Überspielung aufgetan, der dann zunehmend von der üblichen Dominanz des aufgehenden Schauraums abgelöst wird.

Chorisch-musikalische Poetizität und schreckliche Leiderfahrung klaffen weit auseinander und treffen sich doch in der tragischen Ästhetik des Grauens. In der Tragödie werden das Leid und die Klage darüber lyrisch schön. Dieser Riss ist in die tragische Sprache, vor allem in die Lieder des Chors und die Performativität der Leidäußerung eingeschrieben und kann auch mit der generischen Spannung zwischen Apoll und Dionysos umschrieben werden. Oxymoronartige Formulierungen, welche die musikalische Ästhetizität mit deren Gegenteil verbinden, weisen direkt auf diese gattungskonstitutive Brüchigkeit hin, die mit dem tragischen Paradox einhergeht. Das performative Ausstellen dieses Widerspruchs durch selbstreferentielle Verweise auf die eigene Choralität, Ritualität, Musikalität und klanglich-stimmliche Dimension sowie mithilfe von pointierten Formulierungen setzt diese Ästhetik des Schreckens gewissermaßen zur Verdeutlichung *en abyme*, um mittels dieser metatragischen Markierungen den Zuschauer/Zuhörer wirksam durch die Handlung zu führen.

MARKUS A. GRUBER

Der Chor im ›Prometheus Desmotes‹
Erkenntnis, Resignation und die Macht der Sippe

I. Einleitung

1. Forschungsstand: Ein beiseitegelegter Chor

Der Chor der Okeaniden im ›Prometheus Desmotes‹ ist ein Stiefkind der Tragödienforschung. Es scheint, als ob die Diskussion um die Echtheit dieser unter dem Namen des Aischylos überlieferten, jedoch relativ gesehen einige Besonderheiten aufweisenden Tragödie bestimmte zentrale Fragen zum Wesen auch dieses Chores verdrängt hat. Diese Fragen sollten – schon alleine ausgehend von der zulässigen Grundannahme, dass auch der ›Prometheus‹ zur Gattung Tragödie gehört – dahingehend gestellt werden, welchen Beitrag eigentlich der Chor zum Verständnis des Tragischen auch in diesem Stück leistet. Denn mag dieses Stück nun ›echt‹ sein, sei es vollständig, sei es nur in Teilen oder gar nicht: Der Konflikt zwischen den Protagonisten Prometheus und Zeus ist in seiner Prägung der Ausweglosigkeit und dem Drang zur Entscheidung derart scharf konturiert, dass man nicht fehlgehen wird, den ›Prometheus‹ auch unabhängig von der Echtheitsdiskussion als eminentes Exempel einer griechischen Tragödie zu beurteilen.[1] Insofern also ist die – schlicht anmutende, aber dringliche – Frage nach dem Beitrag des Okeaniden-Chores zum Verständnis der Konfliktsituation mehr als berechtigt.

Gewiss widmen sich einzelne Beiträge speziell dem Chor, wie er auch in den allgemeinen Untersuchungen zum ›Prometheus‹ Erwähnung findet. Die hierbei interessierenden Fragen

---

1 Weder die Diskussion um Autorschaft und Entstehungszeit noch diejenige um die Einbettung des ›Prometheus Desmotes‹ in eine mögliche Trilogie, die ›Promethie‹, muss davon abhalten, eine bestimmte Frage für eine erhaltene Tragödie zu stellen. Gegenüber einigen von teils überbordender Voreingenommenheit geprägten Forschungsbeiträgen wohltuend liest sich der pointierte Aufsatz von G. Zuntz, Aeschyli Prometheus, Harvard Studies in Classical Philology 95, 1993, 107 – 111. Zuntz datiert die von ihm als Werk des Aischylos verteidigte ›Prometheus‹-Tragödie aufgrund eines Vergleichs mit dem ›Triptolemos‹ des Sophokles auf noch vor 467 v. Chr. Anders C.J. Herington, The Author of the ›Prometheus Bound‹ (Austin/TX 1970) 103 f., der die Tragödie eher im Umfeld der ›Orestie‹ sieht. Eine (gleichfalls von Sachlichkeit geprägte) Einführung bietet Sommerstein in seiner zweisprachigen Loeb-Ausgabe, der als *terminus ante quem* etwa 430 v. Chr. annimmt (Aeschylus, Persians, Seven against Thebes, Suppliants, Prometheus Bound. Ed. and transl. by A.H. Sommerstein [Cambridge/MA–London 2008] 433). Vorliegender Beitrag zum Chor enthält sich der Diskussion um Autorschaft und Datierung, nimmt jedoch mögliche inhaltliche Bezüge zu den sechs sicher authentischen Tragödien des Aischylos zumindest in den Blick, vor allem zu den ›Hiketiden‹ (aufgeführt 463) und zur ›Orestie‹ von 458.

lassen sich in zwei Bereiche einteilen. Der eine betrifft die – für das ganze Stück im Zuge der Echtheitsproblematik – intensiv diskutierte Aufführungspraxis: Auf welche Weise könnte sich dieser Chor szenisch auf der Bühne bewegt haben? Berühmtheit erlangte Fraenkels Wortschöpfung »Okeanidenomnibus«[2], die eines der Probleme, wie und wann nämlich der Chor überhaupt die Bühne betritt, trefflich kennzeichnet. Auch die bühnentechnische Umsetzung der Schlussszene, wenn sich der Chor dem offenbar in der Erde versinkenden Prometheus anschließt, stellt eine Schwierigkeit dar; diesen Kataklysmos hat Taplin ebenso detailliert besprochen wie die weiteren Partien des ›Prometheus‹.[3] Untersuchungen wie die genannten zur Bühnenpraxis sind zweifellos von Relevanz, konzentrieren sich jedoch nur auf einen Teilaspekt des Chores.

Zum anderen wurde die Frage nach Rolle und Funktion des Okeaniden-Chores innerhalb der Tragödie dahingehend gestellt, den Chor als eine weitere *dramatis persona* zu sehen: Ebenso wie für die Einzelfiguren (Prometheus, Okeanos, Io, Hermes, Hephaistos und Kratos) lasse sich das ἦθος auch der Chor-Person zeichnen, das heißt ihr Charakter und ihre Haltung gegenüber den Antagonisten Prometheus und Zeus. In Anwendung dieser Methode, die den Chor auf eine Stufe mit den Einzelfiguren stellt und ihm einen Platz innerhalb der Figurenkonstellation zuzuweisen sucht, trete nun zunächst eine Inkonsistenz im Verhalten der Okeaniden zu Tage: Seien sie anfangs von Passivität, Besonnenheit und stellenweise sogar Frömmigkeit gegenüber der Herrschaft des Zeus geprägt, so komme ihre aggressive Frontstellung gegen Hermes und Zeus sowie ihre Bereitschaft, zusammen mit Prometheus zu versinken, sehr unerwartet. Um diesen Wandel zu erklären und somit die als unbefriedigend erscheinende Inkonsistenz im (angenommenen) Charakter des Chores zu beseitigen, hat Scott auf den Auftritt der Io hingewiesen, deren Schicksal die Haltung des Chores dermaßen beeinflusse, dass er nun eben in Opposition gegen die grausame Tyrannis des Zeus trete.[4] Ähnlich sieht Sienkewicz eine Entwicklung des Chores: Die Okeaniden ersetzten im Laufe des Stückes ihr zunächst eher distanziertes Mit-Leiden durch ein Mit-Handeln, welches am Ende sogar unmittelbare körperliche Gefahr bedeute.[5]

Solchen Harmonisierungsversuchen stehen teils frühere, teils aktuelle Positionen gegenüber, die den Chor gleichfalls als *dramatis persona* auffassen, jedoch die beobachtete inkonsistente Charakterzeichnung der Okeaniden als Beweis für das dramentechnische

---

2 E. Fraenkel, Der Einzug des Chors im Prometheus, Annali della Scuola Normale Superiore di Pisa, Serie II, Vol. XXIII, 1954, 269 – 284, hier: 270; auch in: ders., Kleine Beiträge zur klassischen Philologie. Erster Band: Zur Sprache. Zur griechischen Literatur (Rom 1964) 389 – 406, hier: 390.
3 O. Taplin, The Stagecraft of Aeschylus. The Dramatic Use of Exits and Entrances in Greek Tragedy (Oxford 1977) 240 – 275.
4 W.C. Scott, The Development of the Chorus in ›Prometheus Bound‹, Transactions and Proceedings of the American Philological Association 117, 1987, 85 – 96, hier: 94.
5 T.J. Sienkewicz, The Chorus of ›Prometheus Bound‹: Harmony of Suffering, Ramus 13, 1984, 60 – 73, hier: 71 f. Sienkewicz prägt selbst das Gegensatzpaar συμπάσχειν (greifbar in Vokabeln wie συνασχαλᾶν vv. 161 und 243 und συμπονεῖν v. 274) und συμπράττειν.

Ungeschick eines mittelmäßigen, nicht mit Aischylos identischen Dichters nehmen wollen.[6] In den allgemeinen, auch den neueren Arbeiten zum ›Prometheus‹ wird der Chor bestenfalls randständig behandelt, zumal wenn die Echtheit teils leidenschaftlich bestritten wird.[7] Ausnahmen bilden die schon älteren Monographien von Snell, Großmann und Unterberger, die in je verschiedener Herangehensweise die Chorpartien im Rahmen einer Gesamtdeutung untersuchen,[8] sowie der Beitrag von Judet de La Combe, der das kommunikative Moment betont.[9] Als Stratum der Forschung lässt sich letztendlich beobachten, dass durchweg die sympathetische Grundhaltung des Chores gegenüber dem leidenden Prometheus betont wird.

2. Die rezeptionsästhetische Methode

Angesichts gewisser Einseitigkeiten, ja sogar wohl einer Unterschätzung des Chores im ›Prometheus‹ bedarf eine detaillierte Untersuchung keiner Rechtfertigung. Die Annahme, ein Tragödienchor sei einfach eine weitere *dramatis persona*, die gegebenenfalls als Resonanzboden das Pathos vertiefe, beschränkt die Perspektive auf nur einen Aspekt des zweifellos vielschichtigen Problems, als welches der Chor des griechischen Dramas dem heutigen Leser entgegentritt. Wenn freilich auch der Tragödienchor der griechischen ›Kultur des Singens und Tanzens‹ gleichsam genetisch entwachsen ist, so sollte er in erster Linie in deren Kontext gesehen werden.[10] Gegenüber den Einzelfiguren trägt der Chor auch in der schon entwickelten Gattung Tragödie das Erbe der Chorlyrik weiter. Trotz seiner in jeder einzelnen Tragödie neu definierten Rollenidentität – beispielsweise alte Männer, Soldaten,

---

6   So M. Griffith, The Authenticity of ›Prometheus Bound‹ (Cambridge 1977) 123 – 136 (der Autor schaffe sich nur unnötige Probleme mit diesem Chor, da er auf Effekthascherei aus sei). In seinem Kommentar von 1983 (Aeschylus, Prometheus Bound [Cambridge 1983] 10 f.) charakterisiert Griffith den Chor knapp als eine Art Resonanzboden: »The Chorus […] are not much involved […] But this lack of involvement is put to good effect, since they provide a suitably ignorant and inquisitive audience for the narrations of P. and Io, and their neutral stance and gentle manner tend to draw the spectators into sharing their emotions and attitudes […].«

7   So E. Lefèvre, Studien zu den Quellen und zum Verständnis des ›Prometheus Desmotes‹, Abhandlungen der Akademie der Wissenschaften zu Göttingen, Philologisch-Historische Klasse, Dritte Folge, 252 (Göttingen 2003), mit Forschungsüberblick (ebd., 11 – 19); R. Bees, Aischylos. Interpretationen zum Verständnis seiner Theologie (München 2009).

8   Entwicklungsgeschichtlich verfährt B. Snell, Aischylos und das Handeln im Drama (Leipzig 1928) 96 – 111; geistesgeschichtlich-theologisch interpretiert G. Grossmann, Promethie und Orestie. Attischer Geist in der attischen Tragödie (Heidelberg 1970) 38 – 47. Die Dissertation von R. Unterberger, Der gefesselte Prometheus des Aischylos. Eine Interpretation (Stuttgart u. a. 1968), bietet textnahe strukturelle Interpretationen. Für eine Einführung in das Stück empfiehlt sich S. Föllinger, Aischylos. Meister der griechischen Tragödie (München 2009) 166 – 181. – Die griechischen Zitate in vorliegendem Beitrag folgen der Ausgabe von M. West: Aeschyli tragoediae cum incerti poetae Prometheo, ed. M.L. West (Stuttgart–Leipzig ²1998).

9   P. Judet de La Combe, Réflexion dramaturgique et lyrisme. Sur les choeurs de l'›Agamemnon‹ et du ›Prométhée enchaîné‹ d'Eschyle, in: J. Jouanna – J. Leclant (Éds.), Colloque La Poésie Grecque Antique, Actes (Paris 2003) 129 – 150.

10   Zu dem in den 1980er Jahren geprägten Begriff ›song-and-dance culture‹ siehe C.J. Herington, Poetry into Drama. Early Tragedy and the Greek Poetic Tradition (Berkeley u. a. 1985) 3.

junge Frauen oder auch mythologische Gruppen wie die Erinnyen oder eben die Okeaniden – stellt der Chor mehr dar als nur eine weitere *dramatis persona*; vor allem in seiner Nahbeziehung zum Zuschauer leistet er etwas Eigenes. Den Sonderstatus des tragischen Chores hat die Forschung im Zuge der ›performativen Wende‹ zu untersuchen begonnen; es sei hier nur auf die wichtigen Fragen nach dem ›Sitz im Leben‹ auch des Tragödienchores, nach Performativität und Ritualität hingewiesen.[11] Ein wesentlicher Bestandteil des schillernden Phänomens lässt sich dahingehend bestimmen, dass der Tragödiendichter seinen Chor zu einem Mittel der Rezeptionssteuerung machen kann: Kraft seiner Fähigkeit, Kommentare zum Geschehen abzugeben, gibt der Chor dem Zuschauer Hinweise, wie die Entwicklung der Handlung und das Auftreten der Einzelfiguren beurteilt werden kann – kann, nicht muss: Denn die ›Sprachrohr-Theorie‹, dergemäß der Chor die Ansichten des Dichters gleichsam persönlich und objektiv verkünde, wurde mittlerweile zu Recht aufgegeben zu Gunsten eines mehrperspektivischen Modells, in dem der Chor eine von mehreren Stimmen sei, freilich eine von starkem Gewicht und durchaus mit dem Anspruch auf Verlässlichkeit der Stellungnahmen zum tragischen Geschehen.[12] Somit existieren in der Tragödie zwei Kommunikationssysteme: Ein inneres, in dem die Einzelfiguren sowohl untereinander als auch mit dem Chor kommunizieren, wobei der Zuschauer die in dieser Interaktion gegebenen Informationen und vorgeführten Sprachhandlungen indirekt rezipiert; und ein äußeres, in dem nun der Chor alleine zum Zuschauer spricht (das heißt in aller Regel: lyrisch singt), gewissermaßen in einer unmittelbaren Bezugnahme, die den Chor zum Redner, den Zuschauer zum Zuhörer im eigentlichen Sinne macht.[13] Das Chorlied in Form von Parodos und Stasimon ist die entsprechende Bauform der Tragödie, die das äußere Kommunikationssystem trägt, in dem der Chor eine Nahbeziehung zum Zuschauer aufbaut. Dass diese Beziehung ein recht starkes Band ist, erklärt sich aus der spezifischen kulturellen Prägung des Tragödienchores, denn in der Lebenswelt des Tragödienzuschauers sind Chöre verschiedenster Couleur omnipräsent. Eine weitere Möglichkeit der Identifikation des Zuschauers mit dem Chor besteht darin, dass der Tragödienchor eine Rollenidentität in Form eines Segments der größeren Gemeinschaft – oft unmittelbar der Polis – annimmt: So kann sich der Zuschauer wiederfinden, auch wenn sich die Choreuten durch das Anlegen der Maske einem mimetischen Akt unterziehen. Auch qua seiner sozialen Stellung steht der Chor dem Zuschauer in der Regel näher als die dem Fundus des Mythos entnommenen aristokratischen Heroen wie Agamemnon, Aias oder Medea. Und nicht zuletzt ist es der hohe Grad an Emotionalität, welche kraft des Lyrischen, des Singens und Tanzens, einen jeden Tragödien-

---

11 Für eine Bestandsaufnahme mit Literaturhinweisen siehe M.A. Gruber, Der Chor in den Tragödien des Aischylos. Affekt und Reaktion (Tübingen 2009) 11 – 14.
12 Vgl. etwa S. Goldhill, Collectivity and Otherness. The Authority of the Tragic Chorus. Response to Gould, in: M.S. Silk (Ed.), Tragedy and the Tragic. Greek Theatre and Beyond (Oxford 1996) 244 – 256, hier: 255.
13 Allgemein für das Drama siehe M. Pfister, Das Drama. Theorie und Analyse (München [11]2001) 20 – 22 und 90 – 102; für eine Anwendung auf Euripides: M. Hose, Studien zum Chor bei Euripides, Bd. 1 (Stuttgart 1990) 32; vgl. auch A. Bierl, Der Chor in der Alten Komödie. Ritual und Performativität (unter besonderer Berücksichtigung von Aristophanes' ›Thesmophoriazusen‹ und der Phalloslieder fr. 851 PMG) (München–Leipzig 2001) 19.

chor auszeichnet und auf der Ebene der συμπάθεια die Auswirkungen der tragischen Handlung auf die vom Chor repräsentierte Gemeinschaft zum Ausdruck bringt und eine grundsätzlich von Verstehen und Verständnis geprägte Rezeptionshaltung beim Zuschauer erzeugt: Affekte wie Angst, Trauer, Hoffnung, Freude und Mitleid – man kann sie unter dem Begriff ›Pathos‹ zusammenfassen – sind ebenso Mittel der perspektivischen Lenkung des Zuschauers durch den Chor wie Reflexionen, wertende Stellungnahmen und Gnomik. Hinzu kommen auf Seiten des Chores Ratschläge an die *dramatis personae* und Versuche der Beeinflussung, nicht selten auch eine als verhältnismäßig ›aktiv‹ zu bewertende Teilnahme am Bühnengeschehen. Vielfältig sind auch die Bezugnahmen des Chores auf den Aspekt der Ordnung, auf ihre Gefährdung wie ihre Wiederherstellung.

Der letztgültige Grund aber, dem die Existenz und das Wirken des Tragödienchores zueigen ist, besteht, so sollte man als Arbeitshypothese annehmen, im Problem des Tragischen, des Konflikts zwischen den Antagonisten in all seinen Auswirkungen auf die umgebende Gemeinschaft von Polis und Kosmos. Der Chor stellt, aufgrund der Genese der Gattung Tragödie, mit seinen komplexen Verbindungen zur Idee der Gemeinschaft so etwas wie den Boden eines jeden Stücks dar, auf dem sich die tragische Handlung entfaltet und in den sie sich vertieft.[14] Insofern soll im Folgenden die vielleicht schlicht anmutende, jedoch unter den genannten Aspekten von Gemeinschaftssinn, Ordnung, Pathos, Reflexion und auch Eingreifen noch kaum umfassend gestellte Frage leitend sein, was der Chor der Okeaniden eigentlich für das Verständnis der ›Prometheus‹-Tragödie zu leisten vermag.

II. Interpretationen

1. Der Chor der Okeaniden als Figur: φιλία und das Bestreben nach Ordnung

Zunächst ist nach der Figur dieses Chores zu fragen, nach seiner Stellung innerhalb der Personenkonstellation und nach seinem Erscheinungsbild; diese Frage greift weiter als die nach einer *dramatis persona*. Beim Chor der Okeaniden handelt es sich nicht um eine anonyme Gruppe, sondern um eine benannte, gewissermaßen individuelle, die einen festen Platz in der mythologischen Tradition hat. Dies stellt ihn, was das Corpus des Aischylos betrifft, an die Seite der Danaiden in den ›Hiketiden‹ und der Erinnyen in den ›Eumeniden‹ sowie weiterer Chöre in den verlorenen Tragödien. Da bei Aischylos zumindest gegenüber Sophokles und Euripides eine gewisse Tendenz zu sehen ist, solche der mythologischen Genealogie entstammenden Chöre einzusetzen, ist ein Chor aus Okeaniden durchaus als aischyleisch zu werten.[15]

---

14 Siehe, für Aischylos, Gruber, Der Chor in den Tragödien des Aischylos (wie Anm. 11) 44 – 70.
15 Im verlorenen Opus des Aischylos lassen sich für folgende Tragödien nicht-anonyme Chöre nennen oder annehmen, die zudem in einer Verwandtschaftsbeziehung zu einer der Einzelfiguren (oder zumindest einer sich im Hintergrund befindlichen wichtigen Figur) stehen und hierbei auch göttlicher Provenienz sein

Gleich in ihren ersten Worten offenbaren die Okeaniden zwei für ihr Verhältnis zu Prometheus ganz wesentliche und zugleich typisch chorische Merkmale: φιλία γὰρ ἥδε τάξις (vv. 128 f.). Zum einen sagt der Chor in seiner Selbstvorstellung, dass er sich emotional in wohlwollender Freundschaft mit Prometheus verbunden fühlt. Die – per se auf Wechselseitigkeit hin angelegte – φιλία zwischen Chor und Einzelfigur ist ein charakteristisches Merkmal vieler Tragödienchöre und markiert deren positive Nahbeziehung zu einer leidenden Einzelfigur;[16] die griechische Vorstellung von φιλία betont freilich nicht so sehr das Gefühlsmäßige, sondern die gegenseitige Zugehörigkeit derer, die sich einander eigen fühlen, dies auch in einem größeren sozialen Kontext. Im Falle der Okeaniden kommt aber die Verwandtschaft mit Prometheus hinzu, die das Band der φιλία noch enger knüpft und dem Zuschauer plausibel macht. Zudem tritt mit Okeanos ja auch der Vater der Okeaniden auf, zu dem aber aufgrund der unterschiedlichen Haltung gegenüber Prometheus ein Spannungsverhältnis besteht.[17] Berücksichtigt man noch Stellung und Identität des Antagonisten Zeus – dessen Sohn Hephaistos im Übrigen das leidvolle Moment der Verwandtschaft mit Prometheus (vv. 16, 39) schon früh betont –, so kann der ›Prometheus Desmotes‹ als Familientragödie gesehen werden,[18] die gleichwohl im größtmöglichen Rahmen des Kosmos spielt, welcher seinerseits der Polis entspricht.

Die von (familiärer) φιλία getragene enge Verbindung zwischen dem Chor und Prometheus ermöglicht innerhalb der Konfliktsituation zweierlei: Einmal eine sympathetische Haltung dieses – im Übrigen ja auch weiblichen, insofern die Emotionalität zusätzlich plausibilisierenden – Chores gegenüber dem leidenden Titanen und Menschenfreund Prometheus, einschließlich einer gemeinsamen Opposition gegen Zeus, der der jüngeren, olympischen Generation angehört. Zum anderen ist jedoch gerade durch das Verwandtschaftsverhältnis auf Seiten des Chores auch Kritik an Prometheus möglich – nicht

    können: ›Bassarai‹ (oder ›Bassarides‹, Gefolgschaft des Dionysos), ›Heliades‹ (Schwestern des Phaethon), ›Nereides‹ (ein sozusagen mit den Okeaniden ›verwandter‹ Meeres-Chor), mit hoher Wahrscheinlichkeit auch ›Hoplon Krisis‹ (ebenfalls die Nereiden), ›Aigyptioi‹ (Söhne des Aigyptos), ›Danaides‹ (Töchter des Danaos). – Ein Gedankenspiel lässt sich mit der Frage anstoßen, wie im ›Prometheus Desmotes‹ ein anonymer, menschlicher Chor zum Beispiel aus skythischen Bürgern hätte eingesetzt werden können.

16 Summarisch sei für Aischylos hingewiesen auf das durchweg positive Verhältnis des ›Perser‹-Chores, der φίλοι (v. 219), zu Atossa, Dareios und auch Xerxes, sodann auf die Nahbeziehung zwischen den jungen Frauen in den ›Septem‹ zu Eteokles (der als φίλος angesprochen wird, vv. 203 und 677) und die freundliche Begrüßung Agamemnons durch den Chor vv. 805 f. im ›Agamemnon‹; vgl. dort die Trauerbekundung v. 1491 = 1515. Für Sophokles exemplarisch zu nennen ist der ›Aias‹, wo die emotionale Abhängigkeit des Soldatenchores von seinem Anführer in der Parodos (vv. 134 – 140) zum Ausdruck kommt; für Euripides siehe insgesamt Hose, Studien zum Chor bei Euripides (wie Anm. 13) 17 – 20.

17 Obwohl die Verwandtschaftsverhältnisse im Stück selbst nicht wirklich deutlich dargelegt werden und sich durch die singuläre Gestaltung des Prometheus als eines Sohnes der Gaia (die zudem mit Themis gleichgesetzt wird) verkomplizieren, kann davon ausgegangen werden, dass Prometheus Schwager der Okeaniden ist, da er Hesione heiratete, die zumindest denselben Vater wie die ganze Okeaniden-Gruppe hat, mithin deren Halbschwester ist: τὰν ὁμοπάτριον Ἡσιόναν (vv. 559 f.).

18 Vgl. M. Griffith, Aeschylus, Prometheus Bound (wie Anm. 6) 14 – 15, der auch auf Aristoteles, ›Poetik‹ 14, 1453b 20 – 22 verweist: ὅταν δ' ἐν ταῖς φιλίαις ἐγγένηται τὰ πάθη […] ταῦτα ζητητέον. Griffith verweist aber auch auf die römische Vorstellung von *amicitia*.

aggressiver, sondern wohlmeinender Art, die bei Prometheus schon früh zu einem Schuldeingeständnis führt (v. 266); auch Hephaistos zeigt im Prolog diese Verbindung von Mitleid und Kritik – Kritik aber sowohl an Prometheus als auch Zeus, doch lässt er sich von Kratos und Bia, den Personifikationen von Macht und Gewalt, dazu bewegen, im Auftrag seines Vaters Zeus den älteren Gott zu fesseln.

Beides, Verständnis und Kritik seitens des Chores, ist nun aber auch auf die Rezeptionshaltung des Zuschauers hin abgestellt, der durch diese Ambivalenz wechselseitig in seinem Urteil beeinflusst wird. Eine ähnliche Konstellation findet sich in den ›Persern‹ und im ›Agamemnon‹, wo die Chöre (beide bestehen aus alten Männern) Xerxes und Agamemnon wegen deren Verfehlungen zwar kritisieren, sie aber doch als rechtmäßige Herrscher ansehen und demgemäß nach der Rückkehr aus der Fremde aufnehmen. Die oszillierende Stellung des Okeaniden-Chores, die eine Schwarz-Weiß-Malerei verhindert, gewinnt auch insofern Kontur, als im wohl zweiten Stück der Trilogie, dem ›Prometheus Lyomenos‹, der Chor aus Titanen bestand (vgl. TrGF III, 190 – 192 Radt): Aufgrund ihrer im Vergleich mit den Okeaniden noch engeren, da buchstäblich brüderlichen Verwandtschaft mit Prometheus mussten Reflexionen und Ratschläge eines Titanen-Chores in anderer Weise vom Dichter angelegt worden sein.

φιλία γὰρ ἥδε τάξις (vv. 128 f.) – das zweite chorische Merkmal tritt in Gestalt des Wortes τάξις entgegen, in der Übersetzung von Dieter Bremer: »Geschwader«[19]. In der Tat ist der Erstauftritt des Chores als ein geordnetes Hereinfliegen zu denken. Im Wort τάξις liegt aber mehr als ein selbstreferentieller Verweis auf das aktuelle, sichtbare Tun: Es evoziert ein zentrales Merkmal der Chöre der griechischen Kultur, das Leitmerkmal ›Ordnung‹. Denn die von einem Chor in der Lebenswelt des Zuschauers verkörperte Ordnung manifestiert sich visuell in der Tanzformation und akustisch in Harmonie und Rhythmus des gemeinsamen Gesangs; insgesamt lässt sich feststellen, dass in dem – vom religiösen Ritus umfassten – Auftreten des Chores das Bestreben der ganzen Gemeinschaft zum Ausdruck kommt, sich ihres Zusammenhaltes und Fortbestehens zu vergewissern.[20] Bei Tragödienchören, welche qua ihrer Genese die wesentlichen Charakteristika der Chöre der Lebenswelt übernahmen und weitertragen, ist nun häufig zu beobachten, dass sie ihr Augenmerk auf Gefährdung, Erhalt und Wiedererrichtung der Polis-Ordnung lenken; dies geschieht in Reflexionen, die

---

19 Aischylos, Prometheus in Fesseln. Zweisprachige Ausgabe, mit Hinweisen zur Deutung und zur Wirkungsgeschichte. Mit dem griech. Text hrsg. u. übers. v. D. Bremer (Frankfurt a. M. 1988).
20 Dies auch insofern, als viele Chöre pädagogisch-initiatorischen Zwecken dienten und aus dem Nachwuchs der Gemeinschaft rekrutiert wurden; dabei sind anscheinend Chöre junger Frauen häufiger als die junger Männer. Unter den vielen Belegen ist besonders Platon, ›Nomoi‹ 672e 5 zu nennen: ὅλη μέν που χορεία παίδευσις ἦν ἡμῖν. Für die chorische ἀρχαία παιδεία vgl. etwa Aristophanes, ›Nubes‹ vv. 964 – 983. – Zum Aspekt der Ordnung beim Chor siehe C. Calame, Choruses of Young Women in Ancient Greece. Their Morphology, Religious Role, and Social Function (Lanham/MD u. a. 1997) 38 – 43, und Gruber, Der Chor in den Tragödien des Aischylos (wie Anm. 11) 31 – 41. – Die Musen, Prototyp des Chores, sind ein wichtiger Bestandteil der gerechten und geordneten Herrschaft des Zeus, vgl. Pindar Frg. 29 – 35 Maehler und Hesiod, ›Theogonie‹ vv. 60 – 67 und 901 – 917; zur kosmischen Dimension und zum Chortanz der Gestirne vgl. Platon, ›Timaios‹ 40a 2–d 5.

dem Zuschauer Beurteilungsmaßstäbe geben, aber auch durch Ratschläge an die Einzelfigur: Ein Chor kann, im Rahmen seiner Möglichkeiten, auf den Entscheidungsträger einzuwirken versuchen, um die Ordnung der Gemeinschaft zu bewahren oder wiederherzustellen. Ziel ist die Überwindung der Krise, in die der Chor unmittelbar involviert ist.[21] Ausgehend von dieser Überlegung – wie die Bedrohung der Ordnung und die Intention nach ihrer Wiederherstellung durch den Chor zutage tritt – sei nun auch beim Chor des ›Prometheus‹ darauf geachtet, inwiefern sich in seinen Reflexionen und Reaktionen wie auch seinen Affekten die momentane Unordnung im Kosmos, der ja hier dem Rahmen der Polis entspricht, offenbart und wie ein Bestreben zur Wiederherstellung oder Neuerrichtung einer Ordnung, mithin der Wunsch nach einer Konfliktlösung, erkennbar ist.

Im ›Prometheus‹ treten, den Chor eingeschlossen, nur Gottheiten auf; lediglich Io ist der menschlichen Sphäre zuzuordnen (obwohl auch sie Tochter einer Gottheit ist, des Flussgottes Inachos, v. 590, und zudem in Gestalt einer Kuh auftritt). Jedoch ist die Welt der Menschen durchgehend im Hintergrund präsent und bildet eine – ganz wesentlich in den Konflikt zwischen Prometheus und Zeus eingebundene – allumfassende Gemeinschaft, mit der sich die im Theater versammelte, ebenfalls anonyme Gemeinschaft der Zuschauer identifizieren kann.[22] Der Zuschauer sieht sich gleichsam dem szenischen Tableau der göttlichen Mächte gegenübergestellt und ist Beteiligter, ja Betroffener der Konfliktsituation, die sich in einer räumlich so fernen – zwar als Skythien benannten, im Endeffekt aber als überirdisch wahrgenommenen – Region abspielt. Denn für die Menschheit ist Prometheus eine Rettergestalt, der bei seiner entscheidenden Hilfe für die Evolution das Feuer, verschiedene Techniken und Heilmittel gegen Krankheiten schenkte (vv. 476 – 506): Ein Menschenfreund, der Ordnung stiftete und seine Schützlinge zur Zivilisation führte. Und gerade zu dieser von Prometheus förmlich geretteten Menschenwelt stellt der Chor immer wieder die Verbindung her, insbesondere auf affektiver Ebene, welche sich durch die dem Chor wesensmäßig zukommenden lyrischen Verse ausbildet. In der Parodos und vor allem im

---

21 Oft tritt eine der Figuren als ›Retter‹ auf, von der das Wohlergehen von Polis und Gemeinschaft abhängt; siehe für Sophokles F. Budelmann, The Language of Sophocles. Communality, Communication and Involvement (Cambridge 2000) 205 – 272 (Beispiele für solche *saviour*-Gestalten sind Oidipus, Aias und Herakles). – Für Aischylos lassen sich Dareios, Eteokles, Pelasgos, Agamemnon und Orest als Rettergestalten sehen, an die sich der Chor jeweils wendet. Auf einem anderen Blatt steht freilich, ob die Wiederherstellung der Ordnung überhaupt dauerhaft ist oder eine weitere Zuspitzung bedeutet. – Für Euripides siehe J.C. Kosak, Heroic Measures. Hippocratic Medicine in the Making of Euripidean Tragedy (Leiden 2004), wo außerdem die – auch für Aischylos und Sophokles nachweisbaren – Bezüge zur hippokratischen Medizin dargelegt werden, das heißt, der tragische Konflikt wird metaphorisch als Krankheit, die mögliche Konfliktlösung als Heilungsvorgang verbildlicht. Auffallend ist in diesem Zusammenhang auch, dass – zumindest lässt sich dies an den erhaltenen Tragödien ablesen – im Unterschied zu den Einzelfiguren ein Chor anscheinend nicht sterben darf, dies ungeachtet der Möglichkeit, dass er körperlich unmittelbar bedroht sein kann wie in den ›Hiketiden‹.
22 Budelmann, The Language of Sophocles (wie Anm. 21) 201 prägte den Terminus *large off-stage group*, die »große Gruppe außerhalb und hinter der eigentlichen Bühne«, um die Überlappung zu beschreiben, die sich zwischen der im Stück implizit präsenten Großgruppe der Polisbürger und der gleichfalls anonymen, im Theater versammelten Polisgemeinschaft Athens ergebe; dem Chor komme dabei eine zentrale Gelenkfunktion zu.

Ersten Stasimon verurteilt der Chor sehr verdichtet das von Zeus ausgehende Unrecht und expliziert in breit ausladender geografischer Beschreibung die sympathetische Haltung der Menschen für ›ihren‹ jetzt leidenden Gott, den Titanen. Mithin spiegelt dieser Chor die menschliche Welt in die Bühnenhandlung hinein und trägt nicht nur seine eigene φιλία, sondern auch die der Menschen an Prometheus heran. Dieses Verfahren ist aber zugleich auch eine Rezeptionsvorgabe für den Zuschauer, der so auf die Seite des Prometheus treten kann. Mit Blick auf Chor und Zuschauer kann der ›Prometheus‹ geradezu als ein Drama der συμπάθεια bezeichnet werden: Dem Zuschauer wird in den sympathetischen Reaktionen des Chores ein Modell der affektiven Involvierung zu Gunsten des leidenden Menschenfreundes Prometheus vorgeschlagen, das zu akzeptieren nicht schwerfallen dürfte.[23]

2. Die Parodos und das Erste Epeisodion: Der Chor zwischen Mitleid und Kritik

Das Pathos des Okeaniden-Chores im Angesicht des Schicksals von Prometheus beschränkt sich aber nicht auf das Mitleiden, sondern umfasst auch Angst, Schmerz und Abscheu – Affekte, die durchgehend die Grundlage bilden für eine perspektivische Lenkung des Zuschauers.[24] Dabei gilt es zu beachten, dass dieser Chor nicht persönlich und körperlich bedroht ist;[25] die Okeaniden kommen ganz aus freiem Willen zu Prometheus. Als Motivation für ihr Kommen – der Erstauftritt eines Tragödienchores wird für gewöhnlich explizit angegeben und so plausibilisiert – geben die Okeaniden an, dass sie in ihrer Meeresgrotte die Hammerschläge gehört hatten, mit denen Prometheus im Verlauf des Prologs in Ketten gelegt wurde.[26] Aus Neugierde und auch gegen den Widerstand ihres Vaters Okeanos (die Mutter Tethys wird nirgends erwähnt) haben die Mädchen nun ihren sicheren Aufenthalts-

---

[23] Grundsätzliche Äußerungen zu dieser Aufgabe des tragischen Chores, eine sympathetisch-emotionale ›Antwort‹ auf der Zuschauerseite hervorzurufen, finden sich bei P.E. Easterling, Form and Performance, in: P.E. Easterling (Ed.), The Cambridge Companion to Greek Tragedy (Cambridge 1997) 151 – 177, besonders 164. Das Problem von ›Mitleid‹ und ›Furcht‹ auf Grundlage der aristotelischen Tragödientheorie sei in vorliegendem Beitrag ferngehalten. W. Jaeger, Paideia. Die Formung des griechischen Menschen. Erster Band (Berlin–Leipzig ²1936) wendet die aristotelische Sichtweise auf den ›Prometheus‹ an, vor allem unter Bezugnahme auf den Schlüsselvers 553 (ἔμαθον [...]), und nimmt zudem den Zeus-Hymnos des ›Agamemnon‹ in den Blick (ebd., 339 – 341). Anders, ebenfalls von den Reaktionen des Chores ausgehend, K. Reinhardt, Aischylos als Regisseur und Theologe (Bern 1949) 64 f.
[24] Die wichtigsten Stellen für Angst, Schmerz und Grausen: vv. 181 – 185, 540, 687 – 695, 898, 901 – 903; für Abscheu und Hass: vv. 1068 – 1070.
[25] Vgl. die von Prometheus dahingehend gestellte, sarkastisch klingende Diagnose vv. 263 – 265. Gerade die äußere Sicherheit ermöglicht aber Rat und Zureden (παραινεῖν νουθετεῖν τε). Auch der Tragödienzuschauer sieht grundsätzlich aus sicherer Distanz zu.
[26] Bisweilen bewertet man die Neugierde als schwache, zwanghafte Plausibilisierung der Parodos, was Beweis für das Mittelmaß des Dichters sei, so R. Bees, Zur Datierung des ›Prometheus Desmotes‹ (Stuttgart 1993) 38. Doch ist eine solche Motivation, die den Chor quasi in die Parodos hervorlockt und für so etwas wie Realismus sorgt, auch sonst anzutreffen: Im ›Agamemnon‹ etwa sind es plötzliche Opferhandlungen, in den ›Septem‹ der feindliche Angriff. Eine diesbezüglich treffende Charakterisierung des Okeaniden-Chores, auch in entwicklungsgeschichtlicher Hinsicht, gibt Snell, Aischylos und das Handeln im Drama (wie Anm. 8) 98 f.

ort im Element Wasser verlassen, um durch die Luft zum Leidensort des Prometheus zu gelangen: Zur Erde, die im Gestein des Gebirges sozusagen im Höchstmaß verdichtet ist. Dem Chor kommt es also zu, die Grundelemente der Natur zu evozieren und so den großen Rahmen der Welt aufscheinen zu lassen; dies ermöglicht nicht zuletzt auch Bewegung (vgl. die diesbezüglichen Aussagen vv. 128 – 132) für ein notwendigerweise, jedoch nur scheinbar statisches Drama, das sich szenisch-räumlich auf einen so minimal kleinen Punkt der Enge und Erstarrung konzentriert. Das Gefesseltsein des Prometheus ist auch bühnentechnisch wirksam, verkörpert das szenische Bild doch geradezu die Verhärtung des unversöhnlichen Konflikts. Vergleichbar aus dem ›Corpus Aeschyleum‹ ist die verlorene Tragödie ›Niobe‹, wo die Titelheldin wohl das ganze Stück über unbeweglich am Grab ihrer getöteten Kinder saß.

Die impulsiv wirkende Motivation zu kommen erhöht den Grad der Anteilnahme am Schicksal des Titanen und verstärkt den Eindruck, den der Zuschauer vom Verhalten dieses mitleidenden Chores bekommen soll. Die Neugierde der Okeaniden, zunächst nur äußeres Movens für ihren Erstauftritt, macht nun den Chor förmlich zu einer Delegation des Zuschauers. Denn von Prometheus werden Chor und Rezipient im weiteren Verlauf gemeinsam einer ausführlichen Informationsvergabe unterzogen, in deren Verlauf immer wieder die sinnlichen Wahrnehmungen ›Sehen‹ und ›Hören‹ evoziert werden und auch auf den Vorgang der Wissensvermittlung selbst Bezug genommen wird.[27] Es ist wesentlich für diese Tragödie, dass im sprachlichen Austausch zwischen Prometheus und dem zuhörenden, immer auch nachfragenden Chor die Konfliktsituation überhaupt erst dynamisch entwickelt wird, sowohl hinsichtlich des gegenwärtigen Zustandes (Zeus hat die Macht: νεόχμοις […] νόμοις Ζεὺς ἀθέτως κρατύνει, vv. 149 f.) als auch der zukünftigen weiteren Verschärfung: Die Möglichkeit eines Umsturzes bringt der Chor in der Parodos sogleich ins Spiel (vv. 166 f.), womit er in gewissem Sinne die Situation zuspitzt, zumal Prometheus darauf eingeht. Andererseits diagnostiziert der Chor zugleich in kritischer Weise die bestimmende Charaktereigenschaft des Prometheus: Seine unbedingte Unnachgiebigkeit (θρασύς […] ἄγαν ἐλευθεροστομεῖς, vv. 178 – 180). Doch gilt dies umgekehrt auch für Zeus, der als völlig unzugänglich erscheint (ἀκίχητα […] ἤθεα καὶ κέαρ ἀπαράμυθον, vv. 184 f.).

Mit dieser konzentrierten Gegenüberstellung in Antistrophe β ist die epirrhematische Parodos – der Chor singt lyrisch in Iamben und Choriamben, Prometheus rezitiert in Anapästen – an ihrem Höhepunkt und Ende angelangt. Schon früh also eröffnet sich durch die (lyrisch gesteigerten) Kommentare des Chores die von Aporie geprägte Grundkonstellation, die die Okeaniden schließlich zum φόβος (v. 181) bringt – Angst nicht um sich selbst, sondern um Prometheus. Das gemeinsame Reden über die Aporie lässt den Chor auch die anfängliche, mädchenhafte Scheu (αἰδώς, v. 134) ablegen.

---

27 Vgl. geradezu programmatisch schon vor der Parodos vv. 69, 92 – 95 und 106; sodann vv. 119, 133, 140, 144 – 47, 193, 283, 553 f., 588, 608, 630, 689, 698, 706, 820, 899, 1093 – der letzte Vers verbindet nochmals das Sehen und das Unrechtleiden: ἐσορᾷς ὡς ἔκδικα πάσχω. Vergleichend sei hingewiesen auf die Kassandra-Szene im ›Agamemnon‹, die durchgehend hermeneutische Reflexion über Wissen und Verkünden beinhaltet.

Das nachfolgende Epeisodion hebt mit der vom Chor gewünschten Enthüllung (ἐκκάλυψον, v. 193) der Ereignisse an, die zu der gegenwärtigen verfahrenen Situation führten. Gegenüber dem Pathos der Parodos folgt ein eher nüchterner Austausch, ein Erkennen: Prometheus sieht sich trotz seiner entscheidenden Hilfe für Zeus im Götterkampf nun enttäuscht und um die ihm zustehende Ehre beraubt. Zur wesentlichen Verschärfung trug er freilich selbst bei, indem er dann das von der Vernichtung durch Zeus bedrohte Menschengeschlecht am Leben erhielt und ihm, neben dem Feuer, die Hoffnung (ἐλπίς) und überhaupt eigenes Wollen als Lebenskraft gab. Gegen Ende dieses sprachlichen Austausches mit dem Chor, in dem also für den Zuschauer die sachlichen Grundlagen der Konfliktsituation gelegt werden, sieht sich Prometheus denn auch zu einem Eingeständnis veranlasst. Mit seiner Hilfe für die Menschen beging er bewusst eine ἁμαρτία, einen Fehler: ἑκὼν ἑκὼν ἥμαρτον· οὐκ ἀρνήσομαι (v. 266). Und sein Beistand brachte ihm selbst Leid (v. 267): Die *do-ut-des*-Beziehung zwischen Gott und Mensch erfüllte sich hier nicht; die auf Wechselseitigkeit hin angelegte Charis, so kann man aus dem Zweiten Stasimon extrapolieren (v. 545), ließ sich nicht verwirklichen, weil mit Zeus ein Dritter ins Spiel gekommen ist.

In dieses göttlich-menschliche Gefüge gehört aber wesentlich auch die ἐλπίς, wie sie der Chor kurz vor dem Eingeständnis schon eingeführt hatte: τίς ἐλπίς; οὐχ ὁρᾷς ὅτι ἥμαρτες; (vv. 259 f.). Hoffnung hatte Prometheus den Menschen als eine das Weiterleben bekräftigende Wirkmacht geschenkt, selbst aber kann er nun nicht auf sie bauen, so erkennt der Chor. Insofern kann die ἐλπίς später im Zweiten Stasimon als leer und nichtig bezeichnet werden (vv. 536 – 547).

Um ein Zwischenfazit für die Haltung des Chores von der Parodos bis zum Auftritt des Okeanos zu ziehen: Er schwankt in seiner durchgehend von Klage geprägten Beurteilung der Lage zwischen Mitleid für den Bestraften und Kritik an dessen Unnachgiebigkeit. Dieses Hin und Her aber verleiht dem Bild, das der Zuschauer von Prometheus bekommt, Kontur. Geht man von der Charakterisierung des aischyleischen Chores als dem Boden der Tragödie aus, der Ordnung verkörpert und bestrebt ist, diese wiederherzustellen, so zeigt sich der Okeaniden-Chor ›doppelbödig‹ und auf nur schwankendem Boden[28] – weil in der Welt dieser Tragödie offenkundig noch kein in sich gefügtes, vor allem auf Gerechtigkeit bauendes Wertesystem existiert, wie es sich in der Vorstellung von Dike manifestiert.

3. Die Okeanos-Szene: πάθει μάθος wird zum Problem

Auch wenn der Chor im direkten Kontakt Prometheus vorschlägt, eine ἔκλυσις (v. 262) zu suchen, bleibt an dieser Stelle offen, wie eine solche Lösung aussehen könnte. Jedoch auf

---

28 Die Verbindung von Mitleid und Kritik findet sich auch beim Chor der ›Perser‹ und, etwas anders akzentuiert, des ›Agamemnon‹. – Judet de La Combe, Réflexion dramaturgique et lyrisme (wie Anm. 9) sieht im Okeaniden-Chor, der dem Meer und der Luft entstamme, das nicht fixierbare, uneindeutige Fluidum lyrischen Singens als wirksamen Kontrapunkt zur Statik der Szenerie angelegt.

Seiten der ›Zeus-Partei‹ – repräsentiert vor allem durch Okeanos und Hermes – findet sich von Anfang bis Ende des Stücks als durchgehende Linie der (von Okeanos und Hermes im persönlichen Gespräch vorgebrachte) Ratschlag, dass sich Prometheus einer kritischen Selbsterkenntnis unterziehen und freiwillig unterordnen solle.[29] Dahinter steht unverkennbar das aischyleische Konzept πάθει μάθος, in etwa zu übersetzen mit »Lernen durch Leiden«, wie es der Chor der Greise von Argos im ›Agamemnon‹ vorstellt (›Agamemnon‹ vv. 176 – 183): Einem schuldig gewordenen und regelrecht mental erkrankten Menschen, der das richtige Denken (φρονεῖν) verloren hat, widerfährt von Zeus Strafe – dies jedoch mit dem Ziel einer wieder im σω-φρονεῖν, im »gesunden Denken«, resultierenden Verhaltensänderung. Der Chor im ›Agamemnon‹ sieht in diesem – als Möglichkeit vorgestellten, auf die Verwirklichung freilich wartenden – Verfahren eine χάρις βίαιος, eine »gewaltsame Gunst« des Zeus und der δαίμονες für die Menschen.[30] Zwar ist Vorsicht angebracht, möchte man die Junktur πάθει μάθος aus dem von einer subjektiven Sichtweise geprägten Kontext lösen und sie als griffige Generalformel für die Erklärung der Theologie des Aischylos überhaupt heranziehen. Jedoch erscheint, neben Agamemnon im gleichnamigen Stück und auch Xerxes in den ›Persern‹ sowie ungeachtet einer weiter ausgreifenden Umqualifizierung dieser Idee am Ende der ›Eumeniden‹, Prometheus geradezu als der Idealkandidat für ein »Lernen durch Leiden«: Unter der Herrschaft des Zeus soll Prometheus durch leidvolle, vor allem körperliche Bestrafung sein rebellisches Verhalten abstellen und zum σωφρονεῖν kommen – welches freilich in der von Maßhalten geprägten Unterordnung unter eine Tyrannis resultieren soll: Dies macht den elementaren Unterschied zu dem im ›Agamemnon‹ vorgestellten, in den ›Eumeniden‹ schließlich positiv verwirklichten Verfahren aus, wo die gerechte Ordnung der Polis unter dem Signum der Dike verwirklicht wird. Angefügt und den folgenden Interpretationen vorausgeschickt sei hier, dass in ganz aischyleischer Manier auch im ›Prometheus Desmotes‹ die Metaphorik von Krankheit und Heilung in sehr differenzierter Weise Anwendung findet, um den die Gemeinschaft wie auch den Einzelnen betreffenden Konflikt facettenreich abzubilden.[31]

Und so fordert auch Okeanos, der den Gefesselten besucht und dabei von seinen Töchtern keine Notiz nimmt, Prometheus zu Erkennen und Nachgeben auf, vor allem auch

---

29 Die wesentlichen Stellen: ὡς ἂν διδαχθῇ τὴν Διὸς τυραννίδα / στέργειν (v. 10f.), γίγνωσκε σαυτὸν καὶ μεθάρμοσαι τρόπους νέους (vv. 309 f.), ζήτει δὲ τῶνδε πημάτων ἀπαλλαγάς (v. 316), ἐκλῦσαι πόνων (v. 326), ἡ σή, Προμηθεῦ, συμφορὰ διδάσκαλος (v. 391), οἱ προσκυνοῦντες τὴν ᾿Αδράστειαν σοφοί (v. 936), οὔπω σωφρονεῖν ἐπίστασαι (v. 982), τόλμησόν ποτε / πρὸς τὰς παρούσας πημονὰς ὀρθῶς φρονεῖν (vv. 999 f.), τὴν αὐθαδίαν / μεθέντ᾽ ἐρευνᾶν τὴν σοφὴν εὐβουλίαν. / πιθοῦ· σοφῷ γὰρ αἰσχρὸν ἐξαμαρτάνειν (vv. 1037 – 1039).
30 Für eine Deutung der umstrittenen Stelle in diesem Sinne siehe neben anderen H. Dörrie, Leid und Erfahrung. Die Wort- und Sinn-Verbindung παθεῖν–μαθεῖν im griechischen Denken, Akademie der Wissenschaften und der Literatur in Mainz. Abhandlungen der Geistes- und Sozialwissenschaftlichen Klasse, Jg. 1956, 5 (Wiesbaden 1956), dort auch mit Bezug auf Prometheus; ferner K. Clinton, The ›Hymn to Zeus‹, ΠΑΘΕΙ ΜΑΘΟΣ and the End of the Parodos of ›Agamemnon‹, Traditio 35, 1979, 1 – 19, und Gruber, Der Chor in den Tragödien des Aischylos (wie Anm. 11) 294 – 310.
31 Vgl. Griffith, Aeschylus, Prometheus Bound (wie Anm. 6) 20 f. mit Stellensammlung und, für Aischylos, Gruber, Der Chor in den Tragödien des Aischylos (wie Anm. 11) 98 – 100.

zur Aufgabe trotziger Worte, wie sie zuvor im Gespräch mit dem Chor gefallen sind (vv. 309 – 316). Okeanos anerkennt die Alleinherrschaft des Zeus und möchte auch Prometheus davon überzeugen, sich mit dem νέος τύραννος (v. 309) zu arrangieren; eine Aufgabe des eigenen Zorns bedeute Erlösung (vv. 315 f.). Okeanos selbst sieht sich hierbei als Lehrer und Vermittler (vv. 322 – 326),[32] Warnung und Rat spielen sich auf der Ebene des Sprechens, der λόγοι, ab.

Nun hatte sich ja auch bereits der Chor mit seiner Kritik an der ἁμαρτία des Prometheus und dessen anhaltender Sturheit entsprechend eingebracht, wenn auch nicht mit der Deutlichkeit und Eindeutigkeit eines Okeanos. Vor allem aber prangerte der Chor zugleich auch das Unrecht des Zeus an: Diese parallel geführte Uneindeutigkeit, die eben beide Seiten des Problems offenbart und so etwas wie Objektivität, auf jeden Fall aber Ambivalenz vermittelt, unterscheidet den Chor ganz wesentlich von Okeanos.

4. Das Erste Stasimon: Kosmische Klage – und ein Kampf gegen Zeus?

Das Erste Stasimon (vv. 397 – 435) widerspricht dem gut gemeinten Vorschlag des Opportunisten Okeanos in größtmöglicher Weise. Denn hier erscheint das Leid des Prometheus wiederum – wie schon in der Parodos, doch erheblich vertieft – als Folge der Gewaltausübung des Zeus: Dieser herrsche gewaltsam nach eigenmächtigen und eigensüchtigen Gesetzen (ἰδίοις νόμοις κρατύνων, vv. 402 f.) und präsentiere, so heißt es zunächst etwas kryptisch, den alten Gottheiten seine αἰχμή, wohl zu übersetzen mit »kriegerischer Sinn« (v. 405).

War der Chor bislang, auch schon in der Parodos, durchgehend in eine Kommunikation mit Einzelfiguren eingebunden, so singt er nun im autonomen Raum der ihm angestammten Bauform des Stasimons erstmals allein: In lyrischen Versen reagiert er auf den in der Okeanos-Szene breit ausgeführten, aber vergeblichen Ratschlag zu Lernen und Unterordnung im Sinne des πάθει μάθος. Für eine adäquate Interpretation gilt es nun zu konstatieren, dass »Lernen durch Leiden« positiv oder negativ qualifiziert sein kann, je nachdem wie die herrschende Macht, welcher der Lernende sich unterzuordnen hätte, beschaffen ist. Denn Macht kann auf das Gute ebenso wie auf das Böse abzielen, sie kann zum Wohle der gesamten Gemeinschaft (der Polis) gebraucht oder aber zum Nutzen des Tyrannen missbraucht werden. In der ›Orestie‹ ist das πάθει μάθος in letzter Konsequenz positiv: Im Zuge der Lösung des tragischen Konfliktes sollen die Athener durch ein antizipiertes, in der eigenen Vorstellung stets präsentes und mögliches πάθος (die Erinnyen behalten ihre Straffunktion bei) fortwährend ihr Verhalten am Maßstab der Rechtlichkeit orientieren,

---

[32] Okeanos wurde verschiedentlich mit dem Danaos der ›Hiketiden‹ verglichen, dem Vater der den Chor bildenden Danaiden, der zudem gattungsgeschichtlich die Züge des Chorführers weitertrage. Allerdings sieht Snell, Aischylos und das Handeln im Drama (wie Anm. 8) 99 f. Okeanos angesichts seiner Aussage in v. 385, einer »Bankrotterklärung der klassischen σωφροσύνη«, schon fast lächerlich gezeichnet.

womit die Ordnung der Polis aufrechterhalten wird. Insbesondere geht die objektiv gute Seite der Dike eins in eins mit der gerechten Weltherrschaft des Zeus. Im ›Prometheus Desmotes‹ jedoch, und dies macht die Tragödie ja so manifest ungewöhnlich, fehlt von vornherein dieser stabile, ›gute‹ äußere Rahmen: Die Gerechtigkeit und Harmonie einer Weltordnung, innerhalb derer Zeus als weder kritisierbar noch unberechenbar erscheint und einen Frevler wenn auch gewaltsam, so doch gnadenvoll auf den richtigen Weg des σωφρονεῖν zurückbringt. Denn hier ist Zeus ein noch junger, eben erst inthronisierter Herrscher, der eben nach eigenen Gesetzen frei waltet (zumal die in vv. 402 f. verwendete Vokabel νόμοι per se auf das eigenmächtig Gesetzte hinweist) – er ist undankbar gegenüber den ›alten‹ Gottheiten wie Prometheus, Atlas und Typhon (vv. 347 ff.), er plante die Menschheit zu vernichten, und er wird, so ist vorauszuschicken, gegenüber dem wehrlosen Mädchen Io aus eigensüchtigen Motiven übergriffig. Zeus trägt die Züge eines Tyrannen, der willkürlich und ungerecht handelt und sich der Hybris schuldig macht, indem er in die Anspruchsbereiche anderer eingreift.[33]

Nun findet sich die ›negative‹ Ausformung des πάθει μάθος, das im σωφρονεῖν als dem bloßen Gehorsam gegenüber einer ungerechten Tyrannis resultieren soll, ebenfalls im ›Agamemnon‹. Gegen Ende droht das neue Gewaltherrscherpaar Klytaimestra und Aigisthos dem widerspenstigen Chor: γνώσῃ διδαχθεὶς ὀψὲ γοῦν τὸ σωφρονεῖν (›Agamemnon‹ v. 1425, vgl. dort auch vv. 1617 – 1624 mit den Signalwörtern κρατεῖν, γιγνώσκειν, διδάσκειν, σωφρονεῖν). Das durch leidvolles Lernen erreichte σωφρονεῖν besteht für die neuen, durch gewaltsamen Sturz des alten Königs an die Macht gekommenen Herrscher einfach in gehorsamer Unterordnung. Ein Vergleich mit der Situation zwischen Zeus und Prometheus (als quasi letztem Vertreter der Generation des Kronos) liegt auf der Hand.

Bemerkenswert ist nun die Vokabel αἰχμή, mit welcher der Chor pointiert am Ende von Strophe α das Vorgehen des Zeus gegenüber den alten Gottheiten kennzeichnet: […] ὑπερήφανον θεοῖς τοῖς πάρος ἐνδείκνυσιν αἰχμάν (vv. 404 f.). Die Bedeutung reicht von »Spitze«, vor allem die einer Lanze, über »Krieg« bis hin zu »kriegerischer Sinn«. Mit diesem bei Aischylos eher seltenen Substantiv lässt sich zum einen ein Bezug zur Charakterisierung der Klytaimestra im ›Agamemnon‹ herstellen: In v. 483 kritisiert der Chor mit der Junktur γυναικὸς αἰχμᾷ Haltung und Charakter der Klytaimestra, die sich während der Abwesenheit ihres Mannes zur Herrscherin von Argos aufgeschwungen hat und nun daran ist, Agamemnon umzubringen, um zusammen mit ihrem Geliebten Aigisthos ein tyrannisches Regiment zu errichten. In den ›Choephoren‹ bedient sich der Chor der Hausklavinnen, der psychagogisch auf ein emotionales Einverständnis des Zuschauers mit dem Mord an Klytaimestra und Aigisthos hinarbeitet, der einem Oxymoron ähnelnden Junktur γυναικείαν ἄτολμον αἰχμάν (v. 630).[34] In der ›Orestie‹ wie hier im ›Prometheus‹ markiert αἰχμή die selbstherrliche, kaum

---

33 Zu Zeus als Tyrann siehe R.P. Winnington-Ingram, Studies in Aeschylus (Cambridge u. a. 1983) 180, und Reinhardt, Aischylos als Regisseur und Theologe (wie Anm. 23) 43 f. Somit erscheinen Kratos und Bia, Okeanos und Hermes als das lakaienhafte Personal seines Hofstaates.
34 Die weiteren Belege für αἰχμή bei Aischylos: ›Perser‹ v. 239 (die Athener), v. 755 (Dareios), vv. 998 f. (die persischen Feldherren), ›Septem‹ v. 529 (Parthenopaios), v. 676 (Eteokles), ›Eumeniden‹ v. 803 (vom

verhohlene Aggressivität derer, die erst jüngst zur Macht gekommen sind, gegenüber den Untergebenen und Überwundenen. Es frappiert nun, dass sich αἰχμή in eben diesem Ersten Stasimon gleich noch ein zweites Mal findet: In v. 422 wird der Plural in der Bedeutung »Lanzen« verwendet, um die kriegerische Entschlossenheit des nahe am Kaukasos-Gebirges siedelnden menschlichen Volkes zu kennzeichnen. Doch auch allgemein stellt ἐν αἰχμαῖς am Ende von Antistrophe β einen pointierten Abschluss dar: Diese gesamte Zweite Strophe verwendet der Chor darauf, um mehrere Völker zu nennen – die Amazonen in der Kolchis, die Skythen, die Araber und eben das kaukasische πόλισμα –, die am Rand der menschlichen Welt leben und deren Entschlossenheit zum Kampf unisono betont wird. Zweifellos dient das Erste Stasimon dazu, die Reaktion der menschlichen Welt auf das momentane Regime des Zeus überhaupt erst zu evozieren; als Leitvokabel der Klage fungiert gleich das erste Wort στένω (»ich stöhne«), das in der letzten Antistrophe noch dreimal kommt. Dieses Chorlied ist der sympathetische Verdichtungspunkt von Klage und Mitleid, welche Affekte die Menschheit (und mit ihr der Zuschauer) über den Okeaniden-Chor als Mittler an den leidenden Prometheus herantragen soll; dem durchgehenden Klagegestus kommt die weibliche Rollenidentität der Okeaniden entgegen wie auch die Betonung ihrer Körperlichkeit: In den ersten Versen (vv. 397 – 402) wird geradezu im Zeitlupenstil geschildert, wie Tränen aus den Augen über die zarten Wangen fließen – ein denkbar starker Gegensatz zur Härte der Bestrafung, die sich in Stein und Stahlfesseln greifbar manifestiert. Zudem schafft der Chor mit der Zeichnung menschlicher Zivilisation und eines geordneten Zusammenlebens selbst noch am Rand der Oikumene eine Grundlage für das nachfolgende Epeisodion, in dem Prometheus seine zivilisationsstiftenden Schenkungen – »Künste und Mittel« (τέχναι und πόροι, v. 476) – breit ausführt.

Was aber könnte nun die bemerkenswert starke Betonung des Kriegerischen, mithin der menschlichen αἰχμή, bei gleich mehreren fernen Völkern bedeuten? Denn es dürfte sich um mehr handeln als um ein bloß ausschmückendes geographisches Kolorit und die Lust am Fremden, womit der Dichter dem Zuschauer um die Mitte des 5. Jahrhunderts entgegenkäme. Auffallend ist zudem, dass das Element des Angesiedeltseins, des Wohnens betont wird (vv. 411, 415, 421, jeweils der Wortstamm οἰκ-), also die Zivilisation an sich – gerade für die scheinbar unwirtlichen Enden der gerade noch bekannten Welt. Diese Möglichkeit zum Leben aber gab Prometheus den Menschen, die sich nun schon ausdifferenziert haben in einzelne Völker mit Eigenarten und Namen, und bewahrte sie. Hierzu gehört auch wesentlich die Kraft des Feuers, das Waffen herstellen lässt (sicherlich ein wieder problematischer Aspekt für das menschliche Zusammenleben). Wenn sich nun aber das Stöhnen, Klagen und Mitleiden der gesamten Welt – ihrer Grundelemente ebenso wie ihrer menschlichen Bewohner – in den Worten des Chores mit dem kriegerischen Element verbindet, so könnte man folgern, dass der Chor eine mögliche Hilfe der Menschheit für ihren nun bedrängten Helfer Prometheus ins Spiel bringt. Somit wäre die auf Gegenseitigkeit hin

Angriff der Erinnyen). Instruktiv sind auch zwei Stellen bei Pindar: ›Nemeische Oden‹ 10,13 θρέψε δ' αἰχμὰν Ἀμφιτρύωνος, ›Pythische Oden‹ 1,66 γείτονες, ὧν κλέος ἄνθησεν αἰχμᾶς.

angelegte Charis verwirklicht; der göttliche Konflikt aber würde dann auch in die Welt der Menschen getragen.

Freilich, gegen die αἰχμή des Zeus würde diejenige der Menschen nicht viel ausrichten können. Auch wenn ein möglicher Kampf in diesem Chorlied nicht explizit thematisiert wird, leistet der Chor mit seiner auffallenden Betonung des Kriegerischen in gewissem Sinne eine Vorlage für das Zweite Stasimon – dort wird die tatsächliche Schwäche des Menschengeschlechts gegenüber Zeus breit ausgeführt und die Möglichkeit einer helfenden Charis zwischen Gott (Prometheus) und Mensch deutlichst widerrufen werden. Und auch in der Erwähnung des gleichermaßen bezwungenen Titanen Atlas, der die im Lied umfassend aufscheinende Welt (Erde und Himmel) tragen muss, nimmt der Chor rasch eine Revision seines verdeckten Vorschlags zum Widerstand vor: Dessen σθένος (v. 428, »Kraft«) – das Substantiv bildet wohl eine klangliche Assonanz zum Leitverb στένω »ich jammere« – steht nun im Dienste des Zeus: Das durch Atlas vermittelte Bild der Unterjochung könnte sinnfälliger nicht sein.[35]

Überblickt man nun bis hierher die Haltung des Chores, so ergibt sich folgendes: Seine vollkommen eigenständige Reaktion im Ersten Stasimon mit der scharfen Kritik an Zeus und der ins Spiel gebrachten Hilfe einer sympathetisch gestimmten Menschheit ist umso bemerkenswerter, als Okeanos der Vater der Okeaniden ist, gegen dessen Widerstand (vv. 130 f.) sie überhaupt erst zu Prometheus gekommen waren – und mit dem sie jetzt nicht ein Wort gesprochen haben. Der ›Erstvorschlag‹ des Chores an den bestraften Prometheus, die eigene ἁμαρτία zu erkennen und nach einer Lösung zu suchen (vv. 259 – 262), wurde also unabhängig ein zweites Mal durch Okeanos vorgebracht und im Sinne des πάθει μάθος konkretisiert: Unterordnung sei das Gebot der Stunde. Nun jedoch, im autonomen Raum des Chorlieds, widerspricht der Chor ganz vehement dem Okeanos, widerspricht aber auch dem eigenen vorherigen Vorschlag. Jedoch der Impuls zu einer gegensätzlichen Reaktion, Widerstand unter Zuhilfenahme der Menschheit, zerstiebt schnell wieder, ja wird im Chorlied selbst zunichtegemacht.

Im nachfolgenden Zweiten Epeisodion legt Prometheus seine Wohl- und Rettungstaten für Kultur und Zivilisation der Menschheit vor dem zuhörenden Chor dar. Hierbei gibt der Chor erneut einen von Kritik und zugleich Wohlwollen bestimmten Ratschlag: Prometheus sei hier einen Irrweg gegangen und gleiche einem Heiler, der anderen, nicht aber sich selbst helfen könne (vv. 472 – 475); nun, nachdem er selbst in Not und Krankheit (νόσος) verfallen sei, solle er von den Menschen abrücken und sich selbst helfen (vv. 507 – 510). Diesen nicht weiter mit Inhalt gefüllten Vorschlag verbindet der Chor mit einer Bekundung der eigenen ἐλπίς, der Zuversicht (εὔελπίς εἰμι, v. 509), dass Prometheus dereinst nicht weniger stark sein werde als Zeus. Sicherlich kann man hier einen Anschluss an vv. 165 – 167 sehen, wo der Chor die Möglichkeit eines neuerlichen gewaltsamen Machtwechsels schon wie ein unbe-

---

35 Zudem deutet die gerade in der Vielzahl der einzelnen Völker zum Tragen kommende Kampfkraft des Menschen an, dass es auch innerhalb der Menschheit zu Zerwürfnissen kommen kann; eine Art stählernes Zeitalter setzt ein.

wusst fallendes Stichwort angedeutet hatte. Erstaunlich ist aber jetzt, dass der Chor mit Nachdruck zu einem Abrücken des ›kranken‹ Heilers Prometheus von seinen Schützlingen rät, deren kriegerische Möglichkeiten im vorherigen Chorlied *ad absurdum* geführt worden waren. Dass nun also Prometheus das Band zur Menschheit zerschneiden solle, würde eine auch seinerseitige Aufgabe der Charis bedeuten, mit der Folge einer nun kompletten Isolierung des tragischen Helden. Mit dem Gestus des ›Hilf Dir jetzt selbst!‹, mithin der Absage an eine Zusammenarbeit mit der Menschheit, provoziert der Chor aber nun sozusagen unbewusst die Ankündigung der wichtigen, in die Zukunft reichenden Prophezeiung: Die Erwähnung der Wirkkraft der Μοῖρα τελεσφόρος (v. 511), sodann der drei Moiren und der Erinnyen (v. 516) sowie der πεπρωμένη (v. 518, »was verhängt ist«; vgl. v. 103 als Attribut zu αἶσα), und schließlich die Andeutung eines Geheimnisses (vv. 521 – 525) versprechen als eine Wendemarke innerhalb dieser Tragödie nun eine wesentliche Zuspitzung des Konfliktes – letztlich in Gang gebracht durch die Trostargumentation des Chores.[36]

5. Das Zweite Stasimon: Resignation, Frömmigkeit und die Harmonie des Zeus

Soweit könnte sich der Chor (und mit ihm zusammen der Zuschauer) sogleich weiter bestätigt sehen und die eigene Zuversicht in der Tat eine Bekräftigung erfahren. Gerade jetzt aber negiert der Chor – ohne dass er bezüglich des Geheimnisses noch nachfragt, denn mit v. 525 schließt Prometheus das Epeisodion selbst – erneut die auf seinen eigenen, wohlmeinenden Vorschlag hin zustande gekommene Lösungsmöglichkeit: Im Zweiten Stasimon (vv. 526 – 560) äußert er im eigentlichen Sinne ›eindeutig‹ und für den Zuschauer unerwartet die fromme Unterordnung unter Zeus beim rituellen Opfergang und erteilt der gegen den Alleinherrscher gerichteten ἐλπίς eine strikte Absage.

Das Chorlied beginnt als Gebet. Zunächst spricht der Chor in der Ersten Person und evoziert buchstäblich *ex negativo*, mit vier Verneinungen (nur eine Optativform bleibt positiv, v. 536), die Notwendigkeit von Frömmigkeit und Unterordnung, wie sie sich in Rinderopfern am Meeresstrand und in der Vermeidung frevlerischer Worte (λόγοι) manifestieren solle. Letzteres geht konform mit der früheren Kritik des Chores an der trotzigen Redeweise des Prometheus (vv. 178 – 180), um deren Aufhören ja dann auch Okeanos so eindringlich gebeten hatte. Und ihren Vater Okeanos, Personifikation des Weltmeeres, ziehen die Okeaniden nun auch heran, um die Örtlichkeit der frommen Opfer zu bezeichnen. Mit diesen möchte sich der Chor den Göttern »nähern« (ποτινισομένα, v. 530), also in einen auf Wechselseitigkeit, auf Charis hin angelegten Kontakt treten. Der Chor spricht nicht mehr nur von Zeus, sondern von allen Göttern, und nicht nur von sich selbst als mythologischer Figur, sondern er vertritt die Menschheit. Die Überblendung von Rollenidentität und einer auf das Große der Welt ausgreifenden Redeweise ist typisch für diesen

---

36 Dass ein Chor sozusagen das Beste will, aber – zumindest durch seine Ratschläge an die *dramatis personae* und durch die Beeinflussung des Zuschauers – die Lage verschärft, führen die ›Choephoren‹ vor.

Chor ebenso sehr wie für die anderen Tragödien des Aischylos. Dass es Rinderopfer am Strand sind, könnte auf den aus Hesiod (›Theogonie‹ vv. 535 – 560) bekannten, in Mekone am Golf von Korinth angesiedelten Opferbetrug des Prometheus anspielen, der indes explizit in vorliegender Tragödie keine Rolle spielt.

In ihrem Gebet betonen die Okeaniden auch die Dauerhaftigkeit ihres gepredigten Tuns, das heißt auch des menschlichen, was vor allem in Strophe α mit Ausdrücken der Zeit zum Tragen kommt (μηδάμ', ἄσβεστον πόρον, μήποτ'). Dies ist bemerkenswert angesichts des momentanen Unruhezustands und der durch den Konflikt zwischen Prometheus und Zeus verursachten Unordnung in der Welt: Das für die ›Prometheus‹-Tragödie gleichsam aus der Rolle fallende Gebet, welches die Kontinuität, ja die Ewigkeit menschlicher Frömmigkeit und Unterordnung betont, klingt wie ein Vorausgriff auf den in Zukunft zu erreichenden Zustand einer Weltherrschaft, in dem der Allherscher Zeus (ὁ πάντα νέμων, vv. 526 f.) selbst gerecht sein wird.[37]

In noch nicht dagewesener Eindeutigkeit ordnet der Chor auch sein eigenes, menschliches Wollen der Stärke und Macht des Zeus unter: Menschliche γνώμη ist dem κράτος (v. 527) unterlegen. Prometheus aber fiel durch seine Hilfe für die Menschheit seinem eigenen Wollen anheim, seiner ἰδίᾳ γνώμᾳ (v. 542). Das Attribut ἴδιος als negative Kennzeichnung stellt markant einen Bezug her zu den ἴδιοι νόμοι des Gewaltherrschers Zeus (v. 403). Somit weist der Chor in diesem Zweiten Stasimon, wie in einer Balance, auf die einander gegenüberstehenden ›Eigenheiten‹ der beiden Antagonisten hin und definiert zugleich menschliche γνώμη als schwach. Diese nun also geänderte Haltung ist nicht durch eine Entwicklung in der *dramatis persona* des Chores zu erklären, sondern als Rezeptionsvorgabe für den Zuschauer zu sehen: Der Okeaniden-Chor als Vertreter der Menschheit verweist auf die Möglichkeit, ja Notwendigkeit einer Abkehr von seinem Freund Prometheus und der sich unterordnenden Hinwendung zu Zeus.

Zum ›eigenen Wollen‹ des Prometheus gehört aber wesentlich auch die ἐλπίς (das griechische Wort scheint verwandt zu sein mit lateinisch *velle*, »wollen«). Die Hoffnung, die sich über das punktuelle Jetzt der Gegenwart auf die Zukunft richtet, hatte er den Menschen gegeben; an sie klammert sich der Gefesselte auch selbst, wie seinen letzten Worten bezüglich des Geheimnisses zu entnehmen war – und der Chor hatte selbst zuvor noch von ἐλπίς gesprochen (v. 509). Nunmehr aber entgegnet er in nüchterner Analyse dieser Emotion: Mit θαρσαλέαις ἐλπίσι (vv. 536 f.), »kühnen Hoffnungen«, lasse sich gewiss angenehm das lange Leben strecken und das Herz in lichten Freuden nähren; doch im Anblick – wieder also das visuelle Moment – der Qualen und des Zerrissenwerdens von Prometheus überkommt den Chor Schauder und Erstarrung (φρίσσω). Einer nur scheinbar zeitlosen Bewegung durch das Leben steht der erstarrte Blick des Schreckens darüber entgegen, welche Konsequenz seitens

---

[37] Vgl. Unterberger, Der gefesselte Prometheus (wie Anm. 8) 86, die auf Heraklit Frg. DK 22 B 54 verweist: ἁρμονία ἀφανὴς φανερῆς κρείττων. Demgegenüber sei das Hier und Jetzt der Unordnung der »einmalige kosmogonische Augenblick« (ebd., 80). Freilich ist die vom Denken der ›Theogonie‹ Hesiods her geprägte Welt der ›Prometheus‹-Tragödie noch im unruhigen Werden.

des Zeus (auch) möglich ist.[38] Dieser Befund bezieht sich auf Prometheus ebenso sehr wie auf die Menschheit. Die letzten drei Verse dieser Strophe (vv. 542 – 544) bringen die Begründung für die Qualen des Prometheus: Ζῆνα γὰρ οὐ τρομέων ἰδίᾳ γνώμᾳ σέβῃ θνατοὺς ἄγαν Προμηθεῦ. Ohne Furcht, das heißt Ehrfurcht, vor Zeus halte Prometheus die Menschen zu sehr in Ehren – dieses »Zuviel« klingt nach dem Vorwurf der Hybris. Nimmt man eine Dreierkonstellation an – Prometheus, die Menschen, Zeus –, so hat also Prometheus den Schwerpunkt zu Gunsten der Menschen verschoben und so ein Ungleichgewicht erzeugt, während freilich Zeus seinerseits als Tyrann auftritt.

Zu Beginn der Zweiten Strophe, in v. 545, fällt eine Schlüsselformulierung: φέρ' ὅπως χάρις ἁ χάρις ὦ φίλος εἰπέ· ποῦ τις ἀλκά;[39] »Nun, unser Freund, sag uns: Wie kann hier Charis Charis sein? Wo gibt es irgendeine abwehrende Hilfe?« Die Idee der Charis zieht sich breit durch die frühgriechische Dichtung; die Bedeutung des Substantivs reicht von »Freude« über »Anmut« (personifiziert in den Charitinnen und den Grazien) hin zu »Gnade, Dank, Gunst«. Überlegt man auch vom zugehörigen Verb χαρίζεσθαι her, so ist Charis speziell im religiösen Bereich das auf Wechselseitigkeit hin angelegte, beide Beteiligten auch emotional berührende Erweisen eines »Gefallens«; das deutsche Wort umfasst Tätigkeit, Gegenstand und Emotion zugleich.[40] Hier aber nun bezweifelt der Chor eine zwischen Prometheus und dem menschlichen Genos (v. 550) herrschende Charis, ja er verneint sie (dabei freilich sprechen die Okeaniden den Menschenfreund weiterhin als ihren φίλος an, zumal sie später, in vv. 782 und 821, ihre fortbestehende eigene Charis gegenüber Prometheus betonen werden). Denn von Eintagswesen sei keine Hilfe zu erwarten oder überhaupt möglich; die Menschen glichen schwachen Schatten, die blind und behindert seien: οὔποτε […] τὰν Διὸς ἁρμονίαν θνατῶν παρεξίασι βουλαί (vv. 550 – 552), Pläne und das Wollen von Sterblichen könnten die »Fügung«, die »Ordnung« des Zeus nicht überwinden. Diese Gedanken erinnern an den oft zitierten Lebenspessimismus im griechischen Denken und Dichten.

Was aber besagt diese dem Zeus zugesprochene ἁρμονία – »Harmonie«, eigentlich »Zusammenfügung«? Zeus hat trotz des jungen Alters seiner Herrschaft bereits etwas »gefügt«, eine strukturierte Ordnung geschaffen, gegen die sich aufzulehnen der Chor als sinnlos darstellt – die Auflehnung eines Prometheus ebenso wie die der Menschen. Mit den vv. 86 – 102 aus dem von den Danaiden gesungenen Zeus-Hymnos der ›Hiketiden‹ lässt sich hier kommentieren: Gewiss mag das Wesen des Zeus nicht leicht erkennbar sein, doch führt sein Plan stets sicher zum Ziel, so dass er Sterbliche aus deren hochgetürmten ἐλπίδες schleudern wird. Dem entsprechend sagen die Okeaniden hier – schon gleichsam objektivie-

---

38 Zudem kann ἐλπίς auch als ein bloßes »Augen-Verschließen vor der Endlichkeit« (Reinhardt, Aischylos als Regisseur und Theologe [wie Anm. 23] 52) des Menschen gesehen werden, der selbst letztlich doch ohnmächtig bleibe.
39 Zur Textgestaltung siehe Griffith, Aeschylus, Prometheus Bound (wie Anm. 6) 186. Das handschriftlich überlieferte χάρις ἄχαρις (»eine unvergoltene Charis«) ergäbe freilich ein ebenso beeindruckendes wie aussagekräftiges Oxymoron; vgl. vv. 904 f. ἀπόλεμος πόλεμος […] ἄπορα πόριμος.
40 Vgl. M.A. Gruber, Reichtum und Familie im ›Agamemnon‹ des Aischylos. Ein ökonomischer Ansatz zur Interpretation der Tragödie, in: I. De Gennaro – S. Kazmierski – R. Lüfter (Hrsg.): Wirtliche Ökonomie. Philosophische und dichterische Quellen. Erster Teilband (Nordhausen 2013) 307 – 342, hier: 324 f.

rend und zeitlos –, dass man an Zeus nicht vorbeikomme, an seiner Ordnung und an seinen ›fügenden‹ Plänen, durch welche menschliches Planen und Hoffen zunichtegemacht würden. Mit der eingangs verkündeten Unterordnung in ein von Ehrfurcht (und nicht Angst) getragenes Opferritual aber ließe sich, so die Vorstellung des Chores, eine solche ἁρμονία zwischen Mensch und Gott (Zeus) verwirklichen, mithin die Charis.[41]

Insbesondere widerspricht der Chor der Möglichkeit einer Hilfe (ἀλκά, ἄρηξις, vv. 546 f.) der Menschen für Prometheus, wie sie im Ersten Stasimon mit der Betonung des Kriegerischen mehrerer Völker, deren αἰχμή, offensichtlich zum Ausdruck gekommen war – gewissermaßen als ἐλπίς des dort über Zeus empörten Chores. Somit ist aber auch die Charis zwischen Prometheus, der als Kulturschöpfer und Retter quasi in Vorleistung gegangen war, und den Menschen gestört und nicht möglich; die Eintagswesen können keine Gegenleistung erbringen, zu stark ist Zeus. Es ist hier aber auch nichts mehr zu hören von einer negativen Bewertung der Tyrannis eines Gewaltherrschers. Freilich besteht aktuell keine ›Harmonie‹ zwischen Zeus und Menschheit; jedoch Unterordnung und Frömmigkeit sind geradezu zwingend, so der Chor.

Zugrunde liegt all dem ein Erkennen auf Seiten des Chores im Sinne des πάθει μάθος, wie der Beginn der Antistrophe mit einer Schlüsselformulierung zeigt: ἔμαθον […] προσιδοῦσ' (v. 553). Die Okeaniden haben gelernt und Einsicht gewonnen durch das Ansehen der Leiden ihres Freundes. Wieder also betont der Chor das ästhetische Moment des Ansehens in der szenischen Realisierung dieser Tragödie. Die Schlussfolgerung eines Erkenntnisvorgangs, der in der Resignation endet, ist aber nicht psychologisierend zu deuten, womit gegebenenfalls sogar eine Inkonsistenz in der Zeichnung des Chores konstatiert werden könnte, sondern dient in allererster Linie als Modell für den zu lenkenden Zuschauer.[42] Somit aber offenbart sich schließlich auch eine Spaltung zwischen Chor und Prometheus, der sich ja dem πάθει μάθος und dem Gehorsam verweigert.

Nachdem in diesem Chorlied die Zeitstufen von Gegenwart und Zukunft eine tragende Rolle gespielt haben, kommt am Schluss die Vergangenheit zur Sprache, womit die Konfliktsituation auf eine weitere Ebene geführt wird: Anscheinend unvermittelt wird mit v. 555 die Hochzeit von Prometheus und Hesione als neues Thema eingeführt. Damals sang der Okeaniden-Chor einen Hymenaios (dessen Nennung an sich ist als chortypischer selbstreferentieller Verweis zu sehen). Das gegenwärtige Lied aber, welches den Chor überkommen habe, sei gänzlich verschieden von diesem Hymenaios. In diesen letzten Versen des Zweiten Stasimons liegt mehr als ein bloß inhaltlicher Auftakt, der mit dem Thema ›Ehe‹ nur ein

---

41 Bemerkenswert ist in der Parodos das zur selben Wurzel αρ- gehörende Wort ἀρθμός (v. 191), »Verbindung, Freundschaft«, das Prometheus auch mit φιλότης verknüpft, als er schon früh das einmal notwendige gegenseitige Aufeinanderzugehen zwischen sich und Zeus vorhersagt. Vgl. Unterberger, Der gefesselte Prometheus (wie Anm. 8) 43. Andererseits bezeichnet Hephaistos die Fesselung des Prometheus als ein »Binden« ganz anderer Art (ἄραρεν ἥδε γ' ὠλένη δυσεκλύτως, v. 60).
42 Allerdings sollte man nicht zu weit gehen und hier die gesamte Lehre des Zeushymnos aus dem ›Agamemnon‹ zu übertragen versuchen, denn nicht der Chor ist die tragische Hauptfigur, sondern Prometheus.

Stichwort gäbe für die nachfolgende Szene mit der von Zeus begehrten Io. Denn zum einen schließt sich hier auf der Ebene des Rituals der Kreis zum Beginn des Chorliedes: Dort Gebet und Opfer im Sinne der frommen Unterordnung unter die Götter, hier der Hochzeitsgesang bei der Stiftung einer Ehe – die ebenfalls eine Form der ἁρμονία darstellt, der zwischen Mann und Frau. Zum anderen aber ist Hesione eine (Halb-)Schwester der Okeaniden; somit kommt hier überhaupt die Familie als ordnungstiftendes Merkmal und sozialer Verbund ins Spiel. Die Rollen des Chores überblenden sich weiterhin, in freilich neuer Akzentuierung: Er ist mythologische Figur und rückt als solche, wegen der Verwandtschaft mit Hesione, sein eigenes Betroffensein in den Blick – und er vertritt das allgemein Menschliche: In den Worten des Chores klingt durch, dass angesichts der zuvor konstatierten Schwäche des menschlichen Genos auch die Institutionen Ehe und Familie eine Störung erfahren können, wenn, so sieht es der Chor, die Frömmigkeit gegen das Göttliche und gegen Zeus nicht eingehalten wird. Mithin ist auch zwischenmenschliche Charis, die zwischen Mann und Frau, wie sie im rituellen Hymenaios zelebriert wird, gestört.[43] Und zumal im Falle des Prometheus ist die Ehe offenkundig folgenlos und wertlos, da sie keine Nachkommenschaft hervorbrachte. Dagegen der Familienverbund der jungen Götter hat sich als die neue Machtstruktur bereits etabliert: Diese kann sich tragen lassen durch das Ehepaar Zeus und Hera, den Zeus-Sohn Hermes, ferner durch Okeanos sowie Kratos und Bia; einzig Hephaistos ist widerwillig, fügt sich aber doch.

Insgesamt lässt sich das Zweite Stasimon mit seinem Signalwort ἔμαθον (v. 553) als der Kulminationspunkt eines resignierenden πάθει μάθος sehen: Einsicht in die ›Gewalt‹ als Stärkersein und als Herrschaft derer, die jetzt an der Macht sind. Die Resignation geht Hand in Hand mit einer Eindeutigkeit in der Beurteilung der Lage, die nach dem bisherigen Schwanken des Chores nun eine gewisse Stabilität hat erreichen lassen, freilich bestimmt von Trostlosigkeit und einer Kluft zwischen Chor und Titelheld.

6. Prometheus, Io und der Chor: Heilung im Logos?

Am Ende des Chorlieds heißt es: Prometheus hatte Hesione »überzeugt« (πιθών, v. 560), seine Frau zu werden – die Macht der Peitho stiftete und fügte diese Ehe, und nicht etwa körperliche Bezwingung. Dies unterscheidet Prometheus wesentlich von Zeus, der sich die Königstochter Io gewaltsam gefügig machen will; sie wird in der Folge rund um die Enden der Welt gejagt. So bilden diese letzten Worte den Auftakt zur langen Io-Szene.

Bis zum Zweiten Stasimon richtet sich die – stets im Zusammenhang mit dem Auftreten des Chores verknüpfte – thematische Kernfrage auf Prometheus selbst, auf dessen mögliche

---

43 Der im griechischen Drama oft anzutreffende, vom Strukturalismus ausgedeutete Gegensatz zwischen Oikos und Polis, Zivilisation und Wildnis, ›Drinnen‹ und ›Draußen‹ ließe sich auch hier beobachten: Der Oikos mit Bad und Bett, wohin Prometheus einst Hesione führte (vv. 556 – 560), kontrastiert denkbar stark mit dem jetzigen Ort im Gebirge am Ende der Welt (welche angesichts des kosmischen Konflikts die Züge einer Polis hat), wo Prometheus statisch gefesselt ist.

Erlösung wie auch eine weitere Zuspitzung der Lage; hinter dem aktuellen szenischen Geschehen ist das menschliche Geschlecht präsent, dem Prometheus so zugetan war. Mit dem Auftritt der Io (vv. 562 ff.) wird nun die Tyrannis des Zeus konkret an einem Menschen exemplifiziert. Zugleich aber setzt sich die Thematik von Wissen und Vorhersage fort, die ja für Prometheus selbst paradoxerweise sowohl Hoffnung auf eine positive Entwicklung als auch weitere Gefährdung bedeutet.

Die Anteilnahme des Chores auch am Schicksal der Io, Opfer der triebhaften Willkür des neuen, einem mächtigen Familienverbund vorstehenden Alleinherrschers, soll die συμ-πάθεια des Zuschauers auch für Io garantieren. So ist in v. 695 (πέφρικ' εἰσιδοῦσα) der Schauder unmittelbar mit der ästhetischen Wahrnehmung verbunden, genau so wie zuvor gegenüber Prometheus die Okeaniden die Benennung der selbst empfundenen Affekte mit der expliziten Ausformulierung dessen, was gesehen und gehört wurde, verknüpften. Danach ist es der Chor, der von Prometheus eine Prophezeiung der am Ende doch positiven Wendung für Io erreicht. Die von Raserei und Schmerz, ja von Krankheit getriebene Io bezeichnet schon zu Beginn ihres Auftrittes die von Prometheus erhofften Mitteilungen als μῆχαρ und φάρμακον νόσου (v. 606). Dieses kommunikative ›Heilverfahren‹ im Logos des Trimeters, das sich auf die Beendigung von Ios Wahnsinn richten soll, wird nun wesentlich vom Chor gesteuert, der auch seinerseits auf den Krankheitszustand der Io hinweist (vv. 631 – 634, 698 f.). Hier also kann Prometheus wieder als Rettergestalt für einen Menschen wirken; freilich galt er dem Chor zuletzt als Retter, der selbst krank ist. Die Metaphorik von Krankheit und Heilung, die diese Tragödie zur Veranschaulichung des Konflikts unterfüttert, schlägt hier in das Sachlich-Konkrete um, zumal ins Körperliche. Obwohl zunächst, so prophezeit Prometheus, das Leid noch verstärkt werden würde, stehe am Ende die Gesundung durch die gnadenvolle Handauflegung des Zeus, die Io von Angst frei machen und zu Sinnen kommen lassen werde (vv. 848 f.).[44]

Parallel zu dieser von Prometheus vorgenommenen Schilderung des Heilungsvorgangs für Io verlaufen aber nun weiterhin die teils schon recht deutlichen Mitteilungen hinsichtlich der Erlösung des Prometheus: Zeus sei durch eine Heirat bedroht (vv. 762 – 768, gemeint ist Thetis), Prometheus könne durch einen Nachkommen der Io befreit werden (vv. 770 – 774, dies wird der Zeus-Sohn Herakles sein). Im Zuge dieser Engführung beider ›Erlösungsstrukturen‹ ist die Haltung des Chores bezeichnend: Dieser drängt in vv. 782 – 785 darauf, dass der Geheimnisträger Prometheus, der Io zunächst nur einen der beiden Informationskomplexe offenbaren will, beides mitteilen möge – und Prometheus widersetzt sich nicht (v. 786), auch nicht der neuerlichen Bitte des Chores (vv. 819 – 822), die dieser nach der ersten Rhesis stellt. Dieses Insistieren unterstreicht das Bestreben des Chores nach einer Lösung der Konflikte und erzeugt zugleich Spannung beim Zuschauer. Aller vorherigen Resignation zum Trotz lässt sich der Chor durch einen neuen Impuls von außen lenken (die Ankunft der Io) und sein Bestreben nach Ordnung in neuer Weise erkennen.

---

44 Angesichts der Konfliktsituation im ›Prometheus‹ ist es nur folgerichtig, dass diese an sich positive, wohlmeinende Tat des Zeus nicht als solche bewertet wird, ganz anders als in den ›Hiketiden‹.

Doch mag auch die von der Zukunft bereitgehaltene, durch den wahren Spruch der Themis (v. 874) zu verwirklichende Perspektive sowohl für Prometheus als auch für Io eine letztlich positive Wendung versprechen, so ändert dies nichts an der Unordnung und Unruhe der Gegenwart und des dramatischen Moments: Neuer Schmerz überfällt Io, die unter expressiver, lyrischer Äußerung ihres Leides und auch körperlichen Schmerzes die Bühne verlässt. Die ›Heilung‹ im Logos ist zunächst gescheitert.[45]

7. Das Dritte Stasimon: Von der Sicherheit der Gnome zur Aporie

Das Dritte Stasimon (vv. 886 – 906) stellt sicherlich eine unmittelbare Reaktion auf die Szene mit Io dar, da es sich um das Thema ›Hochzeit‹ dreht. Doch entwickelt sich dieses recht kurze, nur aus Strophe, Antistrophe und Epode bestehende letzte Chorlied zu einer erstaunlich umfassenden Diagnose menschlicher Hilflosigkeit, womit es zum Grund dieser Tragödie führt.

Die Okeaniden sprechen auch in diesem Chorlied ebenso sehr für die Menschheit wie für sich selbst als mythologische Figur. Allerdings rückt ihre Rollenidentität als junge Mädchen, für die grundsätzlich die Frage einer Hochzeit einige Tragweite hat, hier stärker als zuvor in das gedankliche Zentrum. Da Hochzeit und Ehe ein Übergangsritual sind, greift diese Thematik aber auch auf den Chor qua rituellem χορός aus, übersteigt also die Rollenidentität der Okeaniden in dieser einen Tragödie.

Der Gedanke an Hochzeit und Ehe bedeutet für die Okeaniden ein Stadium der Gegenwart und ist zwischen zwei zeitlichen Polen eingespannt, die sich gewissermaßen vom Ende des Zweiten Stasimons her über die lange Io-Szene auftun: Der eine Pol definiert sich über die bereits erfolgte Hochzeit ihrer (Halb-)Schwester Hesione in der Vergangenheit, ein zurückliegender Zeitpunkt und auch Zeitraum, welcher im Bewusstsein der Okeaniden festsitzt – dies zudem in unmittelbarer Verbindung mit Hesiones Gemahl Prometheus. Der andere Pol besteht im aktuellen Schicksal der Io, die ja als gleichaltrig zu Hesione und zu den Okeaniden anzunehmen ist; zusammen bilden alle eine ›Peergroup‹. Io wird gegenwärtig von Zeus begehrt und von dessen Gemahlin Hera verfolgt; ihre Qual wird sich noch sehr weit in die Zukunft erstrecken. Die Okeaniden stehen ebenso zwischen Hesione und Io wie zwischen Prometheus und Zeus. Soweit bestimmen der inhaltliche Verlauf des Stücks, die Personenkonstellation und die Rollenidentität des Chores selbst den Tenor des Dritten Stasimons – das freilich noch wesentlich tiefer greift.

---

45 Snell, Aischylos und das Handeln im Drama (wie Anm. 8), der die ›Hiketiden‹ zeitlich noch vor dem ›Prometheus‹ ansetzt, sieht Io mit den Zügen des »alten Chores« gezeichnet, also der Danaiden und auch des Frauenchores der ›Septem‹, so »daß sie geradezu als Individualisierung des alten typischen Chores wirkt« (ebd., 105); neben einer gewissen Exotik, die sich durch die Evozierung nichtgriechischer Länder und Völker aufbaue, gehörten hierzu Klage, Angst und Wahnsinn: »Der tragische φόβος ist hier nicht mehr Hintergrund, nicht mehr bloße Atmosphäre, sondern Gestalt geworden.« (ebd.) Nicht unwichtig in diesem Kontext von Exotik und Exaltismus erscheint auch, dass Io halb Mensch, halb Kuh ist.

Der Chor beginnt sein Lied mit dem Anspruch auf Wahrheit und Glaubwürdigkeit dessen, was zu artikulieren ansteht. Klug (σοφός) sei derjenige gewesen, der als erster auf einen bestimmten Gedanken gekommen sei (γνώμη) und diesen sprachlich ausformuliert habe (γλῶσσα): Eine Heirat im gleichen Stand sei das Beste (vv. 887 – 890). Der Anspruch des Chores auf eigenes autoritatives Sprechen wird zurückgeführt auf die überkommene Tradition eines πρῶτος εὑρετής, der einen philosophischen Spruch fand und ausformulierte – eine Gnome, die der Chor zitiert:[46] Der Spruch verkündet die Maßethik der Selbstbeschränkung, orientiert sich also an einer Ordnung, innerhalb derer ein Mensch sich auf sich selbst zurückbeziehen und ein Zuviel vermeiden soll; mithin ist dies eine Absage an Hybris. Im Speziellen geht es um die Hochzeit im gleichen Stand: Großer Reichtum und edle Herkunft des Brautpartners – zumal wenn er mit diesen Gütern nicht umgehen kann, sondern in ihnen schwelgt und mit ihnen prahlt – sind negative Bezugsgrößen, von denen sich ein Armer und Niederer (χερνήτης) fernhalten soll.

Der Chor spricht zunächst, in der Strophe, aus der Perspektive dieser Niederen, sodann über sich selbst in der Ersten Person (Antistrophe und Epode). Auffallend stark ist auch hier der Gestus der Negation, wie er schon im Zweiten Stasimon begegnete: μήτε – μήτε, μήποτε μήποτ', μηδέ, μή (vv. 894, 897, 902). Das Wunschbild der den Menschen nicht gefährdenden Ordnung, das in der Gnome schon aufscheint, wird *ex negativo* formuliert, nämlich aus dem Zustand heraus, der gegenwärtig herrscht – und hier dominiert der gewalttätige Übergriff des Stärkeren, des Gottes, des Mannes (Zeus) auf die Schwächere, den Menschen, die Frau (Io). Insoweit also lässt sich das eigene menschliche Wollen, das in den beiden Infinitiv-Aktiv-Formen κηδεῦσαι und ἐραστεῦσαι seinen Ausdruck findet, schlichtweg nicht verwirklichen: Die Gnome erscheint als nicht umsetzbar. Das sich auf den zitierten weisen Spruchfinder beziehende ἐν γνώμᾳ lässt sich durchaus mit Meinung und Wollen des Chores gleichsetzen und ferner auch verknüpfen mit der ἰδίᾳ γνώμῃ, dem »eigenen Wollen«, wie es Prometheus in v. 542 zugeschrieben worden war.[47]

Nach dem in der Strophe ausformulierten Wunsch, welcher einer menschlichen Gnome entsprungen war, folgt in der Antistrophe ein Gebet – das zweite des Chores, nachdem er im Zweiten Stasimon seine Frömmigkeit beim Opferritual und seine Unterordnung gegenüber Zeus bekundet hatte. Dieses apotropäische Gebet richtet sich an die Moiren, die dahingehend eingreifen mögen, dass die Okeaniden niemals Bettgenossinnen des Zeus würden, in welcher Gefahr Io ja gegenwärtig schwebt. Die Gegenüberstellung der Moiren zu Zeus, denen offenkundig die Möglichkeit eines Einflusses zugesprochen wird, rekurriert auf die buchstäblich entscheidende Einführung der »Erfüllung bringenden Moira« respektive der »dreigestaltigen Moiren« in den tragischen Konflikt, die Prometheus vorgenommen hatte

---

46 Siehe Griffith, Aeschylus, Prometheus Bound (wie Anm. 6) 245. Dass der Sprecher über die Gnome als solche reflektiert, findet sich im ›Agamemnon‹ vv. 681 – 685 (im Mittelpunkt steht γλῶσσα) und vv. 750 f. (λόγος); vgl. auch in den ›Choephoren‹ vv. 313 f. (τριγέρων μῦθος).

47 Hinzu kommt aber auch, dass innerhalb der Menschenwelt ein Ungleichgewicht herrscht, denn Abstammung und Verteilung von Reichtum differenzieren die Gemeinschaft; dies ist aus der Gegenwart des Dichters heraus gesprochen.

(vv. 511, 516). Doch nicht nur dem Zeus stehen die Moiren hier gegenüber, sondern einem jeden »derer aus dem Himmel« (ἐξ Οὐρανοῦ), mit denen in persönlich-physischen Kontakt zu treten (πέλουσαν) der Chor für gefährlich ansieht – ganz anders als noch im Zweiten Stasimon, wo sich mit ποτινισομένα (v. 530) der Wunsch nach frommer Annäherung artikuliert hatte. Bedrohlich ist aber nicht nur das Begehrtwerden durch eine männliche Gottheit, sondern auch eine Reaktion aus dem größeren Ehe- und Familienverbund der neuen Göttergeneration, den Zeus bereits installiert hat (eine ἁρμονία, so könnte man mit v. 531 sagen). Denn die eifersüchtige Hera verfolgt Io, die ihrerseits zunächst deren Gemahl Zeus zum Opfer gefallen war. Somit ist Io und ist der Mensch überhaupt den Affekten und der Willkür der neuen Gottheiten – mit v. 402 gesprochen: deren ἰδίοις νόμοις – ausgesetzt. Die eigene Hilflosigkeit des Menschen, für den Io hier stellvertretend steht, definiert den Zustand der Gegenwart; an diesem Befund kann auch die so weit in die Zukunft reichende Prophezeiung des Prometheus nichts ändern. Und ob sein Versprechen einer guten Wendung überhaupt verlässlich ist und inwiefern die Moiren eingreifen können, steht auf einem anderen Blatt geschrieben.

Die Antistrophe also konterkariert das, was in der Strophe – die ausging von einer Gnome, welche ein Mensch, ein σοφός, aufgestellt und ausformuliert hatte – noch als ein aktives Wollen erschien. Sprachlich sinnfällig wird dies durch die Passivformen πλαθείην und ἀμαλαπτομέναν (vv. 897, 899). Der Mensch kann nicht der von seinem Artgenossen gefundenen, seinerzeit neuen Gnome folgen, sondern ist dem Göttlichen in Gestalt der Tyrannis des jungen Zeus als etwas nun radikal Neuem ausgesetzt. Dem einzelnen Opfer Io droht auf ihrer geradewegs ordnungs- und orientierungslosen Irrfahrt die Zerstörung ihrer Jungfräulichkeit durch ein fast paradoxes Zusammenwirken des affektiv handelnden Ehepaares Zeus und Hera.[48] Und Io ihrerseits verabscheut in ihrem vorehelichen Zustand den Mann (ἀστεργάνορα παρθενίαν). Somit ist, angesichts des Schicksals der Io, auf der menschlichen Ebene das Übergangsritual der Hochzeit, das die Grundlegung einer Familie zum Ziel hat, vollkommen in Unordnung geraten; die Verwandlung der Io in eine Kuh präsentiert szenisch unmittelbar sichtbar die von göttlicher Seite betriebene ›Entmenschlichung‹ und Vertierung hin zu einem gleichsam vorzivilisatorischen Zustand.

Auch über die helfende Einflussmöglichkeit der Moiren, in deren Erwähnung ja die vorherige Zuversicht des Prometheus weiterklingt, ist sich der Chor keineswegs sicher: Er kann lediglich darum bitten, dass die Moiren »nicht zusehen mögen« (ἴδοισθε, v. 896). Andererseits stellt der begehrliche Blick der per se stärkeren Gottheiten (μὴ [...] ἄφυκτον

---

48 Sachlich mag dies etwas befremden, doch der sprachliche Befund ist eindeutig, da zu der passivischen Konstruktion ἀμαλαπτομέναν παρθενίαν der *dativus causae* ἀλατείαις, »durch Umherirren«, steht. Dass der (sexuelle) Kontakt eines Menschen mit einer Gottheit zerstörerisch sein kann, lehrt im Werk des Aischylos das Schicksal der von Apollon begehrten Kassandra im ›Agamemnon‹. Bleibt dieses Verhältnis rein zerstörerisch, da Kassandra ums Leben kommt, so ist der von Aischylos in der ›Semele‹ behandelte fatale Kontakt der Titelfigur zu Zeus insoweit produktiv, als hieraus Dionysos hervorgeht, der Gott der Tragödie. Vgl. ferner den homerischen ›Aphrodite-Hymnos‹, wo mit Anchises ein sterblicher Mann zum Opfer der Göttin Aphrodite wird, hier freilich mit gutem Ausgang, da der Verbindung Aineias entspringt.

ὄμμα προσδράκοι, v. 903) eine Gefahr dar, so heißt es in der Epode, in deren Zentrum der ὁμαλὸς γάμος steht, die »Hochzeit im gleichen Rang«. Und der Chor seinerseits hat Io im Blick (εἰσορῶσ', v. 899). In dieser Trias des Blicks, der den Affekt Angst unmittelbar zur Folge hat (ταρβῶ, v. 898; ἄφοβος, δέδια, vv. 901 f.), manifestiert sich die von Hilflosigkeit und Isolierung geprägte Distanz zwischen den Menschen untereinander (Chor, Io) und diejenige zwischen Mensch und Göttlichem (Chor, Zeus und Hera sowie Chor, Moiren). Von den neuen Gottheiten geht Gefahr aus, während Hilfe von Seiten der als älter anzunehmenden Moiren oder gar des Prometheus ungewiss ist.

Die letzten Verse der Epode spitzen die Erkenntnis des Chores noch zu. Nun spricht er, in der aischyleischen Redeweise des Oxymorons, von einem ἀπόλεμος πόλεμος, einem Kampf, der nicht zu gewinnen sei (v. 904). Gemeint ist der Übergriff der Gottheit auf den Menschen, der nun weiter zu fassen ist als das erotische Begehren. Eine solche Auseinandersetzung brächte, so der Chor in einem weiteren Oxymoron, nur etwas mit sich, gegen das nicht anzukommen sei (ἄπορα πόριμος, ebd.). Mit der zweimaligen Verwendung des Optativs im Aorist in vv. 905 f. zeigt sich, dass die Auseinandersetzung zwischen der Menschheit (denn sie vertritt der Okeaniden-Chor auch hier, wenn er in der Ersten Person spricht) und Zeus im Bereich des Möglichen liegt und zudem schon aktuell ist.

Die Überlegung des Chores führt aber nachgerade in die Aporie, so dass mit dem Ende dieses Stasimons die zu Beginn eingeführte Gnome des σοφός sich als schlichtweg nicht umsetzbar herausgestellt hat: Hochzeit im gleichen Stand und, allgemeiner, die Begründung von Ordnung in der menschlichen Welt ist nicht möglich, dagegen ein gewaltsamer Übergriff von Seiten der neuen göttlichen Machthaber wie Zeus und Hera muss jederzeit befürchtet werden. Dies schließt sich dem Befund des Zweiten Stasimons an, wonach Charis zwischen Mensch und Gott nicht möglich ist. Sein letztes Lied beendet der Chor in Hoffnungslosigkeit: οὐδ' ἔχω τί ἂν γενοίμαν· τὰν Διὸς γὰρ οὐχ ὁρῶ μῆτιν ὅπᾳ φύγοιμ' ἄν (vv. 904 f.): »Ich weiß nicht, was aus mir werden sollte; denn ich sehe nicht, wie ich der Klugheit des Zeus entkommen könnte.« Der menschlichen Aporie wird die Bekundung der μῆτις des Zeus – sein überlegenes Planen und Bewerkstelligen – in konzentrierter Klarheit gegenübergestellt.[49] Blickt man zurück auf das Zweite Stasimon, wo gleich zu Beginn in v. 528 das κράτος des Zeus als dessen bestimmende Eigenschaft evoziert worden war, so schließt sich nun auf der Ebene der Chorlieder gleichsam der Kreis zwischen Kraft und Geist, zwischen physischer und intellektueller Stärke des neuen Herrschers. Und mit v. 531 könnte

---

49 Bekanntlich drücken das Substantiv μῆτις (dazu gehören die Verben μητιάω und μέδομαι) und stammverwandte Wörter im homerischen Epos das souveräne Planen des Zeus aus, wie es im geläufigen Epitheton μητίετα deutlich wird; vgl. andererseits auch den πολύμητις Odysseus. Aischylos aber scheint μῆτις sparsam und gezielt einzusetzen: Im ›Prometheus‹ findet sich, auch für verwandte Wörter, kein weiterer Beleg. Auffallend ist insofern, dass μῆτις auch in den ›Hiketiden‹ erst ganz am Ende prägnant Verwendung findet, als nach der – vorläufigen, den tragischen Konflikt jedoch weiter verschärfenden – Entscheidung die den Chor bildenden Danaiden in v. 971 ihren Vater herbeirufen: Danaos wird weiters als εὐθαρσής, πρόνοος und βούλαρχος charakterisiert – eine wohlplanende Rettergestalt. Vgl. auch den ›Zeus-Hymnos‹ in der Parodos der ›Hiketiden‹ (vv. 86 – 111). Für mythologische Tradition ist auf Hesiod, ›Theogonie‹ v. 886 zu verweisen: Zeus nimmt Metis zur Frau.

man sagen, dass sich auch so die ἁρμονία des Zeus zusammenfügt. Die Unmöglichkeit, der μῆτις des Zeus zu entkommen, wird zwar in Fortsetzung zum Unvermögen, dem zugreifenden Blick der Götter auszuweichen, formuliert, doch hebt sich im letzten Vers dieses Chorlieds der Gedanke ins Allgemeinere.

Am Ende des Dritten Stasimons ist der Modus der Instabilität endgültig vollzogen: Die aufgrund der Gewaltherrschaft des Zeus schlichtweg nicht zu verwirklichende menschliche Gnome betreffs der Heirat im gleichen Stand markiert ein ganz grundsätzliches Scheitern der vom Menschen an sich eingeforderten σωφροσύνη, wie sie im Zweiten Stasimon gerade wegen des κράτος des Zeus propagiert wurde. Der dort evozierten und verlangten menschlichen Frömmigkeit ist der Boden entzogen, denn sie hat keinen Bezugspunkt, da keine Charis zwischen Mensch und Zeus existiert; der Stärkere macht, was er will. Unterordnung resultiert nunmehr nicht aus Einsicht, sondern aus purem Zwang, ohne dass aber damit auch Sicherheit erreicht würde – ein πάθει μάθος neuer Art, das der Chor durch den Anblick des Pathos der Io gewonnen hat.

8. Die Verschärfung des Konflikts durch den Chor in der Schlussszene

Soweit stellt sich der Chor im Dritten Stasimon der trotzigen Haltung des Prometheus implizit entgegen. Dieser hatte zuvor gegenüber Io die »gedankenlosen Pläne« des Zeus (κενοφρόνων βουλευμάτων, v. 762) und eine in der Zukunft liegende Hochzeit als Ursache eines möglichen späteren Scheiterns seines Gegners erwähnt. Unmittelbar nach Ende des aporetisch endenden Stasimons rekurriert Prometheus auf diesen gefährlichen γάμος, welcher Zeus stürzen werde wie einst Kronos, es sei denn, er selbst würde den Namen der Frau (Thetis) verraten. Für den Zuschauer könnte die sich schlagartig auftuende Kluft nicht größer sein: Denn der Chor hatte die Hochzeitsthematik ja nur auf Zeus und sein Opfer Io bezogen und daraus, aus der Perspektive der Niederen, die geradezu ins Absolute reichende Überlegenheit des jungen Tyrannen gegenüber der Menschheit gefolgert; die Anerkennung von dessen μῆτις in den letzten lyrischen Iamben muss dem Zuschauer noch in den Ohren klingen. Hatte der Chor also eben noch die völlige Ausweglosigkeit des Menschen gegenüber dem Machtanspruch des Zeus bekundet, so wird nun auf einmal – wieder – klar, dass diese momentan frei ausgelebte Macht (gegenüber Prometheus, Io, den Menschen) keinesfalls etwas ewig Gültiges ist, sondern ihrerseits in Gefahr sein wird. Offenkundig kann Zeus also doch nicht nach Belieben verfahren, da er den typischerweise menschlichen Schwächen verfallen kann, wenn er eine Frau begehrt und so also die Herrschaft seiner Sippe in Gefahr bringt. Bemerkenswert dabei ist vielleicht auch, dass Thetis, die gefährliche Frau in spe, eine Tochter des Meeresgottes Nereus ist: Die Nereiden aber sind als jungfräulicher Meeres-Chor mit den Okeaniden typologisch eng verwandt.

Allerdings führt diese neuerliche Bekundung der eigenen, auf Wissen beruhenden Stärke durch Prometheus nicht etwa zu (neuer) Zuversicht, zu ἐλπίς, auf Seiten des Chores. Dies steht in Einklang mit der vom Chor zuvor breit evozierten Hoffnungslosigkeit angesichts der

Übermacht des Zeus. Gegenüber dem fortbestehenden Widerstand des Gefesselten äußert der Chor erneut seine Besorgnis (πῶς οὐχὶ ταρβεῖς, v. 932), da er für Prometheus eine weitere Zuspitzung fürchtet (v. 934), und rät zur Unterwerfung unter die Adrasteia (v. 936): σοφός sei, wer sich dieser Göttin, welche die Unentrinnbarkeit der Strafe verkörpert, beuge. Die Distanz des Chores zu Prometheus hält also an. Mit diesem formelhaften Spruch[50] kann man eine Anknüpfung an die zu Beginn des Dritten Stasimons zitierte Gnome des σοφός sehen, die eine Selbstbescheidung des Menschen zum Inhalt hatte – freilich unter dem Zeichen der Tyrannis.

Einer derer, die sich schon untertan gemacht haben, ist Hermes. Als Bote seines Vaters Zeus möchte er Prometheus zur Preisgabe seines Geheimnisses bewegen und rät ihm, wie eingangs Okeanos, eindringlich zum σωφρονεῖν (v. 982) in Gestalt der Unterwerfung. Die jedoch anhaltende Verstocktheit gegenüber dem Opportunismus solch »gesunden Denkens« geißelt Hermes als Sinneskrankheit (νόσος, v. 977), womit nun der (durchweg zwischen Sach- und Bildebene changierende) Vorstellungsbereich ›Krankheit‹ gerade für die Schlusspartie tiefgreifende Bedeutung gewinnt. Dem Befund und Heilungsvorschlag stimmt der Chor nach fast 100 Versen eigener Stummheit zu; in seinem Kommentar vv. 1036 – 1039 stellt er die gefährliche αὐθαδία des Prometheus der gerade für einen σοφός erforderlichen und diesen auszeichnenden εὐβουλία gegenüber: Trotziger Eigensinn eines Kranken auf der einen Seite, kluge Wohlberatenheit – per se definiert sowohl für den Einzelnen, der sie besitzt, als auch für die ihn umgebende Gemeinschaft – eines Gesunden auf der anderen. Mit dem Imperativ πείθου (v. 1039) schließlich rekurriert der Chor auf die schon von Okeanos und jetzt von Hermes eingesetzte vermittelnde Kraft der Peitho, die sich freilich nur als eine Art Additum zu der von Kratos und Bia ins Werk gesetzten körperlichen Bezwingung offenbart.

Insgesamt ergibt sich bis zu diesem Punkt das Bild, dass mit einem Nachgeben des Prometheus die Ordnung der Gemeinschaft im Kosmos endgültig hergestellt werden könnte. Die zustimmende Haltung des Chores lässt sich im Sinne einer ›logischen Konsequenz‹ als Fortsetzung seiner in den vorherigen Chorliedern gewonnenen Erkenntnis der Auswegslosigkeit sehen. Somit stehen sich nunmehr, so scheint es zunächst, Prometheus auf der einen und der Chor und Hermes auf der anderen Seite gegenüber, ohne dass freilich der Chor seine Sympatheia aufgegeben hätte. Prometheus jedoch bleibt, trotz vollkommener Isolation, sich selbst treu und steigert konsequent die Verhärtung: Mit v. 1040 antizipiert er visuell und akustisch – es setzen nun Anapäste ein, welche Tempo und Emotionalität erhöhen – den bevorstehenden Untergang in den Tartaros als Verschärfung seiner Qual.

---

50 Laut Griffith, Aeschylus, Prometheus Bound (wie Anm. 6) 252 handele es sich um einen Ausspruch in Form eines »pious disclaimer«, Adrasteia könne gleichgesetzt werden mit Nemesis oder auch Phthonos. Allerdings ist Adrasteia, die Bezüge zur kleinasiatischen Kybele aufzuweisen scheint, im Mythos auch Helferin bei der Geburt des Zeus; die von ihr verkörperte Unentrinnbarkeit tendiert vor allem in die Richtung ›zwangsläufige Strafe‹. Doch abgesehen von vorliegender Stelle findet Adrasteia bei Aischylos keine Verwendung und ist auch sonst in der Tragödie sehr selten, so offenbar nur Euripides, ›Rhesos‹ v. 472. Vgl. die Beschwörungsformel Platon, ›Politeia‹ 451a 3 – 4.

Danach diagnostiziert Hermes erneut Dreistigkeit und Wahnsinn (vv. 1054 – 1057) und gibt den vollendet Widerwilligen auf. Den Chor aber warnt er vor einem weiteren Aufenthalt bei Prometheus und rät ihm angesichts des drohenden Kataklysmos zum Rückzug; aufschlussreich hierbei ist nochmals die Betonung der sympathetischen Haltung des Chores (ξυγκάμνουσαι, v. 1059). Jetzt aber vollziehen die Okeaniden einen anscheinend ganz unerwarteten Umschwung, der sich durch den Wechsel in den Anapäst auch rhythmisch bemerkbar macht: Sie folgen dem Rat des Hermes nicht, sondern bleiben bei Prometheus. Zur Begründung geben sie an (vv. 1067 – 1070): Sie wollen keine κακότης üben (etwa »Schlechtigkeit«, aber auch »Feigheit«), sind bereit, alles zu erdulden (πάσχειν), und, so lauten die letzten Worte des Chores überhaupt, sie haben »gelernt, Verräter zu hassen« (τοὺς προδότας γὰρ μισεῖν ἔμαθον), denn Verrat sei eine verabscheuungswürdige Krankheit (νόσος).

Diese überaus nachdrücklichen Urteile stellen einerseits einen Vorwurf an Zeus und seine Sippe dar, die ja zweifelsohne ihren einstigen Verbündeten Prometheus hintergangen hatten: In den Worten des Chores, der ein historisches Faktum ausspricht, bricht der Konflikt wieder vollumfänglich auf; somit verschärft der Chor zu guter Letzt die Lage, und dies erheblich. Andererseits bleiben die Okeaniden mit ihrer Treuebekundung aber im Endeffekt sich selbst konsequent und treu, waren sie trotz aller Kritik an Prometheus und der Einsicht in die Überlegenheit des Zeus, trotz der daraus resultierenden eindringlichen Ratschläge und gar der Tendenz, Prometheus weiter zu isolieren, doch stets φίλοι ihres Verwandten geblieben; das von ihnen zum Ausdruck ihrer Abscheu verwendete Verb μισεῖν ist semantisch gesehen der Gegensatz zu φιλεῖν.

Die jetzige Aussage des Chores, dahingehend »gelernt« zu haben, die Verräter zu hassen und Prometheus gerade nicht letztgültig zu isolieren, stellt einen gewiss überraschenden Umschwung dar, nachdem die Vorstellung des πάθει μάθος bisher doch relativ eindeutig und breit ausgeführt der Einsicht in die Überlegenheit des Zeus gedient hatte: In den Chorliedern hatte sich das eigene Pathos durchgehend in Gestalt von Mitleiden, Ehrfurcht, Angst und Hoffnungslosigkeit kundgetan. Legt man den interpretatorischen Maßstab der ›Konsequenz‹ an, so mag man in der Tat einen Widerspruch erkennen, wenn der Chor sich nun doch auflehnt und das eigene, im Schlüsselvers 553 mit ἔμαθον τάδε kulminierende Lernen somit nicht nur widerruft, sondern hier mit μισεῖν ἔμαθον sogar explizit umqualifiziert – womit ja auch der Affekt in Gestalt von »Hass, Verachtung, Abscheu« die auf so etwas wie ›Vernunft‹ basierende Einsicht ablöst und die vorherige Resignation, ja Kapitulation gegenüber Zeus anscheinend widerrufen wird. Doch ist in einer Tragödie der Maßstab der Folgerichtigkeit und inneren Stimmigkeit keinesfalls zwingend anzusetzen. Vielmehr erzeugt ein so plötzliches Umschlagen beim Zuschauer dramaturgisch wie insbesondere gehaltlich hohe Wirkung, denn dem Rezipienten wird so unvermittelt eine neue Änderung der Perspektive beigebracht.[51]

---

51 Zu vorliegendem Scheinproblem, das sich letztlich aus der Orientierung an einer klassizistischen, nach innerer Harmonie und Einheit eines Kunstwerkes suchenden Poetik des 18. und 19. Jahrhunderts ergibt,

Jedoch lassen sich für den als so plötzlich erscheinenden Entschluss des Chores, nun doch zu verharren und standzuhalten, sehr wohl auch ›logische‹, das Erfordernis einer Konsequenz befriedigende Gründe angeben. Wenn der Chor auf den von Hermes gegebenen Impuls, von Prometheus abzurücken, mit dem Argument des Verrats reagiert, so liegt dieser Haltung ganz offensichtlich die Verwandtschaft der Okeaniden mit Prometheus und die gegenseitige φιλία zugrunde, wie sie im allerersten Vers der Parodos zum Ausdruck gekommen war. So definiert der Chor seine eigene Position *ex negativo* zu der des Zeus, aber auch des eigenen Vaters Okeanos. Die Gegnerschaft beider zu Prometheus ist ja nicht per se und voraussetzungslos gegeben, sondern fußt in der Tat auf eigenem, nicht-bedingten und vorbedingenden Verrat. Somit ist in der Summe zu konstatieren, dass anders als alle sonstigen Beteiligten allein der Chor der Okeaniden nicht die Seite wechselt. Dieses Bleiben aber erzeugt beim Zuschauer den Eindruck, dass der Position des isolierten tragischen Helden eine (neue) Rechtfertigung widerfährt und dass auf dessen Seite eine eigenständige Ordnung existiert.[52]

Wesentliches Charakteristikum der Schlusspartie ist aber auch das Scheitern der Peitho, nun eben auch gegenüber dem Chor. Die Unwirksamkeit der auf Überzeugen, Nachgeben und Gehorchen abzielenden Peitho, mag sie auch Drohung und Zwang enthalten, zieht sich durch das ganze Stück. Im weiteren Verlauf der anzunehmenden Trilogie spielte Peitho aber, da sie wohl zunehmend auf Aufrichtigkeit und schrittweisem Entgegenkommen beruhte, vermutlich eine zentrale Rolle für die Konfliktlösung.[53] Sinnfällig werden Einsatz und Scheitern der Peitho durch die Wortwahl des Chores in vv. 1064 – 1066 (φώνει, παραμύθου, πείσεις), wird doch hier auffallend verdichtet der Vorgang der intendierten Überzeugung reflektiert, und durch den empörten Vorwurf an Hermes, er habe ein Wort wie ein Fangnetz über den Chor werfen wollen: παρέσυρας ἔπος.[54] In der Tat stellen die Worte des Hermes weniger ein sachliches Argumentieren oder auch nur ein rhetorisches Einlullen dar, als eine offene Drohung der Gewaltanwendung: Peitho steht hier im Dienste von Gewalt und Macht;

---

bemerkt Bollack mit Verweis auf diejenigen Beiträge, die Anstoß an dieser Inkonsistenz genommen haben (vgl. auch Anm. 4 und 5), vollkommen zu Recht: »But antitheses, and even contradictions, are revelatory, and can help overcome over-simple readings« (J. Bollack, ›Prometheus Bound‹. Drama and Enactment, in: D.L. Cairns – V. Liapis [Eds.], Dionysalexandros. Essays on Aeschylus and His Fellow Tragedians in Honour of A.F. Garvie [Swansea 2006] 79 – 89, hier: 89).

52 Was die Verbindung des Okeaniden-Chores mit dem Raum des tragischen Geschehens betrifft, so wird nun das in der Parodos durch Neugierde motivierte Kommen aus der Luft abgelöst durch das in Mitleiden und Treue begründete Verharren auf der Erde und sogar das Versinken in ihr.

53 Vor allem Gaia dürfte im ›Prometheus Lyomenos‹ ihren Sohn zum Nachgeben bewogen haben: Die (durch φιλία ohnehin ihren Kindern zugetane) alte ›Mutter Erde‹ gäbe somit auf der Ebene der beiden Familien einen wirkungsvollen Kontrast zu Zeus als gewalttätigem Vater der jungen Herrscherfamilie ab. Freilich war mit der Tötung des Adlers durch Herakles, den – als jung zu denkenden – Sohn des Zeus, auch Gewalt zur Lösung des Konflikts notwendig. Inwieweit sich Zeus selbst wandelte, ist Gegenstand intensiver Forschungsdiskussion; die als recht sicher anzunehmende Freilassung der Titanen, die im ›Prometheus Lyomenos‹ als Chor auftraten und mit der Parodos buchstäblich Bewegung brachten, zeugt von einem ersten Entgegenkommen.

54 Zur Metapher siehe The Prometheus Bound of Aeschylus. Ed. with Introduction and Notes by H. Rackham (Cambridge 1899) 81 f.

da πείθω »ich überzeuge« etymologisch verwandt mit πιστός und wohl auch lateinisch *fides* ist, würde ihr Erfolg ein Treuebekenntnis des Überzeugten zu Zeus bedeuten.

Das Nichteinlenken des Chores kommt umso wirkungsvoller zum Tragen, als dieser kurz zuvor in v. 1039 gegenüber Prometheus mit dem Signalwort πείθου noch selbst auf die förderliche Wirkung der Peitho hinwies. Nun aber hat die Drohung des Hermes mit unmittelbarer Gewalt auch gegenüber den Okeaniden nicht mehr Einsicht zur Folge, sondern Widerstand. Das μισεῖν ἔμαθον (v. 1069) des Chores bekundet die eigene Abscheu gegenüber der Partei des Zeus und offenbart die Bereitschaft zu neuem Pathos nach dem Scheitern einer ›Peitho mit Gewalt‹. Lernen führt nicht zu Maßhalten, das im ›Prometheus‹ per se negativ als Unterordnung definiert ist, sondern zu neuem Pathos – gewissermaßen ein μάθει πάθος, ja ein πειθοῖ πάθος, da die so ungeschickt ›durchsichtig‹ eingesetzte Peitho sogar zur Verschärfung beitrug.

Den klaren Entschluss des Chores kennzeichnet Hermes dann als wissentliche Selbstverstrickung in das unentrinnbare, unendliche Netz der Ate. Bild und Diktion sind aischyleisch.[55] Doch wo sich sonst, etwa im Falle von Agamemnon und Klytaimestra, das Netz der Ate durch geschickte Rhetorik, eben Peitho, um das Opfer legt, welches seiner eigenen mangelnden Einsicht und affektiven Steuerbarkeit unterliegt, wird hier angekündigt, dass die Okeaniden wie Tiere gejagt und von Zeus gefangen würden – nicht heimlich, sondern ohne Umschweife: Die Okeaniden drohen zu Opfern zu werden so wie Io, ihre Alters- und Geschlechtsgenossin. Auch erinnert das Bild von Jagen und Fangen an den Orest der ›Eumeniden‹, auf den die Erinnyen zumal im Hymnos Desmios, dem »Fessellied«, zugreifen wollen. Während indes Io und Orest schon mit Wahnsinn geschlagen sind und nicht wirklich wissen, wie ihnen geschieht, attestiert Hermes dem Chor zwar ebenfalls Dummheit (ἄνοια, v. 1079; betroffen sind letztendlich die φρένες, v. 1061), macht jedoch zugleich eine explizite Vorankündigung der Bestrafung, welche über »Wissende« komme (εἰδυῖαι): Dieser Fremdbefund gegenüber dem Chor steht in Übereinstimmung mit dem Selbsteingeständnis des Prometheus, dass er wissentlich gefehlt habe (v. 266). Auch wenn die Okeaniden als Chor nicht selbst zur tragischen Figur werden können, ist ihre nun – in den Worten des Hermes zum Ausdruck kommende – so eindeutige Parteinahme für Prometheus überaus bemerkenswert, mit dem sie nun auf einer Ebene stehen: Beide haben sich selbst durch Unnachgiebigkeit zum Opfer gemacht und verstrickt.

Der ›tragische Wahnsinn‹ – vom Dichter vokabularisch und metaphorisch typifiziert – habe, so stellt es Hermes dar, sowohl Prometheus als auch die Okeaniden ergriffen; mit v. 750 der ›Perser‹ gesprochen ist die νόσος φρενῶν über sie gekommen. Da ist es nun mehr als frappierend, wenn der Chor in seinen allerletzten Worten (vv. 1069 f.) das ihm angeratene Abrücken von Prometheus, mithin, in den Worten des Hermes gesprochen, das Abrücken vom Wahnsinn und das als Option offenstehende Sich-heraus-Winden aus dem Netz der

---

55 Vgl. ›Perser‹ vv. 97 – 100 (der Mensch allgemein; Xerxes); ›Agamemnon‹ vv. 357 f. (die Trojaner, aber auch die beiden Atriden), v. 1382 (die ›Verwicklung‹ Agamemnons), vv. 1492 f.; ›Choephoren‹ vv. 331 f. (der Hymnos Desmios).

Ate, seinerseits als νόσος kennzeichnet. Also transponiert sich der unlösbare Konflikt (unlösbar insbesondere durch Peitho) auf die Ebene metaphorischen Sprechens – wie eben der Vorstellungsbereich ›Krankheit‹ aus dem traditionellen Repertoire der aischyleischen Tragödie bekannt ist – und bildet sich, über das rein Körperlich-Faktische in Gestalt von Fesselung und Kataklysmos hinaus, darin ab, dass jeder der beiden Disputpartner die den Zustand der Unordnung anzeigende νόσος dem anderen attestiert und ihn dafür verantwortlich macht. Im Widerstreit der Positionen, in dem nicht mehr argumentiert wird, tritt dem Zuschauer die Nichtanpassung an die neue Weltordnung des Zeus ebenso als νόσος entgegen wie der Verrat an der alten Ordnung, welche sich im Zusammenhalt der durch φιλία und Charis geprägten Sippe manifestiert.

Insgesamt erstaunt es in hohem Maße, wie sehr der zuvor so vorsichtige, zurückhaltende und über weite Strecken hinweg schon resignative Mädchenchor der Okeaniden am Ende den Konflikt verschärft. Doch ist es ja gerade ein Spezifikum der aischyleischen Tragödie, dass sich das Tragische aus dem Widerspiel zwischen subjektiven Wünschen nach der Herstellung von Ordnung einerseits und der aus den verschiedenen Positionen resultierenden Zuspitzung des Konflikts andererseits ergibt. Insofern lässt sich sagen, dass auch der Chor im ›Prometheus Desmotes‹ als Boden dieser Tragödie den Konflikt auf seinen Grund zurückzuführen hilft.[56]

III. Ein Fazit

Wie ist die Entwicklung hin zur Schlussszene nun auch in der Gesamtschau auf die Tragödie zu deuten? Von der Parodos an macht der Chor im unmittelbaren Angesicht des Leides von Prometheus eine eigene, tiefgreifende Leiderfahrung, die man grundsätzlich gewiss als durchgehende Sympatheia charakterisieren kann. Doch erschöpft sich die Funktion des Chores keineswegs darin, durch solches Mitleiden lediglich das Pathos auch auf Seiten des Zuschauers zu vertiefen. In der amoibaischen Parodos und im Ersten Epeisodion äußert der Chor, der von Anfang an in direktem Kontakt mit Prometheus steht, expressive Klage über ein offenkundiges Unrecht. Im Gespräch mit dem Opfer Prometheus schwankt der Chor, dem – nicht zuletzt wegen seiner traditionell chorischen Eigenschaft als Verkörperung von Ordnung – an einer positiven Wendung liegt, zunächst zwischen dem Rat zum Nachgeben und der Bekräftigung, dass sich Prometheus seinerseits einmal durchsetzen werde. Dem Chor fehlt es also hier an einer eindeutigen Position; er ist aber grundsätzlich in φιλία dem Protagonisten zugetan.

Das Erste Stasimon vollzieht eine auf den gesamten Kosmos, auf Natur und Menschheit ausgreifende Klage, womit sich dieses Chorlied weiterhin in der Stimmung der Parodos

---

[56] Vergleichbar ist die Haltung des Chores im ›Agamemnon‹, die sich von Skepsis und Kritik gegenüber dem König in all seinem Unrecht hin zu offener Parteinahme für den getöteten, ungerecht behandelten Herrscher entwickelt.

bewegt. Doch bietet es Neues: Denn der Chor, der nun auch zum ersten Mal alleine in der Orchestra singt, unterstützt nicht etwa den vorherigen Rat des Okeanos, dass sich Prometheus im Sinne des (aischyleischen) πάθει μάθος und des σωφρονεῖν Zeus unterordnen solle, sondern er bringt, unter weiterer Anklage des Unrechts, unterschwellig eine der Charis zwischen Mensch und Gott folgende Mithilfe der Menschheit ins Spiel – jedoch wird diese Hilfe für den Menschenfreund Prometheus noch im Chorlied selbst widerrufen.

Als dann Prometheus die Möglichkeit einer Überwindung des Zeus andeutet, bildet die im Zweiten Stasimon folgende Reaktion des Chores dazu einen denkbar starken Gegensatz. Denn dieses Chorlied ist eine Predigt der frommen Unterordnung unter die Herrschaft des Zeus und steht, da das Leid des Prometheus nun nüchtern konstatiert wird, unter dem Signum des πάθει μάθος: Offenkundig schließt sich der Chor der Haltung seines Vaters Okeanos an. Auch der Widerruf der ἐλπίς – der Hoffnung, ja auch des eigenen Wollens überhaupt – fällt auf, wie auch der Chor die Charis zwischen Mensch und Gott nun eminent in Frage stellt, zumal die Menschen schwachen Eintagswesen glichen. Insofern also gerät Prometheus durch die Worte des Chores nun in Isolation. Durch die Absage an menschliche ἐλπίς, die per se auf eine Zukunft gerichtet ist, evoziert der Chor eine Art immerwährender Gegenwart der ἁρμονία des Zeus. Da aber dessen Herrschaft von Gewalt geprägt ist, trägt dieses Chorlied den Ton der Hoffnungslosigkeit, der Trostlosigkeit. In v. 553 wird, in der Mitte dieser Tragödie, mit ἔμαθον die Summe der resignativen Erkenntnis gezogen.

Zeus, Oberhaupt einer neuen Herrscherfamilie, wird übergriffig auf den Menschen Io, die in Wahnsinn verfällt. Ihre ›Heilung‹ in Gestalt der Prophezeiung des Prometheus, welche ineins geht mit der positiven Wendung für den Vorhersager, erscheint in der Gegenwart des Dramas mehr als unsicher, denn Io flüchtet als Getriebene weiter. Demgemäß ist das Dritte Stasimon weiterhin von tiefer Hoffnungslosigkeit und dem Anerkennen der μῆτις des Zeus geprägt, die freilich eine rein negative Wirkung zeitigt. Zudem aber führt dieses Chorlied vor, dass menschliche Weisheit, wie sie in der Gnome der Selbstbeschränkung zum Ausdruck kommt, nichts wert ist und keinen Orientierungsmaßstab bieten kann, ebenso wenig wie Frömmigkeit. Diese Erkenntnis bedeutet eine nochmalige Zuspitzung gegenüber dem Zweiten Stasimon, so dass man fast von einer Kapitulation sprechen kann.

Soweit also vermittelt der Chor dem Zuschauer, bei aller fortbestehenden Sympatheia für Prometheus, im Verlauf der Tragödie immer mehr die Unlösbarkeit der Situation: Die Isolation des Prometheus steigert sich in den Worten des Chores; andererseits ist die Menschheit der Macht des Zeus und seiner Sippe hilflos ausgeliefert – hier hilft auch keine Orientierung an der Norm von Frömmigkeit und Maßhalten. Während bei Prometheus das πάθει μάθος (freilich in seiner gegenüber der ›Orestie‹ pervertierten Form) ganz offensichtlich versagt und der Titan aufgrund seines machtvollen Geheimnisses immer verstockter wird, so öffnet sich der Chor im Anblick des fortgesetzten, ja sich verschärfenden Pathos von Gott und Mensch (vorgeführt durch das Opfer Io) dem πάθει μάθος geradezu notgedrungen – doch der zu erreichende Maßstab des σωφρονεῖν wird sich unter einer Tyrannis gar nicht verwirklichen lassen.

Wenn aber der Chor schließlich Prometheus in den Untergang folgt, so ist hierfür die φιλία entscheidend, die auf Verwandtschaft und auf der Existenz einer alten Sippe fußt. Das Aufsichnehmen des Leides trotz ›besserer‹ Einsicht – in den Opportunismus der Unterordnung – und trotz der Möglichkeit billig davonzukommen, ist aber auch eine Absage an die zuvor breit evozierte Resignation und an den ›Opferstatus‹, der die Okeaniden gewissermaßen mit Io verbunden hatte. Die zu v. 553 sich in stärkstem Gegensatz fügende Erkenntnis μισεῖν ἔμαθον in v. 1069 ist ein Bekenntnis zum eigenen Pathos auf Seiten des stammverwandten Gottes.

Auch wenn ein Tragödienchor selbst generell keine tragische Figur ist und trotz bisweilen körperlicher Bedrohung nicht sterben kann, so lässt sich die Schlussszene doch als eine Situation der Entscheidung sehen: Hier werden gerade die für die Tragödien des Aischylos im Zuge der ›tragischen‹ Entscheidungen so wichtigen und typischen Faktoren ins Spiel gebracht und sprachlich-bildlich ins Werk gesetzt: Peitho und deren Scheitern, das Netz der Ate, das Verfallen in Sinneskrankheit, die metaphorische Qualifizierung von Konflikt und Unordnung als Krankheit – und dies gegenüber dem Chor. Seiner Entscheidung für das Pathos folgt der Kataklysmos als Reaktion und Strafe des Zeus; mithin lässt sich hier die Abfolge von Tat und Gegentat sehen.

Der im Ganzen zweifellos aischyleisch verfahrende Dichter des ›Prometheus Desmotes‹ bedient sich für die Schlusspartie seiner Tragödie offenkundig einer Variation, wenn man einen Vergleich mit den Danaiden und den Erinnyen anstellt: Er lässt den zuvor scheinbar so passiven, jedoch durch Reflexionen den Konflikt wesentlich mitbegründenden Chor der Okeaniden zum Schluss hin plötzlich sehr ›aktiv‹ mit eintreten und ordnet ihn, was das Auffälligste ist, unvermittelt in das typifizierte tragische Schema ein – unvermittelter als die sich von vornherein unmittelbar einbringenden Chöre der Danaiden und der Erinnyen in den ›Hiketiden‹ von 463 v. Chr. und der ›Orestie‹ von 458, übrigens ebenfalls weibliche Chöre. Vielleicht lässt sich diese Variation als eine experimentelle Zuspitzung werten und als etwas mindestens ebenso Ungewöhnliches sehen wie weitere von Teilen der Forschung ausgemachte Andersheiten dieser Tragödie. Ein Argument zumindest gegen die Authentizität des ›Prometheus Desmotes‹ lässt sich hieraus nicht ableiten.

GEORG RECHENAUER

Ethos und Dianoia in sophokleischer Dramaturgie

I

Ich muß leider mit einer kleinen Enttäuschung beginnen: Die im Titel genannten Begriffe ἦθος und διάνοια sind in den überlieferten Stücken des Sophokles in verbalisierter Form nur sehr dürftig präsent. Das Wort ἦθος begegnet nur in insgesamt drei Belegen,[1] während διάνοια überhaupt nicht vorkommt. Da mag es nur ein schwacher Trost sein, daß auch Euripides den Terminus διάνοια nur ein einziges Mal verwendet, während ihn Aischylos gerademal in neun Belegen hat.[2] Und doch sind diese beiden Termini von eminenter Bedeutung für das Verständnis der griechischen Tragödie. Nach einer entsprechenden Begründung muss man nicht lange suchen. Es handelt sich hier um ein Begriffspaar, das Aristoteles in seiner ›Poetik‹ für die Analyse der Tragödie als Bestimmungswert für die Qualität der tragischen Handlung zugrunde legt. Daran wollen wir uns hier halten, wobei wir uns natürlich bewusst sind, dass es nicht um eine unbesehene Adaption aristotelischer Begrifflichkeit auf die Tragödie des 5. Jh. gehen darf.

Aristoteles unterscheidet im sechsten Kapitel der ›Poetik‹ sechs Teile der Tragödie, die diese in qualitativer Hinsicht bestimmen: Neben der Inszenierung, der melodisch-musikalischen und der sprachlichen Ausdrucksweise als den Mitteln, mit denen die Nachahmung vollführt wird, nennt er insbesondere als Eigenschaften der handelnden Personen ἦθος und διάνοια, dazu noch als letztes die Handlungsstruktur, wie sie im Mythos als Plot vorliegt. In der Wertigkeit verhalten sich die angeführten Teile freilich in der umgekehrten Reihenfolge. Dabei ist der Plot der Handlung für Aristoteles logisch früher zu den anderen qualitativen Teilen und darum entsprechend höher in der Wertigkeit angesiedelt.[3] Denn es kann nach seinem Verständnis – und dem wird man unschwer zustimmen dürfen – keine Tragödie ohne eine Handlung, ohne eine σύνθεσις τῶν πραγμάτων bzw. πρᾶξις geben, aber es könnte sehr wohl eine Tragödie ohne ἤθη, also ohne signifikante Personenzeichnung geben. Eine solche Tragödie wäre dann, so müssten wir folgern, im Nachvollzug der Handlung nicht

---

1 Sophokles, ›Aias‹ v. 595; ›Antigone‹ vv. 705, 746.
2 Aischylos, ›Hiketiden‹ vv. 10, 109; ›Sieben gegen Theben‹ v. 831; ›Agamemnon‹ v. 797; ›Eumeniden‹ v. 985, 1013; Frg. 394,10; 749,4; 767,3; Euripides, ›Hiketiden‹ v. 58. Nach LSJ s.v. διάνοια »rare in poetry«.
3 Dazu auch H.-J. Horn, Zur Begründung des Vorrangs der πρᾶξις vor dem ἦθος in der aristotelischen Tragödientheorie, Hermes 103, 1975, 292 – 299. Demgemäß ist auch der Text in Aristoteles, ›Poetik‹ 6, 1450a 17 – 20, den Kassel (Aristotelis De arte poetica liber, recognovit brevique adnotatione critica instruxit R. Kassel [Oxford 1965]) athetiert, als authentisch zu halten.

hinreichend realitätsnah und insofern in bezug auf die Motivation der Akteure nur wenig überzeugend.

Diese Parameter ἦθος und διάνοια sind ihrerseits Gegenstand der Nachahmung wie auch der Mythos, aber es dürfte klar sein, dass gerade sie die Handlung in ihrer Qualität bestimmen. So sagt Aristoteles (»Poetik‹ 6, 1449b 38): »Es sind ja diese Gegebenheiten, auf Grund deren wir auch den Handlungen eine bestimmte Beschaffenheit zuschreiben.« Eine unmittelbar anschließende, von Else und Kassel allerdings als Zusatz getilgte Formulierung[4] hatte die beiden Komponenten auch als, »von Natur aus ursächlich für die Handlungen«, πέφυκεν αἴτια τῶν πράξεων bezeichnet (›Poetik‹ 6, 1450a 1 f.). Aristoteles definiert die zwei Begriffe sodann im Anschluss wie folgt (1450a 5 – 7): »[…] mit der Wesensart aber meine ich das, wonach wir den Handelnden eine bestimmte Beschaffenheit zusprechen, unter Erkenntnisfähigkeit das, worin sie bei ihren Reden etwas aufzeigen oder auch eine Einsicht kundtun.«.

Man sieht also, daß es diese beiden Begriffe mit der Wirkqualität des dramatischen Spiels zu tun haben und deshalb im Rahmen einer rezeptionsästhetischen Hermeneutik gesehen werden müssen. Es soll uns hier um diese Termini als Bestimmungsmerkmale der tragischen Handlung gehen, weil sich von hier aus die Frage nach der Qualität des Handelns der menschlichen Akteure erschließt, damit auch das Problem eines Angebots möglicher Identifikationsmuster für den Zuschauer und damit auch die Bewertung von Schuld und Unschuld Kontur gewinnt. Unter dem Gesichtspunkt, daß die Handlung und ihr Fortgang als das Wesentliche am dramatischen Spiel wahrgenommen werden, dürfte sich die Legitimität der Anwendung dieser Kategorien aus der aristotelischen Poetik auf erhaltene Manifestationen der Gattung Tragödie erweisen.

II

Mit ἦθος meint Aristoteles vor allem die im Verhalten und im Handeln eines Menschen zutagetretende Eigenart seines Wesens,[5] und zwar speziell, insofern sie äußerlich beobachtbar ist, sich also im Gehabe und im Sprechen der Person zeigt. Damit dürfte klar sein, daß sich der Begriff nicht schlechterdings mit der Bedeutung unseres Wortes Charakter deckt,[6]

---

4 Der Zusatz findet sich in allen vom Hyparchetypus Ξ abhängigen Handschriften, er wurde als nicht authentisch („intrusion") von G. Else, Aristotle's Poetics: The Argument (Cambridge/MA 1957) 239 und in seiner Nachfolge von Kassel (wie Anm. 3 ad loc.) und Lucas (Aristotle Poetics, Introduction, Commentary and Appendixes by D.W. Lucas [Oxford 1968] 100: »probably a marginal explanation«) eingeklammert.

5 Vgl. die Definitionen ›Poetik‹ 6, 1450a 5 f., b 8 – 10 sowie cap. 15. Insgesamt stimmt der Befund hinsichtlich des Begriffs ἦθος mit dem Definitionsspektrum aus den ethischen Schriften weitgehend überein. Zu diesem Komplex vgl. E. Schütrumpf, Die Bedeutung des Wortes ēthos in der Poetik des Aristoteles (München 1970), S. Halliwell, Aristotle's Poetics (London ²1998) 138 – 167 (= cap. V, Action and character).

6 Gegen diese Gleichsetzung E. Schwartz, Ethik der Griechen (Stuttgart 1951) 16; M. Kommerell, Lessing und Aristoteles. Untersuchung über die Theorie der Tragödie (Frankfurt a. M. ³1960) 214. Das Problem auch von E. Schütrumpf gesehen, der zwar zu dem Ergebnis kommt, daß »so ziemlich alle Bedeutungen des

zumal dieses unverkennbar auf die Vorstellung einer umfassenden Prägung der gesamten Persönlichkeit geht, während ἦθος eher das persönliche Wesen in der Signifikanz einzelner Wesenszüge betrifft, etwa in Tapferkeit, Gerechtigkeit usw. Von hier aus ist leicht der Bogen zur Ethik hin zu schlagen, wo Aristoteles als Bestimmungsmomente menschlichen Verhaltens die so bezeichneten ἠθικαὶ ἕξεις ausmacht.[7] Er meint damit Verhaltensmuster, die sich durch Gewöhnung (ἔθος) an tugendhafte Handlungen ergäben und zunehmend zu festen Wesenszügen würden und als solche das Handeln und Verhalten des Menschen bestimmten. So wird beispielsweise nach Aristoteles die permanente Bemühung um tapferes Verhalten allmählich als fester Wesenszug internalisiert und trägt sodann immer mehr dazu bei, ein entsprechendes Verhalten in Gefahren an den Tag zu legen. Umgekehrt wirkt aber jedes neue Handeln auf die Ausformung des inneren Wesens zurück, so daß der Mensch auch über freiwillige Handlungen dieses Wesen weiter selbst ausbilden und vervollkommnen kann.[8]

Ein weiteres wichtiges Kriterium bleibt gleichwohl, daß auf das ἦθος nicht einfach aus den äußerlich beobachtbaren Handlungsweisen und deren Resultaten rückzuschließen ist.[9] Denn als entscheidendes Moment für die Bewertung einer Handlung nimmt Aristoteles die προαίρεσις, also die Entscheidung für ein bestimmtes Verhalten oder Handeln, die somit auch zum ausschlaggebenden Maßstab für die Beurteilung des ἦθος wird. Wenn es aber im Handeln nicht in erster Linie und ausschließlich auf das Resultat ankommt – denn ein Handeln kann trotz bester Absichten auch verunglücken –, sondern auf die Zielsetzung, die einem Handeln zugrunde liegt, so ist klar, daß auch für das ἦθος als Bewertungsmaßstab die Kategorien der ethischen Tugend fungieren, nämlich gut bzw. schlecht, edel bzw. schändlich.[10]

Was aber meint nun Aristoteles mit der διάνοια, die er sichtlich als Gegenstück zu ἦθος behandelt? Natürlich wird man hier unschwer an die kategoriale Aufteilung des Gesamtspektrums der Tugenden in ethische und dianoetische Tugenden zu denken haben, wie sie etwa am Ende des ersten Buches der Nikomachischen Ethik begegnet.[11] Als solche der διάνοια zurechenbare Tugenden wären etwa Intelligenz (σύνεσις) und praktische Einsicht (φρόνησις) zu nennen, also intellektuelle Fähigkeiten, die dem rationalen Seelenvermögen zugehören. Dem stehen beispielsweise als ethische *aretai* die Großzügigkeit (ἐλευθεριότης) oder die Besonnenheit (σωφροσύνη) gegenüber (andere Tugenden: Gerechtigkeit, Tapferkeit). Dieses Konzept ruht natürlich auf der aristotelischen Seelenlehre mit ihrer Zweiteilung des rationalen Seelenvermögens (λόγον ἔχον) in eine *ratio per se* und ein untergeordnetes,

---

    Wortes ›Charakter‹ im aristotelischen ἦθος« zu finden seien, aber auch einräumt, daß das deutsche Wort »seiner Bedeutung nach [...] umfassender als der Begriff ἦθος der aristotelischen Ethik« ist (Die Bedeutung des Wortes ēthos [wie Anm. 5] 43).
7 Vgl. Aristoteles, ›Nikomachische Ethik‹ I 13, 1103a 7 ff.; II 4, 1106a 11. Dazu auch Schütrumpf, Die Bedeutung des Wortes ēthos (wie Anm. 5) 23 ff.
8 Vgl. Aristoteles, ›Nikomachische Ethik‹ III 7, 1114a 4 – 10.
9 Schütrumpf, Die Bedeutung des Wortes ēthos (wie Anm. 5) 1.
10 Vgl. Aristoteles, ›Nikomachische Ethik‹ VIII 15, 1163a 23; ›Rhetorik‹ I 8, 1366a 15.
11 Aristoteles, ›Nikomachische Ethik‹ I 13, 1103a 3 – 7; II 7, 1108b 10; VI 1, 1139a 1 ff.

auf die Ratio hinorientiertes Seelenvermögen, das auf einer affektiven Grundlage aufruht (ἐπιθυμητικόν, ὀρεκτικόν).[12] Für Aristoteles bezieht sich διάνοια also auf das intellektuell-rationale Erkenntnisvermögen, wobei auch hier wieder der Zusammenhang mit προαίρεσις als der bewussten Entscheidung für ein Handeln einschlägig ist, allerdings nun in anderer, pragmatischerer Weise.[13] Denn hier handelt es sich nicht mehr um eine nach ethischen Präferenzen bestimmte Wahl, deren Maßgabe im handelnden Subjekt liegt und die die daraus entspringende Handlung als ›gut‹ oder ›schlecht‹ ausweisen würde, sondern um eine Entscheidung, die von der Erwägung und Berechnung des Nützlichen, also von der Maßgabe eines Objektiven ausgeht. Dementsprechend ist hier das resultierende Handeln vom Ergebnis her nach den Kategorien von ›richtig‹ und ›falsch‹ bzw. ›nützlich‹ und ›schädlich‹ zu bemessen. Der διάνοια als Handlungsgrundlage wohnt somit grundlegend das Konzept eines auf ein zu erzielendes Ergebnis hin orientierten Interesses inne.[14]

Entsprechende Merkmale weist auch die Definition auf, mit der Aristoteles die Bedeutung der διάνοια für den poetologischen Bereich im Vergleich und Unterschied zum ἦθος umschreibt (›Poetik‹ 6, 1450b 4 ff.): »Drittens das Erkenntnisvermögen. Dies meint die Fähigkeit, das Sachmögliche und das Sachangemessene auszusprechen (τὰ ἐνόντα καὶ τὰ ἁρμόττοντα), was bei den Reden durch die politische und rhetorische Kunst bewirkt wird. [...] Die Wesensart ist dasjenige, das offenbart, von welcher Art die Entscheidung ist (τὴν προαίρεσιν, ὁποία τις), [...] das Erkenntnisvermögen aber zeigt sich in dem, worin die Personen darlegen, daß (bzw. wie) etwas ist (für sie) oder nicht ist (ὡς ἔστιν ἢ ὡς οὐκ ἔστιν), und wenn sie allgemeine Urteile abgeben.«

Nach diesen Ausführungen manifestiert sich die διάνοια also im Reden der handelnden Personen als Aussprechen dessen, was als sachmöglich erkannt und als sachlich geboten gelten darf. Ein solches Vermögen ist damit in seiner Orientierung entscheidend auf eine sachbestimmte, objektive Ebene hin ausgerichtet, in seiner Zielsetzung ist es praktisch, nicht theoretisch.[15] Es kommt unschwer der aristotelischen *phronesis* nahe und entspricht ungefähr dem, was man unter einer »praktischen Vernunft« versteht. Maßgeblich für das Begriffsverständnis bleibt, daß es in einer Pragmatik des Irdischen, also im Gefüge immanenter Weltbezüge angesiedelt ist und von transzendenten Sinnverweisen weitgehend freibleibt.[16]

---

12 Vgl. Aristoteles, ›Nikomachische Ethik‹ I 13, 1103a 1 ff. Zur Interpretation richtig Schütrumpf, Die Bedeutung des Wortes ēthos (wie Anm. 5) 22 f. gegen Dirlmeier (Aristoteles, ›Nikomachische Ethik‹. Übers. u. komm. v. F. Dirlmeier [Darmstadt ⁵1969] 293 Anm. 25, 3).
13 Zur Verbindung von διάνοια und προαίρεσις vgl. Aristoteles, ›Nikomachische Ethik‹ VI 2, 1139a 33 f.
14 Vgl. die entsprechenden Ausführungen des Aristoteles in ›Nikomachische Ethik‹ VI 2 f., 1139a 1–b 12.
15 Aristoteles, ›Metaphysik‹ E 1, 1025b 25 unterscheidet eine διάνοια πρακτική, ποιητική und θεωρητική. Nur erstere, die auf ein Handeln gerichtete, kommt aber für unseren Zusammenhang in Frage.
16 Dieser Sachverhalt wird in der Regel übersehen. So führt M. Fuhrmann in seiner Übersetzung der ›Poetik‹ dazu aus (Aristoteles, ›Poetik‹. Eingeleitet, übersetzt und erläutert v. M. Fuhrmann [München 1976] 51 Anm. 6): »[...] die intellektuellen Fähigkeiten, das Erkenntnisvermögen und die darauf beruhenden Erkenntnisse [...], ferner [...] der sprachliche, in bestimmter Weise argumentierende Ausdruck des Erkannten.« LSJ s.v. διάνοια: »intellectual capacity revealed in speech or action by the characters in drama«.

Gerade in der Formulierung ὡς ἔστιν ἢ ὡς οὐκ ἔστιν, die deutlich an die Prägung im Homo-mensura-Satz des Protagoras erinnert, wird die Eigenart der διάνοια als eines auf ein objektives Außen bezogenen Vermögens deutlich, das in der Bestimmung dieser Objektivität gleichwohl von der eigenen Subjektivität abhängt. Denn natürlich ist klar, daß die Einschätzung dieser immanenten Pragmatik nicht nach einem absoluten Erkenntnismaßstab erfolgen kann, sondern von dem je individuellen Beurteilungsvermögen her bestimmt ist. Insofern erweist sich die διάνοια als etwas Relatives, das diskurstauglich wird, dessen Tragfähigkeit sich erst in der wechselseitigen Verortung durch einen Diskurs klarer konturieren kann. Übrigens sei hier darauf hingewiesen, daß der antike, vor allem im Neuplatonismus übliche Begriff für Diskurs eben διάνοια lautet. Damit wird der diskursive Weg des Denkens, der auch hier jeweils auf das innerweltliche Sein beschränkt ist, im Unterschied zur intuitiven Erkenntnis, der ἐπιβολή, die den transzendenten Bereich erschließt, bezeichnet.[17]

Infolge dieser begrifflichen Aufladung ordnet sich διάνοια unschwer dem Horizont der Rhetorik ein, wie das Aristoteles in Kap. 19 der ›Poetik‹ deutlich macht. Er weist dort der διάνοια alles zu, »was mit Hilfe von Worten zubereitet werden soll« (ὅσα ὑπὸ τοῦ λόγου δεῖ παρασκευασθῆναι, 1456a 36 – 37), also die rhetorischen Techniken, unter denen er folgendes spezifiziert: Beweisen und Widerlegen, das Hervorrufen von Erregungszuständen wie Jammer oder Schauder oder Zorn, sowie die Verfahrensweisen, einem Gegenstand größere oder geringere Bedeutung zu verleihen.[18]

Wir können also in den aristotelischen Begriffen ἦθος und διάνοια unterschiedliche Diskurse der dramaturgischen Präsentation fassen, auf der einen Seite den Komplex, der die Verhaltensweise eines Akteurs von einer ethischen προαίρεσις her bestimmt, auf der anderen den logisch-rationalen Diskurs, dessen Grundlage die Erkenntnis innerweltlicher Funktionsbezüge ist. Die Leitfrage muß nun sein, wie diese Diskurssysteme sich in der Tragödie zueinander verhalten, wie sie auf die Akteure verteilt sind, wo sie im Gang des Geschehens übereinkommen und wo sie es polarisieren.

Ich beschränke mich in der Anwendung dieser Fragestellung auf Sophokles, wobei uns die Verhältnisbestimmung der beiden Parameter an zwei Stücken interessieren soll, die hierfür besonders aufschlußreich sind, an der ›Antigone‹ und dem ›Philoktet‹.

Das Entscheidende ist, daß sich diese beiden Diskurssysteme in den genannten Stücken in je gegenläufiger Dichte zeigen, um die Sympathielenkung der Rezipienten zu steuern. Grob gesagt kann man formulieren: Eine Zentrierung auf das ἦθος zeigt einen positiven Helden an, der in unmittelbarem Vertrauen auf das Göttliche und dessen Rechtsordnungen steht, die Präponderanz von διάνοια vermittelt hingegen ein bedenkliches Bild: Gerade derjenige, der meint, sich durch seine Ratio gänzlich in das Gefüge der Welt zu stellen,

---

17 So erstmals bei Philon Judaeus, ›De posteritate Caini‹ 79. Zu diesem Komplex vgl. ›Intuition‹ (Th. Kobusch), in: Historisches Wörterbuch der Philosophie 4, 1976, 524 – 540; ›Diskurs‹ (D. Böhler – H. Gronke), in: Historisches Wörterbuch der Rhetorik 2, 1994, 764 – 819.
18 Aristoteles, ›Poetik‹ 19, 1456a 34–b 8. Dort auch der explizite Hinweis, daß die Besonderheiten der διάνοια eigentlich in das Feld der Rhetorik gehören.

verkennt und verfehlt die Anpassung an die göttlichen Verhaltensnormen. Daher spiegelt sich in diesen Diskursen nichts weniger als die Inkompatibilität göttlicher und menschlicher Rechtsordnung und damit die Grundstruktur des Tragischen.[19]

Es mag nicht überflüssig sein, in diesem Zusammenhang auf ein vermutlich authentisches Selbstzeugnis des Sophokles hinzuweisen, das durch Plutarch überliefert ist.[20] Danach hat Sophokles seine dichterische Laufbahn in enger Anlehnung an Aischylos begonnen, sodann einen eigenen Stil entwickelt, der zunächst noch herb und gekünstelt war, um dann schließlich seinen Darstellungsstil abzuändern zu einer Form, die dort als ἠθικώτατον bezeichnet ist.[21] Damit ist wohl eine Art der sprachlichen Gestaltung gemeint, »die dem Charakter am stärksten Ausdruck verleiht«.[22] Diesem Zeugnis stellt sich sinngemäß eine Bemerkung aus der antiken Vita zur Seite, worin ausgeführt wird, Sophokles habe mit einem kurzen Halbvers oder einem einzigen Ausdruck eine ganze Person in ihrem Wesen charakterisieren (ἠθοποιεῖν) können.[23]

Wir wollen unseren kurzen Streifzug mit der ›Antigone‹ beginnen, nicht nur, weil sie eines der bekanntesten, sondern auch noch eines der früheren Stücke des Sophokles ist – es datiert auf den Zeitraum 442 – 440 v. Chr. –, mit denen, wie Bowra gezeigt hat, die Schaffensphase beginnt, in der dieser Tragiker den Darstellungsstil des genannten ἠθικώτατον in vollgültiger Form praktizierte.

III

Die Antigone ist vom Aufbau her ein regelrechtes Zweifigurendrama,[24] im Mittelpunkt stehen als Kontrahenten der neu zur Herrschaft über Theben gelangte Kreon und die Oidipustochter Antigone, deren beide Brüder, Eteokles und Polyneikes, sich im Kampf um die Herrschaft in ihrer Heimatstadt gegenseitig getötet haben. Der grundlegende Streit, der

---

19 Die Diskrepanz von göttlicher und menschlicher Rechtsordnung als Konstitutum des Tragischen betont mit Recht H. Patzer, Methodische Grundsätze der Sophoklesinterpretation, Poetica 15, 1983, 1 – 33, hier: 15 ff., wieder in: ders., Gesammelte Schriften. Hrsg. v. R. Leimbach u. G. Seidel (Stuttgart 1985) 433 – 469, hier: 447 ff.
20 Plutarch, ›De profectibus in virtute‹ 7 = ›Moralia‹ 79B.
21 Ebd. 79B, 1 – 5: Ὥσπερ γὰρ ὁ Σοφοκλῆς ἔλεγε τὸν Αἰσχύλου διαπεπαιχὼς ὄγκον εἶτα τὸ πικρὸν καὶ κατάτεχνον τῆς αὑτοῦ κατασκευῆς τρίτον ἤδη τὸ τῆς λέξεως μεταβάλλειν εἶδος, ὅπερ ἠθικώτατόν ἐστι καὶ βέλτιστον […].
22 So C.M. Bowra, Sophocles on His Own Development, in: ders., Problems in Greek Poetry (Oxford 1953) 108 – 125, jetzt deutsch in: H. Diller (Hrsg.), Sophokles (Darmstadt 1967) 126 – 146, Zitat 145. Ähnlich A. Schmitt, Bemerkungen zu Charakter und Schicksal der tragischen Hauptpersonen in der ›Antigone‹, Antike und Abendland 34, 1988, 1 – 16, hier: 1 f.
23 Vita Sophoclis (Σοφοκλέους γένος καὶ βίος) § 21.
24 Unbeeinträchtigt von dieser Benennung bleibt die Frage, wer nun in der Antigone der tragische Held ist. Entsprechend geht auch H. Patzer, Hauptperson und tragischer Held in Sophokles' ›Antigone‹ (Wiesbaden 1978) 45 – 114 von Kreon und Antigone als den »zwei vollgültige[n] Hauptpersonen der einen dramatischen Handlung« (ebd., 57) aus.

zwischen diesen beiden Protagonisten entbrennt, geht um die Frage, ob der im Angriff auf seine Vaterstadt gefallene Polyneikes – wie auch der Stadtverteidiger Eteokles – entsprechend den religiösen Verbindlichkeiten zu bestatten ist oder ihm als Landesfeind und Vaterlandsverräter ein Begräbnis verweigert werden soll. Die dramatische Durchführung des Themas ist bekannt: Antigone setzt sich über ein entsprechendes Verbot, das Kreon erlassen hat, hinweg, wird gefaßt, vor Kreon gebracht und von diesem zum Tod durch Verhungern verurteilt, wobei sie sich der Grausamkeit dieses Geschicks dadurch entzieht, daß sie sich in dem Felsenverließ, in das man sie gebracht hat, erhängt. Doch auch ihr Gegenspieler Kreon kommt nicht ungestraft davon: Sein einziger Sohn Haimon, der künftige Thronfolger und Verlobte Antigones, begeht aus Abscheu gegen seinen Vater wegen der Verurteilung seiner Braut in der Felsenkammer gleichfalls Selbstmord, indem er sich nach einem abgebrochenen Mordversuch gegen seinen Vater das Schwert in den Leib rammt. Dieses Leid wird schlußendlich noch auf ein äußerstes Maß gesteigert, indem auch die Ehefrau Kreons und Mutter Haimons, Eurydike, auf die Nachricht vom Tod ihres Sohnes hin ihrem Leben selbst ein Ende setzt. Am Ende umgeben vier Tote das verzweifelte, einsame Weiterleben Kreons als ein kontrastiver Rahmen des Leides, das maßgeblich durch sein Verhalten verursacht worden ist. Hier stehen sich in dialektischer Parallelität und in alternierender Geschlechtszugehörigkeit je zwei Angehörige gegensätzlicher Personengruppierungen gegenüber: Auf der Seite, die man nach den Kategorien der damaligen Sozialethik als die Feinde, die ἐχθροί Kreons, bezeichnen müßte, sind die Toten Polyneikes und Antigone, auf der Seite seiner Freunde, der φίλοι, sind es Haimon und Eurydike. Gerade durch die deutliche Verklammerung von Antigone und Haimon über die enggefaßten Grenzen der Freund-Feind-Perspektive hinweg wird augenfällig, daß es Sophokles auf eine Überwindung des Freund-Feind-Antagonismus und eine Lösung des tragischen Dilemmas im Menschlichen angekommen ist.

Ausgehend von dieser antilogischen Struktur im Handlungsverlauf des Stückes soll es uns hier um ein näheres Verständnis darüber gehen, wie Sophokles dieses tragische Konfliktpotential dramaturgisch in der Gestaltung der Hauptakteure, in deren ethischer und intellektueller Zeichnung umgesetzt hat. Denn es ist m. E. zu kurz gegriffen, wenn man sich mit der Aussage begnügte, Sophokles bringe in den Personen Antigone und Kreon gegensätzliche Positionen gleichen Rechts zum Ausdruck, sei es, daß man mit Hegel hier den unversöhnlichen Antagonismus von Familie und Staatsräson oder ähnliches sieht, um sich aus der schieren Unauflöslichkeit einer solchen Perspektive durch die Frage nach einer persönlichen Schuld der Protagonisten einen vermeintlichen Ausweg zu bahnen.[25] Wir sollten uns stattdessen bewußt sein, daß es sich zuvörderst um ein für eine Zuschauerschaft inszeniertes

---

25 Gerade neuere Arbeiten zur Tragödiendeutung stellen wieder verstärkt die Frage nach einer persönlichen Schuld in den Vordergrund, so A. Schmitt, Bemerkungen zu Charakter und Schicksal der tragischen Hauptpersonen in der ›Antigone‹ (wie Anm. 22), ders., Menschliches Fehlen und tragisches Scheitern. Zur Handlungsmotivation im Sophokleischen ›König Ödipus‹, Rheinisches Museum für Philologie 131, 1992, 8 – 30 E. Lefèvre, Die Unfähigkeit, sich zu erkennen. Sophokles' Tragödien (Leiden 2001) 73 – 117 (zur Antigone), J. Latacz, Einführung in die griechische Tragödie (Göttingen 2003) 212.

Stück handelt, dessen Rezeptionssteuerung wesentlich von der Art und Weise, in der die Antilogik durch die Sprachhandlungen der Akteure zur Darstellung kommt, abhängt.

Richtet man sein Augenmerk genauer auf die Sprachhandlungen, in denen die beiden Protagonisten Antigone und Kreon ihre Ziele verfolgen, so läßt sich zeigen, daß sich hier unterschiedliche Diskurse gegenüberstehen, deren argumentative Grundlage auf je verschiedener Ebene liegt. In dieser Divergenz polarisieren sich nämlich genau jene Darstellungsparameter von ἦθος und διάνοια. Verfolgen wir das kurz an einigen Beispielen der Antigone- und der Kreonlinie, wobei dann später noch die Figur Haimons einzubeziehen ist.

Es stellt m. E. eine bislang viel zu wenig betonte Auffälligkeit der Antigonefigur dar, daß diese am Anfang des Stückes relativ wenig argumentiert, um ihre Haltung und ihre Tatbereitschaft rational einsichtig zu machen.[26] Vielmehr führt uns der Prolog in dem Zwiegespräch mit Ismene eine Antigone vor, die sich nicht erst unter Abwägung von Für und Wider zu ihrem Vorhaben durchringen müßte, sondern unbedingt und ohne sonstige Umstände von der Absicht, den Bruder Polyneikes – trotz des ausdrücklichen Verbotes – zu bestatten, bestimmt ist. Während Ismene anfänglich noch in völligem Unwissen über die Situation des Bestattungsverbotes ist und dementsprechend auf die Mitteilung darüber mit der konventionellen Verhaltensmaxime reagiert, man müsse – zumal als Frau – »dem Willen derer folgen, die im Amte stehen«,[27] weiß Antigone genau und ohne jeden Zweifel, was sie tun will. Alles, was sie zu ihrem Anliegen formuliert, ist apodiktisch gehalten, hinter allen Fragen, die sie an Ismene richtet, steht für sie der unabänderliche Tatentschluß, der sich aus einer unhintergehbaren Klarsicht auf eine überirdisch-metaphysische Notwendigkeit[28] speist: nämlich das religiöse Gebot, als Blutsverwandte den toten Bruder zu bestatten.

Sie sucht nun in dem Gespräch auch gar nicht ihre Schwester von einer Tatmithilfe zu überzeugen,[29] vielmehr will sie sich lediglich von einer eventuellen Bereitschaft Ismenes zur Tatmithilfe vergewissern. Nachdem sie erkennen muß, daß eine solche Bereitschaft bei Ismene nicht gegeben ist, ja diese ihrerseits Antigone mit dem Hinweis auf das Menschenmögliche überzeugen will, von dem Vorhaben abzulassen, wendet sich Antigone brüsk von Ismene ab mit der Feststellung:[30] »Du aber halte, wenn es dir so erscheint, das, was bei den Göttern in Ehren steht, in Unehren.«

---

26 Es stellt eine grundsätzliche Verkennung dieses Umstandes dar, wenn etwa M.W. Blundell, Helping Friends and Harming Enemies. A Study in Sophocles and Greek Ethics (Cambridge 1989) 136 Antigone als »exceptionally rich in the language of reason and intellect« bezeichnet und darin auf eine Stufe mit Kreon stellt. So auch C. Knapp, A Point in the Interpretation of the ›Antigone‹ of Sophocles, American Journal of Philology 37, 1916, 300 – 316; R.F. Goheen, The Imagery of Sophocles' ›Antigone‹. A Study of Poetic Language and Structure (Princeton/NJ 1951) 75 – 100; G.M. Kirkwood, A Study of Sophoclean Drama (Ithaca/NY 1958) 233 – 236 (mit starkem Fokus auf Kreon); M.C. Nussbaum, The Fragility of Goodness. Luck and Ethics in Greek Tragedy and Philosophy (Cambridge 1986) 436 Anm. 6 (mit Bezug auf S. 51).
27 Sophokles, ›Antigone‹ v. 67: τοῖς ἐν τέλει βεβῶσι πείσομαι.
28 Vgl. H. Weinstock, Sophokles (Leipzig–Berlin 1931) 257: »[...] so daß man sagen könnte, das Selbstbewußtsein [...] sei nicht eine psychologische, sondern eine ontologische Kategorie.«
29 Sophokles, ›Antigone‹ vv. 69 f.: οὔτ' ἂν κελεύσαιμι οὔτ' ἄν, εἰ θέλοις ἔτι / πράσσειν, ἐμοῦ γ' ἂν ἡδέως δρῴης μέτα.
30 Sophokles, ›Antigone‹ vv. 76 f.: σὺ δ', εἰ δοκεῖ, / τὰ τῶν θεῶν ἔντιμ' ἀτιμάσασ' ἔχε. (Übers. G.R.).

Somit stehen sich in diesen beiden Figuren jeweils konträr die Ansprüche gegenüber, richtige Erkenntnis und richtiges Wissen für sich als Grundlage der eigenen Entscheidung zu besitzen und umgekehrt ein entsprechendes Bestreiten auf der Gegenseite. Ismene wirft Antigone permanent ein intellektuelles Versagen vor, das mit Ausdrücken wie ἄνοια oder δυσβουλία artikuliert ist (vgl. vv. 68, 95, 99), wie Antigone das fügsame Verhalten Ismenes auf ein subjektiv-vermeintliches Scheinwissen zurückführt. Doch hat Sophokles die hierüber geführten Diskurse auf unterschiedlichen Ebenen angesiedelt, so daß sich hier eine asymmetrische Sympathielenkung für die Rezeptionshaltung ergibt: Antigones Entschlossenheit gründet in ihrem ἦθος, in einem inneren, nicht vollkommen rationalisierbaren Wissen um die Notwendigkeit des von ihr intendierten Handelns, das den Maßstäben von – im ethischen Sinne – »schön« und »gut« folgt, wohingegen sie die von dem praktischen Nützlichkeitskalkül der Selbsterhaltung diktierten Rationalisierungen, die ihr Ismene vor Augen rückt, also den Gesichtspunkt der διάνοια ganz außer Acht läßt. Der Vorwurf ihrer Schwester »Ein heißes Herz hast du bei eisigen Dingen« (v. 88) zeigt genau, daß der Impetus Antigones im Affektiven gründet. Ihre Tatentschlossenheit hat ein unerschütterliches Fundament in ihrem inneren Wesen, in einem die diesseitigen Lebensbezüge transzendierenden religiösen Pflichtgefühl, welches ihr gebietet, den ihr wesensmäßig Verbundenen, den φίλοι, ihren unbedingten Beistand zu leihen. Das συμφιλεῖν ist ihre φύσις, wie sie an späterer Stelle (v. 523) betont, während Ismene gerade als Eigenheit ihrer φύσις die Schwäche eingesteht, sich der politischen Gewalt zu widersetzen.[31]

Dieses ἦθος ist zwar affektiv mitteilbar, aber es ist nicht logisch vermittelbar, weswegen auch Antigone auf jeden Versuch einer πειθώ verzichtet, sie sucht nicht mit den rhetorischen Mitteln und Strategien der διάνοια zu wirken und einen Gleichklang der Seelen herzustellen. Im Gegenteil, sie verbittet sich, nachdem sie die distanzierte Haltung Ismenes erkannt hat, jede weitere Anteilnahme der Schwester an ihrer Tat (vv. 69 f.). Sonach hat die Eingangsszene nicht etwa den Zweck, die Vergeblichkeit zu veranschaulichen in Antigones Versuch, Ismene zur Mithilfe zu bewegen, sondern an dieser fehlschlagenden Erkundung Antigones nach einer eventuellen Harmonie des ἦθος soll gerade ihre Sonderstellung über durchschnittliche Verhaltensmaßstäbe hinaus und ihre andersartige Orientierung umso deutlicher werden: Ismene hat sich demgegenüber in ihren Augen nicht als εὐγενής erwiesen.[32]

Es läßt sich an zahlreichen Aussagen verfolgen, daß Antigone in ihrem ἦθος eine φιλία-Konzeption vertritt,[33] die insbesondere derjenigen Kreons konträr zuwiderläuft, am deutlichsten artikuliert in dem berühmten Diktum (v. 523): οὔτοι συνέχθειν, ἀλλὰ συμφιλεῖν

---

31 Sophokles, ›Antigone‹ vv. 78 f.: [...] τὸ δὲ / βίᾳ πολιτῶν δρᾶν ἔφυν ἀμήχανος. Ismene darf man mit Recht als die Verkörperung der konventionellen athenischen Frauenschaft sehen. Vgl. Weinstock, Sophokles (wie Anm. 28) 99, 132 f.; M. Griffith, Sophocles Antigone (Cambridge 1998) 53.
32 Vgl. Sophokles, ›Antigone‹ v. 38: εἴτ᾽ εὐγενὴς πέφυκας εἴτ᾽ ἐσθλῶν κακή.
33 Auf die Bedeutung der φιλία-Konzeption für Antigone weisen mit Recht hin B.M.W. Knox, The Heroic Temper (Berkeley 1964) 80 – 88; R.P. Winnington-Ingram, Sophocles. An Interpretation (Cambridge 1980) 128 – 136; S. Goldhill, Reading Greek Tragedy (Cambridge 1986) 79 – 83; 88 – 106. Grundlegend zu diesem Komplex Blundell, Helping Friends (wie Anm. 26) 106 ff. mit weiterer Literatur. Allerdings wird in keiner dieser Arbeiten eine Beziehung auf das ἦθος Antigones hergestellt, vielmehr mit einem Motivations-

ἔφυν. Dabei ist das Fundament, auf welchem ihr φιλία-Bekenntnis ruht, unschwer zu erkennen: Es liegt in dem Verbindenden der natürlichen, blutsmäßigen Verwandtschaft, im Text artikuliert durch zahlreiche Ausdrücke mit φίλος oder den Präfixen συν- bzw. αὐτο-.[34] Sie sieht hier für sich die implizite Notwendigkeit einer sozial wie religiös begründeten Pflicht, die alle anderen, auf das praktische diesseitige Leben bezogenen Erwägungen übersteigt, weil in ihnen Ewigkeitscharakter liegt.[35]

Den verbotenen Bestattungsdienst dem Bruder zu erweisen und dafür zu sterben, ist für sie etwas sittlich Schönes (vv. 72, 97) und Frommes (v. 74): καλόν, ὅσιον. Dann werde sie, wie sie emphatisch betont, bei Polyneikes liegen »als Freund bei ihm, dem Freund« (v. 73): φίλη μετ' αὐτοῦ κείσομαι φίλου μέτα. In diesen Wunsch schließt sie mit ähnlichen Worten an späterer Stelle gleichfalls ihre Eltern ein (vv. 897 – 902).[36] Für sie ist das Bemühen um eine wechselseitige Stabilisierung und Stützung innerhalb des Genos ein inneres Verlangen, das sich aus ihrem Wesen wie ihrem religiösen Empfinden speist. Sie sieht ihr Verhalten durch eine absolute, natürliche Rechtsordnung des Göttlichen, die so bezeichneten „ungeschriebenen Satzungen der Götter" (ἄγραπτα θεῶν νόμιμα) angeordnet und gedeckt.[37]

Wenn nun Kreons Standpunkt damit überhaupt nicht in Einklang kommen kann, so hat dies seine eigentliche Ursache in einem andersartigen Verständnis von φιλία, das gänzlich im Funktionalismus der Staatsräson aufgeht. Kreon präsentiert sich in seinem Auftrittsmonolog als rationalistischer Sachwalter des Staatswesens, dessen menschliche Wertmaßstäbe allein von dem Gesichtspunkt der Nützlichkeit für die Polis bestimmt sind.[38] Nie darf jemand eine Freundschaft höherstellen als das Wohl des Staates.[39] Dementsprechend ist von den beiden Brüdern der eine, Eteokles, für ihn ein Held und Patriot, während Polyneikes als Verräter zu verwerfen ist. Daß er selbst dessen Onkel ist, blendet er vollkommen aus. Seine gesamte Argumentation fußt auf einem Rationalismus, dessen Eckpfeiler von innerweltlich-menschlicher Herkunft sind. Es erscheint ihm undenkbar, daß etwa die Götter um den unbestatteten Polyneikes Sorge tragen könnten, er reduziert das ihm gemeldete Faktum von der Bestattung des Leichnams sogleich auf den Verdacht einer politischen Intrige.[40] Um seine Haltung zu

bündel gerechnet. So verweist Blundell (ebd., 111) auf »a confluence of affection, principle and unconventional self-interest, involving piety, justice, renown, honour, *eugeneia* and her own long-term well-being.«

34 Sichtbar auch in Antigones Adresse an Ismene zu Eingang des Stückes v. 1, die sich eng mit dem emphatischen Ausruf (v. 10), »welches Unglück auf unsere Freunde von den Feinden her zukommt«, zusammenschließt. Vgl. auch v. 48, wo von unmittelbar persönlicher Zugehörigkeit die Rede ist.
35 Vgl. Sophokles, ›Antigone‹ vv. 74 – 76: ἐπεὶ πλείων χρόνος / ὃν δεῖ μ' ἀρέσκειν τοῖς κάτω τῶν ἐνθάδε. / ἐκεῖ γὰρ αἰεὶ κείσομαι. Man muß hier nicht notwendig an eine erotische Konnotation denken, wie dies H. Musurillo, The Light and the Darkness. Studies in the Dramatic Poetry of Sophocles (Leiden 1967) 43 und Winnington-Ingram, Sophocles (wie Anm. 33) 130 empfehlen.
36 Die Frage, weshalb Antigone ihrer Schwester nicht mit ebendieser Wärme begegnet – sie spricht sogar davon, daß ihr Ismene verhaßt sei (v. 93) –, beantwortet sich m. E. am ehesten dahingehend, daß Ismene es in Antigones Augen an dieser notwendigen Verbundenheit gegenüber dem eigenen Genos fehlen läßt.
37 Sophokles, ›Antigone‹ vv. 450 – 460 (ἄγραπτα κἀσφαλῆ θεῶν νόμιμα 454 f.), 519, 921.
38 Sophokles, ›Antigone‹ vv. 209 f.: ἀλλ ὅστις εὔνους τῇδε τῇ πόλει, θανὼν / καὶ ζῶν ὁμοίως ἐξ ἐμοῦ τιμήσεται.
39 Vgl. Sophokles, ›Antigone‹ vv. 182 f.
40 Sophokles, ›Antigone‹ vv. 282 – 294.

bekräftigen, rekurriert Kreon immer wieder auf Termini des Intellektes, er spricht von den ἄριστα βουλεύματα, der γνώμη und seinem φρόνημα als den zentralen Elementen seiner Herrschaft.[41] Und Freundschaft ist für ihn auch nicht etwas naturhaft Entstandenes und damit Dauerhaft-Absolutes, sondern ein Gemachtes (ποιούμενον, vv. 187–190) und wieder Lösbar-Relatives. Kreon akzeptiert zwischenmenschliche Verbindungen nicht als etwas Gegebenes, sondern deklariert ihr Bestehen nach dem συμφέρον.[42] Entsprechend ist etwa auch der Bestattungsritus für ihn weit mehr eine Ehre, die einem Wohltäter des Staats erwiesen wird, als eine religiöse Pflicht, die von den Angehörigen geschuldet wird. Man kann daher sagen, daß sich der gesamte Diskurs, mit dem Kreon seine Haltung vertritt, auf der Ebene der διάνοια bewegt. Und entsprechend verläuft die unmittelbare Auseinandersetzung zwischen Antigone und Kreon dramaturgisch als asymmetrische Konfrontation der Diskursebenen von ἦθος und διάνοια.[43] Antigone macht keinerlei Anstalten, durch rhetorische Strategien die Tatverantwortung von sich zu schieben, also durch eigene Setzungen zu relativieren, sie macht statt dessen für ihr Handeln eine innere Verpflichtung geltend, die sie auf eine unhintergehbare Gesetzlichkeit göttlicher Weltordnung zurückführt und damit ihrer Tat eine unüberbietbare ethische Qualität verleiht. Aus ihr spricht eine Gewißheit, die sich einer Letztbegründung durch menschliche Ratio entzieht:[44] Die ungeschriebenen Gesetze der Götter sind nach ihrer Überzeugung unfehlbar (ἀσφαλῆ), sie leben seit je her und niemand weiß, woher sie gekommen. Angesichts dieser ethischen Verankerung müssen nicht nur alle verbalen Attacken Kreons ins Leere laufen, sondern auch die Zuschauersympathien sich einseitig Antigone zuwenden. Denn das ihrer Tat zugrundeliegende ἦθος zielt unstrittig auf einen positiven, vom Publikum akzeptierten Wertekanon.[45] Demgegenüber greift die διάνοια-Strategie Kreons permanent zu kurz, weil sie ausschließlich auf innerweltliche Implikationen der politischen Funktionalität gerichtet ist und die naturhaften Seinsbezüge außer Acht läßt. Um diese dramaturgische Asymmetrie noch stärker für die Zuschauerwirkung zu konturieren, hat Sophokles im Fortgang des Stückes zunehmend negative affektive Tönungen in die Gestalt Kreons einfließen lassen. Dieser ist nicht nur Sachwalter des Politischen, sondern läßt gerade das, was er Antigone zum Vorwurf macht, nämlich einen ich-bezogenen Verfügungswillen über das Politische, verstärkt an sich selbst erkennen.

---

41 Sophokles, ›Antigone‹ vv. 176, 179, 188, 207.
42 So apostrophiert er menschlichen Wert nach der Brauchbarkeit für den Staat (v. 520): ἀλλ' οὐχ ὁ χρηστὸς τῷ κακῷ λαχεῖν ἴσον.
43 Im Text wird diese Asymmetrie darin augenscheinlich, daß der Chorführer Antigones Verhalten auf ihr inneres, von der Abstammung herrührendes Wesen (γέννημα) zurückführt, während Kreon darin nur allzu starre Denkart (σκληρ' ἄγαν φρονήματα) erkennt (vv. 471–473). Beide Pole verbindet Kreon bei Antigone, wenn er ihr Unverstand (ἄνους) von Geburt an (ἀφ' οὗ τὰ πρῶτ' ἔφυ) zuschreibt (vv. 561 f.).
44 Vgl. Sophokles, ›Antigone‹ vv. 454–460.
45 Dies bezeugen ausdrücklich die Worte Antigones über ihre Mitbürger, bei welchen sie möglicherweise gestisch ins Publikum wies (vv. 504 f.): »Bei all diesen hier würde es heißen, daß ihnen meine Tat gefiele, wenn ihnen nicht Furcht die Zunge verschlösse.«

Durch diese Verquickung mit einer unverkennbar tyrannischen Machtobsession wird die Akzeptanz seiner διάνοια-Argumentation noch weiter ausgehöhlt.[46]

Die einzige Möglichkeit einer Vermittlung zwischen Antigone- und Kreonlinie deutet sich in Haimon an, der als Sohn wie als Verlobter zu beiden Personen in einem Nahverhältnis steht. Das dritte Epeisodion mit dem Gespräch Haimons mit Kreon ist von einem entsprechenden Beziehungsgeflecht bestimmt. Anstatt sich wutentbrannt gegen seinen Vater zu stellen, der dem Sohn mithilfe seiner funktionalistischen φιλία-Konzeption den Verzicht auf die Verlobte und Einverständnis mit deren Hinrichtung nahebringen möchte, versucht Haimon dieser Zumutung zunächst mit einer gleichfalls an die politische Vernunft appellierenden Sachbotschaft Herr zu werden: Die Stadtbevölkerung erkenne die ethische Würde in Antigones Tat und halte sie höchster Ehren wert. Angesichts dieser Sachlage wäre es höchst empfehlenswert, die eigene Denkart nicht zu verabsolutieren. Auffälligerweise begegnet dabei im Munde Haimons als Bezeichnung für das sture Festhalten Kreons an seiner Auffassung der Ausdruck ἦθος (v. 705 – 706):

Μή νυν ἓν ἦθος μοῦνον ἐν σαυτῷ φόρει,
ὡς φὴς σύ, κοὐδὲν ἄλλο, τοῦτ' ὀρθῶς ἔχειν.

Mit diesem Ausdruck[47] ist Kreons Denken, für das er höchste Rationalität beansprucht, als nichtige Sturheit denunziert. Denn nach Haimons Worten sind Leute mit dem Anspruch, einzig sie allein besäßen Vernunft, in ihrem Inneren vollkommen leer. Die διάνοια Kreons, von der Seite des ἦθος her gefaßt, ist also ein Nichts.[48] Die weiteren Einlassungen Haimons zeigen, daß es für Kreon darauf ankäme, seinen subjektiv übersteigerten Erkenntnisanspruch aufzugeben und umzulernen, d. h. seine enggefaßten Rationalisierungen mit einem übergreifenden Empfinden um eine göttliche Werteordnung zu vermitteln. Doch Kreon erweist sich von Rücksichten auf die göttliche Sphäre in solchem Maße als unbeeindruckt,[49] daß dieser über die Rationalität ansetzende Versuch Haimons, seinen Vater dem Wertekanon des ἦθος zugänglich zu machen, gänzlich fehlschlagen muß und der Sohn sich seinerseits mit der Titulatur ὦ μιαρὸν ἦθος καὶ γυναικὸς ὕστερον als jeder Vernünftigkeit bar abstempeln lassen muß (v. 746): »O abscheuliches Wesen und einem Weibe untertan!«

Die Wendung Kreons setzt erst ein, als ihn – ausgehend von der Offenlegung seines Fehlverhaltens und dessen drohenden Konsequenzen durch den göttlichen Seher Teiresias – Skepsis beschleicht und er sich auf Anraten des Chores dazu durchringt, Antigone aus ihrem

---

46 Sonach wird man auch den Worten des Chores im zweiten Stasimon Deutungsautorität für diesen Zusammenhang entnehmen dürfen (v. 603). Mit der dortigen Formel λόγου τ' ἄνοια καὶ φρενῶν ἐρινύς dürfte ein Bezug auf Kreons »Unvernunft im Reden und Betörung im Denken« gesucht sein. Vgl. Sophokles, ›Antigone‹. Erl. u. mit einer Einleitung vers. v. G. Müller (Heidelberg 1967) 136.
47 Als Ausdruck für Denkweise auch in Sophokles, ›Aias‹ v. 595.
48 Oder die reine αὐθάδεια / αὐθαδία, wie der Seher Teiresias an späterer Stelle in v. 1028 ausführt.
49 So spricht Kreon seiner eigenen irdischen Herrschaft geradezu heilige Würde zu, während er, wie Haimon bemerkt, die göttlichen Ehren niedertritt (vv. 744 f.). Auf der anderen Seite äußert Kreon sich regelrecht blasphemisch über religiöse Rücksichten, z. B. vv. 777 – 780.

Verlies zu befreien.[50] Doch da ist es bereits zu spät, um die schlimmen Folgen seines selbstbezogenen Wollens, seiner αὐθαδία (v. 1028), noch ungeschehen zu machen. So bleibt ihm nur die vergebliche Einsicht, daß er mit der Zentrierung auf seine διάνοια das rechte ethische Handeln verfehlt hat, und er verwünscht seine φρενῶν δυσφρόνων ἁμαρτήματα, seine ἄνολβα βουλεύματα wie seine δυσβουλία.[51] Wenn er schließlich im Kommos erklärt, er habe gelernt, das Recht zu sehen (τὴν δίκην ἰδεῖν), dann ist er auf dieser umfassenden Sicht göttlicher Weltzusammenhänge, wie sie sich nur dem ἦθος erschließen, angekommen.[52]

Ein gegenläufiges Bild zeigt sich an der Figur der Antigone. Man hat immer wieder beanstandet, daß sie sich auf ihrem letzten Gang von anderer Art zeigt, ja daß sie regelrecht schwankend in ihrer Todesbereitschaft geworden sei und ihr Handeln als Fehler betrachte. Vor allem das sog. Enthymem, in dem Antigone ihre Tat von der Familiensituation her begründet, hat permanent zu heftigem Widerspruch bis hin zu den bekannten Athetesen herausgefordert. Gleichwohl wird sich Antigone auch hier nicht selbst untreu, sie ist sich bewußt, daß sie kein göttliches Gebot übertreten, sondern unverbrüchlich die in ihrem Wesen verwurzelte Frömmigkeit gewahrt hat. Es ist nur so, daß sie ihr Tun nunmehr auch aus der Perspektive einer innerweltlichen Rationalisierbarkeit betrachtet. Dementsprechend benennt sie all die Leiden und Verluste für ihre Person, die ihr durch die Tat erwachsen sind. Doch ist ein solches Verhalten nicht nur geboten, weil im griechischen Drama kein Held freudestrahlend dem Tod entgegengeht,[53] sondern auch, weil damit für die Rezeptionsqualität eine Schnittmenge von ἦθος und διάνοια geschaffen wird, die die Auslösung von πάθος erst möglich macht. Im Kontrast der Positivwertung ihres Handelns und der Bewußtmachung der negativen Konsequenzen der Tat manifestiert sich das unverdiente Leiden der tragischen Hauptfigur.[54]

IV

Ich komme damit zum Philoktet, einem Stück aus der späten Schaffenszeit des Sophokles – es ist auf 409 zu datieren –, das vor allem wegen seines ethologischen Reichtums in der jüngeren Zeit verstärkt Aufmerksamkeit gefunden hat und an dem man am meisten die Problematik des Charakters festmachen zu können glaubt. Der Gang der Handlung ist weithin von menschlichen Verhaltensweisen bestimmt, wohingegen das Göttliche als Bestimmungsmoment relativ unauffällig in Erscheinung tritt. Hier stehen drei Figuren im Mittelpunkt. Philoktet, der von den Griechen wegen seines unerträglichen körperlichen Leidens auf der Insel Lemnos ausgesetzte Held, ohne dessen Bogen freilich Troia nicht

---

50 Vgl. Sophokles, ›Antigone‹ vv. 1099 ff. Hier hat die πειθώ des ethischen Diskurses Erfolg: τί δῆτα χρή δρᾶν; φράζε· πείσομαι δ' ἐγώ.
51 Sophokles, ›Antigone‹ vv. 1261, 1265, 1269.
52 Sophokles, ›Antigone‹ vv. 1270 – 1276.
53 So auch P. Riemer, Sophokles, ›Antigone‹. Götterwille und menschliche Freiheit (Stuttgart 1991) 37.
54 Vgl. Sophokles, ›Antigone‹ vv. 942 f.

erobert werden kann. Sein Gegenspieler ist Odysseus, der Philoktet einst hinterlistig nach Lemnos verbrachte, ihn dort aussetzte und aus jeglicher menschlichen Gemeinschaft ausstieß. Er ist nun, da sich der kriegerische Erfolg gegen Troja nicht einstellt, erneut nach Lemnos zurückgekehrt, um Philoktet den für den Sieg der Griechen notwendigen Bogen abzujagen. Da Odysseus wegen seiner früheren Tat gegen Philoktet diesem höchst verhaßt ist, kann er unmöglich auf einen Erfolg seiner Mission bei offenem Gegenübertreten hoffen. So sucht er seinen Plan unter Zuhilfenahme des jungen Neoptolemos umzusetzen. Dieser dient, indem er sich in das Vertrauen des Philoktet einschleichen und unter Vorspiegelung falscher Tatsachen den Bogen an sich bringen soll, als Werkzeug im Komplott des Odysseus, wird allerdings bei der Durchführung dieses Vorhabens wankend, bis er sich schließlich auf die Seite Philoktets schlägt. Am Ende ist das Geschehen auf menschlicher Ebene in einer Weise verwirrt und verfahren, daß nur durch göttliches Eingreifen des Herakles eine Lösung herbeigeführt werden kann.

In der Personengestaltung sind die Figuren des Odysseus und Philoktet polar gegensätzlich konzipiert. Odysseus figuriert entsprechend dem traditionellen Bild als Meister der Täuschung und Verstellung, er gibt sich bei der Durchführung seines Vorhabens als loyaler Vollzugsgehilfe politischer Nützlichkeit,[55] er tituliert seinen Plan selbst als ein σόφισμα (v. 14; vgl. v. 77 σοφισθῆναι). Mit der Rückgewinnung von Philoktets Bogen soll dem griechischen Heer Rettung und Gewinn – durch entsprechende Kriegsbeute – zuteil werden,[56] in der Überredungsrhetorik, mit der Odysseus Neoptolemos' Mithilfe an seinem Komplott erreichen will, preist er diesem den Überrumpelungssieg über Philoktet als unmittelbar persönlichen Lustgewinn an.[57] In Odysseus vereinen sich somit einmal eine konventionelle Auffassung von Freundschaft, die das Wohlergehen des griechischen Heeres im Auge hat – und aus der damit verbundenen Verpflichtung sein Handeln bis zu einem gewissen Grad plausibel macht[58] –, auf der anderen Seite aber eine unmoralische Komponente, insofern durch ihn

---

55 So führt er sein Handeln bei der Aussetzung Philoktets ausdrücklich auf den Befehl der Atriden zurück. Sophokles, ›Philoktet‹ v. 6.
56 Sophokles, ›Philoktet‹ vv. 109 – 111 (σωθῆναι, κέρδος).
57 Sophokles, ›Philoktet‹ v. 81: ἀλλ' ἡδὺ γάρ τι κτῆμα τῆς νίκης λαβεῖν.
58 Diese Verpflichtung für die Heeresgemeinschaft wird wiederholt artikuliert durch Odysseus selbst (vv. 1243, 1250, 1257 f.) oder Äußerungen des Chores (vv. 1143 – 1145: κεῖνος δ' εἷς ἀπὸ πολλῶν / ταχθεὶς τοῦτ' ἐφημοσύνᾳ / κοινὰν ἤνυσεν ἐς φίλους ἀρωγάν). Auffällig bleibt, dass solche Hinweise erst im späteren Fortgang des Stückes begegnen, als die Situationsmacht des Odysseus durch das eigenmächtige Handeln des Neoptolemos aufs schwerste bedroht ist, während er zu Beginn fast ausschließlich im Sinne eines rücksichtslosen persönlichen Utilitarismus plädiert. Diese Verschiebung der Argumentationsbasis, deren Verbindung mit der Handlungsstruktur man nicht hinreichend beachtet hat, hat maßgeblich dazu beigetragen, dass die Bewertung des Odysseus im Stück bis heute strittig ist. So galt er früheren Interpreten als gewissenloser, übler Sophist (W. Schmid, Geschichte der griechischen Literatur I,2 [München 1934] 398) voller »Überschlauheit« (C.M. Bowra, Sophoclean Tragedy [Oxford ³1947] 284 f.), als »degenerate descendant of the Homeric hero« (B. Knox, The Heroic Temper [wie Anm. 33] 124), während er in jüngerer Zeit unter Betonung seiner Verantwortung für den Erfolg des griechischen Heeres zunehmend positiv gesehen wird, so bei A. Lesky, Geschichte der griechischen Literatur (München ³1999) 333; R. Muth, Gottheit und Mensch im Philoktet, in: Studi in onore di L. Castiglioni, vol. II (Firenze 1960) 652 – 654. Vgl. dazu auch J.-U. Schmidt, Sophokles Philoktet. Eine Strukturanalyse (Heidelberg 1973) 13 – 15.

Philoktet als getreuer Gefolgsmann der Griechen ehedem schmählich seinem Verderben auf Lemnos ausgeliefert wurde[59] und nunmehr aus purem Eigennutz und selbstsüchtigem Ehrgeiz[60] erneut betrogen werden soll. Da aber Philoktet nicht als Feind der Griechen betrachtet werden kann, kann das Vorgehen gegen ihn keine moralische Billigung finden. Das ist auch Odysseus klar, wenn er Neoptolemos zu einem temporären Ausstieg aus dessen ehrenwerten Moralvorstellungen bewegen will mit den Worten: »Bring es über dich. Ein andermal zeigen wir uns wieder als Gerechte.«[61] Dementsprechend ist sein Diskurs ausschließlich von skrupellosem Utilitarismus geprägt, der auch nicht vor der Umwertung gängiger Moralvorstellungen zurückschreckt, etwa wenn er von Neoptolemos fordert, er müsse seine edle Art (γενναῖον εἶναι, v. 51) eben durch die Mitwirkung an dem infamen Komplott beweisen. Odysseus ist im Stück ausschließlich als Träger einer διάνοια präsent, die es ihm erlaubt, die Grundlagen des ἦθος im Dienste des Erfolgs nach eigener Beliebigkeit zu deformieren.

Sein eigentlicher Gegenspieler und Held des Stückes, Philoktet, zeichnet sich umgekehrt durch unbeirrbares Beharrungsvermögen aus. Zunächst ist es nicht ganz leicht, an ihm eine positive Ausrichtung eines heldischen Wesens festzustellen, weil die Handlungsvollzüge ihm primär ein reagierendes Verhalten vorgeben, als dessen Hauptkriterien Verbitterung und sich verweigernde Unnachgiebigkeit erscheinen. Doch zeichnet er sich nicht minder durch positive, menschlich gewinnende Züge aus, die durch die Begegnung mit Neoptolemos aktiviert werden. So äußert er gegenüber Neoptolemos und dessen Schiffsleuten (die den Chor bilden) seine Verbundenheit mit Griechenland und dessen Menschen, er zeigt seinerseits Mitgefühl mit den (wirklichen und vorgeblichen) Schicksalsschlägen des Neoptolemos, wie er umgekehrt um Erbarmen mit seinem Geschick bittet, wobei man nicht sein wildes, abstoßendes Äußeres, sondern sein freundschaftlich-redliches Wesen beachten solle. Philoktet sucht in Neoptolemos den Freund, der ihm selbst aus seiner Notlage helfen soll, indem er ihn auf seinem Schiff in die Heimat zurückbringt. Er ist höchst gerührt, als er nach dem Erwachen aus seiner gräßlichen Schmerzattacke merkt, daß Neoptolemos trotz der abstoßenden Situation bei ihm geblieben ist.[62] Immer wieder zeigt sich die eigene edle Wesensart, die εὐγένεια,[63] als das Kriterium, nach dem sich für Philoktet das Verhältnis zu

---

59 Um diese Bedenklichkeit abzuschwächen, stellt Odysseus Philoktet gewissermaßen als feindlichen Freund der Griechen dar (vv. 9 f.). Auch später unternimmt er einiges, um Philoktet in der Perspektive des Wilden, Unzivilisierten in ein unsympathisches Licht zu rücken (vgl. vv. 32 ff.).

60 Odysseus selbst macht für sein Verhalten den Willen, überall zu siegen, geltend (v. 1052): νικᾶν γε μέντοι πανταχοῦ χρῄζων ἔφυν. Während M.C. Nussbaum, Consequences and Character in Sophocles' ›Philoctetes‹, Philosophy and Literature 1, 1976, 25 – 53, hier: 31 an dieser Stelle eine Unterordnung des persönlichen Ehrgeizes unter das allgemeine Wohl sieht, betont M.W. Blundell, The Moral Character of Odysseus in ›Philoctetes‹, Greek, Roman and Byzantine Studies 28, 1987, 307 – 329 und Helping Friends (wie Anm. 26) 187 mit Recht die Zentrierung auf einen persönlichen Siegeswillen für Odysseus.

61 Sophokles, ›Philoktet‹ v. 82. Implizit bezeichnet er das geplante Unterfangen als κακόν (v. 80) und ἀναιδές (v. 83). Ähnlich auch in der Selbstrechtfertigung seiner Motivation vv. 1049 – 1052.

62 Vgl. Sophokles, ›Philoktet‹ vv. 220 ff., 332 ff., 404 ff., 468 ff., 530 ff., 866 ff.

63 Vgl. Sophokles, ›Philoktet‹ vv. 874 f., wo er Neoptolemos eine εὐγενὴς φύσις zuspricht, die er als Äquivalent seines eigenen Wesens versteht.

den Menschen seiner Umwelt definiert. Von Odysseus und den Atriden sieht er sich diesbezüglich aufs schwerste betrogen, in Neoptolemos glaubt er eine ebenbürtige Antwort auf sein eigenes ἦθος gefunden zu haben. Nach Philoktets Ansicht steht dieses ἦθος im Einklang mit den göttlichen Ordnungsbezügen und deckt sich insofern mit dem richtigen Denken, dem νοῦς.[64] Dementsprechend kann er sich auch nach den vielen Wirrungen, in die ihn die Intrige des Odysseus führt, nicht dazu durchringen, mit seinem Bogen den Griechen beizustehen und von seiner Krankheit befreit zu werden, also das Nützliche gegen den Fortbestand seiner augenblicklichen Not einzutauschen. Diese Verweigerung hat ihren Grund nicht in einem grundsätzlich unnachgiebigen Charakter Philoktets, sondern in der Einsicht, daß sein Wesen nicht mit dem der Atriden und des Odysseus vereinbar ist. Wem nämlich »die Denkart Mutter von Übeltaten« ist,[65] der wird immer wieder Böses begehen. Eine diesbezügliche Zusammenarbeit hieße für Philoktet, dem moralisch Bösen die Hand zu reichen[66] und seine ethische Haltung zugunsten eines reinen Nützlichkeitskalküls aufzugeben.

Die Figur des Neoptolemos macht diese spannungsreiche Kluft zwischen ἦθος und διάνοια in wechselvollem Licht sinnfällig. Von Odysseus zum Mittel instrumentalisiert soll er auf dem Wege einer listvoll betriebenen Vorspiegelung ethischer Harmonie der Intrige zum Erfolg verhelfen.[67] Der ganze Diskurs, in dem diese scheinbare Konvergenz zwischen Neoptolemos und Philoktets Wesen zuwege gebracht werden soll, ist von extremer Doppelbödigkeit, die je nach dem Standpunkt im inneren und im äußeren Kommunikationssystem ganz verschieden wahrgenommen wird. Für Philoktet offenbart sich hier echte Freundschaft, während der Zuschauer aufgrund seines Vorwissens natürlich die Unterordnung des ἦθος unter das Kalkül des συμφέρον durchschaut. Doch erweist sich der junge Neoptolemos aufgrund seines edlen Wesens (γενναιότης, vv. 475, 799, 801; εὐγένεια, v. 874; φύσις, vv. 874, 902), das ihn mit Philoktet verbindet, einem Durchhalten dieser Ambivalenz selbst nicht gewachsen. Im Laufe des Stückes wird er immer mehr zum Gefangenen der eigenen Intrige, bis er, als der Erfolg unmittelbar zum Greifen nahe ist, den Schein zerbricht und, von Mitleid gerührt, den Betrug selbst aufdeckt. Der Schein des Erfolgs bedeutet für Neoptolemos in Wirklichkeit Ausweglosigkeit, weil er sich damit moralisch gegen sein Wesen verfehlte.[68] Und so ist auch die σοφία des Odysseus in seinen Augen nur mehr listvolle Klugheit, keine wirkliche Weisheit, weil ihr die Gerechtigkeit mangelt.[69] Er sucht nun fortan nach beiden Seiten hin agierend der Sache zum Erfolg zu verhelfen, nicht mehr mit List, sondern mit Überzeugung wirkend.[70] Doch kann auf der Basis menschlicher Diskursivität dem Vorhaben

---

64 Vgl. Sophokles, ›Philoktet‹ v. 1195.
65 Sophokles, ›Philoktet‹ vv. 1360 f.: οἷς γὰρ ἡ γνώμη κακῶν μήτηρ γένηται, πάντα παιδεύει κακούς.
66 Vgl. dazu auch F. Egermann, Arete und tragische Bewußtheit bei Sophokles und Herodot, in: F. Hörmann (Hrsg.), Vom Menschen in der Antike (München 1957) 5 – 128, hier: 35.
67 Signifikant v. a. die Formulierung vv. 54 f.: τὴν Φιλοκτήτου σε δεῖ ψυχὴν ὅπως λόγοισιν ἐκκλέψεις λέγων.
68 Vgl. Sophokles, ›Philoktet‹ vv. 895 – 903.
69 Vgl. Sophokles, ›Philoktet‹ vv. 1244 – 1246.
70 Im Stück selbst werden drei Wege für die Erreichung des Ziels diskutiert und versucht: List, Überredung, Gewalt. Wo die zunächst gemeinsam von Odysseus und Neoptolemos verfolgte List aufgedeckt ist, trennen

kein Erfolg mehr beschieden sein, weil sich für Philoktet hinter dem beschworenen »Besten« stets das »Nützliche« verbirgt, so daß sich Neoptolemos am Ende, um seine Wertewelt zu retten, mit Philoktet zusammen auf die Heimfahrt machen möchte. Damit wäre freilich das ganze Troiaunternehmen und das Gemeinwohl des griechischen Heeres preisgegeben, so daß nur noch die Epiphanie des Herakles die Sache zu wenden vermag. Wenn dieser Philoktet dazu bestimmen kann, mit seinem Bogen zu den Troiakämpfern zurückzukehren, dann nicht deswegen, weil hier einfach göttliche Macht menschlichen Willen bezwänge, sondern weil sich nun durch das Vorbild des Herakles, der auch im Dienste eines gehaßten Menschen Aufgaben für die Allgemeinheit übernommen hatte, Philoktet schlagartig die Einsicht in die göttliche Notwendigkeit eröffnet. So hat sich auch hier ebensowenig wie bei Antigone die innere Haltung geändert, vielmehr hat sich das ἦθος der Einsicht in die Notwendigkeiten, die im Gefüge der Welt gegeben und für das menschliche Zusammenleben unabdingbar sind, geöffnet.

sich die Methoden der beiden – Neoptolemos versucht die Überredung, Odysseus die Gewalt. Diese drei Optionen strukturieren das Stück, vgl. A.F. Garvie, Deceit, violence, and persuasion in the ›Philoctetes‹, in: Studi Classici in Onore di Quintino Cataudella, vol. I (1972) 213 – 226; P.E. Easterling, Philoctetes and Modern Criticism, Illinois Classical Studies 3, 1978, 27 – 39 (dort v. a. 31); R.G.A. Buxton, A Study of ›Peitho‹ (Cambridge 1982) 118 – 132.

SERGIUSZ KAZMIERSKI

Das Tragische und die Zukunft
Eine geschichtliche Quellenstudie zu Sophokles, ›Antigone‹ vv. 332 ff. und ›Aias‹ vv. 646 ff.[1]

The drama is all in the word.[2]

(T.S. Eliot)

---

1   Der folgende Beitrag entspricht, unter weitgehender Wahrung des mündlichen Charakters, der überarbeiteten Fassung eines Vortrags, welcher — im Zuge der für den vorliegenden Sammelband den Ausgangspunkt bildenden Ringvorlesung — unter dem Titel »Das Tragische und die Zukunft« am 3.2.2016 gehalten wurde. In leicht geänderter, ergänzter und angepasster Form ist er bei der im Sommersemester 2021 vom Verf. durchgeführten Vorlesung zum Thema »Grundzüge der antiken Tragödie« erneut verlesen worden (siehe hierzu unten, Anm. 11). Der dem Titel hinzugesetzte Untertitel dient zum einen der besseren textlichen und bibliographischen Zuordnung; zum anderen verweist der Ausdruck ›geschichtliche Quellenstudie‹ auf den Charakter dieses Beitrags: Es wurde — unter Verfolgung eines sich aus Titel und Themenstellung von Ringvorlesung und Sammelband ergebenden Weges — die Möglichkeit aufgegriffen, einerseits auf die übliche forschungsorientierte Form und die damit einhergehende Angabe von und *ausdrückliche* Auseinandersetzung mit der fast ausschließlich historisch ausgerichteten Literatur zur antiken Tragödie nahezu vollständig zu verzichten, um den Fokus ganz auf das *Phänomen des Tragischen* selbst, welches keineswegs nur ein historisches darstellt, zu legen und so dieses Phänomen besser zum Vorschein kommen zu lassen; andererseits wurde es dadurch möglich, nicht die überlieferten Tragödientexte, sondern das sich durch sie hindurch zeigende, *geschichtliche* Phänomen als eigentliche Quelle dessen zu erweisen, was wir als ›das Tragische‹ bezeichnen können. Gleichwohl setzen die solchermaßen in den Blick rückenden geschichtlichen, auf das Tragische als ein gegenwartstiftendes und zukunftsträchtiges *Geschehen* blickenden Erläuterungen eingehende Auseinandersetzungen mit der historisch-philologischen Forschung zur antiken, insb. griechischen Tragödie voraus. Die für diese Beschäftigung wichtigsten Werke sind, neben solchen, die sich von der historischen Blickbahn absetzen, in anderen Beiträgen dieses Bandes aufgeführt und ausführlich diskutiert (weitere Werke finden sich in den Fußnoten zur Einleitung). Die vorliegende Veröffentlichung stellt (nach S. Kazmierski, Der Wald vor lauter Bäumen. Aristoteles, Sophokles und die Wirtlichkeit, Blick in die Wissenschaft 33/34, 2016, 63 – 70; ders., Vom Fehlen des Sinnes zum Sinn des Fehlens. Euripides, ›Iphigenie bei den Taurern‹, vv. 218 ff. ökonomisch gelesen, in: I. De Gennaro u. a. [Hrsg.], Ökonomie als Problem. Interdisziplinäre Beiträge zu einer Kritik ökonomischen Wissens [Freiburg i.Br.–München 2021] 139 – 184) die dritte Veröffentlichung des Verf. zur geschichtlichen Perspektive auf das Phänomen des Tragischen dar. Zur Unterscheidung zwischen der historischen und der geschichtlichen Blickbahn im Bereich geisteswissenschaftlicher Forschung vgl. u. a. R. Lüfter, Heidegger und die Frage nach der Geschichte (Würzburg 2012) passim; S. Kazmierski, Die Anaximanderauslegung Heideggers und der Anfang des abendländischen Denkens (Nordhausen 2011) passim; H.-C. Günther, Grundfragen des griechischen Denkens. Heraklit, Parmenides und der Anfang der Philosophie in Griechenland (Würzburg 2001) passim.

2   S. Matthews, T.S. Eliot on the radio: ›The drama is all in the word‹, in: M. Feldman u. a. (Eds.), Broadcasting in the Modernist Era. Historicizing Modernism (London 2014) 97 – 112. Obwohl Eliot mit diesem Spruch das senecanische Drama im Unterschied zum griechischen kennzeichnet, ist hier dessen Sinn auf das griechische übertragen gedacht, und zwar sofern der dramatische Grundzug der Handlungen der griechi-

[...] – das Problem der Wissenschaft kann nicht auf dem Boden der Wissenschaft erkannt werden – [...].[3]
(F. Nietzsche)

1. Zur Gegenwart des Tragischen: Helmut Schmidt und die Tragödie

Der 2015 verstorbene Altbundeskanzler Helmut Schmidt sagte einmal über den ›Deutschen Herbst‹, eine der schwersten Krisen in der Geschichte der Bundesrepublik Deutschland:

> Und wir sahen uns unauflöslich verstrickt in diese grauenhaften Ereignisse. Das ist eine Situation, in der keine Entscheidung ausschließlich richtig ist. Es ist wie in der griechischen Tragödie. Sie sind verstrickt und können sich aus der Schuld nicht befreien.[4]

Viel wichtiger als die Sinnrichtung und die Umstände, in der diese Bemerkung gemacht wurde, ist die Tatsache, dass die Kenntnis der griechischen Tragödie, in welcher Form auch immer, Helmut Schmidt, wie wir wissen, keinen unmittelbaren praktischen Nutzen brachte. Die Lektüre der ›Antigone‹ oder des ›Oedipus rex‹, des ›Aias‹ oder des ›Philoktet‹ gewährte es dem Bundeskanzler nicht, die politischen und gesellschaftlichen Probleme unmittelbar zu lösen, welche die politische Ordnung der Bundesrepublik Deutschland vor mehr als 40 Jahren auf das Äußerste bedrohten. – Und wenn, dann können wir davon bisher nichts sicher wissen. – Was aber offensichtlich ist, ist die Tatsache, dass das Wissen um das Tragische es Schmidt erlaubte, deutlicher zu erkennen, genauer zu begreifen, besser zu verstehen, in welcher Lage er sich als der wichtigste deutsche Entscheidungsträger und Verantwortliche für eine millionenfache Bevölkerung befand; das Wissen um das Tragische gewährte es ihm, gleichsam Luft zu holen und sich wertungsfrei darauf zu besinnen, was zu tun sei, ohne dass dieses Wissen dabei zugleich Handlungsanweisung gewesen wäre.

Um welches Wissen handelt es sich aber, das weder praktikabel ist, noch auch sich gegen eine mögliche Praktikabilität stellt, diese damit nicht verhindert? Welcher Art ist dieses Wissen, das weder zum konkreten Handeln anleitet, noch auch sich dem konkreten Handeln widersetzt oder es gar unterbindet, sondern – im Gegenteil – für eine konkrete Entscheidung und ein Handeln offenbleibt, indem es den Entscheidungsspielraum einräumt, darin überhaupt gehandelt oder nicht gehandelt werden kann? Welches ist dieses Wissen, so

---

schen Tragödie nach Aristoteles im Mythos, d. h. im geschichtlichen und geschichtsträchtigen Wort, gründet.
3 F. Nietzsche, Die Geburt der Tragödie aus dem Geiste der Musik. Kritische Studienausgabe. Hrsg. v. G. Colli u. M. Montinari, Bd. 1 (Berlin–New York 1999) 11 – 156, hier: 13.
4 S. Aust, Der Baader-Meinhof-Komplex (München 2020) 933.

können wir anders fragen, das, so sehr es keinen wirklichen, unmittelbaren Nutzen hat, dennoch im Vermögen steht, zu nützen?[5]

Dieses Wissen bezeichnet man gewöhnlich als dasjenige, welches um seiner selbst willen gewusst wird, d. h. das Wissen der ursprünglichen Wissenschaften, der Philosophie, der Kunst, der Dichtung und des Glaubens. – Was ist dies nun allerdings für eine Art von Wissen, welches nützt, obwohl es keinen Nutzen hat? Was meint dieses Nützen ohne Nutzen? – Es scheint gerade das zu meinen, was es Helmut Schmidt gewährte: nämlich Besinnung auf das Wesentliche eines Ereignisses, Befähigung, es einordnen zu können, und zugleich: Selbsterkenntnis. – Woher aber kommt dieses Wissen, das wir mit dem Tragischen und der Tragödie in Verbindung bringen? – Es ist zu vermuten, dass es nur von dort kommen, nur dort zu Hause sein kann, wo etwas ist, sich etwas ereignet, darin der Mensch, offenbar in höchst schmerzvoller Weise, zu sich kommt. Dieses Wissen führt damit nicht nur zur Besinnung, es *ist* schon selbst Besinnung, und zwar auf das Wesentliche eines Geschehnisses und Ereignisses.

Halten wir fest: Nicht nur, aber auch jemand wie Helmut Schmidt, d. h. nachweislich ein Nichtgräzist und Nichtaltertumswissenschaftler, identifizierte dieses Ereigniswissen, dieses Wissen von einem Geschehnis, das den Menschen durch die Verstrickung und Auswegslosigkeit in seinem Handeln innehalten lässt, mit dem Tragischen der griechischen Tragödie. Dem Bundeskanzler eröffnete dieses Wissen die Möglichkeit – so besonnen es eben ging – zu handeln, ohne dass die griechische Tragödie ihm dabei als Handbuch zur Lösung sicherheitspolitischer Probleme gedient hätte.

Ferner lässt sich an dem Ausspruch Schmidts und über ihn hinaus auch noch folgendes feststellen: Die deutsche Sprache kennt zwar solche Ereignisse, in denen das Handeln aussetzt und sich in einer Verstricktheit wiederfindet, um sich zugleich auf das, was geschieht, zu besinnen (oder aber auch, um das, was geschieht, nicht wahrhaben zu wollen); sie hat allerdings kein eigenes Wort dafür – trotz allem heutigen wissenschaftlichen Fortschritt. – Aber vielleicht gehen Fortschritt der Sprache und Fortschritt der Wissenschaften nicht dieselben Bahnen: Das Deutsche, und nicht nur dieses, ist hier – auch im Denken – immer noch, auf das Griechische angewiesen, um das treffend sagen und damit das deutlich denken zu können, was *geschieht*, was ist: eine ›Tragödie‹, ein ›tragisches‹ Ereignis.

Es ist nun zu fragen: Was ist dieses Tragische, das offensichtlich – selbst eine Handlung und ein sich-ereignendes Geschehnis – das Handeln, Tun und Lassen aussetzen lässt, damit der Mensch auf das, wo er ist und wer er ist, sich besinnen kann, damit er – heutiger gesprochen – im ewig gleichbleibenden, monotonen (von mobilen, indifferenten Erlebnisor-

---

[5] Die Frage nach dem Nutzen im Zusammenhang mit der Tragödiendichtung scheint sich in verwandter Weise nachweislich und ausdrücklich zuerst Aristophanes in seinen ›Fröschen‹ gestellt zu haben, und zwar insb. in der abschließenden agonalen Befragung des Aischylos und Euripides in vv. 1416 – 1466, daraus Aischylos in vv. 1467 – 1481 als für die unmittelbare politische Situation besserer Krisenratgeber hervorgeht, wodurch Aristophanes auch die vermutliche Auffassung seiner Zeitgenossen, demnach die tragischen Aufführungen praktischen politischen Nutzen bringen müssten, ins Lächerliche zu ziehen scheint.

gien und immobiler, finanzökonomisch-berufsloser Selbstversklavung unterbrochenen) Ablauf der Ereignisse wieder die Tiefe und den Schmerz der Daseinspflicht erfährt? –

Auch das griechische Theater, an dem es zu den Tragödienaufführungen, zu den Inszenierungen und Feiern des Dramas und des Tragischen kam, war gerade ein Ort, an dem ein Geschehnis abgehandelt wurde, die Zuschauer aber nur schauten, selbst nicht handelten. Das Theater leitete gerade die Zuschauer in dieser Hinsicht – nicht nur, aber auch – dazu an, sich auf ihre Lage zu besinnen, das Handeln, um eines Besseren willen, auszusetzen, um schauend und hörend, empfindend und denkend: nichts zu tun und an der Muße teilzuhaben. – Die oben zitierte, auf das wesentliche Tragische der Gesamtlage sich besinnende Einsicht Helmut Schmidts scheint gerade dadurch möglich geworden zu sein, dadurch Nutzen gebracht zu haben, dass sie inmitten sich überschlagender, rastloser Ereignisse – in diesem Augenblick einsichtsvoller Besinnung – Muße finden und zugleich gewähren konnte.

2. Die Tragödie: Literatur und Wahrheit

Die Tragödien und deren Aufführungen, welche sich so dem Tragischen widmeten, fassen wir heute als Literatur auf. Wir sagen: Die Tragödie ist eine Literaturgattung, wie Komödie, Lyrik oder Epos. Dies ist sie auch – vor allem für uns. War sie es aber auch für die Griechen: eine Literaturgattung? Werden wir der griechischen Tragödie auf der einen Seite und dem Tragischen auf der anderen gerecht, wenn wir die Tragödie als Literaturgattung betrachten? Verdeckt dieser so oft unausgesprochen vollzogene Ansatz nicht von vornherein eine Möglichkeit, nämlich diejenige, die Tragödien griechischer zu lesen, als wir es heute zumeist tun und – im modernen universitären Kontext stehend – tun dürfen? Weiter kann gefragt werden: Wenn die Tragödie nicht eine Literaturgattung ist, was ist sie dann?

Bei Aristoteles, dem erstüberlieferten Denker, der eine Abhandlung »Über die Dichtkunst« (Περὶ ποιητικῆς [sc. τέχνης]) hinterlassen hat, steht zu Beginn dieser Schrift folgendes (›Poetik‹ 1, 1447a 8 – 16):

> περὶ ποιητικῆς αὐτῆς τε καὶ τῶν εἰδῶν αὐτῆς, ἥν τινα δύναμιν ἕκαστον ἔχει, καὶ πῶς δεῖ συνίστασθαι τοὺς μύθους εἰ μέλλει καλῶς ἕξειν ἡ ποίησις, ἔτι δὲ ἐκ πόσων καὶ ποίων ἐστὶ μορίων […]. ἐποποιία δὴ καὶ ἡ τῆς τραγῳδίας ποίησις ἔτι δὲ κωμῳδία καὶ ἡ διθυραμβοποιητικὴ […] πᾶσαι τυγχάνουσιν οὖσαι μιμήσεις τὸ σύνολον.

> Wir wollen hier von der Dichtkunst als solcher sprechen, ihren Arten und deren verschiedenen Vermögen, und wie die Worte und Sagen zusammenzustellen sind, sofern die Dichtung gut werden soll, ferner aus welchen Stücken eine Dichtung besteht […]. Epos, Tragödie, Komödie und Dithyrhambos […] sind alle insgesamt ‹Arten von› Nachahmungen.

Schon diese wenigen Worte machen stutzig: Die Tragödie ist nach Aristoteles gerade keine Literaturgattung, sondern eine Art (d. h. nicht Gattung, griech. γένος, sondern Art, griech. εἶδος) der Dichtkunst, die darin besteht, Handlungen von Göttern und Menschen in bestimmter Weise nachzuahmen. Ferner geht es bei der Dichtkunst nicht darum, nur zu dichten, sondern die Dichtung hat auch ein Ziel (ein τέλος): die Güte, das καλῶς.

Offensichtlich fasst Aristoteles das, was die Tragödie ist und worin das Tragische auf dem Spiel steht, nicht als eine Gattung der Literatur auf, d. h. er betrachtet das, was diese Art der Dichtung ist, nicht von ihrem niedergeschriebenen oder aufgeführten Ergebnis her, i. e. den gedichteten oder aufgeführten Werken, sondern vom Tun und Vermögen des Dichters und von der Kunst selbst und ihrem Vermögen her. Aristoteles analysiert damit in erster Linie nicht die Werke der Dichtung, sondern er blickt auf dasjenige in ihnen, was sie vermögend macht, Dichtungen zu sein, auf ihre δύναμις, in der letztlich das liegt, was die Kunst (die τέχνη) der Dichtung in vollendeter Form ausmacht. Anders gesagt: Aristoteles untersucht nicht die Wirklichkeit der Dichtung, sondern – durch die Wirklichkeit hindurchblickend – vor allem ihre Möglichkeiten. Das heißt natürlich nicht, dass Aristoteles nicht die wirklichen Dichtungen im Blick gehabt hätte und sich auch nicht auf sie beziehen würde – das zweifelsohne nicht, wie gerade die ›Poetik‹ vielfach zeigt; dennoch ist der thematische Ansatz seiner Schrift über die Dichtkunst nicht die wirkliche Literatur und das wirkliche Theater, sondern es werden die Bedingungen der Möglichkeit für Dichtung untersucht, und zwar ausschließlich diejenigen, welche dazu führen, dass die Dichtung gut (καλῶς) ist.

Halten wir kurz inne und halten wir fest: Sofern wir die griechische Tragödie als eine Literaturgattung auffassen, können wir uns nicht an die Schrift des Aristoteles halten, um besser zu verstehen, was sie ausmacht, zumindest nicht von ihrem Ansatz her; ansonsten werden wir ihr und ihrem Ansatz ebensowenig gerecht wie der tragischen Dichtung selbst; dieser Ansatz hat ja zum Ziel, nicht die Literatur oder die Aufführungspraxis des Theaters zu untersuchen, sondern Aristoteles erkundet die Möglichkeiten einer Kunst und ihrer Arten (in der ›Poetik‹ insbesondere der Tragödie und v. a. abschließend auch des Epos). Zunächst also ist die Dichtung im allgemeinen und die Tragödiendichtung im besonderen für ihn eine Kunst, griechisch: ποιητικὴ τέχνη.

Was meint Aristoteles aber, wenn er von τέχνη spricht? – In einer anderen Schrift, der ›Nikomachischen Ethik‹, behandelt Aristoteles dahingehend im 6. Buch die verschiedenen Formen des Denkens. Diese Formen gelten ihm als Tugenden (ἀρεταί), d. h. als Bestformen und Haltungen des Menschen, als Weisen, wie der Mensch bestmöglich sein und leben kann; für uns heute besagt dies: Der Mensch ist nicht nur tugendhaft, wenn er gerecht, besonnen oder fromm handelt; er ist es auch, wenn er gut, wahrhaftig und klar denkt. Zu diesen, für uns heute kaum mit Tugenden identifizierbaren Haltungen des Denkens, sagt Aristoteles zu Beginn des 3. Kapitels (1139b 15 – 18):

ἔστω δὴ οἷς ἀληθεύει ἡ ψυχὴ τῷ καταφάναι ἢ ἀποφάναι, πέντε τὸν ἀριθμόν· ταῦτα δ' ἐστὶ τέχνη ἐπιστήμη φρόνησις σοφία νοῦς· ὑπολήψει γὰρ καὶ δόξῃ ἐνδέχεται διαψεύδεσθαι.

> [...] Es sei <die Annahme gemacht>, dass es fünf <Arten der Haltung> sind, in denen die <menschliche> Seele, durch Zuspruch und In-Abrede-Stellen, das, was in Wahrheit ist, vollzieht: dies sind Können, Erkennen, Sich-besinnen, Wissen und geistiges Vernehmen; <hinzu kommen> Annehmen und Meinen, <wodurch> es ja auch möglich ist, sich zu täuschen.

Die Dichtung als Kunst ist nach Aristoteles ein Können, und es ist gerade das Können, welches er in der ›Poetik‹ nach verschiedenen Arten, wie gesehen, untersucht. Das Können bestimmt er aber als diejenige Haltung der Seele, in der sie – verkürzt ausgedrückt – das, was in Wahrheit ist, vollzieht, realisiert und damit bewahrheitet und bewahrt. Die Seele vollzieht und bewahrt das, was in Wahrheit ist, könnend. Den Vollzug dessen, was in Wahrheit ist, bezeichnet Aristoteles mit dem Verb ›ἀληθεύειν‹, wörtlich: ›bewahrheiten‹. Dieses Verb hängt wiederum mit dem Substantiv für Wahrheit zusammen: ›ἀλήθεια‹. Die ἀλήθεια meint aber nicht ›Wahrheit‹ im Sinne der gültigen Richtigkeit und Widerspruchsfreiheit von Aussagen, wie wir es heute auffassen würden; das Wort bedeutet zunächst wörtlich: ›Unverborgenheit‹, ›Offenbarkeit‹. Gemeint ist damit, dass das Wahre dasjenige ist, welches sich, von sich her, als das, was es ist, zeigt und als solches folglich unverborgen ist und für eine Betrachtung offensteht. Das Bewahrheiten, im Sinne des Könnens, ist dann nur als ein Schaffen zu verstehen, insofern das Schaffen nicht etwas aus dem Nichts hervorbringt, sondern das, was schon ist, in seiner Offenbarkeit bewahrt, bewahrheitet und damit realisiert. Der Künstler ist so eher einer, der schafft, indem er sich offenhält und duchlässig wird für das, was ist. Innerhalb dieses schier unendlichen Bereichs dessen, was ist, in dem sich Dinge und Menschen, Götter und Gedanken als diejenigen, die sie sind, von sich selbst her, zeigen – dieser Bereich kann ›Welt‹ (κόσμος) genannt werden, womit sowohl die innere als auch die äußere Welt gemeint ist –, in der Welt also verhält sich die menschliche Seele, vereinfachend gesagt, verhält sich der Mensch: könnend, erkennend, sich-besinnend, wissend, geistig vernehmend, ahnend, meinend. Der Mensch vollzieht das, was ihm in der Welt offenbar wird, in diesen Formen des Denkens, indem er selbst offen bleibt für das Offenbare und Gegebene.

Nun zeigt sich: Das Können hat etwas mit der Wahrheit zu tun. Im Können vollziehe ich und realisiert sich durch mich, durch uns, das, was in Wahrheit ist. In der Kunst, d. h. in der τέχνη als einem Können, ist damit also auch ein Wissen angesprochen, ein, im Falle der Dichtung, hervorbringendes, schaffendes Wissen, das selbst aber nur nützt und eine Wirkung hat, ohne dabei einen praktischen Nutzen zu haben. Die Dichtung nützt ohne Nutzen.

Die Tragödie als Art (als εἶδος) der Dichtung ist mithin eine Weise, wie ein Mensch die Haltung eines Dichters vollzieht und verwirklicht. Dieser Vollzug ist aber auf ein Wissen angewiesen, ein Wissen dessen, was in Wahrheit ist. Die Dichtung dichtet, indem sie wahre und als wahr und wahrhaftig gewußte Handlungen nachahmt. Die Dichtung als Kunst setzt gleichsam die Wahrheit – das, was in Wahrheit ist – ins Werk, *indem* sie es nachahmt. Bei der Tragödie haben wir es, Aristoteles zufolge, mit einer nachahmenden Dichtung und Inszenierung der Wahrheit zu tun. –

Wir erinnern uns an den Ausspruch Helmut Schmidts: Auch ihm schien die Tragödie und das Tragische seiner Situation nicht historische Literatur zu sein, wenigstens für einen kurzen Augenblick nicht, sondern eher Gegenwart: ein gegenwärtiges, sich realisierendes, sich bewahrheitendes Wissen oder zumindest eine Ahnung von dem, was ist, und dem, was auf ihn zukommt. –

3. Die Tragödie und das Tragische

Wenn die Tragödie nach Aristoteles eine nachahmende Dichtung und Inszenierung der Wahrheit ist, ein ins Werk gesetztes Sich-offenhalten für das Wahre, worin hat sie, so lässt sich nun weiter fragen, ihr Spezifisches, ihr Eidetisches?

Das Spezifische und Wesentliche der Tragödie, sofern sie wahre Handlungen ins Werk setzt, muss somit zunächst (aber nicht nur) in der Art dieser Handlungen liegen. – Nur die Art dieser Handlungen soll hier im Folgenden untersucht werden. – Dazu gehören nach Aristoteles solche Handlungen, die man in deutschen Übersetzungen als ›furchteinflößend‹ oder ›bemitleidenswert‹ bezeichnen kann. Diese tragischen Handlungen haben daher im Fall des Bemitleidenswerten ihren Grund in dem, was an ihnen Mitleid erzeugt, im Fall des Furcht und Schrecken Einflößenden in dem, was sich als der Grund dieses Schreckens zeigt. Das Schrecken und Furcht Einflößende benennt Aristoteles an verschiedenen Stellen seiner Schrift ›Über die Dichtkunst‹ mit dem Ausdruck ›δεινόν‹. Hierzu finden wir exemplarisch folgende Passage (›Poetik‹ 14, 1453b 10 – 15):

οὐ γὰρ πᾶσαν δεῖ ζητεῖν ἡδονὴν ἀπὸ τραγῳδίας ἀλλὰ τὴν οἰκείαν. ἐπεὶ δὲ τὴν ἀπὸ ἐλέου καὶ φόβου διὰ μιμήσεως δεῖ ἡδονὴν παρασκευάζειν τὸν ποιητήν, φανερὸν ὡς τοῦτο ἐν τοῖς πράγμασιν ἐμποιητέον. ποῖα οὖν δεινὰ ἢ ποῖα οἰκτρὰ φαίνεται τῶν συμπιπτόντων, λάβωμεν.

Denn die Tragödie soll nicht jeden beliebigen Genuß verschaffen, sondern nur den ihr gemäßen. Da nun der Dichter durch Nachahmung den Genuß in der Richtung auf Mitleid und Furcht erzeugen soll, so ist es offensichtlich, daß man die Handlung danach einrichten muß. Es sei nun gesagt, welche Ereignisse erschreckend oder bemitleidenswert erscheinen.[6]

Hinter dem, was, nach der hier zitierten Übersetzung von Olof Gigon, ›erschreckend‹ heißt, steht ein Grundwort, gleichsam ein Grundbegriff der tragischen Dichtungen, wie sie uns überliefert sind: ›δεινά‹. Wir erfahren aus der aristotelischen ›Poetik‹, dass die δεινά und die οἰκτρὰ πράγματα das Wesen der Tragödie in ihrer Vollkommenheit mitbedingen. Diese Handlungen und Sachverhalte, die hier als erschreckende in der Übersetzung begriffen werden, tragen den Wahrheitsgehalt der Dichtung selbst.

---

6 Aristoteles, Poetik. Übers., Einl. u. Anm. v. O. Gigon (Stuttgart 1981) 42.

Wie ist dies nun gemeint? Ist das Erschreckende, ist das Schreckliche selbst somit etwas, das den Dichter in die Lage versetzt, eine wahrhaftige Dichtung hervorzubringen? Spielt im Schrecklichen, im Sinne des δεινόν am Ende selbst die Wahrheit, die Offenbarkeit der Welt und ihres Laufs, welche, Weltspiel und Weltlauf, der Dichter, um sie wissend, ins Werk zu setzen vermag, indem er das Schreckliche nachahmt? Dabei ist zu bedenken: Aischylos, Sophokles, Euripides, alle drei waren als Dichter nur Dichter und nur Tragödiendichter. Bedeutet dies, dass der Mensch, der die Tragödie dichtet, einen besonderen und gewissermaßen ausschließlichen Blick für das Schreckliche und Bemitleidenswerte haben muss, damit er dieser Dichter sein kann? Und meint das nicht auch, dass wir – als heutige Leser der Tragödie und Hörer auf das Tragische – erst ein Gespür unter anderem für das δεινόν entwickeln müssen, um dem Tragischen und seinem Wahrheitsgrund auf die Spur zu kommen? – Wenn dem so ist: Wo fände sich dafür ein besserer Anhalt, wo eine bessere Lehre als in den Tragödien selbst? Und wo zeigt sich eine bessere, innertragische Bestimmung des δεινόν und der δεινά als im ersten Standlied der sophokleischen ›Antigone‹?

4. Das Tragische und das δεινόν

Lesen wir zunächst das erste Stasimon der ›Antigone‹ (vv. 332 ff.) in der Übersetzung von Friedrich Hölderlin:

> Ungeheuer ist viel. Doch nichts
> Ungeheuerer, als der Mensch.
> […]
> Denn der, über die Nacht
> Des Meers, wenn gegen den Winter wehet
> Der Südwind, fähret er aus
> In geflügelten sausenden Häußern.
> Und der Himmlischen erhabene Erde
> Die unverderbliche, unermüdete
> Reibet er auf; mit strebendem Pfluge,
> Von Jahr zu Jahr,
> Treibt sein Verkehr, mit dem Rossegeschlecht',
> Und leichtträumender Vögel Welt
> Bestrikt er, und jagd sie;
> Und wilder Thiere Zug,
> Und des Pontos salzbelebte Natur
> Mit gesponnenen Nezen,
> Der kundige Mann.
> Und fängt mit Künsten das Wild,
> Das auf Bergen übernachtet und schweift.

Und dem rauhmähnigen Rosse wirft er um
Den Naken das Joch, und dem Berge
Bewandelnden unbezähmten Stier.

Und die Red' und den luftigen
Gedanken und städtebeherrschenden Stolz
Hat erlernet er, und übelwohnender
Hügel feuchte Lüfte, und
Die unglücklichen zu fliehen, die Pfeile. Allbewandert,
Unbewandert. Zu nichts kommt er.
Der Todten künftigen Ort nur
Zu fliehen weiß er nicht,
Und die Flucht unbeholfener Seuchen
Zu überdenken.
Von Weisem etwas, und das Geschikte der Kunst
Mehr, als er hoffen kann, besizend,
Kommt einmal er auf Schlimmes, das andre zu Gutem.
Die Geseze kränkt er, der Erd' und Naturgewalt'ger
Beschworenes Gewissen;
Hochstädtisch kommt, unstädtisch
Zu nichts er, wo das Schöne
Mit ihm ist und mit Frechheit.
Nicht sei am Heerde mit mir,
Noch gleichgesinnt,
Wer solches thut.[7]

Erlauben wir es uns einmal, vom Befremdlichen und von philologischen Fragwürdigkeiten, Unschärfen und Fehlern dieser im Jahre 1804 veröffentlichten Übersetzung abzusehen, die wir dem Dichter Hölderlin zugestehen dürfen, und blicken wir zunächst nur auf die Übersetzungen der Worte ›δεινά‹ (v. 332) und ›δεινότερον‹ (v. 333) und darauf, wie diese Übersetzungen das Ganze des Gesangs tragen; sehen wir dabei zugleich davon ab, dass Hölderlin eine andere Textrezension des Griechischen verfügbar war – gewiss auch eine schlechtere als unsere heutigen – und dass er offensichtlich ähnlich lautende griechische Wörter verwechselte. Unterlassen wir auch, wie seine Zeitgenossen Goethe, Schiller, Voß und andere es taten, in Hölderlins Übersetzung die nahende Umnachtung hineinzulesen und gönnen wir es uns, auf das hölderlinsche Deutsch zu hören. –

---

[7] F. Hölderlin, Sämtliche Werke, Briefe und Dokumente in zeitlicher Folge hrsg. v. D.E. Sattler. Bremer Ausgabe. Bd. X: 1802 – 1804. Nürtingen, Gesänge, Die Trauerspiele des Sophokles, Nachtgesänge (München 2004) 174 f.

Es zeigt sich zunächst, dass Hölderlin das Wort ›δεινά‹ mit ›Ungeheuer‹ übersetzt, den Komparativ ›δεινότερον‹, mit ›Ungeheuerer‹. Was ist nun in dieser Übersetzung anderes gesagt als in denjenigen, welche die griechischen Ausdrücke z. B. mit ›gewaltig‹, ›gewaltiger‹ oder ›schrecklich‹, ›schrecklicher‹ zu fassen versuchen? Ist denn etwas ›Ungeheueres‹ etwas anderes als etwas Schreckliches? Warum kümmert es uns überhaupt, was es heißt, wo wir doch wissen, wissen können, wenn wir ein Wörterbuch aufschlagen, dass das griechische Wort ›δεινόν‹ auch noch ganz andere Bedeutungen hat? Was hängt schon an dieser Übersetzung? – Zunächst hängt unser Verständnis der Tragödie und des Tragischen daran. – Ist das grundlegende Wesenselement des Tragischen, dasjenige, welches, nach Aristoteles, in der Tragödie das tragische Spiel trägt, nun das Schreckliche oder das ›Ungeheuere‹, das Schlimme oder das Gewaltige? Oder ist das Tragische dieses Viele? –

Noch kann das nicht entschieden werden. Ahnbar wird allerdings, dass diese Entscheidung wesentlich auch davon abhängt, was in diesem Chorlied dazu noch gesagt ist. Zudem scheint mit dem griechischen Ausdruck – je nach Kontext anderer Stellen dieser und anderer Tragödien dieses und der beiden anderen großen griechischen Tragödiendichter – Verschiedenes gesagt zu sein. Wenn nun Aristoteles und wenn die Tragiker allerdings *einen* Ausdruck gebrauchen, dann benötigen wir auch *eine* Übersetzung für all diese Züge, die sich im δεινόν aussprechen. – *Eine* Übersetzung für all diese Züge meint: Wir benötigen zunächst nicht *ein* Wort, sondern *einen* Gedanken, von dem her sich der Grundsinn des Wortes denken lässt. Erst wenn dieser Grundsinn gedacht ist, kann das Wort, können die Worte kommen. Dieser Grundsinn muss dann gar nicht als eine mögliche Übersetzung konkreter Stellen brauchbar sein; lediglich soll er Anhalt bieten, um die konkrete Übersetzung an der jeweiligen Stelle zu finden; vor allem aber soll er helfen, vor der Übersetzung aller jeweiliger Stellen, dasjenige denkend im Blick zu halten, was in dem Ausdruck überhaupt mitgesagt ist, was nie worthaft werden kann, weil es im Wort selbst schweigt. – Gotthold Ephraim Lessing sagte einmal: »Die Sprache kann alles ausdrücken, was wir deutlich denken.«[8] – Jetzt lässt sich sagen: Vielleicht kann die Sprache auch das ausdrücken, was wir noch gar nicht zu denken vermocht haben, was wir allererst denken werden, denken müssen. Vielleicht ist uns die Sprache in jeder Hinsicht sowohl *vorauf* als auch *voraus*, und vielleicht ist es eines der wichtigsten Instrumente der philologischen Arbeit, dies zu erkennen. –

Hören wir noch einmal auf den sophokleischen Gesang und schauen dabei auf das Griechische. Warum ist nun der Mensch das δεινότατον und damit nicht von der Art der vielen anderen δεινά? Der Mensch beweist Geschick (vgl. μηχαναῖς, v. 349) bei vielem, was er tut, wie z. B. bei der Jagd wilder Tiere; er hat die »Rede« (φθέγμα, v. 355) und den »windschnellen Gedanken« (ἀνεμόεν φρόνημα, ebd.) sowie, wie Hölderlin übersetzt, den »städtebeherrschenden Stolz« (ἀστυνόμους / ὀργάς, vv. 356 f.) »erlernet« (ἐδιδάξατο, v. 357); er besitzt Weisheit und Geschick in den Künsten überhaupt, und zwar mehr, als er zu hoffen vermag (σοφόν τι τὸ μηχανόεν τέχνας ὑπὲρ ἐλπίδ' / ἔχων, vv. 365 f.). Unter anderem ist es

---

8 G.E. Lessing, Sämtliche Werke hrsg. v. K. Lachmann, dritte, auf's neue durchgesehene und vermehrte Aufl., bes. d. F. Muncker. Achter Band (Stuttgart ³1892) 132.

das, was er kann, dasjenige, welches ihn zum δεινότατον macht. Wir denken hierbei an die Stelle aus der ›Nikomachischen Ethik‹ zurück. Mit Aristoteles rückblickend kann nun gesagt werden: Der Mensch ist nach Sophokles das δεινότατον, weil er tugendhaft, d. h. in einer Bestform zu sein vermag, und zwar sowohl im Tun als auch im Denken, d. h. im Können.

Der Gesang besingt aber noch mehr als das. Der Mensch ist nicht nur das δεινότατον, weil er diese Bestform annehmen kann, sondern auch, weil er gerade das Gegenteil davon zu sein in der Lage ist: Er vermag sowohl »allbewandert« (παντοπόρος, v. 369) als auch unbewandert (ἄπορος, ebd.), sowohl – freier übersetzt – ganz »den Ort seines Aufenthaltes zu überragen« (ὑψίπολις, v. 370) als auch ganz »aufenthaltslos« (ἄπολις, ebd.) zu sein – der platonische Sokrates klingt hier für die Späteren an, der ἄτοπος, der Fremde und Befremdende in seiner eigenen Heimat. Der Mensch ist somit das δεινότατον nicht nur durch das, was er kann, sondern auch durch das, was er *nicht* kann, sowohl durch das, was er *ist*, als auch durch das, was er gerade *nicht* ist. Der Mensch als das δεινότατον steht in einem unmittelbaren Bezug darauf und blickt ständig auf die mögliche Gefahr, dass er all das, was er ist und vermag, einbüßen könnte, dass ihm etwas begegnet, was sein Wesensvermögen und seine Daseinsmöglichkeiten übersteigt. –

Sophokles lässt den Chor dazu unter anderem singen: παντοπόρος· ἄπορος ἐπ' οὐδὲν ἔρχεται / τὸ μέλλον (vv. 361 f.). Diese schwierige Stelle las Hölderlin offensichtlich so, dass er παντοπόρος· ἄπορος (»Allbewandert, / Unbewandert.«) und ἐπ' οὐδὲν ἔρχεται (»Zu nichts kommt er.«) jeweils für sich nahm und τὸ μέλλον (v. 361) zum Folgenden zog. Dieser Gedanke muss heute so gelesen werden, wie er in den Ausgaben von Alfred Pearson sowie Hugh Lloyd-Jones und Nigel Wilson interpungiert ist: ἄπορος ἐπ' οὐδὲν ἔρχεται τὸ μέλλον. Dabei drängt sich eine, gewiss die schwierigere Leserichtung auf (ohne dass zugleich damit die einfachere, nächstliegende außen vor zu lassen wäre): nicht »in nichts unbewandert schreitet er ins Künft'ge« (wie Wilhelm Willige und Karl Bayer übersetzen)[9], sondern: »unbewandert gelangt er zu nichts künftighin«. Der erste Gedanke meint, dass der Mensch in nichts unbewandert ist, und stellt einen Nachtrag zu παντοπόρος dar: der allbewanderte Mensch ist in nichts unbewandert; der zweite, dunklere Gedanke besagt, dass der Mensch in seiner Allbewandertheit die Grenzen dort erfährt, wo er sich als Unbewanderter wiederfinden kann und dabei an die zunächst künftige Nichtigkeit seiner Allbewandertheit stößt, die einzig im Tod ihr Letztes, Unüberwindbares erfährt und erleidet. – Ein großer Vorzug der Übersetzung Hölderlins ist u. a., dass sie für diese Lesart offensteht, sie gleichsam inspiriert. –

Sofern die Stelle auch in dieser schwierigeren Form lesbar ist, wird durch sie klarer, inwiefern der Mensch gerade durch das, was ihm abgeht, was er *nicht* kann, das δεινότατον ist: Sein Dasein ist vom Können, ja gewissermaßen vom *Könnenmüssen* bestimmt; verliert er dieses Können, kommt ihm dieses Könnenmüssen abhanden, dann bleibt, dann setzt seine Zukunft gleichsam aus. Und es ist gerade dieses Aussetzen, dieses Auf-dem-Spiel-Stehen und

---

9 Sophokles, Dramen. Griech. u. dt. Hrsg. u. übers. von W. Willige, überarb. v. K. Bayer. Mit Anm. u. e. Einf. v. B. Zimmermann (Düsseldorf ²2007) 203.

Auf-dem-Spiel-stehen-Können des Künftigen, welches der Mensch sehr gut kennt. Im Nicht-können, Nicht-können-dürfen steht die Zukunft des Mensch auf dem Spiel, ebenso, und doch ganz anders, im Können. – Wir erinnern uns noch einmal: Auch Helmut Schmidt – davon zeugt der oben zitierte Ausspruch – schien für eine gewisse Zeit, das Künftige auf dem Spiel zu stehen und das übliche politische Können und Vermögen auszusetzen. –

Wohin hat dieser Gedankengang uns nun geführt? Kann das δεινόν jetzt besser übersetzt werden? Ist deutlicher sichtbar, was das δεινόν ausmacht, das nach Aristoteles ein Wesensmerkmal, eine Wesensmöglichkeit der tragischen Dichtung, des Tragischen selbst ist? – Aber vielleicht ist gar keine neue Übersetzung nötig, lediglich ein besseres Gehör für die bereits gehörte; und vielleicht benötigen wir auch nicht ein besseres Gehör für das Griechische – das auch –, sondern zunächst ein besseres Gehör für das Deutsche: τὸ δεινόν, τὰ δεινά – das Ungeheuere:[10] »Ungeheueres gibt es vieles. Doch nichts ist ungeheuerer als der Mensch.« (vv. 332 f.).

Was sagt das Ungeheuere im Deutschen, was meint dieses Wort eigentlich? – ›Geheuer‹ heißt ›vertraut‹, ›ungeheuer‹ damit ›unvertraut‹, ›befremdlich‹, ›gewaltig‹: »Ungeheueres«, d. h. jetzt, »Unvertrautes, Befremdliches, Gewaltiges gibt es vieles. Doch nichts ist Ungeheuerer«, d. h., »Unvertrauter, Befremdlicher, Gewaltiger als der Mensch.« Wenn die hölderlinsche Übersetzung der δεινά, des δεινότερον mitgedacht wird, dann ist der Mensch das befremdlichste Wesen, weil zu seiner Wesensart gerade der Bezug zum Fremden und Unvertrauten gehört, zu dem, was ihm abgeht. Zugleich bedeutet dies, dass dieser Zug des Menschen schon in der Welt spielt, in der vieles solches sich bereits gibt, sich ereignet. Der Mensch ist daher dasjenige Wesen, welches in der Lage ist – im Unterschied zu allem anderen Ungeheueren der Welt und ihres Laufs, das alles Grenzen hat –, auf *seine* Wesensgrenzen zu stoßen und damit in einem Bezug zum Ungeheueren der Welt zu stehen zu kommen. Er ist dabei aber derjenige, welcher dazu in der Lage ist, nicht nur seine Wesensgrenzen zu überwinden, sondern – und das unterschiedet ihn vielleicht auch gerade noch mehr vom Tier, als das, was er kann – an seinen eigenen Wesensgrenzen und damit an der Welt zu scheitern. Tiere und Menschen haben gemein, dass sie vieles können; der Mensch kann mehr als das Tier; aber scheitern, d. h. sich demjenigen sehenden oder nicht sehenden Auges ständig und immer wieder auszusetzen, was er nicht kann und nicht ist und nicht weiß: das kann nur der Mensch. –

---

10 Im Folgenden wird die Diktion ›ungeheuere/r‹ von Hölderlin nicht aus formalen Gründen übernommen (und die heute sonst übliche Schreibung ›ungeheure/r‹ zurückgestellt), sondern weil die hölderlinsche Schreibung gerade ihrem Klang nach die im Vorliegenden mitsuggerierte Möglichkeit nahelegt, dass das Ungeheuere einen Weg in das dementsprechend zu nennende Geheuere weisen kann, wohingegen der Klang der Schreibung ›ungeheure/r‹ diese Möglichkeit eher verstellt und sich mehr als die logische Entgegensetzung zum Geheuren, also zu dem, was (*uns*) geheuer ist, liest. Zugleich scheint der Ton der hölderlinschen Schreibung mehr das Phänomen des Tragischen im Blick zu halten, als es die heutige Version des Wortes kann, die von vornherein stärker auf die Relation zum Menschen rekurriert und damit die Möglichkeit des Tragischen als eines eigenständigen Phänomens sogleich relativiert.

Ein Blick zurück – diesmal wieder auf den Gedanken, dass die tragische Dichtung die Wahrheit, im Sinne der Offenbarkeit, der ἀλήθεια, ins Werk setzt, realisiert – genügt, um nun besser zu sehen, was in der Bestimmung des Tragischen als des δεινόν noch mitschwingt: Es ist nicht nur das Furchteinflößende und Erschreckende, sondern es ist – der Möglichkeit nach – das, was das Furchteinflößende und Erschreckende allererst furchteinflößend und erschreckend werden lässt: das Ungeheuere, das Unvertraute, das Befremdliche, das Gewaltige, welches zuweilen, so *heimlich* wie *unheimlich*, über uns kommt, wodurch wir in schmerzvoller Weise unsere Daseins- und Könnensgrenzen erfahren. Doch – so lässt sich jetzt mit Sophokles sagen – gerade diese Erfahrungen machen uns zu Menschen, insofern *sie* es sind, die uns den unendlichen, nicht zu ermessenden *Wert* dessen, was wir nicht können, nicht wissen und nicht sind, erkennen lassen. –

Halten wir wieder fest: Die tragische Dichtkunst vollzieht diese schmerzvoll-ungeheuere Erfahrung der Daseinsgrenzen. In diesen Grenzen, so wird mit Sophokles ahnbar, liegt somit nicht nur das, was der Mensch in Wahrheit ist, sondern zugleich auch der Wahrheitsgrund des Tragischen wie der tragischen Dichtung selbst. Das Ungeheuere des Tragischen ist Wesensgrund von Mensch und Dichtung zugleich. – Ferner deutete sich insbesondere in der schwierigen Stelle ἄπορος ἐπ' οὐδὲν ἔρχεται / τὸ μέλλον (vv. 361 f., in der Lesart: »unbewandert gelangt er zu nichts künftighin«) ein weiterer, von Aristoteles selbst nicht ausdrücklich benannter Zug des Tragischen an, und zwar sowohl des Tragischen des menschlichen Daseins als auch des Tragischen der tragischen Dichtkunst: Erst wenn der Mensch das ›Un-‹, das ›Nicht‹ der Allbewandertheit, das Zu-nichts-Gelangen erfährt, merkt er auf das Zukünftige als solches auf, auf die Zukunft also – und zwar durch dessen und deren *Ausbleiben, Aussetzen*.

Bedeutet dies nun aber nicht, dass es gerade dieses Zu-nichts-Gelangen (τὸ ἐπ' οὐδὲν ἔρχεσθαι), dieses Unbewandert- (τὸ ἄπορος εἶναι) und Ohne-Aufenthalt-Sein (τὸ ἄπολις εἶναι), ist, durch das wir auf das Künftige als solches, und zwar dadurch, dass es aussetzt, aufmerksam werden, welches den Menschen somit wieder aufmerken lässt, dass es künftighin eine Sache geben wird, den Tod, den er als einzigen niemals zu überwinden in der Lage sein wird? – Das Nicht-Können, das Nicht-Vermögen, das Scheitern bilden gleichsam auch kleine Tode und markieren die Endlichkeit des Menschen und dessen, was er tut und kann. – Wenn dem so ist, dann wären die ungeheuren, befremdlichen und gewaltigen, endlichen Daseins- und Könnensgrenzen des Menschen, welche die tragische Dichtung ins Werk setzt, wesentlich *zeitlich*, insbesondere aber zukünftig, bedingt; dann wäre das Ungeheuerste, Befremdlichste und Gewaltigste am Menschen seine Fähigkeit, in einem ständigen, wesentlichen Bezug zum Künftigen zu stehen, sich auf die Zukunft hin und in der Zukunft einzurichten, und seine tragische Einsicht dabei, dass die Künftigkeit sowohl seines Daseins als auch seines Nichtseins, bei allem Können und Wissen, *nicht* in seinen Händen liegt; dann wäre so etwas wie Mensch ohne das Ungeheuere, Befremdliche und Gewaltige des Tragischen und dieses ohne die Zukunft nicht denkbar; dann wäre das Tragische – einfacher gesprochen – eine befremdliche, ungeheuere und gewaltige Erinnerung daran, dass der Mensch ein endliches Wesen ist.

5. Das Tragische und die Zukunft

Wenn nun das Tragische wesentlich am Ungeheueren hängt und das Ungeheuere wesentlich an der *durch* es und *in* ihm offenbar werdenden Endlichkeit des menschlichen Daseins und Könnens, welche Endlichkeit die Zeitlichkeit und Zukunft des Menschen überhaupt ausmacht, dann ist zu fragen, wie in der antiken Tragödie, wie durch das tragische griechische Dasein hindurch die Zeit selbst in den Blick kommt und gesehen ist.[11]

Dazu findet sich nun u. a. eine weitere sophokleische Tragödie – der ›Aias‹ –, darin insbesondere an einer hier zunächst zu behandelnden Stelle von der zeitlich-zukünftigen Dimension des jetzt vielleicht ›tragisch‹ zu nennenden Weltlaufs, dem der Mensch sich fügen muss, die Rede ist. –

Zunächst aber, zur Erinnerung, der dramatische Handlungsverlauf des ›Aias‹: Der, nach Achill, zweitstärkste Held vor Troja war um die Waffen seines gefallenen Freundes Achill von Odysseus unter Mithilfe der Atriden, Agamemnon und Menelaos, betrogen worden. In blinde Wut verfallen zog er aus, die Atriden und Odysseus und das Griechenheer bei Nacht zu töten. Athena, die stets Odysseus zugeneigte Göttin, blendet Aias und lässt ihn eine Schafherde abschlachten. Aus seinem Wahn wieder zu sich gekommen, erkennt der tragische Held, dass er – aus dem Bezug zu Göttern und Menschen versetzt und damit der Ehrlosigkeit ausgesetzt – schon gleichsam tot ist, und ihm daher nichts mehr bleibt, als sich selbst dem Tod zu übergeben. Da aber sowohl seine Schiffsgefährten, welche den tragischen Chor bilden, als auch Tekmessa, die Gemahlin und Mutter seines Sohnes Eurysakes, von ihm und seiner Machtfülle abhängen, beknien sie ihn, sich nichts anzutun. Aias nun hält in vv. 646 – 692 eine Rede, welche es ihm ermöglicht, die anwesende Gemahlin und seine Gefährten zu täuschen, um dann in der Folge (vv. 815 ff.) den Selbstmord an den Gestaden des Meeres auszuführen. Im Anschluß, in der zweiten Hälfte des Dramas, entbrennt – wie in der ›Antigone‹, und doch ganz anders – zwischen dem Halbbruder des Aias, Teukros, und den Atriden ein Streit um die Bestattung des Leichnams. Und es ist am Ende gerade wiederum Odysseus, dem es gelingt, Agamemnon zu überreden, dem Teukros die Bestattung des Aias zu erlauben. – Soviel zur Handlung der Tragödie. –

Die genannte Rede wird in der Literatur gemeinhin als ›Trugrede‹ begriffen. Lesen wir zunächst die Übersetzung der Stelle von Wilhelm Willige und Karl Bayer:

---

11 In der in Anm. 1 erwähnten Vorlesung wurde v. Verf. der Versuch unternommen, diese zeitliche Dimension selbst im Sinne eines *temporalen* Grundzugs des Tragischen begrifflich zu heben und damit vom so zu nennenden *deinotischen*, im Ungeheueren und Unheimlichen gründenden Wesensmerkmal des Tragischen abzuheben. — Diese und andere Grundzüge des Tragischen, wie sie sich in den überlieferten antiken Tragödien eines Aischylos, Sophokles, Euripides und Seneca zeigen, markieren damit Zugänge zu dem, was als ›Grund des Tragischen‹ aufgefasst werden kann; so ist der Grund des Tragischen nicht nur deinotisch, sondern eben auch temporal konstituiert. Die in der genannten Vorlesung in zentralen Ansätzen durchgeführte Sammlung und systematische Darlegung dieser Grundzüge — anhand der Interpretation einzelner, wesentlicher Passagen aus dem Corpus der griechischen und lateinischen Tragödien — soll in einer eigenen Buchveröffentlichung erfolgen.

Die unermeßlich lange Zeit macht offenbar
alles Verborgne und verhüllt, was sichtbar ist.
Es gibt nichts Unausdenkbares, doch sinkt dahin
der heilige Eid (δεινὸς ὅρκος, v. 649) und auch der felsenfeste Sinn.
Auch ich, der vorhin auf dem Schlimmsten fest bestand (ὃς τὰ δείν' ἐκαρτέρουν, v. 650)
ward biegsam, wie der Stahl im Öl, mit meinem Wort
durch diese Frau [gemeint ist Tekmessa, Verf.]: es tut mir leid (οἰκτίρω, v. 652), verwitwet sie
zu lassen unter Feinden und den Sohn verwaist.
Doch geh' ich nun zum Bad, zur grünen Flur am Strand
des Meeres, rein zu waschen mich von meiner Schuld,
vielleicht dem schweren Zorn der Göttin [gemeint ist Athene, die ihn mit Verblendung gestraft
hatte, und zwar letztlich deswegen, weil er, wie sich später zeigt, glaubte, ohne Beistand der
Götter kämpfen zu können, Verf.] zu entgehen.
Und find' ich eine unwegsame Stelle dort,
verberg' ich dies mein Schwert, der Waffen feindlichste,
und grab' es in die Erde, wo es niemand sieht,
wo nur die Nacht des Hades drunten es bewahrt.
Denn seit dem Tag, da ich's mit meiner Hand empfing
von Hektor als ein höchst feindseliges Geschenk,
steh' ich bei den Argeiern nicht in Ehren mehr.
Ein Spruch geht bei den Menschen um, und der ist wahr:
Ungaben sind des Feindes Gaben, schaden nur.
In Zukunft wissen wir: den Göttern fügt man sich,
und werden lernen den Atriden huldigen.
Sie sind die Herrscher, drum gehorche man! Was sonst?
Denn auch das Schrecklichste (τὰ δεινά, v. 669) wie das Gewaltigste (τὰ
καρτερώτατα, ebd.)
beugt sich der Würde: so muß auf verschneitem Pfad
der Winter weichen vor des Sommers Fruchtbarkeit,
und so verblaßt das finstere Gewölb der Nacht
vorm Lichtgespann des Tags mit seinem hellen Schein;
der wilden Stürme Hauch (δεινῶν ἄημα πνευμάτων, v. 674) beruhigt sich und stillt
des Meeres Brausen; auch des Schlafes Allmacht löst,
wo sie gefesselt hat, und hält nicht stets im Bann.
Wie sollten wir nicht lernen, uns zu mäßigen? (ἡμεῖς δὲ πῶς οὐ γνωσόμεσθα σωφρονεῖν; v. 677)
Denn eben jetzt hab' ich es eingesehen, daß
der Feind insoweit nur von uns zu hassen ist,
als könnt' er wieder lieben; so will ich dem Freund
hinfort nur soviel helfen und zu Diensten stehn,
als blieb' er es nicht immer; vielen Menschen ist
der Kameradschaft Hafen oft recht trügerisch (ἄπιστος, wörtlich: »unvertraut«, v. 683).

[...]
Mich führt mein Weg dorthin, wohin ich gehen muß.
Tut ihr, was ich euch sage! Bald vielleicht vernehmt
ihr, daß ich, zwar im Unheil jetzt, gerettet bin.[12]

Im dramatischen Handlungsverlauf erfüllt dieser Teil der Tragödie, der das gesamte zweite Epeisodion bildet, faktisch die Funktion einer Trugrede. Vermittelst dieser Rede gelingt es Aias, von den Schiffsgefährten und Tekmessa loszukommen. Vieles ist hier dahingehend betont zweideutig gesagt, lässt sich aus dem Voraufgehenden und dem Nachfolgenden in seiner Doppeldeutigkeit wiedererkennen: Aias wird sich reinwaschen von seiner Schuld, indem er zum Meer geht, aber er wird sich nicht im Meer reinwaschen, sondern am Meeresufer töten; er wird dabei dem Zorn der Göttin entgehen, aber ebenfalls nur dadurch, dass er sich umbringt; er wird so das Schwert in die Erde eingraben, aber nur, damit er es in sich begraben, d. h. sich in das Schwert stürzen kann und es unter sich begräbt, »wo nur die Nacht es Hades drunten es bewahrt« (v. 660); in Zukunft wird er wissen (vgl. τὸ λοιπὸν εἰσόμεσθα, v. 660), den Göttern zu weichen, nachzugeben, sich zu fügen, und er wird lernen, die Atriden zu ehren (μαθησόμεσθα δ' Ἀτρείδας σέβειν, v. 667), allerdings eben durch seinen Tod; zudem ist der griechische Ausdruck für »in Zukunft« (τὸ λοιπόν) zweideutig: τὸ λοιπόν kann die offenstehende Zukunft meinen, das Ausbleibende, das Ausstehende, es kann aber auch ganz konkret die verbliebene Zeit, bis eben zum Tod hin, in den Blick rücken; und auch die letzten drei Verse dieser Rede stützen die Doppeldeutigkeit des Gesagten: »Mich führt mein Weg dorthin, wohin ich gehen muß. / Tut ihr, was ich euch sage! Bald vielleicht vernehmt / Ihr, daß ich, zwar im Unheil jetzt, gerettet bin.«

Obwohl nun diese Passage im *Kontext* des Dramas nachweislich die Funktion einer Trugrede erfüllt, bleibt zu fragen, ob die Rede in ihrer vollen Tiefe zur Auslegung gebracht werden kann, wenn sie lediglich als Trugrede in den Blick fällt: Aias hatte zuvor seine Todesabsicht überaus deutlich kundgetan, und zwar bereits im Kommos der vv. 348 – 429, dann in seiner ersten Rede der vv. 430 – 480 und schließlich ganz eindeutig in seiner zweiten Rede der vv. 545 – 582. Bedeutet diese Eindeutigkeit jedoch, dass das in der Trugrede Gesagte nur vor dem Hintergrund seiner kontextgebundenen Funktion zu lesen ist? Sind die Worte des Aias als solche nur auf eine bestimmte Absicht hin gesprochen oder ist darin noch mehr gesagt, was sich gleichsam über den Verlauf der Dramas, über die dramatische Zeit erhebt? – Und selbst wenn diese Rede nur in ihrer dramatischen Funktionalität zu lesen wäre: Wie gelingt es Aias eigentlich, die ihm Nächsten – obwohl alle seinen störrischen, unnachgiebigen Charakter kennen und obwohl er die Todesabsicht bereits in aller Deutlichkeit zum Ausdruck gebracht hat –, wie schafft er es, sie dennoch zu täuschen? Welcher Dimension bedarf die Täuschung, um vollkommen zu sein, wie hier, damit sie möglichst täuschend werden kann? –

---

12 Sophokles, Dramen (wie Anm. 9) 46/47 – 48/49.

Die Antwort auf diese Frage ist so einfach, wie paradox und befremdlich: Die Täuschung bedarf der Wahrheit. Nur die täuschend echte, für wahr gehaltene und haltbare Rede ist, durch das in ihr in den Blick Fallende, letztlich in der Lage, zu täuschen. Das, was dabei offenbar wird, ist umso täuschender in seiner eigentlichen, verborgenen Absicht, je wahrer, offenbarer und zugänglicher es sich zeigt. Derjenige, der täuscht, muss daher nicht nur die Wahrheit kennen, um zu täuschen, sondern vor allem muss er, damit die Täuschung, wie hier, gelingt, die Wahrheit sagen, ins Wort fassen können. Dies wiederum setzt Einsicht in das und auch Vertrautheit mit dem voraus, was in Wahrheit ist. –

Lesen wir somit die Rede nur im Hinblick auf ihre Absicht, dann überlesen wir zumeist das Gesagte und seinen Gehalt selbst. Anders gesagt: Wird die ›Trugrede‹ nur vor dem Hintergrund ihrer wirklichen Funktion im Stück gelesen, dann wird das Ungeheuere, Wahre, von dem sie getragen ist, selbst funktionalisiert; dann auch wird das Gelesene, die Dichtung, zur Literatur, das eigentliche Drama, die eigentliche dramatische Handlung, wird zum Plot: nicht mehr ist die dramatische Dichtung Inszenierung und Realisierung des Wahrheitsgrundes des Tragischen. – Das Tragische an dieser Stelle ist ja, dass Aias gewissermaßen an der Wahrheit stirbt, insofern sie ihm einen Weg in den Tod bahnt. –

Weiter ist zu fragen: Von welcher Einsicht ist die Wahrheit dieser Täuschung in der Rede nun konkret getragen? – Es ist gerade diejenige Einsicht, welche sich in dem, was Aias über die Zeit und den Weltzeitlauf zu sagen hat, äußert. Schon Karl Reinhardt bemerkte – über die Funktion einer Trugrede hinaus – zu dieser Passage Folgendes:

> Hier erkennt wahrhaftig der Vereinsamte, Herausgelöste, das All der Zusammenhänge, wie es ist, nicht nur als gültig für eine Gemeinschaft, mit der er nicht mehr verbunden ist, sondern als Wesen der Natur, gültig im Himmel und auf Erden. So löst er sich als Herausgeschleuderter, freiwillig unter seinem Zwang, nicht nur aus der gesellschaftlichen Ordnung, sondern aus der Ordnung des Seins.[13]

Lesen wir also noch einmal das, was Sophokles Aias zudichtet, nunmehr nicht nur im Hinblick auf das Wahre, das darin die Täuschung täuschend echt wirken lässt, sondern jetzt im Hinblick auf das Tragische, das Ungeheuere, die Wahrheit des Gesagten selbst:

> Die unermeßlich lange Zeit macht offenbar
> alles Verborgne und verhüllt, was sichtbar ist.
> (ἅπανθ' ὁ μακρὸς κἀναρίθμητος χρόνος
> φαίνει τ' ἄδηλα καὶ φανέντα κρύπτεται, vv. 646 f.)
> Es gibt nichts Unausdenkbares, doch sinkt dahin
> der heilige Eid und auch der felsenfeste Sinn.
> (κοὐκ ἔστ' ἄελπτον οὐδέν, ἀλλ' ἁλίσκεται
> χὠ δεινὸς ὅρκος χαἰ περισκελεῖς φρένες, vv. 648 f.).

---

13   K. Reinhardt, Sophokles (Frankfurt a. M. 1933) 34.

Wir erinnern uns wieder an eine Stelle aus dem ersten Standlied der ›Antigone‹ (vv. 365 f.): σοφόν τι τὸ μηχανόεν τέχνας ὑπὲρ ἐλπίδ' / ἔχων – Hölderlin übersetzt: »Von Weisem etwas, und das Geschikte der Kunst / Mehr, als er hoffen kann, besizend.« – Dort war gesagt worden, der Mensch besitze mehr Können, als er zu hoffen vermag; hier im ›Aias‹ dagegen ist dieser Gedanke bereits in voller Sicht auf die Endlichkeit all dessen, was er *nicht* zu hoffen vermag, gesprochen. – Und weiter unten heißt es in der Trugrede:

> Denn auch das Schrecklichste wie das Gewaltigste
> beugt sich der Würde: […]
> (καὶ γὰρ τὰ δεινὰ καὶ τὰ καρτερώτατα
> τιμαῖς ὑπείκει· […], vv. 669 f.).
> […] so muß auf verschneitem Pfad
> der Winter weichen vor des Sommers Fruchtbarkeit
> ([…] τοῦτο μὲν νιφοστιβεῖς
> χειμῶνες ἐκχωροῦσιν εὐκάρπῳ θέρει, vv. 670 f.),
> und so verblaßt das finstere Gewölb der Nacht
> vorm Lichtgespann des Tags mit seinem hellen Schein
> (ἐξίσταται δὲ νυκτὸς αἰανὴς κύκλος
> τῇ λευκοπώλῳ φέγγος ἡμέρᾳ φλέγειν, vv. 672 f.).

Der Anklang an den Namen des Aias (αἰανὴς κύκλος), gleichsam an seine Existenz (vgl. ἐξίσταται), ist zugleich ein Anklang an sein bevorstehendes Nicht-mehr-sein, Verblassen. – Das Da-Sein, die Existenz des Menschen zeigt sich – im griechischen Verb ἐξίστασθαι, wie es heute zu uns spricht, und am beispielhaften Schicksal des Aias – vom Wegsein und Tod bestimmt. – Weiter heißt es:

> Der wilden Stürme Hauch beruhigt sich und stillt
> des Meeres Brausen; […]
> (δεινῶν τ' ἄημα πνευμάτων ἐκοίμισε
> στένοντα πόντον· […], vv. 674 f.)
> […] auch des Schlafes Allmacht löst,
> wo sie gefesselt hat, und hält nicht stets im Bann
> ([…] ἐν δ' ὁ παγκρατὴς ὕπνος
> λύει πεδήσας, οὐδ' ἀεὶ λαβὼν ἔχει, vv. 675 f.).
> Wie sollten wir nicht lernen, uns zu mäßigen?
> (ἡμεῖς δὲ πῶς οὐ γνωσόμεσθα σωφρονεῖν; v. 677)

Wie sollte der Mensch, wo er doch in der Zeit eingelassen ist, welche Zeit φύει τ' ἄδηλα καὶ φανέντα κρύπτεται (v. 647, »die das Verborgene hervorkommen lässt und das Erscheinende in die Verbergung holt«), wie sollte er – wo doch auch in der Natur das Ungeheure der Nacht dem Tage, das Ungeheure von Sturm und Unwetter der Milde, das Ungeheure und

Feste des Schlafes dem Erwachen weicht –, wie sollte der Mensch da nicht *auch* dem Stärkeren weichen. Natürlich weicht nun in der Folge Aias – selbst der Ungeheuere, wie er bereits in v. 205 von Tekmessa bezeichnet wird (δεινὸς Αἴας) – nicht in der Weise, wie die hier Umstehenden es erwarten; doch eben ist auch sein Weichen, sein Tod, ein wahrhaftiges Weichen und Wegsein.

Dem ungeheuren Aias widerfährt in dieser Tragödie das Ungeheuere selbst, welches er hier zum Ausdruck bringt, und zwar derart, dass sich der eigentliche Sinn dieses Ungeheueren in der rein funktionalen Auslegung dieser Stelle als Trugrede, aber auch in der Weise, wie sie dem Gehör der Umstehenden, nämlich als Rede in guter Absicht, begegnet, kaum wahrhaft zeigen könnte: Aias spricht hier im Verborgenen wie Offenbaren die Wahrheit, tut dies allerdings mehr, damit sie gesagt sei, als dass jemand sie selbst vernähme; Aias spricht, um es mit Nietzsches ›Zarathustra‹ zu sagen, »für Alle und Keinen«. Wir heutigen Leser achten zumeist nur auf den Handlungsverlauf, d. h. die eigentliche dunkle Absicht, die hier im Hintergrund steht, Tekmessa und die Schiffsleute dagegen auf die scheinbar gute Intention. Beides trifft die Erkenntnis, welche Aias zuteil wurde, nicht. Aus der Gesamtschau des Stücks und aus dem Wahrheitsgehalt dieses Gedankens heraus und seiner Größe, in dem sich der Grund des Tragischen als das Ungeheuere der entbergenden und verbergenden Zeit zeigt, sowie des Naturlaufs, der diesem Ungeheueren folgt, darin alles auf seinen Untergang hin *ist*, darin der Mensch das Ungeheuerste ist, da er die Fähigkeit hat, diesem Lauf sehenden Auges zu folgen und damit in seiner Endlichkeit das Unendliche (ἀναρίθμητος χρόνος, v. 646) zu bemerken: Aus dieser Gesamtschau des Stücks – und gerade nicht vor dem Hintergrund des Handlungsverlaufs – zeigt sich das von Aias Gesprochene und Gedachte so weniger als Trugrede; vielmehr scheint Aias eher als Wissender zu sprechen, dem sein Wissen zwar keinen unmittelbaren Nutzen bringt, welches Wissen es ihm aber doch gewährt, den vorbestimmten Weg in den Tod zu finden; Aias scheint hier daher eher als Seher, als Schauer seines eigenen Schicksals, denn als entehrter, todesentschlossener Kriegsheld zu sprechen oder, um es mit Heraklit zu sagen (DK 28 B 93): […] οὔτε λέγει οὔτε κρύπτει, ἀλλὰ σημαίνει – Aias »offenbart weder noch verbirgt er, sondern er *bedeutet*« –, einzig: Heraklit spricht vom delphischen Apollon, wir dagegen hören Aias sprechen und denken. –

Ist nun der Gedanke, dass Aias hier die Zukünftigkeit des tragischen Welt- und Zeitlaufs wie ein Seher enthüllt und dass diese seherische Einsicht es ihm gewährt, sein Schicksal zu schauen und zu deuten und dabei in vollendeter Weise trügerisch zu erscheinen, um sich dem Tod anheimzugeben, abwegig? – Dazu finden wir in der Schlussgnome (vv. 1418 ff.), d. h. in dem vom Chor in rezitativen Anapästen vorgetragenen abschließenden Gedanken, der das Ganze des Stücks in den Blick nimmt, folgendes:

ἦ πολλὰ βροτοῖς ἔστιν ἰδοῦσιν
γνῶναι· πρὶν ἰδεῖν δ' οὐδεὶς μάντις
τῶν μελλόντων ὅ τι πράξει.

Den Menschen ist vieles zu wissen gegönnt,
wenn sie schauen. Doch eh er geschaut hat, kennt
kein Mensch, was die Zukunft ihm bringe.[14]

Der Begründung für die Tilgung dieser Stelle durch Franz Ritter, der Friedrich Wilhelm Schneidewin und Alfred Nauck folgen,[15] ist hier ebensowenig Rechnung zu tragen wie Finglass, der meint: »The general sense of the tailpiece would be suitable for almost any Greek drama [...].«[16] Hören wir allerdings das Urteil von Finglass über diese drei Verse und bedenken dabei, dass in ihnen sowohl Wesentliches über den sophokleischen ›Aias‹ gesagt ist als auch zum Tragischen, das uns als die ursprüngliche Dimension von Zeit und Welt begegnet, darin der Mensch eingelassen ist als das ungeheuerste Wesen deshalb, weil er in der Lage ist, das Ungeheuerste, d. h. die Zeit und Zukunft selbst zu sehen, zu denken, zu sagen und sich handelnd auf sie zu und in ihr einzurichten, – hören wir die drei Schlussverse in dieser Perspektive, dann können wir Finglass in der Tat zustimmen (nicht jedoch der Konsequenz, die er u. a. aus seiner Einsicht zieht): Nicht nur in diesen drei Versen dieses Stücks, sondern vor allem in der sogenannten ›Trugrede‹, inszeniert Sophokles das, was für das Tragische als solches und überhaupt stehen könnte; denn erst indem wir geschaut haben, was überhaupt *ist*, und erst wenn wir von dieser tragischen Ahnung angegangen wurden, können wir wahrhaft wissen und uns damit in der Zukunft, in dem, was noch nicht ist, was erst kommen mag, einrichten. Aias wird diese Einsicht zuteil, als es für ihn schon zu spät ist. Dies ist im wahrsten Sinne des Wortes tragisch, für Leser und Zuschauer aber eine Warnung. – Die Trugrede entpuppt sich so gleichsam als ›tragische Wahrrede‹. –

Ein verwandter Gedanke zur Zeit, der damit ebenfalls eine Warnung enthält, wie dieser Schlussakkord des ›Aias‹ und wie das Stück insgesamt, findet sich auch im frühestüberlieferten Spruch des europäischen Denkens, welcher vom ἄπειρον handelt (vgl. damit im ›Aias‹ ἀνάριθμητος χρόνος, v. 646). So lautet das betreffende Fragment des Anaximander im engeren Sinne (DK 12 B 1) wie folgt:

ἐξ ὧν δὲ ἡ γένεσίς ἐστι τοῖς οὖσι, καὶ τὴν φθορὰν εἰς ταῦτα γίνεσθαι κατὰ τὸ χρεών· διδόναι γὰρ αὐτὰ δίκην καὶ τίσιν ἀλλήλοις τῆς ἀδικίας κατὰ τὴν τοῦ χρόνου τάξιν.

Woher aber den Seienden das Entstehen ist, dort hinein wird ihnen auch der Untergang gemäß der Notwendigkeit; denn sie geben Weisung und Vergeltung einander, der Weisungslosigkeit wegen, gemäß der Zeit Ordnung.

---

14 Sophokles, Dramen (wie Anm. 9) 95.
15 F. Ritter, Sieben unechte Schlussstellen in den Tragödien des Sophokles, Philologus 17/3, 1861, 422 – 436, hier: 428 f., vgl. Sophokles, erklärt von F.W. Schneidewin. Erstes Bändchen: Allgemeine Einleitung. Aias. Siebente Aufl. bes. v. A. Nauck (Berlin [7]1877) 197.
16 Sophocles, Ajax. Ed. with introd., transl., and comm. by P.J. Finglass (Cambridge 2011) 524.

Dem Spruch des Anaximander wurde seit frühester Zeit in seinem ersten Teil eine kosmische Sinnrichtung zugeschrieben, die dann im zweiten Teil eine »mehr poetische« Fassung, wie bereits Theophrast kommentierte,[17] erfuhr. Lesen wir diesen archaischen Gedanken, der wohl etwa in die Mitte des 6. Jahrhunderts v. Chr. gehört, im Zusammenhang mit dem, was Sophokles dem Aias von der Zeit etwa 100 Jahre später zudichtet, dann hören wir im Spruch des Anaximander nun einen ursprünglich tragischen, vielleicht auch vortragischen Zug heraus, im ›Aias‹ dagegen, einen philosophischen Gedanken, der »bedeutet« (σημαίνει, um mit Heraklit zu sprechen), was überhaupt ist, war und sein wird. Dieses aber folgt der Notwendigkeit (τὸ χρεών). ›Notwendigkeit‹ meint, wie im älteren deutschen Sprachgebrauch noch hörbar, ähnlich wie die ›necessitas‹: ›Schicksal‹, ›Verhängnis‹.[18] Zugleich spricht sich das Wort im Griechischen (wie im Lateinischen ›necessitas‹) auch im Sinne des Todesgeschicks zu. Dasjenige Phänomen jedoch, welches dieses Geschick lenkt und im Kern bildet, ist die Zeit: das, was ist, ist κατὰ τὸ χρεών, insofern es κατὰ τὴν τοῦ χρόνου τάξιν ist. Das, was ist, war und sein wird, hat sein Maß, sein κατά, in der Zeit, die die Künftigkeit und Zukunft, die das Geschick der Dinge und des Menschen auf ihren *notwendigen* Untergang zu hält. Dies ist tragisch in einer Weise, die weder etwas Negatives noch etwas Positives meint, sondern auf den Ernst dessen, was in Wahrheit ist und *wird*, stößt.

6. Schlussbemerkung: Die Wirklichkeit der Tragödien und die Möglichkeit des Tragischen

Alles hier Gesagte blickte weniger und fragte vielleicht auch weniger nach der Wirklichkeit der griechischen Tragödie als nach ihren Möglichkeiten, weniger nach ihrer Vergangenheit als nach ihrer möglichen Gegenwart und Zukunft. Die Frage ist, ob wir – nicht nur mit Blick auf die überlieferten griechischen Tragödien – der ursprünglich zukünftigen Dimension des Tragischen, die in ihnen auf dem Spiel steht und welche Zukunfts- und Wahrheitsdimension die Tragödie letztlich ins Werk setzt, gerecht werden können, wenn wir bei der Wirklichkeit der überlieferten Tragödien stehen bleiben und nicht auf den Möglichkeitssinn des Tragischen und seine Bedeutung schauen – auch, wenn wir an die antiken Griechen denken. Schon für Aristoteles war, wie wir gesehen haben,[19] die Tragödie keineswegs wirkliche Literatur und wirkliches Theater, sondern in erster Linie eine Dichtungsart, d. h. ein Können. Zugleich sehen wir nun: Das sich realisierende Können der tragischen Dichtung dichtete im ersten Standlied der Tragödie mit dem Titel ›Antigone‹ selbst vom zukunftsori-

---

17 So überliefert im Kommentar des Simplikios zur aristotelischen ›Physik‹, in welcher Passage auch das Anaximanderfragment erwähnt ist: ποιητικωτέροις οὕτως ὀνόμασιν αὐτὰ λέγων, vgl. Doxographi Graeci 476.
18 Vgl. Deutsches Wörterbuch von Jacob Grimm und Wilhelm Grimm, digitalisierte Fassung im Wörterbuchnetz des Trier Center for Digital Humanities, Version 01/21, <https://www.woerterbuchnetz.de/DWB?lemid=N06388>, abgerufen am 25.10.2021, s.v. ›Nothwendigkeit‹.
19 Vgl. oben Abschnitt 2.

entierten Können und Nicht-Können des Menschen. Vielleicht müssen wir somit dieses Chorlied, vielleicht auch die seherische Rede des Aias als Ausdruckweisen des Ungeheueren des Tragischen selbst und seiner Zukunftsdimension lesen, und d. h. mehr als die Eröffnung der Möglichkeitsdimension des Tragischen, denn als die Konstatierung von Wirklichkeiten und Wirkungszusammenhängen. –

Vielleicht bedürfen wir heute wieder, wie sich ebenfalls, v. a. in der *Form* des hier Gesagten, andeutete, mehr der Loslösung von der fachwissenschaftlichen Voreingenommenheit, um das Tragische und seinen Grund erahnen zu können, einer Unvoreingenommenheit also, in der zum Beispiel Helmut Schmidt das Tragische auf seine Weise begegnete; vielleicht bedarf es heute mehr echter, im ursprünglichen Sinne verstandener und sich selbst verstehender *Amateure*, vielleicht auch der Unbedarftheit von Dichtern, um das Rätsel des Tragischen wieder sichtbar werden zu lassen; vielleicht können wir aus dem sich andeutenden Rätsel des Tragischen auch lernen, dass die Philologie kein Fach und philologische Übersetzungen antiker Texte keine ›Lösungen‹ und Abbildungen von wissenschaftlichen Richtigkeiten sind, sondern dass der eigentliche Anspruch der Philologie die Künftigkeit des Logos überhaupt ist – der Logos meint aber Sprache im ursprünglichsten Sinne: er meint Sinn und Wahrheit überhaupt, ist damit mehr geschichtliche, geschehende Gegenwart und Zukunft, denn historisch vorgestellte Vergangenheit und wirkliche wie wirksame Aktualität; vielleicht ist die Thematik des Tragischen und seines Grundes, der sich im Ungeheueren der Zeit selbst abzeichnet, ja gerade eine *Möglichkeit* und geeignet sowie *befähigend* (vgl. δεινόν), das sonst keinen unmittelbaren Nutzen bringende Fragen nach dem menschlichen Dasein als solchen wie nach der Wahrheit des Seins überhaupt, nach der Wahrheit dessen also, was ist und *geschieht* – auch an der heutigen Universität – wieder erstarken zu lassen; und vielleicht ist unsere anhaltende *Unfähigkeit*, ja unser Desinteresse, diese über die Zukunft der Menschheit entscheidenden Fragen in den Fokus des akademischen Arbeitens zu rücken, selbst Ausdruck und Vorzeichen einer sich künftighin ereignenden Tragödie der heutigen, immer ausschließlicher nur auf das Wirkliche und Wirksame, unmittelbar Nutzenbringende und Wertsteigernde blickenden Wissenschaften – von welcher zukünftigen Tragödie der Wissenschaften uns das dunkle Licht der sophokleischen Dramen einen dämmernden, ahnungsvollen Schatten auf unsere Gegenwart zu werfen vermag.

PHILIPP SCHEIBELREITER

Prozessrechtliches im König Ödipus
Zum ›Verhör‹ des Kreon (Sophokles, ›König Ödipus‹ vv. 511 – 630)

Einleitung

Die Tragik beim ›König Ödipus‹ des Sophokles besteht darin, dass der Protagonist energisch die Aufklärung des Todes von Laios, dem alten König Thebens, betreibt und dabei letztlich erkennen muss, dass er selbst jener Täter ist, nach dem er fahndet.[1] Ödipus besiegt somit unbewusst gleichsam sein eigenes Schicksal, wenn er am Beginn des Stückes verkündet (v. 132):[2] ἀλλ' ἐξ ὑπαρχῆς αὖθις αὔτ' ἐγὼ φανῶ. – »Gut, von allem Anfang werde ich nun die Sache ans Licht bringen«.

Immer wieder sahen sich daher Interpreten dazu veranlasst, das Stück im Sinne eines ›Kriminalromans‹ zu lesen.[3] 1966 hat der Dramaturg und Jurist Gottfried Greiffenhagen[4] eine Untersuchung zu strafrechtlichen Elementen des ›Ödipus Rex‹ vorgelegt.[5] Ziel war es, bei Vorbereitung einer Bühnenfassung des Stücks[6] eine rechtliche Perspektive auf dieses einzunehmen, wobei Greiffenhagen einschränkt: »Die Einfügung des Juristischen in die dramatische Bewegung […] muss im Rahmen dieser Skizze offenbleiben.«[7] Greiffenhagen versucht gar nicht erst, die von ihm so bezeichnete »Lücke« zu schließen, welche er in dem Fehlen einer Interpretation des Dramas aus rechtshistorischer Perspektive verortet. Mit seiner Untersuchung leistet er einen wertvollen Beitrag zur Interpretation des Monologs, den Ödipus eingangs hält (vv. 217 – 275), welchem Greiffenhagen »strafrechtliche Relevanz als

---

1 Den Vergleich zu Kleists ›Zerbrochener Krug‹ hat bereits W. Schadewaldt, Tübinger Vorlesungen. Band 4: Die griechische Tragödie. Hrsg. v. I. Schudoma (Frankfurt a. M. ³1996) 267 gezogen – die Komödie sei ein »konvertierter, invertierter König Ödipus«; ebenso H. Flashar, Sophokles. Dichter im demokratischen Athen (München 2000) 109.
2 Wenn in diesem Beitrag keine Werkangaben zu einem Vers gemacht werden, so bezieht sich dieser auf den ›König Ödipus‹ des Sophokles. Text und Übersetzung sind dabei der Ausgabe von Bannert (Sophokles, ›König Ödipus‹. Vatermörder und Retter der Polis. Text u. neue Übersetzung v. H. Bannert. Mit Erläuterungen und einem Essay zum Verständnis des Werks [Wien 2013]) entnommen.
3 Vgl. dazu Flashar, Sophokles (wie Anm. 1) 109.
4 Der Dramaturg Greiffenhagen (1935 – 2013) war auch studierter Jurist.
5 G. Greiffenhagen, Der Prozeß des Ödipus. Strafrechtliche und strafprozessuale Bemerkungen zur Interpretation des ›Ödipus Rex‹ des Sophokles, Hermes 94, 1966, 147 – 176.
6 So Greiffenhagen, Der Prozeß des Ödipus (wie Anm. 5) 147 Anm. 1.
7 Greiffenhagen, Der Prozeß des Ödipus (wie Anm. 5) 147 – 148.

Prozesseinleitung« zuschreibt,[8] nicht immer ist der Verfasser jedoch frei vom Makel, seiner Untersuchung auch das Instrumentarium des geltenden deutschen Strafrechts zugrunde zu legen.[9] So kennzeichnet Greiffenhagen die Verheißung des Ödipus als »Anklage gegen den unbekannten Täter«, welche man heute für »begrifflich nicht denkbar« halten würde. Dies gilt jedoch nicht für das klassische Athen,[10] wo ein eigener Gerichtshof, das Prytaneion, gerade auch für Prozesse gegen unbekannte Täter zuständig war.[11]

Die – im ›König Ödipus‹ thematisierte – Anklage gegen Unbekannt musste folglich dem athenischen Theaterbesucher in keiner Weise problematisch erscheinen, da sie dem attischen Recht des 5./4. Jh. v. Chr. geläufig war.[12]

Doch dieses spezielle Problem soll hier ebenso wenig vertieft werden wie jenes materiellrechtliche nach der Qualifikation des Deliktes, welches Ödipus bei Tötung des Laios begangen hat. Es mag hier genügen, mit Flashar[13] und Harris[14] festzuhalten, dass nach der Darstellung des Ödipus (vv. 800 – 813) keinesfalls rechtfertigende Notwehr,[15] sondern Totschlag vorlag.[16]

---

8   Greifenhagen, Der Prozeß des Ödipus (wie Anm. 5) 149.
9   Dies trifft noch mehr auf die Untersuchung von G.M. Schinas, Rechtsansätze bei Sophokles, in: C. Fischer-Czermak u. a. (Hrsg.), Festschrift R. Welser zum 65. Geburtstag (Wien 2004) 947 – 973 zu, welcher moderne Maßstäbe an den Ödipus anlegt und aus dem Text des Stückes Hinweise für moderne Rechtsprinzipien zu ziehen versucht.
10 Dies behauptet Greiffenhagen, Der Prozeß des Ödipus (wie Anm. 5) 150 auch nicht, er verweist vielmehr auf die Möglichkeit, dass es sich bei der von Ödipus erhobenen Anklage um eine Anspielung auf die attische μήνυσις handle, eine »Anzeige«, welche ein Verfahren vor Rat oder Volksversammlung nach sich gezogen hat, vgl. dazu J.H. Lipsius, Das attische Recht und Rechtsverfahren. Mit Benutzung des ›Attischen Processes‹ von M.H.E. Meier und G.F. Schömann dargestellt. Band 1: Die Gerichtsverfassung (Leipzig 1905) 208 – 211. Greiffenhagen vermutet dies einmal aufgrund der Nennung des Verbs μηνύειν in v. 102, anderseits deshalb, weil in vv. 224 – 229 dem Denunzianten Strafmilderung zugesprochen wird – ähnlich wie dem, der eine μήνυσις erhebt, eine Form der Amnestie (ἄδεια) zuteilwerden konnte, vgl. dazu Lysias, ›Reden‹ 13,21 und 55.
11 Vgl. Aristoteles, ›Athenaion politeia‹ 57,4: ὅταν δὲ μὴ εἰδῇ τὸν ποιήσαντα, τῷ δράσαντι λαγχάνει. δικάζει δ᾽ ὁ βασιλεὺς καὶ οἱ φυλοβασιλεῖς καὶ τὰς τῶν ἀψύχων καὶ τῶν ἄλλων ζῴων. – »Wenn er aber den Täter nicht kennt, dann erhebt er Klage gegen den (unbekannten) Täter. Der basileus und die phylobasileis urteilen auch über Unbelebte (Täter) und über die anderen Lebewesen.« – Zum Prytaneion vgl. weiters Ph. Scheibelreiter, Die Bestrafung von Speer und Stein. Beobachtungen zur objektiven Haftung im altgriechischen Recht, in: A. Dimopoulou – A. Helmis – D. Karabelias (Hrsg.), ΙΟΥΛΙΑΝ ΒΕΛΙΣΣΑΡΟΠΟΥΛΟΥ ΕΠΑΙΝΕΣΑΙ. Studies in Ancient Greek and Roman Law (Athen 2020) 261 – 287 (mit einem Anhang von E. Stangl) mit allen weiteren Quellenbelegen.
12 Dies hat schon E. Carawan, The Edict of Oedipus (›Oedipus Tyrannus‹ 223 – 51), American Journal of Philology 120, 1999, 187 – 222, hier: 205 Anm. 41 erkannt. Zur Ehrenrettung Greiffenhagens muss ergänzt werden, dass er die beiden anderen in der ›Athenaion politeia‹ 57,4 genannten Tatbestände an anderer Stelle (173 Anm. 52) erwähnt, welche in die Zuständigkeit des Prytaneion fallen, nämlich die Prozesse gegen »leblose Objekte« (ἄψυχα) und gegen »Tiere« (ζῷα).
13 Flashar, Sophokles (wie Anm. 1) 114.
14 E.M. Harris, Is Oedipus Guilty? Sophocles and Athenian Homicide Law, in: E.M. Harris – D.F. Leao – P.J. Rhodes (Eds.), Law and Drama in Ancient Greece (London 2010) 122 – 146, hier: 135 – 136 verweist dazu auf Demosthenes, ›Reden‹ 21,70 – 76.
15 So Greiffenhagen, Der Prozeß des Ödipus (wie Anm. 5) 166 – 167.
16 Dass die Tötung des Laios im Stück vorerst als Mord interpretiert wurde, erschließt sich auch aus der dem Täter von Ödipus angedrohten Rechtsfolge, nämlich Todesstrafe oder Exil (vv. 100 – 101): ἀνδρηλατοῦν-

Im Folgenden soll vielmehr überlegt werden, ob die Tragödie Bezugnahmen auf das attische Prozessrecht enthält – und damit auch der Versuch unternommen, die von Greiffenhagen konstatierte »Lücke« einer rechtshistorischen Behandlung des ›König Ödipus‹ zu minimieren. Dabei liegt es fern, zu behaupten, dass das gesamte Werk als in Szene gesetztes Verfahren zu verstehen sei. Stattdessen soll prozessrechtliche Begrifflichkeit dort, wo sie verwendet wird, ernst genommen und untersucht werden, warum sich der Dichter ihrer bedient hat. Der Schwerpunkt der Untersuchung wird dabei jedoch nicht auf den Monolog des Ödipus im ersten Epeisodion und das so genannte ›Edikt‹ (vv. 223 – 251),[17] sondern auf den zweiten Auftritt des Kreon (vv. 513 – 530) und sein ›Verhör‹ (vv. 514 – 630) durch Ödipus gelegt.

Der Gang der Handlung bis zu diesem Dialog lässt sich wie folgt zusammenfassen: Ödipus erfährt, dass Theben von einer Seuche geplagt wird, deren Ursache im ungesühnten Mord an dem alten König Laios gefunden werden kann. Deshalb schickt Ödipus seinen Schwager Kreon nach dem Seher Teiresias (vv. 1 – 150). Nach dem ersten Stasimon (vv. 151 – 215) eröffnet Ödipus das erste Epeisodion mit seinem ›Edikt‹, worin der König folgendes verkündet: (1) Der Mörder solle angezeigt werden (vv. 223 – 226), (2) Selbstanzeige würde sich strafmildernd auswirken (vv. 227 – 229) und (3) der (die Tat verschweigende) Mitwisser soll ebenso wie der Täter aus der Gemeinschaft der Bürger verstoßen werden (vv. 233 – 243).[18] Es folgt der Dialog zwischen Ödipus und dem Seher Teiresias (vv. 300 – 462), welcher letztendlich, von Ödipus gereizt, dem König offenbart, dass er selbst derjenige sei, nach dem er suche (vv. 350 – 353; 362). Ödipus jedoch wittert eine von Teiresias und Kreon gegen ihn initiierte Verschwörung (vv. 376 – 377).

1. Kreon als Beschuldigter (vv. 513 – 531)

Nach dem zweiten Stasimon (vv. 463 – 511) erscheint Kreon erneut, nun mit dem Vorwurf des Hochverrats konfrontiert (Beginn des zweiten Epeisodion). Bereits die ersten Worte des Kreon enthalten juristisch relevante Terminologie: Kreon hat erfahren, dass Ödipus ihn

---

τας ἢ φόνῳ φόνον πάλιν / λύοντας, ὡς τόδ' αἷμα χειμάζον πόλιν – »[…], dass wir den vertreiben aus dem Land, oder mit einem Mord einen Mord wieder lösen, weil diese Bluttat Sturm und Frost bringt über die Stadt.« – Nach Harris, Is Oedipus Guilty? (wie Anm. 14) 137 bestünde deshalb die Zuständigkeit des Areopags gemäß Demosthenes, ›Reden‹ 23,69; Antiphon, ›Reden‹ 5,13; vgl. dazu D.M. MacDowell, Athenian Homicide Law in the Age of the Orators (Manchester 1963; ND 1966) 114; Greiffenhagen, Der Prozeß des Ödipus (wie Anm. 5) 164 – 165.

17 So auch Flashar, Sophokles (wie Anm. 1) 111; zu dem Edikt vgl. insbesondere Greiffenhagen, Der Prozeß des Ödipus (wie Anm. 5) 155 – 159; Carawan, The Edict of Oedipus (wie Anm. 12).

18 Dass insbesondere diese in einen Fluch gekleidete letzte Bestimmung an den die Anklage-Erhebung begleitenden Eid bei Verfolgung eines Mörders, die so genannte *prorrhesis*, erinnert, ist bereits festgestellt worden, vgl. Greiffenhagen, Der Prozeß des Ödipus (wie Anm. 5) 155 – 158; Carawan, The Edict of Oedipus (wie Anm. 12) 204 – 206.

anklage (v. 514: κατηγορεῖν μου τὸν τύραννον Οἰδίπουν), und er umschreibt das ihm vorgeworfene Delikt (vv. 515 – 517):

> [...] εἰ γὰρ ἐν ταῖς ξυμφοραῖς
> ταῖς νῦν νομίζει πρός γ' ἐμοῦ πεπονθέναι
> λόγοισιν εἴτ' ἔργοισιν εἰς βλάβην φέρον, [...]

> [...] Denn wenn er in dieser schlimmen Lage jetzt glaubt, dass ihm von meiner Seite her irgendetwas zugestoßen ist, in Worten oder Taten, das zum Schaden führt, [...]

Die Schädigung (βλάβη), welche Kreon hier anspricht und deren Vorliegen er jedenfalls von sich weist, zählt – will man Aristoteles Glauben schenken – nach griechischen Rechtsvorstellungen zu den drei ureigenen Delikten, welche zu einer Klage berechtigten. So habe Hippodamos von Milet, der Philosoph und Städteplaner des 5. Jh. v. Chr., eine Untergliederung der Gesetzesmaterien in drei Gruppen vorgenommen (Aristoteles, ›Politik‹ II, 8, 1267b 37 – 39):

> ᾤετο δ' εἴδη καὶ τῶν νόμων εἶναι τρία μόνον. περὶ ὧν γὰρ αἱ δίκαι γίνονται, τρία ταῦτ' εἶναι τὸν ἀριθμόν, ὕβριν βλάβην θάνατον.

> Er meinte nämlich, dass es nur drei Arten von Gesetzen gäbe. Denn worüber Prozesse entstehen, dies sind der Zahl nach drei: Entehrung, Schädigung und Tötung.

Diese äußerst rudimentäre Dreiteilung der Gesetze,[19] der rechtlichen Materien, welche die Bürger zu einer Klage (δίκη) berechtigen, kennt neben der Verletzung der »Stellung der Person innerhalb der politischen und rechtlichen Ordnung eines Gemeinwesens«[20] (ὕβρις) jene von Leben (θάνατος) und Vermögen (βλάβη) einer Person.

Es fällt nun auf, dass der eigentliche Vorwurf des Ödipus an Kreon sich nicht unmittelbar auf Planung oder Versuch eines Mordes (θάνατος) am König, sondern auf seinen Sturz beläuft. So zumindest formulierte es der wütende König bereits im Gespräch mit Teiresias, wenn er davon spricht, dass Kreon ihn vertreiben (ἐκβάλλειν) wolle.[21] Ödipus führt seine

---

19 H.J. Wolff, Die Grundlagen des griechischen Vertragsrechts, Zeitschrift der Savigny-Stiftung für Rechtsgeschichte, Romanistische Abteilung, 74, 1957, 26 – 72, hier: 62; ders., Zum Problem der dogmatischen Erfassung des altgriechischen Rechts, in: P. Dimakis (Hrsg.), Symposion 1979 (Köln–Weimar–Wien 1983) 7 – 20, hier: 13.
20 Vgl. dazu die Definition von Wolff, Zum Problem der dogmatischen Erfassung (wie Anm. 19) 13.
21 So heißt es in Bezug auf Kreon in v. 386: λάθρᾳ μ' ὑπελθὼν ἐκβαλεῖν ἱμείρεται – »[...] (sc. wenn Kreon) heimlich von hinten angeschlichen mich hinauszuwerfen wünscht«; vgl. auch in Zusammenhang mit Teiresias in v. 399.

Anschuldigung dann noch aus, indem er Kreon zwar auch eines Mordplans verdächtigt,[22] ihm vor allem aber die Gier nach der Königsherrschaft vorwirft (v. 535: λῃστής τ' ἐναργής τῆς ἐμῆς τυραννίδος bzw. vv. 541 – 542: τυραννίδα θηρᾶν). Kreon schließlich baut auch seine gesamte, harmlos anmutende Apologie[23] auf dem Argument auf, dass ihm gerade eben nichts an der Herrschaft (und damit: an der weltlichen Macht) liege (vv. 583 – 615).

Keinesfalls ist die Verwendung des Begriffs der Schädigung (βλάβη) durch Kreon im vorliegenden Kontext zu eng auszulegen und etwa nur auf den Verlust der Königsherrschaft im materiellen Sinne zu beziehen. Kreon sagt, dass Ödipus ihn verdächtige, Pläne gegen ihn in Gang gesetzt zu haben (πεπονθέναι), die sich für ihn als schädlich erweisen würden (εἰς βλάβην φέρον): Dieser Schaden lässt sich neutral als »die vom Opfer des Delikts erlittene Schädigung«[24] übersetzen.

Und dennoch: Wenn Kreon vorgeworfen wird, »etwas, das zum Schaden führt« ([sc. τι] εἰς βλάβην φέρον) zu planen, dann könnte der Begriff der βλάβη beim Zuseher auch die Assoziation zum breiten Feld jener Delikte wecken, welche in einer Vermögensschädigung (βλάβη) resultieren.

Nach Kreon bestehe gegen ihn ein Vorwurf (ἐπίκλημα), und er fragt besorgt beim Chor nach (vv. 528 – 529): ἐξ ὀμμάτων δ' ὀρθῶν τε κἀξ ὀρθῆς φρενός / κατηγορεῖτο τοὐπίκλημα τοῦτό μου. – »Mit festen Blicken und mit fester Überzeugung, graderaus, wurde mir dieser Vorhalt als Anklage gemacht?«

Der Begriff ἐπίκλημα lässt sich ganz allgemein mit »Anschuldigung« übersetzen:[25] Diese (τὸ ἐπίκλημα τοῦτο) des Ödipus beläuft sich laut Kreon darauf, den Seher dazu gebracht zu haben, eine falsche Auskunft zu geben, wohl um dadurch Ödipus aus dem Land vertreiben und die Herrschaft an sich ziehen zu können (vv. 525 – 526). Im juristisch-technischen Sinne jedoch bedeutet ἐπίκλημα konkret die »Anklageschrift«, ganz im Sinne des dafür weitaus gebräuchlicheren Terminus ἔγκλημα.[26] So etwa hat Ödipus kurz zuvor den Begriff in seinem Edikt verwendet, wenn er die Bürger Thebens beruhigt, indem er sagt, dass niemand sich davor fürchten solle, durch Hinweise auf den Mord an Laios eine Anklage gegen Dritte zu provozieren[27] (vv. 227 – 229):

---

22 In v. 534 bezeichnet Ödipus den Kreon mit entsprechender Geste auf sich selbst als φονεὺς ὢν τοῦδε τἀνδρὸς ἐμφανῶς – »Mörder dieses Mannes offenbar«; auch v. 576 ließe sich dahingehend auslegen, dass Ödipus in Kreon eine potentielle Gefahr für sein Leben sieht.
23 Vgl. dazu Bannert, ›König Ödipus‹ (wie Anm. 2) 157.
24 H.J. Wolff, Die ΔΙΚΗ ΒΛΑΒΗΣ in Demosthenes, or. LV, in: ders., Beiträge zur Rechtsgeschichte Altgriechenlands und des hellenistisch-römischen Ägypten (Weimar 1961) 91 – 101, hier: 101 Anm. 24.
25 Untechnisch im Sinne von »Vorwand« wird ἐπίκλημα etwa auch gebraucht bei Euripides (›Orestes‹ v. 570), ebenso ἔγκλημα bei Sophokles in ›Trachinierinnen‹ v. 361; zu einer ähnlichen und dabei synonymen Verwendung von ἐπίκλημα und ἔγκλημα vgl. auch Xenophon, ›Oikonomikos‹ 11,3 – 4, wo Sokrates sagt, dass es ihm zum »Vorwurf« (ἔγκλημα) gemacht werde, arm zu sein, dass dies aber ein unsinniger »Vorwurf« (ἐπίκλημα) sei.
26 So klingt es metaphorisch etwa in Sophokles, ›Philoktetes‹ vv. 322 – 323 an, wenn zu lesen ist vom ἔγκλημα ἔχειν – »eine Klage erheben«.
27 Vgl. dazu die Interpretation bei Carawan, The Edict of Oedipus (wie Anm. 12) 196 – 197, wonach das Verb ὑφεξαιρεῖν hier als das »Belasten/Überziehen eines Dritten mit einer Klage« zu verstehen sei. Zum Text vgl.

κεἰ μὲν φοβεῖται, τοὐπίκλημ' ὑπεξελών
αὐτὸς καθ'αὑτοῦ· πείσεται γὰρ ἄλλο μὲν
ἀστεργὲς οὐδέν, γῆς δ' ἄπεισιν ἀσφαλής.

Und wenn er fürchtet, dass er eine Anklage hervorholt selbst gegen sich selbst – er wird nichts anderes Unangenehmes erleiden, sondern unbeschadet aus dem Land weggehen.

Hier bedeutet ἐπίκλημα: Anklage wegen Mordes an Laios. Wenn nun Kreon in v. 529 diesen Terminus in Bezug auf einen anderen Sachverhalt (nämlich seines und des Teiresias Hochverrat) verwendet, so ist das natürlich nicht nur technisch zu verstehen wie in v. 227, sondern kann ganz allgemein die »Anschuldigung« vor dem versammelten Volk bedeuten.[28] Gerade in Zusammenspiel mit dem fast 300 Verse zuvor erwähnten ἐπίκλημα des Ödipus schwingt aber auch hier jedenfalls eine prozessuale Konnotierung mit: Kreon wird sich in den folgenden Versen für diese Anklage zu verantworten haben und sie auszuräumen suchen.

Gleichzeitig ist durch die Verwendung des Wortes ἐπίκλημα ein Verfahrensabschnitt angesprochen, in dem die Prozessparteien den Ablauf des weiteren Verfahrens gemeinsam festlegten: die ἀνάκρισις.[29] Im Athen des 5. Jh. ist diese Vorverhandlung der erste, »dialektische« Teil eines Verfahrens,[30] wie er vor dem zuständigen Gerichtsmagistrat (etwa einem der Archonten) stattfand. Hier wurde auf Grundlage der eingebrachten Klageschrift (je nach Verfahrenstyp eine γραφή oder eben ein ἔγκλημα) in einer formellen, gegenseitigen Befragung der Parteien[31] der Prozess abgesteckt, vor allem aber wurden die Beweismittel für das Verfahren vor dem Volksgericht festgelegt.[32] Dieser erste Verfahrensabschnitt ist von

---

Sophocles, The Plays and Fragments. With Critical Notes, Commentary, and Translation in English Prose by R.C. Jebb. Part I: The ›Oedipus Tyrannus‹ (Cambridge 1902) 222 – 223.

28 Die Antwort des Chores ist ausweichend (v. 539): Οὐκ οἶδ'. ἃ γὰρ δρῶσ' οἱ κρατοῦντες οὐχ ὁρῶ. – »Das weiß ich nicht. Denn was die Mächtigen tun, das sehe ich nicht.«

29 Aufgrund der Datierung des Stückes in die Jahre 434/433 v. Chr. – vgl. dazu ausführlich die Arbeit von C.W. Müller, Zur Datierung des sophokleischen ›Ödipus‹ (Mainz 1984) sowie Schadewaldt, Die griechische Tragödie (wie Anm. 1) 268 – 269; Flashar, Sophokles (wie Anm. 1) 101 – 102; Bannert, ›König Ödipus‹ (wie Anm. 2) 175 – 178 – kommt der um 400 v. Chr. eingeführte, zweite Typ eines Vorverfahrens, die amtliche Schiedsgerichtsbarkeit (δίαιτα) hier nicht weiter in Frage.

30 Die Differenzierung zwischen »dialektischem Verfahrensteil« in der Vorverhandlung und »rhetorischem« vor dem Dikasterion hat G. Thür, Beweisführung vor den Schwurgerichtshöfen Athens. Die Proklesis zur Basanos (Wien 1977) 156; 313 geprägt, vgl. ebenso ders., Das Gerichtswesen Athens im 4. Jahrhundert v. Chr., in: L. Burckhardt – J. v. Ungern-Sternberg (Hrsg.), Große Prozesse im antiken Athen (München 2000) 30 – 49, hier: 33; ders., The Role of the Witness in Athenian Law, in: M. Gagarin – D. Cohen (Eds.), The Cambridge Companion to Ancient Greek Law (Cambridge 2005) 146 – 169, hier: 152; ders., Das Prinzip der Fairness im attischen Prozess: Gedanken zu echinos und enklema, in: E. Cantarella (Hrsg.), Symposion 2005 (Wien 2007) 131 – 150, hier: 134.

31 F. Lämmli, Das attische Prozeßverfahren in seiner Wirkung auf die Gerichtsrede (Paderborn 1938) 82 – 83; Thür, The Role of the Witness (wie Anm. 30) 156.

32 Allgemein dazu vgl. D.M. MacDowell, The Law in Classical Athens (London 1978) 239 – 242; A.R.W. Harrison, The Law of Athens. Vol. II: Procedure (Bristol ²1998) 94 – 105; C. Macho, Anakrisis – Vorverfahren und Beweisführung im attischen Prozess (Diplomarbeit Wien 2010) 28 – 53.

zwei – auf gesetzlicher Regelung beruhenden – Geboten geprägt, die als Ausfluss eines »Neuerungsverbotes«[33] interpretiert werden können:[34] Zum einen bestand die Antwortpflicht einer Partei auf Fragen der Gegenseite,[35] zum anderen konnte im darauffolgenden Prozess vor den Richtern (dem Dikasterion) von einer in der ἀνάκρισις getätigten Aussage nicht mehr abgewichen werden.[36] Dies galt insbesondere auch für die Beweismittel.[37]

2. Terminologisches zum ›Verhör‹ des Kreon (vv. 514 – 630)

Als Kreon dem wütenden Ödipus gegenübersteht, der den Umsturzplan des Kreon bereits als gegeben voraussetzt, bittet Kreon, sich erst zu der Sache selbst äußern zu dürfen, ehe Ödipus darüber urteilt (vv. 543 – 544): Οἶσθ' ὡς πόησον; ἀντὶ τῶν εἰρημένων / ἴσ' ἀντάκουσον, κᾆτα κρῖν' αὐτὸς μαθών. – »Weißt du, was du tun sollst? Im Gegenzug zu dem von dir Gesagten, genau so lang sollst du mir zuhören, und danach beurteile selbst, wenn du alle Informationen hast.«

Ödipus leugnet das Recht auf eine Gegendarstellung nicht. Er deutet aber an, dass er sich daran nicht gebunden fühle, wenn er sagt, dass er keine Lust habe, die Reden des Kreon zu hören, da – seines Erachtens – die Schuld des Kreon bereits erwiesen sei (vv. 545 – 546).

---

33 Das Neuerungsverbot in Zusammenhang mit der ἀνάκρισις ist von Lämmli, Das attische Prozeßverfahren (wie Anm. 31) 74 – 128 abgelehnt worden, ebenso Harrison, Procedure (wie Anm. 32) 97 – 98. Dies ist mittlerweile widerlegt, da ein ἐχῖνος, ein Tongefäß zur Aufbewahrung der in der ersten Verfahrensphase festgelegten Beweismittel mit einer eindeutig auf eine ἀνάκρισις hinweisenden Aufschrift gefunden worden ist; vgl. dazu A.L. Boegehold, A Lid with Dipinto, in: Studies in Attic Epigraphy, History and Topography. Presented to E. Vanderpool (Princeton/NJ 1982) 1 – 6; G. Soritz-Hadler, Ein Echinos aus einer Anakrisis, in: G. Wesener u. a. (Hrsg.), Festschrift für A. Kränzlein. Beiträge zur Antiken Rechtsgeschichte (Graz 1986) 103 – 108; R.W. Wallace, *Diamarturia* in Late Fourth-Century Athens. Notes on a 'cheese pot' (SEG XXXVI 296), in: E. Cantarella – G. Thür (Hrsg.), Symposion 1997 (Köln–Weimar–Wien 2001) 89 – 101; Thür, Das Prinzip der Fairness (wie Anm. 30) 135 – 136; Macho, Anakrisis (wie Anm. 32) 35 – 40; C. Macho, Beweisführung und Wahrheitsfindung im attischen Prozess, in: K. Staudigl-Ciechowicz u. a. (Hrsg.), recht [durch] setzen / Making Things Legal. Gesetzgebung und prozessuale Wirklichkeit in den europäischen Rechtstraditionen (Wien 2014) 485 – 492, hier: 487 – 489.
34 So Thür, Das Prinzip der Fairness (wie Anm. 30) 134; Macho, Anakrisis (wie Anm. 32) 30 – 32.
35 Isaios, ›Reden‹ 6,12 und Demosthenes, ›Reden‹ 48,10; vgl. dazu unten unter 3.
36 So die von Thür, Beweisführung (wie Anm. 30) 157 – 158 entwickelte Deutung des ›Homologiegesetzes‹; zustimmend etwa auch H.-A. Rupprecht, Rezension von: G. Thür, Beweisführung vor den Schwurgerichtshöfen Athens. Die Proklesis zur Basanos (Wien 1977), in: Zeitschrift der Savigny-Stiftung für Rechtsgeschichte, Romanistische Abteilung 97, 1980, 320 – 323, hier: 321 (mit kritischem Hinweis auf Thür 225). – Zu den wichtigsten Quellen für dieses Gesetz und der verfehlten Interpretation desselben als Grundlage eines griechischen Konsensualvertrags vgl. zuletzt D.D. Phillips, Hypereides 3 and the Athenian Law of Contracts, Transactions of the American Philological Association 139, 2009, 89 – 122 und L. Gagliardi, La legge sulla ὁμολογία e i vizi della volontà nei contratti in diritto ateniese, in: M. Gagarin – A. Lanni (Hrsg.), Symposion 2013 (Wien 2014) 177 – 214.
37 Vgl. dazu auch Thür, Das Prinzip der Fairness (wie Anm. 30) 135; Macho, Beweisführung und Wahrheitsfindung (wie Anm. 33) 487 – 489.

Noch zwei weitere Male pocht Kreon auf sein Recht, gehört zu werden. Einmal in v. 547, wenn er ausführt: Τοῦτ' αὐτὸ νῦν μου πρῶτ' ἄκουσον ὡς ἐρῶ. – »Ganz genau das sollst du jetzt als erstes von mir hören, wie ich es sagen werde.«

Und schließlich erneuert Kreon in den vv. 605 – 608 sein Anliegen, eine Verteidigung vorzubringen:[38]

Τοῦτ ἄλλ', ἐάν με τῷ τερασκόπῳ λάβῃς
κοινῇ τι βουλεύσαντα, μή μ' ἁπλῇ κτάνῃς
ψήφῳ, διπλῇ δέ, τῇ τ' ἐμῇ καὶ σῇ, λαβών,
γνώμῃ δ' ἀδήλῳ μή με χωρὶς αἰτιῶ.

Und dann, wenn du mich ertappt hast, mit dem Zeichendeuter gemeinsam etwas geplant zu haben, nicht mit einem Stimmstein töte mich, sondern mit zwei, meinem und deinem, zu Recht, doch beschuldige mich nicht aufgrund einer unklaren Beurteilung von dir allein.

Hinter all diesen Aussagen steht ein Prinzip des Verfahrensrechts,[39] nämlich jenes vom »beiderseitigen Gehör«: *audiatur et altera pars*. Dieser Grundsatz wird auch schon in den ›Eumeniden‹ des Aischylos wie folgt formuliert:[40] Δυοῖν παρόντοιν ἥμισυς λόγου πάρα – »Wenn zwei anwesend sind, liegt jeweils die Hälfte der Aussage vor«.[41]

Auch in der der Prozesswut der Athener gewidmeten Komödie des Aristophanes, den ›Wespen‹, wird darauf rekurriert: In den vv. 725 – 726 etwa heißt es: πρὶν ἂν ἀμφοῖν μῦθον ἀκούσῃς / οὐκ ἂν δικάσαις. – »Bevor du nicht die Rede beider Seiten gehört hast, sollst du nicht richten.«[42]

In den vv. 918 – 919 wiederum lautet die Bitte des Bdelykleon an seinen Vater Philokleon, der gerade als Richter fungiert: πρὸς τῶν θεῶν, μὴ προκαταγίγνωσκ', ὦ πάτερ / πρὶν ἂν ἀκούσῃς ἀμφοτέρων. – »Bei den Göttern, verurteile nicht vorweg, Vater, bevor du beide Seiten gehört hast.«[43]

Dass es sich bei den Belegen für dieses Prinzip, die dem Drama[44] entstammen, jedoch nicht um bloß poetische Ausformulierung ethisch korrekten Verhaltens[45], sondern um

---

38 Vgl. dazu auch Schinas, Rechtsansätze bei Sophokles (wie Anm. 9) 961.
39 Vgl. dazu etwa § 177/1 der österreichischen Zivilprozessordnung.
40 Aischylos, ›Eumeniden‹ v. 428.
41 Vgl. dazu Bannert, ›König Ödipus‹ (wie Anm. 2) 155 Anm. 15.
42 Die Übersetzung entstammt der Ausgabe Aristophanes, ›Wespen‹. Hrsg., übers. u. komm. v. L. Lenz (Berlin–Boston 2014) 182.
43 Die Übersetzung entstammt der Ausgabe von Lenz, ›Wespen‹ (wie Anm. 42) 210.
44 Vgl. ferner dazu auch Euripides, ›Herakliden‹ vv. 179 – 180; Euripides, ›Andromache‹ vv. 257 – 258.
45 Allerdings dürfte dieses Prinzip ein im Hexameter verfasster Sinnspruch zum Inhalt gehabt haben, der nach Aristophanes, ›Wasps‹. Edited with Introduction and Commentary by D.M. MacDowell (Oxford 1971) 233 lautet: μηδὲ δίκην δικάσῃς πρὶν ἂν ἀμφοῖν μῦθον ἀκούσῃς. Diese Version ist auch in den Scholien belegt.

positiviertes Recht gehandelt hat, erweist eine Passage des Heliasten- oder Dikasteneides,[46] des Eides also, den die als Richter erlosten Bürger Athens abzuleisten hatten.[47] In der bei Demosthenes[48] überlieferten Version des Eides heißt es (Demosthenes, ›Reden‹ 24,151): καὶ ἀκροάσομαι τοῦ δὲ κατηγόρου καὶ τοῦ ἀπολογουμένου ὁμοίως ἀμφοῖν – »Und ich werde in gleicher Weise beiden, dem Ankläger und dem sich Verteidigenden zuhören.«[49]

Wenn Kreon nun einfordert, dass Ödipus erst urteilen solle, wenn er beide Seiten gehört habe, so beruft er sich auf eine Regel des Prozessrechts, die zumindest im Heliasteneid eine Normierung erfahren hat. Das kommt in der Sekundärliteratur nicht immer deutlich genug zum Ausdruck: Greiffenhagen etwa spricht von der »Waffengleichheit als Ausfluss des agonalen Prinzips«.[50] Schinas wiederum stellt fest, dass der moderne prozessuale Grundsatz vom beiderseitigen Gehör in der Tragödie vorformuliert sei, ohne zu ermessen, dass es sich dabei auch um geltendes attisches Recht des 5. vorchristlichen Jahrhunderts handelt.[51]

Es folgt nun das Verhör des Kreon durch Ödipus (vv. 555 – 582). Diese Stichomythie lässt sich wieder in die Fragen des Ödipus an Kreon (vv. 555 – 573) und jene des Kreon an Ödipus (vv. 574 – 582) untergliedern. Ödipus fragt, ob Kreon ihm geraten habe, den Seher einzuschalten (vv. 555 – 556), was Kreon bejaht. Ödipus fragt, wie lange es her sei, dass Laios tot ist (vv. 558 und 560), was Kreon unpräzise mit »sehr lange« beantwortet.[52] Daran knüpft Ödipus die Frage, ob denn Teiresias zu dieser Zeit schon Seher gewesen sei (v. 562) und warum er denn dann nicht schon damals seine Verdächtigungen gegen Ödipus ausgestoßen habe (v. 564). Dazu kann Kreon nichts beitragen (v. 565), und Ödipus lenkt die nächste Frage darauf, ob es nach dem Tod des Laios Ermittlungen gegeben habe (v. 566, was Kreon bejaht, v. 567) und wieder, warum Teiresias denn damals nichts geäußert hat (v. 568). Erneut weiß

---

46 Es sind beide Namen überliefert, vgl. Hypereides, ›pro Euxenippo‹ 40; Demosthenes, ›Reden‹ 24,148; Harpokration, s.v. Ἀρδήττος (Heliasteneid) und Aischines, ›Reden‹ 3,6; Etym. Magn. p. 147,12; Lex. Seg. 185,11; 207,1 (Dikasteneid).
47 So auch The ›Wasps‹ of Aristophanes. With Introduction, Metrical Analysis, Critical Notes, and Commentary by W.J.M. Starkie (London 1897; ND Amsterdam 1968) 268; Thür, Das Prinzip der Fairness (wie Anm. 30) 144.
48 Demosthenes, ›Reden‹ 24,149 – 151; vgl. dazu D.C. Mirhady, The Dikasts' Oath and the Question of Fact, in: A.H. Sommerstein – J. Fletcher (Eds.), Horkos. The Oath in Greek Society (Bristol 2007) 48 – 59.
49 Da die Authentizität des überlieferten Textes nicht unumstritten ist – vgl. dazu R.J. Bonner – G. Smith, The Administration of Justice from Homer to Aristotle. 2 Volumes (Chicago 1930 – 1938) 152 – 157 und J. Bleicken, Die athenische Demokratie (Paderborn ⁴1995) 599 –, zweifelt etwa Mirhady, The Dikasts' Oath (wie Anm. 48) 51 Anm. 26 daran, dass die Phrase καὶ ἀκροάσομαι τοῦ δὲ κατηγόρου καὶ τοῦ ἀπολογουμένου ὁμοίως ἀμφοῖν Bestandteil des Heliasteneides gewesen sei; die Gegenmeinung vertritt mit guten Gründen M. Canevaro, The Documents in the Attic Orators. Laws and Decrees in the Public Speeches of the Demosthenic Corpus (Oxford 2013) 175 – 176, indem er dazu unter anderem auf die parallelen Belege in Demosthenes, ›Reden‹ 18,1; 18,6 – 7; 29,4; 34,1; Isokrates, ›Reden‹ 15,21; Aischines, ›Reden‹ 2,1; 2,7; 3,57; Hypereides, ›pro Lycophrone‹ 1; Lysias, ›Reden‹ 19,3 verweist.
50 Greiffenhagen, Der Prozeß des Ödipus (wie Anm. 5) 147 mit Anm. 5.
51 Schinas, Rechtsansätze bei Sophokles (wie Anm. 9) 961: »Diese Verse können als Grundlage entsprechender allgemeiner Grundsätze der Prozessordnungen, insbesondere der Strafprozessordnungen, angesehen werden.«
52 Wörtlich sagt er: Μακροὶ παλαιοί τ' ἂν μετρηθεῖεν χρόνοι – »Lange und alte Zeitläufe mögen wohl durchmessen sein« (v. 561).

Kreon darauf nichts zu sagen, was ihm aber von Ödipus als bewusstes Verschweigen der Wahrheit ausgelegt wird (v. 570). Darauf erwidert Kreon: εἰ γὰρ οἶδά γ', οὐκ ἀρνήσομαι. – »Wenn ich es wirklich weiß, werde ich es nicht leugnen« (v. 571).

Es folgen die Fragen des Kreon: »Bist du mit meiner Schwester verheiratet?« (v. 577) und: »Herrschen wir nicht zu dritt?« (vv. 579 und 581). Diese Fragen zielen darauf ab, Kreons Interesse an einem Staatsstreich allein schon deswegen als hinfällig erscheinen zu lassen, da er bereits einerseits viel Einfluss bei Hofe habe, andererseits angenehmer Weise keine staatspolitische Verantwortung tragen müsse. Dies ist dann auch der Succus von Kreons Apologie (vv. 583 – 615).

Die den Vorgaben der Stichomythie entsprechenden kurzen Fragen und Antworten weisen beide in unterschiedliche Richtungen: Während Ödipus den Kreon verhört – er stellt Wissensfragen nach Tatsachen – bereitet Kreon seine Verteidigung vor, die den Vorwürfen des Ödipus schon von vornherein die Grundlage entziehen soll.

3. Das ›Verhör des Kreon‹ vor dem Hintergrund des attischen Prozessrechts

In dem entscheidenden Augenblick des Verhörs (vv. 555 – 576)[53] bedient sich Sophokles juristischer Terminologie. Diese allgemeine Feststellung bedarf einer Präzisierung: So ist zu fragen, auf welches Verfahrensstadium hier Bezug genommen werden könnte. Nach modernen Vorstellungen entspräche das Verhör der Befragung eines Beschuldigten oder Zeugen vor Gericht.

Doch diese Interpretation ist sogleich zurückzuweisen: Im Prozess vor dem Volksgericht wurden die Zeugen nämlich nicht mehr im eigentlichen Sinne ausgefragt, sondern ihnen vielmehr eine bereits vor oder in der ἀνάκρισις erstellte Zeugenaussage zur Bestätigung vorgelegt; wenn dort die Aussage bejaht worden war, so wurde dies als Zeugenbeweis im Verfahren vor den Richtern nur mehr wiederholt.

Dieses System belegt auch die Persiflage eines Prozesses in den ›Wespen‹ des Aristophanes:[54] Dort wird in einem Verfahren wegen Käsediebstahls eines Hundes ein Küchenutensil, nämlich die »Käsereibe« in den Zeugenstand gerufen und befragt (Aristophanes, ›Wespen‹ vv. 962 – 966):[55]

ἄκουσον, ὦ δαιμόνιε, μου τῶν μαρτύρων.
ἀνάβηθι, τυρόκνηστι, καὶ λέξον μέγα.

---

53 So Bannert, ›König Ödipus‹ (wie Anm. 2) 155.
54 Vgl. dazu Ph. Scheibelreiter, *Nomos, enklema* und *factum*, in: G. Thür – U. Yiftach – R. Zelnick-Abramovitz (Hrsg.), Symposion 2017 (Wien 2018) 211 – 250, dort 217 – 218.
55 Vgl. dazu etwa auch Aristophanes, ›Wespen‹ vv. 781 – 782. – G. Thür, Die athenischen Geschworenengerichte – eine Sackgasse?, in: W. Eder (Hrsg.), Die athenische Demokratie im 4. Jahrhundert v. Chr. – Vollendung oder Verfall einer Verfassungsform? (Stuttgart 1995) 321 – 334, hier: 329 verweist auch auf Andokides, ›Reden‹ 1,14.

σὺ γὰρ ταμιεύουσ' ἔτυχες. ἀπόκριναι σαφῶς,
εἰ μὴ κατέκνησας τοῖς στρατιώταις ἄλαβες.
φησὶ κατακνῆσαι.

Höre, Hochverehrter, meine Zeugen an! Tritt heraus Käsereibe, und sprich laut! Du warst ja Haushälterin. Antworte deutlich: Hast du nicht für die Soldaten gerieben, was du für sie in Empfang genommen hast? Sie sagt, sie habe gerieben.[56]

Das Beweisthema lautet also: »Hast du nicht für die Soldaten gerieben, was du für sie in Empfang genommen hast?« Die Zeugenaussage vor dem Gericht jedoch besteht nur in einem – hier hinzuzudenkenden – »Nicken« der Käsereibe zwischen den vv. 965 und 966.[57] Im Laufe des 4. Jh. v. Chr. etablierte es sich, den Zeugenbeweis an die Schriftform zu binden; die Frage an den Zeugen wurde somit verlesen.[58] Aus dem Quellenmaterial lässt sich rekonstruieren, dass für die Formulierung der Behauptung dabei ein typisches Muster eingehalten wurde.[59] Dies ist etwa in der pseudodemosthenischen Rede ›Gegen Neaira‹ belegt ([Demosthenes] ›Reden‹ 59,23):

Φιλόστρατος Διονυσίου Κολωνῆθεν μαρτυρεῖ εἰδέναι Νέαιραν Νικαρήτης οὖσαν, ἧσπερ καὶ Μετάνειρα ἐγένετο, καὶ κατάγεσθαι παρ' αὐτῷ, ὅτε εἰς τὰ μυστήρια ἐπεδήμασαν ἐν Κορίνθῳ οἰκοῦσαι. Καταστῆσαι δὲ αὐτὰς ὡς αὑτὸν Λυσίαν τὸν Κεφάλου, φίλον ὄντα ἑαυτῷ καὶ ἐπιτήδειον.

Philostratos, Sohn des Dionyios, aus Kolonos, bezeugt zu wissen, dass Neaira der Nikarete gehört, der auch Metaneira gehörte, und dass diese bei ihm abgestiegen seien, als sie zu den Mysterien hierher (nach Athen) gekommen waren – damals, als sie noch in Korinth wohnten –, und dass sie von Lysias, Sohn des Kephalos, seinem Freund und Vertrauten, bei ihm untergebracht wurden.[60]

Die Zeugenaussage über das Beweisthema betreffend Eigentum an und Unterbringung von der Sklavin Neaira ist wie folgt aufgebaut: Auf die Angaben zur Person des Zeugen folgt die

---

56 Übersetzung nach Lenz, ›Wespen‹ (wie Anm. 42) 214.
57 So auch Lenz, ›Wespen‹ (wie Anm. 42) 214.
58 Thür, Das Gerichtswesen Athens (wie Anm. 30) 38 – 39; ders., Das Prinzip der Fairness (wie Anm. 30) 142 – 143. Dies könnte sich daraus erklären, dass die gegen den Zeugen danach möglicherweise angestrengte Klage wegen Falschaussage (δίκη ψευδομαρτυριῶν) dadurch leichter bewiesen werden hätte können.
59 Die Belege finden sich gesammelt bei Thür, The Role of the Witness (wie Anm. 30) 153.
60 Übersetzung: Antiphon, ›Gegen die Stiefmutter‹ und Apollodoros, ›Gegen Neaira‹ (Demosthenes 59). Frauen vor Gericht. Eingel., hrsg. u. übers. v. K. Brodersen (Darmstadt 2004) 71. Ob diese Aussage im Prozess ›Gegen Neaira‹ der Wahrheit entsprochen hat oder nicht, tut in diesem Kontext nichts zur Sache; zur Diskussion vgl. Apollodoros, ›Against Neaira‹ (D. 59). Edited with Introduction, Translation and Commentary by K.A. Kapparis (Berlin–New York 1999) 215 – 216.

Feststellung, dass er bezeugen (μαρτυρεῖ) könne, etwas zu wissen (εἰδέναι). In meist einem zweiten *Accusativus cum Infinitivo* steht dann dieses Beweisthema; alternativ lautet dieses auch darauf, dass der Zeuge bei einer bestimmten Situation »zugegen gewesen sei« (παρεῖναι).

Im Prozess vor den erlosten Richtern bestand somit die Zeugenbefragung einzig darin, dass der Zeuge auf Aufforderung des Redners eine vorformulierte Behauptung bestätigte. Keinesfalls aber äußerte sich ein Zeuge auf eine an ihn gerichtete Frage, wie es etwa Kreon dem Ödipus gegenüber tut: »Ob mündlich oder schriftlich, der Zeuge hatte in Athen niemals eine Wahrnehmung mit eigenen Worten zu schildern und sich einem Verhör, sei es durch die Parteien oder durch ein Mitglied des Gerichts, zu stellen.«[61]

Daraus folgt, dass der Dialog zwischen Ödipus und Kreon nicht als einer Zeugenbefragung oder Vernehmung im Sinne eines Verhörs vor dem Gericht nachempfunden verstanden werden darf, sondern bestenfalls jener der Beweisaufnahme.[62] Auch Kreon wird nach Tatsachen gefragt, zweimal zielen die Fragen bei Kreon auf sein Wissen (εἰδέναι).[63] Darüber hinaus behauptet Kreon, dass er »nicht in der Nähe war« (und daher nicht weiß), ob Teiresias sich schon früher einmal zum Tod des Laios geäußert habe.[64]

Es ließe sich daher – anknüpfend an die bereits oben thematisierte Erwähnung des Wortes ἐπίκλημα[65] – überlegen, ob die Befragung des Kreon, so sie überhaupt einem realen Prozessgeschehen nachempfunden ist, nicht dem Kontext einer ἀνάκρισις zuzuweisen wäre.

In diesem Zusammenhang muss eine zweite Szene angeführt werden, die ebenfalls fälschlich als »nach den Regeln der attischen Zeugenprüfung«[66] durchgeführte, »typische Ermittlung von Fakten durch Befragung, wie die Athener es aus tagtäglichem Business in den Gerichtshöfen und Kommissionen der Stadt gewohnt waren« charakterisiert wurde:[67] Es handelt sich um das ›Verhör‹ des Hirten, welcher zum einen Ödipus einst ausgesetzt und andererseits als einziger den Kampf von Ödipus mit Laios und dessen Gefolgschaft überlebt hatte (vv. 1110 – 1185). Die Szene kann hier nicht im Einzelnen dargestellt werden. Es mag genügen, hervorzuheben, dass in vv. 1110 – 1185 eine Befragung vorliegt, welche ebenfalls dem prozessualen Kontext einer ἀνάκρισις nahekommt:

So wird eingangs die Identität des Hirten festgestellt (vv. 1119 – 1127);[68] gleich viermal wird das »Wissen« des Hirten überprüft, also das Bezeugen einer Tatsache von ihm

---

61 Thür, Das Gerichtswesen Athens (wie Anm. 30) 38; ebenso ders., The Role of the Witness (wie Anm. 30) 159.
62 So Bannert, ›König Ödipus‹ (wie Anm. 2) 156 in Bezug auf die vv. 555 – 560: »Das ist Gerichtssprache, mit den juristischen Ausdrücken der Beweisaufnahme.«
63 V. 569 (οὐκ οἶδα); v. 570 (οἶσθα); v. 571 (εἰ γὰρ οἶδα).
64 V. 565: Οὔκουν ἐμοῦ γ' ἑστῶτος οὐδαμοῦ πέλας. – »Nein, jedenfalls wenn ich in seiner Nähe stand, niemals.«
65 Siehe dazu oben unter 1.
66 So Flashar, Sophokles (wie Anm. 1) 115 – 116.
67 Vgl. Bannert, ›König Ödipus‹ (wie Anm. 2) 131.
68 Vgl. dazu auch Bannert, ›König Ödipus‹ (wie Anm. 2) 170.

verlangt.[69] Besondere Bedeutung kommt schließlich einer Drohung des Ödipus zu, welche der König ausstößt, als der Hirte die Aussage verweigern möchte. Sie lautet (v. 1152): σὺ πρὸς χάριν μὲν οὐκ ἐρεῖς, κλαίων δ' ἐρεῖς. – »Im Guten willst du nicht reden, aber wenn du erst in Tränen bist, wirst du reden.«

Damit spielt der König auf die im attischen Prozess übliche Möglichkeit der Befragung von Sklaven unter Folter an, die so genannte βάσανος.[70] Auch die βάσανος zielte nur auf ein »ja« oder »nein« des Sklaven ab, nicht aber auf eine ausformulierte Antwort des befragten Gewaltunterworfenen.[71] Die Aufforderung aber, einen Sklaven zur βάσανος herauszugeben oder dazu, dieses Angebot anzunehmen (πρόκλησις), erfolgte durch die Parteien regelmäßig zeitlich vor dem Verfahren im Dikasterion, zumeist in der ἀνάκρισις oder der amtlichen δίαιτα.[72]

Beide Szenen, jene mit Kreon und jene mit dem Hirten, weisen Züge einer Befragung auf, wie sie in einer ἀνάκρισις erfolgt sein könnte. Diesen Eindruck bestätigen Belege zur ἀνάκρισις, etwa jener aus einer Rede des Isaios (Isaios, ›Reden‹ 6,12 – 14). Der dieser zugrunde liegende, komplexe Sachverhalt muss in diesem Rahmen nicht näher erläutert werden.[73] Isaios referiert den Ablauf der ἀνάκρισις für einen Prozess des Chairestratos gegen Androkles und Antidoros wegen falscher Zeugenaussage (δίκη ψευδομαρτυρίων). In dem zuvor anhängig gemachten Streit um das Erbe des reichen Euktemon[74] hatten Androkles und Antidoros ausgesagt, dass der Erblasser Söhne hätte. Da nach attischem Erbrecht leibliche

---

69 V. 1128 (οἶσθα); v. 1134 (κάτοιδεν); v. 1142 (οἶσθα); v. 1151 (εἰδώς).
70 So auch Greiffenhagen, Der Prozeß des Ödipus (wie Anm. 5) 162 – 163; Bannert, ›König Ödipus‹ (wie Anm. 2) 131. Der – hier ausgesparte – Begriff βάσανος wird in dem Stück gleich zweimal verwendet: Einmal in der zweiten Strophe des ersten Stasimon (v. 494) im Sinne von »Überprüfung«, einmal in der zweiten Antistrophe des ersten Stasimon (v. 510) zur Beschreibung der »Prüfung«, welcher sich Ödipus gegenüber der Sphinx unterzogen hatte, als er das Rätsel zu beantworten wusste. Damit schafft Sophokles – wie Bannert, ›König Ödipus‹ (wie Anm. 2) 170 festhält – auch andernorts im Stück eine Art »juristische Grundstimmung«: »Der Chor benützt also ein auf die Sprache der gerichtlichen Untersuchung festgelegtes Wort«.
71 Vgl. dazu Thür, Beweisführung (wie Anm. 30) 174 – 190; Rupprecht, Rezension von: G. Thür, Beweisführung (wie Anm. 36) 321.
72 Vgl. dazu Thür, Beweisführung (wie Anm. 30) 75 – 77. Zum Problem nachträglicher πρόκλησις wie etwa in Demosthenes, ›Reden‹ 47,17 vgl. Thür, ebd., 77. Allerdings betont Thür, dass es keine gesetzliche Regelung darüber gab, wann eine πρόκλησις zur βάσανος zu erfolgen hatte. Im vorliegenden Fall des Hirten erübrigt es sich daher auch, zu betonen, dass es nicht zur Folterung des Hirten kommt, vgl. auch Bannert, ›König Ödipus‹ (wie Anm. 2) 131 und 169 – 170.
73 Vgl. dazu F. Blass, Die attische Beredsamkeit. 2. Abtheilung: Isokrates und Isaios (Leipzig ²1892) 548 – 551; Thür, Beweisführung (wie Anm. 30) 76 – 77; MacDowell, The Law in Classical Athens (wie Anm. 32) 241; S. Avramovic, Iseo e il diritto attico (Napoli 1997) 125 – 127; W. Schmitz, Die zwei Leben des Euktemon. Familienstreit zwischen Bürgerlichkeit und Milieu, in: Burckhardt – v. Ungern-Sternberg, Große Prozesse (wie Anm. 30) 234 – 252, hier: 234 – 237; Isaeus. Translated with Introduction and Notes by M. Edwards (Austin/TX 2007) 95 – 100. – Zum Vermögenstand des Euktemon vgl. S. Ferrucci, L'Atene di Iseo. L'organizzazione del privato nella prima metà del IV sec. a.C. (Pisa 1998) 88 – 91.
74 Der Prozess selbst wird wegen falschen Zeugnisses geführt und steht in Zusammenhang mit einer διαμαρτυρία, einem Einspruch im beschleunigten Erbschaftsverfahren (ἐπιδικασία); zur Prozesstaktik vgl. auch Thür, Beweisführung (wie Anm. 30) 239 – 240; Schmitz, Die zwei Leben des Euktemon (wie Anm. 73) 247 – 251.

Söhne allein erbberechtigt wären und auch das – von Chairestratos, dem Adoptivenkel Euktemons ins Treffen geführte und ihn bedenkende – Testament damit obsolet erschienen wäre,[75] strengte Chairestratos – vertreten durch einen Verwandten[76] – in der Folge ein Verfahren wegen falscher Zeugenaussage an. In diesem Verfahren nun wird auf die zuvor erfolgte ἀνάκρισις Bezug genommen:

Dort seien Androkles und Antidoros vor dem Archonten befragt worden, wer die Mutter der genannten jungen Männer sei (Isaios, ›Reden‹ 6,12): […], ἐρωτώμενοι ὑφ' ἡμῶν τίς εἴη αὐτῶν μήτηρ καὶ ὅτου θυγάτηρ οὐκ εἶχον ἀποδεῖξαι – »und von uns befragt, wer ihre Mutter sei und wessen Tochter, konnten sie es nicht belegen.«

Sie hätten immerhin eine, wenn auch unzureichende Antwort gegeben, dass die Mutter »eine Frau aus Lemnos« sei (Isaios, ›Reden‹ 6,13). Nachdem der Magistrat die Befragten an ihre gesetzliche Antwortpflicht gemahnt habe (τοῦ ἄρχοντος κελεύοντος ἀποκρίνασθαι κατὰ τὸν νόμον)[77] sei es zu einer Vertagung der ἀνάκρισις gekommen.[78]

Bei Wiederaufnahme nun haben Androkles und Antidoros eine gewisse Kallippe, die Tochter des Pistoxenos, als Mutter der Männer angegeben (Isaios, ›Reden‹ 6,14).

Der Kläger habe daraufhin nachgehakt (Isaios, ›Reden‹ 6,13): ἐρωμένων δὲ ἡμῶν ὅστις εἴη καὶ εἰ ζῇ ἢ μή – »Wir aber fragten, wer er sei und ob er noch lebe oder nicht.«

Die Antwort aber habe gelautet (Isaios, ›Reden‹ 6,13): ἐν Σικελίᾳ ἔφασαν ἀποθανεῖν στρατευόμενον, καταλιπόντα ταύτην θυγατέρα παρὰ τῷ Εὐκτήμονι, ἐξ ἐπιτροπευομένης δὲ τούτῳ γενέσθαι, […] – »Sie sagten, er sei gestorben auf dem Feldzug in Sizilien, und habe diese seine Tochter bei Euktemon zurückgelassen, und mit dem Mündel seien sie beide gezeugt worden […].«

Aus der bei Isaios überlieferten Schilderung dieser realen ἀνάκρισις als gegenseitige Befragung der Parteien wird deutlich, dass dies jener Phase des Prozesses entspricht, in der ein ›Verhör‹ möglich war.

Was aber lässt sich daraus für die Frage einer prozessualen Bewertung des Dialogs Ödipus–Kreon ableiten? Nichts anderes, als dass, wenn ein prozessualer Kontext als Vorbild für die Befragung des Kreon gedient haben soll – und diese Prämisse galt es zu vertiefen –, das nur die ἀνάκρισις gewesen sein konnte. So fragt auch Ödipus mehrfach nach, wenn Kreon unbefriedigende Antworten gibt – etwa über die Rolle des Teiresias bei der Untersuchung des Mordes an Laios.[79] Und umgekehrt ließe sich auch die bei Isaios

---

75 Zur testamentarischen Adoption nach attischem Recht vgl. den Beitrag von L. Gagliardi, Das solonische Gesetz über Erbschaft: Vorschrift über Testament oder Adoption?, Zeitschrift der Savigny-Stiftung für Rechtsgeschichte, Romanistische Abteilung, 131, 2014, 23 – 40.
76 Nach Blass, Die attische Beredsamkeit (wie Anm. 73) 548 war dies ein gewisser Aristomenes; L. Rubinstein, Litigation and Cooperation. Supporting Speakers in the Courts of Classical Athens (Stuttgart 2000) 28 – 29 lässt dies offen. Zur Frage vgl. weiter Schmitz, Die zwei Leben des Euktemon (wie Anm. 73) 234 Anm. 1; Edwards, Isaeus (wie Anm. 73) 97.
77 Vgl. dazu oben unter 1.
78 Dies ist nach Avramovic, Iseo e il diritto attico (wie Anm. 73) 152 der einzig belegte Fall einer solchen Unterbrechung in der ἀνάκρισις.
79 So in vv. 558 – 561 und 568 – 571.

geschilderte Befragung in einen Dialog umformulieren, eine Stichomythie, wie Ödipus und Kreon sie führen.

Conclusio

In ihrem Beitrag zur Tragödie als Rechtsquelle hat Allen behauptet, dass im Unterschied zu den beiden älteren großen Tragikern nur Euripides Anleihen bei der attischen Gerichtssprache nehme.[80] Demgegenüber ist mit Pepe festzuhalten, dass auch Tragödien von Aischylos oder Sophokles zuweilen »aktuelle Rechtsfragen«[81] thematisieren, vor allem aber rechtliche Terminologie gebrauchten. Darüber hinaus enthielten sie auch Bezugnahmen auf die athenischen Institutionen: »[...] in questo caso, l'esame della terminologia impiegata, valutata nel contesto della tragedia e confrontata con le fonti disponibili al riguardo, può servire [...] a gettare luce sulla realtà giuridica dell'Atene del tempo, [...]«.[82] Dies trifft auch auf die Szene zwischen Kreon und Ödipus zu: Termini wie βλάβη, ἐπίκλημα oder βάσανος gehören der Gerichtssprache an, und der zitierte Grundsatz vom beiderseitigen Gehör ist Bestandteil des Heliasteneids.

Es ist methodisch nicht vertretbar, aufgrund dieser Indizien zu versuchen, die gesamte Verhörszene als nach einem realen, prozessualen Vorbild konzipiert zu charakterisieren.[83] Vielmehr wurde es hier auf wenigen Seiten unternommen, allgemein gehaltene Feststellungen aus der Sekundärliteratur, wonach der Dialog »einem gerichtlichen Verhör« oder »der Beweisaufnahme« entspreche,[84] nach den Kriterien des attischen Prozessrechts zu überprüfen und nachzuschärfen. Als ein erstes, negatives Zwischenergebnis wurde deutlich, dass das auf Frage – Antwort aufgebaute Verhör durch Ödipus nicht der Zeugenbefragung vor dem Volksgericht entsprechen kann. Eher könnte die Szene von der gegenseitigen Befragung der Parteien, wie sie in der ἀνάκρισις stattgefunden hat, beeinflusst sein: Dieser ›dialektische‹ Verfahrensteil, wie er den athenischen Bürgern und damit dem Theaterpublikum mehr als vertraut war, kann, verstanden als geeignete Folie, bei Interpretation der ›Verhör-Szene‹ einen nicht unwesentlichen Beitrag leisten.

---

80 D. Allen, Greek Tragedy and Law, in: M. Gagarin – D. Cohen (Eds.), The Cambridge Companion to Ancient Greek Law (Cambridge 2005) 374 – 393, hier: 375.
81 L. Pepe, I ›Sette contro Tebe‹ e la spartizione dell'eredità di Edipo, in: E. Cantarella – L. Gagliardi (a cura di), Diritto e teatro in Grecia e Roma (Mailand 2007) 31 – 67, hier: 34 Anm. 12 verweist in diesem Zusammenhang etwa auf die Problematik zwischen »ungeschriebenem« und gesatztem Recht in der ›Antigone‹ des Sophokles.
82 Pepe, I ›Sette contro Tebe‹ (wie Anm. 81) 34.
83 So fehlt zum Beispiel jegliche Bezugnahme auf einen prozessleitenden Magistrat wie den Archon, der in Athen die ἀνάκρισις leitete.
84 Vgl. dazu oben unter 3.

WOLFRAM ETTE

Grund und Transzendenz des Tragischen bei Euripides[*]

Ich möchte zunächst gerne das tun, was wahrscheinlich die meisten, die hier in dieser Ringvorlesung vorgetragen haben, auch versucht haben, nämlich mich über den Begriff des Grundes und das Verhältnis von Grund und Tragischem zu erklären. Da scheint es mir zunächst einmal wichtig, dass durch den Titel der gesamten Ringvorlesung – ›Vom Grund des Tragischen‹ – nicht zwei, sondern drei Begriffe voneinander unterschieden werden. Denn sowohl vom Tragischen als auch von seinem wie immer zu charakterisierenden ›Grund‹ ist ja die Tragödie selbst zu unterscheiden – als durchgeformtes poetisches Gebilde, in dem das Tragische nicht nur dargestellt, sondern eben auch analysiert, reflektiert und kritisiert wird.[1] Das Tragische wäre dann die den einzelnen tragischen Konflikten (wie etwa dem Konflikt von Staat und Familie in der ›Antigone‹) zugrundeliegende selbstzerstörerische Tendenz, das Gemeinsame aller Tragödien, das durch sie aktualisiert, aber auch gebrochen wird. Dabei gibt es stets einen Überschuss der Tendenz über die Form. Wir mögen unzählige Ereignisse – etwa einen Bergunfall – mit mehr oder weniger Recht durch das Beiwort »tragisch« bezeichnen. Dass sie aber zum Gegenstand einer Tragödie werden, dürfte nur selten und unter sehr spezifischen Bedingungen der Fall sein.

Daraus lässt sich vorläufig auch etwas über den ›Grund‹ des Tragischen ablesen. Denn wenn es sich beim Tragischen um eine Zuschreibung handelt, die mehr umfasst als das, was durch Tragödien ausgedrückt werden kann, so wäre sein ›Grund‹ wohl als die anthropologische Disposition zu fassen, die diese Zuschreibung ermöglicht. Der Grund des Tragischen gibt, mit anderen Worten, an, warum der Mensch und nur der Mensch sich in tragisches Geschehen verstrickt.

1

Zunächst also zum Tragischen. Ich würde das Tragische zunächst so bestimmen, dass es – relativ summarisch – etwas zu tun hat mit Prozessen menschlicher Selbstzerstörung. Das kann die Selbstzerstörung von Individuen sein; zumindest dort aber, wo es auf der Bühne

---
[*] Vortrag im Rahmen der Ringvorlesung »Vom Grund des Tragischen« an der Universität Regensburg, gehalten am 27. 1. 2016.
1 W. Ette, Kritik der Tragödie. Über dramatische Entschleunigung (Weilerswist ²2015).

oder in einem anderen öffentlichen Raum verhandelt wird, geht es zumeist um Selbstzerstörungsprozesse, Selbstzerstörungsdynamiken, von denen Kollektiva ereilt werden.

Selbstzerstörung heißt nun zweierlei *nicht*: Es heißt nicht, dass man gewissermaßen unschuldig einem zerstörenden Schicksal ausgesetzt ist, das über einen hinweggeht. Es heißt im Gegenteil aber auch nicht, dass man sich im vollen Bewusstsein dessen, was man da tut, selbst zerstört. Das Tragische lässt sich vielmehr weder dem einen noch dem anderen Pol eindeutig zuordnen. Es findet irgendwo zwischen Verantwortung und Nichtverantwortung, Wissen und Unwissen, Freiheit und Unfreiheit statt. Der tragische Protagonist ahnt, dass er sich auf dünnem Eis befindet; er ahnt, dass die Sache schiefgehen wird, dass sein Glück auf tönernen Füßen steht. Aber aus den verschiedensten Gründen tut er nichts dagegen: Eigennutz, Bequemlichkeit, Gefühlsüberschwang, Angst und Selbstüberschätzung. Das sind alles Gründe, aus denen die tragischen Protagonisten sich einfügen in die selbstzerstörerische Dynamik, von der sie ein Teil sind und von der sie zumindest halb etwas wissen.

Das gilt ohne Zweifel für den Bergunfall. Kein Tier begibt sich freiwillig in eine solche Gefahr, in der es strenggenommen nichts zu gewinnen und alles zu verlieren gibt. Freilich würde es auch kein Mensch tun, wenn es für ihn nicht doch etwas – und zwar etwas sehr spezifisch Menschliches – zu gewinnen gäbe. Was dies sein könnte, lässt sich noch nicht genau angeben. Klar scheint jedoch so viel zu sein, dass zu einem vollen Begriff des Tragischen neben dem Charakteristikum der wissend-unwissenden Selbstzerstörung noch etwas anderes gehören muss – etwas, das es den Menschen ermöglicht, die Gefahr nicht bloß in Kauf zu nehmen, sondern sie zu suchen; ein entscheidendes Movens, das die Reihe der oben angegebenen Gründe, das Wissen um die Selbstzerstörungsdynamik, an der man teilhat, wegzuschieben, erst komplettiert. Mit der Wendung »Liebe zur Gefahr« ist dieses Motiv nur sehr unzureichend und floskelhaft umschrieben. Es handelt sich vielmehr um ein *Bedürfnis nach Selbstzerstörung*, um Katastrophensehnsucht und Untergangswünsche – um das Phänomen des ›Todestriebs‹ in einer ganz elementaren, man könnte sagen, noch ganz vor-psychoanalytischen Bedeutung. Das Tragische, so können wir folgern, hat es zu tun mit Prozessen der Selbstzerstörung, die zum Teil nicht bloß gewusst, sondern gewollt sind.

2

Ich möchte diese Bestimmung wenigstens an einem Beispiel verdeutlichen, das nicht Euripides entnommen ist, sondern einem Stück, das Sie alle kennen und das man auf den ersten Blick damit vielleicht gar nicht in Zusammenhang bringen würde, nämlich dem sophokleischen ›Ödipus‹. Der ›König Ödipus‹ ist ja lange Zeit so gelesen worden, dass Ödipus unschuldig verstrickt wird in sein Schicksal – das ist übrigens auch die Rechtfertigung, die er selbst im ›Ödipus auf Kolonos‹ immer wieder anführt. Tatsächlich verhält es sich aber doch etwas anders. Ich will das ganz mikrologisch an einer Stelle zeigen. Es ist das Gespräch zwischen Kreon und Ödipus zu Beginn des Dramas. Kreon ist gerade zurückgekommen aus Delphi mit dem Bescheid des Orakels, dass die Stadt »gereinigt« werden muss. Er berichtet dann von der Ermordung des Laios. Es kommt zu folgendem Wortwechsel:

> KREON. Sie starben, bis auf einen, der in Schrecken
> Entflohn war und von dem, was er gesehen hatte,
> Nichts bis auf Eins mit Wissen sagen konnte.
> ÖDIPUS. Was war das? […]
> KREON. Räuber, sprach er, erschlugen ihn, die auf sie trafen,
> Nicht nur mit Einer Kraft, nein, vielen Händen!
> ÖDIPUS. Wie wär ein Räuber – wenn man's nicht mit Geld
> Betrieb von hier! – zu solcher Tollkühnheit geschritten?[2]

Der Witz an dieser Stelle ist die völlig unmotivierte Umstellung von dem Plural »die Räuber«, auf dem der Diener offensichtlich beharrt hatte, auf den Singular »ein Räuber«. Die einzig sinnvolle Erklärung für dieses Phänomen ist, dass Ödipus sich in einem Zwischenzustand zwischen Wissen und Nichtwissen befindet, in dem er ahnt, dass die Sache etwas mit ihm zu tun hat und dass sie etwas mit dem zu tun hat, was er vor einigen Jahren selbst am Dreiweg erlebt hatte. Er kann diese Beziehung nicht artikulieren, aber sie ist in ihm vorhanden. Weil er das weiß – also unbewusst weiß –, dass er in das Geschehen, von dem Kreon berichtet, irgendwie verstrickt ist, ist er so misstrauisch. Das ist ja ein Charakterzug, der ihn zumindest in der ersten Hälfte des Stücks kennzeichnet. Hölderlin in seinen ›Anmerkungen zum Oedipus‹ spricht immer wieder vom »Argwohn«, der »zornige[n] Neugier« des Ödipus: er merkt, dass etwas mit seiner Herrschaft in Theben nicht ganz in Ordnung ist.[3] So kommt es dann zu den haltlosen Verdächtigungen gegenüber Tiresias und Kreon – dass sie ihm nach der Macht trachten; dass es eine Verschwörung gibt usw. Und erst aus dieser Paranoia der Macht entwickelt das Stück die Dynamik, die dann zur Aufklärung des Falles, das heißt zur Aufklärung seiner eigenen Identität führt.

Aber – das wäre die zweite Frage – ist es statthaft, im ›Ödipus‹ auch so etwas wie ein Selbstzerstörungsbedürfnis anzunehmen? Ein Stück weit ist man an dieser Stelle auf eine spekulative Rekonstruktion angewiesen. Denn zu tun hat man es hier vor allem mit der Vorgeschichte des Dramas. Mir schien aber immer, dass die Fehler, die Ödipus hier beging, auf ein in ihm angelegtes Selbstzerstörungsbedürfnis hindeuten, das die Orakelsprüche Apollons in dem Moment ratifiziert, in dem er sich gegen sie zur Wehr setzt. Gottscheds Einwand nämlich, Ödipus hätte es sich doch zur Handlungsmaxime machen können, überhaupt keinen Menschen zu töten – sein Vater wäre dann in jedem Fall verschont

---

2 Sophokles, ›König Ödipus‹ vv. 118 – 125, übersetzt von W. Schadewaldt, in: Sophokles, König Ödipus. Übertr. u. hrsg. v. W. Schadewaldt. Mit einem Nachwort, drei Aufsätzen, Wirkungsgeschichte und Literaturnachweisen (Frankfurt a. M. 1973).
3 F. Hölderlin, Anmerkungen zum Oedipus, in: ders., Sämtliche Werke und Briefe in drei Bänden. Band 2: Hyperion, Empedokles, Aufsätze, Übersetzungen. Hrsg. v. J. Schmidt in Zusammenarbeit mit K. Grätz (Frankfurt a. M. 1994) 849 – 857, hier: 852.

geblieben –,[4] ist so platt und rationalistisch nicht, wie es denen erschien, für die sich die heilige Frühe vor allem durch die Abwesenheit von gesundem Menschenverstand auszeichnet. Nein, es ist ein richtiges und gesundes Argument. Wer einen Menschen erschlägt, den er nicht kennt, und darüber hinaus mit Zweifeln darüber belastet ist, wer denn der eigene Vater ist, handelt in einem Grade fahrlässig, dass es erlaubt sein muss, nach der dahinterliegenden Bedürfnisstruktur zu fragen. Und weiter: Ist es angebracht, vor den eigenen Eltern fortzulaufen angesichts von Mord und Blutschande, die einem durch ein Orakel prognostiziert wurden? Hätte man nicht, auf neudeutsch, erst einmal mit ihnen reden können? Deutet die Flucht des Ödipus vor dem angeblichen Ort seiner zukünftigen Verbrechen nicht darauf hin, dass das Orakel in Wahrheit ein Bedürfnis aktenkundig macht – ein Bedürfnis, das nicht allein auf Verdrängung des Vaters und grandiose Selbsterhöhung zielt, sondern auf Selbstauslöschung und Rückkehr in den alles verschlingenden Ursprung?[5] Dass er in Wahrheit vor seiner eigenen Untergangssehnsucht davonrennt?

Angesichts dessen – und gerade die Tragödien des Euripides liefern, was die Bedürfniskomponente anbelangt, noch einmal ungleich reicheres Belegmaterial als die des Sophokles – kann man die Frage nach dem Grund des Tragischen noch einmal genauer formulieren. Was, so muss man fragen, ist der Grund für die spezifisch humane Komplizenschaft mit dem eigenen Untergang? Woraus bedingt sich dieses Bedürfnis, in dessen Namen Wissen und Selbsterhaltungstrieb beiseite geschoben werden? Was ist an der Kultur, dass sie immer wieder ihre eigene Zerstörung herbeisehnt?

Ich meine, dass die drei Tragiker darauf verschiedene Antworten geben, dass aber Euripides, wenn nicht die interessanteste, so doch die modernste Antwort darauf gibt, weil es sich nämlich um eine *psychologische* Antwort handelt. Um das ein wenig plausibel zu machen, dass also der Grund des Tragischen in der menschlichen Psyche, in einer bestimmten Struktur der menschlichen Psyche zu suchen ist, muss ich etwas ausholen und einige allgemeine Überlegungen über das Verhältnis von Religion, Mythos und Psychologie bei Euripides anstellen.

3

Seit Nietzsche hat Euripides eine verhältnismäßig schlechte Presse gehabt. Nietzsche verurteilt ihn in der ›Geburt der Tragödie‹ als einen Wegbereiter der Philosophie – als einen Gesinnungsgenossen des Sokrates, der die Tendenzen zum Selbstmord der Tragödie, die bei

---

4 Vgl. J.Ch. Gottsched, Versuch einer critischen Dichtkunst (Leipzig ⁴1751; ND Darmstadt 1977) 607: »Denn hätte er nur niemanden erschlagen, so wäre alles übrige nicht erfolget. Er hätte sich aber billig vor allen Todtschlägen hüten sollen: nachdem ihm das Orakel eine so deutliche Weissagung gegeben hatte.«
5 Hugo von Hofmannsthals ›Ödipus und die Sphinx‹ hat diese Bedürfnisstruktur deutlicher als jeder andere Ödipus-Bearbeiter herausgearbeitet.

Euripides angelegt sind, ausführt und vollstreckt.[6] An diesem Bild ist vieles falsch. Allerdings hat Nietzsche eine Sache mit großer Sicherheit gespürt, nämlich, dass sich bei Euripides die Tragödie wegbewegt von ihrem religiösen Fundament; dass es also eine spezifische Gestalt der Säkularisierung ist, in der die Tragödie uns bei Euripides vor Augen tritt. Daraus nun allerdings zu schließen, dass Euripides, den Aristoteles in der ›Poetik‹ als den »tragischsten« aller Dramatiker bezeichnet hatte,[7] in Wirklichkeit der untragischste sei, ist ausgemachter Unsinn und hat eher etwas mit den zivilisationsmüden Wunschträumen des ausgehenden 19. Jahrhunderts zu tun als mit der Sache.

Was das Verhältnis des Euripides zur Religion angeht, würde ich sozusagen als heuristischen Ausgangspunkt erst einmal annehmen, dass er wahrscheinlich Agnostiker war; dass er sich also nicht sicher war, welchen Realitätsgrad man den Göttern der griechischen Mythologie zuschreiben soll. Gleichzeitig war er auf die Mythologie, und das heißt eben auch auf die Götter angewiesen, um die Bereiche menschlicher Erfahrung mit ihren Abgründen und Konflikten angemessen darstellen zu können. Man muss sich dazu klarmachen, dass es keine psychologische Theorie und keine psychologischen Begriffe gab, auf die Euripides hätte zurückgreifen können. Aus diesem Grund waren die Götter auf dem Theater notwendig. Die Psychologie ist auf den Mythos angewiesen, um sich entfalten zu können. Ein Stück weit bleibt das ja auch bei der Psychoanalyse mit ihrem hochentwickelten begrifflichen Instrumentarium der Fall.[8]

Das möchte ich Ihnen nun an einer Textformel kurz entwickeln, die jeweils als Schlusschor mehrerer Tragödien des Euripides steht. Man sieht ihr auf den ersten Blick eine psychologische Intention überhaupt nicht an:

---

6   F. Nietzsche, Die Geburt der Tragödie, in: ders., Sämtliche Werke. Kritische Studienausgabe in 15 Bänden. Band 1: Die Geburt der Tragödie, Unzeitgemäße Betrachtungen I–IV, Nachgelassene Schriften 1870 – 1873. Hrsg. v. G. Colli u. M. Montinari (München u. a. ²1999) 9 – 156, hier: 75 ff. (Kap. 11 und 12).
7   Aristoteles, ›Poetik‹ 13, 1453a 29 f. Aristoteles will dieses Lob allerdings auf die Konstruktion und Wirkung des unglücklichen Ausgangs der Tragödie beschränkt wissen.
8   Nicht nur in der Form, dass mythologische Figuren wie Ödipus und Elektra begriffsbildend geworden sind. Die Begriffe der Psychoanalyse selbst, die sich definitorisch nur schwer festlegen lassen und deren Bedeutung sich je und je aus dem Kontext, der ›Geschichte‹, an der sie gerade teilnehmen, erschließt, gleichen mythologischen *personae*, die aufeinander handeln und sich gegenseitig beeinflussen. Vgl. R. Schlesier, Mythos und Weiblichkeit bei Sigmund Freud. Zum Problem von Entmythologisierung und Remythologisierung in der psychoanalytischen Theorie (Frankfurt a. M. 1990). Freud selbst war über den wissenschaftlichen Charakter der Psychoanalyse immer wieder im Zweifel. Am 1. Februar 1900 schrieb er an Fließ: »Ich bin nämlich gar kein Mann der Wissenschaft, kein Beobachter, kein Experimentator, kein Denker. Ich bin nichts als ein Conquistadorentemperament, ein Abenteurer, wenn Du es übersetzt willst, mit der Neugierde, der Kühnheit und der Zähigkeit eines solchen.« (S. Freud, Briefe an Wilhelm Fließ 1887 – 1904. Ungekürzte Ausgabe. Hrsg. v. J. Moussaieff Masson. Bearbeitung der deutschen Fassung v. M. Schröter. Transkription v. G. Fichtner. Deutsche Fassung [Frankfurt a. M. 1986] 436 – 438, hier: 437) In den ›Vorlesungen zur Einführung in die Psychoanalyse‹ macht er dies auch als Charakter der Theorie geltend: »Die Trieblehre ist sozusagen unsere Mythologie. Die Triebe sind mythische Wesen, großartig in ihrer Unbestimmtheit. Wir können in unserer Arbeit keinen Augenblick von ihnen absehen und sind dabei nie sicher, sie scharf zu sehen.« (S. Freud, Studienausgabe. Band 1: Vorlesungen zur Einführung in die Psychoanalyse, Neue Folge der Vorlesungen zur Einführung in die Psychoanalyse. Hrsg. v. A. Mitscherlich, A. Richards u. J. Strachey [Frankfurt a. M. 1982] 529).

In vielen Gestalten zeigt sich das Göttliche,
vieles vollenden wider Erwarten die Götter.
Und was man gehofft, das erfüllte sich nicht,
jedoch für das niemals Erhoffte fand einen Weg der Gott.
So vollzog sich auch hier das Geschehen.[9]

Von menschlicher Psychologie ist hier keineswegs die Rede. Im Gegenteil: Es ist das Göttliche, das in der Erfahrung des Schicksalswechsels offenbar aufscheint. Jeder menschliche Ausgriff auf die Zukunft, Hoffnung, Erwartung – ja überhaupt jedes Für-Wahr-Halten – wird von dem plötzlichen Schlag zerbrochen, den es gegen das Befinden der Menschen führt. Es ist gerade nicht der, sei's auch verborgene, Zusammenhang des Geschehens, der in sich diese Macht beweist, sondern der Umstand, dass sie unvorhersehbar, irrational jede Geschehenslogik durchbricht.

Aus zwei Gründen sperrt die zitierte Schlussformel sich jedoch gegen eine ungebrochen religiöse Deutung. Zunächst fällt auf, wie beliebig die religiösen Begriffe sind, mit denen Euripides hier operiert. Drei Termini verwendet Euripides an unserer Stelle: *ta daimonia* – »das Göttliche« / »Dämonische«, im Kollektivum des *neutrum pluralis*, das wir als Allgemeinbegriff im Singular übersetzen; *theoi* – die »Götter«, am ehesten übereinzubringen mit dem tradierten mythologischen Kosmos; *theos* – ein »Gott«. Aber viel hilft nicht viel. Um die Sache legt sich durch die Mehrfachnennung ein unscharfer religiöser Hof.[10] Soviel ist klar, dass der Schicksalswechsel als der Aspekt der Wirklichkeit, der allem menschlichem Beginnen entzogen ist, ›irgendwie‹ in einer Erfahrung des Göttlichen gründet. Ob dieses Göttliche aber die umgrenzte Gestalt einer mythologischen Figur hat oder der Einheitsvorstellung einer theologischen Spekulation nahekommt, lässt Euripides gezielt offen. Man hat den Eindruck, dass er ausweicht und es allen rechtmachen will.

Am ehesten trifft wohl der Ausdruck *ta daimonia* den intendierten Sachverhalt, einfach, weil er so ungenau ist, dass sich alles als übernatürlich Empfundene darunter fassen lässt. In der archaischen Literatur ist ein Daimon ein Wesen zwischen Menschen und Göttern, namenloser Geist, Anwalt und Vertreter einer höheren Macht, die sich in ihm kundtut, nicht aber zu erkennen gibt. Und auch Sokrates spricht von seinem Daimonion, um den überpersonalen Charakter seiner Eingebungen zu belegen: Ein religiöses Bekenntnis liegt

---

9   Schlusschor der Tragödien ›Alkestis‹, ›Medea‹, ›Andromache‹, ›Helena‹, ›Die Bakchen‹; hier: ›Alkestis‹ vv. 1159 – 1163, übersetzt von D. Ebener, in: Euripides. Werke in drei Bänden. Aus dem Griech. übertr., eingel. u. erl. v. D. Ebener (Berlin–Weimar 1966), Erster Band: Alkestis, Medeia, Hippolytos, Hekabe, Andromache, Die Kinder des Herakles, Die Hilfeflehenden. Vgl. auch ebd., ›Medea‹ vv. 1415 – 1419; ›Andromache‹ vv. 1284 – 1288; ›Die Bakchen‹ vv. 1388 – 1392 (Dritter Band: Die Phoinikerinnen, Orestes, Iphigenie in Aulis, Die Bakchen, Der Kyklop); ›Helena‹ vv. 1688 – 1692 (Zweiter Band: Herakles, Die Troerinnen, Elektra, Helena, Iphigenie im Lande der Taurer, Ion).
10 Euripides »verwendet Singular und Plural ohne jeden Unterschied, und wahrscheinlich erweckten seine ›Götter‹, wenn er sie völlig gleichbedeutend mit ›Gott‹ oder dem ›Göttlichen‹ verwendete, in ihm kaum je die Vorstellung der Götter der Mythologie.« (G. Murray, Euripides und seine Zeit [Darmstadt 1957] 107).

darin nicht. Es ist im Grunde ein präreligiöser Begriff,[11] und es stellt sich die Frage, ob Euripides mit ihm eine postreligiöse Intention verfolgt.

Hinzu tritt ein zweites, man könnte sagen, performatives Argument. Diese vom Publikum immer wieder gehörten Sätze sind zu Floskeln erstarrt. Das aber liegt eben in der Absicht des Euripides. Die immer wieder vorgetragene Moral *soll* als Floskel wirken. Dass Euripides sich wiederholt wie ein schlechter Prediger, ist nicht auf Einfallslosigkeit zurückzuführen, sondern Kalkül: er arbeitet mit dem Verschleiß der Formel. Indem er sich selbst zitiert, produziert er schon ›Literatur zweiten Grades‹:[12] das Publikum, das die Formel vernimmt, schaltet ab; und eben dieser Sinnentzug wird zu ihrem eigentlichen Gehalt. Im häufig gebrauchten Stereotyp wird die religiöse Fundierung des Schicksalswechsels fadenscheinig; sie erscheint als Konvention, die mühsam über die existenzielle Zerreißungserfahrung des Schicksalswechsels beruhigt.

Angesichts dessen stellt sich die Frage, ob solch unvermittelter Schicksalsumschlag sich für Euripides auf andere Weise fundieren lässt.

Es sind zwei Argumente, die nach meinem Ermessen massiv für eine psychologische Auslegung des in der Schlussformel in blasser Religiosität formulierten, aber nicht religiös Gemeinten sprechen; zwei Argumente, von denen jedes Einzelne für sich nicht ausreichen würde, die Hypothese einer psychologischen Säkularisierung zu belegen, die ihr insgesamt jedoch erhebliches Gewicht verleihen.

Erstens: Bei Euripides sind die Götter weder notwendige noch hinreichende Bedingungen eines Geschehens, das nach den Regeln, oder besser, den Nicht-Regeln des Schicksalswechsels abläuft. »Wir können es [d. h. das Göttliche] […] wegstreichen, ohne das

---

11 »Die Geschichte der göttlichen Macht, die unter dem Titel des *daimon* oder der *daimones* die griechische Literatur durchzieht, reicht weit zurück. Sie stellen grundsätzlich eine Art Ergänzung, in einigen Fällen sogar eine Korrektur der olympischen Mythologie dar. Bei Homer unterscheidet sich der Daimon von den olympischen Göttern durch mangelnde Individualität« (vgl. M. Nilsson, Geschichte der griechischen Religion. 2 Bände. Band 1: Die Religion Griechenlands bis auf die griechische Weltherrschaft [München 1955] 218 ff.). »Er trägt keinen Namen, durch den er wie die Olympier zu identifizieren wäre: singulär hervortretend drückt er bestimmten Situationen ein Siegel göttlicher Einwirkung auf, bar jeglicher Spezifik. Er führt das Unerwartete, das Irrationale im Menschenleben herbei; er muss für alles herhalten, was man sonst nicht erklären kann. Dementsprechend genießt er keine kultische Verehrung. Seine Identität bildet sich an solchen spontanen Manifestationen; als Person wird er nur schattenhaft sichtbar« (Ette, Kritik der Tragödie [wie Anm. 1] 72 f.). Es liegt nahe, den Daimon in einer anthropologischen Perspektive mit dem Begriff des Heiligen und seinen ersten halluzinatorischen Kontraktionen in Verbindung zu bringen. »Alles spricht dagegen, daß sie schon irgend klare Konturen oder signifikante Ähnlichkeiten mit Naturwesen oder -ereignissen hatten. Der flüchtige Aggregatzustand dürfte sich am ehesten durch das Wort ›Spuk‹ charakterisieren lassen. Spukgestalten sind Gestalten, die noch so recht keine Gestalt haben. Sie sind ungefähr das, was Rudolf Otto« – der für die Karriere des Begriffs des Heiligen als phänomenologischer Grundlage aller Religionen hauptverantwortlich ist: sein Buch ›Das Heilige‹ erschien 1917 und erlebte seither unzählige Neuauflagen – »so schön von den arabischen Wüstengöttern gesagt hat: ›wandelnde Demonstrativ-Pronomina‹, will sagen: archaische Numina, die ihr Kollektiv geradezu gestaltlos umschweben und nur greifbar werden, wo sie selbst zugreifen: jäh hervorstoßen in ein schreckliches Hier und Jetzt. Dieses Hier-Jetzt heißt bei Otto *Das Heilige*« (C. Türcke, Philosophie des Traums [München 2008] 78 f.).
12 So der berühmt gewordene Untertitel von Gérard Genettes ›Palimpsestes. La littérature au second degré‹ (Paris 1982).

Eigentliche dieses Dramas, die Verstrickungen menschlicher Leidenschaft, im Kerne zu treffen«, schreibt Albin Lesky über die euripideischen Dramen.[13] Und es mag nachdenklich stimmen, dass die beiden mutmaßlich letzten Dramen des Euripides die Extreme dieser Darstellungsmöglichkeit beschreiben. Die ›Bakchen‹ sind ganz auf den Gott Dionysos und sein Erscheinen gestellt; in der aulischen Iphigenie dagegen vollzieht sich alles ohne göttliche Einwirkung in Form der grundlosen und unberechenbaren Sinnesänderungen, denen die Protagonisten ausgesetzt sind.

Zweitens: In der gesamten klassischen Literatur ist das Verhältnis von Göttern und Schicksal von Unklarheiten belastet.[14] Was bei Euripides jedenfalls noch über den Göttern steht, sind die Leidenschaften. Ihnen sind die Gottheiten ebenso hilflos ausgesetzt wie die Menschen. Angesichts dieser Mächte sind sie auch nur Menschen. Das ebnet den Weg zu einer psychologischen Deutung des Tragischen. In der ersten Fassung des ›Hippolytos‹ heißt es:

> Nicht nur die ird'schen Männer kommt die Liebe an
> Und ird'sche Frauen; nein, der Götter Seelen selbst
> Erregt sie und sie wandert übers Meer sogar.
> Auch Zeus der Allgewaltige vermag es nicht,
> Sie abzuhalten, weicht und giebt ihr willig nach.[15]

Die erotische Liebe, die von Euripides als tragischer Affekt erst entdeckt wurde, ist gewissermaßen das ›Gefühl der Gefühle‹, die Triebmacht, die mittelbar oder unvermittelt alle anderen Gefühle grundiert. Sie ist die wahre göttliche Macht, die sich in den Göttern bloß vergegenständlicht hat. Der amerikanische Literaturwissenschaftler William Arrowsmith hat das sehr schön beschrieben. Was den Tragödien zugrunde liegt, sei:

> the blinding force of life itself, stripped of any mediating morality or humanizing screen; naked, unimpeded, elemental *eros*; intense, chaotic and cruel; the primitive, premoral, precultural condition of man and the world.[16]

Das, so würde ich sagen, ist der euripideische Grund des Tragischen; ob es zu einem tragischen Konflikt kommt, hängt davon ab, wie man zu diesem Grund sich stellt.

---

13 A. Lesky, Zur Problematik des Psychologischen in der Tragödie des Euripides, Gymnasium 67, 1960, 10 – 26, hier: 13.
14 Für Homer vgl. E. Eberhard, Das Schicksal als poetische Idee bei Homer (Paderborn 1923). Für Hesiod vgl. M. Theunissen, Schicksal in Antike und Moderne (München 2004) 20 ff. Für die archaische Zeit vgl. H. Strohm, Tyche. Zur Schicksalsauffassung bei Pindar und den frühgriechischen Dichtern (Stuttgart 1944).
15 Frg. 434 Nauck (Euripidis tragoediae. Band 3: Euripidis perditarum tragoediarum fragmenta, ed. A. Nauck [Leipzig 1912] 114), übersetzt von W. Nestle, in: Euripides. Der Dichter der griechischen Aufklärung (Stuttgart 1901) 224 f.
16 W. Arrowsmith, Euripides' Theater of Ideas, in: E. Segal (Ed.), Euripides. A Collection of Critical Essays (Englewood Cliffs/NJ 1968) 13 – 33, hier: 27.

4

»In vielen Gestalten zeigt sich das Göttliche« hieß es in der Schlussgnome. Letztlich aber, so meine ich, gibt es einen seelischen oder göttlichen Grund, auf den sie sich alle zurückführen lassen: einen ›Gott‹, der gewissermaßen der Gott hinter den Göttern ist, der selbst nur unter Schwierigkeiten zu einer verbindlichen anthropomorphen Gestalt und Aufnahme in den Olymp gefunden hat; der Gott, an dem sich und mit dem sich die Umwendung von Mythos in Psychologie gerade wegen der maskenhaften Unbestimmtheit seiner Verkörperungen am einfachsten bewerkstelligen ließ: Dionysos. Das ist der zweite Punkt, an dem Nietzsche, so sehr er den Euripides im Ganzen missverstanden hat, etwas sehr Richtiges gespürt hat: dass nämlich die ›Bakchen‹, das letzte Werk des Euripides, das er bereits im makedonischen Exil geschrieben hat, doch irgendwie eine Sonderstellung einnehmen. Aber nicht als später Widerruf,[17] sondern als letzter konsequenter Schritt eines lebenslangen Nachdenkens über die Selbstzerstörungspotenziale der menschlichen Gattung. Deswegen muss ich noch kurz etwas zu den ›Bakchen‹ sagen.

Vielen von Ihnen wird das Stück bekannt sein. Deswegen kann ich mich relativ kurz fassen und nur pointieren, worauf es mir bei der Figur des Gottes Dionysos und bei dem Konflikt zwischen ihm und Pentheus, der ihn aus Theben vertreiben will, vor allem ankommt.

Einerseits ist Dionysos der Gott aus der Fremde, von ganz weit her, der als ein Gott aus Asien höchst fremdartige Riten mit sich bringt. Andererseits ist er der Gott, der ganz nah ist, denn Theben ist sein Ursprung. Er ist der Sohn Semeles, der Tochter des Kadmos. Er ist also das, was ganz weit weg zu sein scheint, was aber in Wirklichkeit ganz nah ist. Er ist die Instanz, in der das Fremde und das Vertraute im Grunde eins sind und ineinander konvertiert werden. Diese Dialektik von Ferne und Nähe[18] ist nun der Grund seines Kommens. Denn er kommt ja nicht einfach so – unmotiviert –, sondern, weil er in Theben verleugnet wird, weil bestritten wird, dass Dionysos, d. h. dionysische Realität, dionysische Erfahrung, nach Theben gehört. Mit sich bringt er die Attribute, die Sie alle kennen. Er ist der Gott des Rauschs; er ist ein Gott, der sehr stark mit Frauen, also mit dem weiblichen Teil oder dem weiblichen Aspekt dieser Gesellschaft verbunden ist; er ist der Gott der erotischen Ekstasen. Etwas verkürzt gesagt: Er ist der Gott der Natur bzw. des gesellschaftlichen Naturverhältnisses.[19] Man könnte also sagen: er ist der Gott, der mit dem unterdrückten

---

17 Vgl. Nietzsche, Die Geburt der Tragödie (wie Anm. 6) 82 f.
18 Die Formulierung richtet sich gegen die vor allem von Marcel Detienne ausgehende Deutungstradition, die Dionysos als Gott aus der Fremde, als Gott des schlechterdings Anderen begreift. Vgl. M. Detienne, Dionysus at Large (Cambridge/MA 1989) 5. Dagegen: C. Sourvinou-Inwood, Something to Do with Athens. Tragedy and Ritual, in: R. Osborne – S. Hornblower (Eds.), Ritual, Finance, Politics. Athenian Democratic Accounts Presented to D. Lewis (Oxford 1994) 269 – 290.
19 Vgl. ›Dionysos‹ (R. Schlesier), in: DNP 3, 1997, 651 – 662. Verblüffend ist an diesem Artikel, dass der Begriff der Natur in ihm systematisch außer Betracht bleibt. Die Erotik spielt in den ›Bakchen‹ eine etwas zwiespältige Rolle. Auf der einen Seite handelt es sich bei Pentheus' Unterstellung, dass die Mänaden sich sexuellen Ausschweifungen hingeben (Euripides, ›Die Bakchen‹ vv. 217 – 225), offensichtlich um eine

Fundament dieser thebanischen Gesellschaft verbunden ist, und zwar zunächst einmal in Form einer zivilisations- und gesellschaftsfernen Naturutopie. Geschildert wird in dem folgenden Zitat das Treiben der Mänaden am Kithairon, der ja in vielen Tragödien so etwas wie einen mystischen Gegenort zur Stadt Theben darstellt.

> Erst ließen frei das Haar sie auf die Schultern wallen,
> dann schürzten sie die Hirschkalbfelle, deren Knoten
> gelockert waren, und umgürteten mit Schlangen,
> die ihre Wangen leckten, die gefleckte Tierhaut.
> Und junge Mütter, deren Brüste überquollen,
> weil sie ihr Kind zu Haus gelassen, hielten auf
> dem Arm ein Rehkitz oder auch ein wildes Wölflein
> und säugten es; und Kränze legten sie sich um
> aus Efeu, Eichenlaub und blütenreichen Winden.
> Manch eine auch schlug mit dem Thyrsos an den Felsen,
> und gleich sprang einer Quelle frisches Naß hervor.
> Manch andere stieß ihre Gerte in den Boden,
> da ließ die Gottheit einen Born von Wein aufsprudeln.
> Wenn eine Durst nach Milch verspürte, brauchte sie
> den Boden nur mit Fingerspitzen aufzukratzen,
> schon floß ihr Milch in Strömen.[20]

Dieses Reenactment des goldenen Zeitalters hält aber nur so lange vor, wie es nicht gestört wird. In dem Moment, in dem die Abgesandten der Gesellschaft – der Bote, später dann Pentheus – dazustoßen, schlägt dieser friedliche Naturzusammenhang, dieses friedliche Miteinander von Mensch und Tier um in rasende Gewalt. Das erotische Begehren und die Aggression liegen offenbar in dieser dionysischen Erfahrung ganz dicht beieinander, können ganz rasch ineinander konvertiert werden. Die Vereinigung durch die erotische Liebe und die Vereinigung im Hass durch die Vernichtung des Gegenübers stehen in einer ganz engen Beziehung. Erst dadurch wird Dionysos zerstörerisch.[21]

Projektion, auf der anderen Seite bekräftigen die lydischen Bakchen, die den Chor stellen, selber, dass Dionysos sie erotischen Ekstasen zuführen werde (ebd., vv. 402 – 416).

20 Euripides, ›Die Bakchen‹ vv. 695 – 710, übersetzt von D. Ebener (wie Anm. 9) Bd. III, 216.
21 Erstaunlich nahe an der euripideischen Konstruktion bewegen sich Ovids ›Metamorphosen‹. Obsessiv kreisen sie um die Vermischung von Erotik und Gewalt. Ovid scheint der Überzeugung zu sein, dass sie sich aufgrund der langen jägerischen Vergangenheit des Menschen unentwirrbar miteinander konfundiert haben. Bereits in der ersten erotischen Verwandlungsgeschichte der ›Metamorphosen‹ ist das der Fall (Ovid, ›Metamorphosen‹ 1,533 – 539). Das Geschlechterverhältnis wird von Jagdvorstellungen bestimmt; unser Affekthaushalt ist der von Jäger und Beute. Daher die Empfehlung, kein Fleisch zu essen (ebd., 15,75 ff.) – als Mittel einer langsamen, kulturellen Affektregulierung. Das Ursprungsszenario der ›Bakchen‹ führt an den Punkt zurück, an dem jägerische Vorstellungen in den Naturfrieden einbrechen, Erotik umschlägt in Gewalt und Gegengewalt.

Zuspitzend könnte man das dahingehend beschreiben, dass Dionysos so etwas wie die *verdrängte Natur der Gesellschaft* ist, ihr verdrängtes Naturverhältnis, das aufgrund dieser Unterdrückung eine unheimliche und unfassbare Macht gewinnt. Die Natur ist nicht an sich dämonisch, sondern sie *wird* dämonisiert. Sie ist eine Macht, die zwar zum Menschen gehört, die aber den Menschen nicht gehört, in dem Sinne, dass sie frei darüber verfügen könnten – und zwar umso weniger, je mehr sie sie beherrschen. Auf eine etwas starre Formel gebracht könnte man sagen: *Dionysische Realität ist die Negation ihrer Leugnung.* Damit hebt in den ›Bakchen‹ der tragische Konflikt als Grundkonflikt aller Kultur an.[22] Es handelt sich also um eine ganz archaische, in den Bahnen des Mythos sich bewegende Form dessen, was Horkheimer und Adorno dann ›Dialektik der Aufklärung‹ genannt haben. Und so können wir unsere Vermutung über den Grund des Tragischen bei Euripides begrifflich noch stärker zuspitzen: Grund des Tragischen ist die dionysische Erfahrung; zum tragischen Konflikt kommt es durch die falsch verstandene Aufklärung, die bloße und im Grunde gewalttätige Unterdrückung der Natur.

Da ist es nun sehr aufschlussreich, dass Pentheus – der große Gegenspieler des Dionysos – gar nicht als Vertreter einer kühl kalkulierenden, staatspolitischen Rationalität gezeigt wird, sondern selbst als ein von dionysischem Toben Ergriffener. Sein Hass auf Dionysos ist selber eine *orgé*, also ein Zorn. *Mémenas* wird von ihm an einer Stelle gesagt,[23] er, der gegen die Manie rast, ist selbst ein mänadisch Rasender. D. h. der Gegenspieler des Dionysos – das macht eben den Kampf so aussichtslos – ist selbst seine destruktive Verkörperung.

Auch darin befindet sich Euripides im Einklang mit der ›Dialektik der Aufklärung‹. Naturherrschaft ist nicht Herrschaft des Geistes über die Natur. Ihr Inbegriff ist vielmehr Natur, die sich als Natur sich selbst entgegensetzt und sich daher so sehr unter Spannung

---

22 Diese Unterdrückung der Natur oder diese Unterdrückung des Naturverhältnisses als Grund des Tragischen ist als Motiv allen Tragikern gemeinsam. Ich rekapituliere ganz kurz zwei Stationen: In der ältesten erhaltenen Tragödie, den ›Persern‹ des Aischylos, wird die Natur noch ganz als äußere Natur bestimmt. Der Clou ist dabei aber, dass die Überbrückung des Hellespont durch Xerxes denjenigen Frevel darstellt, der dann durch seinen Untergang gesühnt wird (vgl. Aischylos, ›Perser‹ vv. 744 – 751). – In dem berühmten Chorlied der ›Antigone‹, »Ungeheuer ist viel, / doch nichts ist ungeheurer als der Mensch […]« (Sophokles, ›Antigone‹ vv. 333 ff.) wird die Fähigkeit des Menschen zur Naturbeherrschung gepriesen. Dieser Wesenszug findet aber seine Grenze an der eigenen Sterblichkeit, also der eigenen kreatürlichen Beschaffenheit (ebd., vv. 361 f.). Und wenn man dessen nicht eingedenk ist, dann entstehen tragische Konflikte. Bei Aischylos ist es noch ganz die äußere Natur, die als Gegeninstanz, die es zu beachten gilt, in den Blick rückt. Bei Sophokles changiert der Naturbegriff zwischen der äußeren und der inneren Natur – so stehen in der zweiten Strophe des Standliedes (ebd., vv. 353 – 364) vor allem die geistigen Fähigkeiten des Menschen im Blickpunkt. Bei Euripides ist dieser Prozess abgeschlossen; was hier als Widerpart der Vergesellschaftung und der Rationalität auftaucht, als etwas, was im Prinzip unbesiegbar ist (Pentheus, so heißt es an einer Stelle, will »das Unbesiegbare mit Gewalt zwingen« [Euripides, ›Die Bakchen‹ v. 1001]) und mit dem man sich arrangieren muss, wenn man nicht in tragische Situationen geraten will, ist die innere Natur. – Eine Variante der These, dass Dionysos in gewissem Sinne das Produkt seiner Negation sei, findet sich bei J. Bollack: »Il semble qu'il ait besoin de sa négation pour s'affirmer« (Dionysos et la tragédie. Commentaire de Bacchantes d'Euripide [Paris 2005] 9).
23 Euripides, ›Die Bakchen‹ v. 359.

setzt, dass sie sich wieder und wieder ihrer Auflösung entgegensehnt.[24] Die Zerreißung, der *sparagmós*, der das Individuum wieder in den großen Prozess des – in Majuskeln geschriebenen – Lebens zurücksinken lässt, der im Mythos von Dionysos vorgegeben ist und im Drama an Pentheus vollstreckt wird, ist das letzte Triebziel dieses Begehrens.

Zwei Stellen nur als Beleg. Die eine ist angesichts der gegenwärtigen Diskussionen über Flüchtlinge geradezu ein Klassiker, was das Verhältnis zwischen Eigenem und Fremdem betrifft. Pentheus projiziert nämlich die eigenen verdrängten, sexuellen Bedürfnisse auf den Fremden[25] – Dionysos:

> Dann sagt man auch, ein Fremdling sei hierhergekommen,
> aus Lydien, ein Zauberkünstler und Beschwörer;
> sein blondgelocktes Haupt verbreite Wohlgeruch,
> sein dunkles Auge berge Aphrodites Reiz,
> und Tag wie Nacht verweile er bei jungen Frauen,
> wobei die Bakchosweihen er zum Vorwand nähme![26]

Es ist keine Überstrapazierung der Sinnkonstruktion wenn man sagt, dass Euripides den projektiven Charakter dieser Abwehr bloßstellt. Es sind des Pentheus eigene Bedürfnisse, sein eigenes Begehren, das über Dionysos externalisiert und nach Möglichkeit aus der Stadt herausgehalten werden soll.

An einer späteren Stelle bricht dann diese Struktur in sich zusammen und das eigene Begehren kommt heraus. Das ist im Grunde auch die Krisis der gesamten Tragödie, nämlich dann, als Dionysos Pentheus einlädt, doch einmal an den Bakchosweihen teilzunehmen. Es ist im Grunde eine ganz eigentümliche Stelle, weil Pentheus seine Meinung schlagartig und ohne jede Vorbereitung ändert. Bis zu diesem Punkt wollte er mit Waffengewalt gegen die Mänaden vorgehen. An dieser Stelle sieht es dann so aus:

---

24 Was demgegenüber Herrschaft des Geistes über die Natur wäre, hat Walter Benjamin in der ›Einbahnstraße‹ formuliert: »Naturbeherrschung, so lehren die Imperialisten, ist Sinn aller Technik. Wer möchte aber einem Prügelmeister trauen, der Beherrschung der Kinder durch die Erwachsenen für den Sinn der Erziehung erklären würde? Ist nicht Erziehung vor allem die unerläßliche Ordnung des Verhältnisses zwischen den Generationen und also, wenn man von Beherrschung reden will, Beherrschung der Generationenverhältnisse und nicht der Kinder? Und so auch Technik nicht Naturbeherrschung: Beherrschung vom Verhältnis von Natur und Menschheit« (W. Benjamin, Einbahnstraße, in: ders., Gesammelte Schriften. Band IV,1: Kleine Prosa, Baudelaire-Übertragungen. Hrsg. v. T. Rexroth [Frankfurt a. M. 1972] 83 – 148, hier: 147). Die Rede von der Erziehung deutet an, in welche Richtung von hier aus weiterzugehen wäre. Denn Benjamin visiert die ›Natur‹ als lebendiges Gegenüber. Das, was hier auszutragen wäre, lässt sich auf der einen Seite im Begriff des Spiels entfalten (vgl. J. Friedrich, Zusammenspiel mit der Natur. Wirklichkeit und Utopie einer spielerischen Technik [Weilerswist 2015]), auf der anderen durch den Begriff der Kultivierung als Gegenbegriff zur Naturbeherrschung.

25 Vgl. zur aktuellen Debatte seit den Übergriffen von Köln in der Silvesternacht von 2015: B. Vinken, Beitrag in »Die Anderen und Wir«, Philosophie Magazin 2/2016, 56. Eine besonders widerwärtige Illustration dieses Schemas bildet das Titelbild des frisch gegründeten Magazins ›Compact‹. »Freiwild Frau« lautet die Headline, »Die Horrornacht der Gangbang-Muslime« der entsprechende Teaser unter Facebook.

26 Euripides, ›Die Bakchen‹ vv. 232 – 237.

PENTHEUS. Bringt mir die Waffen her, du höre auf zu schwatzen!
DIONYSOS. So! – Willst du die Frauen im Gebirge lagern sehen?
PENTHEUS. Gewiß, ich wollte reichlich es mit Gold aufwiegen.
DIONYSOS. Warum bist du auf diesen Anblick so erpicht?
PENTHEUS. Es wird mir schmerzlich sein, berauscht sie zu erblicken.
DIONYSOS. Trotzdem wirst gern du sehen, was dir bitter (πικρά) ist?
PENTHEUS. Gewiß, hab ich nur einen stillen Platz im Tann![27]

Das, was Sappho den »süßbitteren« Eros genannt hat,[28] klingt hier noch mit: diese zutiefst ambivalente, zutiefst faszinierende, die Besinnung hinwegfegende Lockung, die Pentheus bis zu diesem Punkt von sich ferngehalten hat, bricht nun durch; und in diesem Sinne könnte man sagen, dass es eigentlich dieser Widerspruch ist, von dem er am Ende zerrissen wird. Was hinter seiner Zerfleischung durch die Mänaden, angeführt von seiner Mutter, steht, ist eigentlich Selbstzerreißung. Er geht an dem eigenen Widerspruch zugrunde.

5

So viel zu den ›Bakchen‹, die das Dionysische als Grund des Tragischen in einer gewissermaßen religiös kanonisierten Form vorstellen, die in bestimmten Krisen- und Überforderungssituationen ausbricht. Im ›Orest‹ – ebenfalls ein spätes Stück: 408 soll es aufgeführt worden sein – stellt sich das auf andere Weise dar. Es ist auch eines dieser Dramen, in denen die Götter eher abwesend sind – bis auf den *deus ex machina*, der am Schluss auftaucht – und in denen das, was die Personen in Bewegung setzt, eher aus ihrem Inneren zu kommen scheint. Wie ließe sich hier der Grund des Tragischen – das, was also dann in dieser Tragödie instrumentiert wird – formulieren? Ich würde sagen: Hier ist es weniger die Unterdrückung der eigenen Triebsphäre, aus der das tragische Selbstzerstörungsbedürfnis, sondern die destruktive Gewalt, die aus Ohnmacht und vollkommener Ausweglosigkeit erwächst. Das Stück zeigt jemanden, der mit dem Rücken zur Wand steht und der deswegen zu einem Killer wird. Es zeigt, wie aus Tätern Opfer und aus ihnen wiederum Täter werden können, die nur noch von Vernichtungslust getrieben werden. Schildern ›Die Bakchen‹ die Genese einer ekstatischen, so der ›Orest‹ die einer terroristischen Selbstzerstörung. Es ist also ebenfalls ein sehr aktuelles Stück.

Da das Drama nicht so bekannt ist, möchte ich es kurz kommentierend nacherzählen, damit die Linie meiner Interpretation sich Stück für Stück erkennen lässt. Es spielt nach der Ermordung der Klytaimestra und des Ägisth und führt uns zunächst ein sehr ungewohntes

---

27 Ebd., vv. 809 – 816.
28 Frg. 130 Voigt: »Eros wiederum quält mich, der Gliederlösende, / süßbitteres unbezwingbares Getier«, übersetzt von A. Bagordo, in: Sappho, Gedichte. Griechisch-deutsch. Hrsg. u. übers. v. A. Bagordo (Düsseldorf 2009) 220.

Szenario vor, nämlich Orest, der seit sechs Tagen in einer Art narkotischem Schlaf liegt und dabei von Elektra bewacht wird. Er kann nichts essen, kaum etwas trinken, hin und wieder wacht er auf und hat Visionen von den Erinnyen. Es ist vollkommen klar, dass es sich dabei um eine Erkrankung handelt, um einen pathologischen Zustand im medizinisch-psychologischen Sinne. Das Vokabular, in dem Euripides das beschreibt, deutet auch in diese Richtung.[29] Die Bürger von Argos – ganz anders als in den Vorgängerstücken – verurteilen den Doppelmord ohne Abstriche. Eine Vollversammlung aller dieser Bürger steht bevor und Elektra und Orest rechnen fest damit, dass sie für diese Tat gesteinigt werden.[30]

Man kann sich den Widerspruch, den Euripides damit zur ›Orestie‹ aufmacht, gar nicht drastisch genug vorstellen. Entweder ist der Kulturfortschritt, der in der ›Orestie‹ imaginiert wird – der Fortschritt, der dann in dem großen Prozess der ›Eumeniden‹ eine prozessual rationale Gestalt bekommt –, reversibel; oder er hat nicht stattgefunden, er war, mit anderen Worten, von vornherein eine Ideologie. Es wird mit solcher Selbstverständlichkeit davon ausgegangen, dass diese Tat zu verurteilen ist, dass das ganz komplizierte argumentative Gebilde der ›Orestie‹ im Nachhinein wie ein Phantasma erscheint.

Elektra und Orest fühlen sich in keiner Weise für die Tat verantwortlich. Sie sagen immer wieder – Orest vor allem –, dass sie sie im Wahnsinn begangen haben bzw. dass Apollon dafür verantwortlich zu machen ist, weil er sie dazu getrieben hat. Es gibt relativ viele Stellen, in denen sich das findet; ich zitiere hier nur eine. Da sagt Elektra:

> Zur Sühne gab Phoibos als Opfer uns hin,
> nachdem er vergossen, töricht und wider
> den Gang der Natur, das Blut unsrer Mutter,
> die ihren Gatten erschlagen.[31]

Das ist schon ein starkes Stück, wenn gesagt wird, dass das, wozu die Götter die Menschen anstiften, gegen die Natur ist. Es ist auch nicht nur so, dass alle – wirklich ausnahmslos alle – der Meinung sind, dass die Ermordung Klytaimestras ein Fehler war. Es wird sogar gesagt, was man stattdessen hätte tun sollen; und das mit einer Klarheit, dass man sich auch wieder fragt: Woher rührt eigentlich der ganze Konflikt, woher rührt der ungeheure intellektuelle Aufwand, den Aischylos in der Orestie betrieben hat?

29　Euripides, ›Orest‹ vv. 217 ff. Vgl. W. Smith, Disease in Euripides' ›Orest‹, Hermes 95, 1967, 291 – 307.
30　In den Zeugnissen der Antike spielt die Steinigung keine große Rolle mehr. Das gesamte Material dazu findet sich bei R. Hirzel, Die Strafe der Steinigung (Leipzig 1909). Hirzels Vermutung, dass die Vertreibung, nicht die Tötung des Verbrechers, das ursprüngliche Ziel der Steinigung gewesen sei, erscheint mir verharmlosend. Sie erfüllte vielmehr ein doppeltes Ziel. Zum einen konnte die körperliche Berührung des Verbrechers vermieden werden. Und zum anderen handelt es sich wirklich um einen kollektiven Tötungsakt: Jeder ist schuld; und deswegen keiner. Das weist auf sehr archaische soziale Formationen zurück (vgl. hierzu Türcke, Philosophie des Traums [wie Anm. 11] 65). Wenn sie im ›Orest‹ aktualisiert werden, deutet es auf die Tiefe der hier dargestellten gesellschaftlichen Regression hin.
31　Euripides, ›Orest‹ vv. 187 – 190, übersetzt von Ebener (wie Anm. 9); vgl. ebd., vv. 31, 76, 121.

Tyndareos, der hier spricht, ist der Vater der Klytaimestra. Er verurteilt, was sie getan hat. Aber er sagt: Auf diese Weise hättest du, Orest, nicht reagieren sollen:

> Als Agamemnon ausgehaucht sein Leben, unter
> dem Schlag, den meine Tochter auf sein Haupt geführt,
> ein Frevel – nie will ich ihn loben! –, hätte er
> die Blutschuld auf erlaubte Weise sühnen sollen,
> die Mutter aus dem Haus entfernen. Ja, dann hätte
> er Lob für Mäßigung geerntet statt des Fluches,
> den Brauch gewahrt und stünde da als pflichtgetreu!
> Doch jetzt ergab er sich dem gleichen Daimon wie
> die Mutter. Er hielt sie für schuldig – und mit Recht! –,
> doch lud er größere Schuld auf sich durch Muttermord.
> Ich will dir eine Frage stellen, Menelaos:
> Gesetzt den Fall, sein Eheweib erschlüge ihn,
> sein Sohn dann wieder brächte seine Mutter um
> und dessen Sohn auch sühnte weiter Blut durch Blut –
> zu welchem Grad von Unheil soll das schließlich führen?
> Vortrefflich haben unsre Ahnen es geregelt;
> sie ließen den, der Blut vergossen, keinem vor
> die Augen kommen, keinem auch begegnen, ließen
> durch Bann ihn reinigen, verboten Sühnemord![32]

Der hier angesprochene Menelaos ist die einzige Hoffnung des Geschwisterpaars. Er ist gerade angekommen in Argos, hatte Helena vorgeschickt, und sie hoffen nun, dass er sich in der anstehenden Bürgerversammlung für sie verwenden werde. Dabei geht es überhaupt nicht um Gerechtigkeit; es geht überhaupt nicht um die Frage, ob der Mord richtig oder falsch war, sondern eigentlich nur noch darum, wie man entkommt, wie man seine Haut rettet. Das ganze Stück ist bestimmt von einem Pragmatismus des Überlebens um jeden Preis. Was Menelaos betrifft, so wird die Hoffnung der Geschwister schnell enttäuscht. Er sagt, dass er nicht genügend Einfluss hat. Sein Heer ist dezimiert, das ganze Volk ist wegen des trojanischen Krieges – also nicht zuletzt wegen Helena, die nun wieder da ist – aufgebracht und im Grunde muss er erst einmal zusehen, sich der Volksmeinung anzupassen, um überhaupt wieder Boden zu gewinnen.

Die Bürgerversammlung findet dann statt, die Steinigung wird beschlossen. Es ist keineswegs ein demokratisches Procedere, sondern es wird sehr deutlich gezeigt, wie die großen Redner Einfluss gewinnen und die Mehrheit hinter sich scharen. Das einzige Zugeständnis, das Elektra und Orest gemacht wird, besteht darin, dass sie sich selber töten dürfen im Laufe desselben Tages.

---

32 Ebd., vv. 496 – 514.

An dieser Stelle folgt die Wende des Geschehens, nämlich in Gestalt von Pylades. Pylades ist ja grundsätzlich eine eigenartige Figur: meistens eine zwar nicht ganz, aber weitgehend stumme Rolle. In den ›Choephoren‹ des Aischylos spricht er nur einmal – als nämlich Orest fragt: ›Soll ich meine Mutter töten?‹, antwortet ihm sein stummer Freund, dass er sich nicht gegen die Gebote Apollons vergehen soll.[33] Wegen dieser halb exterritorialen Stellung im Drama ist er von einigen Interpreten auch als Hermes-Verkörperung gedeutet worden.[34] Hier wird diese Struktur übernommen, aber komplett umgestülpt. Pylades kommt auf der Bühne an – er war nicht von Anfang an anwesend –, erfährt von dem Ergebnis der Vollversammlung und schlägt nun vor: »Doch weil wir sterben sollen, laßt uns noch beraten, / wie Menelaos mit uns ins Verderben stürzt!«[35] Also: wenn wir schon einmal keine Chance haben, wie können wir es schaffen, noch möglichst viel Schaden anzurichten, möglichst viele von unseren Gegnern mitzunehmen? Er macht den Vorschlag, Helena zu töten, die sich im Palast befindet.

Dieser Vorschlag wird von den drei Protagonisten auf unterschiedliche Weise ausgelegt und akzentuiert. Für Pylades selbst ist die Tötung Helenas eine Möglichkeit ihrer gemeinsamen Ehrenrettung. Der destruktive Aspekt tritt zunächst etwas in den Hintergrund. Er sagt folgendes:

Wenn wir die Schwerter zückten auf ein Weib, das sich
recht sittsam zeigte, würde schmachvoll dieser Mord.
Doch jetzt wird für ganz Griechenland sie Buße leisten,
dem hier die Väter, dort die Söhne sie geraubt,
des Gattinnen zu Witwen sie gemacht. Laut wird
man jubeln und den Göttern Opferflammen weihen,
wird dir und mir gar viele gute Wünsche widmen,
weil wir des schlechten Weibes Blut gefordert haben.
Du heißt nicht länger Muttermörder, hast du sie
getötet, nein, mit einem neuen, beßren Namen,
der Henker Helenas, der Massenmörderin![36]

Orest interessiert an dem Vorschlag der destruktive Aspekt. Wenn man nichts mehr zu verlieren hat, dann soll man sich wenigstens die Genugtuung verschaffen, möglichst viele andere mit sich zu reißen:

Soll ich durchaus mein Leben enden, nun, so will
ich vor dem Tod noch meinen Feinden Schaden tun,

---

33 Aischylos, ›Choephoren‹ vv. 899 – 902.
34 Vgl. A.F. Garvie, Introduction, in: Aeschylus, Choephori. Edited with Introduction and Commentary by A.F. Garvie (Oxford 1988) XIV f.
35 Euripides, ›Orest‹ vv. 1098 f.
36 Ebd., vv. 1132 – 1142.

damit ich jene züchtige, die mich verrieten,
und die auch jammern, die mich unglücklich gemacht.[37]

Elektra baut diesen Vorschlag zu einer noch gerisseneren Variante aus. Sie empfiehlt nämlich, zusätzlich zur Tötung Helenas ihre Tochter Hermione als Geisel zu nehmen. Sie interessiert sich weniger für ihre Ehrenrettung oder für die Rache der *morituri*, sondern sie sinnt auf Befreiung:

Wenn Menelaos nach dem Tode Helenas
dich, ihn und mich bedroht – sind wir doch treu verschworen! –,
dann droh ihm mit dem Tod Hermiones und halte
dabei die blanke Klinge an des Mädchens Nacken!
Verschont er dich, um seines Kindes Rettung willen,
da er schon Helena im Blute schwimmen sieht,
so gib das Mädchen in des Vaters Hand zurück;
doch kann er nicht bezähmen seine Wut und will
dich töten, dann durchstich auch du des Mädchens Kehle![38]

Die ganze Sache ist auf dem Niveau eines Gangsterfilms angekommen – was nicht gegen sie spricht. Es wird über verschiedene Ausbruchszenarien nachgedacht, irgendwelche moralischen Kriterien spielen bei den Entscheidungen überhaupt keine Rolle. Die Pragmatik des Überlebens ist das Prinzip, das eigentlich alle Handlungen, alle Beziehungen und alle Entscheidung reguliert.

Sie setzen dann den Plan in die Tat um, aber es klappt nicht ganz so, wie sie sich das vorgenommen haben. Helena verschwindet nämlich. Sie befindet sich in einem Raum des Palastes, in den Orest und Pylades eindringen wollen. Als sie diesen Raum aber betreten, ist Helena nicht mehr da. Dafür hat Froma Zeitlin[39] eine sehr attraktive Deutung vorgeschlagen. Sie ist der Ansicht, dass man diese Pointe zweigleisig deuten kann. Die erste, offizielle, Variante ist die, dass Helena von einem Gott – Apollon – entrückt wurde. Die zweite ist die, dass sie sich als der phrygische Sklave verkleidet hat, der von ihrem Verschwinden berichtet. Es muss ohnehin derselbe Schauspieler sein, der zuvor die Helena gespielt hatte – schon dadurch werden die Gedanken des Publikums darauf gelenkt, dass sie seine Kleider angezogen haben könnte. Und Phrygisch kann sie durch den langen Aufenthalt in Troja sowieso. Auf diese burlesk-komödienhafte Weise würde sie entkommen und unter dem Schicksal und der Ideologie der göttlichen Entrückung durchschlüpfen.

---

37   Ebd., vv. 1163 – 1166.
38   Ebd., vv. 1191 – 1199.
39   F.I. Zeitlin, The Closet of Masks: Role-Playing and Myth-Making in the Orestes of Euripides, Ramus 9/1, 1980, 51 – 77.

Mir scheint dieser Vorschlag deswegen plausibel, weil das Verfahren bei Euripides keinen Einzelfall darstellen würde. In dem Stück ›Ion‹ zum Beispiel verhält es sich auch so, dass das Drama eigentlich zwei Schlüsse hat. Es geht da um eine Ehebruchsgeschichte, und die Konstruktion läuft darauf hinaus, dass der Ehemann nicht erfahren darf, was eigentlich passiert ist. Das ist für eine Tragödie, in der ja letztlich alles darauf gestellt ist, dass es in der Öffentlichkeit stattfindet, vollkommen ungewöhnlich. Es ist inszenierte Doppelmoral, durch die der gute Ausgang sichergestellt wird.

Ein anderes Beispiel für diese doppelte Optik ist der ›Herakles‹, und zwar die Szene, die seinem Amoklauf unmittelbar vorausgeht. Herakles befindet sich mit seiner Familie im Palast, und auf dem Dach des Palastes erscheinen Lyssa und Iris, die Gesandten der Hera, und dekretieren nun den Umschlag in den Wahnsinn. Der Witz ist hier, dass wir als Zuschauer die Göttinnen sehen, dass aber die Protagonisten, die sich im Palast befinden, sie nicht sehen können. Wir bekommen also eine religiös-mythologische Deutung angeboten, die Handelnden aber können gar nicht anders, als den Amoklauf psychologisch zu erklären.

Es ist offensichtlich ein für Euripides attraktives Verfahren gewesen, mehrere Schlüsse oder mehrere Ansichten ein und derselben Handlung zuzulassen, ohne darüber eine Entscheidung zu fällen.

Als Helena dann verschwunden ist, ist dieses Druckmittel nicht mehr vorhanden. Deswegen wird Hermione als Geisel genommen. Und an der Stelle, an der die antagonistischen Parteien einander gegenüberstehen, greift Apollon ein. Das ist dann die doch relativ berühmte *deus ex machina*-Szene dieses Dramas; berühmt deswegen, weil sie an Künstlichkeit und Gesuchtheit selbst im Werk des Euripides kaum überboten wurde. Apollon erscheint; er sagt, dass er Helena entrückt hat und dass Menelaos neu heiraten soll; dem Orest befiehlt er, sich zunächst ein Jahr nach Parrhasia zu begeben, wo er entsühnt werden kann; dann solle er nach Athen gehen und dort den Eumenidenprozess führen – den Prozess also, dessen Ausgang durch Aischylos sattsam bekannt ist. Schließlich soll er Hermione heiraten. Alle unterwerfen sich sofort, und das ganze findet ein wunderbares Happy End.

Es knirscht im Gebälk und wirkt vollkommen unplausibel. Dennoch muss man sich wie bei all diesen Stückschlüssen des Euripides fragen: Wie hat man das zu deuten? Ist das wirklich nur ironisch oder gar zynisch? Steckt dann doch so ein Stück Gottvertrauen drin: das Vertrauen in die Möglichkeit einer externen oder autoritären Entscheidung des Konflikts? – Ich würde drei Ebenen unterscheiden, auf die bezogen man den Schluss deuten kann.

Einmal glaube ich, kommt man nicht umhin, auch die theologische Perspektive einzunehmen. Denn das Publikum sieht den Gott; es ist schlicht das, was vom Wortlaut nahegelegt wird. Aber die Konsequenzen wären alles andere als schmeichelhaft; die Implikationen theologisch desaströs. Denn was anderes würde hier gezeigt als die Hilflosigkeit, die die Menschen an eine fremde und fremd gewordene göttliche Macht ausliefert? Von diesen Göttern kommt alles; sie reißen die Menschen durch pure Willkür ins Verderben und vergönnen ihnen die Rettung wider alle Hoffnung. Apollon statuiert:

> die Schönheit Helenas war ja den Göttern nur
> ein Mittel, Griechen und Trojaner zu verfeinden
> und Tod zu säen, dadurch zu befrein die Erde
> vom Übermut der allzu großen Menschenmassen![40]

– der trojanische Krieg also als Mittel gegen Überbevölkerung. Daraus spricht eine göttliche Gesinnung, die sich von jeder Verantwortung für die Menschen zurückgezogen hat und sich einer tyrannischen Willkürherrschaft erfreut. Darin demonstriert sich ein reines Herrschaftsverhältnis, dessen man sich entledigen sollte. Das heißt im Grunde: Wenn Götter so sind, wie hier geschildert wird, sollte man nichts mit ihnen zu tun haben – auch wenn die Geschichte hier einmal gut ausgeht.

Die zweite Lesart fragt nicht nach dem Seinsstatus der Erscheinung – sie interessiert sich also nicht für die Wirklichkeit oder Unwirklichkeit des Gottes –, sondern nach ihrer Funktion. Ein Konflikt, der von den Beteiligten nicht mehr gelöst werden kann, wird durch Oktroi von oben entschieden. Es liegt nahe, dass hier vor allem die politischen Verhältnisse dem Euripides vor Augen stehen. Der Niedergang der athenischen Gesellschaft während des Peloponnesischen Krieges, die Ablösung der (verhältnismäßig kurzen) Phase demokratischer Selbstbestimmung der Bürgerschaft durch ein System des Nepotismus, der Kungelei und der Machtpolitik hatte zu einem Zerfall geführt, der den Ruf nach einem starken Mann zur regelmäßigen Notwendigkeit machte. »Souverän ist, wer über den Ausnahmezustand entscheidet«, hatte Carl Schmitt geschrieben,[41] und auf die Figur eines dezisionistischen Gewaltherrschers ist der Schluss des »Orest« zugeschnitten.

6

Beide Lesarten sind kritisch, zynisch, ironisch. Es kommt aber aus meiner Sicht noch etwas Drittes hinzu, das ich an den Schluss meiner Überlegungen setzen will. Diese bewegen sich um den zweiten Teil meines Vortragstitels, also um die Frage einer Transzendenz des Tragischen bei Euripides. Dafür muss ich auch noch einmal kurz auf die ›Bakchen‹ zu sprechen kommen.

Lassen sich aus den Beobachtungen, zu denen die tragischen Fälle des Pentheus und des Orest Anlass geben, verallgemeinerungsfähige Schlussfolgerungen ziehen? – Ich will es zumindest versuchen. Was dem Tragischen bei Euripides zugrundeliegt, ist eine Art Wahnsinn, eine Krankheit. *Mainesthai* wird der Zustand des Agamemnon in der aulischen ›Iphigenie‹ genannt; eine »Krankheit« die Forderung der Göttin, dass Iphigenie geopfert werden solle.[42] In der einen oder anderen Form gilt das für die meisten Dramen des

---

40 Euripides, ›Orest‹ vv. 1639 – 1642.
41 C. Schmitt, Politische Theologie. Vier Kapitel zur Lehre von der Souveränität (Berlin ⁴1985) 11.
42 Euripides, ›Iphigenie in Aulis‹ vv. 42, 1402 f.

Euripides. Dieser Wahnsinn, der sich als ›Schicksalswechsel von innen‹ kundtut, ist aber nicht einfach ›vorhanden‹ so wie ein gegenständliches Ding oder wie ein Ungeheuer, das irgendwo lebt und das man besiegen kann. Er ist vielmehr ein Produkt der Ordnung, ja, er ist die hypostasierte Ordnung selbst, die im Kern irrational verfasst ist. »Aufklärung ist die radikal gewordene, mythische Angst« schreiben Adorno und Horkheimer in der ›Dialektik der Aufklärung‹.[43] Es ist diese Angst als Angst vor dem eigenen Begehren, die Pentheus gegen Dionysos vorgehen lässt.

Die politische Ordnung dagegen, in deren Namen die Muttermörder Orest und Elektra verurteilt werden, ist eine Gesellschaft im Zerfall, in der die Macht das Prinzip ist, das alle Beziehungen regelt. Jeder ist von der universellen Korruption angesteckt und setzt alle Mittel ein, um durchzukommen. In dieser Welt verhalten sich die ›verlassenen und verächtlichen Wesen‹, die irgendwann um sich schießen, weil ihnen eine Alternative zur Zerstörung nicht gelassen wird, im Grunde ganz konform.

Freilich sind diese Formen des Wahnsinns nicht dieselben. Und so überraschend dies scheinen mag: Der ›Orest‹ ist der schwerere Fall. Sein Happy End vermag ja nicht darüber hinwegsehen zu lassen, dass eine Transzendenz der maroden gesellschaftlichen Verfassung aus ihren eigenen Kräften nicht absehbar ist.

Die ›Bakchen‹ zeigen – zumindest andeutungsweise – einen Weg auf, der zu einer ›anderen‹ Kultur führen könnte, einer Kultur, die ihr dionysisches Fundament nicht verleugnet. Im ›Orest‹ kann ich dazu keinen Ansatz erblicken. Die ›Bakchen‹ formulieren eine immanente Transzendenz des Tragischen, während im ›Orest‹ nur der gewaltsame Oktroi noch möglich erscheint.

Eingeleitet wird die immanente Transzendenz des Tragischen in den ›Bakchen‹ von Teiresias und Kadmos. Sie verkleiden sich als Frauen und spielen im religiösen Treiben der dionysisch Erfassten mit. Die Frage nach der religiösen Wirklichkeit des Gottes spielt dabei keine Rolle. Kadmos empfiehlt Pentheus:

> Denn ist auch wirklich dieser kein Gott, wie du sagst,
> Nenn du ihn so und sag, fromm lügend, daß er's sei,
> Damit man glaubt, daß Semele einen Gott gebar,
> Sich Ehre uns, dem ganzen Stamm damit verknüpft!
> Du kennst Aktaions jammervolles Los, den Fleisch
> Roh fressende Hunde – er zog selbst sie auf – voll Gier
> Zerrissen, weil er, tücht'ger auf der Jagd zu sein
> Als Artemis, auf heil'gen Fluren sich gerühmt.[44]

---

43 M. Horkheimer – T.W. Adorno, Dialektik der Aufklärung, Philosophische Fragmente, Begriff der Aufklärung, in: M. Horkheimer, Gesammelte Schriften. Band 5: Dialektik der Aufklärung und Schriften 1940 – 1950. Hrsg. v. G. Schmid Noerr (Frankfurt a. M. 1987) 38.
44 Euripides, ›Die Bakchen‹ vv. 333 – 340 (Übersetzung: O. Werner, Die Bacchantinnen [Stuttgart 1974], hier nach J. Wertheimer, Ästhetik der Gewalt [Frankfurt a. M. 1986] 64).

Man könnte das Verfahren eine *theatrale Transzendenz des Tragischen* nennen. Die Frage, ob dieser Gott Dionysos existiert, ist unerheblich. Eine Realität ist er ja allemal – eine überwältigende Erfahrung. Diese Erfahrungsrealität mitzuspielen und sie im Modus des Als-ob auszuagieren; darin aber auf sie zu reagieren und sie ein Stück weit zu reflektieren – das wäre eine Form der Aufklärung, die nur auf dem Theater stattfinden kann: eine Form der Aufklärung, die die Religion und mit ihr das gesellschaftliche Naturverhältnis nicht verleugnet, sondern ernstnimmt und in der sich die Mächte des unbewussten Begehrens bearbeiten lassen könnten.[45] Was hier gezeigt wird, ist ein Spiel im Spiel, Theater auf dem Theater. Und das, was das Theater des Euripides zwischen religiösem Konservatismus und rationalistischer Religionskritik – den großen Strömungen seiner Zeit – in der Verleugnung der Religion einen dritten Weg finden lässt, wird hier gleichsam nach innen gestülpt und auf die Bühne gestellt.

Aber der ›Orest‹, wie gesagt, ist der schwerere Fall; er verhält sich, klinisch gesprochen, zu den ›Bakchen‹ wie die Psychose zur Neurose. Gerettet werden kann eine Gesellschaft, die zur terroristischen Selbstzerstörungsmaschine geworden ist, nur noch von außen, durch einen autoritären Gewaltakt. Es gibt nur noch Dezisionismus.

Und dennoch: Das Außen, von dem her die Lösung über die festgefahrene Gesellschaft hereinbricht, hat ein seelisches Äquivalent. Das heißt: Wir müssen die Psychologisierung des Mythos bei Euripides bis zu dem Punkt treiben, an dem auch das Konzept des *deus ex machina* von ihr erfasst wird. Er ist kein bloßer Zynismus, keine bittere ironische Konstruktion, kein hohl tönendes Dreigroschenfinale. Das ist er wohl *auch*; gleichwohl appelliert ein Rest in ihm an die Fähigkeit zur spontanen Versöhnung. »Nur um der Hoffnungslosen willen«, hat Walter Benjamin einmal geschrieben, »ist uns die Hoffnung gegeben.«[46] So unberechenbar, so unendlich wankelmütig ist der Mensch, dass er sich vielleicht sogar *richtig* entscheiden könnte – vielleicht dann und gerade erst dann, wenn ihm als einzige Alternative die umfassende Zerstörung vor Augen steht. Es wäre zu untersuchen, ob sich alle Tragödien, die durch einen *deus ex machina* geschlichtet werden, einer solchen Perspektive öffnen. Für den ›Orest‹ gilt jedenfalls, dass sich die Aufhebung des Tragischen in der Utopie eines *acte gratuit* vollzieht. Wieweit sie die Realität – die Realität des ›Orest‹, die der unsrigen so ähnlich ist – bloß verleugnet oder doch einen wie immer schwachen Impuls enthält, der zu ihrer Veränderung beitragen könnte, mögen Sie entscheiden.

---

45 Vorgegeben wird diese Möglichkeit durch Dionysos selbst. Er ist der Gott der Masken und gerade in diesem Drama spielt er unablässig sich selbst, ohne je ganz mit sich identisch zu sein. Er verkörpert eine Figur theatraler Reflexion. Vgl. H.P. Foley, Ritual Irony. Poetry and Sacrifice in Euripides (Ithaca–London 1985) 205 ff. Ob die Menschen aber in der Lage sein könnten »simultaneously actors [...] and spectators of human existence« zu sein, hält sie für ungewiss (ebd., 258). Davon aber hänge die Integration der dionysischen Erfahrung in die Kultur ab.
46 W. Benjamin, Goethes Wahlverwandtschaften, in: ders., Gesammelte Schriften. Band I,1: Abhandlungen. Hrsg. v. R. Tiedemann u. H. Schweppenhäuser (Frankfurt a. M. 1974) 123 – 201, hier: 201.

EGERT PÖHLMANN

Sisyphos im Satyrspiel

Den ersten Zugang zur griechischen Tragödie, ja zum Begriff des Tragischen überhaupt bietet immer noch Aristoteles in seiner ›Poetik‹. Dort findet der Leser auf der Grundlage des für alle Künste maßgeblichen Begriffs der Mimesis eine teleologische Entwicklungsgeschichte der Gattung der Tragödie, die mit Sophokles ihre Physis erreicht habe, zusammen mit blendenden Analysen einzelner Tragödien von den Anfängen bis ins 4. Jh. auf dem Hintergrund des Idealtypus der Tragödie, dem ›Oedipus Tyrannos‹. Die Gattung der Komödie hat Aristoteles im verlorenen 2. Buch der ›Poetik‹ behandelt, von der mit der Tragödie verschwisterten Gattung des Satyrspiels ist außer einer Bemerkung über das Satyrikon (›Poetik‹ 4, 1449a 20; 22) als Ursprung der Tragödie nirgends die Rede. Dies ist verständlich: geht Aristoteles doch von der Theaterwirklichkeit des ausgehenden 4. Jh. aus (s. u., S. 246 f.).

Die kostbaren Theaterurkunden jedoch, die Aristoteles in seinen ›Didaskalien‹ selbst gesammelt hat,[1] bieten für die Zeit vom ausgehenden 6. bis in die Mitte des 5. Jh. ein anderes Bild. An den Dionysien hatte jeder konkurrierende tragische Dichter nach einer tragischen Trilogie noch ein Satyrspiel zu präsentieren, wie drei von Snell rekonstruierte Beispiele[2] zeigen mögen:

Unter dem Archontat des Menon: Erster: Aischylos; mit ›Phineus‹, ›Perser‹, ›Glaukos von Potniai‹ und dem Satyrspiel ›Prometheus‹ (472 BC).
Unter dem Archontat des Pythodoros: Dritter: Euripides; mit ›Medea‹, ›Philoktet‹, ›Diktys‹ und dem Satyrspiel ›Theristai‹ (431 BC).
Unter dem Archontat des Arimnestos: Zweiter: Euripides; mit ›Alexandros‹, ›Palamedes‹, ›Troerinnen‹ und dem Satyrspiel ›Sisyphos‹ (415 BC).

Der älteste Beleg für ein Satyrspiel auf dem Theater ist ein attischer rotfiguriger Volutenkrater von 510/500 im lukanischen Padula. Pferdeschwänzige Satyrn mit Namensbeischriften wie »Sibyrtios« (Der Stolze) stehlen dem schlafenden Herakles seine Waffen. Ein Aulosbläser am linken Bildrand stellt sicher, daß es sich um eine Theaterszene handelt.[3]

---

[1] R. Pfeiffer, Geschichte der Klassischen Philologie. Von den Anfängen bis zum Ende des Hellenismus (München ²1978) 108 f.
[2] Tragicorum Graecorum Fragmenta [im Folgenden zitiert als TrGF mit römischer Bandziffer und arabischer Seitenziffer] I, 4, 7, 9.
[3] R. Krumeich, N. Pechstein, B. Seidensticker (Hrsg.), Das griechische Satyrspiel (Darmstadt 1999) [im Folgenden zitiert als Krumeich et al.] Tafel 7. Die gleiche Szene auf einer attischen rotfigurigen Kalpis von 460 in Rom, Vatikanische Museen 16509, ebd., Tafel 20.

Als Erfinder des Satyrspiels galt Pratinas von Phlius. Dieser gewann im Agon mit Aischylos und Choirilos an den Dionysien von 499 – 496 den ersten Platz.[4] Er mag, vielleicht erst 502/501, bei der Einführung des Satyrspiels als Nachspiel der tragischen Trilogie in die Dionysien eine maßgebliche Rolle gespielt haben.[5] Aischylos war, anders als bei dem Agon von 472 (siehe oben) in der Regel darauf bedacht, alle Stücke einer Tetralogie dem gleichen Mythos zu entnehmen, wie zum Beispiel bei den siegreichen Tetralogien von 467 mit ›Laios‹, ›Oedipus‹, ›Sieben gegen Theben‹ und ›Sphinx‹, von 465/459 mit ›Hiketiden‹, ›Aegyptern‹, ›Danaiden‹ und ›Amymone‹, und von 458 mit ›Agamemnon‹, ›Choephoren‹, ›Eumeniden‹ und ›Proteus‹.[6] Solche »gebundenen« Tetralogien sind für Sophokles und Euripides nicht gesichert.

In der zweiten Hälfte des 5. Jh. nimmt das Interesse am Satyrspiel langsam ab. Schon 438 hatte Euripides anstelle eines Satyrspiels mit der ›Alkestis‹ eine Tragödie mit glücklichem Ausgang an die vierte Stelle gesetzt, welche in der Gestalt des Trunkenbolds Herakles deutlich satyreske Züge trägt. Bei dem 431 begründeten zweiten Theateragon, den Lenäen, gab es kein Satyrspiel, es konkurrierten je zwei Dichter mit je zwei Tragödien.[7]

Ins 4. Jh. fallen zwei Maßnahmen, die den Ablauf der Dionysien verändert haben: 386 begann der Agon mit der Wiederaufführung einer alten Tragödie, und 341 wurde vor diese als Eröffnung ein Satyrspiel gesetzt. Es folgten drei tragische Trilogien. An deren Stelle traten an den Dionysien 340 drei Paare von Tragödien.[8] Damit hatte das Satyrspiel seine Verbindung mit der Tragödie verloren. Im dritten Jh. sind immerhin an zwei Lenäenfesten um 254 Wiederaufführungen von je drei alten Satyrspielen und drei alten Tragödien bezeugt.[9] Zur gleichen Zeit erlebte das Satyrspiel im Kreis der sog. ›Pleiade‹ in Alexandria eine Nachblüte, die in einem Epigramm des Dioskurides dem Sositheos zugeschrieben wird.[10] Auf hellenistischen Quellen (Neoptolemos von Parion) beruht auch das Kapitel über das Satyrspiel in der ›ars poetica‹ des Horaz (vv. 220 – 250), mit welchem Horaz ohne Erfolg für eine Renaissance der Gattung geworben hat: Rom hat nur die griechische Tragödie und die Mittlere und Neue Komödie rezipiert.

Bis 1912 war das Satyrspiel nur durch den ›Kyklops‹ des Euripides und die sog. Buchfragmente repräsentiert. Doch dann wurde mit den ›Spurensuchern‹ des Sophokles[11] ein weiterer zusammenhängender Satyrspieltext greifbar, dem zahlreiche Papyrusfunde folgten. Die bis 2004 für das Satyrspiel vorliegenden Testimonia und Fragmente liegen nun

---

4   TrGF I, 4 Pratinas T 1.
5   B. Seidensticker, Das griechische Satyrspiel. Philologisch-Literarische Einleitung, in: Krumeich et al. 1 – 40, hier: 8 f. mit Anm. 49.
6   TrGF I, 5 f.
7   TrGF I, 7 mit n. 1.
8   TrGF I, 11, 13 f.
9   TrGF I, 15 f.
10 TrGF I, 99 Sositheos; Krumeich et al. 602 Sositheos T 2; vgl. ebd., 226 Sophokles.
11 TrGF IV, F 314 – 318; Krumeich et al. 280 – 312.

in den ›Tragicorum Graecorum Fragmenta‹ vor.[12] Dazu kommen zahlreiche Vasenbilder mit Szenen aus Satyrspielen, die immer wieder zusammengefaßt und besprochen wurden, so von F. Brommer[13], A.D. Trendall-T.B.L. Webster[14] und D.F. Sutton.[15] So wurde es möglich, die typischen Merkmale der Gattung immer besser zu beschreiben.[16] Das ganze für das Satyrspiel heute verfügbare Material ist in einem Corpus vereint, das Bernd Seidensticker initiiert hat.[17]

Auf dieser verbreiterten Grundlage ist nun ein Schlüsseltext der älteren Sophistik[18] erneut zur Diskussion zu stellen.[19] Es handelt sich dabei um eine Rede in Bühnenversen über den Ursprung der Religion, welche die Existenz von Göttern bestreitet.[20] Sprachliche und metrische Eigenheiten schließen Komödie und Tragödie aus und weisen eindeutig auf ein Satyrspiel.[21] Doch darüber hinaus ist so gut wie alles problematisch:

1. Der Sprecher der Rede ist, wie eine der Quellen, Aëtios, weiß,[22] jene bekannte Figur des griechischen Mythos, der listenreiche Schlaukopf Sisyphos, ein Erzlügner, der seine Frechheiten gegen die Götter in der Unterwelt dadurch büßen muß, daß er einen Stein vergeblich einen Berghang hinaufzurollen versucht. Daß jene Rede aus einem Satyrspiel mit dem Titel ›Sisyphos‹ stamme, wird stillschweigend angenommen, ist aber nicht überliefert.
2. Das Textstück wird bei Chrysipp und Aëtios dem Euripides, bei Sextus Empiricus[23] aber dem Sokratesschüler Kritias zugeschrieben. Hinzu kommt, daß auch eine Trilogie, nämlich die Tragödien ›Tennes‹, ›Rhadamanthys‹, ›Peirithoos‹, zwischen Kritias und Euripides strittig ist, und daß von den acht in Alexandria noch bekannten Satyrspielen des

---

12 TrGF I: Didascaliae tragicae, catalogi tragicorum et tragoediarum, testimonia et fragmenta tragicorum minorum, ed. B. Snell (Göttingen 1971); TrGF II: Fragmenta adespota, testimonia volumini 1 addenda, indices ad volumina 1 et 2, ed. R. Kannicht (Göttingen 1981); TrGF III: Aeschylus, ed. S. Radt (Göttingen 1985); TrGF IV: Sophocles, ed. S. Radt (Göttingen 1977); TrGF V/1: Euripides, pars prior, ed. R. Kannicht (Göttingen 2004); TrGF V/2: Euripides, pars posterior, ed. R. Kannicht (Göttingen 2004).
13 F. Brommer, Satyrspiele. Bilder griechischer Vasen (Berlin ²1959).
14 A.D. Trendall – T.B.L. Webster, Illustrations of Greek Drama (London 1971).
15 D.F. Sutton, Scenes from Greek Satyr Plays, Illustrated in Greek Vase-Paintings, The Ancient World 9, 1984, 119 – 126.
16 Siehe Seidensticker, Das griechische Satyrspiel (wie Anm. 5) 12 – 32.
17 Krumeich et al.
18 Kritias DK 88 B 25.
19 Eine erste Fassung dieses Artikels wurde 1984 bei einer Marktoberdorfer Ferientagung vorgetragen, siehe E. Pöhlmann, Sisyphos oder der Tod in Fesseln, in: P. Neukam (Hrsg.), Tradition und Rezeption (München 1984) 7 – 20.
20 Text und Testimonien auch in TrGF I, 43 Critias F 19, und Krumeich et al. 552 – 561.
21 Dazu A. Dihle, Das Satyrspiel ›Sisyphos‹, Hermes 105, 1977, 28 – 42, hier: 37.
22 Aetios I 6,7 (Doxographi Graeci 294 Diels, aus Chrysipp F 1009 Arnim): ὅθεν καὶ Εὐριπίδης φησί· τὸ τ' ἀστερωπὸν – σοφοῦ (›Sisyphos‹ vv. 33 f.); Aetios I 7,2 (Doxographi Graeci 298): καὶ Εὐριπίδης δὲ ὁ τραγῳδοποιὸς [...] Σίσυφον εἰσήγαγε προστάτην ταύτης τῆς δόξης [...] ἦν γάρ χρόνος, φησίν, ὅτ' – ὑπηρέτης (›Sisyphos‹ vv. 1 f.). ἔπειτά φησι [...] (›Sisyphos‹ vv. 5 – 16 in Paraphrase), ὡς ἔστι – φρονεῖ τ' ἄγαν (›Sisyphos‹ vv. 17 f.).
23 Sextus Empiricus, ›adversus mathematicos‹ 9,54: Κριτίας δὲ εἷς τῶν ἐν Ἀθήναις τυραννησάντων δοκεῖ ἐκ τοῦ τάγματος τῶν ἀθέων ὑπάρχειν φάμενος ὅτι οἱ παλαιοὶ νομοθέται – τιμωρίαν (›Sisyphos‹ vv. 9 – 40 in Paraphrase). ἔχει δὲ παρ' αὐτῷ τὸ ῥητὸν οὕτως· ἦν χρόνος – εἶναι γένος (›Sisyphos‹ vv. 1 – 42).

Euripides das erste umstritten war.[24] Ulrich von Wilamowitz-Moellendorff hat daher jene Trilogie, die mit ›Rhadamanthys‹ und ›Peirithoos‹ schon zwei Unterweltstücke enthielt, mit dem Satyrspiel ›Sisyphos‹ zu einer Tetralogie vereinigt und diese dem Kritias zugeteilt.[25]

3. Kritias, ein Abkömmling einer altadligen, mit Solon und Platon verwandten Athener Familie, verdankt seinen Ruf als Sophist und Atheist lediglich unserem Fragment. Aus den übrigen, recht umfangreichen Resten der Dichtungen und Prosaschriften des Kritias läßt sich dies nicht belegen.[26] Schriebe man das Satyrspiel ›Sisyphos‹ dem Euripides zu, dann wäre Kritias aus der Philosophiegeschichte zu streichen.

4. Jene 42 Trimeter aus dem ›Sisyphos‹ waren auch der Anlaß dafür, Kritias, der sich als Anführer eines oligarchischen Staatsstreichs im Jahre 404/403 durch besondere Skrupellosigkeit gegen Anhänger der Demokratie ausgezeichnet hatte, mit zwei Dialogfiguren Platons, mit dem jungen Adligen Kallikles aus Acharnai im ›Gorgias‹ und dem Rhetor Thrasymachos aus Chalkedon im ersten Buch der ›Politeia‹, zusammenzurücken zu dem sog. ›radikalen Flügel der Sophistik‹, der die Herrenmoral der starken Einzelpersönlichkeit gegenüber der Sklavenmoral der attischen Demokratie vertreten und auch in die politische Praxis umgesetzt habe.[27] Diese Tendenz beginnt schon bei Ueberweg-Praechter.[28] Das Stichwort aber hat Nestle geliefert: »Der Schule des Gorgias und zwar dem durch Kallikles charakterisierten radikalen Flügel muß Thrasymachos aus Chalkedon in Bithynien nahestehen«.[29]

Wie man sieht, spielt die Sisyphos-Rede über den Ursprung der Religion eine wichtige Rolle in der Literatur- und Philosophiegeschichte des ausgehenden 5. Jhdts. v. Chr. in Athen. Sie ist ein wichtiges Zeugnis für die Stellung des Kritias zur Sophistik, für die Stellung der Sophistik zu Kulturentstehungslehre und Religion, zum Naturrecht und zum contrât social. Für jene weiterführenden Fragen hat Nikolaus Pechstein in seinem umfassenden Kommentar der Sisyphos-Rede den Grund gelegt.[30] Wenn es gelänge, die Funktion jener Rede in

---

24 TrGF V/1 Test A Vitae 1 IA 9 von den Tragödien des Euripides: τούτων νοθεύεται τρία· Τέννης, Ῥαδάμανθυς, Πειρίθους; Athenaios, ›Deipnosophistae‹ 11, 496 B: ὁ τὸν Πειρίθουν γράψας, εἴτε Κριτίας ἐστὶν [...] ἢ Εὐριπίδης; TrGF V/1 Test A Vitae 1 IB 5 von den Satyrspielen des Euripides: σατυρικὰ δὲ η' (8), ἀντιλέγεται δὲ καὶ τούτων τὸ α'.
25 U. v. Wilamowitz-Moellendorff, Analecta Euripidea. Inest supplicum fabula ad codicem archetypum recognita (Berlin 1875) 161 – 172; ders., Kleine Schriften. Band IV: Lesefrüchte und Verwandtes (Berlin 1962) 446 f., 534; dagegen K. Kuiper, De Pirithoo Fabula Euripidea, Mnemosyne 35, 1907, 354 – 385; Dihle, Das Satyrspiel ›Sisyphos‹ (wie Anm. 21) und nun N. Pechstein, Euripides Satyrographos. Ein Kommentar zu den Euripideischen Satyrspielfragmenten (Stuttgart–Leipzig 1998) 289 – 344.
26 Vgl. H. Patzer, Der Tyrann Kritias und die Sophistik, in: K. Döring – W. Kullmann (Hrsg.), Studia Platonica. Festschrift für H. Gundert zu seinem 65. Geburtstag am 30. 4. 1974 (Amsterdam 1974) 3 – 19.
27 Vgl. Patzer, Der Tyrann Kritias (wie Anm. 26) 3 mit Anm. 1.
28 F. Ueberweg (Begr.) – K. Praechter (Hrsg.), Grundriß der Geschichte der Philosophie. Band 1: Die Philosophie des Altertums (Leipzig [12]1926) 112, 126 ff.
29 W. Nestle, Vom Mythos zum Logos. Die Selbstentfaltung des griechischen Denkens von Homer bis auf die Sophistik und Sokrates (Stuttgart 1940) 346. Zu jenem Flügel zählt Nestle (ebd., 332) Proxenos, Menon, Kallikles und Kritias. In diesem Sinne noch H. Meyerhöfer, Der radikale Denkansatz in der griechischen Sophistik (Donauwörth 1978) 34 – 38, 106 – 110, 114 – 117.
30 Pechstein, Euripides Satyrographos (wie Anm. 25) 185 – 217; 287 – 344.

einem Satyrspiel über Sisyphos zu erschließen,[31] so würden sich auch für die Zuschreibung des Stücks an Kritias oder Euripides neue Gesichtspunkte ergeben.

I.

Die Sisyphos-Rede beginnt im Märchenton: ἦν χρόνος: Es war einmal eine Zeit, in der die Menschen wie die Tiere ungesittet nach dem Recht des Stärkeren lebten, die Guten (v. 3: ἐσθλοί) nicht belohnt und die Bösen (v. 4: κακοί) nicht bestraft wurden. Genauso beginnt der platonische Protagorasmythos,[32] der mit mehr Details den Weg des Menschen von der Urzeit zur Kultur nachzeichnet.

Hier freilich ist aus jener im ausgehenden 5. Jh. besonders aktuellen Thematik[33] nur ein Teilaspekt, das soziale Verhalten des Menschen, dargestellt: Der erste Schritt zur Kultur läßt die Menschen als Gesamtheit (v. 5: ἄνθρωποι) durch einen contrât social zum positiven Recht finden (vv. 5 f.: νόμους θέσθαι), das durch Strafandrohung die Einhaltung bestimmter, hier nicht diskutierter Normen erzwingen sollte (vv. 1 – 7).

Den nächsten Schritt zur Kultur vermittelt ein hochintelligenter »Erfinder« (v. 13: ἐξευρεῖν), jene stehende Figur der griechischen Kulturentstehungslehre, der πρῶτος εὑρετής.[34] In dem Bestreben, die Einhaltung der Gesetzesnorm auch dann zu erzwingen, wenn mögliche Delinquenten sich unbeobachtet glauben, erfindet dieser die Götterfurcht als Schreckmittel (v. 14: δεῖμα) für die Menschen (vv. 8 – 15). In einer kleinen Rede (vv. 16 – 24) legt er sodann seine Gottesvorstellung dar, die an den Monotheismus des Xenophanes (DK 21 B 23 – 26) gemahnt: »Das Göttliche ist unsterblich, reiner Geist, allwissend und allmächtig.« Eine kleine textliche Unsicherheit ist durch eine längst von Hugo Grotius gefundene Korrektur[35] am griechischen Wortlaut zu beheben: Mit προσέχων τὰ πάντα statt προσέχων τε ταῦτα (v. 19) bekommt man das Prädikat der göttlichen Allgegenwart hinzu: »Was der Mensch auch sagen, tun oder denken mag, das hören, sehen und wissen die Götter.«

Diese zwischen Monotheismus und Polytheismus schwankende Götterlehre jenes weisen Erfinders der Urzeit qualifiziert Sisyphos als ebenso attraktiv (v. 25: ἥδιστον δίδαγμα) wie unwahr: Mit Lügen habe der Urweise die Wahrheit verhüllt (vv. 24 – 26). Auch am Schluß

---

31 D.F. Sutton, Critias and Atheism, The Classical Quarterly 31, 1981, 33 – 38, sieht in der Sisyphos-Rede einen satirischen Angriff auf den Atheismus der Sophistik, doch ist damit die Funktion der Rede nicht erklärt.
32 Platon, ›Protagoras‹ 320c: Ἦν γάρ ποτε χρόνος.
33 Vgl. E. Pöhlmann, Der Mensch – das Mängelwesen? Zum Nachwirken antiker Anthropologie bei Arnold Gehlen, Archiv für Kulturgeschichte 52, 1970, 297 – 312.
34 Vgl. ›Erfinder II‹ (K. Thraede), in: RLAC 5, 1962, 1191 – 1278, Literatur 1277 f.
35 προσέχων θ' ἑαυτῷ Apelt; sich selbst gehörend (?) Diels; vgl. Dihle, Das Satyrspiel ›Sisyphos‹ (wie Anm. 21) 41.

(vv. 41 f.) betont Sisyphos noch einmal, daß die Gottesvorstellung die Erfindung eines einzelnen sei.

Eingängig war jene Götterlehre deshalb, so führt Sisyphos weiter aus, weil sie an Urerfahrungen des Menschen mit der Natur anknüpfte, die dem Menschen Segen spendet (v. 30: ὀνήσεις), aber auch Ängste (v. 29: φόβους) hervorruft: Der Urweise gab den Göttern den Himmel zum Sitz und machte Sonne, Mond und Sterne zu Göttern, Blitz, Donner und Regen zum Werk von Göttern (vv. 27 – 36). Ähnlich hatte bereits der Sophist Prodikos (DK 84 B 5) den Ursprung der Religion erklärt, ihm tun es nach die Materialisten Demokrit (DK 68 A 75), Epikur und Lukrez (›De rerum natura‹ 5,1170 ff.).[36]

Erschwert wird das Verständnis jener Partie dadurch, daß Sisyphos nun nicht mehr den Religionserfinder selbst sprechen läßt, sondern dessen Lehre vom Sitz der Götter am Himmel referiert, aber auch kommentiert. Dabei fließen kosmologische Vorstellungen ein, die keineswegs Teil jener Theologie des Urweisen sein sollen: Wenn Sisyphos den Himmel als das »sich drehende Gewölbe dort oben« (v. 31) bezeichnet, dann distanziert er sich mit Hilfe des Weltbilds der Vorsokratiker von der mythischen Kosmologie. Wenn er den »sternenäugigen Himmelsbau« als Werk der »Zeit, des weisen Baumeisters« anspricht (vv. 33 – 34), dann verwendet er den personifizierten Χρόνος wie Orphiker und Pythagoreer, aber auch die Tragödie.[37] Schließlich bezeichnet Sisyphos die Sonne nicht als einen Gott, Helios, sondern als eine strahlende Masse (v. 35: λαμπρὸς μύδρος) und nimmt damit, mit diesem auffälligen Prosa-Wort, jene berühmte Formulierung des Anaxagoras auf (μύδρος διάπυρος),[38] der eben deswegen, weil er die Sonne eine glühende Masse genannt hatte, im Jahr 432 in Athen einem Gottlosen-Prozeß zum Opfer gefallen war.

Die Wahrheit, welche der urzeitliche Religionserfinder wohl kennt, aber mit trügerischem Wort zu verhüllen verstand, ist die gleiche Wahrheit, die Sisyphos in seiner Rede offen vertritt: das entgötterte Weltbild der ionischen Naturphilosophie. Wenn Sisyphos jenen Ausflug in die Urzeit unternimmt, wenn er erzählt, wie ein Urweiser unter Ausnutzung der Urängste der Menschheit vor Hunger und Tod die Götterfurcht und die Götter erfunden habe, dann nur, um zu zeigen, daß es in Wahrheit keine Götter gibt. Sind doch, wie Sisyphos durchblicken läßt, alle Naturphänomene einer rationalen Erklärung zugänglich. Dies gelte aber auch für Kulturphänomene wie Recht und Religion, deren Entstehung sich in eine in jeder Weise säkularisierte Kulturentstehungslehre einordnen lasse.

Wie man sieht, spiegelt die Sisyphos-Rede die philosophische Diskussion des späten 5. Jhdts. wider, ohne sich jedoch auf eine bestimmte Richtung festzulegen. Die Kosmologie, die Sisyphos dem Weltbild der griechischen Theologie entgegenhält, ist der Lehre des Anaxagoras verpflichtet. Den Weg des Urmenschen zu Gesetz und Religion aber zeichnet Sisyphos

---

36 Vgl. auch K. Döring, Antike Theorien über die staatspolitische Notwendigkeit der Götterfurcht, Antike und Abendland 24, 1978, 43 – 56.
37 Vgl. DK 1 B 12; DK 7 A 8; DK 7 B 1; DK 44 B 20a; Aischylos, ›Prometheus Desmotes‹ v. 981; Moschion TrGF I, 97 F 6; hierzu Dihle, Das Satyrspiel ›Sisyphos‹ (wie Anm. 21) 42.
38 DK 59 A 1.

wie ein Sophist, vor allem nach Protagoras und Prodikos, und dies alles in der Absicht, darzutun, daß es keine Götter gibt.

Nikolaus Pechstein hat die Sisyphos-Rede gründlichst kommentiert mit dem Ergebnis, daß sie eher dem Euripides als dem Kritias zuzutrauen ist, daß sie, als Meinungsäußerung einer Bühnenfigur, nicht den vorgeblichen Atheismus des Autors belegt, daß sie offenkundig ein Gemenge von Vorstellungen der Vorsokratiker und der Sophistik darstellt und deshalb auch nicht belegt, daß Kritias ein Sophist gewesen sei.[39] Damit stellt sich aber sogleich eine weiterführende Frage: Kann Sisyphos eine solche Ansicht in einem Satyrspiel überhaupt ernsthaft vertreten?

Sisyphos ist ja keine beliebige Bühnenfigur, sondern eine jedem Zuschauer bekannte, klar konturierte Gestalt des Mythos, speziell der Götterburleske, der den Göttern Streich um Streich spielt, sich ihren Strafmaßnahmen immer wieder durch überlegene Intelligenz entzieht, bis er schließlich durch die Mühsal mit jenem bekannten Stein auf immer an die Unterwelt gefesselt wird. Und der Autor des Satyrspiels hatte lediglich die Freiheit, aus dieser Geschichte einen geeigneten Abschnitt auszuwählen und ins Milieu der Satyrn zu transponieren. Daraus folgt aber, daß die Figur des Sisyphos im Satyrspiel gar nicht in der Lage ist, die Meinung zu vertreten, es gäbe keine Götter, da sie mit einer solchen Behauptung ihre eigene Existenzgrundlage, eben den Sisyphos-Mythos, aufheben würde. Wenn man trotz dieses Dilemmas daran festhält, daß unsere Trimeterreihe aus einem Bühnenstück stammt, dann bleibt nur eine Erklärung: Es muß sich bei der Rede des Sisyphos um eine Trugrede handeln, mit der der Erzlügner seinem Dialogpartner einreden will, es gebe keine Götter, und damit eine noch zu erschließende Absicht verfolgt. Ein 1988 von Harvey Yunis der Rede des Sisyphos zugewiesenes Adespoton[40] unterstützt diese Vermutung: Die Satyros-Vita des Euripides zitiert folgendes Dialogstückchen:

A. Wen fürchtest du, wenn diese Dinge im Verborgenen getan werden?
B. Die Götter, die mehr erkennen als die Menschen.

Der Sprecher A ist Sisyphos, sein Dialogpartner ist noch zu finden.

Die Beispiele für Trugreden auf der Bühne sind zahlreich: Erinnern wir uns nur an die verlogenen Beteuerungen ehelicher Liebe und Treue, mit denen die Klytaimnestra des Aischylos den zögernden Agamemnon dazu verlocken will, auf einem roten Teppich den Palast in Mykene zu betreten, in dem der Ehebrecher Aigisthos mit der tödlichen Axt wartete.[41] Hier ginge es darum, im Sisyphos-Mythos eine Situation zu finden, in der Sisyphos Gelegenheit hätte, zu seinem Nutzen eine Trugrede einzusetzen, und dies in einer Weise, die den Gattungsgesetzen des Satyrspiels entspricht. Deshalb müssen wir uns die wichtigsten

---

39 Pechstein, Euripides Satyrographos (wie Anm. 25) 289–343.
40 H.E. Yunis, The Debate on Undetected Crime and an Undetected Fragment from Euripides' ›Sisyphos‹, Zeitschrift für Papyrologie und Epigraphik 75, 1988, 39–46; TrGF V/2 incerta 1007 c; Krumeich et al. 561.
41 Aischylos, ›Agamemnon‹ vv. 855–913.

Stationen des Mythos vergegenwärtigen, aber auch an einigen Beispielen die Konventionen des Satyrspiels andeuten.[42] Begonnen sei mit letzterem.

II.

Das Satyrspiel hat seinen Namen von seinem Chor, einer Horde von 12 pferdeschwänzigen, ziegenohrigen Tiermenschen im Bocksfell mit Phallos. Ihr Anführer ist der Papposilen, ihr Vater, der mit Glatze, weißem Bart und im Pantherfellkleid auftritt. Ihnen treten nur zwei Schauspieler gegenüber. Das Personal eines Satyrspiels einschließlich der Musiker und des Dichters in der Situation einer Probe sieht man auf der sog. ›Pronomos-Vase‹, die ihren Namen von dem Aulosbläser im Zentrum hat, einem Volutenkrater aus der Zeit um 410/400, jetzt in Neapel.[43]

Seine Handlung nimmt das Satyrspiel wie die Tragödie aus dem Mythos. Freilich wird dieser schon durch das Mitwirken des Satyrchors auf eine niedere Stilebene transponiert und parodistisch verfremdet. Deshalb eignet sich das Satyrspiel als heiteres Nachspiel der tragischen Trilogie.

Durch Papyrusfunde sind die drei großen Tragiker nun auch als Autoren von Satyrspielen greifbar geworden. Von Aischylos haben wir große Partien der ›Netzzieher‹[44], eines Satyrspiels, das eine ›Perseus‹-Trilogie beschloß: Auf der Insel Seriphos ist ein großer Kasten an Land gespült worden und Fischern ins Netz geraten. Ein Königssohn, Diktys, öffnet den Deckel und findet die Zeusgeliebte Danae, Königstochter von Argos, mit dem Perseusknaben, die ihr Vater, der König Akrisios, auf dem Meer ausgesetzt hatte. Doch nun drängt sich der Satyrchor heran, der bei der Bergung des Kastens mit Hand angelegt hatte, verlangt einen Anteil an der Beute, und der Papposilen beansprucht Danae gar als Braut.

Vier Vasenbilder zwischen 470 und 450 stellen die Landung der Danae auf Seriphos dar. Da aber auf keinem von diesen Satyrn erscheinen, können sie nicht als unmittelbare Illustrationen der ›Netzzieher‹ betrachtet werden.[45] Wie es Diktys gelungen ist, die zudringlichen Satyrn zu beruhigen, wissen wir nicht. Auf einer Pyxis in Princeton um 470/460 B.C.[46] sehen wir jedenfalls, wie Diktys die Königstochter und das Götterkind in Sicherheit bringt.

---

42 Vgl. B. Seidensticker, Das Satyrspiel, in: G.A. Seeck (Hrsg.), Das griechische Drama (Darmstadt 1979) 204 – 257; D.F. Sutton, The Greek Satyr Play (Meisenheim am Glan 1980); zur bildlichen Überlieferung Brommer, Satyrspiele (wie Anm. 13); Trendall – Webster, Illustrations of Greek Drama (wie Anm. 14) 29 – 39; Seidensticker, Das griechische Satyrspiel (wie Anm. 5) 12 – 32.
43 Neapel 3240, Brommer, Satyrspiele (wie Anm. 13) Nr. 4, Abb. 1; Trendall – Webster, Illustrations of Greek Drama (wie Anm. 14) II 1; Krumeich et al. Tafel 8.
44 TrGF III ›Diktyulkoi‹ F 46/47; Krumeich et al. 107 – 124.
45 Krumeich et al. 119 f.
46 Princeton/NJ, C. Claremont coll., Trendall – Webster, Illustrations of Greek Drama (wie Anm. 14) II 3; vgl. Sutton, The Greek Satyr Play (wie Anm. 42) 17 – 20.

Die Attacken der Satyrn auf Danae in den ›Netzziehern‹ gehören zu den typischen Situationen der Satyrspiele: Sie wiederholen sich bei Aischylos in der ›Amymone‹,[47] dem Satyrspiel der Danaidentrilogie (›Schutzflehende‹, ›Aigyptioi‹, ›Danaiden‹) des Jahres 463: Amymone, eine der Töchter des Danaos, wird beim Wasserholen von den Satyrn überfallen. Ein Glockenkrater der Zeit um 420/410, jetzt in Wien, illustriert diese Szene. Doch Poseidon kommt ihr zu Hilfe, vertreibt die Satyrn und macht Amymone zu seiner Geliebten, wie ein Glockenkrater um 390/380 in Würzburg zeigt.[48]

Das gleiche Schicksal wie Amymone droht der geflügelten Götterbotin Iris in einem Satyrspiel des Achaios,[49] das nur durch einige Zitate belegt ist. Aristophanes hat diese Szene der ›Iris‹ im Jahr 414 in den ›Vögeln‹ nachgebildet (vv. 1196 – 1261). Mehrere Vasenbilder von 510 – 450 zeigen Iris, wie sie von Satyrn bedrängt wird:[50] offenbar ein gängiges Thema älterer Satyrspiele.

Aischylos hat seine Trilogien gern mit einem Satyrspiel aus dem gleichen Mythenkreis beschlossen. So verfährt er auch bei seiner thebanischen Trilogie (›Laios‹[51], ›Oedipus‹[52], ›Sieben gegen Theben‹), die er mit einer ›Sphinx‹[53] beschließt. Vor 1981 hat man diese mit einem paestanischen Glockenkrater des Python-Malers in Neapel um 350 BC.[54] in Verbindung gebracht: Hatte im Mythos die Sphinx jeden, der ihr Rätsel nicht erriet, umgebracht, so sind im Satyrspiel die Rollen vertauscht: Hier gibt der Papposilen der Sphinx ein Rätsel auf, das diese unmöglich lösen kann. Auf dem Glockenkrater hält der Papposilen einen Sperling in der Hand und fragt die Sphinx, ob der Vogel lebendig oder tot sei. Je nach ihrer Antwort kann er den Vogel fliegen lassen oder zu Tode drücken.[55] Nach der Publikation einer attischen rotfigurigen Kalpis von 470/460 in Würzburg[56] ergab sich eine zweite Möglichkeit: Auf der Kalpis sind fünf reich gewandete Silene auf Stühlen vor der Sphinx dargestellt, die ihnen von einem Felsensitz herab gerade ihr Rätsel vorlegt. Der Fortgang ist ungewiß.[57]

Anders als Aischylos hat Sophokles die Form der inhaltlich gebundenen Tetralogie nicht gepflegt. So sind seine Satyrspiele Einzelstücke. Die bekannten Titel und Fragmente lassen sich gelegentlich durch Vasenbilder illustrieren, so die ›Pandora‹.[58] Dargestellt ist, wie das bedenkliche Geschenk der Götter, die erste Frau, aus der Erde auftaucht. Auf einem

---

47 TrGF III T Gk, ›Amymone‹ F 13 – 15; Krumeich et al. 91 – 97.
48 Wien, Mus. Inv. IV 1011, Brommer, Satyrspiele (wie Anm. 13) Nr. 50, Abb. 15; Sutton, The Greek Satyr Play (wie Anm. 42) 14 – 17; Würzburg L 634, Krumeich et al. Tafel 18 a/b.
49 TrGF I, 20 Achaios ›Iris‹ F 19 – 22, Krumeich et al. 524 – 529, Tafel 29 a/b, 30 a.
50 Krumeich et al. Tafel 29 a/b, Tafel 30 a.
51 TrGF III ›Laios‹ F 121 – 123b.
52 TrGF III ›Oidipus‹ 287 f.
53 TrGF III ›Sphinx‹ F 235 – 237; Krumeich et al. 189 – 196.
54 Neapel H 2846, Brommer, Satyrspiele (wie Anm. 13) Nr. 178, Abb. 47; vgl. Sutton, The Greek Satyr Play (wie Anm. 42) 28 f.; Krumeich et al. Tafel 22 a.
55 Krumeich et al. 193 f.
56 Würzburg ZA, Leihgabe T. Fujita (Tokio), E. Simon, Das Satyrspiel ›Sphinx‹ des Aischylos (Heidelberg 1981); Krumeich et al. Tafel 22 b.
57 Krumeich et al. 191 – 193.
58 TrGF IV ›Pandora‹ F 482 – 486; Krumeich et al. 375 – 380, Tafel 1b, 1c, 10.

Volutenkrater aus Ferrara um 450 sieht man, wie die Satyrn die Pandora mit Hämmern aus der Erde herausschlagen, während Prometheus mit abweisendem Gesicht jenem Vorgang zusieht.[59]

Die erste Hälfte der ›Spurensucher‹, eines frühen Satyrspiels des Sophokles, hat ein Papyrus bewahrt.[60] Das Thema entnimmt Sophokles dem homerischen Hermeshymnus: Das Hermesknäblein hat seinem älteren Bruder Apollon eine Rinderherde gestohlen und aus einer Schildkrötenschale eine Leier gebaut. Apollon verpflichtet den Papposilen und seine Satyrschar, nach dem Viehdieb zu suchen, und verspricht ihnen neben einer Belohnung die Freiheit. Die Satyrn machen sich auf die Suche und entdecken die Herde nebst dem Hermesknaben schließlich in einer Höhle im Kyllenegebirge. Die Nymphe Kyllene tritt auf und beginnt ein Streitgespräch mit den Satyrn (vv. 221 – 450), das mit dem Auftritt des Apollon endet. Hier bricht der Text ab.

Das Motiv der Befreiung aus einem unwillkommenen Dienstverhältnis hat auch Euripides verwendet. Wir finden es in seinem ›Kyklops‹,[61] einem Satyrspiel des letzten Viertels des 5. Jhdts., dessen Höhepunkt, die Blendung des betrunkenen, schnarchenden Polyphem durch Odysseus und seine Gefährten (›Kyklops‹ vv. 608 – 668), ein Krater der Zeit um 420 – 410, jetzt in London,[62] im Bilde festhält. Dabei handelt es sich freilich nicht um die direkte Wiedergabe einer Theaterszene: Die Blendung des Polyphem hat Euripides, wie es die Gattung verlangt, in das Bühnenhaus verlegt und dem Zuschauer nur durch Ankündigungen, Berichte und das Wehgeschrei des geblendeten Polyphem vermittelt. Diesen innerszenischen, nur imaginierten Vorgang hat der Vasenmaler mit großem Geschick in ein Bild umgesetzt.

Der ›Kyklops‹ ist das einzige durch mittelalterliche Handschriften überlieferte und zudem vollständige Satyrspiel. Daher kann man an diesem Stück das Gattungsübliche besonders gut aufzeigen, auch wenn der ›Kyklops‹ von der Heiterkeit der ›Diktyulkoi‹ und der ›Ichneutai‹ weit entfernt ist:[63]

Eingangs unterrichtet der Papposilen die Zuschauer, wie er mit den Satyrn auf die Kyklopeninsel geraten sei: Auf der Suche nach Dionysos seien sie in Sizilien gestrandet und von Polyphem als Hirtensklaven eingefangen worden. Dann tritt Odysseus mit seinen Gefährten auf, bittet um Proviant gegen Wein, doch bevor der Handel zustandekommt, kehrt der Kyklop nach Hause zurück und entdeckt die Fremden. Der feige Silen fällt ihnen sogleich in den Rücken und bezichtigt sie der Räuberei. Odysseus sucht sich zu verteidigen,

---

59 Ferrara T 579, Brommer, Satyrspiele (wie Anm. 13) Nr. 15, Abb. 49; Trendall – Webster, Illustrations of Greek Drama (wie Anm. 14) II 7; Sutton, The Greek Satyr Play (wie Anm. 42) 55; Krumeich et al. 57, 378 f., Tafel 10.
60 TrGF IV ›Ichneutai‹ F 314 – 318; Seidensticker, Das Satyrspiel (wie Anm. 42) 215 – 217; Sutton, The Greek Satyr Play (wie Anm. 42) 43 – 48; Krumeich et al. 280 – 312.
61 Krumeich et al. 431 – 441.
62 London BM 1947, Brommer, Satyrspiele (wie Anm. 13) Nr. 98, Abb. 11/12; Trendall – Webster, Illustrations of Greek Drama (wie Anm. 14) II 11; Sutton, The Greek Satyr Play (wie Anm. 42) 95 – 133; Krumeich et al. 440 f., Tafel 26 b.
63 Krumeich et al. 438 f.

indem er an das Gastrecht und die Götter appelliert, doch der Kyklop zeigt sich gänzlich ungerührt:

Er fürchte weder Blitz noch Donner, weder Regen noch Schnee, da er sich selbst zu helfen wisse. Und für seinen Lebensunterhalt sorge die immer fruchtbare Erde. Sein höchster Lebenszweck sei Essen und Trinken, er denke nicht daran, einem anderen Gott als seinem Bauch zu opfern. Zum Teufel scheren sollten sich alle, die durch Rechtsetzung das Menschenleben nur kompliziert hätten (vv. 316 – 346). Darauf schlachtet und frißt der Kyklop zwei der Gefährten des Odysseus.

Dieser versucht erneut, die Satyrn auf seine Seite zu ziehen, indem er ihnen verspricht, sie von ihrem grausamen Herrn zu befreien. Man vereinbart, den Kyklopen betrunken zu machen und ihn dann mit einem glühenden Pfahl zu blenden. So geschieht es, freilich ohne daß die feigen Satyrn mit Hand anlegen. Der Krater in London zeigt sie am rechten Bildrand, wie sie die Bemühungen der Griechen lediglich mit einem grotesken Tanz begleiten (vgl. ›Kyklops‹ vv. 646 – 649 und 656 – 662). Nach vollbrachter Tat ziehen sie jubelnd mit den Griechen zu den Schiffen ab.

III.

Die Figur des menschenfressenden Polyphem ist nur bedingt geeignet zur Umsetzung in das heitere Treiben des Satyrspiels. Anders ist es bei der Figur des gewitzten Schlaukopfs Sisyphos: Sie wird von den Tragikern immer wieder in die Welt des Satyrspiels transponiert.

Schon die ›Ilias‹ kennt Sisyphos, den Sohn von Aiolos, als König von Ephyra in Argos; in der ›Odyssee‹ steht er neben den Unterweltssündern Tityos und Tantalos.[64] Später hat man Ephyra mit Korinth gleichgesetzt und Sisyphos zum Herrn der Isthmosgegend gemacht.[65] Als solcher tritt er uns entgegen in den ›Sportlern am Isthmos‹ des Aischylos,[66] einem Satyrspiel, das eine verlorene ›Athamas‹-Trilogie[67] beschloß. Die Satyrn sind des Dienstes bei ihrem Herrn Dionysos, dem Gott des Weines, aber auch des Theaters, überdrüssig geworden und entlaufen ihm. Auf dem Isthmos angekommen, wenden sie sich an den Herrn und Stifter der Isthmischen Spiele, den König von Korinth, Sisyphos, und bitten um Zulassung zum Wettkampf als Ringer. Doch Dionysos holt die Ausreißer ein, die sich an den Altar des Poseidon-Tempels flüchten. In dieser Situation vermittelt Sisyphos, indem er die Satyrn statt des Ringkampfes zum Wagenrennen zuläßt und ihnen dafür neue ἀθύρματα (»Spielsachen«)

---

64 Homer, ›Ilias‹ 6,152 f.: κέρδιστος ἀνδρῶν; Homer, ›Odyssee‹ 11,593 – 600.
65 Euripides, ›Medea‹ v. 1381, dazu Platon, ›Gorgias‹ 525d–e; vgl. ›Sisyphos‹ (E. Wilisch), in: W.H. Roscher (Hrsg.), Ausführliches Lexikon der griechischen und römischen Mythologie. Band 4: Qu–S (Leipzig 1909 – 1915) 958 – 972.
66 TrGF III ›Theoroi vel Isthmiasthai‹ F 78a–82; Sutton, The Greek Satyr Play (wie Anm. 42) 29 – 35; Krumeich et al. 148.
67 TrGF III ›Athamas‹ F 1 – 4a.

schenkt (Rennwägen?[68]). Die Satyrn scheinen aber von den neuen Sportgeräten nicht besonders angetan (vv. 42 – 58). Hier bricht der Papyrus ab; sicher ist, daß der Versuch der Satyrn, sich dem Dienst bei Dionysos auf Dauer zu entziehen, nur scheitern konnte.

Den Schlaukopf Sisyphos hat Aischylos in dem Satyrspiel ›Sisyphos Drapetes‹ / ›Sisyphos Petrokylistes‹ auf die Bühne gebracht. Möglicherweise verbergen sich hinter beiden Titeln zwei verschiedene Satyrspiele oder eine Tragödie und ein Satyrspiel.[69] Für die Handlung steht der Bericht des Pherekydes:[70] Zeus hatte dem Flußgott Asopos seine Tochter Aigina aus Phleius bei Korinth entführt und auf eine Insel verschleppt. Sisyphos aber verrät dem nach seiner Tochter suchenden Vater den Mädchenräuber und den Aufenthaltsort der Tochter, die später Aegina genannte Insel. Zum Lohn läßt der Flußgott für Sisyphos auf dem wasserlosen Felsen von Akrokorinth eine Quelle entspringen. Zeus jedoch fühlt sich inkommodiert und schickt dem indiskreten Sisyphos den Tod auf den Hals mit dem Auftrag, den Störer in die Unterwelt abzuführen. Dem Sisyphos aber gelingt es, den Tod zu überlisten und in Fesseln zu legen, was zur Folge hat, daß niemand mehr stirbt. Zeus muß schließlich den Ares schicken, der den Tod befreit und Sisyphos in die Unterwelt schleppt. Sisyphos hatte sich freilich vorgesehen und vor seinem Aufbruch in den Hades seiner Frau untersagt, für ihn Totenopfer zu spenden. Dies wird in der Unterwelt übel vermerkt, und Sisyphos erhält auf seine Bitten die Erlaubnis, noch einmal auf die Erde zurückzukehren, bis seine Totenspenden dargebracht seien. Sisyphos denkt natürlich nicht daran, in den Hades zurückzukommen, sondern stirbt erst in hohem Alter. Zur Strafe für seine Frechheiten muß er im Hades einen tückischen Stein wälzen, damit er nicht mehr entwischen kann.

Abweichend von der Version des Pherekydes wird Sisyphos – so ein Pindar-Scholion – nach seinem Entweichen aus dem Hades von Hermes gegen seinen Willen zurückgeholt.[71] Ein Sophokles-Scholion betont, daß Sisyphos mit Gewalt abgeführt werden mußte.[72] Dagegen läßt Eusthatios den Sisyphos durch das personifizierte Greisenalter (Γῆρας) zurückholen.[73] Offenbar ist am Ende der Erzählung des Pherekydes eine Lücke. Deshalb ist es schwer möglich, die Handlung des ›Sisyphos Drapetes‹ / ›Sisyphos Petrokylistes‹ des Aischylos abzugrenzen. Geht man von dem Titel ›Sisyphos der Ausreißer‹ aus, dann muß das

---

68 Zwei Vasenbilder (Krumeich et al. 59, Anm. 76 – 79, Tafel 5 b, Thorikos, 470 – 450, und Tafel 14 a, Boston, 460) zeigen Satyrn als Rennfahrer und Zugpferde.
69 TrGF III ›Sisyphos Drapetes et Petrokylistes‹ F 225 – 234; Krumeich et al. 182 – 188; zu der Titelfrage ebd., 182 f. Anm. 1.
70 Vgl. Pherekydes FGrHist 3 F 119 Jacoby = Schol. Homer, ›Ilias‹ 6,153; ›Sisyphos‹ (E. Wilisch) (wie Anm. 65) 961 f. Der Text auch TrGF III ›Sisyphos‹ 337; Krumeich et al. 184.
71 Schol. Pindar, ›Olympische Ode‹ 1,97 (bei Pindari Carmina curavit C.G. Heyne. 3 Bände in 5 Teilen. Volumen II: Pindari Carmina ex interpretatione Latina emendatiore cum scholiis in Pindari Carmina. Pars I: Interpretatio Latina et Scholia in Olympia vetera et recentia [Göttingen 1798] 194): ἐπεὶ δ' ἀνῆλθε, μὴ βουλόμενος αὖθις εἰς ᾅδου παραγενέσθαι, ὑφ' Ἑρμοῦ καταχθεὶς ἄκων, οὕτω κεκόλασται. (nicht bei Drachmann, siehe Pechstein, Euripides Satyrographos [wie Anm. 25] 209 f., Anm. 58).
72 Schol. Sophokles, ›Philoktet‹ v. 625: ἀνελθὼν δ' οὐκέτι ὑπέστρεψεν ἕως μετ' ἀνάγκης κατῆλθεν.
73 Eusthatios ad ›Odysseam‹ 11,592, p. 1701 (ed. J. G. Stallbaum, Eustathii, archiepiscopi Thessalonicensis, Commentarii ad Homeri Odysseam. Tomus I, Leipzig 1825, 438), siehe Pechstein, Euripides Satyrographos (wie Anm. 25) 210 Anm. 58.

Satyrspiel mit der Rückkehr des Sisyphos aus dem Hades eingesetzt haben.[74] Vielleicht gehören die Fragmente 227 und 233 den Satyrn, die beobachten, wie sich Sisyphos aus der Erde hervorarbeitet. Dann fordert dieser ein Bad (F 225) und erzählt über seine Erlebnisse im Hades (F 228 – 230).

Was Sisyphos bis zu seinem Lebensende getrieben hat, wissen wir nicht. Hygin[75] bringt ihn mit einem in Arkadien hausenden Viehräuber, dem Meisterdieb Autolykos in Verbindung. Autolykos plündert ständig die Herden des Sisyphos, bis dieser die Hufe seiner Rinder zeichnet. Dadurch überführt muß sich Autolykos geschlagen geben und seine Beute wieder herausgeben. Bei dieser Gelegenheit verführt Sisyphos dessen Tochter Antikleia, die auf dem Weg nach Ithaka ist, um Laertes zu heiraten, und wird so zum Vater des Odysseus.

Eine Szene aus jener Geschichte zeigt uns eine Hydria aus Ugento[76] vom Ende des 5. Jhdts., die Nikolaus Pechstein entgangen ist.[77] Vom linken bis zum rechten Henkel erkennt man einander zugewandt einen glatzköpfigen Alten (Autolykos) und einen jungen Mann (Laertes), dann im Zentrum wieder einander zugewandt eine junge Frau (Antikleia) und den jungen Sisyphos, der Antikleia grob am Arm gefaßt hat, und auf einem Felsensitz einen Satyr, der zu dem jungen Paar hinüberblickt und gestikuliert. Verbunden mit dem Volutenkrater des Sisyphos-Malers aus Ruvo (um 430 – 400)[78] erlaubt die Hydria aus Ugento, wegen des Auftreten jenes Satyrs, die Autolykos-Geschichte des Hygin auf eines der beiden Autolykos-Satyrspiele zu beziehen, die dem Euripides zugeschrieben sind.[79] Für das zweite Satyrspiel hat man eine von Tzetzes geschilderte Episode herangezogen, für welche Tzetzes sich auf ein Satyrspiel ›Autolykos‹ des Euripides stützt.[80] In dessen Rekonstruktion hat jedoch die Rede des Sisyphos keine sinnvolle und überzeugende Funktion.[81]

Ob Sophokles ein Satyrspiel ›Sisyphos‹ geschrieben hat, bleibt unsicher.[82] Euripides jedoch hat mit Sicherheit mindestens einen ›Sisyphos‹ geschrieben: Für 415 ist für Euripides, als Nachspiel einer Troia-Trilogie[83] (›Alexandros‹, ›Palamedes‹, ›Troerinnen‹), ein ›Sisyphos‹-Satyrspiel bezeugt, dessen Inhalt aus den Fragmenten nicht zu sichern ist.[84] Dazu kommt jene zwischen Euripides und Kritias strittige Tetralogie (›Tennes‹, ›Rhadamanthys‹, ›Peirithoos‹, ›Sisyphos‹).[85] In einer der beiden Tetralogien sollte die Rede des Sisyphos ihren Platz finden.

---

74 Sutton, The Greek Satyr Play (wie Anm. 42) 27 f.
75 Hyginus, ›Fabulae‹ 201. Der Text TrGF V, 15/16 ›Autolykos‹, T **v a**; Krumeich et al. 404 f.
76 F.G. Lo Porto, Tomba messapica di Ugento, Atti e memorie Società Magna Grecia N.S. 11 – 12, 1970 – 1971, 99 – 152, hier: 131 – 135, Nr. 18, Pl. LIV–LVI.
77 Pechstein, Euripides Satyrographos (wie Anm. 25) 93 – 115; Krumeich et al. 408.
78 München 3268, siehe Pechstein, Euripides Satyrographos (wie Anm. 25) 93 – 95.
79 TrGF V/1 ›Autolykos‹ A' / B', T **i–iii b**, F 282 – 284; Sutton, The Greek Satyr Play (wie Anm. 42) 59 f.; Krumeich et al. 403 – 412.
80 Tzetzes, ›Chiliades‹ 8,435 – 438, 442 – 453; Text TrGF V/1 T **iv**; Krumeich et al. 408.
81 Krumeich et al. 410 – 412, 561.
82 TrGF IV ›Sisyphos‹ F 545.
83 TrGF V/1, 3 ›Alexandros‹; TrGF V/2, 52 ›Palamedes‹; ›Troades‹.
84 TrGF V/2, 62 ›Sisyphos‹; Krumeich et al. 442 – 448.
85 TrGF I, 43 Critias, T 1 – 4, F 1 – 21; Krumeich et al. 552 – 561.

IV.

Fassen wir zusammen: Wir haben die Sisyphos-Rede als eine Trugrede bestimmt, wir haben uns eine Vorstellung vom Wesen des Satyrspiels verschafft und haben schließlich den Mythos von Sisyphos skizziert. Das Material für eine Rekonstruktion liegt damit vollständig vor. Wir dürfen dabei davon ausgehen, daß antike Bühnendichtung weitgehend an Konventionen gebunden ist.[86] Diese Tatsache schränkt den Spielraum der Vermutungen erheblich ein.

Was am Satyrspiel konventionell ist, läßt sich bereits an den gezeigten Proben ablesen. Wenn man diesen Befund verallgemeinern darf – und viel mehr Material haben wir nicht – dann galten für das Satyrspiel u. a. folgende Normen:

1. Das Satyrspiel benötigt, genau wie die ältere Tragödie bis zum Jahr 452, lediglich zwei Schauspieler. Diesen tritt der Chor der Satyrn gegenüber, die der Papposilen anführt.
2. Das Satyrspiel wahrt, wie fast alle Tragödien des 5. Jhdts., streng die Einheiten von Ort und Zeit. In der Länge bleibt es hinter der Tragödie weit zurück.
3. Der Chor des Satyrspiels einschließlich seines Chorführers agiert als Kollektivperson, welche feststehende Charakterzüge aufweist: Die Satyrn sind, wie es sich für die Schwarmgenossen des Dionysos gehört, trunksüchtig und geil, dazu faul und feige.
4. Es gab konventionelle Handlungsabläufe. Zwei solche Handlungsmuster haben wir mit jeweils drei Beispielen belegt:

a) Die Satyrn überfallen eine Frau (Danae, Amymone, Iris) und werden durch einen Königssohn oder Gott (Diktys, Poseidon, Dionysos) vertrieben, der dann selbst die Liebe des Opfers gewinnt. Dieses ›Rettungsmotiv‹ finden wir bei Aischylos in den ›Netzziehern‹ und der ›Amymone‹ und bei Achaios in der ›Iris‹.

b) Die Satyrn dienen einem gestrengen Herrn (Dionysos, Pan, Polyphem) und versuchen, diesem mit Hilfe eines Gegenspielers (Sisyphos, Apollon, Odysseus) zu entkommen. Dieses ›Dienstherrenmotiv‹ finden wir in den ›Isthmiastai‹ des Aischylos, den ›Ichneutai‹ des Sophokles und dem ›Kyklops‹ des Euripides.

Ließe sich eines dieser beiden Motive sowohl mit der Sisyphos-Trugrede wie auch mit einer noch zu bestimmenden Partie des Sisyphos-Mythos verbinden, so gewänne die Rekonstruktion auf einer solchen Grundlage hohe Wahrscheinlichkeit. Man hätte also jetzt nach dem Platz der Trugrede und damit unseres verlorenen ›Sisyphos‹-Satyrspiels im Mythos von Sisyphos zu suchen. Dabei läßt sich der Spielraum der Auswahl durch folgende Überlegungen erheblich einschränken:

Beträchtliche Strecken des Sisyphos-Mythos sind, wie schon gezeigt, durch andere Satyrspiele bereits belegt: In Aischylos' ›Isthmiastai‹ haben wir Sisyphos als Stifter der Isthmischen Spiele kennengelernt. In Euripides' ›Autolykos B'‹ wird Sisyphos durch Antikleia zum illegitimen Vater des Odysseus. Und die Flucht des Sisyphos aus der Unterwelt

---

[86] Seidensticker, Das Satyrspiel (wie Anm. 42) 231–255; Sutton, The Greek Satyr Play (wie Anm. 42) 134–179; Krumeich et al. 12–32.

sowie seine zweite Höllenfahrt und seine Bestrafung waren das Thema des ›Sisyphos der Ausreißer oder Steinwälzer‹ des Aischylos.

Es verbleibt nur noch die erste Höllenfahrt des Sisyphos. Nun ist zwar die Möglichkeit von Doppelbehandlungen des gleichen Stoffes durch verschiedene Autoren keineswegs auszuschließen. Doch hat ein Rekonstruktionsversuch, der an jener noch nicht verbrauchten Partie des Mythos ansetzt, sicher mehr Aussicht auf Erfolg. Seine Bestätigung fände er, wenn sich einmal eine passende Stelle für unsere Trugrede entdecken ließe und wenn sich Strukturparallelen zu erhaltenen Satyrspielen ergäben. Vergegenwärtigen wir uns noch einmal die Geschichte:

Sisyphos verrät ein Liebesabenteuer des Zeus mit der Aigina an deren Vater und wird dafür mit einem Quellwunder auf dem Burgfelsen von Korinth belohnt. Zur Strafe schickt Zeus den Todesgott mit Fesseln nach Korinth, um den Sisyphos in die Unterwelt zu befördern. Doch Sisyphos gelingt es, den Tod zu überlisten und seinerseits in Fesseln zu legen. Erst Ares vermag, von Zeus gesandt, den Tod zu befreien und Sisyphos in die Unterwelt abzuführen. In einem Satyrspiel über diesen Gegenstand müßte, zur Wahrung der Einheiten von Ort und Zeit, das Liebesabenteuer des Zeus und dessen Verrat durch Sisyphos in die Vorgeschichte verwiesen und im Prolog vermittels eines Berichtes dargeboten werden. Der Schluß des Stückes wäre durch das unerwartete Erscheinen des Ares bestimmt. Das Stück hätte so drei handelnde Personen, nämlich Sisyphos, den Todesgott und Ares; es wäre in jedem Fall mit zwei Schauspielern darstellbar.

In einem solchen Kontext läßt sich der Platz der Trugrede des Sisyphos zuverlässig bestimmen: Natürlich kommen als Adressaten einer Rede über das Nicht-Sein der Götter weder der Todesgott noch der Kriegsgott in Frage – müßten diese es doch besser wissen. Verbleibt als Adressat der Satyrchor nebst seinem Chorführer. Sollte Sisyphos den Versuch unternehmen, den Chor vermittels jener Trugrede auf seine Seite zu ziehen? Dann ergäbe sich ganz von selbst das uns wohlbekannte *Dienstherrenmotiv*: Der Tod hätte den Satyrchor als seine Polizeitruppe verpflichtet und käme mit dieser im Auftrag des Zeus nach Korinth, um Sisyphos abzuführen. Sisyphos aber hätte versucht, die Satyrn durch Versprechungen für sich zu gewinnen. An dieser Stelle wäre das von Yunis entdeckte Adespoton[87] einzufügen:

⟨Σίσυφος⟩ λ]άθραι δὲ τούτων δρωμένων τίνας φοβῆι;
⟨Σιληνὸς⟩ τοὺς μείζονα βλ[έ]ποντας ἀ[ν]θρώπων θεούς.

Danach hätte er die Angst der feigen Gesellen vor Zeus durch seine Trugrede endgültig zerstreut. Durch das Versprechen der Freiheit gewonnen hätten die Satyrn dann statt seiner den Tod in Fesseln gelegt.

Damit hätte die Trugrede in einer noch unverbrauchten Partie des Sisyphos-Mythos einen sinnvollen Platz gefunden und erhielte gleichzeitig eine Funktion, die den Konventionen des Satyrspiels bestens entspricht. Man ahnt die Konturen eines verlorenen Satyrspiels,

---

87 Siehe oben Anm. 40.

das deutliche Strukturparallelen zu dem ›Kyklops‹ des Euripides aufweist,[88] und könnte versuchen, eine hypothetische Inhaltsangabe jenes Stücks vorzulegen.

V. ›Sisyphos oder der Tod in Fesseln‹

Wir befinden uns in Korinth vor dem Palast des Königs Sisyphos. Dieser tritt als Prologsprecher auf und erzählt, wie Zeus die Aigina entführt und warum er den Zeus an den Vater der Aigina verraten habe. Dabei vergißt er nicht, seinen Lohn, die Quelle auf Akrokorinth, gebührend zu erwähnen. Dann geht er in den Palast ab.

Nun marschiert mit einem derben Lied der Chor der Satyrn in der Orchestra auf, erkundigt sich nach Sisyphos und sucht die ganze Bühne ab. Schließlich verlangt der Papposilen Einlaß in den Palast, Sisyphos tritt auf, gibt sich zu erkennen und wird vom Chorführer unterrichtet, daß die Satyrn gekommen seien, ihn in den Hades zu geleiten. Dann versucht Sisyphos, den Chor durch Versprechungen zu gewinnen, doch zunächst ohne Erfolg: Ist doch jeden Augenblick mit dem Erscheinen des Todesgottes zu rechnen. Deshalb vereinbart Sisyphos mit dem Papposilen, er möge den Tod in den Palast schicken, wo ihn ein bescheidener Imbiß als Wegzehrung erwarte, und geht in den Palast zurück.

Nach einem Lied des Chors tritt als nächster der Tod auf, läßt sich von den Satyrn unterrichten und geht in den Palast, um Sisyphos aufzusuchen. Als nächster kommt Sisyphos aus dem Palast, erzählt den Satyrn, daß der Tod (wie Herakles in der ›Alkestis‹ des Euripides) dabei sei, sich zu betrinken, fordert die Satyrn auf, statt seiner den Tod in Fesseln zu legen und verspricht ihnen die Freiheit. Zunächst können sich die Satyrn aus Angst vor dem göttlichen Auftraggeber Zeus dazu nicht entschließen. Hier wäre der Platz für Euripides F inc. 1007c. Dann fragt Sisyphos die Satyrn, ob sie Zeus schon einmal gesehen hätten, und setzt, als sie dies verneinen, mit seiner Trugrede (TrGF I 43 Critias F 19) ein. Diese zerstreut die Bedenken der Satyrn; sie versprechen dem Sisyphos Unterstützung. Sisyphos geht in den Palast zurück, und ein Chorlied auf die Macht des Weines bereitet den Höhepunkt vor:

Das Palasttor öffnet sich, gestützt von Sisyphos schwankt der Tod betrunken auf die Bühne und bemerkt kaum, wie ihm die Satyrn die für Sisyphos bestimmten Fesseln anlegen. Sisyphos kündigt an, er werde den gefesselten Tod in seinem Palast einkerkern, schenkt den Satyrn die Freiheit und geht mit seinem Gefangenen ab. Die Satyrn wollen mit einem Freudenlied zu dem ihnen versprochenen Festmahl abziehen, doch da erscheint Ares und vereitelt das versprochene *happy end*.

---

[88] Schon Dihle, Das Satyrspiel ›Sisyphos‹ (wie Anm. 21) 38 hat die Rede des Kyklopen im ›Kyklops‹ des Euripides (vv. 314 ff.) neben die Rede des Sisyphos gestellt. Beide ergänzen sich: Polyphem beschreibt sein Leben im Naturzustand, den ἄτακτος βίος, Sisyphos aber erzählt, wie der Naturzustand durch Gesetz und Religion überwunden wird.

VI.

Eine solche Rekonstruktion ist natürlich als Ganzes hypothetisch, auch wenn sie sich im Rahmen des im Satyrspiel Gattungsüblichen hält. Sie beweist aber immerhin, daß man die Trugrede des Sisyphos als Teil eines verlorenen Satyrspiels ›Sisyphos oder der Tod in Fesseln‹ ansehen kann, dem man einen festen Platz im Sisyphos-Mythos zuweisen kann, und daß Sisyphos diese Rede an den Chor der Satyrn richtet, um diesen auf seine Seite zu ziehen. Es verbleibt noch die Frage, welchem Sisyphos-Satyrspiel des Euripides man den rekonstruierten ›Sisyphos oder der Tod in Fesseln‹ zuordnen kann:

An den Dionysien 415 hat Euripides seine Troia-Trilogie (›Alexandros‹,[89] ›Palamedes‹[90] und ›Troades‹) und ein Satyrspiel ›Sisyphos‹[91] aufgeführt und damit, nach einer Tetralogie des Xenokles (›Oedipus‹, ›Lykaon‹, ›Bakchen‹ und dem Satyrspiel ›Athamas‹), den zweiten Platz erhalten.[92] Nikolaus Pechstein hat die Zeugnisse für den Sisyphos erneut vorgelegt.[93] In Papyrus Oxyrhynchus 2455 finden sich Fragmente von Hypotheseis von Euripides-Dramen, von denen Pechstein überzeugend Frg. 7 dem ›Skiron‹ und Frg. 5 dem ›Sisyphos‹ zuweist.[94] Letzteres bezeugt einen Auftritt des Herakles, der sich auch in Frg. 673 findet. Dort begrüßt ein Schauspieler den Herakles und freut sich über den Untergang eines Schurken:

χαίρω σέ τ', ὦ βέλτιστον Ἀλκμήνης τέκος,
< x – ο >[95] τόν τε μιαρὸν ἐξολωλότα.

Damit wird Herakles zur *dramatis persona* einer Rekonstruktion des ›Sisyphos‹, wie sie Pechstein aufgrund jener Fragmente erwägt.[96] Eine solche aber läßt sich nicht mit der Rekonstruktion eines Satyrspiels ›Sisyphos oder der Tod in Fesseln‹ verbinden, wie wir sie aufgrund der Trugrede des Sisyphos versucht haben – es sei denn, man wolle die Befreiung des Todes, anstelle des Ares, dem Herakles zuweisen.[97] Herakles als *dramatis persona* des ›Sisyphos‹ von 415 macht es auch unmöglich, mit Ruth Scodel die Trugrede des Sisyphos jenem Satyrspiel von 415 zuzuordnen.[98]

Es verbleibt nur noch eine Möglichkeit: jene zwischen Euripides und Kritias strittige Tetralogie, die als solche ein Konstrukt von Ulrich von Wilamowitz-Moellendorff ist.[99]

---

89 TrGF V/1, 3 ›Alexandros‹.
90 TrGF V/2, 52 ›Palamedes‹.
91 TrGF V/2, 62 ›Sisyphos Satyrikos‹.
92 TrGF I, DID C 14; Pechstein, Euripides Satyrographos (wie Anm. 25) 194.
93 Pechstein, Euripides Satyrographos (wie Anm. 25) 184 – 217.
94 Pechstein, Euripides Satyrographos (wie Anm. 25) 194 f.; 204.
95 <ἐλθόντα Valckenaer, σωθέντα Cobet, ὁρῶσα Luppe>.
96 Pechstein, Euripides Satyrographos (wie Anm. 25) 208 – 217.
97 Zu Recht abgelehnt von Pechstein, Euripides Satyrographos (wie Anm. 25) 215 Anm. 76; siehe auch ebd., 206.
98 R. Scodel, The Trojan Trilogy of Euripides (Göttingen 1980) 122 – 137.
99 Siehe oben S. 248 Anm. 25.

Dieses wird gestützt von den Aussagen der Euripides-Viten, daß von den 70 in Alexandria noch vorhandenen Tragödien drei, nämlich ›Tennes‹, ›Rhadamanthys‹, ›Peirithoos‹, als unecht betrachtet wurden,[100] und daß von den acht in Alexandria noch vorhandenen Satyrspielen des Euripides eines umstritten war.[101]

Wilamowitz-Moellendorff hat jene vier der Unechtheit verdächtigen Stücke zu einer Tetralogie (›Tennes‹, ›Rhadamanthys‹, ›Peirithoos‹, ›Sisyphos‹) vereinigt.[102] Dies bleibt eine Denkmöglichkeit, auch wenn deren Zuschreibung an Kritias heute nicht mehr haltbar ist.[103] Diese stützt sich für den ›Peirithoos‹ lediglich auf Zweifel des Athenaios[104] und für die Sisyphos-Rede, gegen Chrysipp und Aëtius, nur auf Sextus Empiricus.[105] Geht man aber die Testimonia und Quellen für die Kritias-Fragmente 1 – 21 durch, so finden sich im übrigen nur Bezeugungen für Euripides.[106] Deshalb bestreitet Pechstein auch den Zweifeln der Alexandriner an der Echtheit der vier Stücke die Glaubwürdigkeit.[107]

In den sog. ›Tales of Euripides‹ (Sammlungen von Inhaltsangaben)[108] gelten ›Tennes‹, ›Rhadamanthys‹ und ›Peirithoos‹ als euripideisch.[109] Das einzige Fragment des ›Tennes‹ (F 21)[110] gibt Stobaios dem Euripides. Die Fragmente des ›Rhadamanthys‹ werden als euripideisch zitiert, F 16 nach Strabon, F 17 nach Stobaios und F 18 nach dem Antiatticista. Die interessantesten Beobachtungen erlaubt aber der ›Peirithoos‹: F 1,9 wird von Hermogenes, Johannes Logothetes und Gregorius Corinthius für Euripides zitiert. Den letzteren war aufgefallen, daß der Vers von Euripides auch als Prologbeginn der ›Weisen Melanippe‹[111] verwendet worden war. Dieser Prologvers wird in dem Verhör euripideischer Prologe in den ›Fröschen‹ des Aristophanes (vv. 1206 – 1247) als letzter zitiert (v. 1244) und ist daher notorisch. F 2 geht es um die πλημοχόη, ein Spendengefäß, das am letzten Tag der eleusinischen Mysterien verwendet wird, wie Athenaios (nach Pamphilos aus Alexandria) erzählt und mit zwei anapästischen Dimetern aus dem ›Peirithoos‹ belegt, deren Zuschrei-

---

100 TrGF V/1 Test A Vitae 1 IA 9 von den Tragödien des Euripides: τούτων νοθεύεται τρία· Τέννης, Ῥαδάμανθυς, Πειρίθους.
101 TrGF V/1 Test A Vitae 1 IB 5 von den Satyrspielen des Euripides: σατυρικὰ δὲ η' (8), ἀντιλέγεται δὲ καὶ τούτων τὸ α'. Unstrittig waren ›Autolykos A‹, ›Busiris‹, ›Epeios‹ (?), ›Eurystheus‹, ›Sisyphos‹ (von 415), ›Skiron‹, ›Syleus‹, siehe Pechstein, Euripides Satyrographos (wie Anm. 25) 19 – 28.
102 Wilamowitz-Moellendorff, Analecta Euripidea (wie Anm. 25) 161 – 172; ders., Kleine Schriften, Band 4 (wie Anm. 25) 446 f., 534.
103 Kuiper, De Pirithoo Fabula Euripidea (wie Anm. 21) 354 – 385; Dihle, Das Satyrspiel ›Sisyphos‹ (wie Anm. 21) und nun Pechstein, Euripides Satyrographos (wie Anm. 25) 185 – 192.
104 TrGF I, 43 Critias, zu F 2: Athenaios, ›Deipnosophistae‹ 11, 496 B ὁ τὸν Πειρίθουν γράψας, εἴτε Κριτίας ἐστὶν […] ἢ Εὐριπίδης.
105 TrGF I, 43 Critias, zu F 19.
106 Dihle, Das Satyrspiel ›Sisyphos‹ (wie Anm. 21) 29 f.
107 Pechstein, Euripides Satyrographos (wie Anm. 25) 190 f.
108 Pfeiffer, Geschichte der Klassischen Philologie (wie Anm. 1) 238 – 242; G. Verhasselt, The Hypotheses of Euripides and Sophocles by 'Dicaearchus', Greek, Roman and Byzantine Studies 55, 2015, 608 – 636, hier: 636 f., der mit Wilamowitz für Dikaiarch, Schüler des Aristarch, als Autor plädiert.
109 TrGF I, 43 Critias: ›Tennes‹ F 20; ›Rhadamanthys‹ F 15; ›Peirithoos‹ F 1.
110 Wie im folgenden nach TrGF I, 43 Critias.
111 TrGF V/1, 44 ΜΕΛΑΝΙΠΠΗ Η ΣΟΦΗ F 481,1.

bung an Kritias oder Euripides er offenläßt. Die beiden nächsten Zitate gehören zusammen: Seinen Bericht von der Bundeslade (›Exodus‹ 25,10 – 20) möchte Clemens mit einem Zitat (F 3) aus der τραγῳδία φυσιολογοῦσα illustrieren, fünf anapästischen Dimetern über den personifizierten Chronos, dessen letzte Zeile ein Scholion zu Aristophanes' ›Vögeln‹ v. 179 dem ›Peirithoos‹ des Euripides zuteilt. Um diesen geht es auch in den fünf anapästischen Dimetern des F 4, die Clemens, nach einem *incertum* des Euripides (F 941), dem ›Peirithoos‹ des Euripides zuweist. F 4, 1 f. wird auch in einem Scholion zu Euripides' ›Orestes‹ v. 982 dem ›Peirithoos‹ des Euripides zugeteilt. In beiden Fragmenten ist Chronos das sich selbst schaffende (F 3,2 f. Τίκτων αὐτὸς ἑαυτόν; F 4, 1 αὐτοφυῆ) Prinzip der ewigen Bewegung des Universums, des Sternenhimmels und des Wechsels von Tag und Nacht. Schließlich schreiben Plutarch F 6, und Stobaios F 10 und F 12 – 14 dem ›Peirithoos‹ des Euripides zu.

Der Bezug zur Unterwelt im ›Rhadamanthys‹, ›Peirithoos‹ und ›Sisyphos‹ könnte für die Zusammengehörigkeit der drei Stücke sprechen. Dazu kommt, daß der *Unbewegte Beweger*, der personifizierte Χρόνος des ›Peirithoos‹ F 3 und 4, auch in der Sisyphos-Rede als Baumeister des Sternenhimmels auftritt.[112] Wie erwähnt (siehe oben S. 247) ist die Sisyphos-Rede durch Chrysipp und Aetius für Euripides bezeugt. Dazu kommt, daß v. 35 (ὅθεν τε λαμπρὸς ἀστέρος στείχει μύδρος), der die inkriminierte Formulierung des Anaxagoras (μύδρος διάπυρος)[113] aufnimmt, für ein Scholion zu Euripides' ›Orestes‹ v. 982 der Anlaß ist, Euripides zum Schüler des Anaxagoras zu machen (Ἀναξαγόρου […] μαθητὴς γενόμενος ὁ Εὐριπίδης μύδρον λέγει τὸν ἥλιον): ein weiteres Zeugnis für Euripides als Autor der Sisyphos-Rede.

Es spricht somit viel dafür, ›Tennes‹, ›Rhadamanthys‹, ›Peirithoos‹ und ›Sisyphos‹ zu einer Tetralogie zusammenzunehmen und diese nicht dem Kritias, sondern dem Euripides zuzuteilen. Da für das Satyrspiel dieser Tetralogie, außer den eben erwähnten Zeugnissen und den Fragmenten[114] nichts weiter bekannt ist, hindert nichts daran, jener Tetralogie ein Satyrspiel ›Sisyphos oder der Tod in Fesseln‹ (wie oben S. 260 f. rekonstruiert) zuzuweisen.

Die Texte jener Tetralogie lagen in Alexandria vor, waren aber als unecht verdächtig. Dies wird seinen Grund darin haben, daß jene Tetralogie nicht an den Dionysien in Athen aufgeführt wurde und deshalb nicht in den Didaskalien belegt war, an welchen sich die Alexandriner orientierten. Premieren des Euripides außerhalb Athens sind belegbar.[115] So konnte man die ›Andromache‹ des Euripides nicht datieren, da sie nicht in Athen aufgeführt wurde, wie ein Scholion zu ›Andromache‹ v. 445 mitteilt: εἰλικρινῶς δὲ τοὺς τοῦ δράματος χρόνους οὔκ ἐστι λαβεῖν. οὐ δεδίδακται γὰρ Ἀθήνησιν.[116] Den ›Archelaos‹ hat Euripides, neben anderen Stücken, in Pella aufgeführt.[117] Wie Aelian (›Varia historia‹ 2,13) mitteilt, ging Sokrates vorzugsweise zu Premieren des Euripides ins Theater, so einmal in das Theater im

---

112 TrGF I, 43 Critias F 19, 33 – 35.
113 DK 59 A 1.
114 TrGF I, 43 Critias 19; TrGF V/2 incerta 1007c.
115 P.E. Easterling, Euripides Outside Athens: A Speculative Note, Illinois Classical Studies 19, 1994, 73 – 80.
116 Pechstein, Euripides Satyrographos (wie Anm. 25) 22 Anm. 37.
117 TrGF V/1, 13 ΑΡΧΕΛΑΟΣ T ii, F 228/264.

Piraeus.[118] Für den Ort der Aufführung der Tetralogie ›Tennes‹, ›Rhadamanthys‹, ›Peirithoos‹, ›Sisyphos‹ gibt es keinen Hinweis. Wenn man die Zuschreibung jener Tetralogie an Euripides akzeptiert, dann hat dies weitreichende Konsequenzen:

1. Sextus Empiricus, der unser Fragment vollständig zitiert und dem Kritias zuschreibt, versteht es als poetisches Manifest der Gottlosigkeit des oligarchischen Gewalttäters Kritias. Nähme man dies ernst, so müßte man mit W. Schmid daran zweifeln, daß der ›Sisyphos‹ von Kritias jemals für eine Aufführung in Athen bestimmt gewesen sei. Es verbliebe nur der Ausweg, den ›Sisyphos‹ als Lesedrama anzusehen, den Schmid aus ähnlichen Gründen auch für den ›Gefesselten Prometheus‹ beschritten hat.[119] Da der Rede vom Nicht-Sein der Götter aber als Trugrede eine bestimmte, auf der Bühne sinnvolle Funktion zugewiesen werden kann, besteht kein Anlaß mehr, sie als Meinungsäußerung des Autors anzusehen, was bei Bühnenwerken ohnehin methodisch unzulässig ist.

2. Kritias ist in jedem Fall aus der Philosophiegeschichte zu streichen, in der er als der prominenteste Vertreter des sogenannten ›Radikalen Flügels‹ der Sophistik figuriert hat. Denn einmal gehört die Sisyphos-Rede offenbar nicht dem Kritias, sondern dem Euripides. Dann läßt sich diese nicht einer bestimmten Denkrichtung wie der Sophistik zuordnen, sondern ist ein Gemenge von philosophischen Vorstellungen, die im ausgehenden 5. Jh. aktuell waren, ein Gemenge, wie es für die τραγῳδία φυσιολογοῦσα (Clemens, s. o.) des Euripides charakteristisch ist.[120]

3. Zum sog. ›Radikalen Flügel der Sophistik‹ zählte außer Kritias als zweiter der junge Kallikles in Platons ›Gorgias‹, der (wie Friedrich Nietzsche) die Herrenmoral des Stärkeren gegen die Sklavenmoral der Vielen verteidigt. Man kennt ihn nur aus dem ›Gorgias‹, wo er als schärfster Opponent des Sokrates gezeichnet ist. Ob Kallikles mehr ist als eine literarische Figur Platons, bleibt unsicher. Der Dritte im Bunde, der Redner Thrasymachos in Platons ›Staat‹, vertritt zwar dort verwandte Ansichten. Doch sind diese mit dem, was wir wirklich von dem Rhetoriklehrer Thrasymachos von Chalkedon wissen, schlecht zu vereinbaren. Platon hat ihn demnach im Staat überzeichnet.[121] In dem neuen ›Ueberweg‹ wendet sich Hellmut Flashar nun entschieden gegen eine Aufteilung der Sophistik in Gruppen und Schulen und charakterisiert Thrasymachos, Kritias und Kallikles differenziert.[122]

---

118 Pechstein, Euripides Satyrographos (wie Anm. 25) 22 Anm. 37.
119 W. Schmid, Geschichte der griechischen Literatur. Teil 1: Die klassische Periode der griechischen Literatur. Band 3: Die griechische Literatur zur Zeit der attischen Hegemonie nach dem Eingreifen der Sophistik (München 1940) 179 – 181 und 298 – 306.
120 Dihle, Das Satyrspiel ›Sisyphos‹ (wie Anm. 21) 33 Anm. 10; Pechstein, Euripides Satyrographos (wie Anm. 25) 292 f., auch 335 und 339.
121 Vgl. Patzer, Der Tyrann Kritias (wie Anm. 26) 3 – 5, 18 f.; Plato, Gorgias, A Revised Text with Introduction and Commentary by E.R. Dodds (Oxford 1959) 12, verweist auf Details betr. Kallikles, die doch auf eine historische Persönlichkeit deuten.
122 H. Flashar (Hrsg.), Die Philosophie der Antike. Band 2,1: Sophistik. Sokrates. Sokratik. Mathematik. Medizin, Grundriß der Geschichte der Philosophie, begr. v. F. Ueberweg, völlig neubearbeitete Ausgabe, hrsg. v. H. Holzhey (Basel u. a. 1998) § 5, 54 – 57; § 9, 81 – 84; § 10, 85 – 86.

4. Damit entfallen die drei Stützen des ›Radikalen Flügels‹ der Sophistik. Einen solchen hat es offenbar nur innerhalb der platonischen Werke gegeben, deren Parteilichkeit in diesem Punkt bekannt ist. Damit gewinnt die Nomos-Diskussion innerhalb der Sophistik ein neues Gesicht: Wohl unterschied die Sophistik zwischen dem Recht des Stärkeren und der Rechtsetzung durch die Gesellschaft. Doch hat sie das Recht des Stärkeren offenbar immer als eine in historischer Zeit längst überwundene Primitivstufe des Naturzustandes angesehen und sich auf die Seite des contrât social gestellt, und dies in der Erkenntnis, daß der Mensch eben nicht ein Naturwesen, sondern ein Kulturwesen ist und nur im sozialen Verband, als ζῷον πολιτικόν, existieren kann.

Teil III
Fortwirken

ANDREAS HEIL

Atreus actor et spectator
Eine (scheinbare) Metalepse in Senecas ›Thyestes‹

In seinen Ausführungen über Beratungsreden bemerkt Quintilian (›Institutio oratoria‹ 3,8,44 – 45):

> Will jemand einem rechtschaffenen Mann zu unanständigen Maßnahmen raten, so möge er daran denken, nicht so zu ihm zu reden, als sei es unanständig, wie etwa gewisse Deklamatoren Sextus Pompeius eben deshalb zur Seeräuberei treiben, weil sie schändlich und grausam sei. Vielmehr muß man auch dem Häßlichen eine Färbung geben, und das auch bei schlechten Menschen. Denn keiner ist so schlecht, daß er auch so erscheinen will! Catilina spricht bei Sallust so, daß es den Anschein hat, er wage seine so verbrecherische Tat nicht aus Bösartigkeit, sondern aus Empörung. So Atreus bei Varius: ›Schon trag' ich denn das ganz Unsagbare, schon zwingt man mich zur Tat.‹[1]

Atreus ist der König von Argos/Mycenae. Sein Bruder Thyestes begeht Ehebruch mit der Frau des Atreus, Aerope. Mit ihrer Hilfe stiehlt er dem Bruder einen goldenen Widder, an dessen Besitz die Herrschaft über Argos gebunden ist. Atreus muss fliehen, es gelingt ihm aber, die Macht zurückzugewinnen und seinerseits den Bruder ins Exil zu treiben. Jetzt plant er seine Rache, die darin gipfelt, die Kinder des Thyestes, dem er scheinbar Versöhnung angeboten hat, zu schlachten und dem ahnungslosen Bruder als Mahl vorzusetzen. In dem nicht erhaltenen Drama des augusteischen Tragikers Varius rechtfertigt Atreus sein Vorgehen: Die »unsagbaren« Verbrechen des Bruders »zwingen« ihn zu einer ebenso unsagbaren Reaktion. Auch Senecas Atreus verweist kurz auf diese Vorgeschichte (vv. 220 – 234), aber mit Versuchen der Selbstrechtfertigung hält er sich nicht lange auf. Er tut das Grausame, weil es grausam ist. Er hat keine moralischen Skrupel, seine einzige Angst besteht darin, dass seine Verbrechen nicht mit denen des Bruders mithalten könnten. Er ist ständig auf der Suche nach dem perfekten, nach dem uneinholbaren Verbrechen. Nach den Begriffen des

---

[1] *Interim si quis bono inhonesta suadebit, meminerit non suadere tamquam inhonesta, ut quidam declamatores Sextum Pompeium ad piraticam propter hoc ipsum, quod turpis et crudelis sit, inpellunt, sed dandus illis deformibus color idque etiam apud malos: neque enim quisquam est tam malus ut uideri uelit. Sic Catilina apud Sallustium loquitur ut rem scelestissimam non malitia sed indignatione uideatur audere, sic Atreus apud Varium ›iam fero‹ inquit ›infandissima, iam facere cogor‹.* Übersetzung: Marcus Fabius Quintilianus, Institutionis oratoriae libri XII. Ausbildung des Redners. 12 Bücher. Hrsg. u. übers. v. H. Rahn. Band 1: Buch I–VI (Darmstadt 1972).

Aristoteles ist dieser Atreus eine ganz und gar »untragische« Figur, was Seneca aber nicht daran hinderte, ihn zur Hauptfigur seines Stückes zu machen.[2]

Seneca war sich bewusst, dass der von ihm konzipierte Atreus trotz oder gerade wegen seiner Monstrosität eine gewisse Faszination ausstrahlt. Diese vom Autor erwartete Publikumsreaktion wird intern vom Boten vorweggenommen, der in seinem Bericht von den Verbrechen des Atreus im vierten Akt zunächst vor Abscheu kaum Worte findet, sich im weiteren Verlauf aber zu einem fast kongenialen sprachlichen Vermittler des Bösen entwickelt.[3] Nun präsentiert Seneca die erfolgreiche Intrige des Atreus gegen seinen Bruder Thyestes aber nicht unmittelbar, sondern fügt sie in eine Rahmenhandlung ein: Im Prolog treibt die Furie den Totengeist des Tantalus in den Palast der Atriden. Der *furor* des Ahnherrn soll seine Nachkommen zur Raserei aufstacheln. Dabei nimmt die Furie in einem großartigen Panorama des Grauens auch die Handlung des folgenden Stückes in wichtigen Punkten vorweg. Inwiefern beeinflusst dieser Rahmen die Wirkung, die von der Figur des erfolgreichen Rächers Atreus ausgeht? Muss nicht Atreus, dieser Perfektionist im Bösen, viel von seiner Faszination verlieren, wenn dem Publikum von Anfang an bekannt ist, dass er letztlich nur eine Marionette im Masterplan der Furie ist? Aber ganz so einfach macht es Seneca seinen Rezipienten nicht. Es scheint auf den ersten Blick signifikante Abweichungen zwischen Masterplan und Umsetzung zu geben. Es entsteht der Eindruck, dass Atreus nicht nur die Figuren seiner Welt zu Mitspielern in seiner Intrige macht, sondern dass er selbst die einer übergeordneten Spielebene angehörende Furie übertrumpft. Ja, am Anfang des fünften Aktes scheint Atreus für einen Augenblick in einer Art Metalepse[4] die fiktive Welt, zu der er als Figur gehört, hinter sich zu lassen und gleichsam als externer Zuschauer die Erfüllung des von ihm in Gang gesetzten Subplots zu erleben. Im Folgenden soll gezeigt werden, dass diese scheinbaren Triumphe des Atreus auf Selbsttäuschungen beruhen. Durch die verschachtelte Struktur des Stückes, durch das doppelte Spiel im Spiel wird der Rezipient zum Vergleich

---

2 Eine tragische Figur im Sinne des Aristoteles (vgl. das 13. Kapitel der ›Poetik‹) ist am ehesten der Titelheld Thyestes, der auf Grund eines »Fehlers« (δι' ἁμαρτίαν: ›Poetik‹ 13, 1453a 15 f.) zu Fall kommt. Wider besseres Wissen lässt er sich auf das Friedensangebot seines Bruders ein und kehrt mit seinen Kindern aus dem Exil nach Argos/Mycene zurück. Siehe zur Figur des Thyestes jetzt D. Konstan, When Reason Surrenders Its Authority: Thyestes' Approach to Atreus' Palace, in: S.A. Frangoulidis – S.J. Harrison – G. Manuwald (Eds.), Roman Drama and Its Contexts (Berlin–Boston 2016) 411 – 416.

3 Seneca, Thyestes. Edited with Introduction, Translation and Commentary by A.J. Boyle (Oxford 2017) 317: »The paradoxes of the description are perhaps better seen as mirroring the amalgam of withdrawal and attraction, revulsion and pleasure, felt by that audience (any audience) hearing and visualizing Atreus' monstrosities and allowing the ›Atreus in themselves‹ to surface—felt, too, by Seneca himself, writing and dramatizing the horror.«

4 Zu dem von G. Genette geprägten Begriff der Metalepse siehe I.J.F. de Jong, Metalepsis in Ancient Greek Literature, in: J. Grethlein – A. Rengakos (Eds.), Narratology and Interpretation. The Content of Narrative Form in Ancient Literature (Berlin–New York 2009) 87 – 115, hier: 89: »This term means that the principal distinction between, or hierachy of, levels has been broken down or violated: the narrator enters (›shares‹) the universe of the characters or, conversely, a character enters (›shares‹) the universe of the narrator.« – Der Begriff lässt sich nicht nur auf Erzähltexte, sondern auch auf andere Medien anwenden. Siehe etwa den von U. E. Eisen und P. v. Möllendorff herausgegebenen Sammelband: Über die Grenze. Metalepse in Text- und Bildmedien des Altertums (Berlin–Boston 2013).

herausgefordert: Bei genauer Analyse muss der vorläufige Eindruck, dass die Figur des Atreus sich emanzipiert – was nicht wenig zu der von ihr ausgehenden Faszination beiträgt – revidiert werden: Atreus ist und bleibt die affektgesteuerte Marionette der Furie.[5]

1. Der Masterplan der Furie

Der Totengeist des Tantalus bekommt einen Tag Freigang aus der Unterwelt, um seine Nachkommen zu neuen Verbrechen aufzustacheln. Genauer: Er soll den Palast der Tantaliden, der den Bühnenhintergrund bildet, betreten und mit der Raserei, die er selbst repräsentiert, erfüllen.[6] Überblendet wird dabei der unstillbare Hunger und Durst, den Tantalus als Jenseitsstrafe leidet, mit dem Machthunger und Blutdurst, der erneut seine Familie beherrschen soll. Das ist aber nur der Anfang: Von Argos aus, so die prophetische Vision der Furie, wird die Gier (*Libido uictrix*: vv. 45 f.), die Tantalus verkörpert, die Weltherrschaft antreten. Das Publikum wird nach dem Prolog nur den ›ersten Akt‹ dieses welthistorischen ›Dramas‹ erleben: Die Rache des Tantalus-Enkels Atreus an seinem Bruder Thyestes, der versucht hat, ihm die Herrschaft über Argos/Mycene streitig zu machen. Die Furie hat aber Stoff genug für gleich mehrere Sequels. Der Atreus-Thyestes-Plot ist nur der Auftakt für eine Reihe von weiteren möglichen Pelopidendramen, etwa die Rache des Thyestes an Atreus oder die Tötung Agamemnons durch Aegisthus und Clytemnestra im Anschluss an den trojanischen Krieg. Im Prolog gibt die Furie die Handlung vor, die im Rest des Stückes dann umgesetzt wird (und in weiteren Stücken umgesetzt werden könnte), und zwar von Figuren, die, ohne es zu wissen, Teil einer von der Furie geplanten ›Inszenierung‹ sind, die den weiteren Verlauf der Familiengeschichte der Tantaliden und auch der Weltgeschichte bestimmen wird. Es überrascht nicht, dass die Rede der Furie mit Bemerkungen durchsetzt ist, die sich metadramatisch[7] deuten lassen (vv. 54 – 58):

> Fu. ornetur altum columen et lauro fores
> laetae uirescant, dignus aduentu tuo

---

5   Einen guten Überblick über den Forschungsstand zum ›Thyestes‹ gibt C. Torre, Thyestes, in: G. Damschen – A. Heil (Eds.), Brill's Companion to Seneca. Philosopher and Dramatist (Leiden–Boston 2014) 501 – 511. Zu den metadramatischen Elementen des Stückes siehe besonders A. Schiesaro, The Passions in Play: ›Thyestes‹ and the Dynamics of Senecan Drama (Cambridge 2003) 13 – 15, 36 f.; C.A.J. Littlewood, Self-Representation and Illusion in Senecan Tragedy (Oxford 2004) 209 – 215 und Boyle, Thyestes (wie Anm. 3) cv – cxiii. – Zur Zeitstruktur siehe A. Heil, Die dramatische Zeit in Senecas Tragödien (Leiden–Boston 2013) 13 – 69.
6   *imple Tantalo totam domum* (v. 53); *hunc, hunc furorem diuide in totam domum* (v. 101).
7   Zu den metadramatischen Elementen im Prolog siehe ausführlich Boyle, Thyestes (wie Anm. 3) cv – cvii, der allerdings einen zentralen Punkt übersieht. Wenn es heißt, dass Tantalus von der Furie »einen freien Tag« (v. 63) bekommt, so ist dies ein deutlicher Verweis auf die normale Dauer einer tragischen Handlung, die Aristoteles auf einen Sonnenumlauf festgelegt hat (›Poetik‹ 5, 1449b 12 – 15). Siehe Heil, Die dramatische Zeit in Senecas Tragödien (wie Anm. 5) 56.

> splendescat ignis – Thracium fiat nefas
> maiore numero. dextra cur patrui uacat?
> nondum Thyestes liberos deflet suos?

> FURIE: Geschmückt werden sollen die hohen Säulen [des Palastes], von Lorbeer prangend seine Tore ergrünen, würdig deiner [scil. des Tantalus] Einkehr erglänze das Feuer: thrakischer Frevel geschehe in größerer Zahl. Warum bleibt des Onkels Rechte untätig? Beweint Thyestes seine Kinder noch nicht?[8]

Hier evoziert die Furie für Tantalus und das Publikum die festlich gefeierte Rückkehr des Thyestes nach der vermeintlichen Versöhnung der Brüder und das sich anschließende schreckliche Mahl. Man könnte aber auch sagen: Als Spielleiterin erinnert sie kurz vor Spielbeginn Requisiteur und Schauspieler an ihre jeweilige Verantwortung: Für die Umsetzung auf der Bühne sind Lorbeerschmuck und Fackeln zu präparieren. Atreus muss sich auf seine Rolle als Schlächter und Thyestes auf die des trauernden Vaters vorbereiten. Charakteristisch ist für die Furie die vorwärtsdrängende, durch Iussive und Imperative gekennzeichnete Diktion: Der Plot ist ausgedacht, jetzt soll auch gespielt werden. Besonders interessant ist die Doppelrolle, die Tantalus zugedacht ist: Er wird nicht Teil der auf den Prolog folgenden Spielwelt sein. Vielmehr soll er diesem ›Stück‹ als *spectator* beiwohnen (vv. 63 – 66):

> Fu. [...] liberum dedimus diem
> tuamque ad istas soluimus mensas famem:
> ieiunia exple, mixtus in Bacchum cruor
> spectante te potetur [...]

> FURIE: Wir haben dir einen freien Tag gewährt und deinen Hunger zu diesem Gelage entfesselt: unterbrich dein Fasten und sättige dich; vermischt mit der Gabe des Bacchus soll Blut getrunken werden, und du wirst Zuschauer sein [...]

Im Prolog fungiert er dagegen als *actor* (vv. 101 – 106):

> Fu. Hunc, hunc furorem diuide in totam domum.
> sic, sic ferantur et suum infensi inuicem
> sitiant cruorem [...]
> **Actum** est abunde. gradere ad infernos specus
> amnemque notum [...]

---

8 Die Übersetzungen orientieren sich an Seneca, Sämtliche Tragödien. Lateinisch u. deutsch. Übers. u. erl. v. Th. Thomann. Band 2: Ödipus, Thyestes, Agamemnon, Herkules auf dem Öta, Phönissen (Zürich–Stuttgart 1969).

FURIE: Solche, ja solche Raserei teile dem ganzen Hause mit. So, ja so sollen sie sich hinreißen lassen und, einander feind, jeder nach des andern Blute dürsten [...] Getan ist übergenug [oder: du hast (in der Rolle) eine hinreichende Performance gezeigt]. Geh nur zurück zu den unterirdischen Höhlen und dem vertrauten Strom [...]

Die Dominanz der als Plotschreiberin und Spielleiterin wirkenden Furie scheint vollkommen: Die Akteure auf der Ebene des Atreus-Thyestes-Plots sind aus ihrer Perspektive nur Marionetten, selbst Tantalus, der auf der übergeordneten Spielebene neben der Furie präsent ist, wird von ihr am Ende des Prologs als *actor* angesprochen und scheint damit etwas von seiner (fiktiven) Realität einzubüßen.[9]

2. Die Intrige des Atreus

Am Anfang des zweiten Aktes verlässt Atreus den Palast, den der Totengeist des Tantalus am Ende des Prologs zusammen mit der Furie betreten hatte.[10] Er entwickelt seinerseits einen Plan, um seinen Bruder Thyestes und dessen Söhne in die Falle zu locken. Diese Intrige ist das zweite Spiel im Spiel: Innerhalb des Atreus-Thyestes-Plots ist Atreus der Spielleiter und Thyestes die Spielfigur, die von der ihm zugedachten Rolle zunächst nichts weiß. Auch hier finden sich Anspielungen und Bezugnahmen auf das Theater. Kaum hat Atreus den perfekten oder zumindest den ihm für den Augenblick perfekt erscheinenden Racheplan ersonnen, so möchte er auch mit der Ausführung beginnen, ja wundert sich, dass der Bruder noch nicht bereitsteht (vv. 279 – 281):

---

[9] Allerdings weigert sich Tantalus zunächst, die ihm zugedachte ›Rolle‹ zu spielen: *stabo et arcebo nefas* (v. 95). Nur mit Gewalt kann er umgestimmt werden: Mit Peitschenschlägen treibt die Furie ihn in den Palast (*quid ora terres uerbere*: v. 96). Ebenso könnte der Leiter einer römischen Schauspieltruppe ein unbotmäßiges Mitglied seiner ja oft aus Sklaven bestehenden *grex* zur Raison gebracht haben: In der Komödie zumindest gehört die Überblendung zwischen Schlägen innerhalb und außerhalb der Spielwelt zum komischen Standardrepertoire. Vgl. etwa C.W. Marshall, The Stagecraft and Performance of Roman Comedy (Cambridge 2006) 87 f.: »In what is probably a joke, the closing lines of ›Cistellaria‹ acknowledge that for the slaves in the troupe, there are possible repercussions that echo what has transpired within the play: *qui deliquit vapulabit, qui non deliquit bibet* [...]«
[10] Boyle, Thyestes (wie Anm. 3) 131 nimmt an, dass Tantalus, der Aufforderung der Furie (v. 105 f.) folgend, in die Unterwelt zurückkehrt und von dort aus zuschaut (»revenge drama can be viewed from hell«, mit Verweis auf ›Agamemnon‹ v. 758, wo allerdings nur von dem Wunsch Cassandras die Rede ist, die Unterweltsgötter mögen die Erde öffnen, damit die trojanischen Toten Zeugen des Geschehens in Mycene werden können). Die Furie lässt er dagegen am Ende des Prologs in den Palast abgehen. Sinnvoller ist, wenn entweder beide in die Unterwelt zurückkehren oder (was wirkungsvoller wäre) beide den Palast betreten. Im zweiten Fall wäre die Aufforderung der Furie als höhnischer Kommentar zu lesen: Tantalus hatte sich gewünscht, in die Unterwelt zurückkehren, um seinen Nachkommen nicht schaden zu müssen, jetzt, wo es zu spät ist, bekommt er scheinbar die Erlaubnis. Vgl. dazu Heil, Die dramatische Zeit in Senecas Tragödien (wie Anm. 5) 22.

AT. [...] hic placet poenae modus
tantisper. ubinam est [scil. Thyestes]? tam diu cur innocens
seruatur Atreus?

ATREUS: Diese Weise der Bestrafung gefällt mir – für den Augenblick. Wo steckt er [scil. Thyestes] denn? Warum bleibt Atreus so lange ohne Schuld?

Der ›Spielleiter‹ Atreus staunt hier darüber, dass in seiner Welt nicht die Gesetze der Bühne gelten: Die dramatische Zeit ist flexibel. Die Figuren sind zur Stelle, wenn sie benötigt werden. Wendet man dieses Modell auf die dramatische Situation an, so ist die Überraschung verständlich: Der Racheplan ist fertig. Nur Thyestes fehlt, er hat gleichsam sein Stichwort verpasst. Dieselbe Ungeduld zeigte, wie wir gesehen haben, die Furie im Prolog.[11] Mit dem Beginn des zweiten Aktes erfüllt sich der Masterplan der Furie fast ohne Verzögerung. *Ira* und *furor* sind vom Ahnherrn Tantalus auf den Enkel Atreus übergegangen. Der Plot der Furie realisiert sich in dem von Atreus dominierten Subplot.

Vergleicht man aber Masterplan und Umsetzung genauer, so zeigen sich signifikante Abweichungen. Es entsteht der Eindruck, dass Atreus doch nicht einfach nur die Spielfigur oder, stärker ausgedrückt, die Marionette der Furie ist.

3. Abweichungen zwischen Masterplan und Umsetzung

Der Atreus, der aus dem von Tantalus infizierten Palast kommt, ist zwar zornig, wie er es nach dem Plan der Spielleiterin sein sollte, aber der Darsteller selbst hat offenbar noch gar keine Beziehung zu seiner Rolle gefunden, er ist mit der eigenen Performance mehr als unzufrieden, so unzufrieden, wie es die Furie zunächst mit dem sich dem Spiel verweigernden Tantalus war (vv. 176 – 180):

AT. Ignaue, iners, eneruis et (quod maximum
probrum tyranno rebus in summis reor)
inulte, post tot scelera, post fratris dolos
fasque omne ruptum questibus uanis agis
iratus Atreus?

ATREUS: Feiger, Unfähiger, Kraftloser und, was ich für die größte Schmach eines Tyrannen in höchster Machtfülle halte, Ungerächter! Nach so vielen Verbrechen, nach des Bruders Listen, nach dem Bruch jeden Götterrechtes ergehst du dich in nutzlosen Klagen, erzürnter Atreus?

---

11 Die vorwärtsdrängende, durch Iussive (*sonet*: v. 184; *tegant*: v. 185; *canat*: v. 187; *occidat*: v. 189; *ruat*: v. 191) und Imperative (*age* [...] *fac*: v. 192) gekennzeichnete Diktion seiner Rede erinnert deutlich an die Äußerungen der ungeduldigen Furie (siehe oben S. 271 ff.).

Atreus ist von der Schuld und der feindlichen Einstellung des Bruders fest überzeugt. Warum zögert er trotzdem, seine Rache ins Werk zu setzen? Thyestes ist für ihn nicht einfach nur der Feind, dessen listiger Anschlag zu rächen ist, er ist das schwer zu überbietende Vorbild im Verbrechen, der Doppelgänger, der dasselbe denkt und plant wie er (vv. 202 – 204):

> AT. petatur ultro, ne quiescentem petat.
> aut perdet aut peribit: in medio est scelus
> positum occupanti.

> ATREUS: Mein Angriff komme ihm zuvor, dass er nicht einen Untätigen angreife. Verderben wird er mich oder selbst verderben: zwischen uns liegt der Frevel für den, der ihn an sich reißt.

Die seltsame Mischung aus Vorwärtsdrängen und Zögern erklärt sich aus diesem Wettstreit mit dem zum *alter ego* stilisierten Bruder: Atreus muss schnell, aber er darf nicht übereilt handeln. Sonst kommt ihm der Bruder zuvor oder sein Verbrechen bleibt hinter dem Vorbild zurück. Ein klassischer Fall von *aemulatio*.[12] Die Bewunderung für Thyestes ist nicht zu überhören, wenn Atreus bei der Auflistung von dessen Verbrechen bemerkt (vv. 234 f.):

> AT. hunc [sc. arietem] facinus ingens ausus assumpta in scelus
> consorte nostri perfidus thalami auehit.

> ATREUS: Dieses Tier [scil. den Widder, der dem Besitzer die Herrschaft über Argos/Mycene sichert] schafft der Treulose weg, ungeheuren Frevel wagend, zu welchem Verbrechen er meine eigene Frau gewinnt.

Rache bedeutet für Atreus, dieses »Wagnis« des Bruders noch zu überbieten (vv. 193 – 195):

> AT. [...] aliquod audendum est nefas
> atrox, cruentum, tale quod frater meus
> suum esse mallet [...]

> ATREUS: Ein Frevel ist zu wagen, ein schrecklicher, blutiger, einer, den mein Bruder lieber hätte selbst tun wollen.

---

12 Steigerung und Überbietung im Bösen ist ein zentrales Motiv in Senecas Tragödien. B. Seidensticker, Senecas ›Thyestes‹ oder Die Jagd nach dem Außergewöhnlichen, in: ders. (Hrsg.), Seneca, Thyestes. Deutsch v. D. Grünbein. Mit Materialien zur Übersetzung und zu Leben und Werk Senecas (Frankfurt a. M.–Leipzig 2002) 115 – 138, hier: 115 spricht vom »senecanische[n] Komparativ«. Der Vergleich mit der literarischen *aemulatio* liegt nahe.

Atreus muss sich – in einem ganz wörtlichen Sinn – selbst übertreffen, wenn er seinen Doppelgänger Thyestes übertreffen will.[13] Um sein Ziel zu erreichen, bedarf Atreus einer ganz besonderen Inspiration. In einem Dreischritt steigert er sich in einen ekstatischen Zustand hinein, der in einem Vorauserleben des geplanten Verbrechens gipfelt und von Halluzinationen begleitet ist (vv. 241 – 244):

> AT. [...] quid stupes? tandem incipe
> animosque sume: Tantalum et Pelopem aspice;
> ad haec manus exempla poscuntur meae.

> ATREUS: Was bleibst du untätig? Raffe dich endlich auf und fasse Mut: Sieh Tantalus und Pelops: Ihren Werken nachzueifern werden meine Hände aufgerufen.

Eine erste Orientierung geben die Vorfahren.[14] Was Atreus nicht ahnt, ist, dass Tantalus, auf den er *hinblicken* will, im Palast bereits seinerseits als *Zuschauer* bereitsteht. Die letzte Mahnung zur Mäßigung, die der Satelles kleinlaut formuliert, bewirkt das genaue Gegenteil. Atreus ruft nach Verabschiedung der Pietas die Furien als weitere Inspirationsquelle herbei (vv. 249 – 254):

> AT. Excede, Pietas, si modo in nostra domo
> umquam fuisti. dira Furiarum cohors
> discorsque Erinys ueniat et geminas faces
> Megaera quatiens: non satis magno meum
> ardet furore pectus, impleri iuuat
> maiore monstro.

> ATREUS: Geh, Erbarmen, wenn je du in unserem Hause gewohnt hast. Der Furien scheußliche Kohorte, die zwieträchtige Erinnye komme und Megaera, beide Fackeln schwingend: nicht ist groß genug die Raserei, von der mein Herz erglüht. Erfüllen soll mich eine noch größere Ungeheuerlichkeit.

---

13 Vgl. die Worte, die Atreus nach der Tat zu seinem Bruder spricht (vv. 1104 – 1106): *Scio quid queraris: scelere praerepto doles; / nec quod nefandas hauseris angit dapes: quod non pararis!* Ebenso vv. 917 f. Siehe zu diesem »Wettkampf« zwischen den Brüdern A. Kirichenko, Lehrreiche Trugbilder. Senecas Tragödien und die Rhetorik des Sehens (Heidelberg 2013) 150 f.

14 J. Dingel, Seneca und die Dichtung (Heidelberg 1974) 23 hat darauf hingewiesen, dass Inspiration und Orientierung an Vorbildern (*imitatio, aemulatio*) in den zur Zeit Senecas vertretenen Dichtungslehren keine Gegensätze bilden: »Das Verhältnis von Imitation und Inspiration erörtert der Autor der Schrift Περὶ ὕψους ausführlich. Danach werden viele Schriftsteller vom Geist eines anderen inspiriert, wie die Pythia von der Gottheit [...]; von der Erhabenheit der Alten gelangen in die Seelen der Nacheiferer Emanationen [...].« Die Übereinstimmungen zwischen der Begeisterung, die Atreus im zweiten Akt in Besitz nimmt (bes. vv. 260 – 262), und diesem durch Vorbilder vermittelten poetischen ἐνθουσιασμός haben G. Picone, La fabula e il regno. Studi sul Thyestes di Seneca (Palermo 1984) 56 – 61 und Schiesaro, The Passions in Play (wie Anm. 5) 50 – 55, 129 f. ausführlich herausgearbeitet.

Wieder ist das Publikum klüger: Die Furie ist zusammen mit Tantalus im Palast präsent. Die Bitte ist bereits erfüllt, bevor sie ausgesprochen wird.[15] Der Doppelpunkt, den Zwierlein in v. 252 nach *Megaera quatiens* in den Text setzt, suggeriert, dass das *maius monstrum*, mit dem Atreus sich zusätzlich ›anfüllen‹ will, eben die bereits genannten Furien sind – eine Auffassung, die offenbar von den meisten Interpreten geteilt wird.[16] Es könnte sich aber auch um eine offene, nicht zurück-, sondern vorwärtsweisende Formulierung handeln: Dafür spricht, dass der eigentliche Zustand der Ekstase nicht unmittelbar nach der Anrufung der Furien einsetzt. Zunächst wird die Suche nach der geeigneten Form der Bestrafung für Thyestes fortgeführt (vv. 254 – 260):

SAT. Quid noui rabidus struis?
AT. Nil quod doloris capiat assueti modum;
nullum relinquam facinus et nullum est satis.
SAT. Ferrum?
AT. Parum est.
SAT. Quid ignis?
AT. Etiamnunc parum est.
SAT. Quonam ergo telo tantus utetur dolor?
AT. Ipso Thyeste.
SAT. Maius hoc ira est malum.
AT. Fateor.

GEFOLGSMANN: Was planst du Unerhörtes, du Tollwütiger?
ATREUS: Nichts, was einer gewohnten Erbitterung Maß haben könnte. Keinen Frevel werde ich übergehen, und keiner ist mir genug.
GEFOLGSMANN: Das Schwert?
ATREUS: Zu wenig ist es.
GEFOLGSMANN: Oder Feuer?
ATREUS: Noch immer zu wenig.
GEFOLGSMANN: Welche Waffe dient denn so großem Gram?
ATREUS: Thyestes selbst.
GEFOLGSMANN: Ein Unheil, größer als dein Zorn.
ATREUS: Zugegeben.

Der Satelles schlägt konventionelle Waffen vor: Eisen und Feuer (v. 257). Dann hat Atreus den entscheidenden Einfall: Irgendwie muss Thyestes selbst das Mittel seiner Bestrafung

---

15 Vgl. Seneca's Thyestes. Edited with Introduction and Commentary by R.J. Tarrant (Atlanta/GA 1985) 126 zu vv. 250 – 254.
16 H.M. Hine, The Structure of Seneca's Thyestes, Papers of the Liverpool Latin Seminar 3, 1981, 259 – 275, hier: 266 ist der Ansicht, dass das *maius monstrum* Tantalus ist.

sein. Der Satelles bemerkt zustimmend, dass dieser »ein größeres Übel ist als der Zorn« (*maius hoc ira est malum*: v. 259). Erst der Name ›Thyestes‹, der in diesem Vers zum ersten Mal im zweiten Akt fällt, löst eine Reaktion in Atreus aus, die sich mit einem ἐνθουσιασμός vergleichen lässt (vv. 260 – 262):

> AT. Fateor. tumultus pectora attonitus quatit
> penitusque uoluit; rapior et quo nescio,
> sed rapior.[17]

> ATREUS: Verstörender Aufruhr erschüttert mein Herz und erregt es im Innersten; fort reißt es mich, wohin, weiß ich nicht, aber es reißt mich fort.

Thyestes soll nicht nur das Mittel der eigenen Bestrafung sein, er fungiert zugleich als die eigentliche Inspirationsquelle. Der Ablativ *ipso Thyeste* gibt Antwort auf die Frage des Satelles, ist aber darüber hinaus die – metrisch und grammatisch – passende Konkretisierung für das noch suchend unbestimmte *maiore monstro* in vv. 253 f.: *Impleri iuuat / maiore monstro* [= *ipso Thyeste*]. Atreus nimmt seinen Bruder gleichsam in sich auf, verleibt sich seinen Doppelgänger ein. Thyestes ist eine dritte, die Vorfahren (Tantalus, Pelops) und die Furien in den Schatten stellende, ultimative Inspirationsinstanz. Um das perfekte Verbrechen zu ersinnen, müssen beide Brüder zusammenwirken. Mit dem *furor* seines Doppelgängers Thyestes »füllt sich«[18] Atreus »an«, um den *furor* in seiner eigenen Brust bis ans Limit zu steigern. Es wäre sonderbar und geradezu eine Antiklimax, wenn Atreus, der doch aus dem von Tantalus und der Furie beherrschten Palast kommt, sich jetzt erst sozusagen vor der Haustüre mit der von diesen beiden repräsentierten Raserei infizieren würde. Diesen *furor* bringt er bereits mit sich, wenn er zu Beginn des Aktes als *iratus Atreus* (v. 180) die Bühne betritt. Seine kritische Masse erreicht der Zorn des Atreus aber erst in der Konfrontation mit Thyestes.[19] Dies ist aber zugleich die erste Selbsttäuschung des Atreus: Seine Inspirations-

---

17 In den folgenden Versen (vv. 262 – 266) werden außergewöhnliche Phänomene geschildert (Dröhnen der Erde und Donner als Reaktion auf Atreus' Racheplan), die Boyle, Thyestes (wie Anm. 3) 205 f. als in der fiktiven Welt real geschehend einstuft. Nun ist es sicher richtig, dass wir im ›Thyestes‹ wiederholt kosmische Reaktionen auf menschliche Verbrechen finden (am eindrucksvollsten natürlich in der Gestalt des Sonnenrücklaufs). Das heißt aber nicht, dass automatisch jedes außergewöhnliche Phänomen so gedeutet werden müsste, hat Seneca doch bekanntlich ebenso ein besonderes Interesse an gestörten Wahrnehmungen und Einbildungen seiner Figuren in emotionalen Krisensituationen. Es muss also in jedem Einzelfall geprüft werden, ob eine kosmische Reaktion oder eine Illusion bzw. Halluzination einer Figur vorliegt. Dass eine zu erwartende Reaktion des Satelles ausbleibt, ist ein Indiz dafür, dass es sich hier um Halluzinationen handelt. Vgl. dazu ausführlich Heil, Die dramatische Zeit in Senecas Tragödien (wie Anm. 5) 13 – 69.
18 Das Verb *implere* verwendet Seneca geradezu leitmotivisch: Tantalus soll den Palast mit sich selbst »anfüllen« (*imple Tantalo totam domum*: v. 53); Atreus erfüllt sich mental mit dem *maius monstrum* Thyestes; schließlich wird er den Bruder mit den Leichen der eigenen Kinder anfüllen (*implebo patrem / funere suorum*: vv. 890 f.).
19 Dass menschliche Monstrosität die göttlichen oder von den Göttern gesandten *monstra* übertrifft, ist ein Gedanke, der den Figuren Senecas vertraut ist. So möchte Oedipus als *maius [...] monstrum* an die Stelle

quelle ist nicht wirklich der Bruder, sondern *das Bild, das er sich von seinem Bruder macht*. Im dritten Akt wird das Publikum erfahren, dass Thyestes diesem Bild nicht oder vorsichtiger: nicht mehr vollständig entspricht. Das Exil hat ihn verändert, freilich nicht so nachhaltig, dass der Plan des Atreus, der darauf setzt, dass Thyestes nach wie vor auf Macht und Herrschaft aus ist, dadurch gefährdet wäre. Er hat die Vorzüge des einfachen Lebens kennengelernt (vv. 446 – 470), ist aber zu schwach, sein Leben nach diesen Erkenntnissen auszurichten und lässt sich nur zu gern, von den bereits als falsch erkannten Argumenten des Sohnes und den Versprechungen des Bruders umstimmen.[20]

Kommen wir zu einer zweiten (scheinbaren) Abweichung zwischen dem Masterplan der Furie und der von Atreus inszenierten Ausführung: Die Furie kündigt eine Überbietung des *Thracium nefas* (v. 56) an, der Schlachtung des Itys durch Procne und Philomela. Atreus glaubt ebenfalls eine Überbietung zu realisieren, seine Begründung ist aber weitaus raffinierter ausgedacht als die der Furie. Die Furie setzt auf eine quantitative Überbietung des *Thracium nefas* (vv. 56 f.): […] *Thracium fiat nefas / maiore numero* (»[…] thrakischer Frevel geschehe in größerer Zahl«). Atreus wird nicht nur ein Kind wie Philomela und Procne (nämlich Itys), sondern alle drei Kinder des Thyestes töten. Nun ist es auffällig, dass diese quantitative Steigerung in den Überlegungen des Atreus keinerlei Rolle spielt. Auch für ihn ist »das thrakische Verbrechen« das Nonplusultra, das es zu überbieten gilt (vv. 270 – 280):

At. […] hoc, anime, occupa
(dignum est Thyeste facinus et dignum Atreo,
quod uterque faciat): uidit infandas domus
Odrysia mensas – fateor, immane est scelus,
sed occupatum: maius hoc aliquid dolor
inueniat. animum Daulis inspira parens
sororque; causa est similis: assiste et manum
impelle nostram. liberos auidus pater
gaudensque laceret et suos artus edat.

---

der Sphinx treten (›Phoenissen‹ vv. 121 – 124): *dira ne sedes uacet, / monstrum repone maius. hoc saxum insidens / obscura nostrae uerba fortunae loquar, / quae nemo soluat* […]. Die Ersetzung der Furien durch Thyestes – oder genauer: durch das Bild, das Atreus sich von Thyestes macht – ergibt einen guten Sinn auch vor dem Hintergrund der Übereinstimmungen mit dem poetischen ἐνθουσιασμός (siehe oben Anm. 14). In der Dichtung können Menschen ebenfalls als wirksame Inspirationsquellen an die Stelle von Göttern treten, z. B. die *puella* in der elegischen Dichtung, der Kaiser (vgl. etwa Lucan, ›De bello civili‹ 1,63 – 66), der eigene Vater (Statius, ›Silvae‹ 5,3,3 – 6).

20 Am deutlichsten zeigt sich der Charakterunterschied der Brüder in den vv. 995 f.: Thyestes wünscht sich, dass »der Sturm«, den er plötzlich im Speisezimmer zu erleben glaubt, ihn treffen und »seinen Bruder und seine Söhne verschonen« möge. Für den vom schlechten Gewissen gequälten Thyestes (vgl. *fateor, admisi omnia / quae credidisti*: vv. 513 f.), der sich selbst als *uile* […] *caput* bezeichnet, kommt hier der Bruder an erster Stelle noch vor seinen eigenen Kindern.

bene est, abunde est: hic placet poenae modus
tantisper.

ATREUS: Dies, mein Mut, nimm in Angriff. Eines Thyestes würdig ist die Tat und würdig eines Atreus, eine, zu der beide im Stande wären. Gesehen hat schon ein unsägliches Mahl das odrysische Haus. Ich gestehe, ungeheuerlich ist das Verbrechen, indes schon vorweggenommen: größeres als dies erfinde mein Schmerz. Verleihe Mut, du Mutter und du Schwester von Daulis, die Sache gleicht sich: hilf und lenke unsere Hand! Seine Kinder zerreiße der Vater voller Gier und Freude, er verzehre sein eigen Fleisch und Blut. Gut so, es ist übergenug. Diese Weise der Bestrafung gefällt mir – für den Augenblick.

Er glaubt allerdings nicht einfach eine quantitative, sondern sogar eine qualitative Steigerung erreichen zu können: Der Vater soll die eigenen Kinder »voller Gier und Freude« essen (*liberos auidus pater / gaudensque laceret et suos artus edat*: vv. 277 f.). Thyestes wird nun zwar tatsächlich »voller Gier und Freude« essen (vgl. etwa *auidus* [...] *pater*: v. 1040), aber natürlich ohne zu wissen, was er isst. In dieser Beziehung unterscheidet er sich aber gar nicht von Tereus, der ebenfalls kein Kostverächter ist ([...] *inque suam sua uiscera congerit aluum*: Ovid, ›Metamorphosen‹ 6,651), obwohl Atreus gerade dies zu unterstellen scheint. Worin besteht also eigentlich die Überbietung?[21] Atreus scheint in seiner Ekstase zumindest für einen Augenblick anzunehmen, dass Thyestes *nicht nur mit Appetit isst, sondern wissentlich die eigenen Kinder mit Appetit verzehrt*. Das Verbrechen würde dann – und das wäre die Überbietung – in triumphaler Weise die Herrschaftsmaxime des Königs umsetzen (v. 212): *quod nolunt, uelint*.[22] Das ist die zweite Selbsttäuschung des Atreus. Nicht einmal er kann Thyestes dazu bringen, *die eigenen Kinder* mit gutem Appetit essen zu *wollen*. Wie konnte es zu diesem Fehlschluss kommen? Dieser Fehlschluss ist nur möglich, weil Atreus sich so sehr mit dem Bruder identifiziert hat, dass er seine eigenen Emotionen auf diesen überträgt. Ebenso fasst er das gemeinsam handelnde Geschwisterpaar Procne und Philomela als eine Einheit auf, was dazu führt, dass er den Ausdruck *parens sororque* mit Imperativen im Singular verbindet (*inspira*: v. 275; *assiste et manum impelle nostram*: vv. 276 f.): Beide agieren in ihrem Verlangen nach Rache wie eine Person.[23] Indem Atreus das *maius*

---

21 Auch Boyle, Thyestes (wie Anm. 3) 211 (zur Stelle) gibt keine Antwort auf die Frage, worin denn eigentlich genau die hier von Atreus anvisierte Überbietung des *Thracium nefas* bestehen soll.

22 Vgl. Schiesaro, The Passions in Play (wie Anm. 5) 162: »While the motto *quod nolunt velint* is a reminder of the famous *oderint dum metuant*, it is also significantly different, and a great deal more demanding. Atreus aspires to complete control over his people's reactions, and is aware that force can turn dissent into consent, that his superior will can bend an initially uncooperative mind.« Siehe außerdem F. Bessone, »Quod nolunt velint« (Seneca, ›Thyestes‹ 212), in: A. Balbo – F. Bessone – E. Malaspina (a cura di), 'Tanti affetti in tal momento'. Studi in onore di G. Garbarino (Alessandria 2012) 79 – 88.

23 Eine andere Erklärung schlägt J.G. Fitch, Annaeana Tragica. Notes on the Text of Seneca's Tragedies (Leiden–Boston 2004) 181 vor: »*Parens sororque* is usually taken to refer to Procne and Philomela. But the phrase is more pointed, and better fits the singular imperatives *inspira* etc., if *soror* too refers to Procne, as sister and avenger of Philomela. Then *causa est similis* notes the specific parallel between Atreus seeking

monstrum Thyestes in sich aufnimmt, wächst er in seiner Vorstellung mit seinem Bruder zu einem Siamesischen Zwilling zusammen: Dieses Kollektiv begeht das *Thracium nefas* gemeinsam (vv. 271 f.):

AT. dignum est Thyeste facinus et dignum Atreo,
quod uterque faciat.

ATREUS: Eines Thyestes würdig ist die Tat und würdig eines Atreus, eine, zu der beide im Stande wären.

Wenn beide Brüder das Verbrechen gemeinsam begehen und wenn beide Doppelgänger sind, beide beherrscht von derselben Lust am perfekten Verbrechen, dann müssen auch beide bei der Ausführung dieselbe Genugtuung empfinden. Die problematische Formulierung lässt sich nur verstehen, wenn man *eine Erweiterung der Identität des Thyestes um die des Bruders* voraussetzt. Oder anders ausgedrückt: *auidus [...] gaudensque* ist die Fokalisierung des Atreus, die er auf den zum Mittäter und Mitwisser stilisierten Bruder überträgt.

Am Ende des Stückes räumt Atreus ausdrücklich seinen Irrtum ein (vv. 1067 f.):

AT. scidit ore natos impio, **sed nesciens,**
sed nescientes.

ATREUS: Er zerriss mit frevelhaftem Mund die eigenen Söhne, doch ahnungslos, doch Ahnungslose.[24]

Ja, er korrigiert die Vorstellung, die seine zeitweilige Zufriedenheit (*tantisper*: v. 280) begründet hat, bereits im zweiten Akt (vv. 284 – 286):

---

revenge for his debauched wife, and Procne seeking revenge for her debauched sister.« Ebenso Boyle, Thyestes (wie Anm. 3) 211 (zur Stelle). Die Wendung *causa est similis* bedeutet zunächst, dass Motiv (Ehebruch des Tereus bzw. des Thyestes) und Form der Bestrafung (Verzehr des eigenen Kindes bzw. der eigenen Kinder) ähnlich sind. Hinzu kommt aber, dass jeweils ein Geschwisterpaar die Rache vollzieht. Thyestes ist in diesem ersten Entwurf des Racheplans nicht nur wie Tereus Ziel und zugleich Instrument der Rache, sondern er soll – und das ist der neue Akzent, den Atreus setzen möchte – zusätzlich noch Komplize und Mitwisser des Bruders sein. Das *nostram* in v. 277 ist daher als echter Plural aufzufassen: »lenke unsere Hand (d. h. meine und die des Bruders)«. Als Mitwisser und Komplize muss er bei der von Atreus vorausgesetzten Charakterähnlichkeit der Brüder zwangsläufig das wollen und empfinden, was er als Vater und Opfer natürlich niemals wollen und empfinden könnte: Lust und Freude an der ungeheuerlichen Tat.

24 Siehe den Kommentar von Tarrant (wie Anm. 15) 237 zu vv. 1067 f.: »[...] what galls Atreus is that, if his victims were unaware of what was happening, they cannot be said to have taken part in the action; Atreus has thus failed to make Thyestes ›will what he would not‹ (212), and has not fully met the goal he set himself, to have Thyestes ›rejoice‹ in eating his children (*gaudens* 278).«

> AT. [...] audendum est, age:
> quod est in isto scelere praecipuum nefas,
> hoc ipse faciet.

> ATREUS: Zu wagen gilt es, handle! Was an diesem Verbrechen der eigentliche Frevel ist, das wird er selbst verüben.

Richtig: Das Essen der Kinder ist ein größeres *nefas* als das Schlachten. Aber das, was die Überbietung des *Thracium nefas* sicherstellen sollte, die innere Zustimmung und sogar Lust des Essenden, ist hier fallen gelassen.[25] In einem gewissen Sinn kann man zwar sehr wohl von einer inneren Beteiligung und sogar Mitschuld des Thyestes sprechen: Er kehrt trotz aller Befürchtungen freiwillig nach Argos zurück[26] und bietet seinem Bruder sogar von sich aus die Kinder als Geiseln an (vv. 520 f.), der sich aufrichtig über ihre große Zahl freut (vv. 523 f.):

> AT. Vos quoque, senum praesidia, tot iuuenes, meo
> pendete collo.

> ATREUS: Ihr auch, der Greise Schutz, ihr Jünglinge alle, hängt euch an meinen Hals.

Aber diese Affinität des Thyestes zu Macht und Luxus, die Bereitschaft, sich auch gegen besseres Wissen auf das Versöhnungsangebot des Bruders einzulassen, erklärt noch nicht die hier zeitweilig von Atreus für möglich gehaltene Überbietung des *Thracium nefas*, die vielmehr, wie gesagt, *eine Erweiterung der Identität des Thyestes um die des Bruders* voraussetzt.

Der Eindruck, dass Atreus sich von der Furie emanzipiert, ja diese sogar übertrifft, täuscht. Er unterliegt vielmehr einem doppelten Irrtum: Das Bild, das er sich von seinem Bruder macht, entspricht nicht der Wirklichkeit. Nur weil er die eigene Identität um diese konstruierte Identität des Bruders erweitert, kann er für einen Augenblick sich der Illusion hingeben, das *Thracium nefas* nicht nur quantitativ, sondern qualitativ zu übertreffen. Die Triumphe des Atreus sind Scheintriumphe, er bleibt die Marionette, die den Masterplan der Furie ausführt.[27] Das gilt auch für den Anfang des fünften Aktes, wo es sogar zu einem Wechsel der Spielebenen zu kommen scheint.

---

25 Grund des erneuten Zögerns (*quid rursus times* [...]?: v. 283) ist hier wie zuvor die Angst, das geplante Verbrechen könne hinter den Vorbildern zurückbleiben, nicht etwa plötzliche moralische Skrupel. Atreus versucht sich mit dem Gedanken zu beruhigen, dass Thyestes, wenn er auch nicht Mitwisser ist, so doch als Mittäter wider Willen immerhin die Hauptlast des Verbrechens, das Verzehren der Kinder, übernimmt.
26 Richtig sagt Atreus (vv. 288 f.): *non poterat capi, / nisi capere uellet. regna nunc sperat mea.*
27 Dass Atreus in seinen Überbietungsphantasien immer wieder selbst eine Frustration erlebt, betont Kirichenko, Lehrreiche Trugbilder (wie Anm. 13) 165: »Der vermeintliche ›ultimative Kick‹, nach dem Atreus vergeblich strebt, ist ohne Zweifel mit den scheinbar zum Greifen nahen, sich jedoch sofort wieder

4. Atreus spectator

Die Schlusskonfrontation zwischen Atreus und Thyestes wird durch einen Monolog des Atreus (vv. 885 – 919) vorbereitet, den man auch als Binnenprolog bezeichnen könnte: Stolz präsentiert der König das Ergebnis seines erfolgreichen Racheplans gleichsam wie ein Stück im Stück. Er gibt seinen Dienern den Auftrag, die Türen des Palastes zu öffnen (vv. 901 f.). Im Inneren des Palastes wird Thyestes im Speisezimmer sichtbar. Hier dürfte im Fall einer Bühnenaufführung das *ekkyklema* zum Einsatz gekommen sein.[28] Wie die Furie im Prolog die Auswirkungen des Tantalus-Schattens auf den Palast und die argivische Landschaft beobachtet und beschreibt, so verwandelt sich der erfolgreiche Intrigen-Erfinder Atreus in einen zufriedenen ›Zuschauer‹ seiner eigenen Inszenierung (vv. 901 – 918):

> AT. [...] Turba famularis, fores
> templi relaxa, festa patefiat domus.
> libet uidere, capita natorum intuens,
> quos det colores, uerba quae primus dolor
> effundat [...]
> [...] fructus hic operis mei est.
> miserum uidere nolo, sed dum fit miser.
> Aperta multa tecta conlucent face.
> resupinus ipse purpurae atque auro incubat [...]
> eructat. o me caelitum excelsissimum,
> regumque regem! uota transcendi mea.
> satur est; capaci ducit argento merum –
> ne parce potu: restat etiamnunc cruor
> tot hostiarum; ueteris hunc Bacchi color
> abscondet – hoc, hoc mensa cludatur scypho.
> mixtum suorum sanguinem genitor bibat:
> meum bibisset.

ATREUS: Diener, schließt die Tore des Palastes auf, es öffne sich das festliche Haus. Mich verlangt zu sehen, welche Farbe er zeigen wird, wenn er die Häupter seiner Söhne schaut, welche Worte sein erster Schmerz ausstoßen wird [...] Dies ist die Frucht meiner Mühe. Elend will ich ihn nicht sehen, vielmehr wie er elend wird. Aufgetan leuchtet das Gemach im Schein der vielen Fackeln; zurückgelehnt liegt er selber da auf Purpur und Gold [...] Er rülpst. O der Himmlischen Erhabenster ich und der Könige König! Ich habe meine Wünsche übertroffen. Er

---

entziehenden Gewässern und Früchten der Tantalusqualen vergleichbar. Im Gegensatz zu den deutlich sichtbaren Gegenständen, durch die Tantalus angelockt und getäuscht wird, existiert der ›ultimative Kick‹ nur in der Imagination des Überbietungskünstlers, was das Streben danach zu einer noch aussichtsloseren Angelegenheit macht.«

28 Vgl. Boyle, Thyestes (wie Anm. 3) 398 f.

ist satt. […] Beim Trinken soll er nicht sparsam sein: noch jetzt bleibt Blut so vieler Opfer übrig; der alten Bacchusgabe Farbe wird es verbergen – mit diesem, ja diesem Pokal ende das Gelage. Der eigenen Kinder Blutgemisch trinke ihr Erzeuger: Er hätte das meine getrunken.

Thyestes isst und trinkt mit gutem Appetit, *auidus gaudensque*, so zumindest erscheint es aus der Außenperspektive des Atreus, und Atreus genießt dieses Schauspiel ebenfalls *auidus gaudensque* und zweifelt keinen Augenblick daran, dass Thyestes, wären die Rollen von Täter und Opfer vertauscht, mit demselben Gusto das Blut seines Bruders oder das Blut der Kinder des Bruders getrunken hätte (*meum bibisset*: v. 918). Das Besondere an dieser Beobachtungs- und Belauschungsszene ist, dass das Draußen, wo der Standort des Atreus sich befindet, von kompletter Finsternis beherrscht ist: Nach dem Rücklauf und vorzeitigen Untergang der Sonne im Osten sind auch alle Sterne erloschen. Diese absolute Finsternis wurde ausführlich im vierten Chorlied thematisiert (vv. 789 – 884). Die einzige Lichtquelle sind die Fackeln, die das Speisezimmer künstlich erleuchten: *Aperta multa tecta conlucent face* (v. 908). Was Seneca hier vorschwebte, lässt sich auf einer Freilichtbühne natürlich nur ansatzweise umsetzen.[29] Bekanntlich gab es aber auch kleinere überdachte Theater. Die Verteilung von Licht und Dunkelheit unterstreicht hier nachdrücklich den metadramatischen Charakter der Szene: Der Zuschauer Atreus steht im Dunkeln, sein Opfer Thyestes wird grell erleuchtet in dem auf dem *ekkyklema* präsentierten Speisezimmer vorgeführt. Das Speisezimmer gewinnt so quasi den Status einer Bühne auf der Bühne. Es findet kein Bruch der dramatischen Illusion statt. Atreus wendet sich nicht an das Publikum, aber es entsteht die Illusion, und Atreus selbst gibt sich dieser Illusion hin, dass er nicht mehr auf derselben ›Spielebene‹ agiert: Er scheint gleichsam zeitweilig die Ebene zu verlassen, die er mit seinen Mitspielern geteilt hat, und auf die er nach der Arie des Thyestes zurückkehren wird. Er blickt von außen (wie die Furie im Prolog) auf das Geschehen, wird sich selbst zum Gott, ja nach der Flucht von Menschen und Göttern ist er der einzig verbliebene Zuschauer, der das selbstgeschaffene Grauen nicht nur erträgt, sondern genießt (vv. 885 f.):

> AT. Aequalis astris gradior et cunctos super
> altum superbo uertice attingens polum.

ATREUS: Zu den Sternen erhebe ich mich, und über allen Menschen berühre ich mit stolzem Scheitel den hohen Himmelspol.

In Wirklichkeit handelt es sich aber wieder um eine Selbsttäuschung des Atreus, in welcher er durch einen Theatereffekt bestärkt wird. Wie schon die behauptete Überbietung des *Thracium nefas* aus einem Denkfehler des Atreus resultiert, so ist der scheinbar von ihm

---

29 In einem römischen Theater hätte man vielleicht durch den Einsatz schwarzer Sonnensegel eine teilweise Verdunkelung erreichen können. Lukrez beschreibt das Farbenspiel im Zuschauerraum und auf der Bühne beim Aufziehen bunter Sonnensegel (›De rerum natura‹ 4,75 – 83).

vollzogene metaleptische Wechsel der Spielebene letztlich das Ergebnis eines spektakulären Spiels mit Licht und Schatten. Die Furie behält die Fäden in der Hand.

JEFF JAY

Paul, Mark, and the Poetics of a Tragic Confession

1. Introduction

For a point of departure, I shall begin in the second century C.E., with two fervid critics of Christianity, both of whom underscore the affinity between the gospel narrative and tragic drama. First, in a fragment of Celsus's ›True Discourse‹, which is preserved by Celsus's opponent Origen in his critique of this work, Celsus disputes Christian claims that Jesus has risen from the dead. For that to happen, Celsus argues simply enough, Jesus had first to have really died. But Jesus could not have died as the gospel texts narrate because the stories found in those texts are historically unreliable. Jesus' cry from the cross upon his death (Mark 15:37; Matt 27:50; Luke 23:46), the darkness (Mark 15:33; Matt 27:45; Luke 23:44), and the earthquake (Matt 27:51) are supernatural elements akin to what one finds in μῦθοι (»myths«). In terms of ancient literary criticism, therefore, these are to be classified as fictional, and not historical, narratives. In a pointed moment, Celsus compares ἡ καταστροφὴ τοῦ δράματος (»the dénouement of the drama«) of the gospel stories to other myths, false to be sure, in which heroes and gods have died and risen.[1]

The second critic is Lucian, who in his ›Passing of Peregrinus‹ portrays Peregrinus as a religious quack with a penchant for deceptive theatricality. Peregrinus stages an elaborate death-scene, τοῖς ἀπὸ τῆς τραγῳδίας τούτοις χρῆσθαι (»employing things from tragedy«), when he immolates himself by jumping into a blazing pyre in a theater near Olympia during the Olympic festivities.[2] Lucian calls this ἡ καταστροφὴ τοῦ δράματος (»the dénouement of the drama«), which is complete with an earthquake, loud shout, and bystanders who do obeisance to Peregrinus, who is reported to have appeared after his death in white raiment.[3]

---

1 Celsus, ›True Discourse‹ 2,55 – 58; for an exposition and translation of this difficult passage, see M.M. Mitchell, Origen, Celsus and Lucian on the »Dénouement of the Drama« of the Gospels, in: D.E. Aune – R.D. Young, Reading Religions in the Ancient World. Essays Presented to R.M. Grant on his 90th Birthday (Leiden 2007) 215 – 236.
2 Lucian, ›Passing of Peregrinus‹ 21. The pyre and fire evoke the tragic protagonist Heracles, who cremated himself on Mount Oeta with the assistance of Philoctetes. It is an episode dramatized in the Latin tragedy ›Hercules Oetaeus‹, which is transmitted as part of Seneca's corpus, although its author is unknown (see A.J. Boyle, An Introduction to Roman Tragedy [London 2006] 221 – 235). The analogy between Peregrinus and Heracles explicitly appears elsewhere in Lucian's text (›Passing of Peregrinus‹ 21, 23, and 36); see also 25, where Lucian references Sophocles' ›Trachiniae‹, in which Deianira unwittingly gives Heracles painful poison, to escape which Heracles immolates himself on the pyre.
3 Lucian, ›Passing of Peregrinus‹ 37 – 41; for an analysis of Lucian's use of the phrase ἡ καταστροφὴ τοῦ δράματος, which is the very phrase Celsus employs in ›True Discourse‹ 2,55, see Mitchell, Origen (cf. n. 1)

Lucian expressly admits ἐπιτραγῳδεῖν (»to dramatize tragically«) these supernatural aspects in his account of Peregrinus's death in order to deceive and then laugh at the people who believe this story. It is not accidental that these details, viz. the earthquake, loud shout, bystanders doing obeisance and post-mortem appearance in white raiment, evoke the Christian gospels, since Lucian knows some Christian books.[4] Lucian details how Peregrinus at one time rose to leadership among Christians, the meaning of whose βιβλία (»books«) and λόγοι ἱεροί (»sacred writings«) Peregrinus used to interpret. Some he even composed.[5] By implication, therefore, Lucian's mockery of the dupes who accepted his tragic and highly embellished story of Peregrinus's death as fact also extends to Christians, who are not only susceptible to the mendacity of someone like Peregrinus, whom they came σέβειν (»to worship«) second only to Christ, but also to the similarly tragic and – Lucian clearly implies – made-up stories about Christ's crucifixion and resurrection.[6]

In Celsus and Lucian we thus have two second-century anti-Christian polemicists who attest to the fact that the narrative of Christ's death is a story whose affinity with tragic drama was apparent already in antiquity. The question I shall seek to address here is how we have come to this point. What transpired in earliest Christian literary culture to render the Christian narrative of Christ's crucifixion and resurrection susceptible to the critique that it was overtly tragic in nature and as such fictional rather than historical? The answer, I shall argue, lies first in the very nature of the poetics of the primitive confession of the Christ-following communities. I shall demonstrate that the earliest *kerygma*, viz. the basic underlying gospel narrative as it is discernable in the earliest extant Christian writer Paul, may be described as tragic in nature; several of its features are consistent with characteristics of what are understood to be »tragic« narratives in ancient literary criticism and also evoke several motifs and moods of Greek tragic drama itself. Subsequently, the two earliest writers in the New Testament, first Paul and then Mark, seize upon this embryonic confession; they proceed to elaborate, embellish, develop, and apply its specifically tragic poetics in (respectively) epistolary and narrative genres. By Mark's integration into Matthew and Luke,

---

229 – 233, who argues that their common use of this rather rare phrase (only six times in extant Greek literature) is evidence in favor of their possible historical and/or literary dependence. Lucian also uses the phrase in ›On Salaried Posts‹ 10 and ›Alexander‹ 60, the latter of which is interesting because there too Lucian uses it as part of an exposé of another religious charlatan, Alexander the false prophet. See also O. Karavas, Lucien et la tragédie (Berlin 2005) 203 f., who underlines Lucian's irony each time he uses this phrase; also, R.B. Branham, Unruly Eloquence. Lucian and the Comedy of Traditions (Cambridge/MA 1989) 188 – 196, who emphasizes the satirical functions of Lucian's use of theatrical metaphors, which generate a »comic discrepancy between image and reality« (ibid., 190) or »role and reality, the ideal and the actual« (ibid., 104).

4 Lucian, ›Passing of Peregrinus‹ 39 – 40; cf. Mark 9:2 – 3; 15:34, 37; Matt 27:46, 50 – 51; 28:3, 9; Luke 23:46; John 20:12.
5 Lucian, ›Passing of Peregrinus‹ 11 – 12. Mitchell, Origen (cf. n. 1) 230 n. 69 correctly argues that Lucian plays with »known motifs associated with Christian claims,« for he »did not forget later [i. e., in ›Passing of Peregrinus‹ 39 – 40] what [i. e., the Christian books] he exhibited knowledge of earlier [i. e., in ›Passing of Peregrinus‹ 11 – 12]«.
6 For further analysis of Lucian's text, particularly concerning the interplay throughout between tragedy and comedy, see J. Jay, The Tragic in Mark. A Literary-Historical Interpretation (Tübingen 2014) 62 – 70.

and less completely into John, the by-now amplified tragic poetics of the gospel, at first only nascently present in the earliest *kerygma*, become accessible through their widespread dissemination and further amplification and hence obvious targets for these second-century detractors who are schooled in techniques of historical criticism, where tragedy is classified with fiction, which means that tragic-sounding narratives cannot be accepted as true history. It is this crucial literary history, one that tracks Paul and then Mark's strategic elaborations of the poetics of a tragic confession, that I shall seek to trace, episode-by-episode, starting with an analysis of precisely how the primitive *kerygma's* poetics may have been perceived by some ancient recipients as essentially »tragic« in nature.

2. The Poetics of a Tragic Confession

Both Celsus and Lucian are knowledgeable practitioners of ancient historical criticism in which tragedy and other types of drama were routinely classified among πλάσματα (»fictions«) and μῦθοι (»myths«).[7] This classification was helpful in forensic contexts, where orators had to repudiate or verify the πιθανότης (»persuasiveness«) of a person's story. As the ›Progymnasmata‹ amply attest, orators in training learned methods of ἀνασκευάζειν (»refuting«) or κατασκευάζειν (»confirming«) narratives on the basis of the believability, clarity, relevance, propriety, sequence, and common sense of what is told about the person, place, time, mode, and cause of an action.[8] Judged in terms of criteria such as these the plots of tragic poetry appear especially implausible.[9] As I shall document in what follows, ancient historians also employ this type of criticism in order to evaluate their sources and reprehend other historians for overt fabrication. In this brand of narrative criticism, the analogy to tragic drama thus serves to distinguish false narratives from true. For a historian to write like a tragedian is for him to write fiction rather than true history.

The primitive narrative sequence of the gospel, in so far as it can be recovered from the compact creedal statements of the earliest extant Christian writer Paul, does in certain definite details match with what critics tend to associate with tragedy; in addition, the primitive gospel story can be read to be evocative of several other of tragedy's major motifs. To be sure, no fixed articulation of the content of the pre-Pauline gospel exists anywhere in

---

7 The link between tragedy and fiction is certain, but the precise categories differ among writers: Quintilian, ›Institutes of Oratory‹ 2,4,2; ›Rhetorica ad Herennium‹ 1,13; Sextus Empiricus, ›Against the Professors‹ 1,252 – 253, 263 – 265; Ps.-Hermogenes 4 (Progymnasmata. Greek Textbooks of Prose Composition and Rhetoric. Translated with Introductions and Notes by G.A. Kennedy [Atlanta 2003] 75); Aphthonius 22 (Kennedy, Progymnasmata, 96 – 97); also, R.M. Grant, The Earliest Lives of Jesus (London 1961) 120 – 123.
8 Aelius Theon 93 – 94 (Kennedy, Progymnasmata [cf. n. 7] 41); Ps.-Hermogenes 5 (ibid., 79); Grant, The Earliest Lives (cf. n. 7) 38 – 49; Mitchell, Origen (cf. n. 1) 215 – 236.
9 See Aelius Theon 94 (Kennedy, Progymnasmata [cf. n. 7] 41), who provides a model refutation of the story that Medea killed her children; Aphthonius 22 (ibid., 97), who critiques the myth of Daphne's escape from Apollo; also, Dio Chrysostom, ›Orations‹ 11, who refutes the historicity of the premise in the ›Iliad‹ that Paris abducted Helen.

the Pauline corpus. We have access only to short kerygmatic or creedal statements, which take a variety of forms throughout Paul's letters, but nonetheless many of them do seem to recycle certain motifs. As Helmut Koester itemizes them, they include: »Christ's suffering and death, his sacrifice ›for us,‹ his cross, his being raised from the dead (or rising from the dead), his appearances, his coming again in the future.«[10] One of the more complete versions of this narrative appears in Paul's first letter to the Christ-followers in Corinth in the early fifties C.E.:

ὅτι Χριστὸς ἀπέθανεν ὑπὲρ τῶν ἁμαρτιῶν ἡμῶν κατὰ τὰς γραφάς, καὶ ὅτι ἐτάφη,
καὶ ὅτι ἐγήγερται τῇ ἡμέρᾳ τῇ τρίτῃ κατὰ τὰς γραφάς, καὶ ὅτι ὤφθη Κηφᾷ, εἶτα
τοῖς δώδεκα·

that Christ died for our sins according to the scriptures, and that he was buried, and that he was raised on the third day according to the scriptures, and that he appeared to Cephas and then to the twelve. (15:3b–5)[11]

With these words, Paul condenses his proclamation into a concise summary of narrative events. Paul, moreover, claims to have transmitted this story to the Corinthians as part of his original missionary preaching there (1 Cor 15:1 – 2) and gives special emphasis to the fact that this narrative, which they have accepted, is not his own invention. It is a story that he first received and later transmitted, »for I handed over to you as the very first what also I received« (1 Cor 15:3), thus stressing that this gospel narrative is, in Koester's words, »the common gospel of the entire enterprise of the Christian mission.«[12] As I shall proceed now to argue, this concise encapsulation of the pre-Pauline gospel narrative is strikingly akin to Greek tragic drama in several major aspects.

---

10   H. Köster, Ancient Christian Gospels. Their History and Development (Philadelphia 1990) 4 – 7 at 7; also, M.M. Mitchell, Rhetorical Shorthand in Pauline Argumentation: The Functions of ›The Gospel‹ in the Corinthian Correspondence, in: L.A. Jervis – P. Richardson (Eds.), Gospel in Paul. Studies on Corinthians, Galatians and Romans for R.N. Longenecker (Sheffield 1994) 63 – 88, esp. 63 – 65; and G. Theissen, »Evangelium« im Markusevangelium. Zum traditionsgeschichtlichen Ort des ältesten Evangeliums, in: E.-M. Becker – T. Engberg-Pedersen – M. Müller (Eds.), Mark and Paul. Comparative Essays Part II: For and Against Pauline Influence on Mark (Berlin–Boston 2014) 63 – 86, esp. 64 – 65.
11   The Greek text is from Novum Testamentum Graece. Post Eb. Nestle et Erw. Nestle editione vicesima septima revisa communiter ediderunt B. et K. Aland et al. [Nestle–Aland] (Stuttgart ²⁸2012). All translations are by the author. For the earliest of the Pauline kerygmatic formulae, see 1 Thess 1:9 – 10.
12   Köster, Ancient Christian Gospels (cf. n. 10) 6. It is debatable how far the cited tradition extends and where Paul's own expansion begins. Paul continues in 1 Cor 15:6 – 8: »and that he appeared to more than 500 brothers at one time, the majority of whom remain until now, though some have died; and then he appeared to James and then to all the apostles; last of all as to one abnormally born he appeared also to me.« Köster understands these verses to be Paul's own expansion (Ancient Christian Gospels, ibid., 6, n. 1); also, J.T. Nielsen, The Cross on the Way to Mark, in: Becker – Engberg-Pedersen – Müller, Mark and Paul (cf. n. 10) 273 – 294, esp. 278 – 279; for a variety of considerations that are helpful for deciding the issue, see A.C. Thiselton, The First Epistle to the Corinthians. A Commentary on the Greek Text (Grand Rapids/MI 2000) 1203 – 1204.

1. Χριστὸς ἀπέθανεν (»Christ died«). So succinctly juxtaposed, these two words capture one of the most fundamental and widely recognized motifs of tragic drama, viz. reversal. The title Χριστός promotes Jesus to an exceedingly high position in the grades of Jewish ascendency, whereby he becomes the Davidic king destined to answer the long-time nationalist expectation of many Jews. Yet even as this title balloons Jesus' preeminence the simple narrative fact of his death undercuts it. Later in 1 Cor 15:4 this early confession emphasizes also ὅτι ἐτάφη (»that he was buried«), which serves to underscore the reality of this death.[13] Here is a Messiah who came only to die, which is a narrative that hinges on a very stark turnaround. Aristotle famously privileges περιπέτεια (»reversal«) as the ingredient of a successful tragic plot, which in this case features the downward movement of a protagonist from prosperity into adversity.[14] The tragic dramas themselves endlessly return to this motif.[15] Exemplary in this regard are those tragedies that focus on the fate of the Trojan women: Hecuba, the queen turned concubine; her daughter Polyxena, sacrificed on Achilles' grave; Andromache, wife of Hector turned captive-wife of Neoptolemus.[16] In later criticism it is the high drama of reversals such as these that makes overly tragic writers prone to the charge of fabrication. Plutarch, for example, criticizes the dramatic reversals some historians introduce in their narratives of the death of Alexander as writing ὥσπερ δράματος μεγάλου τραγικὸν ἐξόδιον καὶ περιπαθὲς πλάσαντες (»as though they were fabricating a tragic and deeply moving ending to a great drama«). Elsewhere, Plutarch underlines that the very purpose of μυθοποίημα καὶ πλάσμα (»mythmaking and fiction«) by poets such as Aeschylus is πρὸς ἡδονὴν ἢ ἔκπληξιν ἀκροατοῦ (»for pleasing or shocking the hearer«), which is the effect of these dramatic reversals.[17] Dionysius of Halicarnassus, who, like Plutarch, is skilled in historical criticism, explicitly states that θεατρικαὶ περιπέτειαι (»stories of reversal like those in the theater«) strike present day historians as πολὺ τὸ ἠλίθιον ἔχειν (»containing a high degree of senselessness«).[18] Tragic drama, shocking

---

13 See Thiselton, The First Epistle (cf. n. 12) 1192 – 1193, who shows how this particular creedal item was used to underline the reality of Christ's death particularly in response to docetic Christology.
14 Aristotle, ›Poetics‹ 9 – 13, 1452a–1453a; 18, 1455b 23 – 35; for interpretation of these passages, which pose several difficulties, see E.S. Belfiore, Tragic Pleasures. Aristotle on Plot and Emotion (Princeton/NJ 1992) 83 – 110, 141 – 153, 161 – 170; also, M.C. Nussbaum, The Fragility of Goodness. Luck and Ethics in Greek Tragedy and Philosophy (Cambridge 1986) 378 – 383, 386 – 388.
15 See the examples collected in Jay, The Tragic in Mark (cf. n. 6) 79 – 83.
16 For the motif of reversal in these dramas, see Seneca, ›Troades‹ vv. 1 – 7, 259 – 275, 958 – 963; Euripides, ›Hecuba‹ vv. 282 – 285, 420, 491 – 496, 619 – 628, 905 – 942, 956 – 960; ›Andromache‹ vv. 1 – 15; ›Troades‹ vv. 98 – 121, 509 – 510, 612 – 615, 1203 – 1206.
17 Plutarch, ›Life of Alexander‹ 75,5 – 6; ›Moralia‹ 17 A; cf. Cicero, ›Brutus‹ 11,43, where Cicero criticizes Clitarchus and Stratocles for inventing the dramatic suicide of Themistocles as an overly »tragic« embellishment and yet in ›Ad Familiares‹ 5,12,4 the pleasure of dramatic narrative is a positive quality of historiography.
18 Dionysius of Halicarnassus, ›On the Character of Thucydides‹ 5; elsewhere, in his own historiographical work Dionysius shows himself adept at writing tragically, as in ›Roman Antiquities‹ 3,18,1 and 3,21,10, where he fully admits and embraces the fact that his story of the combat of the Roman Horatii and Alban Curiatii is full of τὰ πάθη θεατρικαῖς ἐοικότα περιπετείαις (»sufferings resembling the reversals of the theater«) and θαυμασταὶ καὶ παραδόξοι περιπέτειαι (»amazing and strange reversals«). For an analysis of

reversals, and fabrication thus come to be clearly associated in this brand of criticism; these connections already start to prepare the way for our second-century critics Lucian and Celsus, both of whom draw attention to »the drama« of the gospel, embedded, as the basic barebones confession clearly is, in the shocking dynamics of reversal implied by the dying Christ.

2. ὑπὲρ τῶν ἁμαρτιῶν ἡμῶν (»for our sins«). The sacrificial motif is widespread in the plays of Euripides, where several protagonists offer their lives in order to satisfy divine demands and secure life, release, well-being, and/or victory for others. In ›Heraclidae‹ Macaria offers her life to be sacrificed to Demeter who requires it as a condition for Athens's victory over Argos in battle. In ›Phoenissae‹ Menoeceus slits his throat to propitiate Ares and deliver Thebes. In ›Alcestis‹ Alcestis willingly dies to reprieve her husband Admetus from his fated premature death. Agamemnon sacrifices his own daughter Iphigenia to mollify Artemis and attain favorable winds to sail to Troy, which Euripides dramatizes in ›Iphigenia Aulidensis‹, though in this version Artemis substitutes a hind and removes Iphigenia to safety. On their return voyage after the war the Greeks similarly have to sacrifice Hecuba's daughter Polyxena to appease Achilles' ghost, as Euripides sets forth in ›Hecuba‹. In several of these plays the semantics of sacrifice anticipate what we find in the pre-Pauline creedal confession. For example, informing Creon of Ares' demands Teiresias states, σφάξαι Μενοικέα τόνδε δεῖ σ' ὑπὲρ πάτρας, σὸν παῖδ' (»it is necessary for you to sacrifice this here Menoeceus, your son, for the country«). Later the messenger reports the sacrificial event to Jocasta, redeploying the notion expressed by the preposition ὑπέρ when he describes Menoeceus as Κρέοντος ὁ παῖς γῆς ὑπερθανών (»the child of Creon dying for the land«).[19] Similarly, Alcestis is praised for being θέλουσ' ὑπερθανεῖν (»willing to die for«) her husband, and she describes her own sacrificial act to Admetus as θανεῖν ὑπὲρ σέθεν (»dying for you«).[20] The sacrificial motif is not one that later narrative critics single out as particularly distinctive of overtly tragic narratives, but it is part of tragic drama's post-classical reception in two early Jewish narratives. Both 2 and 4 Maccabees relate the story of the martyrdom of Eleazar, seven brothers, and their mother under Antiochus IV.[21] These deaths are presented as sacrifices

---

Dionysius as both a practitioner and critic of tragic historiography, see Jay, The Tragic in Mark (cf. n. 6) 49 – 62.

19 Euripides, ›Phoenissae‹ vv. 913, 1090; cf. the summary of this part of the plot in the ὑπόθεσις to this text, where Menoeceus is described as ὑπὲρ τῆς πόλεως ἀποθανών (»one who dies for the city«) (see the text by G. Murray: Euripides fabulae. Tomus III: Insunt Helena, Phoenissae, Orestes, Bacchae, Iphigenia Aulidensis, Rhesus. Recognovit brevique adnotatione critica instruxit G. Murray [Oxford 1969]).

20 Euripides, ›Alcestis‹ vv. 155, 284; cf. similar sacrificial language in vv. 17 – 18 and 178. The summary of the plot in the ὑπόθεσις describes Admetus as one who has to find someone τὸν ὑπὲρ ἑαυτοῦ ἑκόντα τεθνηξόμενον (»who will willingly die for himself«) and underlines that neither of his parents were ἐθελήσαντες ὑπὲρ τοῦ παιδὸς ἀποθανεῖν (»willing to die for the child«). In another ὑπόθεσις to this play Alcestis is ὑπομείνασα ὑπὲρ τοῦ ἰδίου ἀνδρὸς τελευτῆσαι (»one who has endured to die for her own husband«).

21 2 Macc 6:12 – 7:42; 4 Macc 5 – 17.

that appease the God of the Jews for the nation's sins.²² In both texts, moreover, sacrifice is only one of many motifs from Greek tragic drama;²³ the author of 4 Maccabees explicitly frames these events with theatrical terminology: Eleazar vows δρᾶμα ὑποκρίνασθαι (»to act out a drama«) that is fitting, and the seven brothers form a χορός (»chorus«) as their martyrdom unfolds before οἱ θεωροῦντες (»the spectators«).²⁴ The motif of sacrifice in these Second Temple Jewish texts thus occurs alongside other evocations of Greek tragedy and are accurate reflections of the cultural context in which early Christians would have first started to craft the poetics of the earliest *kerygma*.²⁵

3. κατὰ τὰς γραφάς (»according to the scriptures«). These words signal that the reversal suffered by Christ and his sacrifice in 1 Cor 15:3, as well as his resurrection in 15:4, have been foretold and thus inexorably determined by the prophets and the oracular texts of the early Greek-speaking Christ-followers, viz. the Septuagint. No one specific Septuagint text can be supplied as the referent of κατὰ τὰς γραφάς in either 15:3 or 15:4. The phrase points generally to a concatenation of possible verses wherein the main themes are redemptive suffering and divine vindication.²⁶ These words thus assert that the whole Christ-event is one that God has long anticipated. They thereby introduce an oracular motif governing the entire poetics of the early narrative confession. Narrative critics at this time directly associate oracles with tragic drama. Plutarch, for example, writes that Themistocles persuades the Athenians to flee Xerxes' army only when ὥσπερ ἐν τραγῳδίᾳ (»just as in a tragedy«) he cites σημεῖα δαιμόνια καὶ χρησμοί (»divine signs and oracles«). Lysander likewise ὥσπερ ἐν τραγῳδίᾳ (»just as in a tragedy«) persuades the Spartans to implement new policies governing royal succession on the basis of λόγια πυθόχρηστα καὶ χρησμοί (»sayings of the Pythian god and oracles«), by which he is thus able to play upon their δεισιδαιμονία (»superstition«). Lucian excoriates Alexander the priest of Asclepius for deviously introducing the pseudo-oracular serpent Glycon at Abonuteichus by fabricating bronze tablets foretelling the god's arrival there. It is μετὰ τοιαύτης τραγῳδίας (»with such tragedy«) that Alexander induces people to accept this new shrine, while the oracular

---

22 Several commentators underscore the background in Greek tragedy: D.A. deSilva, 4 Maccabees (Sheffield 1998) 137 – 141; J.W. van Henten, The Maccabean Martyrs as Saviours of the Jewish People. A Study of 2 and 4 Maccabees (Leiden 1997) 145 – 146, 157 – 158; H.-J. Klauck, 4. Makkabäerbuch (Gütersloh 1989) 671 – 672.

23 For full argumentation, see Jay, The Tragic in Mark (cf. n. 6) 118 – 138; also, for 4 Maccabees, see M. Hadas, The Third and Fourth Books of Maccabees (New York 1953) 100 – 101, 106, 116, 121, 197, 211 – 212, 234.

24 4 Macc 6:17; 8:4; 13:8; 14:8; 15:20; 17:7.

25 For the post-classical reception of tragic drama in Second Temple Judaism, see Jay, The Tragic in Mark (cf. n. 6) 107 – 177; for Jews and the theater more generally, see J. Jay, The Problem of the Theater in Early Judaism, Journal for the Study of Judaism 44, 2013, 218 – 253; also, the essays collected in L. Doering – S. Gambetti (Eds.), Jews and Drama (Göttingen 2017).

26 See Thiselton, The First Epistle (cf. n. 12) 1190 – 1194, who suggests as possibly relevant in this regard such passages as: Isa 53; Psalm 21 (LXX); Deut 18:15, 18; Lam 1:12, 18; Hos 6:2; Psalm 15:9 – 10 (LXX); Jonah 1:17. Thiselton argues that the reference should not be reduced to one text but serves rather to place the emphasis on divine providence and grace.

Glycon functions συντραγῳδήσων, μᾶλλον δὲ πρωταγονιστὴς ἐσόμενος (»to co-stage the tragedy, or rather to play the role of principle actor«).[27] All of these texts correlate tragedy with the oracular in order to expose someone who deceives a gullible multitude, which is consistent with the classification of tragedy as fiction and myth. Oracles, oracular shrines, and seers, such as Cassandra, Teiresias, and Calchas, as well as prophetic dreams are well-attested throughout Greek tragic drama, and their centrality should go without saying.[28] The audience knows for certain that the words of seers and oracles accurately determine what will happen, and yet this does not foreclose ambivalence and suspense, since the characters in tragedy are allowed to flower in terms of who they themselves are or wish themselves to be.[29] They are free to question skeptically, misinterpret, misdirect, and/or even resist their oracularly fixed fates.[30] What is vital to highlight here is that these abstruse little forecasts of the future thus introduce a high degree of inexorability into the plot. This also governs the primitive confession, where κατὰ τὰς γραφάς has this same effect, casting the long shadow of fateful necessity over Christ's inexorable suffering and death.

4. ὤφθη (»he appeared«). With the appearance of Christ to the disciples the primitive *kerygma* introduces an episode that would have lent itself to being handily read in light of ancient historical criticism as evocative of tragic drama's *deus ex machina*. In the extant tragic dramas themselves, Euripides uses the *machina* in nine of his plays.[31] There the *machina* is fairly consistent with mortal-divine dynamics as they unfold throughout the plays as a whole. In the ›Bacchae‹, for example, the appearance of Dionysus *ex machina* is structurally coherent with his earlier appearance in the prologue and his explicit objective

---

27 Plutarch, ›Life of Themistocles‹ 10,1; ›Life of Lysander‹ 25,1 – 2; Lucian, ›Alexander‹ 10 – 12.
28 Oracles and oracular shrines: Seneca, ›Thyestes‹ vv. 679 – 682; Euripides, ›Medea‹ vv. 667 – 688; ›Heraclidae‹ vv. 402 – 409, 1026 – 1044; ›Iphigenia Taurica‹ vv. 1244 – 1258; ›Orestes‹ vv. 591 – 595; ›Electra‹ vv. 971 – 972; ›Ion‹ vv. 81 – 184, 219 – 234, 300, 369 – 380, 404 – 409; Sophocles, ›Electra‹ vv. 33 – 38; ›Oedipus tyrannus‹ vv. 69 – 73, 243 – 245, 707 – 725, 785 – 793; ›Oedipus Coloneus‹ vv. 84 – 90; Aeschylus, ›The Libation Bearers‹ vv. 269 – 296; ›The Eumenides‹ vv. 1 – 63; ›Prometheus Bound‹ vv. 658 – 669, 829 – 834. – Seers: Euripides, ›Hecuba‹ v. 1267; ›Helena‹ vv. 13 – 15; ›Orestes‹ vv. 363 – 367; ›Phoenissae‹ vv. 173 – 174; Sophocles, ›Philoctetes‹ vv. 604 – 621, 1332 – 1334. – Dreams: Seneca, ›Troades‹ vv. 36 – 37; 438 – 460; Ps.-Seneca, ›Octavia‹ vv. 115 – 124, 712 – 739; Euripides, ›Hecuba‹ vv. 52 – 53; ›Iphigenia Taurica‹ vv. 42 – 60; Aeschylus, ›The Libation Bearers‹ vv. 32 – 40, 523 – 334; ›The Persians‹ vv. 176 – 194; ›Seven against Thebes‹ vv. 710 – 711; ›Prometheus Bound‹ vv. 647 – 654. – For the function of oracles in light of their use in Athenian religion, see J.D. Mikalson, Honor Thy Gods. Popular Religion in Greek Tragedy (Chapel Hill 1991) 88 – 92.
29 C. Sourvinou-Inwood, Tragedy and Athenian Religion (New York 2003) 240.
30 For the ambivalent interplay of fate and freewill in Euripides' ›Ion‹, Sophocles' ›Oedipus tyrannus‹, and the post-classical reception of tragedy in the novel and historiography in later antiquity, see Jay, The Tragic in Mark (cf. n. 6) 97 – 100.
31 Elsewhere, only Sophocles uses this in ›Philoctetes‹ where Heracles appears. For ways of counting its use in Euripides, see F.M. Dunn, Tragedy's End: Closure and Innovation in Euripidean Drama (New York 1996) 102 – 103. His own list includes: ›Andromache‹ (Thetis), ›Hippolytus‹ (Artemis), ›Supplices‹ (Athena), ›Electra‹ (Dioscuri), ›Helena‹ (Dioscuri), ›Ion‹ (Athena), ›Orestes‹ (Apollo), ›Bacchae‹ (Dionysus), and ›Iphigenia Taurica‹ (Athena). The ›Rhesus‹ also ends with the appearance of the Muse, but the authorship is disputed. In other plays, there appear semi-divine or inspired figures and heroes who are analogous to the gods *ex machina*: ›Medea‹ (Medea), ›Heraclidae‹ (Eurystheus), ›Hecuba‹ (Polymestor), ›Alcestis‹ (Heracles), ›Hercules furens‹ (Theseus).

to become ἐμφανὴς δαίμων βροτοῖς (»a god manifest to mortals«).[32] Likewise, in the ›Hippolytus‹ the appearance of Aphrodite in the prologue corresponds with that of Artemis *ex machina* at the end. This creates epiphanic symmetry between this pair of sparring goddesses who vow revenge against each other's most ardent devotees.[33] As Francis M. Dunn argues, moreover, the *deus ex machina* is a device that brings closure to the drama. The gods *ex machina* divulge the future of mortal protagonists, whose lives, which contain many more potential dramas, continue beyond the play itself, which thus resists total closure.[34] The foretold future, moreover, is not always bleak and can point to upswings in a protagonist's circumstance, as Athena announces to Ion: εὐδαίμον' ὑμῖν πότμον ἐξαγγέλλομαι (»I announce to you a happy destiny«).[35] In many cases, moreover, the gods issue formal commands to depart, to go, to sail, or to exit, which has the effect of clearing the stage and thus ending the play.[36]

However, in later criticism the *machina* is a device that comes under particular fire. Narratives where forms of divine intervention are introduced to solve dramatic crises appear overly contrived and are thus suspected for being false. Polybius, for instance, criticizes historians who introduce divine intervention into their stories about Hannibal's crossing of the Alps for writing too much like οἱ τραγῳδιογράφοι (»the tragic dramatists«) because αἱ καταστροφαὶ τῶν δραμάτων προσδέονται θεοῦ καὶ μηχανῆς (»the dénouements of the dramas have need of a god and a stage-machine«). Polybius argues that this proves that these historians have constructed narratives that start from false and irrational premises, which reach resolution only by ποιεῖν ἥρωάς τε καὶ θεοὺς ἐπιφαινομένους (»making heroes and gods appear«).[37] In a similarly critical vein, Plutarch censures Themistocles and Lysander for referring to oracles and thus for μηχανὴν αἴρων (»erecting a stage-machine«) in their attempts to persuade their respective auditors. Showing his learned facility with methods of narrative criticism, Plutarch faults Herodotus for introducing into his story of the betrayal of Adeimantus a fast-sailing ship that is οὐρανοπετής (»heaven-fallen«) and thus erecting a

---

32 Euripides, ›Bacchae‹ vv. 1 – 63, 1330 – 1392.
33 Euripides, ›Hippolytus‹ vv. 1 – 57, 1283 – 1439; Dunn, Tragedy's End (cf. n. 31) 87 – 100.
34 For examples, see Euripides, ›Ion‹ vv. 1571 – 1605; ›Bacchae‹ vv. 1330 – 1343; ›Orestes‹ vv. 1625 – 1666; ›Hippolytus‹ vv. 1406 – 1422; ›Helena‹ vv. 1642 – 1679; Dunn, Tragedy's End (cf. n. 31) 64 – 86; also, Jay, The Tragic in Mark (cf. n. 6) 103 – 105. – Aristotle argues that the *machina* in such cases reflects the fact that people generally recognize the gods' ability to see more than mortals and only in this precise sense accepts the *machina*'s role in tragedy (Aristotle, ›Poetics‹ 15, 1454b 1 – 6).
35 Euripides, ›Ion‹ v. 1605; also, somewhat hopeful are ›Orestes‹ vv. 1625 – 1666; ›Helena‹ vv. 1642 – 1679; ›Supplices‹ vv. 1213 – 1226. Perhaps more obvious, though, is that prospects are not always as uplifting as Ion's: Dionysus tells Cadmus of many future perils, while Agave and sisters depart to Thebes to expiate for the murder of Pentheus (›Bacchae‹ vv. 1330 – 1343).
36 For examples, see Euripides, ›Ion‹ vv. 1571 – 1573; ›Orestes‹ v. 1625; ›Iphigenia Taurica‹ v. 1437; ›Electra‹ vv. 1249 – 1250; ›Hippolytus‹ vv. 1313, 1416; ›Supplices‹ vv. 1183 – 1188; Jay, The Tragic in Mark (cf. n. 6) 103.
37 Polybius, ›Histories‹ 3,48,8 – 10; see the translation and commentary on this passage in Mitchell, Origen (cf. n. 1) 223 – 225.

μηχανὴ τραγική (»tragic stage-machinery«), which makes the truth of his account suspect.[38] Lucian has the *machina* in mind when he claims τραγῳδεῖν (»to dramatize tragically«) the death of Peregrinus in part with a reference to a vulture's flying from the pyre to Olympus, which induces an old man to believe that Peregrinus appeared to him in white raiment postmortem.[39] Polybius, Plutarch, and Lucian are tapping into a critique that can be traced to classical writers who also view the *machina* as an illogical device used to salvage badly written plots. Aristotle, for instance, excoriates the *machina* for ruining the necessity and probability that in his view should govern the best tragic plots.[40] In light of this critical literature one may say that the drama of a Christ who comes to die is a story whose very plot requires a divine event *ex machina* to salvage it, if the Christ is to be authentically the Christ. Otherwise, this is simply a story about a person who died claiming falsely to be the Christ. It is thus a plot that has need for there to appear a god to resolve its own complication. The *machina* thus comes to solve this particular crisis with a hopeful prospect by dramatizing, as it does, a shift from adversity to prosperity both for the Christ, who has died and been raised, and for Christ's followers, who can rest assured that death does not detract from Christ's ascendancy.[41]

The pre-Pauline confession can thus be read to evoke several major motifs of Greek tragic drama, viz. reversal, sacrifice, oracles, inexorability, and the *deus ex machina*. Already in this very early phase, the gospel's narrative-poetics cohere with what critics, trained rhetorically in the art of narrative-deconstruction, identify as tragic and hence fictional. To be sure, the overall argument here is a cumulative one; when taken together, these items increase the plausibility that at least some ancient recipients of this narrative, or one like it, may have ascertained it to be deeply tragic in nature. Grasping the tragic poetics of the barebones earliest Christian confession could very well have provided an entry point for critics, who might have seized upon its tragic nature to argue for its implausibility. We know this would happen later, after the several developments that I am about to trace, in the works of Lucian and Celsus. But before we get to these second century critics it is important to see how these same tragic poetics provided an opening for the creators of earliest Christian literary culture,

---

38 Plutarch, ›Life of Themistocles‹ 10,1; Lysias, ›Orations‹ 25,1 – 2; Plutarch, ›Moralia‹ 870C; Herodotus, ›Histories‹ 8,94,1 – 4.

39 Lucian, ›Passing of Peregrinus‹ 39 – 40. For Lucian's polemical use of the terms μηχανή and μηχάνημα, see Karavas, Lucien et la tragédie (cf. n. 3) 215 – 216.

40 Aristotle, ›Poetics‹ 15, 1454a 37–b 8. For other fourth-century critiques, see Plato, ›Cratylus‹ 425d; Antiphanes Frg. 191,13 – 17 (Comicorum Atticorum Fragmenta, ed. Th. Kock. Vol. 2: Novae comoediae fragmenta, Pars 1 [Leipzig 1884]). Sourvinou-Inwood underlines that these testimonies cannot be taken as indicative of how the playwrights and ancient audiences themselves perceived and interpreted the *deus ex machina*. Plato and Aristotle are elite philosophers, and Antiphanes is a comedian whose own genre thrives on exaggeration (Sourvinou-Inwood, Tragedy and Athenian Religion [cf. n. 29] 6 – 9).

41 Aristotle underlines that reversal can swing both ways in tragic drama, from prosperity to adversity or vice versa (Aristotle, ›Poetics‹ 9 – 14, 1452a–1453; 18, 1455b 23 – 35). Examples of the latter include Iphigenia in Euripides' ›Iphigenia Taurica‹ and Oedipus in Sophocles' ›Oedipus Coloneus‹. David Tracy thus correctly writes, »Tragedy does not mean hopeless: half of the Greek tragedies we possess end with hope; half not« (D. Tracy, On Tragic Wisdom, in: H.M. Vroom [Ed.], Wrestling with God and with Evil. Philosophical Reflections [Amsterdam 2007] 13 – 24).

who can be shown to have developed and elaborated them for their rhetorical power and interpretive force. This we know from Paul and Mark, as I shall now demonstrate.

3. Paul

In spite of their liability to charges of fabrication, many writers did construct historical narratives evocative of tragedy in order to tap into its profound rhetorical, emotional, and dramatic power. The very use of tragedy as a method for critiquing historians inadvertently shows that writing such a narrative remained an attractive option. Not only does Polybius, for example, critique Phylarchus for writing in this way, as I have discussed, but he also attacks writers for the way they treat the καταστροφή (»dénouement«) of Hieronymus. They introduce πολλὴ τερατεία (»much talk of marvels«) and divine σημεῖα (»signs«) and emphasize the reversals the Syracusans suffered during his rule.[42] Yet even as Polybius writes with disdain of such historians, elsewhere Polybius affirms such narratives with the one stipulation that they be told of men whose careers call for it. Thus, although writers fictionalize when they emphasize τύχη (»fortune«) and τὸ ταύτης ἀβέβαιον καὶ δυσφύλακτον (»its insecurity and inevitability«) in their accounts of the end of Agathocles and his family, they write truly of other rulers whose lives do warrant τῆς τύχης μνήμη (»mention of fortune«).[43] What is more, Polybius himself writes in an explicitly tragic way of Philip of Macedon, father of Alexander the Great, when he recounts his downfall as a δρᾶμα of revenge, which τύχη ἀναβιβάζουζα ἐπὶ σκηνήν (»fortune brings upon the stage«) to accomplish justice, complete with the Furies and other goddesses of vengeance and punishment.[44] Likewise, Plutarch, whom I have shown to be adept in narrative criticism, nonetheless respects Thucydides, whom he calls »the most excellent of historians,« for masterfully depicting dramatic characters so vividly and emotionally that he makes spectators out of hearers.[45] As I have shown at length elsewhere, Plutarch dramatizes the lives of Demetrius and Antony with several explicit reference to tragic drama, which, in the longer trajectory of literary history, seems to have impressed Shakespeare.[46] The writers who

---

42   Polybius, ›Histories‹ 2,56,8 – 14; 7,7,1. For a discussion of this passage, see C.W. Fornara, The Nature of History in Ancient Greece and Rome (Berkeley 1983) 125 – 134. See also F.W. Walbank, A Historical Commentary on Polybius. Vol. 1: Commentary on Books I–VI (Oxford 1957), who catalogues several passages where Polybius is critical of historians who write pathetically and fabulously in this way (3,47,6 – 48; 3,12; 3,58,9; 10,2,5 – 6; 12,24,5; 15,34,1 – 6; 16,12,7 – 9; 16,14; 16,17,9; 16,18,2; 29,12,1 – 3, 8).
43   Polybius, ›Histories‹ 15,34 – 35.
44   Polybius, ›Histories‹ 23,10 – 11. R. Doran thus correctly remarks, »Polybius, the most anti-tragic of all, wrote emotionally and tragically« (R. Doran, 2 Maccabees and »Tragic History«, Hebrew Union College Annual 50, 1979, 107 – 114 at 109); cf. Walbank, who recognizes Polybius's »own concession to this style of composition« (A Historical Commentary, Vol. 1 [cf. n. 42] 260).
45   Plutarch, ›Moralia‹ 347 A; for discussion, see Fornara, The Nature of History (cf. n. 42) 128 – 129.
46   Jay, The Tragic in Mark (cf. n. 6) 28 – 39. For Plutarch's influence on Shakespeare, see ›Shakespeare's Sources‹, in the appendix to W. Shakespeare, Antony and Cleopatra. Ed. by D. Bevington (New York 1988) 144 – 177.

deconstruct the narratives of historians with whom they disagree for being overly tragic and therefore false nonetheless write narratives of this kind when their own rhetorical and narrative ends require it. The evocation of tragic drama in later narrative literature thus constitutes a pliable rhetorical tool, which an author may wield either for critique or for invention.[47]

It should not, therefore, be surprising that Paul ascertains at least aspects of the pre-Pauline narrative confession to be evocative of tragic drama and proceeds, not to mute, but to amplify its tragic possibilities, particularly in his critique of factionalism at Corinth in his first letter to the Christ-followers there in 1 Cor 1 – 4. In terms of genre, Paul, of course, is not writing narrative literature, but a sophisticated letter designed rhetorically to address concrete complications at Corinth. Paul thus does not elaborate the entire Christ-story in the direction of a comprehensive narrative that may be analyzed for its evocation of tragic drama. For that development, one will have to wait for Mark, as I shall show. What one can analyze instead is how Paul alludes to the gospel narrative and integrates certain discreet episodes in order to bolster particular arguments. Margaret M. Mitchell has lucidly demonstrated how Paul uses shorthand references in order to deploy the gospel narrative, or more targeted episodes within it, as a warrant in his argumentation.[48] First, Paul employs technical terms that encapsulate the whole story, such as τὸ εὐαγγέλλιον (1 Cor 4:15; 9:12, 14, 18, 23; 15:1), τὸ κήρυγμα (1 Cor 1:21; 2:4; 15:14), and ὁ λόγος (1 Cor 1:18; 2:4; 14:36; 15:2). When Paul uses these terms, he assumes that his audience is well familiar with the narrative content to which they point. He thus has no need to reiterate the narrative at length. Mitchell demonstrates that this strategy relies on ancient rhetorical theory on tropes, where orators learn the power of βραχυλογία (»brevity«), viz. the art of expressing, and compressing, a considerable expanse of thought in a single word.[49] Second, Paul refers selectively to a single part of the whole gospel narrative, particularly to that piece of the gospel that he needs to leverage in order to sustain his precise line of argumentation. Mitchell shows that this strategy is consistent with another rhetorical trope, viz. συνεκδοχή (»synecdoche«), where an orator evokes the whole by reference to one of its parts.[50] Even though Paul might select one of its parts to emphasize in a particular context, the whole gospel narrative is nonetheless thereby implied.

One particular example of Paul's shorthand references to the gospel narrative is important for our purposes, viz. his reference to ὁ λόγος τοῦ σταυροῦ (»the word of the

---

47 I have shown this to be the case in other elite literary figures, who are capable of both critiquing and composing tragic narratives: Dionysius of Halicarnassus, Lucian, Josephus, and Philo (Jay, The Tragic in Mark [cf. n. 6] 49 – 70, 138 – 176).
48 Mitchell, Rhetorical Shorthand (cf. n. 10) 63 – 88.
49 Mitchell, Rhetorical Shorthand (cf. n. 10) 65 – 66; for βραχυλογία, Mitchell cites Quintilian, ›Institutes of Oratory‹ 9,1,5; Ps.-Aristoteles, ›Rhetorica ad Alexandrum‹ 22, 1434b; Ps.-Demetrius, ›On Style‹ 1,9.
50 Mitchell, Rhetorical Shorthand (cf. n. 10) 66 – 67; for συνεκδοχή, which Mitchell shows to be a subcategory of βραχυλογία, she cites Ps.-Cicero, ›Rhetorica ad Herennium‹ 4,33,44; Quintilian, ›Institutes of Oratory‹ 8,6,19; for examples, she refers to the handbooks on style collected in: Rhetores Graeci ex recognitione L. Spengel. Vol. III (Leipzig 1856).

cross«) in 1 Cor 1:18, for it is here that Paul leverages the tragic poetics of the confession in order to respond to Corinthian factionalism. This phrase can be dissected in terms of both βραχυλογία, in so far as ὁ λόγος compresses the content of Paul's original proclamation to the Corinthians into a single word, and συνεκδοχή, in so far as τοῦ σταυροῦ references a singular event, zooming into the crucifixion, but also thus implying the narrative as a whole. This particular reference conjures forth the reversal expressed by the phrase Χριστὸς ἀπέθανεν (»Christ died«) in the pre-Pauline narrative in 1 Cor 15:3. Paul cites this event to ground the argument in 1 Cor 1:17 – 2:5 with repeated shorthand references: in 1:23 κηρύσσομεν Χριστὸν ἐσταυρωμένον (»we proclaim Christ crucified«) and in 2:2 Ἰησοῦν Χριστὸν καὶ τοῦτον ἐσταυρωμένον (»Jesus Christ and this man crucified«). In the argument contained in 1:17 – 2:5 Paul deploys this precise episodic gospel nugget to counteract Corinthian boastfulness and self-confidence in what they claim to be their superior wisdom and power.[51] Paul diagnoses this as the underlying cause of the Corinthian in-fighting, which Paul has articulated as his chief concern in 1:10 – 16, where he admonishes the group to find unity (1:10).[52] In this context »Christ crucified« establishes a new standard for effecting a reversal of values, where foolishness is elevated over human wisdom and weakness over strength (1:17 – 25). Above all, God's power shows up and is far superior to limited human knowledge and strength (1:18, 25). To Corinthian self-importance, therefore, Paul opposes the humbled Christ, which Paul claims to have mimicked in his own initial apostolic preaching at Corinth, where he came »not with an abundance of rhetoric and wisdom« and »not in persuasive words of wisdom,« but »in weakness and in fear and in great trembling« (2:1 – 5). Paul cites this lowly and unassuming apostolic self-image to provide an example to the Corinthians, who will do well to embrace this style of humility if they are to quell the tide of factionalism. Ultimately, therefore, through skilled use of rhetorical shorthand Paul grounds this apostolic self-effacement in the poetics of the original gospel narrative, viz. »Christ crucified.«

Later in 1 Cor 4:9 this apostolic drama of suffering and humility plays out explicitly in the theater, to which Paul refers metaphorically in 4:9: »For I suppose, God has displayed us apostles last, as those condemned to death, for we have become a theater [θέατρον] to the world and to angels and to human beings« (4:9). As Mitchell argues, metaphors such as this also function as a figure in βραχυλογία, for metaphors have the power to transfer the content

---

51 For the analysis of the term in its rhetorical context, see Mitchell, Rhetorical Shorthand (cf. n. 10) 70 – 71; also, Nielsen, The Cross on the Way To Mark (cf. n. 12) 288 – 289, who is likewise tuned in to Paul's synecdochical rhetoric, even if (apparently independent of Mitchell's analysis, which he does not cite) he does not name it as such: »Paul's interpretation of the cross presupposes an understanding of Christ as the one who is being crucified. It is essential to Paul's argument that Christ is understood as a divine being« (ibid., 288).
52 For an interpretation of the whole of 1 Corinthians as a deliberative argument designed to promote harmony in Corinth, see M.M. Mitchell, Paul and the Rhetoric of Reconciliation. An Exegetical Investigation of the Language and Composition of 1 Corinthians (Tübingen 1991).

of the gospel and its effects into a singular image.[53] Like other metaphors in 1 Corinthians,[54] Paul succinctly replays (as in 2:1 – 5) his own initial apostolic arrival and preaching in Corinth as a theatrical show. He again inflects the original apostolic drama with suffering and humility mirroring the crucified Christ's. In 4:10 he specifies that the apostles are μωροί (»fools«), ἀσθενεῖς (»weak«), and ἄτιμοι (»dishonored«), which are qualities Paul embraces, since they are διὰ Χριστόν (»for Christ«). Paul leverages this vivid drama of apostolic humility, rooted as it is in Christ's own suffering, against Corinthian conceits. Ironically, he quips that in contrast the Corinthians are φρόνιμοι (»wise«), ἰσχυροί (»strong«), and ἔνδοξοι (»honorable«). In 4:8 this irony is most pronounced, when Paul praises the Corinthians for their supposed fullness, royalty, and wealth, which Paul only wishes he could share, though he cannot, because of his apostolic responsibility to manifest the crucified Christ's humility to the world. As Courtney J. P. Friesen has cogently argued, Paul thus emphasizes reversal: wisdom, strength, and honor give way to their opposite in the apostolic and Christ-following life. In this sense, Paul's metaphor of the theater elicits the reversals of tragic drama which so often played out there.[55] What is more, reversals in tragic drama several times hinge precisely on the interplay between wisdom and foolishness, which is clearly at stake throughout the whole of 1 Cor 1 – 4. Friesen traces this, for example, in the ›Bacchae‹, where both wisdom and foolishness are ambiguously poised. Pentheus confuses one for the other when he refuses to countenance Dionysus and his dangerously disruptive cult.[56] Friesen highlights that Euripides and Paul both frequently employ cognates of σοφία, μωρία, and φρονεῖν. This is also true, as Friesen shows, with Sophocles' ›Oedipus tyrannus‹, which hinges on Oedipus' intrepid search for wisdom. Much like what Paul writes of the Corinthians, Friesen insightfully comments, »in his self-assured intelligence, Oedipus turns out in fact to have been the fool. As a result, his claim to the throne is nullified, and he is reduced to a spectacle of dishonor, shame, and humiliation.« In both plays, moreover, Pentheus and Oedipus experience reversals of status. This also plays an important role in Paul's argument, as he seeks to deflate Corinthian claims to honor, kingship, and wealth (4:8, 10), which are not

---

53 Mitchell, Rhetorical Shorthand (cf. n. 10) 68 – 69; for μεταφορά, Mitchell cites Aristotle, ›Rhetoric‹ III, 2, 1404b 37 – 1405b 21; Ps.-Cicero, ›Rhetorica ad Herennium‹ 4,34, 45; Cicero, ›Orator‹ 27,92; Cicero, ›De oratore‹ 3,39, 158; Ps.-Demetrius, ›On Style‹ 2,78 – 90; Tryphon, ›ΠΕΡΙ ΤΡΟΠΩΝ‹ 1,1 (Spengel, Rhetores Graeci III [cf. n. 50] 191 – 192).
54 Mitchell discusses several metaphors in 1 Cor 3:1 – 2, 6 – 9, 9 – 17; 4:15; 9:7, 11, 17 (Mitchell, Rhetorical Shorthand [cf. n. 10] 74 – 75), but she does not include the theater as a metaphor in 4:9.
55 C.J.P. Friesen, Paulus Tragicus: Staging Apostolic Adversity in First Corinthians, Journal of Biblical Literature 134, 2015, 813 – 832. For the performance and study of Greek tragic drama in the Greek east during the Roman period, see ibid., 815 – 818; Jay, The Tragic in Mark (cf. n. 6) 25 – 28; C.P. Jones, Greek Drama in the Roman Empire, in: R. Scodel (Ed.), Theater and Society in the Classical World (Ann Arbor 1993) 39 – 52; Karavas, Lucien et la tragédie (cf. n. 3) 219 – 228; R. May, Apuleius and Drama. The Ass on Stage (Oxford 2006) 16 – 25.
56 For evocations of the ›Bacchae‹ in the ›carmen Christi‹ in Philippians, see M.B. Cover, The Death of Tragedy: The Form of God in Euripides's ›Bacchae‹ and Paul's ›Carmen Christi‹, Harvard Theological Review 111/1, 2018, 66 – 89.

consistent with the status of the majority of the Christ-followers in Corinth (1:26) nor with the apostolic drama of staged suffering.[57]

Scholars, moreover, have focused particular attention on Paul's specification that in the theater the apostles are, in addition, ὡς ἐπιθανάτιοι (»as those condemned to death«). Paul's theatrical metaphor is thus to some degree open-ended, for it triggers a range of possible resonances with spectacles that feature criminal executions, including *ad bestias*, *crematio*, crucifixion, gladiatorial combats, triumphal processions, and, based on the central motif of foolishness in 1 Cor 1 – 4, mime performance.[58] Of interest in connection with the motif of reversal are what Kathleen M. Coleman calls »fatal charades« wherein costumed criminals reenact myths that climax in their executions.[59] As Coleman shows, such charades are scripted to surprise audience expectations. For instance, Martial attests to a criminal costumed as Orpheus who fails by his music to tame the beasts who devour him.[60] Plutarch describes criminals dressed as kings who initially appear ὡς μακάριοι (»as happy men«), but contrary to their role are subsequently whipped and burned.[61] The entertainment value of these charades thus often hinges precisely on the intervention of these abrupt plot-reversals. What is important, moreover, is that the line between staged drama and spectacle execution is thereby blurred. Paul's own spectacle of death in the theater in 1 Cor 4:9 is undoubtedly one featuring surprising and dramatic reversals such as those that characterize these »fatal charades«. Here we have a God-appointed ἀπόστολος (cf. 1 Cor 1:1) who is ὡς ἐπιθανάτιος. What is more, the Corinthians might rule, but he cannot (4:8); like kings, moreover, they might possess honor and strength, but he the opposite (4:10).

As I have emphasized, behind all of this lies the fundamental plotline of the primitive narrative confession. In other words, the very nature of the poetics of the pre-Pauline confession grounds Paul's turn to reversal, the theater, and tragedy in 1 Cor 1:17 – 2:5 and 4:8 – 13. As Friesen cogently discusses, commentators on 1 Cor 4:9 routinely cite Stoic

---

57 Friesen, Paulus Tragicus (cf. n. 55) 827 – 831 at 830.
58 For helpful surveys, see V.H.T. Nguyen, The Identification of Paul's Spectacle of Death Metaphor in 1 Corinthians 4.9, New Testament Studies 53, 2007, 489 – 501; V.H.T. Nguyen, God's Execution of His Condemned Apostles. Paul's Imagery of the Roman Arena in 1 Cor 4,9, Zeitschrift für die neutestamentliche Wissenschaft 99, 2008, 33 – 48; also, Friesen, Paulus Tragicus (cf. n. 55) 821 – 823, who is correct to emphasize the indeterminate nature of Paul's metaphor here and argues that the distinction between theater and amphitheater should be taken into consideration, since many of the executions listed here occurred mostly in the latter. For the identification with mime performance, see L.L. Welborn, Paul, the Fool of Christ. A Study of 1 Corinthians 1 – 4 in the Comic-Philosophic Tradition (London 2005) 56 – 57 (see the critique by Nguyen, Identification, 493 – 494). For an overview of executions in theatrical venues, see D.G. Kyle, Spectacles of Death in Ancient Rome (London 1998); for Christian martyrdoms in the theater, see D. Potter, Performance, Power, and Justice in the High Empire, in: W.J. Slater (Ed.), Roman Theater and Society (Ann Arbor 1996) 129 – 159.
59 K.M. Coleman, Fatal Charades. Roman Executions Staged as Mythological Enactments, The Journal of Roman Studies 80, 1990, 44 – 73.
60 Martial, ›Liber spectaculorum‹ 21; Coleman, Fatal Charades (cf. n. 59) 62 – 63.
61 Plutarch, ›Moralia‹ 554B; for discussion, see Coleman, Fatal Charades (cf. n. 59) 60; Jay, The Tragic in Mark (cf. n. 6) 244 – 246; also, J. Marcus, Crucifixion as Parodic Exaltation, Journal of Biblical Literature 125, 2006, 73 – 87, esp. 82.

literature, where writers employ theatrical metaphors for their own displays of virtue and courage when confronting ill-fortune as well as death.[62] Friesen adds that Stoics also often reference tragic drama in particular in order to encourage students to adopt appropriate attitudes toward difficulties in life.[63] I agree with Friesen that these motifs in Stoic literature go a long way in clarifying why Paul would employ the theatrical metaphor in 1 Cor 4:9 and how it might be received by some of his recipients.[64] I would add, however, that the main reason for Paul's use of the theatrical metaphor lies much closer to home, viz. in the poetics of the pre-Pauline gospel. Paul inherited the plotline of reversal in the assertion that Christ died (15:3). It is this narrative-episode that Paul accesses rhetorically through shorthand citations of the crucified Christ in order to bolster his argument in these passages. Paul thus carries over the reversal suffered by Christ into his own apostolic image and opposes this to the inflated self-conceit of Corinthians who are torn by factional disputes. Paul, moreover, amplifies this notion of reversal, explicitly evoking the reversals of tragic drama when he imagines his apostolic humility playing out in the theater in 4:9. Paul's inclination to use this theatrical metaphor is also likely motivated by the original poetics of Christ's death, since crucifixion is a form of spectacle execution in the Roman world,[65] as Paul explicitly recognizes when he writes to the Galatians that he presented the crucified Christ »before [their] eyes« (Gal 3:9). It is the crucifixion of Christ *qua* spectacle that spurs Paul's turn to the theater metaphor. If his suffering is on display, this is yet another way Paul mirrors Christ and thus manifests him to the world. The spectacle-nature of apostolic suffering allows Paul still more effectively to mirror Christ, whose suffering also unfolded theatrically.[66] Evidently, Paul ascertains the theatrical and tragic potentialities of the gospel narrative, which he claims to have received (15:3), and carries them over into his own self-understanding as the suffering apostle whose task is to manifest the Christ who died.[67]

Paul has not yet developed the poetics of the underlying confession into a full-fledged tragic narrative of the Christ. Rather he taps into the embryonic tragic poetics of the confession in a way that is partial, zeroing in on and embellishing that moment of tragic reversal that suits his own argumentative intervention in the Corinthian context. It is not long after Paul wrote, however, when the author of the first extant gospel amplifies the poetics of the condensed *kerygma* in a fully drawn out gospel narrative.

---

62 Seneca, ›de providentia‹ 2,9; ›Epistulae morales‹ 64,4 – 6; Epictet, ›Discourses‹ 2,19,25; 3,22,59; ›Enchiridion‹ 17; Cicero, ›de senectute‹ 2,5.
63 Epictet, ›Discourses‹ 1,4,26; 1,24,15 – 18.
64 Friesen, Paulus Tragicus (cf. n. 55) 823 – 827.
65 See Jay, The Tragic in Mark (cf. n. 6) 251 – 256; Marcus, Crucifixion (cf. n. 61) 73 – 87.
66 See also in this direction, Nguyen, God's Execution (cf. n. 58) 44, who writes in this regard of Paul »cruciform identity« (ibid., 47), which is also a paradigm for Corinthians to imitate (1 Cor 4:16; 11:1).
67 For Paul's own body as an epiphanic medium of the crucified Christ, with particular attention to Gal 3:9, see M.M. Mitchell, Epiphanic Evolutions in Earliest Christianity, Illinois Classical Studies 29, 2004, 183 – 204.

4. Mark

Throughout the gospel later ascribed to »Mark,« who wrote ca. 70 C.E., the motifs and moods of tragic drama are so extensive that none of the plotlines remains untouched. The stories of John the Baptist, the disciples, and Jesus are all profoundly tragic stories, as I have demonstrated elsewhere.[68] Mark is thus an adept writer who takes his place among the many other ancient authors who composed tragic narratives to great effect. But here, due to constraints of space, I shall focus my analysis more narrowly on how Mark carries forward and embellishes aspects of the tragic as they are already integrally rooted in the grammar of the barebones pre-Pauline gospel plotline as such. Mark incorporates several short summaries of the basic *kerygma* into his gospel (8:31; 9:31; 10:33 – 34), each of which reproduces the basic concepts, storyline, and terminology of the pre-Pauline gospel in 1 Cor 15:3b–5.[69] But Mark embeds each of them with retrospect (and anachronism) into the teaching of Jesus himself, when he predicts his own passion to his disciples, first in 8:31:

Καὶ ἤρξατο διδάσκειν αὐτοὺς ὅτι δεῖ τὸν υἱὸν τοῦ ἀνθρώπου πολλὰ παθεῖν καὶ ἀποδοκιμασθῆναι ὑπὸ τῶν πρεσβυτέρων καὶ τῶν ἀρχιερέων καὶ τῶν γραμματέων καὶ ἀποκτανθῆναι καὶ μετὰ τρεῖς ἡμέρας ἀναστῆναι.

And he began to teach them that it is necessary for the son of man to suffer many things and to be rejected by the elders and the chief priests and the scribes and to be killed and after three days to rise.

As in 9:31 and 10:33 – 34, this condensed gospel tidbit concentrates on Jesus' necessary death and resurrection.[70] Of course, in this summary Jesus flushes out several discreet episodes of his own, each of which anticipates what will happen in the passion in Mark 14 – 16: in 8:31 Jesus details the role the Jewish authorities play in his execution; in 10:33 he adds that the authorities will deliver Jesus to the gentiles, who will kill Jesus after mocking and whipping

---

68 Jay, The Tragic in Mark (cf. n. 6) 179 – 269. Previous accounts of the relationship between Mark and tragic drama include: G.G. Bilezikian, The Liberated Gospel. A Comparison of the Gospel of Mark and Greek Tragedy (Grand Rapids/MI 1977); S.H. Smith, A Divine Tragedy. Some Observations on the Dramatic Structure of Mark's Gospel, Novum Testamentum 37, 1995, 209 – 231; and B. Standaert, L'Évangile selon Marc: composition et genre littéraire (Brugge 1978). These authors are all overly dependent on Aristotle's ›Poetics‹ as the yardstick for measuring Mark's relationship with tragedy. None of them, for example, discusses the important developments in ancient narrative criticism, nor are they aware of the way Mark leverages the tragic poetics of the pre-Pauline confession; for a full critique of these scholars, see Jay, The Tragic in Mark (cf. n. 6) 15 – 24.
69 For Mark's Paulinism, which my argument here supports, see the seminal essay by J. Marcus, Mark – Interpreter of Paul, New Testament Studies 46, 2000, 473 – 483 (I shall cite the reprint, which has a few updates, in: Becker – Engberg-Pedersen – Müller, Mark and Paul [cf. n. 10] 29 – 49).
70 For the close relationship between Mark and Paul in the way they conceive of the core gospel narrative, which converges on their common (and distinctive) use of the noun εὐαγγέλιον, see Theissen, »Evangelium« (cf. n. 10) 63 – 86.

him. Despite the presence of these details that are lacking in 1 Cor 15:3b – 5, the tragic poetics of the original gospel plotline are all clearly present also in these epitomized prophecies in embryonic form. As I shall show, Mark carries this tragic grammar forward and further develops and embellishes all its aspects in the earliest extant passion narrative in Mark 14:1 – 16:8, where reversal, oracular necessity, sacrifice, and the *deus ex machina* all play important roles.

The »son of man« who must »suffer many things« in 8:31 evokes the motif of reversal, which resounds strongly throughout Mark. Like Paul before him, Mark clearly ascertains the downfall inherent in the notion of the crucified Christ to be central to this story. The supernatural ascendency to which Mark promotes Jesus is evident already in 1:1, where Mark gives Jesus the epithets χριστός and possibly »son of God«.[71] As Mark's prologue unfolds, Jesus accumulates prestige when the spirit descends upon him at his baptism and a heavenly voice declares, »my son, the beloved« (1:10 – 11). Mark's extensive account of Jesus' pre-passion career elevates him still further by portraying his power to heal (1:42 – 43; 2:11 – 12; 3:5, 10; 5:21 – 43; 6:5, 54 – 56; 7:32 – 35; 8:22 – 25; 10:52), to exorcize demons (1:39; 3:11; 5:1 – 13; 7:29; 9:17 – 27), and to teach with authority (1:39; 2:18 – 28; 3:23 – 29, 34; 4:1 – 34; 6:34; 7:6 – 23; 8:31, 34 – 38; 9:1, 12 – 13, 31 – 50; 10:1 – 45; 12:1 – 13:37). But soon this exalted figure is subject to steep reversals, dying as he is on the cross in 15:24 – 37. The Christ and son of God announced in 1:1 hangs crucified in 15:34 crying out to the *deus absconditus*: »My God, my God, why have you forsaken me?« The spectators who mock Jesus explicitly draw attention to this stark contrast. The chief priests and scribes recall his miracles, »he saved others«, but undercut this fact by contrasting his present plight, »he is not able to save himself« (15:31). They mockingly cite his august epithets, »the Christ, the king of Israel«, only to pit them against his current plight, »let him descend now from the cross« (15:32).[72] Mark thus inscribes reversal into the language of the passion by drawing attention to oppositions such as these. In 16:6 the messenger at the empty tomb encapsulates the entire Markan narrative in seven words, which concisely articulate the tragic poetics that animate

---

71 The words υἱὸς θεοῦ in 1:1 are missing in some MSS. Its removal was likely due to scribal error by homoeoteleuton, which may have occurred especially if a scribe was dealing with *nomina sacra*; see T. Wasserman, The ›Son of God‹ Was in the Beginning (Mark 1:1), The Journal of Theological Studies 62, 2011, 20 – 50; also leaning in this direction is B.M. Metzger, A Textual Commentary on the Greek New Testament. A Companion Volume to the United Bible Societies' Greek New Testament (Fourth Revised Edition) (Stuttgart ²2002) 62.
72 Jesus is thus another fallen king, whose royalty is emphasized throughout the passion narrative (11:10; 12:35 – 37; 14:61 – 64; 15:2, 9, 12, 18, 26, 32). The king who suffers reversal is quite prominent not only in the tragic dramas, but also in narratives that can be classified as tragic according to the dictates of ancient narrative criticism: Plutarch, ›Life of Demetrius‹ 18,3; 34,4; 41,3 – 5; 44,6; 51,1 – 3 (Demetrius); ›Life of Antony‹ 54,3 – 6 (Antony); ›Life of Aemilius Paulus‹ 33,5 – 34,2 (Aemilius); Polybius, ›Histories‹ 23,10,11 (Philip); Diodorus Siculus, ›Historical Library‹ 16,87,1 – 3 (Philip); Dionysius of Halicarnassus, ›Roman Antiquities‹ 5,3,2 (Tarquinius); 2 Macc 9:8 – 15 (Antiochus IV); 3 Macc 2:21 – 22; 5:11, 28; 6:16 – 21 (Philopater); Flavius Josephus, ›Jewish Antiquities‹ 15,241, 243, 373 – 379; 16,188; 17,150, 168, 170 (Herod). For the identification of these narratives as tragic, see Jay, The Tragic in Mark (cf. n. 6) 28 – 44, 49 – 62, 118 – 134, 151 – 156.

this story as one of reversal: Ἰησοῦν ζητεῖτε τὸν Ναζαρηνὸν τὸν ἐσταυρωμένον· ἠγέρθη (»It is Jesus you are seeking, the one from Nazareth, the crucified one. He was raised«). The messenger specifies the toponym, ὁ Ναζαρηνός, which evokes the whole first part of Mark's story and the very place where Jesus had his greatest success, but only to underscore the steepness of his fall with the next words, ὁ ἐσταυρωμένος, which explicitly carries over Paul's own synecdochical shorthand in 1 Cor 1:23 and 2:2 and clearly draws Mark into the sphere of Paulinism.[73] But prospects rise as suddenly as they fall, with the messenger's next words, »He was raised.« The messenger utters this as he gestures toward the evidence: »he is not here,« for the body's absence contrasts with its burial only two days earlier, »See the place where they put him« (16:6).[74] Reversals thus swing both ways for this Christ, whose story is full of dramatic ups and downs, as Mark recapitulates so concisely at the very end of his story.

Although the motif of sacrifice is not present in the formal passion predictions of 8:31, 9:31, and 10:33 – 34, Mark also puts this motif anachronistically into the mouth of Jesus in 10:45, where Jesus reminds James and John what he has told them about his fate in 10:33 – 34, viz. that he has come »to give his life,« but here he explicitly calls this a λύτρον ἀντὶ πολλῶν (»ransom for many«). This language parallels that used in 4 Maccabees to describe the martyrdom of Eleazar, the seven brothers, and their mother as a sacrifice, as I have discussed above. Their deaths are termed an ἀντίψυχον τῆς τοῦ ἔθνους ἁμαρτίας (»ransom for the nation's sin«). Elsewhere in Mark 14:24, during the last supper Jesus refers to his αἷμα (»blood«) as ἐκχυννόμενον ὑπὲρ ὑμῶν (»shed for you«), which also parallels 4 Maccabees, where it is διὰ τοῦ αἵματος τῶν εὐσεβῶν (»through the blood of the pious«) that God preserves the Jewish nation.[75] The atonement-language of both Mark and 4 Maccabees comes from the Septuagint, to be sure, but the motif of sacrificial death joins other features in both narratives that imbue them with a decisively tragic flavor.[76]

---

73 Also, Paul uses this term in Gal 3:1. Elsewhere in the New Testament, the perfect passive participle ἐσταυρωμένος is found only in Matt 28:5, which is dependent on Mark. Before Paul the term in perfect passive appears nowhere in Greek literature (not even in the pre-Pauline confession in 1 Cor 15:3b, which has Χριστὸς ἀπέθανεν). There are after all several Greek terms for crucifixion (e. g., ἀνασκολοπίζω and ἀνασταυρόω), and these are the terms used in Greek literature before Paul in the passive or perfect passive. These facts underline Mark's closeness to Paul when Mark employs in 16:6 what it is evidently a precise Pauline technical term. For this argument, see T.K. Heckel, Der Gekreuzigte bei Paulus und im Markusevangelium, Biblische Zeitschrift 46, 2002, 190 – 204, esp. 195 – 196; also helpful here is C.C. Black, Christ Crucified in Paul and in Mark. Reflections on an Intracanonical Conversation, in: E.H. Lovering – J.L. Sumney (Eds.), Theology and Ethics in Paul and His Interpreters. Essays in Honor of V.P. Furnish (Nashville 1996) 184 – 206.

74 For the remarkable overlap between the narrative summary of Mark 16:6 – 7 and 1 Cor 15:3b–5, see Theissen, »Evangelium« (cf. n. 10) 78 – 79: Christ died (1 Cor 15:3b)//Jesus of Nazareth the crucified one (Mark 16:6); was buried (1 Cor 15:4a)//see the place where they put him (Mark 16:6); he appeared (1 Cor 15:5a)//you will see him (Mark 16:7); to Cephas and the twelve (1 Cor 15:5b)//his disciples and Peter (Mark 16:7). This has been recognized already by R. Pesch, Das Markusevangelium. Vol. II: Kommentar zu Kap. 8,27 – 16,20 (Freiburg 1977) 533; also, J. Gnilka, Das Evangelium nach Markus. Vol. II: Mk 8,27 – 16,20 (Zürich 1979) 339.

75 4 Macc 6:28 – 29; 12:17; 17:20 – 22; 18:4.

76 Exod 13:13 – 16; Lev 25:47 – 55; Isa 43:1, 14; 44:22 – 24; 52:3. For other tragic motifs in 4 Maccabees, see Jay, The Tragic in Mark (cf. n. 6) 134 – 138.

Another of these features is evident in 8:31, where Jesus underscores the inexorability governing these reversals with the word δεῖ (»it is necessary«). This word functions exactly like κατὰ τὰς γραφάς in the pre-Pauline confession in 1 Cor 15:3 – 4, for here too the necessity is governed by the prior foretelling of all this in the Septuagint (cf. 9:12; 14:21, 49). In Mark's other passion predictions, the present passive παραδίδοται (»is handed over«) in 9:31 and the future passive παραδοθήσεται (»will be handed over«) in 10:33 similarly elicit a sense of imminence and finality. What is more, the passion predictions themselves are oracular, since what Jesus utters in this text always comes true. Not only do they create suspense for narratees, but, together with other anticipations of Jesus' fate (2:19 – 20; 3:6, 10), they drive the entire narrative forward under the shadow of impending doom. The passion narrative, which narrates the fulfillment of these prophecies, is itself held tightly together by the recurrent pattern of prophecy-fulfilment. For example, Jesus interprets it to be a symbolic prophetic action when the woman pours myrrh over his head and thus prepares his σῶμα (»body«) for burial (14:8). Later Joseph's request for the σῶμα (»body«) of Jesus and its placement in a tomb (15:43, 45 – 46) realize this prophetic action. Also, Jesus foresees in 14:18 – 20 specifically that »one of the twelve« will betray him, and in 14:33 Judas, who is »one of the twelve«, arrives in Gethsemane to do this. In 14:27 Jesus warns the disciples, »all of you will be tripped up,« and in 14:50 »all« of them flee upon Jesus' arrest. And in 14:30 Jesus foretells to Peter that he will betray him three time before the cock crows twice, which subsequently happens; in 14:72, Peter remembers Jesus' prediction. Overall, this pattern introduces an oracular superabundance, which is frequently associated with tragedy in later narrative criticism. It is also a motif that grows out of the poetics of the original kerygma where, as in 8:31, the emphasis falls squarely on the necessity of these events in light of scriptural predictions.

For this plot to make sense, however, there is need for a *deus ex machina*. This is evident in 8:31, where a Christ who suffers, is rejected, and dies represents a plot-progression that is contradictory by its very nature. The paradox of a rejected messiah is precisely what provokes Peter to misunderstanding in 8:32.[77] But in 8:31 this unexpected narrative-complication is rescued by the resurrection, which Mark announces again and develops in 16:1 – 8 as the story of the empty tomb. This narrative mimics the *deus ex machina*, not only in general, in that the story rescues the plot, but also in five more formal details. First, in tragic drama the mortal protagonists feel fear and shock when they first catch sight of the god, who in some cases seeks to reassure them.[78] In Mark the narrator specifies the women's shock and fright

---

[77] The general pattern after each passion prediction is that the disciples exhibit total lack of comprehension. In 9:32 Mark expressly writes, »they did not understand the saying,« which is evident in their behavior in 9:33, where these disciples of a Christ who has predicted his own death go on to debate which of them is the greatest. Likewise, James and John respond to the third passion prediction in 10:35 – 37 by asking the Jesus who just announced his imminent suffering whether they can sit at his right and left in his glory.

[78] In one of many examples, Ion exclaims, »Ah! What goddess shows her bright face suspended above the fragrant temple?« This prompts Athena, who is the goddess who appears, to calm Ion, who is ready to run away, for she is »not hostile« but »well-disposed« (Euripides, ›Ion‹ vv. 1549 – 1554); also, ›Rhesus‹ vv. 885 – 890; ›Electra‹ vv. 1233 – 1237; and ›Andromache‹ vv. 1226 – 1231.

(16:5, 8), and the messenger in 16:6 tries (albeit unsuccessfully) to put the women at ease. A second recurrent feature of the *ex machina* scenes in tragic drama is that each of the gods promptly identify themselves and, if necessary, cite their credentials, which underline their authority.[79] In Mark the narrator identifies this figure in the tomb who appears to the women as a νεανίσκος (»young man«), and shores up his authority by drawing attention to his white – and supernatural – uniform in 16:5 (cf. Jesus' clothes in the transfiguration in 9:3).[80] Certainly, this heavenly youth dressed in white plays a subordinate role in the cosmic hierarchy in a way that is much like the Dioscuri *ex machina* in the tragedies.[81] This youth in Mark is definitely below God and Jesus, yet is still sufficiently authoritative to issue orders that are to be obeyed, which is the third recurrent feature of the *machina* scenes. The gods or demigods establish their authority in order to issue a variety of commands, which entail frequent imperatives throughout their speeches.[82] The heavenly figure in the tomb fully employs his power when he addresses several imperatives to the women in 16:6 – 7: »Do not be amazed«; »Go«; »Tell!« Fourth, the gods *ex machina* are knowledgeable of the future that is in store for the mortal protagonists, and so prophecy is an integral component of what these gods have to divulge.[83] In Mark the divine figure is well aware of what is supposed to happen in the future, and he divulges this to the women. Peter and the disciples will see Jesus in Galilee, which is a reliable statement, for Jesus himself had told them as much before his arrest in 14:28. The fifth feature of the *machina*-scene is the compliance of mortals, who sometimes question or protest the ordained future, and the fact that fate is fate alone induces obedience.[84] The women at the tomb are initially non-compliant, for they flee out of sheer

---

79 In the ›Ion‹, for example, Athena names herself, with her epithet »Pallas,« then clarifies her special concern for Ion as the goddess who is named after Ion's land and sent by the very Apollo who is Ion's father and before whose temple the action is taking place (Euripides, ›Ion‹ vv. 1555 – 1556). For other examples of deities *ex machina* naming and authorizing themselves, see Euripides, ›Bacchae‹ vv. 1340 – 1347; ›Orestes‹ v. 1626; ›Hippolytus‹ v. 1285; ›Iphigenia Taurica‹ v. 1436; ›Supplices‹ v. 1183; ›Andromache‹ vv. 1231 – 1232; for discussion of such gestures of authority, see Dunn, Tragedy's End (cf. n. 31) 29 – 32.
80 Cf. 2 Macc 3:23 – 27, where the term νεανίαι is used for two otherworldly beings of extreme beauty who intervene to stop Heliodorus from raiding the temple's treasury.
81 The authority-motif is particularly striking in the case of the Dioscuri at the end of both the ›Electra‹ and ›Helena‹ because they are obliged as mere demigods to recognize their subordinate position in the cosmic hierarchy, where fate and other gods are their superiors (Euripides, ›Electra‹ vv. 1238 – 1240, 1245 – 1256, 1247 – 1248; ›Helena‹ vv. 1643 – 1645, 1658 – 1661, 1664 – 1669).
82 For example, Athena orders Creusa in the ›Ion‹, »depart!« with Ion to Athens and »establish!« him as its rightful ruler (Euripides, ›Ion‹ vv. 1571 – 1573). For commands, see also ›Electra‹ vv. 1249 – 1250 (»Give!« »Leave!«); ›Hippolytus‹ vv. 1313, 1416 (»Be quiet!« »Leave off!«); ›Supplices‹ vv. 1183 – 1188 (»Listen!« »Do not give!« »Take an oath!«).
83 For example, Athena foretells Ion's future renown as well as that of his sons, to whom Athena says, »I announce to you a happy destiny« (Euripides, ›Ion‹ vv. 1571 – 1605). In the ›Bacchae‹ Dionysus tells Cadmus of future perils, including his transformation into a serpent and his fighting in foreign wars before he attains rest among the blessed (›Bacchae‹ vv. 1330 – 1343). For prophecies elsewhere, see ›Orestes‹ vv. 1625 – 1666; ›Hippolytus‹ vv. 1406 – 1422; ›Helena‹ vv. 1642 – 1679; ›Supplices‹ vv. 1213 – 1226; also, Dunn, Tragedy's End (cf. n. 31) 64 – 86.
84 Typical is Ion's response to Athena, »We have accepted your words. I am persuaded« (Euripides, ›Ion‹ vv. 1606 – 1608; cf. ›Andromache‹ vv. 1273 – 1276; ›Iphigenia Taurica‹ vv. 1475 – 1485; ›Helena‹ vv. 1780 – 1787; ›Hippolytus‹ vv. 1440 – 1443; ›Supplices‹ vv. 1227 – 1231; ›Orestes‹ vv. 1666 – 1681). This

fright and terror and do not say a word to anyone (16:8). Mark thus ends ominously at 16:8 with failure and distress. Despite the efforts of second-century scribes to tame this story by appending accounts of Jesus' appearances to the disciples in Mark 16:9 – 20, it is all but certain that Mark ends at 16:8.[85] As Dunn has argued, the *machina* scenes in tragic drama function as a generic signal to spectators that the play has reached its finale. In several cases, the gods' formal commands to depart, to go, to sail, or to exit function to clear the stage and thus end the play. The *machina* in this regard is analogous to the curtain of our modern stages.[86] At the end of Mark too the heavenly figure commands the women, »Go!« and the women »exited« and »fled from the tomb« (16:8). If one envisions this part of the story as though it were unfolding on a stage, as the affinities with the *machina* scenes of the tragedies encourage, then the women's departure at this point amounts to a device of closure.

Mark thus ascertains every aspect of the tragic poetics inherent in the epitomized *kerygma*, which he then creatively elaborates and employs to animate his much-expanded story. The tragic, furthermore, takes on a life of its own in Mark, who evokes tragic drama at length in ways that go far beyond the original gospel confession, which I have not been able to analyze here due to lack of space.[87] The cogency of the tragic in Mark relies on a cumulative argument; no one item alone necessarily evokes tragic drama, but taken together all of these elements imbue Mark's narrative with a decisively tragic flavor. As I have argued at length elsewhere, the tragic in Mark speaks powerfully to recipients living in contexts of potential struggle, where the tragic portrayal of Jesus builds solidarity and sympathy between him and subsequent followers who share his afflictions. That followers will mimic Christ's suffering is implied throughout Mark's narrative, especially, e. g., in 8:34 – 38, where Jesus deduces from the first passion prediction in 8:31 that following him requires the disciple to lose life and carry ὁ σταυρὸς αὐτοῦ (»his crossbeam«).[88] This picks up directly from Paul,

---

conventional response of obedience makes those cases where mortals are less than compliant all the more notable. In the ›Bacchae‹, for example, Cadmus complains that Dionysus is too harsh and only comes to accept what the god says because Cadmus cannot otherwise act when the final word is fate (›Bacchae‹ vv. 1344 – 1352).

85 See the persuasive arguments of K. Aland, Bemerkungen zum Schluß des Markusevangeliums, in: E.E. Ellis – M. Wilcox (Eds.), Neotestamentica et Semitica. Studies in Honour of M. Black (Edinburgh 1969) 157 – 180. The parallels I have drawn between 16:1 – 8 and the *machina* scenes as devices of closure seriously challenge N.C. Croy's argument that Mark's ending does not resemble »any recognizable form of closure« (N.C. Croy, The Mutilation of Mark's Gospel [Nashville 2003] 45 – 71 at 46).

86 Dunn, Tragedy's End (cf. n. 31) 13 – 44; for the motif of departure in compliance with the gods' orders, see Euripides, ›Electra‹ vv. 1289, 1316, 1343; ›Orestes‹ vv. 1648, 1660, 1678, 1682; ›Helena‹ v. 1663; ›Andromache‹ v. 1265; ›Ion‹ vv. 1572, 1603.

87 Elsewhere I trace throughout Mark the motifs of lamentation, recognition, revenge, as well as references to and strategies for dealing with spectacle and stage-craft (Jay, The Tragic in Mark [cf. n. 6] 190 – 198, 234 – 256).

88 In other passages as well the Markan narrative leads narratees to expect or at least anticipate the possibility of persecution and general difficulty. For a few of several examples, see 10:29 – 30, where Jesus teaches that »no one« who leaves home and family »for my sake and for the sake of the gospel« will fail to receive a reward in the present age »with persecutions«; 10:33 – 34, where Jesus reminds James and John that they must drink the cup that Jesus drinks if they are to receive the positions of honor that they have requested; 13:9 – 12, 37, where Jesus warns his disciples and future followers that they will be beaten, stand trials,

who seeks to transfer the crucified Christ's reversal into his own apostolic work as a model for Corinthian Christ-followers.[89] As I have demonstrated elsewhere, Mark is also keenly aware of the spectacle-nature of crucifixion and thus the possibility that followers also might display their cruciform drama before the world.[90] All this constitutes yet another specific and non-trivial way in which Mark can be interpreted as Paulinist: both authors elaborate the poetics of tragic reversal and extend them from Christ to the life of his followers who are to mimic the crucified Christ and follow in his tragic footsteps. What I have emphasized most importantly here is that this turn to tragic drama for both authors is fueled by and evolves from the very poetic grammar of the gospel plotline in its pre-Pauline confessional form.

5. Conclusion

Tragic poetics are inherent to the basic kerygmatic summaries in 1 Cor 15:3b–5 and Mark 8:31, 9:31, and 10:33 – 34. The earliest extant Christian writer Paul comprehends the tragic potentialities of the gospel that he received and proceeds to amplify them. But he does so in a way that is piecemeal. In 1 Corinthians Paul zeroes in on the single episode of Christ crucified and launches the tragic dynamics of reversal inherent therein to intervene in a specific rhetorical context where he uses the tragic to ground his own apostolic suffering and critique the self-aggrandizement of Corinthian partisanship. After him, and certainly to some degree within the scope of his influence, Mark likewise perceives the tragedy that is integral to the gospel as such, but goes beyond Paul when he becomes the first to exploit this in the composition of a full-fledged comprehensive tragic narrative of Jesus' life, death, and resurrection. His own tragic portrayal of Jesus functions to create solidarity between Jesus and his subsequent followers who are thereby better equipped to endure the suffering to which they are potentially prone. In the wake of these developments the tragic grammar of the gospel traveled widely throughout the ancient Mediterranean, not only by Mark's own relatively limited but definite dissemination, but especially by its incorporation into the gospels of Matthew, Luke, and possibly John.[91] The tragic poetics of the gospel thus

---

suffer familial betrayals, and be hated by all. For the possible ways to locate Mark's audience geographically in a place where potential sufferings or persecution could have occurred, see Jay, The Tragic in Mark (cf. n. 6) 256 – 261.

89 For further analysis of the Paulinism of Mark 8:34 – 9:1 and what this means in terms of metaphorical vs. literal cross-carrying, see T. Engberg-Pedersen, Paul in Mark 8:34 – 9:1: Mark on What It Is to Be a Christian, in: Becker – Engberg-Pedersen – Müller, Mark and Paul (cf. n. 10) 189 – 209.

90 Jay, The Tragic in Mark (cf. n. 6) 242 – 261.

91 In comparison with Matthew, Luke, John, and even the Gospel of Thomas, the distribution of Mark throughout the Christian communities of the empire appears relatively limited: see M. Hengel, Studies in the Gospel of Mark (Philadelphia 1985) 67 who counts only a single papyrus of Mark (P45). For the relationship between the Gospel of John and tragic drama, see J.-A. Brant, Dialogue and Drama. Elements of Greek Tragedy in the Fourth Gospel (Peabody/MA 2004); D.R. MacDonald, The Dionysian Gospel. The Fourth Gospel and Euripides (Minneapolis/MN 2017); G.L. Parsenios, Rhetoric and Drama in the Johannine Lawsuit Motif (Tübingen 2010); G.L. Parsenios, »No Longer in the World« (John 17:11): The

eventually came into the hands of Lucian and Celsus. Schooled as they are in the oratorical art of narrative deconstruction, these two critics leveraged the analogy to tragic drama to argue that the story of Christ was fictional. These critics focus in on tragic elaborations of the drama of Christ's death in the gospels (especially Matthew in the case of Celsus): the cry from the cross, the darkness, the earthquake, and the postmortem appearance *ex machina*.[92] What I have demonstrated above all is that the whole trajectory that leads to such dramatic elaborations is ultimately bound up with the very poetic syntax of the core pre-Pauline gospel confession. The ground of the tragic in earliest Christian literature lies in the pre-Pauline story of Christ's death and resurrection as such.

Transformation of the Tragic in the Fourth Gospel, Harvard Theological Review 98, 2005, 1 – 21; and W. Verburg, Passion als Tragödie? Die literarische Gattung der antiken Tragödie als Gestaltungsprinzip der Johannespassion (Stuttgart 1999); for critical appraisals of Brant and Verburg, see Jay, The Tragic in Mark (cf. n. 6) 15 – 24. For Luke-Acts, see D. Lee, Luke-Acts and ›Tragic History‹. Communicating Gospel with the World (Tübingen 2013).

92 Both Marcus, Mark (cf. n. 69) 40 – 41 and Heckel, Der Gekreuzigte (cf. n. 73) 202 – 203 correctly emphasize that Matthew and Luke downplay Mark's theology of the cross and thus his emphasis on the tragic reversal of the crucified Christ and its relevance for the life of subsequent followers (see, e. g., the heavy redaction of Mark 8:27 – 33 in Matt 16:13 – 23). Still, even if they undermine Mark's own emphases in some places, in other places they amplify aspects of the narrative, e. g., by introducing the earthquake at Jesus' death (Matt 27:51) and lengthy accounts of his postmortem appearance *ex machina* (Matt 28:9 – 10, 16 – 20; Luke 24:13 – 52), which are consistent with tragic narratives and are the very embellishment that play so well into the hands of Celsus and Lucian.

DENNIS R. MACDONALD

The Imitation of Euripides' ›Bacchae‹ in the Gospel of John

Several previous studies have explored affinities with Greek tragedy in the Gospel of John.[1] Still others have proposed that the Fourth Evangelist not only imitated literary conventions from Athenian tragedy, but strategically imitated the ›Bacchae‹, Dionysus's punishment of Thebes for dishonoring his mother Semele.[2] To their arguments I have added my own in ›The Dionysian Gospel. The Fourth Gospel and Euripides‹ (Minneapolis/MN 2017), which this paper will summarize and augment.[3]

Unlike previous studies, ›The Dionysian Gospel‹ argued that imitations of Euripides appeared only in the earliest of three discernible stages of composition. Appendix 1 of the book presented a hypothetical reconstruction of the Greek text of that first stage, which largely agrees with that proposed by Urban C. von Wahlde.[4] In the translations of John that follow, numbers placed within square brackets [...] indicate that they likely did not appear in the earliest iteration of the Gospel. Be that as it may, echoes of the ›Bacchae‹ appear even in the final form of the Gospel.

---

1 They include C.M. Connick, The Dramatic Character of the Fourth Gospel, Journal of Biblical Literature 67, 1948, 159 – 169; W.R. Domeris, The Johannine Drama, Journal of Theology for Southern Africa 42, 1983, 29 – 35; W. Verburg, Passion als Tragödie? Die literarische Gattung der antiken Tragödie als Gestaltungsprinzip der Johannespassion (Stuttgart 1999); J.-A. Brant, Dialogue and Drama. Elements of Greek Tragedy in the Fourth Gospel (Peabody/MA 2004), and G.L. Parsenios, Rhetoric and Drama in the Johannine Lawsuit Motif (Tübingen 2010); idem, The Silent Spaces between Narrative and Drama: *Mimesis* and *Diegesis* in the Fourth Gospel, in: K.B. Larsen (Ed.), The Gospel of John as Genre Mosaic (Göttingen 2015) 85 – 97.
2 Especially noteworthy are M. W.G. Stibbe, John as Storyteller. Narrative Criticism and the Fourth Gospel (Cambridge 1992); P. Wick, Jesus gegen Dionysos? Ein Beitrag zur Kontextualisierung des Johannesevangeliums, Biblica 85, 2004, 179 – 198; J. Moles, Jesus and Dionysus in ›The Acts of the Apostles‹ and Early Christianity, Hermathena 180, 2006, 65 – 104; W. Eisele, Jesus und Dionysos. Göttliche Konkurrenz bei der Hochzeit zu Kana (Joh 2,1 – 11), Zeitschrift für die neutestamentliche Wissenschaft 100, 2009, 1 – 28, and E.W. Stegemann, Christus und Dionysos. Die Suche nach der »Figur im Teppich« des Johannesevangeliums (Paper read at the workshop on ›Dionysosmysterien und das Neue Testament‹ [Evangelisch-Theologische Fakultät, Lehrstuhl für Exegese und Theologie, Ruhr-Universität Bochum, 2009]). Jae Hyung Cho makes a compelling case for the influence of Dionysian *omophagia* in the Fourth Gospel (J.H. Cho, Johannine Eucharist in the Light of Greco-Roman Religion [Ph.D. Dissertation Claremont/CA 2010]).
3 See also my essay Classical Greek Poetry and the Acts of the Apostles: Imitations of Euripides' ›Bacchae‹, in: S. E. Porter – A.W. Pitts (Eds.), Christian Origins and Greco-Roman Culture. Social and Literary Contexts for the New Testament (Leiden 2013) 463 – 496.
4 U.C. von Wahlde, The Gospel and Letters of John. 3 Volumes (Grand Rapids/MI 2010).

Five sections in the Gospel have generated the most comparisons with Euripides' tragedy: The Prologue, which resembles Dionysus's opening speech (1:1 – 8), Jesus's changing of water into wine (2:1 – 10), his insistence that one must eat his flesh and drink his blood to have eternal life, which evokes the ingestions of raw flesh in communion with the god of wine (6:53 – 58), his self-designation as the »true grapevine« (15:1 – 4), and his interrogation before Pilate, which imitated Pentheus's interrogation of the god (18:13 – 19:16). ›The Dionysian Gospel‹ discusses each of these better known examples in depth. In this paper, however, I will discuss two passages that, to my knowledge, no one earlier has linked with the ›Bacchae‹. The Samaritan woman in John 4 and the interrogation by Pharisees in 8.

Theban Maenads and the Samaritan Woman (John 4:4 – 29 and 40 – 42)

> 4:4 He [Jesus] had to travel through Samaria, 5 so he comes to a city of the Samaritans called Sychar, contiguous to the area that Jacob gave to his son Joseph; 6 the well of Jacob was there. Then Jesus, exhausted from the trip, sat at the well; it was about noon.
> (John 4:4 – 6)

In the opening lines of the ›Bacchae‹, the god himself speaks:

> I, the child of Zeus, have come to the land of Thebes –
> Dionysus, whom Semele daughter of Cadmus once bore,
> induced to do so by a lightning bolt –
> after having changed myself into human form from that of a god.
> and have come to the flowing waters of Dirce and Ismenos.
> (›Bacchae‹ vv. 1 – 5)

Dionysus and Jesus both enter cities as strangers; both cities sit near water sources: rivers near Thebes, the well of Jacob near Sychar. Just as Dionysus, the child of Zeus, had transformed himself »into human form, from that of a god«, according to the opening verses of the Gospel, »the Logos became flesh and pitched tent among us, and we observed his glory, glory of the one-of-a-kind child from the Father.« (1:14)

> 7 A woman comes from Samaria to draw water. Jesus says to her, ›Give me something to drink‹ – 8 for his disciples had left for the city to buy food.
> (John 4:7 – 8)

Jesus thus is alone with a woman outside the city. Early in Euripides' tragedy the god boasts:

> I drove the women from their homes.
> They dwell in the mountains frenzied in mind.

I forced them to take the tokens of my revelry.
All the Cadmean female seed, as many
women as there were, I drove from their houses in madness.
Mingling together with the daughters of Cadmus,
they sit on rocks under open sky and under green firs.
Whether it wants to or not, this city must learn the truth,
though now it is ignorant of my bacchic rites;
I will give a defense on behalf of my mother Semele
by appearing to mortals as the god she bore to Zeus.
    *   *   *   *   *
To this end I have changed into this mortal
appearance and transformed my shape into the form of a man.
(›Bacchae‹ vv. 32 – 42 and 53 – 54)

Here in the play and in John 4 the narrative focuses on Dionysus and Jesus – the only males – and on women outside the city. Men come into view later.

> ⁹ Then the Samaritan woman says to him, ›How is it that you, who are a Jew, ask for something to drink from me, a Samaritan woman, for Jews have no dealings with Samaritans?‹
> (John 4:9)

The cultural hostility between Jews and Samaritans resembles Pentheus's complaint that the cult of Dionysus is foreign to Greeks: »From where did you bring these rites to Greece?« (›Bacchae‹ v. 465). »The insolence of the bacchants is near, / a huge failing in the eyes of Greeks« (›Bacchae‹ vv. 778 – 779).

The next verbal exchange between Jesus and the woman concerns water.

> ¹⁰ Jesus replied and said to her, ›If you knew the gift of God and who it is who says to you, ›Give me something to drink,‹ you yourself would ask him, and he would have given you living water.‹
> ¹¹ The woman says to him, ›Sir, you have no bucket and the well is deep, so where did you get living water?‹ [12]
> ¹³ In response Jesus said to her, ›Everyone who drinks this water will thirst again, ¹⁴ but anyone who drinks from the water that I will give him will never thirst eternally, but the water that I will give him will become in him a spring of water welling up into eternal life.‹
> ¹⁵ The woman says to him, ›Sir, give me this water, so that I will not be thirsty and need not come here to draw water.‹
> (John 4:10 – 11 and 13 – 15)

Dionysus, the famous inventor of wine, also provided other liquids, including water. Euripides's chorus rejoices that even in the mountains,

The ground flows with milk, flows with wine,
and flows with the nectar of bees.

* * * * *

One of them (sc. the maenads) took a thyrsus and struck a rock
from which gushed a wet spurt of water.
Another woman stuck the fennel wand into a plot of earth,
and on that spot the god produced a fountain of wine.

* * * * *

Had you been there, the god you now censure
you would approach with prayers on seeing such things.
(›Bacchae‹ vv. 142 – 143, 704 – 707, and 712 – 713)

According to Plutarch:

That the Greeks consider Dionysus to be the lord and originator [κύριον καὶ ἀρχηγόν] not only of wine but also of every type of liquid, Pindar suffices for a witness by saying:
›May cheery Dionysus increase the fruit of trees,
the holy flame of harvest.‹
For this reason it is forbidden to worshippers of Osiris to destroy a cultivated tree and to stuff up a spring of water [πηγὴν ὕδατος].[5]

According to Pausanias, the residents of Cyparissae believed that at their spring »the water gushed for Dionysus when he struck the ground with a thyrsus. For this reason they name the πηγή Dionysias« (›Description of Greece‹ 4,36,7). Greeks similarly gave credit to the god of wine for springs at Eleusis and Arcadia (›Description of Greece‹ 2,24,6 and 8,37,3).

Back to the Gospel:

[16] He says to her, ›Go, tell your husband and return.‹ [17] The woman responded and said to him, ›I have no husband.‹
(John 4:16 – 17)

Traveling-stranger-meets-water-carrying-woman episodes appear frequently in ancient literature and almost invariably involve romance. That may also be the case here insofar as her declaration that she has no husband indicates that she is single and available.

Pentheus articulated a common slur on Dionysus's female *thiasoi*, or entourage, that they clandestinely enjoyed extramarital sex.

---

[5] Plutarch, ›Isis and Osiris‹ 465 A–B.

I hear of a new evil in the city.
Our women abandon their homes
in fake Bacchic ecstasy, scurry about in the wooded
hills, and honor in dances some new daemon,
Dionysus – whoever he is.
At the center of their thiasoi stand full
wine bowls. Here and there, into private spaces,
they sneak off to serve the beds of men.

* * * * *

When the joy of the grape comes to women's feasts,
I say that nothing wholesome remains in their rites.
(›Bacchae‹ vv. 216 – 223 and 261 – 262)

Tiresias the famous prophet tried to disabuse Pentheus of his misconception: if maenads did engage in orgies they did so not because of the god or his wine but because of their own dispositions (›Bacchae‹ vv. 314 – 318). Their ecstasy actually was prophecy (›Bacchae‹ vv. 298 – 301).

Jesus, too plays the role of a prophet:

[17] [17a] Jesus said to her, ›Quite rightly you said, ›I have no husband,‹ [18] for you've had five husbands, and you
ow have a sexual partner who is not your husband. This you have spoken truthfully.‹
[19] The woman says to him, ›Sir, I observe that you are a prophet.‹
(John 4:17 – 19)

The Evangelist thus identifies the woman as promiscuous. On recognizing Jesus as a prophet, she asks him where it was most fitting to worship.

[20] ›Our ancestors worshipped in this mountain, and you [Jews] say that the place where one should worship is in Jerusalem.‹
[21] Jesus says to her, ›Woman, believe me: an hour is coming when you will worship the Father neither in this mountain nor in Jerusalem.‹ [22 – 24]
[25] The woman says to him, ›I know that a messiah is coming, who is called the Christ. When that person comes, he will tell us everything.‹
[26] Jesus says to her, ›I am he, the one who is speaking to you.‹
(John 4:20 – 21 and 25 – 26)

The historical Samaritans indeed worshipped at Mount Gerazim, but, in light of the other similarities with Euripides, one should note the importance of Mount Cithaeron and other mountains in the ›Bacchae‹. When the chorus of Lydian women first enters the stage they sing

> Soon all the land will dance,
> when Clamor leads his thiasos
> to the mountain, to the mountain, where are staying
> the throng of womankind.
> (›Bacchae‹ vv. 114 – 117)

Jesus tells the woman that he is the Christ whom the woman expected one day to come: »I am he, the one who is speaking to you«. Similarly, at the end of the ›Bacchae‹ Dionysus finally reveals his identity: »I, Dionysus, speak these things, the one sired not by an earthly father / but by Zeus« (›Bacchae‹ vv. 1340 – 1341). Here he reveals to Thebes what he revealed to the audience in the opening line: »I, the child of Zeus, have come to the land of Thebes«.

> [27] At this point his disciples came and were amazed that he was conversing with a woman; even so, no one said, ›What are you seeking?‹ or ›Why are you speaking with her?‹
> [28] The woman abandoned her water jar, went off to the city, and spoke with the people:
> [29] ›Come and see a person who told me everything that I had done! Is this person not the Christ?‹ [30 – 39]
> [40] Then the Samaritans came to him [40b] [41] and believed even more strongly because of his word. [42] They said to the woman, ›No longer do we believe because of what you said, for we ourselves have heard and know that this person truly is the savior of the world.‹
> (John 4:27 – 29, 40 – 42)

Both in the ›Bacchae‹ and in the Fourth Gospel, the foreign religion first appeals to women or a woman outside the city. Only later in both works do men do so. The Samaritan woman identifies Jesus as »the Christ«; the men, however, praise him as »the savior of the world«. Dionysus, too, was a σωτήρ.[6]

Interrogations of Sons of Gods by Pentheus and Pharisees (John 8:12 – 19)

Two passages in the first Johannine Gospel imitate Pentheus's interrogation of Dionysus. The second, Jesus's interrogation by Pilate, is the more obvious and thus has received attention by others. The first, however, has not.

In John 7:51 Nicodemus defends Jesus against the opposition of other Pharisees: »Surely our law does not judge the person unless it first hears from him and knows what he is doing.« It is just such a legal inquiry that one finds in chapter 8:

---

6 Wick provides an insightful discussion of ›Jesus – Dionysos und die Frauen‹ in: Jesus gegen Dionysos? (cf. n. 2) 194 – 197.

⁸:¹² Jesus then spoke to them, saying, ›I am the light of the world.‹⁷ [12b]

¹³ The Pharisees then said to him, ›You are giving testimony about yourself; your witness is not true.‹

¹⁴ Jesus replied and said to them, [14b] ¹⁴ᶜ ›You do not know where I came from or where I am going.‹⁸

(John 8:12 – 14)

Pentheus, supposing that Dionysus is merely a mortal priest, arrests and interrogates him. The following exchange thus is brilliantly ironic insofar as the god and the audience know the priest's true identity, which he conceals from the king.

[Pentheus] So first tell me, who are your people?
* * * * *
[Dionysus] I am from here: Lydia is my country.
[Pentheus] From where did you bring these rites to Greece?
[Dionysus] Dionysus, the son of Zeus, himself initiated me.
[Pentheus] So is there some Zeus there who sires new gods?
(›Bacchae‹ vv. 460 and 464 – 467)

The king vows to imprison him, but the »priest« predicts that

the god himself will free me whenever I want.
* * * * *
Even now he is near and sees what I am suffering.
[Pentheus] Where is he? He is not visible to my eyes.
[Dionysus] He is here with me; because you are impious, you do not see him.
* * * * *
[Pentheus] I am more powerful than you – to tie you up.
[Dionysus] You do not know what life you live, what you are doing, or what you are.
(›Bacchae‹ vv. 498, 500 – 502, and 505 – 506)

Pentheus will have none of this nonsense and imprisons the god, who then produces an earthquake and eludes the king's sword (vv. 623 – 636).

---

7   Jesus now declares to the Pharisees what the reader has known from the Prologue (John 1:4 – 5).
8   In the later interrogation by Pilate one reads:
   ³⁵ Pilate replied, ›I'm not a Jew, am I? Your own people and the chief priests delivered you to me. What have you done?‹
   ³⁶ Jesus replied, ›My kingdom [36b] is not from here.‹
   (John 19:35 – 36)

Back to John 8:

[16b] ›My judgment is true, because I am not alone – I and [with me] the Father who sent me.
[17] And in your own law it is written that the testimony of two people is true.‹ [18]
[19] Then they were saying to him, ›Where is your Father?‹
Jesus replied, ›You know neither me nor the Father; if you had known me, you also would have known my Father.‹ [20 – 31]
(John 8:16b – 17 and 19)

Similarly, in the ›Bacchae‹ one reads:

[Dionysus] The god himself will free me whenever I want.
   *   *   *   *   *
Even now he is near and sees what I am suffering.
[Pentheus] Where is he? He is not visible to my eyes.
[Dionysus] He is here with me; because you are impious, you do not see him.
(›Bacchae‹ vv. 498 and 500 – 502)

The verdict comes down against Jesus in John 8:58b–59: »›Before Abraham was, I am.‹ They took stones to throw at him, but Jesus was hidden and left.« Pentheus imprisoned the god, who then produced an earthquake and eluded the king's sword by becoming invisible: he »left [ἐκβάς] / the house« (›Bacchae‹ vv. 636 – 637). »The characters who interact with Jesus in the pages of the Fourth Gospel bear a strong resemblance to Pentheus in the ›Bacchae‹. They resist the presence of the divine in their midst; they deny truths that the audience knows. […] [I]rony is not a casual literary device embellishing the pervasive dramatic encounters, it is a conceptual device at the heart of the dramatic narrative.«[9]

Mimesis Criticism, the ›Bacchae‹, and the Dionysian Gospel

›The Dionysian Gospel‹ and several previous publications applied the criteria of Mimesis Criticism to establish less subjectively the connections between the Fourth Gospel and the ›Bacchae‹.[10] The first two criteria pertain to the cultural status and circulation of the proposed literary model:

---

9 H.W. Attridge, The Gospel of John: Genre Matters?, in: Larsen, The Gospel of John (cf. n. 1) 27 – 46 at 36.
10 I have applied and defended Mimesis Criticism in several previous publications in addition to: Luke and Vergil. Imitations of Classical Greek Literature (Lanham/MD 2015) and The Dionysian Gospel. The Fourth Gospel and Euripides (Minneapolis/MN 2017), the most important of which are: My Turn. A Critique of Critics of »Mimesis Criticism« (Claremont/CA 2009); The Gospels and Homer. Imitations of Greek Epic in Mark and Luke-Acts (Lanham/MD 2014); Jesus and Dionysian Polymorphism in the ›Acts of John‹, in: I.

Criterion 1. The criterion of *accessibility* assesses the likelihood that the author of the later text had access to the proposed antetext.

Criterion 2. *Analogy* determines if other authors imitated the same mimetic model.

There can be little doubt that Fourth Evangelist and his readers could have known of Euripides' ›Bacchae‹ either from a text or from a theater (criterion 1). Furthermore, many ancient authors, including Jews and Christians, targeted it for imitation (criterion 2).[11] Many scholars have argued for the influence of Euripides and the ›Bacchae‹ on the Acts of the Apostles.[12]

The next four criteria assess the strength of the parallels.

Criterion 3. *Density:* simply stated, the more parallels one can posit between two texts, the stronger the case that they issue from a literary connection.

Criterion 4. The criterion of *order* examines the relative sequencing of similarities in two works. If parallels appear in the same order, the case strengthens for a genetic connection.

The following list presents the numerous and often sequential parallels I discussed in ›The Dionysian Gospel‹.

John	›Bacchae‹
1:1 – 5. The origin of the Logos	vv. 1 – 9
1:6 – 8. John, the faithful witness	vv. 10 – 12
1:9 – 11. The rejection of the Logos	vv. 13 – 34
1:14 and 16. The Logos assumes a human body	vv. 43 – 63
1:18. The one in the lap of the Father	vv. 63 – 113
1:32 – 51. The Son of God with many names	vv. 64 – 113
2:1 – 11. Changing water into wine	vv. 266 – 285
2:13 – 17. Avenging the Father's house	vv. 35 – 42
3:1 – 4, 10, and 16. An old man seeks rejuvenation	vv. 170 – 209
3:29 – 31. The Son of God must increase	vv. 170 – 209, esp. 181 – 183

Ramelli – J. Perkins (Eds.), Early Christian and Jewish Narrative. The Role of Religion in Shaping Narrative Forms (Tübingen 2015) 97 – 104.

11 See J.R.C. Cousland, Dionysus Theomachos? Echoes of the ›Bacchae‹ in 3 Maccabees, Biblica 82, 2001, 539 – 548; N.C. Croy, Disrespecting Dionysus: 3 Maccabees as Narrative Satire of the God of Wine, in: P. Gray – G.R. O'Day (Eds.), Scripture and Traditions. Essays on Early Judaism and Christianity in Honor of C.R. Holladay (Leiden–Boston 2008) 3 – 19; and especially C.J.P. Friesen, Reading Dionysus. Euripides' ›Bacchae‹ and the Cultural Contestations of Greeks, Jews, Romans, and Christians (Tübingen 2015). See also his Dionysus as Jesus. The Incongruity of a Love Feast in Achilles Tatius's ›Leucippe and Clitophon‹ 2.2, Harvard Theological Review 107, 2014, 222 – 240.

12 Particularly noteworthy are W. Nestle, Anklänge an Euripides in der Apostelgeschichte, Philologus 59, 1900, 46 – 57; D. Ziegler, Dionysos in der Apostelgeschichte – eine intertextuelle Lektüre (Berlin 2008); J. Schäfer, Zur Funktion der Dionysosmysterien in der Apostelgeschichte. Eine intertextuelle Betrachtung der Berufungs- und Befreiungserzählungen in der Apostelgeschichte und der ›Bakchen‹ des Euripides, Theologische Zeitschrift 66, 2010, 199 – 222; and MacDonald, Luke and Vergil (cf. n. 10) 11 – 65.

4:4 – 29 and 40 – 42. The donor of living water	vv. 114 – 166
4:46 – 54. The healing of the royal official's son	vv. 519 – 603
5:2 – 9. An old cripple walks again	vv. 170 – 209
6:35 and 53 – 58. Eating the flesh of the Son of God	vv. 114 – 166
7:31 – 52. Jesus escapes arrest	vv. 657 – 777
8:12 – 19. Interrogating the Son of God	vv. 451 – 518
8:32 – 36. The true liberator	vv. 519 – 642
8:58 – 59. The escape artist	vv. 519 – 642
9:1 – 41. The blind seer	vv. 286 – 342
11:3 – 5 and 35 – 36. The love God	vv. 210 – 265
11:37 – 46. The life-giver	vv. 519 – 642
11:47 – 57. The God-fighters	vv. 343 – 430, esp. 352 – 366
15:1 – 2 and 4. The true grapevine	vv. 266 – 285
18:1 – 12. Arresting the Son of God	vv. 431 – 450
18:13 – 19:16. Interrogating the Son of God, again	vv. 451 – 518
19:25 – 30. Violent death and attending women	vv. 738 – 1167, esp. 1115 – 1121
20:11 – 18. A woman's recognition	vv. 1168 – 1329
20:19 – 23. Exit stage up	vv. 1330 – 1387
20:30 – 31. Postscript	vv. 1388 – 1392

Criterion 5. A *distinctive trait* is anything unusual in the targeted antetext and the proposed borrower that links the two into a special relationship.

Here I must restrict the discussion to the two passages already discussed. The many distinctive traits shared between the tragedy and John 4 become obvious in the following columns:

›Bacchae‹	John 4:1 – 42
• Dionysus arrives in Thebes, at the confluence of two rivers and drives the women into the hills to worship him at Mount Cithaeron. (vv. 216 – 223)	Jesus arrives in Samaria and meets a woman at Jacob's well outside the city near Mount Gerazim, where Samaritans worshipped.
• Pentheus supposes that the women are conducting orgies in the wild. (vv. 222 – 223)	The woman is sexually promiscuous.
• Dionysus miraculously provides water to the maenads outside the city. (vv. 704 – 705)	Jesus offers the woman living water, though he has no bucket.

• The prophet Tiresias insists that the women are chaste; their ecstasy is full of prophecy.	Because of Jesus's clairvoyance of her multiple sexual partners, she considers him a prophet.
• Dionysus promises his initiates eternal life.	Jesus: »The water I will give him will become in him a spring of water welling up into eternal life.« (14)
• After the punishment of Pentheus, even the men of Thebes recognize the power of the god. Dionysus was a σωτήρ.[13]	After Jesus teaches the Samaritan men, they praise him as »the savior of the world.« (42)

The parallels between the interrogations of Pentheus and the Pharisees likewise are distinctive:

›Bacchae‹	John 8:12 – 19
• Pentheus interrogates the priest/god in disguise.	The Pharisees interrogate Jesus, who claims to be the light of the world (cf. 19:35 – 36).
• Pentheus asks »from where [πόθεν]« the stranger brought the new cult. (v. 465)	The Pharisees do not know »from where [πόθεν]« Jesus came. (14b)
• Dionysus states that the sacred rites come from »the son of Zeus.« (vv. 466 – 467)	Jesus states that he comes from his Father. (16b)
• »You do not know [οὐκ οἶσθ'] what life you live, or what you are doing, or what you are.« (v. 506)	»You do not know [οὐκ οἴδατε] where I came from.« (8:14)
• »[Dionysus] ›Even now he is near and sees what I am suffering.‹ / [Pentheus] ›Where is [ποῦ ἐστιν] he? He is not visible to my eyes.‹ / [Dionysus] ›He is here with me; because you are impious, you do not see him.‹« (vv. 500 – 502)	»[Jesus] ›I am not alone—I and [with me] the Father who sent me.‹ [Pharisees] ›Where is [ποῦ ἐστιν] your Father?‹ [Jesus] ›You know neither me nor the Father [οὔτε ἐμὲ οἴδατε οὔτε τὸν πατέρα]; if you had known [ᾔδειτε] me, you also would have known [ᾔδειτε] my Father.‹« (8:19)

---

13 E.g., Pausanias, ›Description of Greece‹ 2,23,1.

• Pentheus remains defiant and decides to kill the god by stoning or decapitation.	The Pharisees remain defiant and try to stone Jesus.
• Dionysus miraculously escapes Pentheus's sword.	Jesus miraculously escapes a Pharisaic stoning.

In both columns the god, though present, is invisible to the wicked accusers. In the ›Bacchae‹ Pentheus cannot see the god, disguised as a mortal priest, because of his hubris. Similarly in John, the Pharisees cannot see God because they are sinful and of this world. Mimesis alone can account for this strange and distinctive motif. Such parallels appear frequently in ›The Dionysian Gospel‹.

Criterion 6. *Interpretability* asks what might be gained by viewing one text as a debtor to another. Why might an author have imitated the proposed model?

Unlike the Synoptic Gospels, which make harsh demands on those who would follow Jesus, the Fourth Gospel presents Jesus as a donor deity in no way inferior to the great male donor deity of the Greeks. Like Dionysus he even gives eternal life, »gift after gift« (John 1:16). Jesus is the *true* grapevine (15:1).

Criterion 7. Parallels satisfy the criterion of *ancient recognition* when one can show that readers within the culture from which the text was written were aware of such connections.

Several early readers of the Gospel of John identified similarities between its Jesus and Dionysus, including Justin Martyr, Clement of Alexandria, Celsus, Origen, and, much later, the author of ›Christus Patiens‹.[14] Nonnus of Panopolis (fifth c. C.E.) provides a particularly fascinating and instructive case. He wrote a short epic entitled ›Paraphrasis sancti evangelii Joannei‹ and later the longest surviving Greek epic, the ›Dionysiaca‹. As David Hernández de la Fuente has shown, the two works not only narrate several similar episodes, the later work softens the Dionysus of Euripides to make him Christ-like.[15] Note 2 (cf. above p. 311) lists several scholars who similarly saw Euripidean influence on the Gospel.

Conclusion

New Testament scholars generally have been unwilling to take seriously the influence of classical Greek poetry, including Athenian tragedy, on the Gospels and Acts. The vast majority of commentaries on the Gospel of John never mention the ›Bacchae‹, and no commentary exists that treats these parallels systematically. ›The Dionysian Gospel‹ seeks to

---

14 See the discussion in MacDonald, The Dionysian Gospel (cf. n. 10) 119 – 123.
15 D. Hernández de la Fuente, Parallels between Dionysos and Christ in Late Antiquity: Miraculous Healings in Nonnus' ›Dionysiaca‹, in: A. Bernabé et al. (Eds.), Redefining Dionysus (Berlin 2013) 464 – 487.

correct that oversight, but the aversion to poetry goes far beyond John. The esteemed six-volume ›Anchor Bible Dictionary‹ discusses only Hebrew poetry and has no entries of Homer (the unchallenged foundation of Greek education), Hesiod, Athenian tragedians (some of whose plays still filled theaters in the early Empire), or Vergil, even though the ›Aeneid‹ defined Roman political identity when the Gospels were composed. Similarly, classicists often have ignored, even scorned, Jewish and Christian texts when monitoring the reception and influence of Greek poetry.

Fortunately, a growing number of publications are bridging this chasm. Unfortunately, many of them superficially identify thematic or compositional affinities without investigating more deeply why texts resemble each other. In my view, a major culprit is genre criticism; scholars often view parallels between two texts as culturally generic not textually genetic.

This brief study suggests that the affinities between the ›Bacchae‹ and John issue not merely from a shared intellectual environment but from conscious, strategic, and hermeneutically significant imitation. A few Christian authors must have held physical copies of Greek poetry when composing and expected at least some of their readers to appreciate their theological rivalry with them. Mimesis Criticism offers criteria for advancing such investigations by providing criteria for identifying and interpreting such imitations.

REINHOLD F. GLEI

Die Bestimmung des Tragischen in neulateinischen Dido-Dramen

In ihrem vor einigen Jahren erschienenen Sammelband ›Tragik vor der Moderne‹ führen die Herausgeberinnen Regina Toepfer und Gyburg Radke-Uhlmann einleitend aus, dass für die Vormoderne (gemeint sind damit hier nur Antike und Mittelalter) von einer »Variabilität von Tragikkonzepten« auszugehen sei, weswegen es auch schlechterdings nicht möglich sei , »ein vermeintlich homogenes Tragikverständnis der Moderne absolut zu setzen«.[1] Ausgehend von der Prämisse, dass der Begriff Vormoderne über das Mittelalter hinaus auch für die Frühe Neuzeit anzuwenden ist, wäre diese These auch einmal für die neulateinische Theaterlandschaft zu prüfen.[2] Selbstverständlich kann das hier nur in einem bescheidenen Ausschnitt erfolgen. Eine thematische bzw. auf eine dramatische Person fokussierte Untersuchung bietet sich insofern an, als hierdurch in einem diachronen Schnitt tatsächlich sehr verschiedene zeitliche, lokale und individuelle Kontexte geprüft werden können, die ein wenn nicht repräsentatives, so doch sehr differenziertes Bild dessen ergeben dürften, was man unter Tragik verstehen kann. Die Wahl des Dido-Stoffes dürfte angesichts der Bedeutung Vergils und der Vielzahl der Rezeptionszeugnisse plausibel erscheinen.[3]

Zunächst sei ein Überblick über die materielle Basis gegeben. Für das 16. und 17. Jahrhundert, konkret für den Zeitraum von 1515 bis etwa 1703, sind knapp 20 lateinische Dido-Tragödien bezeugt.[4] Eine genaue Zahl lässt sich nicht angeben, da es sich bei manchen verlorenen Werken vielleicht auch nur um Aufführungen der ›Aeneis‹ mit verteilten Rollen und nicht um eigenständige dramatische Bearbeitungen gehandelt hat. Erhalten sind 15 Stücke, die den Stoff der Bücher 1 – 4 (mit Schwerpunkt auf Buch 4) zugrunde legen; nur

---

1   R. Toepfer – G. Radke-Uhlmann (Hrsg.), Tragik vor der Moderne. Literaturwissenschaftliche Analysen (Heidelberg 2015) 21 f.
2   Diese ist bei weitem nicht hinreichend erforscht oder überhaupt vollständig dokumentiert. Einen guten Überblick über den Stand der Forschung bietet der Sammelband von J. Bloemendal – H.B. Norland (Eds.), Neo-Latin Drama and Theatre in Early Modern Europe (Leiden–Boston 2013); aktuelle Ergebnisse in einem weiteren Sammelband (als Teil eines Forschungsprojekts) von J. Bloemendal (Ed.), Transnational Aspects of Early Modern Drama, Medievalia & Humanistica 48, 2023 (Erscheinen angekündigt).
3   Auf die zahlreichen volkssprachlichen Dido-Tragödien kann hier nicht eingegangen werden. Einiges Material, z. B. zu Marlowe (1594), bietet G. Binder (Hrsg.), Dido und Aeneas. Vergils Dido-Drama und Aspekte seiner Rezeption (Trier 2000); weiterhin empfiehlt sich die Bibliographie von T. Kailuweit, Dido – Didon – Didone. Eine kommentierte Bibliographie zum Dido-Mythos in Literatur und Musik (Frankfurt a. M. 2005).
4   Vgl. die Übersicht bei Glei: Virgilius Cothurnatus – Vergil im Schauspielhaus. Drei lateinische Tragödien von M. Maittaire. Einleitung, Edition und Übersetzung v. R.F. Glei, unter Mitarbeit v. A. Kopka et al. (Tübingen 2006) 169 ff. Dort sind auch die genauen bibliographischen Angaben zu den Stücken verzeichnet.

eines davon setzt die gesamte ›Aeneis‹ in ein Drama um. Von den 15 Stücken sind 9 gedruckt worden. Sie lehnen sich unterschiedlich eng an die ›Aeneis‹ an: Es finden sich alle Varianten von wörtlicher Übernahme der Vergilverse über mehr oder weniger gelungene Umsetzungen in jambische Senare bis hin zu freien Bearbeitungen mit eigenständigen Änderungen und Ergänzungen. Dies lässt erwarten, dass auch die Bestimmung des Tragischen sehr unterschiedlich ausfällt, und ich werde im Folgenden versuchen, einen Querschnitt durch die wichtigsten Tragikkonzepte zu geben. Dabei ist freilich die jeweilige Konzeption des Tragischen in der Regel nur implizit gegeben und muss interpretatorisch herausgearbeitet werden; nur selten finden sich diesbezügliche explizite Aussagen in den Paratexten. Ergänzend werden daher zeitgenössische theoretische Bestimmungen herangezogen werden. Mit Blick auf die Identifikation einer kontinuierlichen oder auch diskontinuierlichen Entwicklung tragischer Konzepte empfiehlt sich eine chronologische Betrachtung der Dramenproduktion: Grob lassen sich das 16., das frühe 17. sowie das späte 17. Jahrhundert als charakteristische Phasen des Dido-Dramas unterscheiden. Im gegebenen Rahmen können hier nicht alle 15 erhaltenen Stücke eingehend vorgestellt werden; in der nachfolgenden Übersicht sind diejenigen, die Gegenstand näherer Betrachtung sein sollen, entsprechend hervorgehoben.

Autor	Titel	Datierung bzw. Aufführung	Druck bzw. Handschrift
Hadrianus Barlandus	Dido	1515	Verloren
John Ritwise/Rightwise	Dido	ca. 1527	Verloren
Petrus Ligneus	Dido	1550	Antwerpen 1559
Aulus Gerardus Dalanthus	Dido	—	Antwerpen 1559
Edward Halliwell	Dido	1564	Verloren
Heinrich Knaust	Dido	1562 – 65	Frankfurt 1566
Johannes Lucienberger	Inclyta Aeneis	—	Frankfurt 1576
Thomas Correa	Dido	1570er	Cod. Vat. Bonc. M.2 Cod. Dresd. C 121
Nicodemus Frischlin	Dido	1581	Tübingen 1581
William Gager	Dido	1583	Cod. Oxon. CCC 486
Jacob Jacobsen Wolf	Dido	1584 – 90	Kopenhagen 1591
Michael Hospein	Dido	1591	Straßburg 1591
Petrus Cunaeus	Dido	ca. 1600 – 10 ?	Cod. Leid. Cun. 7

Jacques Tabouret	Dido	1609	Paris 1609
[Denis Petau	Carthaginienses	1614	La Flèche 1614]
Anonymus Leidensis	Dido	um 1650 ?	Cod. Leid. BPL 739
G. Ph. Fürer von Haymendorff	Aeneas Troianus	1685	Nürnberg 1685
Michael Maittaire	Dido	1695 – 99	Cod. Bodl. Rawl. D 284
Johann Baptist Adolph	Pietas in Peregrinos	1703	Cod. Vindob. 9813

Über die beiden ältesten bezeugten *Didones* kann man leider nicht viel sagen. Barlandus' ›Dido‹ wurde in Leuven 1515, die des Ritwise (oder Rigthwise) ca. 1527 in London an der St. Paul's School aufgeführt, ohne dass Näheres dazu bekannt wäre. Die früheste erhaltene Dido-Tragödie ist das Drama des Petrus Ligneus (Pieter van den Houte), die 1550 bei einer Promotion in Leuven aufgeführt und 1559 in Antwerpen gedruckt wurde. Im Gegensatz zu den meisten ›Dido‹-Tragödien hat der Autor hier auf eine Umsetzung in jambische Verse (Trimeter bzw. Senare) verzichtet und den vergilischen Hexameter beibehalten: Die dialogischen Partien sind auf die Schauspielerrollen aufgeteilt, die des epischen Erzählers, wo sie entbehrlich erschienen, weggelassen, wo nicht, in die Dialogszenen integriert. Wie Janine Andrae und Sonja Eckmann in der bisher einzigen Untersuchung zu Ligneus gezeigt haben,[5] handelt es sich jedoch nicht bloß um eine mechanische *transformatio* von der einen in die andere Gattung, zumal eine solche ja gar nicht formal konsequent vollzogen wird; Ligneus hat vielmehr inhaltlich neue Akzente gesetzt, insbesondere durch die Einführung der Person der Furie. Diese spricht den Prolog und tritt auch im Folgenden immer wieder auf, wobei sie die zentrale handlungstreibende Rolle einnimmt. Sie vereint und bündelt die verderblichen Kräfte erstens der *ira Iunonis*, zweitens der *fraus Cupidinis*, also der Liebesintrige, sowie drittens des *furor Didonis*; hinzu kommen noch Züge der Allecto. Dadurch erreicht Ligneus eine erhebliche Akzentverschiebung gegenüber der ›Aeneis‹: Dido ist jetzt Opfer eines bösen Geistes, eines *malus genius*, wie die Furie genannt wird. Diese Dämonisierung Didos macht die in der ›Aeneis‹ aristotelisch inszenierte Schuldfrage[6] obsolet; auch bei Ligneus ist es eher Aeneas, der beinahe einen tragischen Fehler (ἁμαρτία) begeht, weil er sich zunächst dem göttlichen Befehl und dem Fatum verweigern will, sich dann aber doch noch eines Besseren

---

5 Vgl. J. Andrae – S. Eckmann, Die ›Dido‹ des Petrus Ligneus – eine neulateinische Dramatisierung der vergilischen Vorlage, in: Binder, Dido und Aeneas (wie Anm. 3) 175 – 227.
6 Zur aristotelischen Tragik der Dido-Figur bei Vergil vgl. die bahnbrechende Studie von A. Wlosok, Vergils Didotragödie. Ein Beitrag zum Problem des Tragischen in der Aeneis, in: H. Görgemanns – E.A. Schmidt (Hrsg.), Studien zum antiken Epos (Meisenheim am Glan 1976) 228 – 250.

besinnt. Was Dido betrifft, so liegt die Bestimmung des Tragischen darin, dass die Protagonistin von Beginn an chancenlos dem Wüten der Furie ausgeliefert ist und sich ihr Untergang mit unabwendbarer Konsequenz vollzieht. Die Furie ist dabei nur zum Teil eine Allegorie der Psyche Didos, sie ist auch eine objektive dämonische Macht, der der Mensch nichts entgegensetzen kann, ganz ähnlich wie später Amor bei Correa. Damit folgt Ligneus ebenfalls, wenn auch ohne sprachliche und formale Anlehnung, dem Konzept der Seneca-Tragödien, die eine klassische ἁμαρτία nicht kennen und stattdessen das destruktive Potential der Affekte – oder kurz: das Böse – personifiziert zur Anschauung bringen.[7]

Auch die ›Dido‹ des Dalanthus (1559), die sich trotz Einführung kleinerer Nebenrollen inhaltlich stärker an Vergil anlehnt, ist ansonsten ganz vom Vorbild Senecas bestimmt,[8] so dass man nicht fehlgeht, wenn man in der frühesten Phase besonders den Einfluss des römischen Tragikers am Werk sieht: Der im Sinne des Aristoteles tragische Konflikt Didos wird ausgeblendet, vielmehr wird sie als Opfer göttlicher Mächte dargestellt (insbesondere der Furie bei Ligneus; bei Dalanthus ist die Fama stärker gezeichnet), was beim Zuschauer vielleicht einen gewissen Schauder erregt, ohne dass hierdurch bereits ein Katharsis-Konzept erkennbar wäre.

Es gibt manche Stücke, die mit verschiedenen Modifikationen experimentieren, wie man besonders am nun folgenden Drama, der ›Dido‹ des Juristen Heinrich Knaust (1566), erkennen kann.[9] Er hat, wie schon in bescheidenerem Umfang Dalanthus, der schulmäßigen Langeweile einer bloßen Rezitation durch die Einführung zusätzlichen Personals vorbeugen wollen: Neben einigen weniger wichtigen Dienerrollen hat er vor allem zwei neue Figuren eingeführt, einen *Lar familiaris* und einen Hofnarren.[10] Der Lar entstammt natürlich der Komödie und spricht wie in Plautus' ›Aulularia‹ den Prolog, in dem er den unglücklichen Ausgang ankündigt, der der weiblichen Natur (charakteristisch sind *furor, inconstantia, impotentia*) geschuldet sei. Der Lar tritt im Stück noch in drei weiteren Szenen auf, in denen er teils eine Erzählerrolle, vor allem aber die Rolle eines pessimistischen Kommentators übernimmt. Am Ende des dritten Aktes kündigt er die bevorstehende verhängnisvolle Jagd an, was sich zu einer regelrechten Invektive gegen die adlige Jagdpraxis mit auffallend sozialkritischen Tönen ausweitet;[11] im vierten Akt schließlich klagt er über Didos bevorste-

---

7 Die Bestimmung des Tragischen bei Seneca kann hier nicht diskutiert werden; vgl. die einschlägigen Beiträge von E. Lefèvre, Studien zur Originalität der römischen Tragödie. Kleine Schriften (Berlin 2015) und die dortige Bibliographie.
8 Vgl. E. Semrau, Dido in der deutschen Dichtung (Berlin–Leipzig 1930) 24 ff.
9 Zur Person vgl. meinen Artikel in VL 16: ›Knaust, Heinrich‹ (R.F. Glei), in: Frühe Neuzeit in Deutschland 1520 – 1620. Literaturwissenschaftliches Verfasserlexikon, Band 3, 2014, 564 – 571.
10 Vgl. dazu ausführlicher R.F. Glei, Didos Hofnarr – Zum Personal von Knausts ›Dido‹-Tragödie (1566), in: R.F. Glei – R. Seidel (Hrsg.), Das lateinische Drama der Frühen Neuzeit. Exemplarische Einsichten in Praxis und Theorie (Tübingen 2008) 133 – 153.
11 Die Topik der Jagdkritik wäre eine eigene Untersuchung wert: *O venatio / Quàm te timeo, quàm vereor, quàm te abhorreo, / Quàm te detestor, quae multorum perdidit / Regum atque Principum animas atque corpora, / Innumerisque illos involvit sceleribus et / Malis, ut peccent in commissos subditos / Miserosque rusticos, quos affligunt malè / Suis venationibus, et canum loco / Non rarò habent.* (Actus III, Scena VII, fol. 27v).

henden Tod, der die Punischen Kriege und den Untergang Karthagos als ›Strafe‹ für Didos *facinus perditum* nach sich ziehen werde. Hier wird erstmals eine moralisierende und darüber hinaus historische Perspektive in die Dido-Dramen eingeführt, die später noch deutlicher hervortreten wird. Als Gegengewicht zu dem trotz seiner Komödienherkunft aufs Ende gesehen eher ›tragischen‹ *Lar familiaris* hat Knaust des Weiteren einen Hofnarren Didos erfunden, der der Königin, aber auch Aeneas, bisweilen einen Spiegel ihres närrischen Verhaltens vorhält. Dieser *Morio* ist, wie ich in einer früheren Studie gezeigt habe, samt seinem griechischen Namen ganz aus der antiken Komödie entlehnt und eine Kontamination der Figuren des *servus callidus* und des Parasiten.[12] Damit verletzt Knaust ganz bewusst die Regeln der *gravitas*, sowohl was die gesellschaftliche Stellung der Personen als auch was den Stil der Tragödie angeht, um das insgesamt, auf den unglücklichen Ausgang bezogen, tragische Geschehen einer Kommentierung aus komischer Sicht zu unterwerfen. Soweit ich sehe, ist diese Neuerung Knausts von nachfolgenden Dramatikern nicht aufgenommen und auch von der philologischen Kritik nicht goutiert worden.[13]

Letzteres gilt erst recht für die monströse ›Tragicocomoedia‹ des Johann Lucienberger (1576), der an drei aufeinanderfolgenden Tagen die gesamte ›Inclyta Aeneis‹ auf die Bühne gebracht haben will.[14] Werner Suerbaum hat ihr jüngst eine ausführliche Monographie gewidmet.[15]

Erst kürzlich konnte anhand einer neu entdeckten Handschrift ein weiteres Dido-Drama identifiziert werden: die ›Dido‹ des aus Coimbra stammenden Bologneser Rhetorikprofessors Thomas Correa (Thome Correia, 1536 – 1595). Bisher war das Stück nur als anonymes Dido-Drama in einem Dresdner Codex bekannt, das durch einen Irrtum dem vor allem durch sein Kreuzzugsepos ›Syrias‹ bekannten Dichter Pier Angeli da Barga (1517 – 1596) zugeschrieben wurde.[16] Inzwischen ist klar, dass es sich um ein Drama von Correa handelt,

---

12   Glei, Didos Hofnarr (wie Anm. 10). Ein Bezug zu Brants ›Narrenschiff‹ oder Erasmus' ›Lob der Narrheit‹ ist eher unwahrscheinlich, vgl. ebd., 146 f.
13   Vgl. die bei Glei, Didos Hofnarr (wie Anm. 10) 141 zitierten gelehrten Urteile.
14   Das Stück beinhaltet keine Mischung aus komischen und tragischen Elementen wie Knausts ›Dido‹ oder eben die klassische *tragi(co)comoedia* – Plautus' ›Amphitruo‹, woraus der Begriff stammt –, sondern folgt Vergil sehr eng bis auf den neu erfundenen Schluss, der von einer Vermählungsszene zwischen Aeneas und Lavinia gebildet wird (guter Ausgang). Vgl. C. Kallendorf, Inclyta Aeneis. A Sixteenth-Century Neo-Latin Tragicomedy, in: R. Schnur (Ed.), Acta Conventus Neo-Latini Hafniensis. Proceedings of the Eighth International Congress of Neo-Latin Studies (Binghamton/NY 1994) 529 – 536.
15   W. Suerbaum, Vergils Epos als Drama. Die Gattungstransformation der *Inclyta Aeneis* in der *Tragicocomoedia* des Johannes Lucienberger, Frankfurt 1576 (Tübingen 2018).
16   Zu Person und Werk da Bargas (lat. Bargaeus) vgl. W. Rüdiger, Petrus Angelius Bargaeus. Ein Dichter- und Gelehrtenleben, Neue Jahrbücher für das Klassische Altertum, Geschichte und Deutsche Litteratur und für Pädagogik 1, 1898, 385 – 400; 464 – 483; 497 – 517. Von Rüdiger stammt die falsche Zuschreibung, die sich dadurch erklären lässt, dass im Cod. Dresd. C.121 vor der Tragödie (fol. 180 – 204) zwei lateinische Gedichte von Bargaeus stehen (fol. 170 ff.); die Tragödie selbst trägt keinen Verfassernamen, so dass Rüdiger annahm, sie stamme ebenfalls von Bargaeus. Vgl. auch G. Manacorda, Petrus Angelius Bargaeus (Piero Angeli da Barga) (Pisa 1903), App. II: Bibliografia generale delle opere di Piero Angeli (ebd., 107 – 131), wo die zwei Gedichte erwähnt sind, nicht aber die Tragödie. Vgl. auch F. Schnorr von Carolsfeld, Katalog der Handschriften der Königl. Öffentlichen Bibliothek zu Dresden. Erster Band (Leipzig 1882) 222. – Zuletzt behandelt wurde Bargaeus von W. Ludwig, Die Qualitäten eines Schülerpreises am

der philologische Traktate über verschiedene Gattungen verfasste und gewissermaßen als Präludium zu einer neuen Poetik des Dramas ein solches praktisch entwerfen wollte. Einzelheiten müssen hier beiseite bleiben – eine Dissertation dazu ist in Arbeit.[17] Zum Inhalt:[18] Das in jambischen Senaren verfasste Drama setzt mit einem Prolog von Didos Oberpriester Bitias[19] ein, der im Anschluss an Vergil, ›Aeneis‹ 4,450 ff. u. a. die grauenhaften Prodigien beim Opfer und Didos Albträume beschreibt, in denen sie ihren Tod antizipiert. Ursache der Todesphantasien ist jedoch nicht ein innerer – man möchte sagen: tragischer – Konflikt Didos (etwa zwischen dem Treueversprechen an Sychaeus und der Liebe zu Aeneas), sondern ausschließlich die zu diesem Zeitpunkt intrafiktional noch ganz unbegründete Angst, von Aeneas verlassen zu werden: Beide sind ja des Fatums gänzlich uneingedenk. Aeneas erhält freilich kurz darauf von Merkur den Abreisebefehl; sein Zögern wird vom Chor, vom Geist des Anchises und von Achates getadelt und schließlich überwunden. Auf der anderen Seite führt Amors Macht, der interessanterweise auch der ‚echte' Ascanius (also Aeneas' Sohn!) erliegt, der seine Stiefmutter liebgewonnen hat, zur Raserei Didos und zu den bekannten Ereignissen bis zum Selbstmord. Eine Venus-Juno-Intrige fehlt ganz; es ist Amor selbst, der auftritt und Didos Leidenschaft anheizt. Dementsprechend ist eine deutliche Pathetisierung der Handlung zu beobachten, die sich schon im Prolog, der ausgiebig aus Seneca (besonders ›Thyest‹ vv. 657 ff.) schöpft, andeutet. Die Schuldfrage spielt in dem Drama keine Rolle: Dido erscheint durchgängig als wehrloses Opfer Amors, eine moralische Bewertung der Protagonistin erfolgt nicht – eher schon eine des Aeneas, dessen Säumigkeit und Unentschlossenheit Gegenstand heftiger Kritik sind. Die Bestimmung des Tragischen liegt somit primär im bemitleidenswerten Verfallensein der Königin an ihre Affekte und in ihrem Untergang: *Heu Dido inclyta occidit* lautet die abschließende Klage des Chores, der noch einmal ihre hohe Stellung und ihr trauriges Ende (der notabene als Sterben, nicht als Selbstmord bezeichnet wird) hervorhebt.

Für die bisher besprochenen Dramen und für das 16. Jahrhundert generell kann man sagen, dass die Autoren implizit einer Bestimmung des Tragischen folgen, die sich nicht theoretisch von Aristoteles, sondern praktisch von Seneca ableitet und sich seit dem Mittelalter weithin durchgesetzt hatte. Sie besteht vor allem aus drei Elementen:[20] erstens geht es handlungsbezogen um das Schicksal hochstehender Personen (*fortuna illustris*,

---

Pariser Collège de Navarre (1709): Dichtungen von Petrus Angelius Bargaeus (1561), Humanistica Lovaniensia 65, 2016, 277 – 298; zur ›Syrias‹ vgl. L. Braun, Ancilla Calliopeae. Ein Repertorium der neulateinischen Epik Frankreichs (1500 – 1700) (Leiden–Boston 2007) 155 – 167.

17 Der Bearbeiter ist Thomas Kailuweit. Zur ersten Orientierung über das wohl in die 1570er Jahre zu datierende Stück vgl. R.F. Glei – T. Kailuweit, A newly discovered 'old' Dido Tragedy, in: Bloemendal, Transnational Aspects (wie Anm. 2).

18 Die Inhaltsangabe stützt sich auf Rüdiger, Petrus Angelius Bargaeus (wie Anm. 16) 481 f.

19 Bitias ist in der ›Aeneis‹ ein vornehmer Karthager (1,738), dem Dido beim Festbankett zuerst den Weinkelch reicht; priesterliche Funktion hat er dort nicht. Servius vermerkt zu der Stelle, dass Bitias der Admiral der punischen Flotte gewesen sei (nach Livius' verlorenem 16. Buch, das die Archäologie Karthagos enthielt).

20 Vgl. dazu die Einleitung in Toepfer – Radke-Uhlmann, Tragik vor der Moderne (wie Anm. 1) 3 – 23. Der in jenem Band befindliche Beitrag von M. Kern (Dido oder Über die Wiedergeburt des Tragischen, in:

personae magnificae o. ä.), dementsprechend ist zweitens die Sprache auf der Ebene des hohen Stils (*genus grande, grandiloquum, sublime* o. ä.) anzusiedeln, und drittens ist ein trauriger Ausgang (*exitus tristis*) obligatorisch. Diese traditionellen Elemente wurden in der maßgeblichen Poetik Julius Caesar Scaligers (1561) kanonisiert. Dort heißt es:

> Tragoedia, sicut et comoedia in exemplis humanae vitae conformata, tribus ab illa differt: personarum condicione fortunarum negotiorumque qualitate, exitu, quare stilo quoque differat necesse est. In illa e pagis sumpti Chremetes, Davi, Thaides loco humili; initia turbatiuscula, fines laeti; sermo de medio sumptus. In tragoedia reges, principes ex urbibus, arcibus, castris; principia sedatiora, exitus horribiles; oratio gravis, culta, a vulgi dictione aversa; tota facies anxia: metus, minae, exsilia, mortes.

> Die Tragödie, die wie die Komödie aus Beispielen für das menschliche Leben besteht, unterscheidet sich durch dreierlei von ihr: durch den sozialen Stand der Personen, durch die Beschaffenheit der Schicksale und Intrigen und durch den Ausgang; daher ist sie notwendigerweise auch im Stil verschieden. In der Komödie stammen Leute wie Chremes, Davus und Thais aus dem Dorf und aus bescheidenen Verhältnissen; die Anfänge sind turbulent, die Ausgänge glücklich; die Sprache ist nicht weit hergeholt. In der Tragödie treten Könige und Herrscher auf, aus Städten, Burgen, Heerlagern; die Anfänge sind ruhiger, die Ausgänge schrecklich; die Sprache ist erhaben, gewählt, der Ausdrucksweise des Volkes entgegengesetzt; die ganze Atmosphäre ist angsterfüllt: Furcht, Drohungen, Verbannungen, Tod.[21]

Diejenige Dido-Tragödie, die am konsequentesten die Poetik Scaligers umsetzt, ist die ›Dido‹ von Nicodemus Frischlin (1581). Dank der umfassenden Behandlung des Dramas durch Nicola Kaminski kann ich mich hier auf eine Zusammenfassung der wichtigsten Ergebnisse beschränken.[22] Das Stück, eine nahezu wortgetreue Umsetzung des vergilischen Textes in Senare, spricht schon im Titel vom *tragicus (amoris) exitus*. Dieser ›tragische‹, d. h. unglückliche Ausgang wird von Frischlin in der Vorrede zum zentralen Merkmal des Tragischen überhaupt erhoben:

---

ebd., 77 – 101) ist für uns nicht einschlägig, da er sich mit der Bestimmung des Tragischen bei Nietzsche, Auerbach und Bohrer beschäftigt.

21 Poetices liber I, cap. VI. Text und Übersetzung nach Iulius Caesar Scaliger, Poetices libri septem. Sieben Bücher über die Dichtkunst. Herausgegeben v. L. Deitz u. G. Vogt-Spira. Band I: Buch 1 und 2 (Stuttgart-Bad Cannstatt 1994) 128 – 131.

22 Vgl. N. Frischlin, Hildegardis Magna, Dido, Venus, Helvetiogermani. Historisch-kritische Edition, Übersetzung, Kommentar v. N. Kaminski. Band 2 (Bern u. a. 1995) 119 ff.; ergänzend C. Kallendorf, Nicodemus Frischlin's ›Dido‹. Virgil on the German Stage, Studi Umanistici Piceni 27, 2007, 263 – 273. – Zur Person Frischlins vgl. W. Kühlmann, Nicodemus Frischlin (1547 – 1590). Der unbequeme Dichter, in: P.G. Schmidt (Hrsg.), Humanismus im deutschen Südwesten. Biographische Profile (Sigmaringen 1993) 265 – 288 und den Artikel in VL 16: ›Frischlin, Nicodemus‹ (R. Seidel), in: Frühe Neuzeit in Deutschland 1520 – 1620. Literaturwissenschaftliches Verfasserlexikon, Band 2, 2012, 460 – 477.

> Omnes Virgilianae Aeneidis libros esse Tragicos, aut certè instar Tragoediarum, nemo ignorat, qui in hoc autore paulò diligentiùs est versatus. [...] Nam etsi primus liber Comoediae videtur similior, quàm Tragoediae, (si ad laetam catastrophen respicias) tamen in alijs omnibus tristes sunt magnarum personarum exitus.
>
> Daß alle Bücher der vergilischen Aeneis tragisch sind oder jedenfalls in der Art von Tragödien, weiß jeder, der sich mit diesem Autor ein wenig genauer beschäftigt hat. [...] Denn mag auch das erste Buch einer Komödie ähnlicher scheinen als einer Tragödie (wenn man auf den glücklichen Ausgang sieht), so stellen doch alle anderen Bücher das traurige Ende großer Personen dar.[23]

Wenn auch der für alle Aeneisbücher behauptete unglückliche Ausgang in manchen Fällen reichlich konstruiert erscheint (man bedenke nur das achte Buch mit der ›Tragödie‹ des Cacus!), so trifft diese Charakteristik jedenfalls für das vierte Buch zu. Dabei mag zwar die aristotelische Tragik des Dido-Buches durch die enge Anlehnung an das Vorbild gleichsam mittransportiert werden, doch spielt das für Frischlin offensichtlich keine Rolle: Es kommt bei ihm nur auf den unglücklichen Ausgang an.[24] Aus diesem Grunde ergab sich für Frischlin auch ein Gattungsproblem für das erste Buch und die daraus geschöpfte Tragödie ›Venus‹, die er vier Jahre später (Straßburg 1585) veröffentlichte:[25] Das erste Aeneisbuch endet ja mit dem fröhlichen Festbankett Didos für die Aeneaden, weshalb es nach Frischlin eigentlich eine Komödie ist, wohingegen Personenkonstellation und Stil natürlich ebenfalls hochgestellt, also ›tragisch‹ sind. Hier ist Frischlin Opfer seines Prinzips geworden, die Aeneisbücher einzeln zu dramatisieren; viele Autoren haben demgegenüber die Dido-Handlung des ersten Buches in ihre dramatische Umsetzung einbezogen und sind so der poetologischen Vorgabe Scaligers gefolgt, dass sich im Idealfall der unglückliche Ausgang aus einem glücklichen oder zumindest ruhigeren Anfang entwickelt (*principia sedatiora, exitus horribiles*). Was nun die ›Dido‹ Frischlins betrifft, so sehen wir, um es noch einmal zu betonen, die kanonischen drei Bestimmungen des Tragischen perfekt erfüllt: hochgestellte Personen (Könige und Herrscher aus Städten, Burgen), hoher Stil (episierende Senare, mit nur noch wenigen wörtlichen Anleihen an Seneca), unglücklicher Ausgang.

Aus diesem poetologischen Korsett, das in der Zeit nach Frischlin für das Schuldrama verbindlich wird,[26] versuchen sich andere Autoren durch verschiedene, mehr oder weniger gelungene Innovationen zu befreien. Auf Knausts Anleihen beim Personal der Komödie sind wir schon eingegangen. Als ein ganz anderer, aber ebenfalls misslungener Versuch, die kanonische Bestimmung des Tragischen auszuhebeln bzw. umzudeuten, muss auch die

---

23 Text und Übersetzung nach Kaminski (wie Anm. 22), Band 1, 246 f.
24 Wie wenig Frischlin von Aristoteles und überhaupt vom Griechischen verstand, erhellt daraus, dass er das Wort *catastrophe* neutral im Sinne von *exitus* benutzt, so dass er von *laeta catastrophe* sprechen kann.
25 Dazu ebenfalls Kaminski (wie Anm. 22) insbes. Band 2, 191 ff.
26 Vgl. vor allem die ›Dido‹ von Michael Hospein (1591) und die bei Glei, Virgilius Cothurnatus (wie Anm. 4) 188 – 190 referierten Urteile.

panegyrische Lesart des Dido-Stoffes in der dramatischen Bearbeitung William Gagers angesehen werden. Das Stück wurde am 12. Juni 1583 im Christ Church College in Oxford in Anwesenheit von Königin Elisabeth I. aus Anlass des Besuchs des polnischen Fürsten Albert a Lasco aufgeführt und ist in einer Handschrift des Colleges erhalten.[27] Der Prolog (offenbar von Gager selbst gesprochen) verweist auf die *grandis materia* bzw. den Unterschied von Komödie (*levis soccus*) und Tragödie (*cothurnus gravis*) und betont so explizit die Scaliger'sche Stoff- und Stilregel. Zwar ist auch der unglückliche Ausgang mit dem Selbstmord Didos kanonisch, Gager gibt sich aber alle Mühe, die beiden Protagonisten, also Dido, die bei ihm meist Elisa (!) heißt, und Aeneas, den anwesenden Majestäten Elisabeth (!) und Albert panegyrisch anzunähern – ein Unterfangen, das angesichts des *exitus tristis* zum Scheitern verurteilt ist. Bereits im Prolog betont Gager deshalb die Fiktionalität der Fabel, die zu lustvollem Weinen anrege, ohne dass etwas Schlimmes passiere (*Magna est voluptas flere ubi nihil est mali* v. 14) und versucht so, die ›Tragik‹, d. h. den traurigen Ausgang, abzumildern. Andere Maßnahmen sollen Dido in ein besseres Licht rücken: Durch die Einführung zweier Höflinge, Hanno und Maharbal, die Dido politisch beraten, anstelle von Anna wird die königliche Autorität Didos stärker betont als bei Vergil, der sie eher als Ehefrau und Schwester denn als Herrscherin zeigt. Auch die Jarbas-Handlung fehlt gänzlich, so dass Dido nicht mehr als vom Wohlwollen eines einheimischen Warlords abhängig erscheint. Eine Prä-Shakespeare'sche Schlüsselszene ist der Auftritt des Geistes von Sychaeus,[28] der über Didos neue Verbindung klagt, sich aber gar nicht an der neuen Ehe an sich, sondern vor allem daran stößt, dass der neue Ehemann ein elender Verräter sei: *Misero beata, perfido nubes pia?* (v. 565). Aeneas habe seine eigene Heimat und Gattin verraten, und auch die neue Heimat und Gattin werde er ebenfalls verraten (vv. 570 f.). Wir haben es also mit einer *pia Dido* und mit einem *impius Aeneas* zu tun! Auch Cupido, der den Auftrag der Göttinnen Venus und Juno erfüllt hat, rühmt sich, er habe schlau eine arglose, anständige Frau getäuscht: *Vafer fefelli simplicem, astutus piam* (v. 601), und der Chor sieht die Schuld allein bei Aeneas, der dreimal als *fallax* apostrophiert und einer fast sprichwörtlichen *Dardana fides* bezichtigt wird. Vergil wird hier komplett auf den Kopf gestellt. Schließlich werden von Gager explizite Parallelen zwischen den Paaren Dido/Elisa–Aeneas und Elisabeth–Albert gezogen: Das Lied des Jopas wird zu einem panegyrischen Hymnus auf Königin und Gast umfunktioniert, und im Epilog wird dann kontrastiv die tote Elisa der lebenden Elisabeth gegenübergestellt: *Sed Elysa fato Tyria miseranda occubat. / At nostra Elysa vivit et vivat precor* (vv. 1252 f.). Das alles ist einfach nur peinlich, und man muss sich wundern, dass Albert a Lasco, der sehr gut Latein beherrschte,[29] das Stück nicht als Affront empfand.

---

27 Edition und Untersuchung von J.W. Binns, William Gager's Dido, Humanistica Lovaniensia 20, 1971, 167 – 254.
28 Zur Geisterszene vor Shakespeare vgl. G. Dahinten, Die Geisterszene in der Tragödie vor Shakespeare. Zur Seneca-Nachfolge im englischen und lateinischen Drama des Elisabethanismus (Göttingen 1958).
29 Vgl. die Schilderung des Empfangs von Albert a Lasco in Oxford bei H. Brunnhofer, Giordano Bruno's Weltanschauung und Verhängniss. Aus den Quellen dargestellt (Leipzig 1882) 28.

Während Gagers ›Dido‹ also unverdientermaßen eine große Aufmerksamkeit der Forschung auf sich gezogen hat, ist eine andere, weitaus schlüssigere und plausiblere Bearbeitung des Stoffes nahezu in Vergessenheit geraten: die ›Dido‹ des Leidener Professors Petrus Cunaeus (1586 – 1638), die wahrscheinlich in seiner Studentenzeit (1601 – 1610) entstanden und in einem Codex der Universitätsbibliothek Leiden erhalten ist.[30] Wie Heesakkers' Edition zu entnehmen ist, folgt das Drama im Prinzip der vergilischen Vorlage (›Aeneis‹ 4) eng; die Bestimmung des Tragischen aber erfolgt programmatisch, wie bei Gager, in einer nicht-vergilischen Szene: Auch bei Cunaeus tritt der Geist des Sychaeus auf, aber hier vertritt er eine moralisch rigide Position, indem er Dido an ihr Treueversprechen erinnert, sie der *perfidia* bezichtigt und ultimativ auffordert, ihm in die Unterwelt zu folgen (vv. 674 – 681). Der anschließende lange Monolog Didos zeigt, dass der Geist tatsächlich nur eine Projektion ihres schlechten Gewissens ist, denn sie hat am Ende die Sicht des Sychaeus vollkommen verinnerlicht: *Fidei, Sichaeo quam dedi, fui immemor* (v. 745) und entschließt sich deshalb zum Selbstmord.[31] Hier ist erstmals die Spur einer Rezeption des aristotelischen ἁμαρτία-Konzepts zu erkennen. Zurückzuführen sein dürfte dies auf das akademische Umfeld des Cunaeus, in dem sich vor allem die ›Leidener Zwillinge‹ Daniel Heinsius und Hugo Grotius theoretisch und praktisch mit der Tragödie beschäftigten: Am besten kann man diese Entwicklung mit Arthur Eyffinger als »switch from the Senecan scene to the Greek conception of tragedy«[32] beschreiben. In seiner Schrift ›De tragoediae constitutione‹ (1611, ²1643) erläutert Heinsius das Tragische gemäß der Poetik des Aristoteles folgendermaßen:

Tragoedia est seriae absolutaeque actionis, et quae iustae magnitudinis sit, imitatio; sermone, harmonia, et rythmo, suaviter condita. [...] quaeque non narrando, verum per misericordiam et horrorem, eorundem expiationem affectuum inducit.

Eine Tragödie ist die Nachahmung einer ernsten und abgeschlossenen Handlung von angemessener Länge; sie ist in Sprache, stilistischer Ausgewogenheit und Versmaß angenehm gedichtet [...] und sie führt nicht durch (bloßes) Erzählen, sondern durch (im Zuschauer erregtes) Mitleid und Schaudern zu einer Reinigung von diesen Affekten.[33]

Das ist fast eine Übersetzung des Aristoteles, und hier ist notabene nicht mehr explizit von unglücklichem Ausgang, sondern nur noch von einer »ernsten« Handlung und entsprechenden Affekten die Rede.[34] Die Schuldfrage wird nicht eigens thematisiert, bewegt sich aber

---

30 Edition und Untersuchung von C.L. Heesakkers, Tragoedia Dido P. Cunaei (Leiden University Library, MS. Cun. 7), Humanistica Lovaniensia 33, 1984, 145 – 197.
31 Ähnlich argumentiert die ovidische Dido in ›Epistulae Heroidum‹ 7,97 ff. Dort zeigt Dido freilich kein echtes Schuldbewusstsein, sondern will Aeneas lediglich eifersüchtig machen.
32 The Poetry of Hugo Grotius. Vol. 4: Sophompaneas, 1635 (Oorspronkelijke Dichtwerken, vierde deel). Edited by A. Eyffinger, with the Assistance of P. Rietbroek (Assen–Maastricht 1992) 31.
33 D. Heinsii De tragoediae constitutione liber. In quo inter caetera tota de hac Aristotelis sententia dilucide explicatur (Leiden ²1643) 18. Eine moderne Ausgabe oder Übersetzung der Schrift existiert nicht.
34 Allerdings wird der unglückliche Ausgang auch nicht abgeschafft wie später bei Vossius (siehe unten).

offenbar zwischen den Polen »Mitleid« (d. h. weitgehend unschuldig) und »Schaudern« (d. h. eher abscheulich).[35] Diese Gegensätze wurden in den von Heinsius und Grotius selbst verfassten Tragödien auch praktisch realisiert, da sie teils unschuldige Opfer – wie in Heinsius' ›Auriacus‹ (1602) oder besonders in Grotius' ›Christus Patiens‹ (1608), teils schuldige Täter – wie in Grotius' ›Adamus Exul‹ (1601) oder erst recht in Heinsius' ›Herodes Infanticida‹ (1611), auf die Bühne bringen.[36] Cunaeus geht noch einen Schritt weiter, indem er mit Dido einen ›mittleren‹ Charakter (μεταξύ bei Aristoteles) wählt und genau auf Didos ›tragische‹ Verfehlung, eben den Bruch des Treueeids gegenüber Sychaeus, den Fokus legt, wie wir gesehen haben.

In einen anderen Kontext gehört die etwa gleichzeitig entstandene ›Dido‹-Tragödie des Jacques Tabouret, die 1609 am Pariser Collège du Cardinal Lemoine, vermutlich im Zuge eines Wettbewerbs, aufgeführt und noch im gleichen Jahr gedruckt wurde.[37] Im Zentrum steht hier der Konflikt Rom–Karthago, der bekanntlich zu zahlreichen historischen bzw. historisierenden Bühnenbearbeitungen geführt hat; Tabouret reiht sich mit seiner ›Dido‹ in die zeitgenössische Mode der ›Hannibal‹- und ›Sophonisbe‹-Dramen ein.[38] Den Prolog spricht Jarbas, der sich bei Jupiter darüber beklagt, dass Dido der Ehe mit ihm *quemquam tam invenustum(!) advenam* (vv. 1 f.) vorziehe.[39] Das Drama nimmt daraufhin den bekannten Verlauf, doch mit ganz anderem Akzent als bei Vergil: Leitmotiv bei Tabouret ist Didos bzw. Karthagos *superbia*, die bereits im Eingangsmonolog Didos deutlich wird: Ganz Libyen gehorche ihr, rühmt sie sich, und der einst wilde Punier habe seinen widerspenstigen Sinn ihren Gesetzen gebeugt – *domui feroces exul et mulier viros* (v. 55). Diese *superbia*, die Anmaßung römischer Ordnungsmacht und der daraus resultierende ungerechtfertigte Herrschaftsanspruch Karthagos, der eben Rom gebührt, führen schließlich zum Untergang, wie es Dido am Ende im Todesmonolog bestätigt. Es gibt dementsprechend auch keinen inneren Konflikt Didos, keine Anna-Handlung und keine individuelle Schuld bezüglich des Treueversprechens an Sychaeus. Tabourets ›Dido‹ ist eine politische Tragödie. Anlass dürfte neben der literarischen Mode der Karthago-Dramen auch die historische Situation gewesen

---

35 *misericordia* und *horror* als Übersetzungen von ἔλεος und φόβος. Die spätere Diskussion um die ›richtige‹ Übersetzung der aristotelischen Begriffe ist hier natürlich nicht relevant.

36 Das kann hier nicht näher ausgeführt werden; vgl. einstweilen den Überblick von A. Eyffinger, Neo-Latin Tragedy in Holland, in: ders., The Poetry of Hugo Grotius (wie Anm. 32) 29 – 46.

37 Eine moderne Ausgabe/Übersetzung fehlt. Ob es eine intertextuelle Beziehung zwischen Tabourets ›Dido‹ und der französischen Tragödie ›Didon se sacrifiant‹ (1603, gedr. 1624) von Alexandre Hardy gibt, wie von M. White-Bossier, La ›Didon se sacrifiant‹ d'Alexandre Hardy et la ›Dido, sive amor insanus‹ de Jacques Tabouret, Dix-Septième Siècle 32/128, 1980, 307 – 312, vermutet wurde, ist für uns nicht von Belang; die Gegenmeinung vertritt der Herausgeber des Stückes: A. Hardy, Didon se sacrifiant. Tragédie. Edition critique par A. Howe (Genève 1994). Der Beitrag von M.M. Decabo, Hardys ›Didon se sacrifiant‹. Ein ›Kommentar‹ zum vierten Buch der ›Aeneis‹?, in: T. Burkard – M. Schauer – C. Wiener (Hrsg.): Vestigia Vergiliana. Vergil-Rezeption in der Neuzeit (Berlin–New York 2010) 169 – 186 geht auf diese Frage nicht ein. Tatsächlich geht Hardy auf Etienne Jodelles Dido-Tragödie (1574) zurück.

38 Vgl. die entsprechenden NP-Artikel in P. v. Möllendorff – A. Simonis – L. Simonis (Hrsg.), Historische Gestalten der Antike. Rezeption in Literatur, Kunst und Musik (Stuttgart–Weimar 2013).

39 Ob das geistreiche Wortspiel, Aeneas, den Sohn der Venus, als *invenustus* zu bezeichnen, beabsichtigt war, sei dahingestellt.

sein: Es ist die Epoche des beginnenden Absolutismus unter dem Bourbonen Heinrich IV., und die Rivalität Rom–Karthago spiegelt offensichtlich den zeitgenössischen Konflikt zwischen Frankreich und Spanien um die Vorherrschaft in Europa.

Ähnliches dürfte auch für die Tragödie ›Carthaginienses‹ (1614) des Jesuitenschülers Denis Petau gelten, die hier nur am Rande erwähnt werden soll, weil sie nicht den Dido-Stoff, sondern das Ende des Dritten Punischen Krieges behandelt: Der karthagische Heerführer Hasdrubal begibt sich in auswegloser Situation der Karthager in die Hände Scipios und überlässt die belagerte Stadt ihrem Schicksal; aus Protest tötet die Frau des Hasdrubal ihre beiden Söhne (hierin natürlich eine *altera Medea*) und stürzt sich zuletzt selbst ins Feuer, *imitata reginam quae Carthaginem condidit*, wie Florus schreibt (›Epitome‹ 1,31,17). Das brachte Petau offenbar auf die Idee, in seinem historischen Drama Didos Geist den Prolog sprechen zu lassen: Der Untergang Karthagos wird dadurch als paradoxe Erfüllung des Fluches, den Dido einst über Aeneas und die Römer aussprach, dargestellt – ähnlich wie im Fall des Ödipus-Orakels, wo die vermeintliche Vermeidung des Fluches gerade zu seiner Erfüllung führt.[40]

Nach der Hochzeit der Dido-Dramen in den ca. 50 Jahren nach dem Erscheinen von Scaligers ›Poetik‹ wird der Stoff nur noch vereinzelt behandelt,[41] bis um die Wende vom 17. zum 18. Jahrhundert noch zwei bemerkenswerte Stücke entstehen, die eine Umwertung der Bestimmung des Tragischen mit sich bringen. Dazu muss man den zwischenzeitlich erfolgten ›turn‹ in der Tragödientheorie berücksichtigen, der mit dem Namen des Gerhard Johannes Vossius verbunden ist. In seinen ›Poeticae institutiones‹ (1647) nimmt Vossius im Zuge der bereits erwähnten akademischen Diskussionen eine entscheidende Änderung in der Bestimmung des Tragischen vor, die der Tragödienproduktion ganz neue Möglichkeiten eröffnet: Während die Forderungen nach der Stilhöhe und die ›Ständeklausel‹ weiterhin uneingeschränkt gelten, stellt Vossius im Rückgriff auf zahlreiche antike Tragödien, vor allem des Euripides,[42] fest, dass der unglückliche Ausgang zwar der häufigere sei, entgegen der kanonischen Lehrmeinung (Scaliger wird ausdrücklich zitiert) aber nicht zum Wesen der Tragödie gehöre: *non est de οὐσίᾳ tragoediae* (2,11,2).[43] Deren Wesen bestimme sich vielmehr

---

40 Hier von ›tragischer Ironie‹ zu sprechen, verbietet sich allerdings, denn es hieße eine erst moderne Bestimmung des Tragischen anachronistisch auf die neulateinischen Dido-Dramen zu übertragen; vgl. E. Behler, Der Ursprung des Begriffs der tragischen Ironie, Arcadia 5, 1979, 113 – 142.

41 Zu nennen ist der ›Anonymus Leidensis‹, nach der Edition von Suringar (W.H.D. Suringar [ed.], Dido. Tragoedia ex segmentis priorum librorum Aeneidos composita ab auctore incerto cuius autographum possidet Bibliotheca Leidensis [Leiden 1880]) um 1650 entstanden, am Schluss ebenfalls mit historischer Perspektive, und der ›Aeneas Troianus‹ des Gustav Philipp Fürer von Haymendorff, eine Schüleraufführung (1685) durch Söhne Nürnberger Honoratioren, in der Fürer selbst den Aeneas spielte. Der Stoff ist ›Aeneis‹ 1 – 4 entnommen und neu arrangiert, aber wie bereits der Titel sagt, geht es eher um die Person des Aeneas als um Dido.

42 Vgl. Vossius, ›Poeticae Institutiones‹ 2,13,30 – 31. Neben Euripides' ›Elektra‹, den beiden ›Iphigenien‹, ›Alkestis‹, ›Helena‹ und anderen Tragödien werden auch Sophokles' ›Elektra‹ und ›Philoktet‹ genannt.

43 Zitiert nach der Ausgabe von Bloemendal: G.J. Vossius, Poeticarum Institutionum libri tres / Institutes of Poetics in Three Books. Edition, Translation and Commentary by J. Bloemendal. In Collaboration with E. Rabbie. Vol. 1 (Leiden–Boston 2010) 460.

dadurch, dass »eine unglückliche Situation oder schwerwiegende Gefahr vor Augen gestellt wird«: *infelix conditio vel grave periculum ob oculos ponitur* (ebd.). Für die Bestimmung des Tragischen (*quod est* οὐσιῶδες), also die *natura tragoediae*, genüge es, »wenn ihr Erscheinungsbild [oder mit Deitz: ihre Atmosphäre] jammervoll und ängstlich ist«: *satis est si facies eius sit luctuosa et anxia* (2,13,31) – eine auf Aristoteles zurückgehende Bestimmung, die später unter dem Schlagwort »Furcht und Mitleid« noch Karriere machen sollte. Vorerst aber führt dieser ›essential turn‹ zur Befreiung vom Zwang eines *exitus tristis*, ohne dass dadurch die Tragödien aufhörten, Tragödien zu sein (*tragoediae esse desinerent*). Programmatisch umgesetzt wurde diese im Leidener Umfeld entstandene und diskutierte theoretische Wende bereits in der 1635 gedruckten Tragödie ›Sophompaneas‹ des Hugo Grotius, die die biblische Josephsgeschichte zum Inhalt hat.[44] Diese ist durch ein hohes Maß an *infelix conditio*, *grave periculum* und *facies luctuosa et anxia* gekennzeichnet, hat aber bekanntlich einen glücklichen Ausgang.

Man wird sich jetzt fragen, was das alles mit Dido zu tun hat, denn dort ist der unglückliche Ausgang ja durch die Tradition vorgegeben. Wie konnte sich also Vossius' Neubestimmung auf Dido-Dramen auswirken? Nun – *eine* Möglichkeit hatte ja schon Vergil selbst aufgezeigt. In der ›Aeneis‹ hat die Dido-Tragödie gewissermaßen einen ›Hinterausgang‹ oder zumindest ein Nachspiel, das eine gewisse Relativierung des unglücklichen Ausgangs mit sich bringt: In der Unterwelt sind Dido und Sychaeus, der ihr den postumen Seitensprung offenbar verziehen hat, wieder in Liebe vereint (›Aeneis‹ 6,473 f.). Dieser für frühere Tragiker unbrauchbare und deshalb durchgängig ignorierte sentimentale Ausblick kommt jetzt in einer Ende des 17. Jahrhunderts entstandenen Tragödie tatsächlich zum Tragen: in der ›Dido‹ des Michael Maittaire (1668 – 1747). Dieser war in den Jahren 1695 – 99 Lehrer an der Westminster School in London, wo er drei Tragödien aus Vergil für Schulaufführungen schuf. Das Manuskript dieser Tragödien ist erhalten und zeigt deutliche Spuren eines ›Regieexemplars‹.[45] Die ›Dido‹ Maittaires umfasst die Handlung der Aeneisbücher 1 und 4 und lehnt sich recht eng an Vergil an, nicht ohne aber auch eigene und manchmal (wohl unfreiwillig) komisch wirkende Elemente einzufügen, z. B. einen Shanty-Chor, der mitten in die Szene hineinplatzt, in der Aeneas heftig mit der hübschen punischen Jägerin flirtet, die er im Wald vor Karthago trifft und die sich dann peinlicherweise als seine Mutter entpuppt. Ansonsten aber nimmt das Drama zunächst seinen bekannten Verlauf bis zum Tod Didos. Das abschließende Chorlied, das auf weite Strecken das erste Chorlied der ›Troades‹ Senecas imitiert, bringt aber dann eine überraschende Wendung: Anna und der Chor klagen im Wechselgesang ausgiebig um Dido (*Flemus Elisam*, vv. 443, 454), preisen sie aber dann glücklich: »Macht euren Tränen ein Ende, tyrische Frauen«, singt Anna, »Dido ist glücklich, so sollt ihr alle sie nennen. Zu den Totengeistern geht sie befreit.« *Finem lacrimis ponite vestris, / nurus Tyriae. Dido beata, / dicite cunctae. Vadit manes / libera ad imos* (vv. 458 – 461). Und der Chor respondiert: »Dido ist glücklich, so nennen wir sie alle. [...]

---

44 Edition und Kommentar von Eyffinger, Sophompaneas (wie Anm. 32).
45 Edition des Oxforder Codex und Übersetzung von Glei/Kopka, Virgilius Cothurnatus (wie Anm. 4).

Jetzt wird sie im sicheren Schatten des Elysischen Hains wandeln und unter den frommen Seelen voller Glück nach dem (vor ihr) gestorbenen Sychaeus suchen.« *Dido beata, / dicimus omnes; [...] Nunc Elysii / nemoris tutas ibit in umbras / interque pias felix animas / quaeret ademptum morte Sychaeum* (vv. 461 – 466). Mit dieser versöhnlichen Note endet das Stück.

Nun ist das ja nicht wirklich ein glücklicher Ausgang, sondern bestenfalls eine Abmilderung des ›tragischen‹ Geschehens, die überdies durch Vergil legitimiert ist. Ein echtes Happy End ist für eine Dido-Tragödie natürlich nicht vorstellbar – oder doch? Das chronologisch letzte der erhaltenen Dido-Stücke bringt diese Sensation auf die Bühne. Es handelt sich um ein ›Dramation‹ mit dem Titel ›Pietas in Peregrinos‹ und stammt von dem Leiter der Wiener Jesuitenschule, Johann Baptist Adolph. Die Aufführung in Anwesenheit der Kaiserlichen Majestäten, darunter Kaiser Leopold I. selbst, war für den 1. Januar 1704 geplant, kam aber wegen politischer Unruhen nicht zustande. Das Stück ist in einem Wiener Codex erhalten und bisher unediert,[46] obwohl es in mehrfacher Hinsicht bemerkenswert ist. Es ist das einzige mir bekannte lateinische Musikdrama zu Dido (die Musik stammt vom Hofkapellmeister Johann Bernhard Staudt); zu den fünf üblichen Akten kommen daher ein musikalisches Vorspiel und vier weitere Zwischenaktmusiken, die jeweils die Götterebene einblenden. Das Stück ist von Anfang an auf (nicht nur musikalische) Harmonie angelegt, die in der *Prolusio* durch die allegorische Göttin der Bona Causa programmatisch verkörpert wird. Jarbas, der in der ersten Szene auftritt, ist zu einem handzahmen Höfling Didos geworden, der ihr rät, die übers Meer gekommenen trojanischen Flüchtlinge freundlich aufzunehmen. Dido ist zunächst skeptisch, lässt sich aber von Jarbas und Anna, die ebenfalls für die Flüchtlinge interveniert, überzeugen. Alles entwickelt sich positiv, Dido bereitet Aeneas und den übrigen Trojanern einen Empfang mit aller denkbaren ›Höflichkeit‹ (buchstäblich), die von Aeneas ebenso ›höflich‹ erwidert wird, man überhäuft sich gegenseitig mit Geschenken und Ehrerbietungen, und man fragt sich schon, ob das Ganze nicht auf eine Peripetie zusteuern müsse. Diese erfolgt auch tatsächlich, und zwar durch göttliche Intervention: Trotz der Zusage Jupiters, Aeneas gegen Junos Zorn zu schützen, beschließt Venus ängstlich, durch ihren Sohn Cupido, wie bei Vergil als falscher Ascanius verkleidet, Dido Liebe zu Aeneas einzuflößen. Das geschieht, und Dido gerät wie zu erwarten in äußerste Verwirrung. Aeneas, der an seine Bestimmung, nach Italien zu segeln, gar nicht erst durch Merkur erinnert werden muss, benutzt Anna als Werkzeug, um Didos Wohlwollen und Hilfe für die Weiterfahrt zu erreichen; dabei schmeichelt er Anna so sehr, dass diese sich ebenfalls in Aeneas verliebt – eine für ein Dido-Drama völlig singuläre Komplikation. Damit scheint jetzt ein doppelter tragischer Knoten geschürzt, der eigentlich nur in einer echten Katastrophe enden kann. Zur Überraschung des Zuschauers aber beschließen Dido und Anna, nachdem sie sich gegenseitig ihre Liebe zu Aeneas gestanden haben, anstatt sich umzubringen, dem so Geliebten selbstlos auf seiner Mission beizustehen und ihm eine Flotte für die Weiterfahrt auszurüsten. Das Stück endet mit einem fröhlichen Abschiedsfest (nach dem

---

46 Kurzbeschreibung bei W. Kramer, Die Musik im Wiener Jesuitendrama von 1677 – 1711 (Diss. Wien 1961) 141 – 144; eine kommentierte Edition wird von meinem Doktoranden Henrik Weiß vorbereitet.

Festbankett in ›Aeneis‹ 1), auf dem Dido den *laetus dies* preist und den Aeneaden eine gute Zukunft wünscht: *Bene sit amicis Dardanis!* (v. 417).

Nach der Definition des Vossius könnte selbst dieses ungewöhnliche Dido-Drama als Tragödie angesprochen werden, weil die drei erforderlichen Kriterien erfüllt sind: hoher Stil (trotz einiger burlesker Partien, z. B. in Szene III/3, wo Achates versucht, dem übermütigen falschen Ascanius höfisches Benehmen beizubringen), hochgestellte Personen, und vor allem eine unglückliche Situation (die Aeneaden sind schiffbrüchig in der Fremde gelandet, wo ihr weiteres Schicksal unsicher ist) und eine ›große Gefahr‹, nämlich der Liebeswahnsinn Didos, der durch Annas Verhalten zusätzliche Nahrung erhält und sich überdies noch mit Eifersucht paaren könnte. Eine so radikale Wendung zum Guten wie in Adolphs Stück freilich lässt sich psychologisch kaum plausibilisieren und muss als politischer Appell gewertet werden, in der aktuellen Situation eines ungarischen Aufstands gegen die Herrschaft der Habsburger Besonnenheit, Großzügigkeit und staatsmännische Weitsicht walten zu lassen (»Wir schaffen das!«). Der Autor ging dem Kaiserhaus mit dieser Aufforderung zur *Pietas in Peregrinos* aber offenbar zu weit, so dass das Stück kurzfristig verboten wurde.

Ziehen wir ein Fazit. Die eingangs skizzierte These einer vormodernen Variabilität von Tragikkonzepten konnte hier bestätigt werden: Die vielfältigen neulateinischen Dido-Dramen zeigen eine ebenso vielfältige Bestimmung des Tragischen. Während sich in einer ersten Phase der dramatischen Dido-Rezeption die Autoren vor allem an Seneca orientieren und eine Dämonisierung (Ligneus) oder zumindest Pathetisierung (Correa) Didos anstreben, ist die Hauptphase der Produktion im 16. Jahrhundert einerseits durch Scaligers Kanonisierung der Tragik bestimmt (Frischlin und seine Nachfolger), andererseits durch mehr oder weniger gelungene Experimente (Knausts Trivialisierung durch Komödienelemente oder Gagers Panegyrisierung durch einen aktuellen politischen Anlass). Erste Versuche der Umsetzung des aristotelischen ἁμαρτία-Konzepts finden sich dann bei Cunaeus; bei Tabouret beobachten wir, wie auch bei anderen zeitgenössischen Bearbeitungen des Karthago-Stoffes, eine Historisierung bzw. Politisierung der Tragödie. Vossius' Abschied von der *exitus-tristis*-Regel schließlich führt in einer Spätphase zu einer sympathetischen Absolution von ›tragischer‹ Schuld bei Maittaire und bei Adolph sogar zur radikalen Neukonzeption einer *pia Dido*, ja zu einer Altruisierung ihres Charakters unter dem Einfluss des Ideals christlicher Nächstenliebe – in jedem Fall eine bemerkenswerte Entwicklung.

DIETER BORCHMEYER

Die Rache des Dionysos
Zur Rezeption der euripideischen ›Bakchen‹: Goethe – Nietzsche – Thomas Mann – Henze

Albert von Schirnding in Freundschaft und langjähriger geistiger Verbundenheit zugeeignet

> Lassen Sie uns immer diesen bestialischen
> Halbgott – die griechische Kunst kann seiner
> nicht entbehren.
> Goethe (291)[1]

1.

Semele, Tochter des thebaischen Herrschers Cadmus, in Hoffnung, dem Vielvater Zeus einen Sohn zu bringen, ward verderbt und aufgezehrt durch himmlisches Feuer, der Knabe gerettet, im Verborgenen aufgepflegt und erzogen, auch des Olymp und eines göttlichen Daseins gewürdigt. Auf seinen Erdewanderungen und -zügen in die Geheimnisse des Rheadienstes bald eingeweiht, ergibt er sich ihnen und fördert sie aller Orten, insgeheim einschmeichelnde Mysterien, öffentlich einen grellen Dienst unter den Völkerschaften ausbreitend.

Und so ist er im Beginn der Tragödie, von lydischen enthusiastischen Weibern begleitet, in Theben angelangt, seiner Vaterstadt, will daselbst als Gott anerkannt sein und Göttliches erregen. Sein Großvater Cadmus lebt noch, uralt; er und der Urgreis Tiresias sind der heiligen Weihe günstig und schließen sich an. Pentheus aber, auch ein Enkel des Cadmus, von Agave, jetzt Oberhaupt von Theben, widersetzt sich den Religionsneuerungen und will sammt den Thebanern und Thebanerinnen einen göttlichen Ursprung des Bacchus nicht anerkennen. Zwar gibt man zu: er sei ein Sohn der Semele, diese aber eben deßwegen, weil sie sich fälschlich als Geliebte Jupiters angegeben, vom Blitz- und Feuerstrahl getroffen worden.

---

[1] E. Grumach, Goethe und die Antike. Eine Sammlung. Band 1 (Berlin 1949) 291. Die Seitenzahlen der Quellen aus dieser »Sammlung« werden im Text selber in Klammern angegeben.

Pentheus behandelt nun daher die von Bacchus als Chor eingeführten lydischen Frauen auf das schmählichste; dieser aber weiß sich und die Seinigen zu retten und zu rächen und dagegen Agaven mit ihren Schwestern und die anderen ungläubigen Thebanerinnen zu verwirren, zu verblenden und, von begeisterter Wuth angefacht, nach dem ominosen Gebirge Kithäron, woselbst der verwandte Aktäon umgekommen, hinauszutreiben. Dort halten sie sich für Jägerinnen, die nicht allein dem friedlichen Hochwild, sondern auch Löwen und Panthern nachzujagen berufen sind. Pentheus aber, auf eine abenteuerliche Weise gleichfalls verwirrt, von gleichem Wahnsinn getrieben, folgt ihrer Spur und wird, sie belauschend, von seiner Mutter und ihren Gefährten entdeckt, aufgejagt als Löwe, erschlagen und zerrissen. (288)

Diese Inhaltsangabe der ›Bakchen‹ (BAKXAI), der fremden und befremdlichen Tragödie aus der Spätzeit des Euripides – sie ist kurz vor seinem Tode 406 entstanden und wurde erst postum aufgeführt und preisgekrönt –, stammt aus der Feder keines geringeren als derjenigen Goethes. Dieser hat sich im Alter jahrelang intensiv – analysierend und übersetzend – mit Euripides beschäftigt: neben dem fragmentarisch überlieferten ›Phaeton‹ – um dessen »Restauration« er sich lange bemühte, wovon eine Reihe von Texten mit Übersetzungen der Bruchstücke zeugt (276 – 285), vor allem mit den ›Bakchen‹, die er in einem Gespräch mit Staatskanzler von Müller am 19. Oktober 1823 »für sein liebstes Stück erklärte« (286).

Kann man eine der grausigsten Tragödien der Weltliteratur, in der eine Mutter ihren eigenen Sohn zerfleischt und mit dessen abgerissenem Kopf aus der Wildnis heimkehrt, als »liebstes Stück« empfinden? Paßt doch – so sollte man denken – keine andere Tragödie weniger zu Goethe als dieses orgiastische Drama. Hat er nicht 1808 Kleists ›Penthesilea‹, die den ›Bakchen‹ deutlich nachgestaltet ist und in der die Titelheldin ihren Geliebten Achill mit eigenen Zähnen zerreißt, schroff verworfen? Weil er sich, so wähnen manche bis heute, nie vom klassizistisch-apollinischen Griechenlandbild Winckelmanns, von dessen Laokoon-Ideal »edler Einfalt und stiller Größe« hat loslösen können und den orgiastischen Hinter- oder Untergrund der griechischen Kultur aus seinem Horizont ausgeblendet hat.

Doch im Alter, vor allem in den Jahren zwischen 1821 und 1827 hat Goethe sich immer wieder mit den ›Bakchen‹ befaßt, ist tief in den orgiastischen Dionysoskult hinabgetaucht, in dem sich ihm das Wesen des Griechentums in besonderem Maße offenbarte. Das verdeutlicht auch der Schluß des Helena-Akts des ›Faust II‹, der als »klassisch-romantische Phantasmagorie« von ihm im selben Jahr 1827 vorveröffentlicht worden ist wie seine ›Bakchen‹-Studie. Alles Gestalthafte löst sich da in einem dionysisch-orgiastischen Dithyrambus des Chors ins Elementare auf. Hier hat Goethe die im Umkreis der Frühromantik wiederentdeckte rauschhafte Seite des Griechentums, welche dem klassischen Antikebild noch fern war, hinreißend Klang und Bild werden lassen.

Und nun gellt ins Ohr der Zimbeln mit der Becken Erzgetöne,
Denn es hat sich Dionysos aus Mysterien enthüllt;
Kommt hervor mit Ziegenfüßlern, schwenkend Ziegenfüßlerinnen,

Und dazwischen schreit unbändig grell Silenus' öhrig Tier.
Nichts geschont! Gespaltne Klauen treten alle Sitte nieder,
Alle Sinne wirbeln taumlich, gräßlich übertäubt das Ohr.
Nach der Schale tappen Trunkne, überfüllt sind Kopf und Wänste,
Sorglich ist noch ein und andrer, doch vermehrt er die Tumulte,
Denn um neuen Most zu bergen, leert man rasch den alten Schlauch!
(vv. 10030 – 10038)[2]

So die Schlußverse des Helena-Akts.

Die euripideischen ›Bakchen‹ sind – da der ›Pentheus‹ des Aischylos verloren ist – die einzige erhaltene griechische Tragödie, in welcher der Gott und sein Kultus, denen die attischen Theaterfeste gewidmet waren, im Mittelpunkt der Handlung stehen. Deshalb übte das euripideische Spätwerk auf die Wiederentdecker des Dionysischen im 19. Jahrhundert seine besondere Faszination aus, auch und gerade auf den Euripides-Verächter Nietzsche, der in diesem letzten Drama des dritten Dichters in der Trias der großen attischen Tragiker eine Zurücknahme von dessen ganzer Lebens- und Werktendenz sah. Einer der ersten großen Schriftsteller aber, die sich intensiv mit dieser abgründigen Tragödie befaßt haben, ist Goethe gewesen.

Das Tagebuch Goethes vom 25. November 1821 verzeichnet lakonisch: »Nachts Euripides Bacchantinnen«. Also: für ihn ein ›Nachtstück‹ wie kein anderes. Am 29. desselben Monats findet sich die Aufzeichnung: »Abends aus den Bacchantinnen übersetzt.« Gleichzeitig arbeitet er weiter an seiner Rekonstruktion des ›Phaeton‹ (275). Knapp fünf Jahre später, am 28. Mai 1826 liest er Boisserée seine Übersetzung aus den ›Bakchen‹ vor (287) und beschäftigt sich weiter mit dem Drama, geht Ende des Jahres mit Riemer seine Übersetzung durch. Nicht zuletzt im Hinblick auf seine Euripides-Beschäftigung schreibt er am 11. Oktober 1826 an Zelter: »Gott erhalt uns im Alten und beym Alten« (293). In einem Brief an den Euripides-Forscher Johann Gottfried Hermann vom 12. November 1831 zählt er seine hermeneutische Beschäftigung mit Euripides zu den »glücklichsten Augenblicken« in seinem Leben (296), und im Tagebuch vom 13./14. und 16. November desselben Jahres bekennt er anläßlich erneuter Euripides-Lektüre, er gelange »zu immer größerem Erstaunen über ein Talent, das wir gar nicht mehr begreifen« (296).

In einem Gespräch mit Karl Wilhelm Göttling am 3. März 1832, also kurz vor seinem Tode, bemerkt er über die Stücke des Euripides: »Für sein schönstes halte ich die Bacchen. Kann man die Macht der Gottheit vortrefflicher und die Verblendung der Menschen geistreicher darstellen, als es hier geschehen ist?« Und nun folgt auch bei Goethe die erstaunliche Ineinssetzung von Dionysos und Christus, wie sie bei Hölderlin und Nietzsche so abgründig vollzogen wird: »Das Stück gäbe die fruchtbarste Vergleichung einer modernen

---

2 Goethe Werke. Hamburger Ausgabe in 14 Bänden. Band 3: Dramatische Dichtungen I. Textkritisch durchgesehen u. kommentiert v. E. Trunz (München [16]1996) 303.

dramatischen Darstellbarkeit der leidenden Gottheit in Christus mit der antiken eines ähnlichen Leidens, um daraus desto mächtiger hervorzugehen, in Dionysos.« (298)

Goethes Studie ›Die Bacchantinnen des Euripides‹ erscheint 1827 in seiner Zeitschrift ›Über Kunst und Altertum‹ (288 - 291). Fahren wir in Goethes Text an der Stelle fort, wo wir oben aufgehört haben. Er schließt mit Goethes eigener Übersetzung der Szene gegen Ende des Dramas, in der Agaue (Agave) mit dem vermeintlichen Löwenhaupt - in Wirklichkeit ist es der Kopf ihres Sohnes Pentheus - vor ihren Vater tritt. Dieser bringt ihr zu Bewußtsein, wen sie da zerrissen hat. Diesen Moment der Bewußtseinserhellung, Auflösung des orgiastischen Trancezustandes hat Kleist in der ›Penthesilea‹ genau nachgebildet. Es ist wahrhaft verblüffend, daß Goethe gerade das antike Vorbild dieser von ihm perhorreszierten Kleistschen Szene selber übersetzt hat. Goethe, der Unbegreifliche, lehrt uns doch immer wieder das Staunen, offenbart uns weit mehr Nähe zu Hölderlin und Kleist, als er selbst wahrnehmen wollte. Er fährt also nach obiger Unterbrechung fort:

> Das Haupt, vom Körper getrennt, wird nun als würdige Beute auf einen Thyrsus gesteckt, den Agave ergreift und damit nach Theben triumphirend hereinzieht. Ihrem Vater Cadmus, der eben des Sohnes Glieder, kümmerlich aus den Gebirgsschluchten gesammelt, hereinbringt, begegnet sie, rühmt sich ihrer Thaten, zeigt auf das Löwenhaupt, das sie zu tragen wähnt, und verlangt in ihrem Übermuth ein großes Gastmahl angestellt. (288)

Erlauben wir uns noch einmal eine Unterbrechung des Zitats. Goethe hat nämlich die Verse, die er hier als Inhaltsangabe wiedergibt, ebenfalls übersetzt, doch nicht in seinen Aufsatz eingefügt:

> Mit Handen fingen den Löw(en)
> Und in verschiede(ne) Stücke rissen wir ihn entz(w)ei
> Zu größerm gelingen fahend wild Getier
> Dergleichen trag ich in dem Arm wie du siehst
> Erlangend Herrlichstes, zu deines Hauses zier
> Seis aufgehef(t)et. Vater aber nimms zur Hand
> Erfreut zum Höchsten meines Jagdgeschicks
> Die Fre(u)nde ruf zum Gastmahl wen(n) du selig bist
> Hochselig Tatenhalber die wir ausgeführ(t);[3]

Hier folgt nun die »jammervolle« Replik des Cadmus und die allmähliche Erkenntnis Agaves, was sie in ihrer Verblendung angerichtet hat. Agave: »Dionysos, er verdarb uns, dieß begreif' ich nun.« Cadmus: »Den ihr verachtet, nicht als Gott ihn anerkannt.« (289 - 291)

---

3   J.W. v. Goethe, Sämtliche Werke nach Epochen seines Schaffens (Münchner Ausgabe). Band 13,1: Die Jahre 1820 - 1826. Hrsg. v. G. Henckmann u. I. Schneider (München-Wien 1992) 823.

Goethe steht mit seiner grenzenlosen Bewunderung des Euripides zu seiner Zeit fast auf verlorenem Posten. Die »Aristokratie der Philologen«, wie er sich ironisch ausdrückt, hatte nämlich Euripides längst »seinen Vorgängern subordinirt, berechtigt durch den Hanswurst Aristophanes« (296) – den er ansonsten durchaus zu schätzen wußte, dem er aber die verhängnisvolle Herabsetzung des Euripides zumal in den ›Fröschen‹ geradezu persönlich übel nahm. Nichts konnte mehr seinen Zorn erregen als die schnöden Euripides-Kritiker der Zeit. Bereits ein halbes Jahrhundert früher war er in seiner dramatischen Satire ›Götter, Helden und Wieland‹ mit allem ihm zu Gebote stehenden Zynismus gegen Wieland zu Feld gezogen, der in seinen ›Briefen an einen Freund‹ (1773) sein Singspiel ›Alceste‹ gegen die ›Alkestis‹ des Euripides ausspielte und diesem alle möglichen »Fehler« ankreidete.

Nun, mehr als fünfzig Jahre später wirft Goethe noch einmal den Fehdehandschuh gegen die Euripides-Kritiker in den Ring, bezeichnet sie Eckermann gegenüber am 13. Februar 1831 als »arme Heringe« oder als »unverschämte Charlatane, die durch Anmaßlichkeit in den Augen einer schwachen Welt mehr aus sich machen wollten und auch wirklich machten, als sie waren« (295). Sein Ingrimm wendet sich zumal gegen August Wilhelm Schlegel und seine auf Euripides bezogene ›Schulmeisterei‹ (294). Voller Verachtung bemerkt er im Gespräch mit Eckermann am 28. März 1827: »im Grunde reicht doch Schlegels eignes Persönchen nicht hin, so hohe Naturen zu begreifen und gehörig zu schätzen«. Und emphatisch betont er: »Ein Dichter aber, den Sokrates seinen Freund nannte, den Aristoteles hoch stellte, den Menander bewunderte, und um den Sophokles und die Stadt Athen bei der Nachricht von seinem Tode Trauerkleider anlegte, mußte doch wohl in der That etwas seyn.« Wenn man ihn kritisiere, »so sollte es billig nicht anders geschehen als auf den Knieen« (294). Kurz vor seinem Tod, am 3. März 1832 wendet er sich in einem Gespräch mit dem klassischen Philologen Karl Wilhelm Göttling zum letzten Mal gegen die »Philologen« und ihre schnöde Verkennung des Rangs von Euripides. »Und was für prächtige Stücke hat er doch gemacht!« (297 f.)

Mit Nachdruck wendet sich Goethe im Gespräch mit Eckermann am 1. Mai 1825 gegen die Tendenz der zeitgenössischen Philologie und Altertumswissenschaft, die Geschichte der attischen Tragödie als Phasen einer Verfallsgeschichte zu deuten, zumal gegen die Ansicht: »daß die tragische Kunst der Griechen […] durch Euripides in Verfall gerathen« sei. Ganz im Gegenteil konstatiert er: »Was war aber die Zeit des Euripides für eine große Zeit! Es war nicht die Zeit eines rückschreitenden, sondern die Zeit eines vorschreitenden Geschmackes.« (286) Die bildenden Künste hatten ihren Höhepunkt noch gar nicht erreicht – und daß nach den drei großen Tragikern kein ebenso bedeutender vierter mehr folgte, ist für Goethe kein Beleg für einen Niedergang der Dichtung, sondern dem Faktum geschuldet, daß nach der ungeheuren – und schlechterdings unüberbietbaren – Produktion der drei großen Tragiker, von der nur ein Minimum überliefert ist, ganz einfach ein Erschöpfungszustand eingetreten sei: »daß Stoff und Gehalt nach und nach erschöpft war und ein auf die drei großen folgender Dichter nicht mehr recht wußte, wo hinaus. Und im Grunde wozu auch! – War es denn nicht endlich für eine Weile genug!« Und bargen nicht die drei großen Tragiker ein so gewaltiges Potential, daß es nicht nur für ihre eigene Zeit ausreiche, sondern noch uns »armen

Europäern« seit Jahrhunderten zu tun gegeben hat – und wir »noch einige Jahrhunderte werden daran zu zehren und zu thun haben« (287).

2.

Was aber würde Goethe zu Nietzsches Euripides-Bild in der ›Geburt der Tragödie‹ gesagt haben? In Nietzsche gipfelt ja die verfallsgeschichtliche Betrachtung der griechischen Tragödie – die in und mit Euripides an ihr Ende gelangt sei. Nietzsche hat sich gern gefragt, was Goethe wohl über Richard Wagner gedacht haben würde. Gewiß nur Negatives, so seine Überzeugung. Das bleibe dahingestellt. Wenn wir aber fragen, was Goethe etwa über Nietzsche gedacht haben würde, so können wir es zumindest im Hinblick auf den Autor der ›Geburt der Tragödie‹ für erwiesen halten, daß er Goethe auf die Palme gebracht hätte. Das Wort vom »frevelnden Euripides«, der die Tragödie um ihren dionysischen Sinn gebracht habe,[4] hätte ihn gewiß empört. Die griechische Tragödie sei durch »Selbstmord« gestorben, so Nietzsche im elften Kapitel der ›Geburt der Tragödie‹.[5] Euripides sei es, der den »Todeskampf der Tragödie« gekämpft habe,[6] indem er sie auf der Basis »undionysischer Kunst, Sitte und Weltanschauung aufzubauen« unternahm.[7] Erst am Ende seines Lebens habe er erkannt, daß das Dionysische »nicht mit Gewalt aus dem hellenischen Boden auszurotten« sei:

> aber der Gott Dionysus ist zu mächtig; der verständigste Gegner – wie Pentheus in den *Bacchen* – wird unvermuthet von ihm bezaubert und läuft nachher mit dieser Verzauberung in sein Verhängniss. Das Urtheil der beiden Greise Kadmus und Tiresias scheint auch das Urtheil des greisen Dichters zu sein: das Nachdenken der klügsten Einzelnen werfe […] jene sich ewig fortspinnende Verehrung des Dionysus nicht um […]. Dies sagt uns ein Dichter, der mit heroischer Kraft ein langes Leben hindurch dem Dionysus widerstanden hat – um am Ende desselben mit einer Glorifikation seines Gegners […] seine Laufbahn zu schliessen.[8]

War aber, so könnte man kühn fragen, nicht auch Goethe ein solcher Pentheus? In die Zeit seiner Beschäftigung mit den ›Bakchen‹ fällt ein Erlebnis, das seine jahrzehntelange Lebensdisziplin zu erschüttern drohte, ja für einen Moment erschüttert hat: die leidenschaftliche Liebe zu Ulrike von Levetzow, deren Scheitern Goethe an den Rand des Untergangs getrieben hat, wie das Klagelied der ›Marienbader Elegie‹ von 1823 bezeugt:

---

[4] F. Nietzsche, Sämtliche Werke. Kritische Studienausgabe in 15 Bänden. Band 1: Die Geburt der Tragödie, Unzeitgemäße Betrachtungen I–IV, Nachgelassene Schriften 1870 – 1873. Hrsg. v. G. Colli u. M. Montinari (München 1980) 74.
[5] Nietzsche, Die Geburt der Tragödie (wie Anm. 4) 75.
[6] Nietzsche, Die Geburt der Tragödie (wie Anm. 4) 77.
[7] Nietzsche, Die Geburt der Tragödie (wie Anm. 4) 82.
[8] Nietzsche, Die Geburt der Tragödie (wie Anm. 4) 83.

Mir ist das All, ich bin mir selbst verloren,
Der ich noch erst den Göttern Liebling war;
Sie prüften mich, verliehen mir Pandoren,
So reich an Gütern, reicher an Gefahr;
Sie drängten mich zum gabeseligen Munde,
Sie trennen mich, und richten mich zugrunde.

So die Schlußstrophe des Gedichts.[9] In seiner ›Trilogie der Leidenschaft‹ hat Goethe 1827 die Elegie in die Mitte dreier Gedichte – zwischen ›An Werther‹ und ›Aussöhnung‹ – gestellt. Unzweifelhaft hat er hier die attische Tragödientrilogie vor Augen, und der Titel ›Aussöhnung‹ ist seine Übersetzung des aristotelischen Begriffs der Katharsis. Mit diesem Begriff hat er sich eingehend in seiner ›Nachlese zu Aristoteles' Poetik‹ befaßt, die im selben Jahr 1827 wie seine Studie über die ›Bakchen‹ und die ›Trilogie der Leidenschaft‹ erschienen ist. Dieses Jahr – in dem ja auch der Helena-Akt des ›Faust II‹ vorveröffentlicht wird – bildet überhaupt den Höhepunkt in Goethes lebenslanger Auseinandersetzung mit der griechischen Tragödie und ihrer Poetik. Zwischen dem Aristoteles-Essay, der lyrischen Trilogie und der ›Bakchen‹-Studie waltet ohne Zweifel eine enge Wechselbeziehung. Aristoteles, so Goethe, verstehe unter Katharsis eine »aussöhnende Abrundung, welche eigentlich von allem Drama, ja sogar von allen poetischen Werken gefordert wird. – In der Tragödie geschieht sie durch eine Art Menschenopfer, es mag nun wirklich vollbracht oder unter Einwirkung einer günstigen Gottheit durch ein Surrogat gelöst werden, wie im Falle Abrahams und Agamemnons, genug, eine Söhnung, eine Lösung ist zum Abschluß unerläßlich, wenn die Tragödie ein vollkommenes Dichtwerk sein soll.«[10] Bei der Problematik dieser Katharsis-Deutung, welche den Wirkungsaspekt der Tragödie, der mit dem aristotelischen Begriff eigentlich gemeint ist, ausblendet, können wir uns hier nicht aufhalten. Wir müssen uns damit begnügen, zu erläutern, was Goethe mit diesem Begriff zum Ausdruck zu bringen sucht. Für ihn bedeutet die Katharsis einerseits eine innerpoetische Abrundung, anderseits eine Aussöhnung, deren Ursprung das Menschenopfer ist. Ein Menschenopfer ist aber auch die orgiastisch-rituelle Tötung des Pentheus, die den Triumph des von ihm verleugneten und diskriminierten Dionysos bedeutet.

Das erste Stück der ›Trilogie der Leidenschaft‹ trägt den Titel ›An Werther‹ und beginnt mit den Versen: »Noch einmal wagst du, vielbeweinter Schatten, / Hervor dich an das Tageslicht«.[11] Dieses Gedicht ist ursprünglich aus Anlaß der Wiederveröffentlichung des ›Werther‹ nach fünfzig Jahren erschienen – des Goethe längst fremd gewordenen Werks einer emotionalistischen Zeitstimmung mit suizidaler Gefährdung. (»Wäre Werther mein

---

9   Goethe Werke. Hamburger Ausgabe in 14 Bänden. Band 1: Gedichte und Epen I. Textkritisch durchgesehen u. kommentiert v. E. Trunz (München [16]1996) 385.
10 Goethe Werke. Hamburger Ausgabe in 14 Bänden. Band 12: Schriften zur Kunst, Schriften zur Literatur, Maximen und Reflexionen. Textkritisch durchgesehen u. kommentiert v. E. Trunz (München [12]1994) 343.
11 Goethe Werke, Band 1 (wie Anm. 9) 380.

Bruder gewesen, ich hätt' ihn erschlagen«, schrieb er einst in einem nicht in die Endfassung aufgenommenen Distichon der ›Römischen Elegien‹.[12]) Nun aber kommt ihm der Schatten Werthers wieder bedrohlich nahe. Die Schlußverse leiten über zum Mittelstück der Trilogie: der ›Elegie‹.[13] Dessen Schlußstrophe, der verzweifeltsten, die Goethe in Bezug auf sich selber je gedichtet hat, folgt indessen die ›Aussöhnung‹,[14] in der das Menschenopfer durch das Opfer der Liebe abgelöst wird und die heilende, kathartische Wirkung der Musik eintritt. Durch Musik aber – so Aristoteles in der ›Politik‹, auf die sich Goethe in seiner ›Nachlese‹ ausdrücklich bezieht – können »die in den Orgien erst aufgeregten Gemüter wieder besänftigt [...] und also auch wohl andere Leidenschaften [...] ins Gleichgewicht gebracht werden«.[15] (Hier zollt Goethe also doch dem Wirkungsaspekt der Katharsis seinen Tribut, wenn auch nur im Hinblick auf die Musik.)

3.

Der Zusammenhang des – Goethes ganze, vermeintlich so gefestigte Existenz erschütternden – Marienbader Erlebnisses mit seiner Faszination durch die euripideischen ›Bakchen‹ mag eine gewagte Spekulation sein, zumindest einer könnte diesen Zusammenhang jedoch geahnt haben: Thomas Mann. Er plante um 1910 eine Novelle über Goethe in Marienbad, von der er 1915 in Briefen mehrfach berichtet. Er habe die Absicht gehabt, »Goethe's letzte Liebe zu erzählen: die Leidenschaft des 70jährigen zu jenem kleinen Mädchen in Marienbad [...] – eine schauerliche, groteske, erschütternde Geschichte« (10. September 1915).[16] Aus diesem Plan, den er vielleicht doch noch einmal ausführen werde, sei aber schließlich, wie er wiederholt betont, ›Der Tod in Venedig‹ »hervorgegangen«. Hier wie da handelt es sich ja nach seinen Worten um die »Tragödie des Meistertums«.[17] Spuren der geplanten Goethe-Novelle – zumal die Affinität zur Novelle ›Der Mann von funfzig Jahren‹ aus ›Wilhelm Meisters Wanderjahren‹ – lassen sich in der Tat im ›Tod in Venedig‹ entdecken. Dieser aber ist unverkennbar eine moderne Kontrafaktur der ›Bakchen‹.

Inwieweit Thomas Mann sich unmittelbar mit dem euripideischen Originaltext befaßt hat, läßt sich nicht ausfindig machen, aber er kannte ihren Verlauf aus Nietzsches ›Geburt der Tragödie‹, und seine umfangreichen Arbeitsnotizen zum ›Tod in Venedig‹ belegen, daß er sich ausführlich mit einem der bedeutendsten altertumswissenschaftlichen Werke der Jahrhundertwende beschäftigt hat: mit dem Buch ›Psyche. Seelencult und Unsterblichkeitsglaube der Griechen‹ (1894) von Nietzsches Freund Erwin Rohde, in dem die Grundlagen

---

12 Goethe Werke, Band 1 (wie Anm. 9) 585.
13 Goethe Werke, Band 1 (wie Anm. 9) 381.
14 Goethe Werke, Band 1 (wie Anm. 9) 385.
15 Goethe Werke, Band 12 (wie Anm. 10) 344.
16 Th. Mann, Große kommentierte Frankfurter Ausgabe. Werke – Briefe – Tagebücher. Band 22: Briefe II 1914 – 1923. Ausgew. u. hrsg. v. Th. Sprecher (Frankfurt a. M. 2004) 94.
17 Mann, Große kommentierte Frankfurter Ausgabe, Band 22 (wie Anm. 16) 94.

des Dionysoskults eindrucksvoll beschrieben sind.[18] Auch Jakob Burckhardts ›Griechische Kulturgeschichte‹ ist als Quelle Thomas Manns in Erwägung zu ziehen.[19] Die folgende Arbeitsnotiz Thomas Manns schildert diesen Kult ganz so, wie ihn etwa der Bote in den ›Bakchen‹ gegenüber König Pentheus beschreibt – und wie er in dem »furchtbaren Traum« Aschenbachs von einem orgiastischen Ritual um den »fremden Gott«[20] unmittelbar nachwirkt: »Der Wahnsinn als Korrelat von Maß und Form«. So der Titel der entsprechenden Arbeitsnotiz bei Thomas Mann.

Bei den Griechen bekannt: Zur Zeit ihrer vollsten Entwicklung gewann der *Wahnsinn* (μανία) eine zeitweilige Störung des psychischen Gleichgewichts, ein Zustand der Überwältigung des selbstbewußten Geistes, der Besessenheit durch fremde Gewalten als religiöse Erscheinung weitreichende Bedeutung. Diesem Überwallen der Empfindung entspricht als entgegengesetzter Pol im gr. religiösen Leben: die in ruhiges Maß gefaßte Gelassenheit, mit der Herz und Blick sich zu den Göttern erheben.

Die Heimat des Dionysoskultes ist *Thrakien*. Hier auf Berghöhen *bei Nacht, beim Fackelbrande.* Lärmende Musik, *Schmettern eherner Becken, Donnern großer Handpauken u. der »zum Wahnsinn lockende Einklang«* der tieftönenden Flöten. Die Feiernden tanzen mit hellem Jauchzen, in wütendem, wirbelndem, stürzendem Rundtanz, begeistert über die Bergfelder dahin. Vorwiegend Weiber, in lang wallenden Gewändern, aus Fuchspelzen genäht oder Rehfelle darüber, auch Hörner auf dem Kopf, mit flatternden Haaren, Schlangen in den Händen, u. *Dolche schwingend oder Thyrsosstäbe, die unter dem Efeu die Lanzenspitze verbergen. Sie toben bis zum Äußersten,* stürzen sich schließlich auf die zum Opfer erkorenen Tiere, hacken u. zerreißen sie u. beißen mit den Zähnen das blutige Fleisch ab, das sie roh verschlingen. U. s. weiter. – Der Zweck ist Manie, Überspannung des Wesens, Verzückung, Überreizung der Empfindung bis zu visionären Zuständen. Nur durch Überspannung u. Ausweitung seines Wesens kann der Mensch in Verbindung und Berührung treten mit dem Gott u. seinen Geisterschaaren. *Der Gott ist unsichtbar anwesend oder doch nahe, u. das Getöse des Festes soll ihn ganz heranziehen.*[21]

Und dem inhaltlichen Kern der ›Bakchen‹ entspricht die folgende Arbeitsnotiz Thomas Manns:

---

18 E. Rohde, Psyche. Seelencult und Unsterblichkeitsglaube der Griechen. Zwei Bände in einem Band (Freiburg i. Br.–Leipzig–Tübingen ²1898; ND Darmstadt 1991) Band II, 1 – 102.
19 J. Burckhardt, Griechische Kulturgeschichte. Band 2. Hrsg. v. J. Oeri (Berlin-Stuttgart ²1898), bes. 98 – 102. Vgl. dazu A. v. Schirnding, Dionysos und sein Widersacher. Zu Thomas Manns Rezeption der Antike, Thomas-Mann-Jahrbuch 8, 1995, 93 – 108 (ND in: ders., Menschwerdung. Aufsätze zur griechischen Literatur. Hrsg. v. F.P. Waiblinger [Ebenhausen bei München 2005] 84 – 98).
20 Th. Mann, Gesammelte Werke in dreizehn Bänden. Band 8: Erzählungen, Fiorenza, Dichtungen (Frankfurt a. M. ²1974) 516 f.
21 Th. Mann, Große kommentierte Frankfurter Ausgabe. Werke – Briefe – Tagebücher. Band. 2,2: Frühe Erzählungen 1893 – 1912. Kommentarband. Hrsg. v. T.J. Reed (Frankfurt a. M. 2004) 469 f.

> Von allen Göttern unterscheidet sich dieser nur halbgriechische Dionysos erstens dadurch, daß er als ein Kommender, ein Fremder auftritt [wie eben in den *Bakchen*],[22] zweitens, daß er in fanatischer Weise Huldigung u. Bekenntnis verlangt. Wahrscheinlich bildeten sich nach kleinasiatischer Weise wilde ›Schwärme‹, die wirklich Mord übten gegen solche, die nicht mithalten wollten. Im Mythos leiden alle, die diesem Gotte trotzen, die entsetzlichsten Strafen (*mörderische Raserei*). Aber auch denjenigen, die sofort gehuldigt haben [wie Kadmos in den *Bakchen*], geht es am Ende schlecht, als müßte die furchtbare Seite des Dionysos immer wieder vorschlagen.[23]

Wie vertrug sich, fragt Erwin Rohde in ›Psyche‹, »in Einem Volke der Ueberschwang der Erregung mit dem in feste Schranken gefügten Gleichmaass der Stimmung und Haltung« – also mit dem, was wir seit Nietzsche als »apollinisch« zu bezeichnen pflegen. »Diese Gegensätze sind nicht aus Einer Wurzel erwachsen«, fährt Rohde fort; »sie waren nicht von jeher in Griechenland verbunden. Die homerischen Gedichte geben von einer Ueberspannung religiöser Gefühle, wie sie die Griechen späterer Zeit als gottgesandten Wahnsinn kannten und verehrten, noch kaum eine Ahnung.«[24] Der griechischen Religion war der »Aufregungscult nach der Art der dionysischen Orgien der Thraker« ursprünglich fremd. Und doch weckten im Laufe der Zeit »die enthusiastischen Klänge dieses Gottesdienstes im Herzen vieler Griechen einen aus tiefem Innern antwortenden Widerhall«.[25] Dagegen setzten sich die Sachwalter der genuinen griechischen Religiosität immer wieder zur Wehr. »Von Kämpfen und Widerstand gegen den fremden und fremdartigen Cult berichten mancherlei Sagen«, schreibt Rohde.[26]

4.

Für König Pentheus von Theben ist das Eindringen des dionysischen Kults besonders prekär, da er befürchten muß, daß das Grab seiner Tante Semele – aus deren, für sie tödlicher, Verbindung mit Zeus Dionysos hervorgegangen sein soll – zur zentralen Kultstätte des ausschweifenden Gottesdienstes wird, welcher seine Herrschaft zu untergraben droht. Dieses politische Moment wird zumal in der bedeutendsten modernen Adaptation der ›Bakchen‹: in Hans Werner Henzes Opera seria ›Die Bassariden‹ (›The Bassarids‹ 1964/65) zu Wyston Hugh Audens und Chester Kallmanns Libretto deutlich artikuliert. Deshalb setzt Pentheus hier alles daran, das Faktum jener Geburt des Dionysos in Theben zu leugnen: »So irgendwer sagt oder denkt, daß hier in dieser Stadt der Vater aller Götter im Fleisch erkannte Semele,

---

[22] »Der Gott wird als ein *Fremder, von draußen gewaltsam Eindringender* geschildert« (Mann, Große kommentierte Frankfurter Ausgabe, Band 2,2 [wie Anm. 21] 472).
[23] Mann, Große kommentierte Frankfurter Ausgabe, Band 2,2 (wie Anm. 21) 473.
[24] Rohde, Psyche (wie Anm. 18) Band II, 5.
[25] Rohde, Psyche (wie Anm. 18) Band II, 22.
[26] Rohde, Psyche (wie Anm. 18) Band II, 39 f.

Tochter des Kadmos, und erzeugte ein Kind mit ihr, treffe ihn Acht und Bann.« So verkündet der Hauptmann im »ersten Satz«.[27]

Die antiken Mythengeschichtsschreiber berichten – das ist meist die Pointe ihrer Erzählungen, die ja auch den Angelpunkt der ›Bakchen‹ und ›Bassariden‹ bildet –, daß der Widerstand gegen den orgiastischen Kult immer wieder in sein Gegenteil umschlägt: »wie die Widerstrebenden selbst, von um so wilderer Manie überfallen, in bakchischem Wahnsinn statt des Opferthieres die eigenen Kinder erwürgen und zerreissen, oder (wie Pentheus) selbst den rasenden Weibern als Opferthier gelten und von ihnen zerrissen werden«, so Erwin Rohde; in all jenen Erzählungen »ist die Voraussetzung, dass der dionysische Cult aus der Fremde und als ein Fremdes in Griechenland eingedrungen sei«.[28] Deshalb erscheint auch in Henzes ›Bassariden‹ Dionysos als »der Fremde«,[29] in Thomas Manns ›Tod in Venedig‹ als »der fremde Gott!«.[30]

Trotz allen Widerstands hat sich der Dionysoskult in Griechenland eingebürgert. Doch »sein Wesen hellenisirt und humanisirt« sich nach Rohde;[31] Dionysos und sein Gegenspieler Apollo verbünden sich in einer *coincidentia oppositorum*. Diese »Versöhnung des Apollinischen und Dionysischen«[32] hat Rohde weit ausführlicher, und auf zahllose Belege gestützt, beschrieben als der Verfasser der ›Geburt der Tragödie‹, der diese Versöhnung, dialektische Vermittlung der gegensätzlichen Grundtriebe der griechischen Kultur, zur Signatur ihrer tragischen Kunst macht. Und so heißt es auch bei Rohde, daß »der letzte Gipfel griechischer Dichtung, das Drama, aus den Chören dionysischer Feste empor steigt«.[33] Hier ist der Einfluß Nietzsches nicht zu verkennen, doch Rohde verschweigt in seinem auf strenge Wissenschaftlichkeit bedachten Werk den Namen des von den Philologen in den Orkus verbannten Freundes. (Bezeichnenderweise war Ulrich von Wilamowitz-Moellendorff, der Vernichter des Ansehens des Philologen Nietzsche, ein eminenter Bewunderer von Rohdes ›Psyche‹.)

Hinter dem »heiteren Getümmel der dionysischen Tagesfeste« blieben jedoch »Reste des alten enthusiastischen Cultes« bestehen, der nächtlich durch die Berge tobte.[34] Wie sehr er den Griechen präsent blieb, demonstriert Rohde eben an den ›Bakchen‹, aus denen uns der ganze »Zauberdunst enthusiastischer Erregung« entgegenschlage, »wie er sinnverwirrend, Bewusstsein und Willen bindend, Jeden umfing, der sich in den Machtbereich dionysischer Wirkung verirrte. Wie ein wüthender Wirbel im Strome den Schwimmenden, wie die räthselhafte Eigenmacht des Traumes den Schlafenden, so packt ihn der Geisterzwang, der von der Gegenwart des Gottes ausgeht, und treibt ihn wie er will. Alles verwandelt sich ihm,

---

27 Der Text wird hier zitiert nach dem Programmheft der Bayerischen Staatsoper zu H.W. Henze: Die Bassariden. Opera seria mit Intermezzo in einem Akt (München 2008) hier: 110.
28 Rohde, Psyche (wie Anm. 18) Band II, 41.
29 Henze, Die Bassariden (wie Anm. 27) 104.
30 Mann, Gesammelte Werke, Band 8 (wie Anm. 20) 516.
31 Rohde, Psyche (wie Anm. 18) Band II, 44.
32 Rohde, Psyche (wie Anm. 18) Band II, 52.
33 Rohde, Psyche (wie Anm. 18) Band II, 44.
34 Rohde, Psyche (wie Anm. 18) Band II, 44.

er selbst scheint sich verwandelt. Jede einzelne Gestalt des Dramas verfällt, wie sie in diesen Bannkreis tritt, dem heiligen Wahnsinn«.[35]

Eben das ist für Nietzsche die Rache des Dionysos, der durch Sokrates und seinen Schüler, den »frevelnden Euripides«,[36] um sein Recht gebracht worden sei; damit aber sei die griechische Tragödie gestorben – in und durch sich selbst. Mit sokratischem Rationalismus und durch sophistische Klügelei habe Euripides ihr den für sie wesensnotwendigen dionysisch-musikalischen Geist ausgetrieben. Erst am Abend seines Lebens sei Euripides zu einer radikalen Umkehr seiner antidionysischen Haltung gelangt, um »mit einer Glorification seines Gegners und einem Selbstmorde seine Laufbahn zu schließen, einem Schwindelnden gleich, der, um nur dem entsetzlichen, nicht mehr erträglichen Wirbel zu entgehn, sich vom Thurme herunterstürzt.«[37]

Nietzsches Deutung der euripideischen ›Bakchen‹ hat ihren unmittelbaren Widerhall in ›Tod in Venedig‹ (1912) gefunden, der die Konstellation des antiken Mythos – wie übrigens auch Henzes Oper – in eine Fin-de siècle-Welt projiziert, auf die der vorausgeworfene Schatten des Ersten Weltkriegs fällt. Der Protagonist der Novelle, der Schriftsteller Gustav von Aschenbach, hat als heroische Gegenwirkung gegen seine konstitutionelle Schwäche, seine Anfälligkeit für die Décadence, allen formauflösenden, rauschhaften, dionysischen Tendenzen in seinem Werk eine entschiedene Absage erteilt. Gerade dadurch aber wird er zum wehrlosen Opfer dionysischer Bezauberung, gerät in Venedig, der Musterstadt der Dekadenz, in den Strudel orgiastischer Auflösung, eine förmliche Raserei des Untergangs. »Der Dichter, der mit heroischer Kraft ein langes Leben hindurch dem Dionysus widerstanden hat – um am Ende desselben mit einer Glorification seines Gegners […] seine Laufbahn zu schließen«, um noch einmal Nietzsche zu zitieren, das ist hier nicht Euripides, sondern Aschenbach. Das Geschick des Pentheus wird zu seinem Schicksal.

Wie in den ›Bakchen‹ rächt sich im ›Tod in Venedig‹ Dionysos für seine Unterdrückung. Das zum »Sokratischen« degenerierte, d. h. von seiner Wechselwirkung mit dem Dionysischen abgeschnittene Apollinische schlägt um in seinen radikalen Gegensatz, in einen durch jene Wechselwirkung nicht mehr geläuterten Orgiasmus: in Aschenbachs Traum vom »fremden Gott«, der die »Unzucht und Raserei des Untergangs« entfesselt und die »Kultur seines Lebens verheert, vernichtet« zurückläßt.[38] Dieser Traum rekurriert wie gesagt bis ins Detail auf die Quellen zum dionysischen Orgiasmus, die Thomas Mann zumal Rohdes ›Psyche‹ verdankt. Von dem vorgriechischen Barbarismus – »jene[r] abscheuliche[n] Mischung aus Wollust und Grausamkeit«, welche Nietzsche »immer als der eigentliche ›Hexentrank‹ erschienen ist«[39] – hat sich ihm wie Rohde zufolge das dionysische Griechentum indessen durch sein Bündnis mit dem Apollinischen losgesagt. Gegen jenen Hexentrank sei der Grieche aufgrund der Versöhnung beider Triebe gefeit gewesen. Kein Wunder, daß

---

35 Rohde, Psyche (wie Anm. 18) Band II, 46 f.
36 Nietzsche, Die Geburt der Tragödie (wie Anm. 4) 74.
37 Nietzsche, Die Geburt der Tragödie (wie Anm. 4) 82.
38 Mann, Gesammelte Werke, Band 8 (wie Anm. 20) 516 f.
39 Nietzsche, Die Geburt der Tragödie (wie Anm. 4) 32.

das Wiederaufreißen der alten Feindschaft, bis zur Unterjochung des dionysischen Widerparts, in den Barbarismus der Ursprünge des dionysischen Orgiasmus zurückführt, wie er Aschenbachs Traum kennzeichnet. Was Nietzsche Euripides nachruft, gilt auch für ihn: »Und weil du Dionysus verlassen, so verliess dich auch Apollo«.[40]

Der »fremde Gott« kündigt sich gleich zu Beginn der Erzählung in der Gestalt eines Fremden an, die in leitmotivisch wiederkehrenden Metamorphosen die Novelle durchzieht. Sie sind Sendboten des Dionysos, Personifikationen seiner mit Gewalt in den gegen sie abgeschirmten apollinischen Bezirk eindringenden orgiastischen Macht, die sich in Aschenbachs Traum vollends entlädt. Und diese Macht verschmilzt mit der »indischen Cholera«,[41] der Aschenbach schließlich wie dem Dionysischen verfällt. Die Cholera kommt aus der gleichen tropischen Region wie nach Nietzsche der Dionysos-Kult. Tropische Landschaft, tödliche Seuche und dionysischer Rausch schließen sich zu einer mythischen Symboleinheit zusammen, die den Namen Venedigs, der Hauptstadt der europäischen Décadence trägt. Der Triumph des Dionysos wird von Thomas Mann freilich nicht wie in Nietzsches Euripides-Deutung und Henzes Oper mit positivem Vorzeichen versehen, sondern umgewertet zum historischen Krisenphänomen, zum Signal apokalyptischer Zerstörung der individuellen und sozialen Ordnung.

Wie Thomas Mann den Dionysos-Mythos in eine zeitgenössische Welt überträgt, so heben Henzes ›Bassariden‹ den beibehaltenen Schauplatz des historischen Theben, den Geburtsort des Dionysos, immer wieder durch gezielte Anachronismen über ihre Zeit hinaus – ins Überzeitliche als das immer wieder Aktuelle. So erscheint der thebanische König Pentheus, der nicht wahrhaben will, daß Dionysos einer Verbindung des Göttervaters mit der thebanischen Prinzessin Semele entstammt, als eine mönchische, fast an Savonarola erinnernde Gestalt oder »wie ein mittelalterlicher König, gekleidet wie zu einer Pilgerfahrt«.[42] Seine Mutter Agaue hingegen ist »im Stil des zweiten Empire« gekleidet und frisiert. Der Seher Teiresias wiederum »ist in die komplette Ausrüstung eines anglikanischen Archidiakons« gewandet.[43] Der Hauptmann schließlich »trägt die schwarze Rüstung der fränkischen Ritter aus dem 14. Jahrhundert«.[44] Eine ›postmodern‹ anmutende Collage verschiedener Zeiten und Stile.

Der sittenstrenge König sagt der dekadenten Schlaffheit, die unter seinem Großvater Kadmos herrschte und der jener »falsche Gott«, so Pentheus über den vermeintlichen Dionysos,[45] zur Lieblingsgottheit wird, den Tod an. Dieser antike Savonarola predigt strenge Askese, den Verzicht auf Wein, Fleisch und der Frauen Bett. Er gemahnt nicht nur an den Savonarola in Thomas Manns Drama ›Fiorenza‹ oder sein modernes Ebenbild in der Erzählung ›Gladius Dei‹, sondern schon an den diktatorischen Statthalter Friedrich und sein

---

40 Nietzsche, Die Geburt der Tragödie (wie Anm. 4) 75.
41 Mann, Gesammelte Werke, Band 8 (wie Anm. 20) 512.
42 Henze, Die Bassariden (wie Anm. 27) 110.
43 Henze, Die Bassariden (wie Anm. 27) 106.
44 Henze, Die Bassariden (wie Anm. 27) 108.
45 Henze, Die Bassariden (wie Anm. 27) 113.

»Liebesverbot« in Wagners zweiter Oper, dem sich wie in den ›Bassariden‹ eine rauschhafte, karnevaleske Gegenwelt widersetzt, in deren Fallstricke er schließlich wie Pentheus gerät. Diesem gegenüber maskiert sich Dionysos »wie ein blasierter Halbwüchsiger«, der die »Schwermut eines Byron« zur Schau stellt, doch dessen Blasiertheit »mehr nach Décadence als nach Byron« schmeckt.[46] Das im »dritten Satz« – dieser nicht in Akte, sondern in symphonische Sätze gegliederten Oper – eingeblendete Intermezzo ›Das Urteil der Kalliope‹ spielt sich in einer Rokokoszenerie am Ende des Ancien régime, im Geschmack der Königin Marie Antoinette ab.[47] Der im »vierten Satz« als Travestit auftretende Pentheus ist wie zu einer »Ausfahrt im Bois des Boulogne« gekleidet,[48] und Dionysos verwandelt sich am Ende in einen klassischen Dandy: »er ist à la Beau Brummel aufgedonnert«.[49] (George Bryan Brummel war der legendäre Begründer des Dandysme im England an der Wende vom 18. zum 19. Jahrhundert.) Theben verwandelt sich in die Stadt eines Fin de siècle, in das gleich mehrere Wendezeiten hineinspielen. Und wirklich gemahnen die ›Bassariden‹ in ihrer Kontrastierung von Asketismus und Rauschhaftigkeit an so manche Dichtung der Décadence und des Fin de siècle zwischen Oscar Wildes ›Salomé‹ und Thomas Manns ›Tod in Venedig‹.

Henze hat für die gegensätzlichen Welten des Pentheus und der Bassariden (der männlichen und weiblichen Dionysosjünger; das Wort geht auf die thrakischen ›Bassaren‹ zurück, die langen wallenden Gewänder, in die sich die Bakchen kleideten) eine kontrastierende Klangwelt eingesetzt. Sie korrespondiert dem Gegensatz repressiver Herrschaft und gesellschaftlicher Befreiung: starre Atonalität dort, ein – auch tonale Harmonie nicht scheuender – Schön- und Rauschklang hier, förmliches geradtaktisches Metrum in der Pentheus-Welt, dreitaktiges, trancehaft aus den Fugen der Normalität geratendes Metrum in der Dionysossphäre, zumal im tänzerischen Gesang des Chors, der hier nicht, wie in der Regel der antike Chor, mehr oder weniger distanzierter Kommentator des Geschehens ist, sondern wie der dionysische Chor Nietzsches die rauschhaft erregte Masse repräsentiert. Kein Zweifel: ohne die im 19. Jahrhundert wiederentdeckte orgiastische Seite des Griechentums, wie sie in Nietzsches ›Geburt der Tragödie aus dem Geiste der Musik‹ ihre in Literatur, Musik, bildender Kunst und Theater der Jahrhundertwende folgenreichste Darstellung gefunden hat, wäre Henzes Oper nicht denkbar.

Die ›Bassariden‹ schließen mit einer Apokalypse. »Ich kam nach Theben um Rache. / Rache nahm ich, / und ich geh«, verkündet Dionysos am Ende.[50] Das Geschlecht des Kadmos, des Gründers von Athen, wird wie in den ›Bakchen‹ des Euripides auseinandergerissen und muß die Stadt verlassen, obschon Kadmos und Agaue, Großvater und Mutter des Pentheus, sich doch selber dem Dionysoskult geöffnet haben. Eine Feuersbrunst vernichtet den königlichen Palast: ein Ende des Ancien régime, ja ein Weltende, das von den

---

46 Henze, Die Bassariden (wie Anm. 27) 114 f.
47 Henze, Die Bassariden (wie Anm. 27) 121.
48 Henze, Die Bassariden (wie Anm. 27) 127.
49 Henze, Die Bassariden (wie Anm. 27) 135.
50 Henze, Die Bassariden (wie Anm. 27) 136.

Librettisten offenkundig in Analogie zu Wagners ›Götterdämmerung‹ gestaltet ist, eine Spur, in die sich der Komponist nur widerwillig, wagnerunwillig hat ziehen lassen. Eine ganze Kultur, wie sie sich von Antike und Mittelalter über das Rokoko bis zum Fin de siècle manifestierte, versinkt in Schutt und Asche, und auf Semeles Grab erheben sich »zwei riesige primitive Fruchtbarkeitsgötzen, wie man sie in Afrika oder auf den Südsee-Inseln antrifft«.[51] Mit der Kultur des Abendlandes ist es vorbei, von allem Kulturgepräge bleibt nur noch ein archaischer Fruchtbarkeitskult.

Das Dionysische, das Nietzsche zufolge unvertilgbar »hinter aller Civilisation« lebt, wischt immer wieder »die Illusion der Cultur von dem Urbilde des Menschen weg«, läßt den »Culturmenschen« zur »lügenhaften Caricatur« zusammenschrumpfen und »Staat und Gesellschaft, überhaupt die Klüfte zwischen Mensch und Mensch einem übermächtigen Einheitsgefühle weichen, welches an das Herz der Natur zurückführt«.[52] Von ihrem Sieg kündet auch das Ende der ›Bassariden‹. Die Natur – der Wein als das dionysische Element schlechthin – überwuchert im Schlußbild den niedergebrannten Königspalast. »Weinreben senken sich nieder und schießen überall empor, sie schlingen sich um die Säulen und bedecken die geschwärzte Mauer.«[53] Das Letzte, was wir auf der Bühne sehen, ist ein Kind, das seine Puppe, das letzte Symbol der untergegangenen Kultur, am Grab der Semele zerschlägt und Freudensprünge macht: das Signal der Hoffnung auf eine neue Welt, die aus der Götterdämmerung der alten, ihrer Überwindung durch die Urkräfte der Natur, in eine noch unbekannte Zukunft aufbricht.

---

51 Henze, Die Bassariden (wie Anm. 27) 136.
52 Nietzsche, Die Geburt der Tragödie (wie Anm. 4) 55 f., 58.
53 Henze, Die Bassariden (wie Anm. 27) 136.

IVO DE GENNARO

Zur Paradoxie des Tragischen

Die Spitze der Technik ist nicht erreicht in der vollendeten Einrichtung von Maschine und Motor, sondern dann, wenn der ›Mythos‹, und was man so nennt, zum Gegenstand der Berechnung gemacht wird und das Tragische der dramaturgischen Errechnung ausgeliefert wird. So erst wird der Geschichtsgrund, die Sage des Seyns, überall von der Historie verschüttet und die Tragödie ein ›Objekt‹ der Planung.[1]

1. Einleitung

Unter den nachgelassenen Aufzeichnungen von Friedrich Hölderlin zur Poetik findet sich der folgende Entwurf:[2]

Die eigentliche Bedeutung aller Tragödien erklärt sich aus dem Paradoxon, daß alles Ursprüngliche, weil alles Gut gerecht und gleich getheilt ist, nicht wirklich sondern eigentlich nur in seiner Schwäche erscheint.

In einer überarbeiteten und weiter ausgeführten Fassung lautet derselbe Entwurf:[3]

Die Bedeutung der Tragödien ist am leichtesten aus dem Paradoxon zu begreifen. Denn alles Ursprüngliche, weil alles Vermögen gerecht und gleich getheilt ist, erscheint zwar nicht in ursprünglicher Stärke nicht wirklich sondern eigentlich nur in seiner Schwäche, so daß rechteigentlich das Lebenslicht und die Erscheinung der Schwäche jedes Ganzen angehört. Im Tragischen nun ist das Zeichen an sich selbst unbedeutend, wirkungslos, aber das Ursprüngliche ist gerade heraus. Eigentlich nemlich kann das Ursprüngliche nur in seiner Schwäche erscheinen, insofern aber das Zeichen an sich selbst als unbedeutend = 0 gesezt wird, kann auch das Ursprüngliche, der verborgene Grund jeder Natur sich darstellen. Stellt die Natur in ihrer schwächsten Gaabe sich eigentlich dar, so ist das Zeichen wenn sie sich in ihrer stärksten Gaabe darstellt = 0.

---

1 M. Heidegger, Gesamtausgabe. Band 96: Überlegungen XII–XV (Schwarze Hefte 1939 – 1941). Hrsg. v. P. Trawny (Frankfurt a. M. 2014) 206.
2 Vgl. F. Hölderlin, Sämtliche Werke. Kritische Textausgabe. Band 14: Entwürfe zur Poetik. Hrsg. v. D.E. Sattler (Frankfurt a. M. 1984) 194.
3 Hölderlin, Entwürfe zur Poetik (wie Anm. 2) 195.

In seiner kritischen Textausgabe bemerkt Dietrich Sattler einführend zu dieser Aufzeichnung:

> Der Text wurde in früheren Editionen der Homburger Zeit zugerechnet; er ist jedoch, dem Duktus, der Diktion und der verwendeten Papiersorte nach, erst 1803 entstanden, als Hölderlin den Druck der Sophokles-Übersetzungen vorbereitete.[4]

Demnach würde die Notiz in die Zeit von Hölderlins reifster Auseinandersetzung mit der griechischen Tragödie und damit in den Zusammenhang der Anmerkungen zum Ödipus und zur Antigone gehören.

Der Hinweis nennt ein Paradoxon, das die Bedeutung der Tragödie erklären soll, insofern es die tragische Weise des Aufschlusses des Ursprünglichen bestimmt. Ein Paradoxon ist dem Wort nach, was dem gängigen Anschein, der gewöhnlichen Meinung hinsichtlich eines Begriffs oder einer Sache zuwiderläuft, deshalb als widersinnig, in sich widersprüchlich erscheint und dadurch zunächst befremdet. Doch kann das Paradoxon bei näherer Betrachtung den Einblick in einen tiefer liegenden Sachverhalt eröffnen, indem der vordergründige Widersinn sich als ein wesentlicher, d. h. zum Wesen jenes Begriffs oder jener Sache gehöriger Widerstreit erweist. Der zunächst ersichtliche Widerspruch im Gewöhnlichen verbirgt dann eine höhere, ungewöhnliche Wahrheit. Diese ist das eigentlich Befremdliche des Paradoxons. In die nüchterne Begrifflichkeit des Denkens gefasst, ist die Paradoxie ein offenbarer Widersinn im Seienden, darin sich ein Wink in die Widerwendigkeit des Seins verbirgt.

Das Paradoxon, welches das Tragische bestimmt, beruht nach Hölderlin im Sachverhalt, dass das Ursprüngliche sich eigentlich nur in seiner Schwäche darstellt, indem es im Vermögen (d. h. im Seinlassen) des Wirklichen sich verbirgt und gerade da, wo das Wirkliche am Wirklichsten ist, am wenigsten erscheint. Das Paradoxon des sichverbergenden Erscheinenlassens entfaltet sich in der Tragödie, indem darin das Ursprüngliche, dem das Wirkliche als solches sich verdankt, gerade heraus und in ursprünglicher Stärke sich darstellt, während das Wirkliche sein eigentliches Wirken verliert. So kommt in einem Umschlag in der Wirklichkeit des Wirklichen die Zusammengehörigkeit der »starken« und »schwachen« Darstellungsweise des Ursprünglichen als dessen eigentliches Wesen zum Austrag. Die Wahrheit des Paradoxons, das dem Tragischen seine Bedeutung gibt, ist die in sich widerwendige Einigkeit von eigentlicher und nicht eigentlicher Darstellung, die einige Gabe von Stärke und Schwäche im Ursprünglichen selbst und als dieses.

Wir fragen im folgenden genauer: Was heißt in diesem Fall Schwäche? Was Stärke? Was ist, zuvor noch, das Ursprüngliche, das in solcherart paradoxer Weise sich zeigt?

---

4 Hölderlin, Entwürfe zur Poetik (wie Anm. 2) 193.

2. Das Ursprüngliche, das Vermögen, die Erscheinung

Das Ursprüngliche heißt in der angeführten Notiz auch der verborgene Grund jeder Natur. Die Natur ist bei Hölderlin die »allgegenwärtig[e]«,[5] d. h. die Gegenwart selbst, die sich als der Zeit-Raum für alles Erscheinen gewährt, nämlich bei allem Erscheinen und für dieses schon gewährt hat. Allzeit und allerorten, da etwas erscheint, ist die Natur schon im Kommen gewesen. Als die Allgegenwärtige hat die Natur, die selbst auf ihre Weise – nämlich als das Erscheinenlassen – Grund ist, ihrerseits einen verborgenen Grund. Dieser Grund ist, was sich ins Allgegenwärtige schickt, indem es darin sich verbirgt und als dieses Geschick verborgen gegenwärtig bleibt. Das so sich Schickende und Gegenwärtige ist der geschickhafte Ursprung, das Ursprüngliche als Geschick. Zum Geschick gehört das Verborgensein, indem das Geschick selber sich zugunsten des jeweils Geschickten und in diesem verbirgt. Das Geschick ist – in einem einzigen, das tragische Geschehen in seinem Grund bestimmenden Sinn – das Sichverbergende.

Das Geschickte (oder auch: das Geteilte) nennt Hölderlin in der ersten Niederschrift das Gut, in der überarbeiteten Fassung das Vermögen. Dieses – das Vermögen – denkt ausdrücklicher, was in jenem – dem Gut – schon gesagt ist. Folgt man der Grundbedeutung des Wortes gut,[6] so ist das als Natur und Gegenwart Geschickte das Freundliche, Entgegenkommend-Verbindliche und als dieses in gewissem Sinn »gang und gäbe«, nämlich in Bezug auf das Erscheinende, das sich als solches, d. h. in seinem Erscheinen, jedes Mal dem verbindlichen Entgegenkommen verdankt. Verbindlich heißt: einpassend, einend, fügend, und dies im Sinne der ungezwungenen Verpflichtung in den Ursprung, wie sie nur das in sich freie, quellhafte, das geheime und grundlose Schenken vermag. Das Gut ist die sammelnd entgegenkommende Bindung, das freundlich verpflichtende Gebind, das ins Ganze fügt, indem es in den verborgenen Ursprung bindet und derart den, dem es gilt, in den Ursprung gehören lässt. Als das geheime Gebind – als hehle Gabe des Sichverbergens – lässt das Gut, indem es reine Bergung, Verwahrung des verborgenen Ursprungs ist, das Naturhafte erscheinen. Solches Erscheinenlassen[7] ist das ursprüngliche Mögen. Als mögende Versammlung in den sich schickenden, geschicklichen Ursprung vermag das hehle Gut das Erscheinen und ist so das Vermögen. Das Wesen des Vermögens ist die selbst nicht erscheinende, hehle Verbindlichkeit des Ursprungs als der verborgene Grund der Natur.

Das Vermögen, sagt Hölderlin, ist gleich und gerecht geteilt. Doch das Vermögen ist nicht ein dem jeweils Erscheinenden zugeteilter Besitz, eine ihm zukommende Eigenschaft; vielmehr ist es die fügend-einende Allgegenwart, die allweil kommende Verbindlichkeit

---

[5] F. Hölderlin, ›Wie wenn am Feiertage‹ (Str. II, v. 3), in: ders., Sämtliche Werke und Briefe. Band I. Hrsg. v. M. Knaupp (München 1992) 899 [fortan zitiert als HSW mit Band- und Seitenzahl, hier: HSW I, 899].

[6] Gut leitet sich her aus der idg. Wurzel *ghedh- (*ghadh) mit der Bedeutung »umklammern, fest zusammenfügen, vereinigen, zupassen; fest verbunden sein, zusammenpassen«. Das Gute ist somit erstlich das Verbindende, Einende, sodann das Passende, Wohlgefügte. Das Einende ist, indem es verbindlich Gänze und Vollendung schenkt, das Freundliche, Huldvolle, Geneigte.

[7] Im Unterschied etwa zum willentlichen Erscheinenmachen.

selbst. Weil die Gegenwart nicht dem Erscheinenden anhaftende Präsenz ist, sondern der Zeit-Raum des sich schickenden Ursprungs; weil dieser einzig ist und das Einzige selbst in geheimer Gabe, in hehlem Gebind; darum ist das erscheinen-lassende Vermögen – wie die Scheindurchlässigkeit des Äthers – im Ganzen und für dieses gleich geteilt. Und weil das Vermögen der Natur, jegliches im Bund des Ganzen als es selbst erscheinen zu lassen, darin beruht, dass die Erscheinung kraft ihrer Verbindlichkeit das Ursprüngliche in sein Recht setzt, deshalb ist das Vermögen in sich, also unabhängig vom jeweils Erscheinenden, gerecht geteilt.

Wie verhält sich das Ursprüngliche eigentlich zur Erscheinung? Die Erscheinung ist, worin das Erscheinende als es selbst sich in seiner Bedeutung ausrichtet und als so Gerichtetes seinen Sinn hat. Doch die Erscheinung ist dieses Sinn- und Ausrichtung-Gebende aus gerecht geteiltem Vermögen, und das heißt jetzt: in Verwahrung des Geschickhaft-Ursprünglichen in hehlem Gebind. Die Erscheinung selbst als Gabe des Ursprünglichen gibt das Erscheinende frei und lichtet es in seinen ganzen, heilen, zum Bund des Ganzen gefügten Sinn.

Was aber ist das Erscheinende? Unmittelbar sind wir geneigt zu sagen: das Erscheinende ist alles, was ist – alles Seiende. Doch diese Erläuterung bringt uns kaum weiter, solange unbestimmt bleibt, was das Seiende selbst als solches sei. Was heißt »seiend«? Weil wir diese Frage nicht ohne weiteres beantworten können, müssen wir zunächst auf die Gleichsetzung von Erscheinendem und Seiendem verzichten. Stattdessen halten wir uns beim näher Liegenden auf und fassen das Erscheinen als ein Im-Licht-Bleiben. Das Erscheinende ist demgemäß das Im-Licht-Bleibende.

Das hier zu denkende Bleiben hat nicht den Sinn des Durchdauerns einer vorhandenen Zeitspanne, eines Abschnitts im für sich fortgehenden Zeitverlauf, der sich zwischen dem Punkt des Eintretens in die Erscheinung und dem Punkt des Heraustretens aus der Erscheinung erstreckt. Dennoch meint das Bleiben etwas Zeitliches. Der zeitliche Sinn des Im-Licht-Bleibens ist das Zurückbleiben (im Gelichteten). Damit ist nichts Anderes gesagt als jenes, was bereits mitsprach, als es hieß, die Natur sei »die Gegenwart selbst, die sich als der Zeit-Raum für alles Erscheinen gewährt, nämlich bei allem Erscheinen und für dieses schon gewährt hat. Allzeit und allerorten, da etwas erscheint, ist die Natur schon im Kommen gewesen.« Das Erscheinende ist, was – in einer Verlangsamung gleichsam – im Licht zurückbleibt (zurückgeblieben ist)[8], da der hehle Zeit-Raum für das Erscheinen bereits sich gewährt, das Ursprüngliche als das Schon-im-Kommen-gewesen-sein-Werdende in seiner Lichtung und Offenheit wiederum sich verborgen hat. Das Licht, darin das Erscheinende als solches zurückbleibt, ist das unscheinbar verbindliche Schon-im-Kommen-Gewesen-Sein-Werden des offenen Sichverbergens – die Gegenwart als das deutlich-hehle Allweil der Kunft des Schon-im-Kommen-Gewesen-sein-Werdens des Ursprünglichen.

---

[8] Im vollen Sinn ist das Erscheinende das Zurückgeblieben-sein-Werdende; dieser Zukunftssinn ist weiter unten im Gewärtigen angezeigt, das als Grundzug zusammen mit dem Zurückgebliebensein das Erscheinende bestimmt.

Das so gedachte Zurückgebliebensein im erscheinen-lassenden, selbst nicht erscheinenden zeitlichen Geschehen, das die Gegenwart ist, ist *ein* Grundzug des Sinnes dessen, was wir das Leben nennen.[9] Das Zurückgebliebene und Zurückbleibende, wobei der Sinn und die Sinne verweilen, ist das Lebendige. Die Erscheinung selbst, darin sich das Schon-erschienen-gewesen-sein-Werden des Ursprünglichen verbirgt, um das Lebendige in die Deutlichkeit seines Sinns zu lichten, kann demgemäß das »Lebenslicht« heißen.[10]

Dem Lebendigen – d. h. jetzt: dem Zurückgebliebenen – eignet das Wirken. Wirken heißt im Lichte des bisher Gesagten: als Zurückgebliebenes dem, was je schon im Kommen gewesen sein wird, nachkommen, ihm Folge leisten, und dies in der dem Lebendigen eigentümlichen, nachschwingenden Langsamkeit. Als Zurückgebliebenes kommt das Lebendige in seiner Zeit dem Ursprünglichen, dem verborgenen Grund der Natur, nach, und zwar jeweils gemäß dem einzigen Vermögen, dem es sich verdankt; dieses allein gibt das Maß des Wirkens im Sinne des Nachkommens.

Das Nachkommen wiederum ist ein Arbeiten. Dieses erschöpft sich nicht im bloßen Tätigsein, sondern hat den zeitlichen Sinn der nachkommenden Hingabe ans Wesentliche aus dem Zurückgebliebensein, aus der »Verwaistheit« gegenüber dem verborgenen (abgeschiedenen) Ursprung. Das Nachkommen arbeitet aus dem Zurückgebliebensein, also im Wesen spät und doch stets gesammelt, auf die Zeit bedacht, am Bezug in die hehle Gegenwart jenes verborgenen Grundes. Alles Leben ist Wirken und als Wirkendes, Wirkliches, so es im Licht bleibt, an der Arbeit. Der erhabene und drohende Berg, das ruhige und brausende Meer, die lichte und donnernde Wolke, das heimliche und beengende Haus, der gangbare und abbrechende Weg, das betriebsame und stillliegende Werk, der nährsame und kargende Boden, das trauliche und reißende Tier, die zärtliche und mordende Hand, der huldvolle und strafende Gott – das allwärts hingesäte Wirken und Verwirken des Lebens geht fort in der späten Nachkommenschaft des Ursprungs und arbeitet unentwegt im Nachglanz der im Lebenslicht verborgenen, früheren Zukunft.

---

9   Die Sprachforschung leitet das Wort leben aus einer Wurzel *[s]lei- »feucht, schleimig, klebrig sein, kleben [bleiben]« her und setzt als Grundbedeutung von »leben« »übrigbleiben« an; aus derselben Wurzel stammen auch »Leib« und »bleiben« (vgl. Der Duden in 10 Bänden. Band 7: Etymologie. Herkunftswörterbuch der deutschen Sprache. Bearb. v. G. Drosdowski [Mannheim 1963] 392, sowie Deutsches Wörterbuch von Jacob Grimm und Wilhelm Grimm. Band 12. Bearb. v. M. Heyne [als Band 6 Leipzig 1885; ND München 1984] 397 ff.). Der stille Glanz des Zurückgebliebenseins, die verborgen-künftige Frühe der Natur, ist das Licht, darin das Lebendige als ein solches erscheint. Unter dem Lemma »Lebensglanz« führt das Grimm'sche Wörterbuch (ebd., 443) folgende Verse des Dichters Paul Fleming an: »der sonnen güldnes radt begunte vor zu steigen, / und seinen lebensglanz der muntren Welt zu zeigen«. Von solchem Lebensglanz ist in besonderer Weise Hölderlins Dichtung nach 1806 durchstimmt (s. u. das Gedicht ›Der Frühling‹). Diese Dichtung ist in vollendeter Weise, weil aus der Verwindung des Tragischen, geschicklich, sofern sich – was hier nicht auszuführen ist – das verborgene Geschick eigentlich im Rhythmus der Jahreszeiten darstellt.

10 Das Lebenslicht ist das Leben spendende, Leben vermögende Licht.

3. Die Schwäche, die Stärke, das Geschick

Das Wirkliche ist das Zurückgebliebene, insofern es als die Verlangsamung des Ursprünglichen diesem nachkommt. Sein Licht ist die in der Verlangsamung aufgefangene Gelichtetheit des Ursprünglichen. Das Ursprüngliche, welches als künftig gewesener Abschied im Licht des Wirklichen nachschwingt, ist das Geschick der Gegenwart. Gegenwart ist das Schon-im-Kommen-gewesen-sein-Werden der Frühe. Für das ihm nachkommende Wirkliche ist das Ursprüngliche (der verborgene Möglichkeitsgrund des Lebenslichts), was unablässig als das je schon im Kommen gewesen sein Werdende auf es zu kommt. Indem es dem Ursprünglichen arbeitend nachkommt, weilt das Wirkliche als solches, was das Urspüngliche gewärtigt und als dieses Gewärtige seiner wartet. Solches Gewärtigen ist der *andere* Grundzug im Sinn des Lebendigen, Wirklichen. Dieses ist das Zurückgeblieben-Gewärtigende. Demnach ist Wirken nicht die Anwendung oder Freisetzung einer Potenz, sondern nachkommendes Gewärtigen der Ankunft des unerwirkbaren, versagten Vermögens. Gewärtigen, so es nicht ins bloße Erharren, gar ins beharrlich-fordernde Erwarten sich versteift, ist Kommenlassen. Je langsamer, auf die Zeit bedachter die Späte des Wirklichen, um so möglicher, dem künftigen Grund des Vermögens offener sein Gewärtigen.

Insofern das Erscheinende wirklich ist, ist es das Zeichen der Natur und ihres verborgenen Grundes. Das Zeichen bedeutet das Ursprüngliche; dieses schickt, d. h. verbirgt sich in Zeichen. Das Bedeuten des Zeichens ist nicht ein Bezeichnungsverhältnis, darin kraft eines Bezeichnenden (signifiant) ein Bezeichnetes (signifié) zum Ausdruck kommt: weder lässt sich das Ursprüngliche in ein Bezeichnungsverhältnis binden, noch bedarf es des Ausdrucks. Sondern das Bedeuten des Zeichens ist das Sich-Verbergen des Ursprünglichen in der Deutlichkeit (im Licht), darin das Bedeutende sich zeigt. Die Deutlichkeit des Bedeutens ist das hehle Licht des Sichverbergens des Ursprünglichen, die Offenheit seines Kommens in der zurückgebliebenen Gewärtigung. Das Zeichen zeigt sich im späten Leuchten, in der hehlen Deutlichkeit des sichverbergenden Ursprungs. Wenn das Ursprüngliche eigentlich, d. h. in deutlicher Verbergung sich darstellt, wenn es im Leuchtenlassen des Späten sich verhehlt, entflammen die Zeichen, hellen – Mögliches bedeutend – Leben und Wirklichkeit auf. In Bezug auf das Ursprüngliche heißt eigentlich: ins Eigene – d.i. die Verbergung – zurückgeborgen und somit (als geheime Gabe) rein unterschieden vom Wirklichen selbst. In seiner eigentlichen Erscheinung verbirgt sich der Ursprung im hehlen Licht des Wirklichen und bleibt – als dessen Verbindliches – das Andere zu diesem. Stellt das Ursprüngliche sich eigentlich dar, so erscheint es nicht wirklich.

In seinem eigentlichen Erscheinen ist das Ursprüngliche reines Entgegenkommen, in hehlem Glanz geborgene Milde und Huld. Der verborgene Grund der Natur ist gelindes, durch das Deutliche der Erscheinung sinkendes Geschmeide, welches, selbst farblos-unscheinsam, allerorten in Farben erscheinen lässt, was es allweil geheim in Bündel fügt und eint. Unbedürftig des Reichtums, den seine Verbindlichkeit schenkt, anspruchslos auf das Erbe der Langsamkeit, das es hinterlässt, kennt es kein Beharren. Der verborgene Grund der

Natur ist das zurückgenommene Gold der Gegenwart, das dem Erscheinenden die je eigentümliche Deutlichkeit schenkt.

Dieser Zug der eigentlichen Erscheinung des Ursprünglichen: dass sie in die Deutlichkeit des Zeichens sich zurücknimmt und jeweils dem Nachkommen des Wirklichen, ihm voraus, als gelinder Grund (als grundige Gelindheit) schon sich ergeben hat, ist die Schwäche. Die Schwäche, in der das Ursprüngliche eigentlich erscheint, ist die Milde und Geringheit seines Sichverbergens, das Leichtere, Lindere, Bergungsschnellere seiner allweil lichtend-fügenden Gabe, seine das Gewärtigen befreundende Anspruchslosigkeit in der gleichen und gerechten Geteiltheit von Vermögen und Gut. So hat gerade im eigentlichen Sichdarstellen des Ursprünglichen, da dieses in vor-ab-gängiger (schon gewesen sein werdender) Entweichung das Ganze sich fügen lässt – so hat gerade in der Erscheinung und im Lebenslicht das Ganze des Erscheinenden der Natur seine Schwäche.

Doch das Ursprüngliche ist Geschick. Dieses meint nicht eine durch höhere Mächte oder durch den Zufall verhängte gute oder böse Fügung (ein Schicksal), noch solche Mächte oder den Zufall selbst als unwissbare Wirkungsprinzipien der eintretenden historischen Wechselfälle. Auf die Natur als lichtende Allgegenwart und somit auf das Vermögen und die Erscheinung bezogen, besagt das Geschick den verborgenen Wandel ihrer (der Natur) Gegebenheitsweise – der Weise also, wie die Natur selbst Gabe des Ursprünglichen ist. Die Gabe des verborgenen Grundes schickt sich in ihre eigentliche Erscheinung und stellt sich so in ihrer Schwäche, d. h. nicht wirklich dar; oder sie schickt sich in eine nicht eigentliche, gewissermaßen veräußerte Darstellung ihrer selbst. Das Ursprüngliche als das Geschick ist in einem die anfängliche Sammlung und der Wandel dieser Schickungen.

Paradoxerweise soll gerade in der nicht eigentlichen Weise der Darstellung der Grund jeder Natur sich in seiner ursprünglichen Stärke, die Natur selbst in ihrer stärksten Gabe zeigen. Im Unterschied zur Schwäche – der aus der Erscheinung zurückgezogenen, huldvollverbindlichen, lind-geschmeidigen, golden-hehlen Geringheit –, ist die Stärke das auf sich beharrende, unbeugsame Geradeheraussein des Ursprünglichen, darin dieses sich rückhaltlos, unverhohlen in die Erscheinung verlegt. In der Unverhohlenheit der Gabe erfüllt das Ursprüngliche, zwar als solches die längste Zeit verborgen, das Licht und die Erscheinung mit sich selbst und nimmt sie für sich ein, so dass Licht und Erscheinung nicht mehr die Deutlichkeit *für das Erscheinende*, für das Sichzeigen des Zeichens geben; sondern die Deutlichkeit des Erscheinenden ist jetzt für das Ursprüngliche selbst: die Darstellung des Ursprünglichen in seiner Stärke ist dessen Erscheinen in unverhohlener, unmittelbarer (weil nicht im hehlen Licht der Erscheinung geborgener) Verborgenheit, d. h. (dessen Erscheinen) *als* die Unvermitteltheit des Erscheinenden selbst – des Erscheinenden, das *als* sein Erscheinen nunmehr einzig jene Unvermitteltheit bzw. unmittelbare Verborgenheit hat. So sind zwar Zeichen, doch es fehlt ihnen die Bedeutung; so bleibt zwar Erscheinendes zurück, doch ist es wirkungslos. Warum? Weil das Erscheinende als solches jetzt die Wirklichkeit, das unverhohlen-unbeugsame Auf-sich-Beharren des Ursprünglichen ist, so dass das einstmals Wirkliche nur noch sich selbst überlassen ist und, seiner Zurückgebliebenheit verlustig, *nichts mehr zu gewärtigen hat.*

Indem das Ursprüngliche (der verborgene Grund) sich unverhohlen darstellt, die Erscheinung somit in schiere Unmittelbarkeit des Ursprünglichen sich verkehrt, ist das Zeichen als solches nichtig, d. h. »= 0«. Weil in der starken Darstellung das Erscheinen unmittelbare Erscheinung des Ursprünglichen ist, erscheint das Zeichen nicht mehr *im Unterschied* zu dem im hehlen Lebenslicht sich verbergenden, abgeschiedenen Grund, sondern das unvermittelte Erscheinen des an sich unbedeutenden Zeichens ist nachgerade das Sich-Darstellen des Ursprünglichen selbst: beides fällt – mittelos gleichsam – zusammen. In dieser Unterschiedslosigkeit ist das Ursprüngliche »ganz da« und kommt darin einzig sich selbst nach (wirkt also – zwar wider den eigensten Sinn – »in eigenster Sache«[11]), während dem Zurückgebliebenen jeglicher Sinn versagt und alles Leben und Wirken der Bedeutungslosigkeit ausgeliefert ist. Weil das Zeichen nun als das unverhohlene »Ganz da«-Sein des Ursprünglichen erscheint, ist dem Leben die gewärtige Zurückgebliebenheit entzogen, bleibt dem Wirken sein Eigentümliches, das nachkommende Arbeiten, verwehrt. So ist das Zeichen, das Erscheinende, weil das unmittelbar veräußerte Ursprüngliche selbst, wirkungs- und leblos. Stellt sich die Natur in ihrer stärkeren Gabe dar, starrt das Ganze vor Unwirklichkeit, vor »Nullheit«, vor nichtigem Nichts.

4. Das Zeichen, die Wirtlichkeit, der Mensch

Ein spätes Gedicht Hölderlins – eines von mehreren, die mit ›Der Frühling‹ überschrieben sind – zeigt in Vollendung das eigentliche, »schwache« Erscheinen des Ursprünglichen, sein offen-hehles Sichverbergen in der Deutlichkeit der Zeichen:[12]

> Die Sonne glänzt, es blühen die Gefilde,
> Die Tage kommen blüthenreich und milde,
> Der Abend blüht hinzu, und helle Tage gehen
> Vom Himmel abwärts, wo die Tag' entstehen.
>
> Das Jahr erscheint mit seinen Zeiten
> Wie eine Pracht, wo sich Feste verbreiten,
> Der Menschen Tätigkeit beginnt mit neuem Ziele,
> So sind die Zeichen in der Welt, der Wunder viele.

Die »Zeichen in der Welt« sind das zurückgeblieben-gewärtige Bedeuten, in dessen Licht die Zeit des Ursprünglichen als Unterschied sich gezeichnet hat. Das Zeichenhafte der Zeichen ist deren zeitliche Fügung, die in die ursprüngliche Zeit, die Gegenwart des Schon-im-

---

11   Vgl. unten, 5. Abschnitt.
12   HSW I, 937.

Kommen-Gewesensein-Werdens des Ursprungs erinnert.[13] Die Zeichen verdanken ihre Deutlichkeit dem sich im hehlen Lebenslicht verbergenden Geschick, das ihnen als ursprüngliches Vermögen die Weile schenkt, darin es selbst zu sich geschieden bleibt. So ist es eigentlich das vom Menschen mit vollbrachte Geschick in seinem Sichverbergen, das – in den Worten eines Entwurfes zur Hymne ›Der Ister‹ – im Lebendigen die »Stiche« und »Furchen« beibringt, die erst den Menschen selbst in die Gegenwart und zumal das Erscheinende in die Bedeutung binden:[14]

> Es brauchet aber Stiche der Fels
> Und Furchen die Erd',
> Unwirthbar wär es, ohne Weile;

Die Weile, das in lichtender Gegenwart geborgene Vermögen der Erscheinung, verleiht dem Ganzen der Natur, der Welt, das Wirtbare. Wirtbar – oder wirtlich – ist das Ganze, insofern darin jeglichem, das noch ins Erscheinen kommt, im Erscheinen verweilt, schon aus dem Erscheinen geschieden ist, der hehle, in verbindliche Deutlichkeit geborgene Ursprung als die Weile seines Aufenthaltes entgegenkommt.

Unwirtlich dagegen ist es in der Winterstarre, da jegliches Wirkliche an Bedeutung verliert und »sprachlos und kalt steht«. Diese Sprachlosigkeit ist nicht eine Eigenschaft oder ein Zustand des Erscheinenden, sondern die unmittelbare Darstellung, das Geradeheraussein des Ursprünglichen selbst im verstummten Wort.

> Mit gelben Birnen hänget
> Und voll mit wilden Rosen
> Das Land in den See,
> Ihr holden Schwäne,
> Und trunken von Küssen
> Tunkt ihr das Haupt
> Ins heilignüchterne Wasser.

> Weh mir, wo nehm' ich, wenn
> Es Winter ist, die Blumen, und wo
> Den Sonnenschein,
> Und Schatten der Erde?
> Die Mauern stehn

---

13 Dem Zurückgebliebenen, indem es als Gewärtigendes bleibt, haftet nicht eine unentrinnbare Unerfülltheit an, gleich als erreiche es niemals die Gegenwart; vielmehr ist das zurückgebliebene Gewärtigen und gewärtige Zurückbleiben – die Nachkommenschaft – die Weise des Verweilens, darin der Bezug in die Gegenwart gewahrt bleibt.
14 HSW I, 477.

Sprachlos und kalt, im Winde
Klirren die Fahnen.[15]

Unter allen Zeichen ist eines in einziger Weise unterschieden, dessen Bedeuten nicht nur mit dem geschickhaften Gang der Natur sich wandelt, sondern selbst die Deutlichkeit des sich verbergenden Geschickes mit vollbringt. Dieses Zeichen ist der Mensch.[16] Ist das Ursprüngliche gerade heraus, entzieht sich die den Menschen zum verborgenen Grund stimmende Deutlichkeit zugunsten des stummen, erscheinungslosen, »klirrenden« Lichts der unverhohlenen Beharrung, das auch das Zeichen, das der Mensch ist, deutungslos lässt:

Ein Zeichen sind wir, deutungslos
Schmerzlos sind wir und haben fast
Die Sprache in der Fremde verloren.[17]

Wir lassen den geschichtlichen Zusammenhang dieser Verse zunächst im Hintergrund und achten darauf, dass das Zeichen, das der Mensch ist, im Augenblick, da es auf seine Weise »= 0«, nämlich deutungslos ist, zumal ohne Schmerz und (fast) ohne Sprache zurückbleibt. Somit beruht die Deutungslosigkeit des Menschen in der Schmerz- und Sprachlosigkeit. In der starken Darstellung des Ursprünglichen, in der Unterschiedslosigkeit, ist kein Schmerz mehr, fehlt, was den Menschen als solchen in die Entsprechung gerufen, Sprache ernötigt hat. Sofern der Mensch, wo schon der Schmerz fehlt, immer noch spricht, ist er »fast« sprachlos. Dass in der Schmerzlosigkeit fast die Sprache verloren ist, heißt: in der Verstummung des Wortes ist der Mensch schon unterwegs im Absterben der Entsprechung, in deren Bezug er sein Wesen hat.

Die Deutung des Menschen, der Sinn des menschlichen Lebens, beruht in der Stimme des Schmerzes. Dieser Sinn aber zeigt sich, da das Ursprüngliche gerade heraus ist, darin, dass der Schmerz ausbleibt und dessen stimmendes Wort verstummt. Indem in der unverhohlenen Verborgenheit des Ursprünglichen der Schmerz fehlt und fast die Sprache verloren ist, ist der Mensch geradeweg in den Schmerz und ins Wort als seinen Wesensgrund gerufen. Der Dichter ist der erste Vernehmende und Antwortende dieses Rufs.[18]

Schmerz ist hier nicht ein bloßes »Lebensgefühl« – angesichts des »Leblosen« wegen seiner Vergangenheit, des »Lebendigen« wegen seiner Vergänglichkeit, des »Zum-Leben-

---

15 ›Hälfte des Lebens‹, HSW I, 445. Der Titel ›Hälfte des Lebens‹ weist in den (vom zählbaren Lebensalter unabhängigen) geschicklichen Augenblick, da der verborgene Grund der Natur in einer Wendung in seiner Stärke sich darstellt und als solcher erst eigentlich – nämlich als Paradoxon – dem Dichter zur Aufgabe wird.
16 Vgl. das späte Gedicht ›Der Mensch‹, HSW I, 932.
17 ›Mnemosyne‹ (Entwurf), vv. 1 – 3, HSW I, 436.
18 Wo die Fast-Sprachlosigkeit den Menschen wiederum in den Schmerz und somit ins Wort des Ursprünglichen ent-setzt, ist sie die Veranlassung der tragischen Dichtung; bleibt sie dagegen in der Schmerzlosigkeit festgesetzt, will sie die Bildung von Sprachtheorien, die, ohne darum zu wissen, lediglich das Sterben der Sprache bezeugen.

Strebenden« wegen seiner Unzugangbarkeit. Sondern Schmerz ist der Name der Zugehörigkeit des Menschen in den Ursprung, ins in sich widerwendige Geschick, welche Zugehörigkeit, insofern sie als solche übernommen und verantwortet (in der Sprache des Worts gewahrt) ist, dem Geschick erst die Wahrheit seines Sichverbergens offenhält. Schmerz ist die gebrauchte Dargebrachtheit, Entgegengebrachtheit (die »Geopfertheit«) des Menschen ins Offene des verborgenen Grundes jeder Natur, welches Einige von geschickhafter Offenheit des Grundes und zugehöriger Dargebrachtheit Hölderlin auch »Innigkeit«[19] nennt. Die Innigkeit des Schmerzes ist die Wahrheit des Ganzen. Die Bezogenheit des Menschen in die Innigkeit (ins schmerzliche Paradoxon, in den paradoxen Schmerz) kann, als Lebenssinn gefasst, auch Tod heißen. Weil die Sprache ursprünglich die Aufgebrochenheit des Bezuges des Menschen in die Innigkeit, in die Offenheit des Schmerzes ist, deshalb ist der aus dem Schmerz ausgeschlossene Mensch beinahe sprachlos. Die Sprache selbst aber stirbt zuletzt.[20]

5. Die Veräußerung, das Tragische, der Eine

Um aus dem bisher Nachgezeichneten eine Annäherung an das Tragische zu versuchen, fragen wir noch einmal nach den beiden Darstellungsweisen des Ursprünglichen. Welcher Anspruch liegt in der starken Gabe, darin das Ursprüngliche nicht eigentlich erscheint? In seiner Stärke setzt das Ursprüngliche das Zeichen »= 0«, d. h. dem Leben, dem Wirklichen, ist der Sinn entzogen, während der Mensch in der Schmerzlosigkeit erstarrt. Sofern sich sagen lässt, dass das Ursprüngliche in dieser Weise »wirklich« erscheint, heißt das: indem es die Wirklichkeit für sich, in einem noch zu erläuternden Sinn selbst und in allereigenster Sache wirken will, überlässt es das Leben ihm selbst: so ist im Erscheinenden zwar nur Wirkliches, das in seiner Wirkungslosigkeit sich verbraucht, dieses Sichverbrauchen ist jedoch in Wahrheit das Wirken der unverhohlen-unbeugsamen Unmittelbarkeit des Ursprünglichen. Das Sich-Wollen des Ursprünglichen in der Unvermitteltheit der wirkungslosen Wirklichkeit ist ein Sich-Veräußern und darin uneigentlich, dass das Ursprüngliche in solcher Darstellungsweise gleichsam wider den eigensten Sinn – und doch in allereigenster Sache – vorgeht. Damit eröffnet sich der Bezugsraum des Tragischen.

Indem nämlich in der wirkungslosen Wirklichkeit das Ursprüngliche wider den eigensten Sinn vorgeht, in seinem Geradeheraussein, seiner Unmittelbarkeit sich selbst als das Sichverbergende veräußert, setzt es die längste Zeit den Menschen in der Ausschließlichkeit des wirkungslos Wirklichen (des Nichtigen) fest, auf dass er an der Unmittelbarkeit des Ursprünglichen, die er für das Wirkliche und das Leben hält, sich abarbeite. Einer jedoch ist

---

[19] Vgl. ›Die tragische Ode‹, in: HSW I, 865 ff. Dort heißt es u. a.: »Es ist die tiefste Innigkeit, die sich im tragischdramatischen Gedichte ausdrückt« (ebd., 866).
[20] Die Erfahrung der Schmerzlosigkeit als solcher ist zuletzt noch Sprache: Sprache der letzten Gabe, Sprache der geschicklich sich wendenden Gabe als das Letzte, Unverbrüchliche.

von Geburt[21] bestimmt, »zuletzt«, nämlich wenn die längste Zeit in ihr Letztes kommt, in ungeschützter Darbringung seiner selbst die Nichtigkeit des Wirklichen stärker zu fühlen – und endlich als das zu erkennen, was sie ist: die in ihrem Geradeheraussein verborgene, sonst unkenntliche Stärke des Ursprünglichen. Dieser Eine trägt, mit anderen Worten, die Nichtigkeit des Nichtigen in ihr Äußerstes aus – bis zu dem Punkt, da die ganze Tiefe des Paradoxons, nämlich das Wirkliche (das »Seiende«) offen sich zeigt als das gegen den eigensten Sinn und in allereigenster Sache vorgehende Ursprüngliche (das »Sein«). Im Äußersten der Stärke seines gerade heraus gelichteten Sichverbergens entscheidet sich das Ursprüngliche, indem es den Einen zu sich, in die eigene Abgeschiedenheit entrückt. Im dritten Entwurf zum ›Empedokles‹ schreibt Hölderlin:

> Denn wo ein Land ersterben soll, da wählt
> Der Geist noch Einen sich zuletzt, durch den
> Sein Schwanensang, das lezte Leben töne.[22]

In solcher Entscheidung kommt der »Geist«, das Ursprüngliche schon zu sich, kehrt anfänglich ein in sein Eigentliches, in sein Wesen als das immer schon in Innigkeit im Kommen gewesen sein werdende, sich verbergende Geschick; also war die Zeit reif gewesen, auf dass das Ursprüngliche selbst in neuer Begeisterung und reinerem Gesang[23] in seiner Schwäche sich darstellt.[24]

Von dieser Entscheidung des Geistes, die sich tragisch dichtet, handelt Hölderlin in dem nach seinen Eingangsworten betitelten Entwurf ›Das untergehende Vaterland …‹.[25] Der Geist, das Ursprüngliche heißt hier »die Welt aller Welten, das Alles in Allen«[26]. Dieses ist,

---

21 Der Sinn der Geburt ist angezeigt in Hölderlins Hymne ›Der Rhein‹, Str. VI, vv. 46 – 53 (HSW I, S. 343).
22 Friedrich Hölderlin, ›Empedokles‹ (Dritter Entwurf), vv. 429 – 431, HSW I, 899. Die unmittelbar folgenden Verse lauten: »Wohl ahndet ichs, doch dient' ich willig ihm. / Es ist geschehn. Den Sterblichen gehör ich / Nun nimmer an. O Ende meiner Zeit! / O Geist, der uns erzog, der du geheim / Am hellen Tag und in der Wolke waltest, / Und du o Licht! und du, du Mutter Erde! / Hier bin ich, ruhig, denn es wartet mein / Die längstbereitete, die neue Stunde. / Nun nicht im Bilde mehr, und nicht, wie sonst. / Bei Sterblichen, im kurzen Glük, ich find' / Im Tode find ich den Lebendigen / Und heute noch begegn' ich ihm, denn heute / Bereitet er, der Herr der Zeit, zur Feier / Zum Zeichen ein Gewitter mir und sich. / Kennst du die Stille rings? kennst du das Schweigen / Des schlummerlosen Gotts? erwart' ihn hier! / Um Mitternacht wird er es uns vollenden. / Und wenn du, wie du sagst, des Donnerers / Vertrauter bist, und Eines Sinns mit ihm / Dein Geist mit ihm, der Pfade kundig, wandelt. / So komm mit mir, wenn izt, zu einsam sich, / Das Herz der Erde klagt, und eingedenk / Der alten Einigkeit die dunkle Mutter / Zum Aether aus die Feuerarme breitet / Und izt der Herrscher kömt in seinem Stral, / Dann folgen wir, zum Zeichen, daß wir ihm / Verwandte sind, hinab in heil'ge Flammen.«
23 Reiner, nämlich gereinigt im Ertönenlassen des »Schwanensangs«.
24 Damit ist nicht gesagt, die „starke" und „schwache" Darstellungsweise würden sich gemäß einer historischen oder »Natur«-Gesetzlichkeit zyklisch abwechseln; vielmehr ist der geschichtliche Sachverhalt angezeigt, wonach unsere Überlieferung selbst das Geschick ist, das sich anfänglich in die griechische Tragödie geschickt hat und die längste Zeit schon aus einer anderen Weise des Tragischen uns beansprucht und so unsere Gegenwart ist.
25 HSW II, 72 ff.
26 HSW II, 72.

was sich in der durch den Einen vollbrachten Auflösung, im Untergang einer Welt darstellt, welche Auflösung und welcher Untergang in sich schon der Anfang einer neuen Welt ist:

> Denn die Welt aller Welten, das Alles in Allen, welches immer *ist* und aus dessen Seyn alles angesehen werden muß, *stellt* sich nur in aller Zeit – oder im Untergange oder im Moment, oder genetischer im [W]erden des Moments und Anfang von Zeit und Welt *dar*, […].
>
> *Dieser Untergang oder Übergang des Vaterlandes* (in diesem Sinne) fühlt sich in den Gliedern der bestehenden Welt so, daß in eben dem Momente und Grade, worinn sich das Bestehende auflöst, auch das Neueintretende, Jugendliche, Mögliche sich fühlt. Denn wie könnte die Auflösung empfunden werden ohne Vereinigung, wenn also das Bestehende in seiner Auflösung empfunden werden soll und empfunden wird, so muß *dabei das Unerschöpfte* und *Unerschöpfliche*, der *Beziehungen* und *Kräfte*, und jene die Auflösung mehr durch diese empfunden werden, als umgekehrt, denn aus Nichts wird nichts, und diß gradweise genommen heißt so viel, als daß dasjenige, welches zur Negation gehet, und insofern es aus der Wirklichkeit gehet, und noch nicht ein Mögliches ist, nicht wirken könne.[27]

Die Wirkungslosigkeit des Wirklichen, das »= 0« gesetzte Zeichen ist die im dramatischen Geschehen dargestellte Auflösung des Bestehenden aus dem verborgenen Grund jeder Natur (der »Welt aller Welten«), der seine schwache, nicht wirkliche Darstellungsweise ablegt, um als Ursprung des Möglichen zu wirken und ein neues Vermögen in die Erscheinung zu bringen. So ist im Übergang alle Wirklichkeit Unmittelbarkeit des Ursprünglichen im Vorgehen gegen sein Eigentliches, die verhohlen-verbindliche Gabe der Weile: der »gradweise« Wirklichkeitsverlust des Wirklichen (d. i. die Auflösung des Bestehenden) ebenso wie der Wirklichkeitsgewinn im »neueintretenden« Wirklichen, deren einiger Sinn das Freiwerden des Möglichen bzw. der Wirklichkeits*entwurf* ist, ist ein Vorgang des Ursprünglichen, dies aber jeweils als unmittelbares Ansinnen an den den Übergang mitvollbringenden Menschen. Kraft dieses Vorgangs ist im Übergang die Erscheinung in ausgezeichneter Weise der Ort, da bei zunehmender Unwirklichkeit des »Realen« (des Ganzen des Erscheinenden, des Lebens), das Mögliche nach und nach wirklich (und derart neues Leben) wird. Die Kunst als neue Entfachung des geschicklichen Werdens dieses Übergangs im eigens Erscheinenden ist der Herd des Wirklichen – die Werkstätte der unerschöpflich verschlingenden und gebärenden »heiligen Flamme«, darin der Eine, das Leben erschaffend, verglüht.

> Aber das *Mögliche*, welches in die *Wirklichkeit* tritt, indem die *Wirklichkeit sich auflöst*, diß wirkt, und es bewirkt sowohl die Empfindung der Auflösung als die Erinnerung des Aufgelösten.

---

27 HSW II, 72 f.

Deswegen das durchaus originelle jeder ächttragischen Sprache, das immerwährendschöpferische.[28]

Der Übergang, den die Tragödie, indem sie jenen Herd erdichtet, zur Sprache bringt, ist ein »Zustand zwischen Seyn und Nichtseyn«, darin sich der Übergang selbst im Durchgang durch die offen unverhohlene »stärkere Gabe« des Ursprünglichen vollzieht:

> Das neue Leben ist jezt wirklich, das [Leben, das] sich auflösen sollte, und aufgelöst hat, möglich, ideal *alt*, die Auflösung nothwendig und trägt ihren eigentümlichen Karakter zwischen seyn und Nichtseyn. Im Zustande zwischen Seyn und Nichtseyn wird aber überall das Mögliche real, und das wirkliche ideal, und diß ist in der freien Kunstnachahmung ein vurchtbarer aber göttlicher Traum.[29]

6. μοῖρα, κόσμος, φύσις

Wir sind nicht vorbereitet, auf Hölderlins u. a. in den ›Anmerkungen zum Oedipus‹[30], in den ›Anmerkungen zur Antigonä‹[31] und im ›Grund zum Empedokles‹[32] formulierten Gedanken zum Unterschied zwischen dem (gesuchten) »vaterländischen« und dem (in der suchenden Auseinandersetzung erschlossenen) »griechischen« Charakter des Tragischen einzugehen; vor allem fehlt uns dafür die Übung in einem für uns noch gänzlich ungewohnten Denken: dem ins Geschick gehörigen und also geschichtlichen. So soll an dieser Stelle lediglich eine Hinsicht dessen genannt sein, worin jener Unterschied beruht, nämlich das jeweils Eigene, das dem Griechischen und dem Hesperisch-Deutschen zukommt. Diese Hinsicht ist die Erfahrung des Ursprünglichen als Geschick und der entsprechende Auftrag des geschichtlichen Menschen.

Nach den Hinweisen in den ›Anmerkungen zur Antigonä‹ und im ersten so genannten Böhlendorff-Brief[33] unterscheidet sich das Griechische vom Hesperischen dadurch, dass jenes sein Gepräge daraus enthält, wie es sich in und gegenüber dem Geschick des »Feuers vom Himmel«[34] fasst; wogegen dieses, das Unsere des modernen Abendlandes, dessen Eigenes die »Klarheit der Darstellung«[35] ist, in seinen Vorstellungen die »Haupttendenz« hat,

---

28 HSW II, 73.
29 HSW II, 73.
30 HSW II, 309 ff.
31 HSW II, 369 ff.
32 HSW I, 868 ff.
33 Brief an Casimir Ulrich Böhlendorff vom 4. Dezember 1801, HSW II, 912 ff.
34 HSW II, 912.
35 HSW II, 912.

»etwas treffen zu können, Geschik zu haben, da das Schicksaallose, das δυσμορον, unsere Schwäche ist.«[36]

Vom Bändigen des geschicklichen »Feuers vom Himmel« zeugt das Denken von Parmenides und Heraklit. Das Lehrgedicht des Parmenides entspricht dem ἐόν, dem aus dem sammelnden Erscheinen- und Anwesenlassen vernommenen Ganzen des Anwesenden – kurz: (es entspricht) der Veranlassung des Anwesenden. Diese Veranlassung ist die φύσις, die Aufgehendheit oder (in sich selbst sich zurückstellend) aufgehenlassende Aufgängnis. Die φύσις selbst ist aber in sich verfasst als μοῖρα, als Zuteilung oder Geschick, daraus das ἐόν entbunden, verbindlich entborgen ist:

[οὐδὲν γὰρ ⟨ἢ⟩ ἔστιν ἢ ἔσται
ἄλλο πάρεξ τοῦ ἐόντος,] ἐπεὶ τό γε Μοῖρ᾽ ἐπέδησεν
οὖλον ἀκίνητόν τ᾽ ἔμεναι·[37]

[nichts nämlich west an oder wird anwesen
anderes außer dem im Anwesen stehenden Anwesenden,] indem fürwahr die Moira es entbunden[38] hat
als Ganzes und ohne Umschlag [ins Nicht-Anwesen] anzuwesen;

Nehmen wir den in der Tragödie aufgeschlossenen Geschick-Charakter des »verborgenen Grundes der Natur« als hermeneutischen Leitfaden, wird eher verständlich, warum Heidegger den durch ἐπεί eingeleiteten Nebensatz als den »Satz aller Sätze« des Parmenides bezeichnet.[39] Dieser behauptet dann nicht die von einer Schicksalsmacht verfügte »Unbeweglichkeit« des Ganzen des »Seins«; vielmehr sagt er, dass das im Anwesen stehende Anwesende (das ἐόν) *durch alle seine Erscheinungsweisen hindurch* als Ganzes aus dem Geschick, d. h. in der verborgenen Verbindlichkeit ursprünglichen Vermögens, in der in sich widerwendigen Beruhtheit geschicklicher An-lassung ins Anwesen gebracht ist. Mit anderen Worten: jede Erscheinungsweise des Anwesenden ist notwendig eine Darstellung des Ursprünglichen, welches sich verbindlich in die Gänze des Anwesenden schickt.

---

36 ›Anmerkungen zur Antigonä‹, HSW II, 374. Die eigene hesperische Klarheit droht, sofern sie geschicklos bleibt, in ihrer »Trefflichkeit« sich zu versteigen und aufzureiben, während die angeeignete Klarheit der Griechen im Kampf mit der Betroffenheit durch das Feuer sich ursprünglich lindert.
37 DK 28 B 8, 36 – 38 (zitiert nach: Die Fragmente der Vorsokratiker. Griechisch u. Deutsch v. H. Diels. Hrsg. v. W. Kranz [Zürich–Hildesheim [18]1992]; fortan angeführt als DK mit entsprechender Band-, Seiten- und Zeilenzahl in Klammern, hier: Band 1, 238, Z. 5 – 7).
38 Ἐπιδέω heißt »binden«, »festmachen«, »fesseln«. Im vorliegenden Kontext meint dies jedoch nicht das Festbinden eines schon Gegebenen, bereits Entborgenen; vielmehr ist — im Sinne der φύσις — an ein Freigeben, Aufgehenlassen in die Bindung und Gebundenheit (als Rückgebundenheit in den Ursprung) zu denken, welches Aufgehenlassen durch das inchoative ›ent-‹ angedeutet ist.
39 M. Heidegger, Moira (Parmenides, Fragment VIII, 34 – 41), in: ders., Vorträge und Aufsätze (Pfullingen [6]1990) 223 – 248, hier: 243.

Davon, dass aus dem Geschick das Vermögen, das Anwesenlassen des Anwesenden, »gerecht und gleich getheilt« ist, zeugen zahlreiche Verse des Gedichts.[40] Aber auch die in solcher Teilung sich zeigende »Schwäche des Ganzen« ist bezeugt, indem gesagt wird, wie das Geschick das aus der Veranlassung seines Anwesens erfahrene Anwesende ihm selbst und damit dem meinenden Erscheinenlassen, dem Vermeinen der δόξα der βροτοὶ εἰδότες οὐδέν[41] bzw. der ἄκριτα φῦλα[42] überlässt, die es als bloßes Teil (merx) in der »Herrschaft der Wörter«[43] verbrauchen. Dem vermeinenden, des Geschicks unkundigen Menschen zeigt sich das Abwesende (das als solches auf seine Weise anwest) als vom Anwesenden losgelöst, scheint das weit Auseinanderliegende unverbunden und das Beisammenstehende nur aus zufälliger Nähe verknüpft. Das aufmerksame Vernehmen jedoch liest jegliches in den Zusammenhalt, ins einig-schickliche Verhältnis der verbindlichen Herkunft zurück:

λεῦσσε δ᾽ ὅμως ἀπεόντα νόωι παρεόντα βεβαίως·
οὐ γὰρ ἀποτμήξει τὸ ἐὸν τοῦ ἐόντος ἔχεσθαι
οὔτε σκιδνάμενον πάντηι πάντως κατὰ κόσμον
οὔτε συνιστάμενον.[44]

Merke aber darauf, wie durch das Vernehmen Abwesendes durchgängig anwest:
nicht nämlich wird es das Anwesende von seinem Verhältnis mit Anwesendem abschneiden,
weder als solches, was allseits ganz und gar über die Zier hin verstreut ist,
noch als solches, was beisammensteht.

Insofern Parmenides die Verbindlichkeit des ἐόν aus dem Geschick veranlasst sieht, ist zu vermuten, dass er in diesem – in der Μοῖρα – das die Sterblichen beirrende Sichverbergen der aufgehen lassenden Aufgängnis erfährt. Eigens ausgesprochen ist das Sichverbergen in Heraklits Spruch φύσις κρύπτεσθαι φιλεῖ, d.i. (in einer erläuternden Übersetzung) »die aufgehen lassende Aufgängnis ist an ihr selbst die Lichtung des Sichverbergens«.[45] Doch auch die Erfahrung der Widerwendigkeit *im* Ursprung als geschickliches Aufflammen und (wiederum) geschicklicher Entzug des Lebenslichts kommt bei Heraklit zur Sprache. Der als Fragment B 124 gezählte Spruch lautet:

---

40 Vgl. v. a. DK 28 B 8, 1 – 49 (Band 1, 235 – 239).
41 DK 28 B 6, 4 (Band 1, 233, Z. 2).
42 DK 28 B 6, 7 (Band 1, 233, Z. 5).
43 Heidegger, Moira (wie Anm. 39) 247.
44 DK 28 B 4 (Band 1, 232, Z. 7 – 10).
45 DK 22 B 123 (Band 1, 178, Z. 8 – 9). Mit Blick auf Hölderlins Erläuterung des Tragischen sagt dieser Spruch: »Der verborgene Grund jeder Natur stellt sich eigentlich in seiner Schwäche dar«. Vgl. auch den Hinweis bei Heidegger, Moira (wie Anm. 39) 247.

ὥσπερ σάρμα εἰκῇ κεχυμένων ὁ κάλλιστος κόσμος.[46]

Wie ein Haufen aufs Geratewohl hingeschütteter Dinge die schönste Zier.[47]

Das aus der unscheinbar anwesen lassenden Zier gefügte Ganze des Erscheinenden zeigt sich als willkürliche, unverbindliche Anhäufung von dem Verbrauch anheimgegebenem Wirklichem. Solches geschieht, wenn der Mensch nur das Vorscheinende zur Kenntnis nimmt und verhandelt und kein Augenmerk hat für das ursprünglich Vermögende, das in seiner Schwäche das Ganze des Wirklichen belebt. Doch dasselbe geschieht auch – jene Schwäche erst als solche offenlegend – wenn die Huld der Zier geschicklich sich wendet, der verborgene Grund der Natur in seiner Stärke sich darstellt und das eben noch im hehlen Glanz des Geschmeides Erscheinende, vom fügenden Lebenslicht verlassen, ins Bedeutungslose und Unwirkliche versinkt.

Mit dem Phänomen des σάρμα εἰκῇ κεχυμένων halten wir bereits im Bereich des Tragischen, insofern die Bedeutungslosigkeit des Anwesenden in der menschlichen Abgewandtheit von dem, was jeweils erst eine Deutlichkeit schenkt,[48] nicht sogleich unterscheidbar ist vom »= 0«-Gesetztsein der Zeichen als der Weise, wie das Ursprüngliche, in seiner Stärke sich darstellend, gerade heraus ist. Oder hinreichender gesagt: Es gehört zum (tragischen) Spiel, auf welches das Geschick den Menschen setzt, zur Weise seines ihn ansprechenden und in die Antwort bindenden Sichverbergens, dass es dem Menschen nicht unmittelbar (d. h. ohne, dass er auf das Spiel der geschicklichen Zeit sich eingelassen und es ausgetragen hätte) unterscheidbar sein lässt, ob die Unverbindlichkeit des Anwesenden das sichverbergende Erscheinenlassen ist, sofern es, zwar eigentlich erscheinend, das Anwesende der Bedachtlosigkeit des Menschen überlässt; oder ob in dieser Unverbindlichkeit schon das Ursprüngliche in uneigentlicher Darstellungsweise, in der Selbstveräußerung in die starke Gabe erscheint.

Mit dem Entzug, der Entlichtung gleichsam des Anwesens des Anwesenden, mit dem μὴ ἐόν als Verweigerung der ursprünglichen Veranlassung hat Parmenides sich zwar auseinandergesetzt; doch ist ihm diese Auseinandersetzung nicht ein Weg der Erfahrung der

---

46 DK 22 B 124 (Band 1, 178, Z. 13 – 15).
47 Das σάρμα εἰκῇ κεχυμένων ist in der Vollendung der metaphysischen Überlieferung, die sich im Denken Friedrich Nietzsches Bahn bricht, der »grause Zufall«, der durch die Behauptung des Lebens als Wille zur Macht und ewige Wiederkunft des Gleichen in die Notwendigkeit zurückgenommen werden muss (vgl. F. Nietzsche, Sämtliche Werke. Kritische Studienausgabe in 15 Bänden. Band 4: Also sprach Zarathustra I–IV. Hrsg. v. G. Colli u. M. Montinari [München ²1999] 181 [„Von der Erlösung"] bzw. 248 [„Von alten und neuen Tafeln"]). Nietzsche erkennt das »= 0«-Gesetztsein der Zeichen (den gemäß seiner Grundstellung erfahrenen „Nihilismus") als das „Geradeheraussein" des Willens zur Macht. Dieser zeigt sich jedoch als der bis dahin verkannte Grund-Charakter der 0, d. h. des in seiner Entwerteheit wirkungslosen Wirklichen, und ist somit gerade nicht erfahren als das ihm selbst nachgehende, zum Wirklichen unterschiedene Geschick, somit als Nihilismus des *geschickhaften* „Nichts-von-Geschick" (des δυσμορον). Auf diese Weise bleibt Nietzsches Erfahrung des Tragischen, trotz der geschichtlichen Nachbarschaft, durch einen Abgrund getrennt von derjenigen Hölderlins.
48 DK 22 B 72 (Band 1, 167, Z. 9 – 11).

Veranlassung, der μοῖρα selbst in ihrer eigenen Wahrheit. Dass die Verbindlichkeit des ἐόν, sein ursprüngliches Vermögen, sich dem Geschick verdanke (ἐπεὶ τό γε Μοῖρ᾽ ἐπέδησεν [...]), bezeugt zwar die von Hölderlin genannte natürliche Ausgesetztheit der Griechen ins geschickhaft erfahrene, lichtend-veranlassende Feuer; zugleich bleibt rätselhaft, wie die μοῖρα selbst im Hinblick auf die Wahrheit des ihr zugehörigen Entzughaften unbefragt blieb. Der Ort dieses Rätsels ist die Erfahrung der φύσις als Grund des Anwesens des Anwesenden in der Weise der *selbst anwesenden, anwesensmäßigen* Eröffnung (ἀλήθεια, Entbergung, Lichtung) jenes Anwesens, kurz: die Erfahrung der φύσις als lichtend-entbergende Veranlassung des Anwesenden *aus* dem grundhaften Anwesen selbst. In dieser Erfahrung bleibt die ἀλήθεια, statt als Wahrheit der μοῖρα in ihrer eigentlichen Darstellung *und* als deren Unwahrheit in ihrem Geradeheraussein erfahren zu sein, in der Haft des Anwesens-Grundes, der als ihr »ungebrechliches Herz«[49] in Geltung bleibt.

Bei Heraklit ist allerdings die geschickliche Widerwendigkeit des Ursprungs eigens gedacht.[50] In der Erfahrung seines Denkens »lebt« das Urspüngliche (das »Feuer vom Himmel«) immerdar so, dass es sowohl eigentlich, nämlich in seiner Wahrheit als Schwäche zugunsten des Wirklichen, als auch nicht eigentlich, in seiner Unwahrheit als die dem Erscheinenden die Wirklichkeit entziehende Stärke, sich schickt oder, was dasselbe ist, im Zeigen des Geschickten sich verbirgt:

κόσμον τόνδε, τὸν αὐτὸν ἁπάντων, οὔτε τις θεῶν οὔτε ἀνθρώπων ἐποίησεν, ἀλλ᾽ ἦν ἀεὶ καὶ ἔστιν καὶ ἔσται πῦρ ἀείζωον, ἁπτόμενον μέτρα καὶ ἀποσβεννύμενον μέτρα.[51]

Diese Zier, die jetzt genannte, die selbige in allen Gezierden, weder irgendwer der Götter noch der Menschen ⟨einer⟩ hat sie hergestellt, sondern sie war immer und ist ⟨immer⟩ und wird sein ⟨immer⟩: ⟨nämlich⟩ das Feuer immerdar aufgehend, entzündend sich die Weiten (Lichtungen), sich verlöschend (verschließend) die Weiten ⟨ins Lichtungslose⟩.[52]

Hier steht die »Welt aller Welten« im Blick hinsichtlich dessen, dass sie als ursprünglich aufgehendes »Feuer vom Himmel« sich in Weiten schickt, d. h. je in ein Offenes der Natur als allgegenwärtiges Gut und Vermögen, kurz: je in eine Gegenwart, aus der sich bestimmt, was und wie das Wirkliche ist. Die mediale Verbform »sich entzündend« sagt: entzündend für sich selbst, nämlich für das eigene sich verbergende Sich-Schicken. Das Sich-Entzünden trägt jedoch als geschickliches bereits in sich das Sich-Verlöschen, nämlich – wiederum für das widerwendige Sich-Schickende selbst – den Entzug des Lebenslichts, der das Wirkliche der Bedeutungs- und Sprachlosigkeit preisgibt bis hin zur Verwüstung. Diese ist selbst ein

---

49 Ἀληθείης εὐκυκλέος ἀτρεμὲς ἦτορ, DK 28 B 1, 29 (Band 1, 230, Z. 11).
50 Das Folgende wirft ein Licht auf die oben gegebene Lesart von B 124.
51 DK 22 B 30 (Band 1, 157, 11 – 158,3).
52 So übersetzt Martin Heidegger in: ders., Gesamtausgabe. Band 55, Abt. 2: Heraklit (Freiburger Vorlesungen Sommersemester 1943 und Sommersemester 1944). Hrsg. v. M.S. Frings (Frankfurt a. M. ²1987) 165. Spitze Klammern ⟨...⟩ bezeichnen Einfügungen, die im fortlaufenden Text mitzulesen sind.

Geschick des πῦρ, ist dieses selbst in seiner stärkeren Gabe, da es, unverhohlen sich darstellend in der Verfolgung seiner selbst, dem Ganzen die Erscheinung entzieht und die weltlose Erde in den planetarischen Aufruhr loslässt. Der Eine, den der Geist zuletzt wählt, durchleidet die verlöschte Weite, die Wüste des Lichtungslosen, als Geschick, somit als das Andere des sich verbergenden Grundes jeder Natur – anders zu dem in der Wirkungslosigkeit sich verbrauchenden Wirklichen; also bringt er dem einzigen Geschick, dem in der Entzündung und Verlöschung der Weiten sich verbergenden, in die eigene Abgeschiedenheit geborgenen Anfang die einzige Entsprechung dar, die dieser braucht, um – uneinholbar in der Frühe des Schon-Gewesen-Sein-Werdens – als Möglichkeit zu wesen.

Am Ende seiner Auslegung des Fragments B 30 schreibt Gino Zaccaria:[53]

Prefulgenza: carestia e grazia al tempo stesso – questo si mostra adesso come il tono più profondo dello stanziarsi dell'essere all'uomo. Là dove imperversa la carestia, già cresce l'attesa della grazia; là dove regna la grazia, si genera simultaneamente la potenza della carestia.

Zier: Durft und Huld zumal – dies zeigt sich nun als der Grundton der dem Menschen gegenwärtigen Wesung des Seins. Da, wo die Durft wütet, wächst bereits die Gewärtigung der Huld; da, wo die Huld herrscht, ersteht in einem damit die Mächtigkeit der Durft.

Unmittelbar an diesen Gedanken schließt sich in einer Fußnote die folgende Überlegung an:[54]

Sembra riposare qui l'essenza del ›tragico‹: *pre*-fulgenza senza latente *pro*-fulgenza, senza salubrità = carestia = plus-potenziamento; *pre*-fulgenza in salubrità = grazia = temperanza e mitezza. – Il fuoco arde e staglia, ma anche brucia e devasta, giacché è gravato dalla persistente minaccia di ›bruciarsi da sé‹. (Ecco il senso ultimo che il frammento dà da pensare: ὁ κόσμος – il mondo in prefulgenza – è detto ὁ αὐτὸς ἁπάντων poiché è *unum ubique salubre*, l'ubiquo salubre Uno, il chiaro-recondito-latente latore di ad-stanzietà e di dis-stanzietà, l'ad-Unante profulgente che, d'ascosità afflagrandosi-disafflagrandosi (incandendosi in discandescenza), afflagra e disafflagra (incandisce e discandisce), che, temprandosi-stemprandosi, genera temprature ed esige stemprature, così che, in integrità o in contro-integrità, nel dono e nella sottrazione, nella grazia e nella carestia, all'unisono o per distonia, l'essente possa aver luogo – e spaziare in ascendenza e ultroneità verso gli adergenti uomini e gli avvenienti-disertanti Dei. [...])

Hierin nun scheint das Wesen des ›Tragischen‹ zu liegen: [Ursprüngliche Zier ohne die darin liegende hehle Gunst, ohne die Leben spendende ›Fürsprache‹ der ›schwachen Gabe‹, oder kurz:] Zier ohne hehle Ver[Für]-zier, ohne das Heilsame = Durft = Übermächtigung; Zier in

---

53 G. Zaccaria, La provenienza dell'arte. Atena e l'enigma (Como–Pavia 2014) 65.
54 Zaccaria, La provenienza dell'arte (wie Anm. 53) 65 f., Fn. 51.

Heilsamkeit = Huld = Mäßigkeit [Lindheit] und Milde. – Das Feuer leuchtet und lichtet, doch es verbrennt und verheert auch, indem es unter der ständigen Bedrohung steht, ›sich selbst zu verbrennen‹. (Somit ist der letzte Sinn, den das Fragment zu denken gibt, dieser: ὁ κόσμος – die Welt in Zierde – wird ὁ αὐτὸς ἁπάντων genannt, sofern er das *unum ubique salubre* ist, das allgegenwärtig heilsame Eine, das licht-verborgen-hehle Erbringen von An- und Ab-wesenheit, das er-Einigend Ver-zierende, das, verborgen [bergsam] sichlichtend-sichentlichtend (entglühend in Verglühnis), erlichtet und entlichtet (entglühen und verglühen lässt), das, erwesend-entwesend, Erwesungen hervorbringt und Entwesungen fordert, auf dass, ob in Gänze oder in Wider-Gänze, in der Gabe und im Entzug, in der Huld und in der Durft, im Einklang oder in Missklang, das Seiende statthaben – und in Abgründigkeit und Erhabenheit den [die Wahrheit des Ursprünglichen] ausstehenden Menschen und den näherkommend-sichentfernenden Göttern sich dar-bieten möge. [...])

Lesen wir, im Unter- und Übergang fragend, das κόσμος-Fragment zusammen mit Fragment B 123 (φύσις κρύπτεσθαι φιλεῖ), so erschließt sich der Bau der Paradoxie des Tragischen in der anfänglich-griechischen Fassung. Darin bleibt das Geschick – und damit die Möglichkeit des eigentlichen geschichtlichen Daseins –, weil eingefügt in die φύσις, in gewissem Sinn unentfaltet. Inwiefern allerdings mit dem widerwendigen Wesen der geschicklichen Zier schon das δεινόν der sophokleischen ›Antigone‹[55], das uneinholbar Erhabene, denkerisch eingeholt ist, muss hier offen bleiben.

7. Die Technik, der Zeit-Gott, die Pracht

Geschichtlich beruht die Paradoxie des Tragischen darin, dass das uneinholbar Ursprüngliche und der darin anklingende, wartende Anfang sich nur im Ausstehen seiner (des Ursprünglichen) uneigentlichen Darstellungsweise, im Durchgang durch das beirrend Wirklichkeits-, Schmerz- und Sprachlose seiner unverhohlenen, heillosen Gabe erschließt: Dass das Nichts und der Entzug, dass der Untergang selbst Gabe sei, darin das Ursprüngliche gerade heraus in ursprünglicher Stärke sich darstellt; dass der Untergang als diese Gabe sich vollenden müsse, auf dass das Gebende selbst – das Geschick – im Übergang frei ausschwinge in der Innigkeit der Antwort des sich darbringenden Einen, den es für sich erwählt und bestimmt hat; dass das Lebenslicht und das Heilsame, das sich der schwachen (hehlen) Gabe verdankt, nicht unmittelbar zu stiften sei, sondern nur im Schmerz der Erfragung des Geschicks als das allweil in seine Abgeschiedenheit geborgene Erste Unvermittelte, welches – die Welt aller Welten – in seine Schickungen sich gibt; dass der Erwählte und Bestimmte des Ersten Unvermittelten, der Erstling des Untergangs und des darin verborgenen Anfangs, ringend mit dem überherrschenden, sich verbergenden und verstel-

---

55 Sophokles, ›Antigone‹ vv. 450 ff., in: Sophoclis fabulae. Recognoverunt brevique adnotatione critica instruxerunt H. Lloyd-Jones et N.G. Wilson (Oxford 1992) 201 f.

lenden Geschick, in dessen Abgeschiedenheit zurückgehen muss[56] – dieses macht, in der aus dem stillen Geschick selbst angestimmten Art des Gesangs, den Gang des tragischen Gedichts und Gedankens aus.

Bedenken wir im Lichte des Paradoxons die Gegenwart des geschichtlichen Menschentums, so zeigt sich in Umrissen deren tragischer Grundzug. Unsere Gegenwart beruht darin, dass das Ursprüngliche unverhohlen erscheint, »gerade heraus ist«, in der Weise der Technik. Das Wesen der Technik als Frage übernehmen, heißt, inmitten des Unmittelbaren (des Wirkungslosen: der technischen Welt) das Erste Unvermittelte (das sich nachgehende Sichverbergende), indem es das Licht und die Wirklichkeit für sich selbst will, heraushören und verfolgen, um so der Kunft des Möglichen und also dem Anfang, der in der Vollendung des Untergangs heraufzieht, zu entsprechen. Die Ordnung der in der Technik »= 0« gesetzten, unbestimmten Zeichen ist die Historie. Stellt die Technik bedeutungslose bzw. deutungs-, d. h. schmerz- und in wachsendem Maße sprachlose Zeichen her, so stellt die Historie die also unwirklichen (hinsichtlich ihrer Wirklichkeit verwahrlosten und vernachlässigten) Zeichen rechnerisch vor.[57] In der mit Sprachlosigkeit sich übertönenden Stille dieses technisch-historischen Geschehens spricht das unverhohlene Wirken des Ursprünglichen.

Die Spitze der Technik ist erreicht, wenn zuletzt auch die Kunde der im Geradeheraussein des Ursprünglichen sprechenden Not des Unvermittelten in die Wirkungslosigkeit festgedeutet und damit dessen Erfahrbarkeit als Geschick verschüttet ist. Solches geschieht in der historischen Vorstellung sowohl des Wortes dieser Not (d. h. des Mythos) als auch seiner ins Werk gesetzten Stimme (d. h. der Tragödie). In der historischen Verhärtung gegen das Traurige der Technik, in der trauerlos-unbestimmbaren Rechenstarre der Historisierung des Tragischen, herrscht das Wesen der Technik am unverhohlensten.

Das Aufbrechen dieser Stärke, das diese erst als eine solche erfahren lässt, geschieht als eine Erfahrung der ursprünglichen Zeit[58] – der Zeit, wie sie im griechischen Anfang (nämlich in den Grenzen der φύσις) nicht eigens gedacht ist. Die ursprüngliche Zeit ist die Zeit des Anfangs selbst als Geschick – das zeitliche Sichteilen des »Ur-Teils«, das in der Durft wie in der Huld stets Gabe bleibt, indem es dem Anwesenden das An- und Abwesen, dem Erscheinenden das Erscheinen und Entscheinen, dem Wirklichen das Wirken und die Wirkungs-, dem Lebendigen das Leben und die Leblosigkeit zuteilt.

---

56   Vgl. das Fragment ›Die Sprache‹, HSW I, 235: »aber diß habt ihr all ver-/gessen, daß immer die Erst-/linge Sterblichen nicht,/daß sie den Göttern/gehören«.
57   Umgekehrt geht es in der für das Notwendige der Technik wachen, tragischen Kunst in übergänglicher und darum »furchtbarer und göttlicher« Weise einzig um den Entwurf von Wirklichkeit.
58   »In [dem] Nach-vorne-walten des Gewesenen in die Zukunft, die rückweisend das schon früher sich Bereitende als solches eröffnet, waltet das Zu-kommen und Noch-wesen (Zukunft und Gewesenheit) in einem: die ursprüngliche Zeit. Die Zeitigung dieser Zeit ist das Grundgeschehnis der Stimmung, in die Dichtung gründet.« (M. Heidegger, Gesamtausgabe. Band 39, Abt. 2: Hölderlins Hymnen ›Germanien‹ und ›Der Rhein‹ [Freiburger Vorlesung Wintersemester 1934/35]. Hrsg. v. S. Ziegler [Frankfurt a. M. ²1989] 109).

Hölderlin weiß vom zeitlichen Charakter des Unvermittelt-Allgegenwärtigen und somit von der im technischen Untergang wartenden Heraufkunft des geschicklichen Daseins. Wenn er in den ›Anmerkungen zur Antigonä‹ den »eigentlicheren Zeus«[59], unter dem wir (d.i. die Spätlinge des Abendlandes) stehen, wenn er den Gott des endlichen Sichfindens des Menschen im Erdenleben, d. h. im Sterbenkönnen, den »Vater der Zeit« nennt, so ist in den ›Anmerkungen zum Ödipus‹ derselbe Gott »nichts als Zeit«[60]. Im Zuge der Erläuterung seiner Übersetzung von v. 950 der Antigone, darin er »Zeus« eben mit »Vater der Zeit« und dessen »goldenströmende Zeugungen« (bzw. das aus ihm kommende »goldenströmende Werden«) als »Stundenschläge« übersetzt, schreibt Hölderlin:

Im Bestimmteren oder Unbestimmteren muß wohl Zeus gesagt werden. *Im Ernste* lieber: Vater der Zeit oder: Vater der Erde, weil sein Karakter ist, der ewigen Tendenz entgegen, *das Streben aus dieser Welt* in die andre zu kehren *zu einem Streben aus einer andern Welt in diese*. Wir müssen die Mythe nemlich überall *beweisbarer* darstellen.[61]

Die beweisbarere Darstellung des Mythos (der »Sage des Seyns«) geschieht in der Verwindung seiner historischen Vorstellung, die sich mit der technischen Herstellung der Zeit kombiniert. Das im Text unmittelbar Folgende bringt ein Beispiel jener Beweisbarkeit:

Das goldenströmende Werden bedeutet wohl die Stralen des Lichts, die auch dem Zeus gehören, in sofern die Zeit, die bezeichnet wird, durch solche Stralen berechenbarer ist. Das ist sie aber immer, wenn die Zeit im Leiden gezählt wird, weil dann das Gemüth viel mehr dem Wandel der Zeit mitfühlend folgt, und so den einfachen Stundengang begreift, nicht aber der Verstand von Gegenwart auf die Zukunft schließt.[62]

---

59 HSW II, 373. Der Zusammenhang, in dem dieser Name steht, lautet: »Für uns, da wir unter dem eigentlicheren Zeus stehen, der nicht nur zwischen dieser Erde und der wilden Welt der Todten *innehält*, sondern den ewig menschenfeindlichen Naturgang, auf seinem Wege in die andere Welt, entschiedener zur Erde zwingt, und da diß die wesentlichen und vaterländischen Vorstellungen groß ändert, und unsere Dichtkunst vaterländisch seyn muß, […]«. Der innehaltende Gott (Zeus, wie ihn etwa Heraklit denkt – vgl. DK 22 B 32 [Band 1, 159, Z. 1 – 2]) ist ein Vorgänger des Gottes, den die Metaphysik als Grund des Seienden im Ganzen denkt. Dagegen ist der »eigentlichere Zeus«, dem unser Erstling gehört, geschicklich in Näherung und Entfernung.

60 HSW II, 316.
61 HSW II, 372.
62 Ebd. – Auf den Zeitbegriff, der auch sonst in den ›Anmerkungen zur Antigonä‹ zur Sprache kommt (vgl. v. a. HSW II, 370 f.), ist hier nicht einzugehen. Dagegen ist noch einmal hinzuweisen auf die äußerste Entgegensetzung zwischen Nietzsches metaphysischer Grundstellung und Hölderlins dichterischem Weg, zwischen der Umwertung aller Werte und der vaterländischen Umkehr, insofern bei beiden, zwar in ganz unterschiedlicher Weise, die Not einer Rückwendung zur Erde leitend ist: Während bei Nietzsche die ewige Wiederkunft des Gleichen den Grund gibt für das Werden der Erde als Wille zur Macht (Ermächtigung der wirkungslosen Wirklichkeit), schenkt bei Hölderlin die »Weile« des »ausgeglichenen Schiksaals« das Offene für die Feier des »Brautfests« von Menschen und Göttern in der Begegnung von Himmel und Erde (Gabe des Heiligen als hehle Huld des Geschicks) (vgl. ›Der Rhein‹, HSW I, 342 ff., hier: 347, Str. 13, vv. 1 – 4).

Die Erfahrung der Technik, sofern in ihr der Anklang des in seine Wahrheit befreiten Geschicks vernommen ist, führt in eine andere Zeitenwende als die der griechischen Tragödie. Hölderlin nennt sie »Ruhetag«. Indem die Zeit selbst als Geschick, als inniger Wandel von Huld und Durft bemerkt ist, begreift das Gemüt den »einfachen Stundengang«, darin die Zukunft des Schon-Gewesen-Sein-Werdens die einzige Gegenwart ist. Was sich in dieser Zukunft verbirgt, ist die eigentlichere Gegenwart, die allweil gelinde Gewärtigkeit, die dem Menschen die strenge Not des Winters mildert, aber auch die prangende Neuheit des Frühlings mäßigt – und die dichterisch schlicht die »Pracht« genannt werden kann.

        Der Winter.

Wenn ungesehn und nun vorüber sind die Bilder
Der Jahreszeit, so kommt des Winters Dauer,
Das Feld ist leer, die Ansicht scheinet milder.
Und Stürme wehn umher und Regenschauer.

Als wie ein Ruhetag, so ist des Jahres Ende,
Wie einer Frage Ton, daß dieser sich vollende,
Als dann erscheint des Frühlings neues Werden,
So glänzet die Natur mit ihrer Pracht auf Erden.[63]

                      Mit Unterthänigkeit
d. 24 April   Scardanelli.
  1849

---

[63] HSW I, 933. Wo das Dichten die Pracht vorausdichtet, denkt das Denken den brauchenden Bruch vor, d. h. den Unterschied, dessen Wort der eigentlichere Geschichtsgrund ist. Beide, Dichten und Denken, sind im Durchirren des tragischen Paradoxons (d. h. der Innigkeit) *fragend*.

DOROTHEE GELHARD

Das Tragische als Form
Von Benjamin zu Szondi

Der Religions- und Mythenforscher Karl Kerényi zitiert in ›Homer und die Kämpfer um seinen Gesang‹ Lev Tolstojs Tagebucheintragung vom Dezember 1870. Darin schreibt dieser an seinen Freund Fet, er habe jetzt begonnen, Griechisch zu lernen. Er müsse sich zwar ein wenig anstrengen und brauche für die Lektüre Homers noch das Wörterbuch, doch

> […] wie bin ich glücklich, daß Gott diese Torheit mir schenkte! Erstens macht es mir Spaß, zweitens habe ich mich davon überzeugt, daß von allem wahrhaft Schönen, was das menschliche Wort erzeugte, ich bis jetzt gar nichts wusste, so wenig wie die anderen. Auch sie haben davon bloß gehört, verstehen es aber nicht – drittens deshalb, weil ich dabei nicht zum Schreiben komme […]. Soweit ich jetzt bereits beurteilen kann, ist Homer durch unsere Übersetzung nach deutschen Texten nur verunstaltet worden. Ein banaler, aber unwillkürlicher Vergleich: gekochtes destilliertes Wasser und frisches Quellwasser, das an den Zähnen weh tut, in der Sonne funkelt und sogar Staubkörner sehen lässt, von denen es noch reiner und frischer erscheint. Alle diese Voß und Shukowskis (so hieß also der Autor der russischen Homer-Übersetzung nach »deutschen Texten«, die er vorhin erwähnte) singen mit einer honigsüßen, widerlichen und einschmeichelnden Stimme. Dieser Teufel von Homer aber singt und schreit aus voller Brust, und niemals kommt ihm auch nur der Gedanke, daß jemand ihm zuhören könnte! Sie können jetzt triumphieren: ohne Kenntnis der griechischen Sprache gibt es keine Bildung![1]

Kerényi nimmt Tolstojs Begeisterung über die Homer-Lektüre zum Anlass, über die Rezeption der Homer-Erfahrung in Deutschland nachzudenken und stellt dabei fest, dass sich im 18. Jahrhundert zwei Übersetzungsvorstellungen gegenübergestanden haben, die die weitere Geistesgeschichte prägten. Auf der einen Seite stehe eine Übersetzung, die auf einem Irrtum basiere, der sich in der Zurückführung einer körperlosen Tradition ausdrücke, der im Denken und in den klassischen Büchern jedoch der Vorzug gegeben wurde. Diese kontrastiere mit der Vorstellung einer »unmittelbar geschauten« oder wenigstens »im Geiste richtig rekonstruierten Wirklichkeit[..] des antiken Daseins«[2]. Die »verfehlte Zurückführung« der ersten Richtung, wie Kerényi sie nennt, die »theoretisch« und »büchern« sei, erfolgte

---

[1] K. Kerényi, Homer und die Kämpfer um seinen Gesang, in: ders., Streifzüge eines Hellenisten. Von Homer zu Kazantzakis (Zürich 1960) 7 – 27, hier: 8 f.
[2] Kerényi, Homer und die Kämpfer um seinen Gesang (wie Anm. 1) 11.

zunächst durch Friedrich August Wolf, der die philologische Herangehensweise an die griechischen Klassiker in den Vordergrund stellte.[3] In einer Zeit, in der sekundiert durch Kants ›Streit der Fakultäten‹ (1798) die Philologie sich zunehmend selbstbewusst neben die Philosophie stellte und die Religion verdrängte, sind Wolfs Bemühungen von weittragender Bedeutung. Der eigentliche Vertreter der Literarisierung Homers in Deutschland ist jedoch Johann Heinrich Voß gewesen. Seine »idyllisch-epische« Übersetzung habe in Deutschland der »falschen Zurückführung beim Publikum zum Siege«[4] verholfen.

Auf der anderen Seite steht der Name Friedrich Leopold Graf zu Stolberg. Ihn interessierte, die *Wirklichkeit* des frühgriechischen Daseins zu rekonstruieren, den *Gesang* Homers, den man seit vielen Jahrhunderten nur *gelesen* hatte, hörbar werden zu lassen.

> Der griechische Vers ermöglicht regelmäßige Erhebungen der Stimme auch in Silben, in denen der an sich schon melodisch Sprechende, den Ton in der akzentuierten Silbe musikalisch Hebende – so sprach der Grieche – die Stimme gewöhnlich nicht erhebt. In rhythmischen Abschnitten eingefangen, verbindet sich eine zweite Melodie mit der im Grunde weiterwirkenden Sprachmelodie. Dies geschah auch im Vers des homerischen Epos, dem Hexameter.[5]

Die Formelhaftigkeit der Sprache Homers trete, so erkannte Stolberg, gerade beim lauten Lesen deutlich hervor. 1786 schreibt er an Voß:

> Eh ich Latein verstand, war eine meiner Lieblingsideen, griechisch zu lernen, um den Homer zu übersetzen. Ich dachte an eine prosaische Übersetzung, weil ich eine poetische für unmöglich hielt. Als ich Griechisch verstand, übersetzte ich die Ilias in Hexametern, und meine Übersetzung war die einzige, welche den Namen einer poetischen Übersetzung verdienen konnte. Dann übersetzten Sie die Odyssee und übertrafen mich. Dass Ihre Übersetzung die meinige übertrifft, fühlte und sagte ich, eh die Nation es so allgemein wie izt fühlen und sagen konnte. [...] Bürger verfehlt den Homerischen Ton, die Homerische Empfindung [...][6]

Kerényi erinnert mit der Gegenüberstellung der Voßschen und Stolbergschen Übersetzung an eine tieferliegende Diskussion des 18. Jahrhunderts, bei der das theologische Schriftprin-

---

3 In ›Prolegomena ad Homerum, sive de operum Homericorum prisca et genuina forma variiisque mutationibus et probabili ratione emendandi‹ von 1795 untersucht Wolf Homers Werke und zweifelt ihn als alleinigen Autor an. Wolf legte damit den Grundstein für eine philologisch-philosophische Fragestellung, die die Textphilologie und Editionswissenschaft im 20. Jahrhundert im Einzelnen ausarbeitete. U. a. sind seine Überlegungen zum Verhältnis zwischen mündlicher und schriftlicher Tradition sowie zum Problem der Autorschaft von bemerkenswerter Aktualität. Eine erste unvollständige Übertragung seines Textes erschien 1908 in Leipzig. Neu übersetzt und kommentiert von Roland Reuß erscheint der Text vollständig bei Meiner.
4 Kerényi, Homer und die Kämpfer um seinen Gesang (wie Anm. 1) 14.
5 Kerényi, Homer und die Kämpfer um seinen Gesang (wie Anm. 1) 15.
6 Briefe Friedrich Leopolds Grafen zu Stolberg und der Seinigen an Johann Heinrich Voss. Nach den Originalen der Münchener Hof- und Staatsbibliothek mit Einleitung, Beilagen und Anmerkungen hrsg. v. O. Hellinghaus (Münster 1891) 160 f.

zip schließlich ein Medium poetologischer Reflexionen wird. Um 1800 hatte sich die Auffassung über die Religion verschoben. Durch Kants Wende zur Subjektivität wurde der religionsphilosophische Diskurs nunmehr auf eine neue Grundlage gestellt. Es gab jetzt zwei Disziplinen, die religiöse Phänomene diskutierten: Religionsphilosophie und Theologie.

> Religion erscheint nun anthropologisch als ein Bedürfnis des Menschen, urteilstheoretisch als bestimmte Form der Erkenntnis oder kulturtheoretisch als bestimmte Wertsphäre. Die Unterscheidung von ›Glauben‹ und ›Wissen‹ ist damit – typisch für den Dualismus, mit denen die aufklärerische Kritik operiert – wesentlich asymmetrisch: Die kritische Philosophie zieht zwar eine Grenze zwischen Wissbarem und Nicht-Wissbarem, aber sie bleibt nicht auf jener Seite stehen, sondern überschreitet die Grenze und beginnt, über die andere Seite der Unterscheidung nachzudenken.[7]

Kants Kritik richtete sich gegen den Offenbarungsglauben und plädierte statt dessen für den der Vernunft. Die moralische Besserung des Menschen könne nicht von außen – d. h. durch Gesetze[8], durch die Schrift allein erreicht werden –, sondern nur durch die eigene, innere Vernunft entwickelt werden. Religion wurde bei Kant zu einer moralisch-sittlich-inneren Haltung der Vernunft. Im Konzept der vernünftigen Schriftauslegung, die den Bibeltext auf Moralbegriffe hin interpretiert, traten philosophische und philologische Auslegungen in ein Konkurrenzverhältnis, wobei sich in diese Auseinandersetzung zwischen Theologie und Philosophie über die Hermeneutik die Philologie mischt, die sich nun mit der Frage nach der »Wahrheit« konfrontiert sah. Über die Dispute der »authentischen« Übersetzung führte es die Philologie schließlich zum Problem der »richtigen« Auslegung bei Schleiermacher. Die Auffassung, dass die Schrift nicht das Wesentliche vermittle, erhielt durch Schleiermachers grammatische Auslegung eine neue Fundierung. Zur Übersetzungstheorie gesellte sich die literarische Kritik. Sie rubrizierte die Sprache in »mündlich« entspricht »echt« auf der einen Seite und »schriftlich« gleichbedeutend mit »dem-Wesentlichen-entfremdet« auf der anderen Seite. Bis in die Diskussionen der Dekonstruktion spielt diese Zweiteilung der Sprache eine Rolle.

Vor diesem Hintergrund der Debatten um die Wahrheit der Überlieferung, Mündlichkeit vs. Schriftlichkeit ist Stolbergs Übersetzung von 1778 Ausdruck des Zeitgeists und ein Versuch, den Gesang Homers wiederzugeben.

> Mit Leichtigkeit und einer aristokratischen Sorglosigkeit handhabte er die Form, ganz im Gegensatz zur pedantischen Zierlichkeit von Voß. Unbekümmert ließ er auch Formeln weg, die nicht notwendig waren, und betrat damit den richtigen Weg zur reinen Wiedergabe des Wesentlichen, der nach ihm in Deutschland nicht weiter verfolgt wurde.[9]

---

7 D. Weidner, Bibel und Literatur um 1800 (München 2011) 220.
8 Das bezog sich explizit auf den jüdischen Gesetzesglauben, den Kant ablehnte.
9 Kerényi, Homer und die Kämpfer um seinen Gesang (wie Anm. 1) 25.

Denn die Rezeption bevorzugte Voß' »geschliffene« Formen. Es kam zu der deutschen Texttradition, die Tolstoj beklagte.

Der Dichter, der im 18. Jahrhundert auf diesen Sprachantagonismus seine Poetik gründete, ist Friedrich Hölderlin. In der Kontroverse, die die Romantiker mit den Aufklärern über Geist und Materialität, Lesen und Verstehen führten, widersprach er der rationalen Lösung und plädierte für einen Ort der Sinnlichkeit in der Sprache. Es führte auch ihn zur griechischen Antike zurück. Das »authentische griechische Lebensgefühl« suchte Hölderlin auszudrücken, und es führte ihn ebenfalls in seiner Dichtung zum Gesang. Die Vorstellung, dass die Mündlichkeit (des Gesangs) *in* den Formen der Schrift eingeprägt ist, aus denen nunmehr der »wahre Inhalt tönt«, ist ein Merkmal seiner Poetik.[10]

Walter Benjamin hat diese Tradition aufgegriffen. Schon in den frühen Aufsätzen von 1916 ›Trauerspiel und Tragödie‹[11], ›Die Bedeutung der Sprache in Trauerspiel und Tragödie‹[12] sowie ›Über Sprache überhaupt und über die Sprache des Menschen‹[13] hebt er die Musik als entscheidendes Verstehensmoment hervor. Er trifft schon hier die Unterscheidung, die auch das ›Trauerspielbuch‹ von 1925 bestimmt[14], zwischen der »benennenden, begrifflichen« Sprache einerseits und der sogenannten »adamitischen Namenssprache«, die das eigentliche Wesen des zu Bezeichnenden offenbart und den »Dingen ihre wahren Namen ablauscht«:

> Diese Erkenntnis der Sache ist aber nicht spontane Schöpfung, sie geschieht nicht aus der Sprache absolut uneingeschränkt und unendlich wie diese; sondern es beruht der Name, den der Mensch der Sache gibt, darauf, wie sie ihm sich mitteilt. Im Namen ist das Wort Gottes nicht schaffend geblieben, es ist an einem Teil empfangend, wenn auch sprachempfangend, geworden. Auf die Sprache der Dinge selbst, aus denen wiederum lautlos und in der stummen Magie der Natur das Wort Gottes hervorstrahlt, ist diese Empfängnis gerichtet.[15]

---

10 In dem bekannten Brief an Casimir Ulrich Böhlendorf vom 4. Dezember 1801 spricht Hölderlin von der »griechischen Erfahrung« im Gegensatz zur »Kunstanstrengung«: »Deswegen sind die Griechen des heiligen Pathos weniger Meister, weil es ihnen angeboren war, hingegen sind sie vorzüglich in Darstellungsgabe, von Homer an, weil dieser außerordentliche Mensch seelenvoll genug war, um die abendländische *Junonische Nüchternheit* für sein Apollonsreich zu erbeuten, und so wahrhaft das fremde sich anzueignen.« (F. Hölderlin, Sämtliche Werke und Briefe. Band II. Hrsg. v. M. Knaupp [München–Wien 1992] 912).

11 W. Benjamin, Gesammelte Schriften. Band II,1: Aufsätze, Essays, Vorträge. Hrsg. v. R. Tiedemann u. H. Schweppenhäuser (Frankfurt a. M. 1991) 133 – 137 [im Folgenden zitiert als GS mit Bandziffer].

12 Benjamin, GS II,1 (wie Anm. 11) 137 – 140.

13 Benjamin, GS II,1 (wie Anm. 11) 140 – 157.

14 Das er ebenfalls 1916 entworfen hat, wie die Widmung an seine Frau zeigt: »Entworfen 1916. Verfaßt 1925« (W. Benjamin, GS I,1: Abhandlungen. Hrsg. v. R. Tiedemann u. H. Schweppenhäuser [Frankfurt a. M. 1991] 203). Ursprünglich hatte er über „Wort" und „Begriff" habilitieren wollen.

15 W. Benjamin, Über Sprache überhaupt und über die Sprache des Menschen, in: GS II,1 (wie Anm. 11) 140 – 157, hier: 150.

Stolbergs Textauffassung ist also nicht – wie Kerényi behauptet – völlig in Vergessenheit geraten, sondern findet – so die These für die nachfolgende Überlegung – ihre philologisch-philosophische Fortsetzung in Walter Benjamins frühen Texten zum Trauerspiel und zur Tragödie und klingt noch in Peter Szondis Arbeiten zur Tragödie nach.[16] Vor dem Hintergrund der Bemerkungen Kerényis über Stolbergs »wahre Zurückführung« Homers ist die Bedeutung der Mündlichkeit und des Gesangs für den Begriff des Tragischen bei Benjamin und Szondi nachzuvollziehen.

Bis in die Habilitationsschrift ›Ursprung des deutschen Trauerspiels‹ lässt sich beobachten, dass Benjamin mit seiner Konzeption des Tragischen, wie er sie in der ›Erkenntniskritischen Vorrede‹ exemplifizierte, der vorherrschenden germanistischen Voßschen Übersetzungstradition offensichtlich widersprochen hat.[17] Dass er Stolbergs Arbeit gut gekannt hat, den er nicht nur im Text zitiert, zeigt sich noch darin, dass er in die 27 Briefe umfassende

16 Beide Denker haben auch nicht zufällig ihre dichtungstheoretischen Konzepte an und mit Hölderlin entwickelt. Und beide haben ihre Universitätslaufbahn mit einer Arbeit über das Wesen der Tragödie beginnen wollen. Walter Benjamin reichte ›Ursprung des deutschen Trauerspiels‹ an der Universität Frankfurt a. M. 1925 als Habilitationsschrift ein. Der Text stieß jedoch auf großes Unverständnis bei der Berufungskommission, die ihn aufforderte, ein erläuterndes Exposé nachzureichen, das die Zweifel der Kommission aber nicht beseitigen konnte. Benjamin wurde daher aufgefordert, sein Habilitationsgesuch zurückzuziehen. Inwieweit in den 20er Jahren auch antisemitische Vorbehalte dabei eine Rolle spielten, hat vor allem Hannah Arendt analysiert. Vgl. H. Arendt, Walter Benjamin (Essay, 1968/71), in: D. Schöttker – E. Wizisla (Hrsg.), Arendt und Benjamin. Texte, Briefe, Dokumente (Frankfurt a. M. 2006) 45 – 97, hier: 51 ff. Allerdings berichtet auch Werner Fuld in seiner Biographie Benjamins, dass der Germanistikprofessor Franz Schultz, der zunächst als Gutachter der Arbeit bestellt worden war, im Professoren-Talar an der Frankfurter Bücherverbrennung teilgenommen haben soll und in seiner Vorlesung ›die Machtergreifung‹ als Werk der Vorsehung begrüßt habe (W. Fuld, Walter Benjamin. Zwischen den Stühlen. Eine Biographie [München 1979] 161). Burkhardt Lindner hat ermittelt, dass sich Fuld dabei auf das persönliche Zeugnis von Werner Fritzemeyer berufen habe, der damals an der Frankfurter Universität studierte. Lindner weist darauf hin, dass sich jedoch in den drei Frankfurter Zeitungen keine Hinweise auf prominente Teilnehmer der Bücherverbrennung finden (B. Lindner, Habilitationsakte Benjamin, in: ders. [Hrsg.], Walter Benjamin im Kontext [Königstein i. Ts. ²1985] 324 – 341, hier: 329). Merkwürdigerweise erwähnt Lindner jedoch nicht, dass Schultz Mitglied des Nationalsozialistischen Deutschen Dozentenbundes und ab 1933 Förderndes Mitglied der SS gewesen ist.
Peter Szondi, der in Zürich 1954 bei Emil Staiger über die ›Theorie des modernen Dramas‹ promoviert hatte, habilitierte sich 1961 erfolgreich mit der Schrift ›Versuch über das Tragische‹ an der Freien Universität Berlin.
17 Die unveröffentlichte Vorrede lautet: »Ich möchte das Märchen von Dornröschen zum zweiten Male erzählen. Es schläft in seiner Dornenhecke. Und dann, nach so viel Jahren wird es wach. Aber nicht vom Kuß eines glücklichen Prinzen. Der Koch hat es aufgeweckt, als er dem Küchenjungen die Ohrfeige gab, die, schallend von der aufgesparten Kraft so vieler Jahre, durch das Schloß hallte. – Ein schönes Kind schläft hinter der dornigen Hecke der folgenden Seiten. Dass nur kein Glücksprinz im blendenden Rüstzeug der Wissenschaft ihm nahe kommt. Denn im bräutlichen Kuß wird es zubeißen. Vielmehr hat sich der Autor, es zu wecken, als Küchenmeister selber vorbehalten. Zu lange ist schon die Ohrfeige fällig, die schallend durch die Hallen der Wissenschaft gellen soll. Dann wird auch diese arme Wissenschaft erwachen, die am altmodischen Spinnrocken sich gestochen hat, als sie, verbotenerweise, in der Rumpelkammer einen Professorentalar sich zu weben gedachte. Frankfurt a / M, Juli 1925.« (R. Tiedemann – C. Gödde – H. Lonitz [Bearb.], Walter Benjamin 1892 – 1940. Eine Ausstellung des Theodor W. Adorno Archivs Frankfurt am Main in Verbindung mit dem Deutschen Literaturarchiv Marbach am Neckar [Marbach am Neckar 1990] 75).

Sammlung ›Deutsche Menschen‹, die er von April 1931 bis Mai 1932 in der ›Frankfurter Zeitung‹ veröffentlicht hat, auch den aufnahm, den Johann Heinrich Voß am 25. Dezember 1817 an Jean Paul schrieb. Darin schwärmt der Sohn des gleichnamigen Homer-Übersetzers von seinen Kindheitserinnerungen an Stolberg, dem er letztlich die Heranführung an die Übersetzertätigkeit zu verdanken habe.[18] Die Germanistik der Universität Frankfurt hat die Benjaminsche Kritik ihrer Text- resp. Übersetzungstradition offensichtlich auch verstanden und erklärte sich denn auch sofort zur Beurteilung seiner Arbeit für nicht zuständig.[19] Doch auch für den Fachbereich Allgemeine Kunstwissenschaft, dem man die Habilitationsschrift weiterleitete[20], bereitete das ›Trauerspielbuch‹ erhebliche Probleme. Hatten die Germanisten philologische Vorbehalte, waren es in der Kunstwissenschaft philosophische Einwände, denn Benjamin widersprach Kants Begriff der Erfahrung.[21] Darin liegt, so meine ich, der eigentliche Grund für die Ablehnung der Habilitationskommission.[22]

18 W. Benjamin, Deutsche Menschen, in: GS IV,1: Kleine Prosa, Baudelaire-Übertragungen. Hrsg. v. T. Rexroth (Frankfurt a. M. 1991) 149 – 233, hier: 186 f. Benjamin kommentiert die Auswahl der Briefe in einem Brief an Karl Thieme vom 17. 6. 1936: »So unvollständig es aber ist […] so ist es der Auswahl nach, wie ich glaube, ebensowohl vom Ganzen einen Begriff zu geben als auch für einzelne Publikationen (etwa im Rundfunk) Stoff zu geben geeignet. Es enthält eigentlich ausschließlich Stücke von ganz besonderem dokumentarischen, sprachlichen und menschlichen Wert.« (W. Benjamin, Gesammelte Briefe. Band 5: 1935 – 1937. Hrsg. v. C. Gödde u. H. Lonitz [Frankfurt a. M. 1999] 310).
19 In einem Brief, geschrieben zwischen dem 20. und 25. 5. 1925, berichtet Benjamin an Scholem: »Seit einer Woche liegt mein formelles Habilitationsgesuch bei der Fakultät. Meine Chancen sind so unerheblich, dass ich mit der Bewerbung bis zuletzt gezögert habe. Denn indem die Habilitation für Deutsche Literaturgeschichte mir wegen meiner ›Vorbildung‹ zuletzt und unwiderruflich als unmöglich erklärt wurde, war ich auf ›Ästhetik‹ verschlagen und hier drohen von neuem die Widerstände von Cornelius.« (W. Benjamin, Gesammelte Briefe. Band 3: 1925 – 1930. Hrsg. v. C. Gödde u. H. Lonitz [Frankfurt a. M. 1997] 36).
20 Benjamin hatte offensichtlich zunächst gehofft, kumulativ habilitiert zu werden. Franz Schultz jedoch, der Ordinarius für Deutsche Literaturgeschichte, bestand auf einer eigenen Habilitationsschrift. Da die germanistische Barockforschung gerade erst begonnen hatte, stand er Benjamins Thema zunächst durchaus wohlwollend gegenüber. Nach der Abgabe des ersten Manuskriptteils änderte sich das allerdings. Benjamin fand ihn jetzt »[…] kühl und heikel, übrigens offenbar wenig informiert. Er hatte sich wohl nur mit der Einleitung, dem sprödesten Teil des Ganzen befaßt. […] Wenn er vor anderthalb Jahren mir die sehr genaue Hoffnung gab – wenn auch nicht das bindende Versprechen – auf Grund einer neuen dementsprechenden Arbeit meine Habilitation für Literaturgeschichte zu befürworten, so zog er jetzt, noch vor [der offiziellen] Einlieferung der Arbeit, zurück und plädierte für Ästhetik, bei welcher Sachlage seine Stimme natürlich nicht ganz so maßgebend bleibt.« (Brief vom 6. 4. 1925 an Scholem, in: Benjamin, Gesammelte Briefe. Band 3 [wie Anm. 19] 25).
21 Eli Friedländer hat das genau analysiert. Vgl. ders., Walter Benjamin. Ein philosophisches Porträt (München 2013) 39 ff.
22 Die Dokumente aus Benjamins Habilitationsakte hat Burkhardt Lindner in Habilitationsakte Benjamin (wie Anm. 16) 324 – 341 veröffentlicht. Die Begutachtung der Habilitation hatte der Neukantianer Hans Cornelius übernommen, der der Erkenntnisphilosophie Ernst Machs nahestand und die Arbeit vom Standpunkt der »Kunstwissenschaft« beurteilen sollte. Dass Benjamin in Gestalt seines Gutachters der Transzendentalphilosophie Kants gegenüberstand, gegen die er sich gewandt hatte, bleibt meist unerwähnt. Cornelius' Gutachten ist außerdem abgedruckt in W. Benjamin, GS VI: Fragmente, autobiographische Schriften. Hrsg. v. R. Tiedemann u. H. Schweppenhäuser (Frankfurt a. M. 1991) 771 f. Benjamin hat seine Arbeit selbst als »Ohrfeige« bezeichnet, die er der Universität Frankfurt erteilt habe. Vgl. ders., Moskauer Tagebuch. Aus der Handschrift hrsg. u. mit Anmerkungen v. G. Smith, mit einem Vorwort v. G. Scholem (Frankfurt a. M. 1980) 63. Lindner kommentiert: »Zunächst kann man den Text als Ankündigung einer künftigen Ohrfeige lesen, und ihn auf spätere Schriften Benjamins beziehen, in denen er am offiziellen

Benjamin hat sich in mehrfacher Hinsicht quer zu den wissenschaftlichen Diskursen seiner Zeit gestellt. Stolbergs Übersetzungsprinzip aufzunehmen, hatte sprachphilosophische Folgen. Indem er sich in diesen Jahren intensiv mit Husserls Phänomenologie beschäftigt[23], kann er das Moment der Erfahrung in der Sprache selbst in den Mittelpunkt stellen. Die Zweiteilung der Sprache von Wort und Begriff führt ihn zur Unterscheidung von Tragödie und Trauerspiel. Zugleich ist bei den frühen sprachphilosophischen Arbeiten über eine zunehmende Distanzierung von Kant eine wissenschaftspolitische Kritik mitzulesen. Im ›Moskauer Tagebuch‹ 1927 berichtet er Asja Lacis von der Ablehnung der Habilitation und notiert: »Die deutsche Philosophie als Werkzeug der deutschen Innenpolitik«.[24]

Insofern stellt sich die Frage, ob Benjamins Trauerspielbuch, das eine Theorie der Allegorie entfaltet, selbst als Allegorie auf die zeitgenössische Wissenschaft im Gewand einer »Theorie der Tragödie und des Trauerspiels« zu lesen ist. Seine Parteinahme für eine nichtkantische Ästhetik ist nicht zu übersehen. Doch die Arbeit hat neben der philosophischen Ebene auch eine politische Dimension, die zumeist überlesen wird:

> Die Phänomene gehen aber nicht integral in ihrem rohen empirischen Bestande, dem der Schein sich beimischt, sondern in ihren Elementen allein, gerettet, in das Reich der Ideen ein. Ihrer falschen Einheit entäußern sie sich, um aufgeteilt an der echten der Wahrheit teilzuhaben. In dieser ihrer Aufteilung unterstehen die Phänomene den Begriffen. [...] Durch ihre Vermittlerrolle leihen die Begriffe den Phänomenen Anteil am Sein der Ideen. Und eben diese Vermittlerrolle macht sie tauglich zu der anderen gleich ursprünglichen Aufgabe der Philosophie, zur Darstellung der Ideen. Indem die Rettung der Phänomene vermittels der Ideen sich vollzieht, vollzieht sich die Darstellung der Ideen im Mittel der Empirie.[25]

Zwei Aspekte sollen daher im Folgenden beachtet werden: Zum einen, inwieweit Benjamin das Übersetzungskonzept Stolbergs in Sprachphilosophie transformiert hat, und zum zweiten, inwieweit seine Arbeiten zur Tragödie und zum Trauerspiel als wissenschaftspolitische Allegorien gelesen werden können.

Wissenschaftsbetrieb Kritik übt und scharfsichtig präfaschistische Motive in der geistesgeschichtlichen Literaturwissenschaft aufdeckt. [...] Die Ohrfeige wird demnach nicht nur angekündigt, sondern im Buch selbst verabreicht. In der Tat enthält das Trauerspielbuch sowohl in der Vorrede wie in der Deutung des barocken Allegorikers eine radikale Konfrontation von Wahrheit und Wissen, von philosophischer Darstellung und wissenschaftlicher Erkenntnis, von Offenbarung und Konvention. [...] Benjamins Sprachtheologie, hier als Ideenlehre reformuliert, enthielt implizit bereits die Ohrfeige für die akademische Literaturgeschichtsschreibung und die Institution Universität.« (B. Lindner, Habilitationsakte Benjamin [wie Anm. 16] 339 f.).

23 Ausführlich dazu D. Gelhard, Ist die Kultur erwacht? Benjamin und die Malerei (Wien 2014).
24 Benjamin, Moskauer Tagebuch (wie Anm. 22) 64.
25 W. Benjamin, Erkenntniskritische Vorrede, in: GS I,1 (wie Anm. 14) 207 – 237, hier: 213 f.

Das Erbe Stolbergs

Benjamin nimmt in den Arbeiten zu ›Trauerspiel und Tragödie‹ Stolbergs Gedanken auf, dass sich gerade in den Formeln, die ein Dichter wähle, das Wesentliche des Ausgedrückten verberge. Für Stolbergs Übertragung war die Erkenntnis wichtig, dass eine dermaßen formelhafte Dichtung wie die homerische nur mündlich gewesen sein könne. In einem Brief an Voß weist er dessen Korrekturen an seiner Übersetzung mit den Worten zurück:

> Ich gesteh Ihnen, bester Voß, dass ich ein wenig bang vor Ihrer Feile gewesen bin. Ich sehe sehr wohl ein, dass viele Unvollkommenheiten in meinen Gesängen übrig sind; aber ich fürchtete, Sie stecken so tief, dass man selten daran ändern könnte, ohne meinen Hauptton zu ändern und: also der Originaliät zu schaden.[26]

Tolstoj hatte es richtig wahrgenommen: »[...] Homer singt und schreit aus voller Brust [...]«[27].

Die Überzeugung, dass die Wirksamkeit Homers dem mündlichen Vortrag entsprungen sei, der in der schriftlichen Form nachempfunden werden müsse, führte bei Benjamin – über die phänomenologischen Sprachstudien – zu der grundsätzlichen Frage nach den Möglichkeiten der Vermittlung von Erfahrung in Sprache. Im Text über den ›Regenbogen‹ von 1915 nähert er sich dem Problem zunächst über die Malerei. Indem er über das Verhältnis von Natur-Kunst, Abbildung-Form und Gestalt-Farbe nachdenkt, erkennt er:

> Die Kunst schafft. Und sie schafft gegenständlich, das heißt mit Beziehung auf die reinen Formen der Natur. [...] Sie schafft nach einem unendlichen Kanon, der unendliche Schönheitsformen begründet. Es sind die Formen, sie ruhen alle in der Form, in der Beziehung der Natur.[28]

Das mimetische Abbilden in der Malerei kann das *reine* oder echte Erfassen der Natur durch den Künstler nicht leisten. Daher heißt es:

> Nicht die Farbe ist das Wesen der Malerei, sondern die Fläche. In ihr, in der Tiefe, lebt der Raum seiner Unendlichkeit nach. In der Fläche entfaltet sich das Dasein der Dinge *zum* Raum, nicht eigentlich *in* ihm. Und die Farbe ist erst die Konzentration der Fläche, die Einbildung der Unendlichkeit in sie. Die reine Farbe ist selbst unendlich, aber in der Malerei erscheint nur ihr Abglanz.[29]

---

26 Briefe Friedrich Leopolds Grafen zu Stolberg (wie Anm. 6) 51.
27 Kerényi, Homer und die Kämpfer um seinen Gesang (wie Anm. 1) 20.
28 W. Benjamin, Der Regenbogen. Gespräch über die Phantasie, in: GS VII,1: Nachträge. Hrsg. v. R. Tiedemann u. H. Schweppenhäuser (Frankfurt a. M. 1991) 19–26, hier: 20.
29 Benjamin, Regenbogen (wie Anm. 28) 21.

In den Aufsätzen zur Tragödie und zum Trauerspiel übernimmt Benjamin die Zweiteilung in »Erkenntnis« und Erfahrung«, die schon das Wesen der Malerei bestimmt hat. So wie in der Erkenntnis der Abglanz der religiösen Erfahrung auratisch aufblitzt, erscheint auch in der Malerei nur der Abglanz der reinen Farbe, die der absoluten Farbe der Phantasie gegenübergestellt ist. Benjamin beschäftigt also die Frage, ob die reine Sprache in der Kunst oder in der Dichtung nur zu erahnen sei.[30]

Im Kontext der Malerei stellt Benjamin daher die Hierarchie auf: Die Fläche[31] steht über der »Form der Fläche«, die der sogen. »Raumunendlichkeit«[32] entspricht. Im Text heißt es:

Und nur, wo er (gemeint ist der Künstler, D.G.) das Urbild zum Vorbild zu machen strebt, wo er des Geistigen sich gestaltlos bemächtigen will, formlos anschaut, wird das Wort phantastisch.[33]

Und noch weiter:

Wenn aber Phantasie die Gabe der reinen Empfängnis überhaupt ist, spannen wir ihr Wesen nicht ins Unermessliche? Denn dann ist Phantasie in jeder Bewegung, die ganz rein, ganz selbstvergessen, in der Anschauung gleichsam getan ist, in Tanz und Gesang und Gang und Sprache ganz ebenso, wie im reinen Sehen der Farbe.[34]

Wenn Benjamin hier von der Phantasie als »reiner Empfängnis« spricht, scheint er ihr zunächst jegliche künstlerische Eigenproduktion abzusprechen. Das klingt nach einer fundamental gegensätzlichen Position gegenüber Platon, bei dem gerade die Phantasie in Verruf geraten war, weil sie die Möglichkeit der »falschen« oder verzerrten Wahrnehmung bot, was wiederum eine Fehlerhaftigkeit bei der Erschaffung der Simulacren (εἰκόνες) zur Folge haben musste.[35]

Tatsächlich sagt Benjamin aber etwas anderes. Er bestimmt die Phantasie als reine Anschauung, als ganz selbstvergessene Anschauung. Damit ist offensichtlich ein Zustand gemeint, in dem es keinen Ich-Bezug gibt, sondern nur Wahrnehmung. »Phantasie« meint die »innere Form«, die Bild genannt wird. Der Ausspruch im ›Regenbogen‹-Aufsatz: »[…] das Wort wird phantastisch«, wäre somit zu verstehen als: »[…] das Wort wird ›innere Form‹

---

30 Später findet er dafür in der ›Kleinen Geschichte der Photographie‹ das Wort »Aura«: »Was ist eigentlich Aura? Ein sonderbares Gespinst von Raum und Zeit: einmalige Erscheinung einer Ferne, so nah sie sein mag.« (W. Benjamin, Kleine Geschichte der Photographie, in: GS II,1 [wie Anm. 11] 368 – 386, hier 378).
31 Das ist im ›Sprachaufsatz‹ die »Unendlichkeit« (Benjamin, Über Sprache überhaupt und über die Sprache des Menschen [wie Anm. 15] 151).
32 Benjamin, Regenbogen (wie Anm. 28) 21.
33 Benjamin, Regenbogen (wie Anm. 28) 22.
34 Benjamin, Regenbogen (wie Anm. 28) 22.
35 Siehe dazu: Platon, ›Philebos‹ 39a–40a, insbesondere 39c, in: Platon, Werke in acht Bänden. Griechischer Text v. A. Rivaud u. A. Diès. Deutsche Übersetzung v. H. Müller u. F. Schleiermacher. Hrsg. v. K. Widdra. Band 7: Timaios, Kritias, Philebos (Darmstadt 1990).

(inneres Bild)«. Benjamin unterscheidet zwischen der reinen Phantasie als reinem Eindruck, einem gestaltlosen Zustand innerhalb der Sinneswahrnehmung von der Phantasie eines Künstlers, der die reine Anschauung oder die reine Phantasie in eine Gestalt, in einen Ausdruck *übersetzt*.[36]

Die reine Farbe der Natur wird übersetzt in die Farbe der Kunst, oder wie es in deutlicher Anlehnung an Stolberg heißt: »Der Ton wird übersetzt in eine Stimme«. Es geht um die *Transformation* der individuellen Sinneswahrnehmung in *mitteilbare* Form, das heißt in Sprache. Das hatte Stolbergs Homer-Übertragung geleitet.[37]

Das Übersetzungsproblem Stolbergs wird bei Benjamin aber zu einem philosophischen: Wie nämlich kann die unmittelbare Vermittlung von Nichtmitteilbarem überhaupt vorstellbar sein. Wenn Erleben eine zentrale Rolle spielt, weil das phänomenale Bewusstsein unser Tor zur Wirklichkeit ist, bestimmt das unsere Erfahrung. Jeder Gegenwärtigkeit des Erlebens geht demnach eine gewisse psychische Gestimmtheit voraus. Es geht Benjamin um die Umsetzung des qualitativ gefühlten Gehalts in Sprache. Nicht um Mimesis, sondern um das phänomenologische Problem des Auseinanderfallens von Erleben und Begriff oder Anschauung und Begriff.

Das individuelle Erleben, das an die eigene Körperlichkeit gebunden ist, verlangt nach einem Transfer in ein anderes Format. Diese Metabasis leistet für Benjamin die Kunst. Sie kann mittels des uneigentlichen Sprechens ein bildliches Umschreiben des Erlebens praktizieren und auf diese Weise zu einer wirklich neuen Sprache finden, die wieder in die Körperlichkeit bzw. Emotionalität zurückführt oder sogar die ursprüngliche Körperlichkeit wieder aufnimmt, wenn sie sich auf der Ebene des Tanzes, des Gesanges, der Gestik, aber auch des Schweigens ausdrückt. Um das Wiedererleben der ursprünglichen Körperlichkeit war es auch Stolberg gegangen:

> […] mich entzückt die göttliche Flamme, wo ich sie finde, sie flamme auf dem 4ten Act einer Tragödie, wo alle neun Musen in 4 Acten den Scheiterhaufen künstlich geordnet haben, oder sie entspräche dem Greif auf welchem Vater Okean zum Promätheus reitet.[38]

Benjamin führen diese Überlegungen über Kunst, bildliches Sprechen, Zurückführung auf die ursprüngliche Körperlichkeit bzw. Emotionalität schließlich folgerichtig zu einer Beschäftigung mit dem Barock. Die Kunst im Barock hat eine reiche Formensprache für verborgene Emotionalität gefunden.

---

36 Im ›Sprachaufsatz‹ ist es in eine »Menschensprache« (Benjamin, Über Sprache überhaupt und über die Sprache des Menschen [wie Anm. 15] 144).
37 Über die Verstimmung zwischen Voß und Stolberg hinsichtlich ihrer unterschiedlichen Übersetzungen siehe Briefe Friedrich Leopolds Grafen zu Stolberg (wie Anm. 6) 161 ff. Stolberg schreibt: »Ueberhaupt ist der Charakter unsrer Poesie, und selbst unser Urtheil über dergl. zu verschieden als daß wir, wie zwey Hände eines Webers zugleich die Spulen werfen könnten.« (ebd., 161).
38 Briefe Friedrich Leopolds Grafen zu Stolberg (wie Anm. 6) 179.

> Das Trauerspiel ruht nicht auf dem Grunde der wirklichen Sprache, es beruht auf dem Bewusstsein von der Einheit der Sprache durch Gefühl, die sich im Wort entfaltet. Mitten in dieser Entfaltung erhebt das verirrte Gefühl die Klage der Trauer. Sie muß sich aber auflösen; auf dem Grunde eben jener vorausgesetzten Einheit geht sie in die Sprache des reinen Gefühls über, in Musik.[39]

Über die Frage, inwieweit das barocke christliche Trauerspiel tatsächlich eine Wiederbelebung der antiken Tragödie sei, fügt er den sprachphilosophischen Überlegungen jetzt das Moment der Geschichtlichkeit hinzu. Mit Hinzunahme des Paradigmas der Geschichte, das von nun an in den Texten Benjamins – mal latent, mal explizit – thematisiert ist, formuliert er auf einer zweiten Ebene seine Distanz zum Wissenschaftsbetrieb.

In den beiden kleinen Texten, die im Kontext der Habilitation entstanden sind, ›Trauerspiel und Tragödie‹ und ›Die Bedeutung der Sprache in Trauerspiel und Tragödie‹, ist er zwar noch auf den Mangel der Vermittelbarkeit des Nichtmitteilbaren fokussiert, den er nun anhand einer Gegenüberstellung von Tragödie und Trauerspiel zeigt. Doch anders als im ›Sprachaufsatz‹, in dem er die drei Sprachformen lediglich konstatiert hat, betrachtet er sie jetzt als zeitliche Abfolge. Von der reinen, aber wortlosen Ursprache (der Natur) über die Menschensprache, d. h. über eine sich *in Worten* gestalthaft ausdrückende Sprache hin zur Musik als Chiffre für eine Ausdrucksform, in der die ursprüngliche Sinneswahrnehmung wieder integriert ist, in der der Inhalt gewissermaßen in einer neuen Form ausgedrückt ist, die aber zugleich eine Bedeutungsoffenheit garantiert, markiert diese Sequenz für ihn die Entwicklung von der Tragödie zum Trauerspiel.

> Es ist das reine Wort das unmittelbar tragisch ist. Wie Sprache überhaupt sich erfüllen mag und Ausdruck von Trauer sein kann, das ist die Grundfrage des Trauerspiels neben der ersten: wie Trauer als Gefühl in der Sprachordnung der Kunst Eintritt findet? Das Wort nach seiner reinen tragenden Bedeutung wirkend wird tragisch. Das Wort als reiner Träger seiner Bedeutung ist das reine Wort. Neben ihm aber besteht ein anderes, das sich verwandelt, von dem Orte seines Ursprungs nach einem anderen, seiner Mündung gewandt. Das Wort in der Verwandlung ist das ursprüngliche Prinzip des Trauerspiels. Es gibt ein reines Gefühlsleben des Wortes, in dem es sich vom Laute der Natur zum reinen Laute des Gefühls läutert. Diesem Worte ist die Sprache nur ein Durchgangsstadium im Zyklus der Verwandlung und in diesem Worte spricht das Trauerspiel. Es beschreibt den Weg vom Naturlaut über die Klage zur Musik.[40]

Die Evolution der Sprache wird mit der Entwicklung vom Wort der Tragödie zum Wort des Trauerspiels parallelisiert.

---

39 Benjamin, Die Bedeutung der Sprache in Trauerspiel und Tragödie, in: GS II,1 (wie Anm. 11) 139.
40 Benjamin, Die Bedeutung der Sprache in Trauerspiel und Tragödie, in: GS II,1 (wie Anm. 11) 138.

> Es ist Natur, die nur um der Reinheit ihrer Gefühle willen ins Fegefeuer der Sprache steigt, und das Wesen des Trauerspiels ist schon in der alten Weisheit beschlossen, dass alle Natur zu klagen begönne, wenn Sprache ihr verliehen würde.[41]

Wenn das Wort nur ein Durchgangsstadium im Zyklus der Verwandlung ist, dann ist offensichtlich auch die wissenschaftliche Erkenntnis nur ein Durchgangsstadium auf dem Weg zu einer höheren Erkenntnis, der eigentlichen Wahrheit. Somit ist der Begriff der Erfahrung in den der Erkenntnis genauso zu reintegrieren wie das »reine« Gefühl in die Sprachordnung.

> Die große Umbildung und Korrektur, die an dem einseitig mathematisch-mechanisch orientierten Erkenntnisbegriff vorzunehmen ist, kann nur durch eine Beziehung der Erkenntnis auf die Sprache wie sie schon zu Kants Lebzeiten Hamann versucht hat, gewonnen werden. Über dem Bewusstsein, dass die philosophische Erkenntnis eine absolut gewisse und apriorische sei, über dem Bewusstsein dieser der Mathematik ebenbürtigen Seite der Philosophie ist für Kant die Tatsache, dass alle philosophische Erkenntnis ihren einzigen Ausdruck in der Sprache und nicht in Formeln und Zahlen habe, völlig zurückgetreten.[42]

Benjamins »neue Spracherfahrung«, die auf »neue Bedingungen der Erkenntnis«[43] gegründet ist, hat 1916 ihren Urgrund in der »Erfahrung und Lehre von Gott«[44]. Hat Kant im ›Streit der Fakultäten‹ die Philosophie über die Religion gesetzt, dreht Benjamin diese Hierarchie nicht nur um, sondern, setzt – die Tradition der Kantkritiker aufgreifend – die Dichter an die oberste Stelle. Anders als die Philosophen verfügen sie über eine »resonante« Sprache. Ihr Erzählen ist ein Erzählen der Kinästhesie, bei dem die erfahrene Wirklichkeit in der schauend-erzählten Geschichte vermittelt wird und sie jener angestrebten »reinen Wahrheit« nahekommen.

Die wissenschaftspolitische Kritik in Gestalt der Allegorie

Wie sehr Benjamin selbst die Vorrede zum ›Trauerspielbuch‹ als Fortsetzung der früheren sprachphilosophischen Überlegungen sieht, die germanistischen »Sprengstoff« enthalte, geht aus einem Brief hervor, den er am 19. 2. 1925 an Scholem schreibt:

> Ist doch der Schluß der Sache, den ich ebenso wie den größten Teil der Einleitung in Frankfurt nicht einliefere, noch nicht geschrieben. Diese Einleitung ist eine maßlose Chuzpe – nämlich

---

41 Benjamin, Die Bedeutung der Sprache in Trauerspiel und Tragödie, in: GS II,1 (wie Anm. 11) 138.
42 Benjamin, GS II,1 (wie Anm. 11) 168.
43 Benjamin, GS II,1 (wie Anm. 11) 163.
44 Benjamin, GS II,1 (wie Anm. 11) 164.

nicht mehr und nicht weniger als Prolegomena zur Erkenntnistheorie, so eine Art zweites, ich weiß nicht, ob besseres, Stadium der früheren Spracharbeit, die Du kennst, als Ideenlehre frisiert. Übrigens werde ich mir die Spracharbeit dafür noch einmal durchlesen. Sei's wies sei – ich bin froh, diese Einleitung geschrieben zu haben.[45]

Die sprachphilosophischen Überlegungen über »Wort« und »Begriff«, denen er bis zu den ›Thesen über den Begriff der Geschichte‹ (1940) treu bleibt, fügt er in der Vorrede zum ›Trauerspielbuch‹ eine von Platon inspirierte Ideentheorie anhand des Antagonismus' »Erkenntnis« und »Wahrheit« hinzu. Der zentrale Gedanke ist wieder die »Darstellbarkeit von Wahrheit«, die nur in und durch Sprache vollzogen werden könne. So markiert für ihn ihren Hauptunterschied, dass Erkenntnis »erfragbar« sei, »Wahrheit jedoch nicht«[46], womit er den kritischen Dialog mit Kant fortsetzt, der aber nun zunehmend in eine Kritik des Wissenschaftsdiskurses mündet. Zu sehr ist Kants Erfahrungsbegriff den physikalisch-mathematischen Wissenschaften verhaftet.[47] Doch vor allen Dingen sieht Benjamin ein Problem in der zunehmenden Ahistorizität des wissenschaftlichen Denkens. Dass Kant geschichtsphilosophisch für ihn eine große Enttäuschung ist, bekennt er in mehreren Briefen an Scholem aus jener Zeit. Aus diesem Grund gibt er auch sein ursprüngliches Vorhaben, über Kant zu promovieren, sehr bald wieder auf.[48]

Benjamins Ausgangspunkt ist statt dessen: »Als Einheit im Sein und nicht als Einheit im Begriff ist die Wahrheit außer aller Frage«[49]. Er greift demnach auf Platons Dualismus von Sein und Begriff zurück, den er der Zweiteilung der sprachlichen Erfassung an die Seite stellt. Die »Wahrheit« kann dann nur in Gestalt von »Ideen« ausgesprochen werden, in denen die Wahrheit zur Erscheinung kommt. Da Benjamin das Begriffliche im Sinne der Platonischen Abbildtheorie als defizitär versteht, kann die Idee eines Phänomens mit der »Sprache des Menschen« – wie er es im Sprachaufsatz festgestellt hat – nicht umfassend erfahren werden. Will er die Idee der Wahrheit zum Ausdruck bringen, muss er einen anderen Weg finden und Kants Erfahrungsbegriff erweitern.

---

45 Benjamin, Gesammelte Briefe. Band 3 (wie Anm. 19) 13 – 18, hier: 14.
46 Benjamin, Erkenntniskritische Vorrede (wie Anm. 25) 207 – 237, hier: 209.
47 Schon 1918 hat Benjamin in einem Brief vom Mai an Ernst Schoen »Kant als seinen größten Gegner seiner persönlichsten Gedanken« bezeichnet (W. Benjamin, Gesammelte Briefe. Band 1: 1910 – 1918. Hrsg. v. C. Gödde u. H. Lonitz [Frankfurt a. M. 1995] 455). Auch in den Briefen an Scholem aus jenen Jahren spricht er wiederholt von seiner tiefen Enttäuschung hinsichtlich Kants.
48 Am 23. 12. 1917 schreibt er an Scholem: »Was Kants Geschichtsphilosophie angeht so bin ich durch die Lektüre der beiden speziellen Hauptschriften (Ideen zu einer Geschichte …, Zum ewigen Frieden) auf die Enttäuschung meiner hochgespannten Erwartung geraten. Das ist mir besonders in Hinsicht meiner Pläne für das Thema meiner Doktorarbeit sehr unangenehm aber ich finde gar keinen wesentlichen Beziehungspunkt zu den uns nächstliegenden geschichtsphilosophischen Schriften in diesen beiden Arbeiten Kants und sehe eigentlich nur eine rein kritische Stellungnahme zu ihnen ab. Es handelt sich bei Kant weniger um die Geschichte als um gewisse geschichtliche Konstellationen von ethischem Interesse.« (Benjamin, Gesammelte Briefe. Band 1 [wie Anm. 47] 408).
49 Benjamin, Erkenntniskritische Vorrede (wie Anm. 25) 207 – 237, hier: 210.

Statt Erkenntnis auf eine empirische Beziehung zwischen Subjekt und Objekt zu beschränken – womit jede objektive Beziehung ›zwischen empirischem Bewußtsein und dem objektiven Begriff von Erfahrung‹ unmöglich würde –, behauptet er, dass der Erfahrungsbegriff auch Religion und Geschichte umfassen müsse. […] Daher fordert er die Wiederentdeckung der Bedeutung der Sprache und ›eine Beziehung der Erkenntnis auf die Sprache wie sie schon zu Kants Lebzeiten Hamann versucht hat.‹[50]

Die Idee der Wahrheit lässt sich in ihrer Totalität mit begrifflichem Denken nicht erfassen, gleichwohl enthüllt sie sich in der Schau der Ideen. Kontemplation statt wissenschaftlich-begriffliches Denken ist eine Provokation – nicht nur für Positivisten oder Neukantianer. Die Aufgabe des Philosophen, wie Benjamin sie beschreibt, den verborgenen, symbolischen Charakter der Idee in und durch Darstellung offenzulegen, klingt theologisch. Sprache ist defizitär, weil sie das Wahrgenommene immer nur »übersetzt« vermitteln kann. Die Lücke zwischen Anschauung und Begriff ist nicht zu schließen. Im ›Übersetzeraufsatz‹ von 1921[51] ist das Sprachkonzept nicht nur allgemein theologisch formuliert, sondern explizit an die Kabbala gebunden, wenn es heißt:

Wie nämlich Scherben eines Gefäßes, um sich zusammenfügen zu lassen, in den kleinsten Einzelheiten einander zu folgen, doch nicht so zu gleichen haben, so muß, anstatt dem Sinn des Originals sich ähnlich zu machen, die Übersetzung liebend vielmehr und bis ins Einzelne hinein dessen Art des Meinens in der eigenen Sprache sich anbilden, um so beide wie Scherben als Bruchstück eines Gefäßes, als Bruchstück einer größeren Sprache erkennbar zu machen. Eben darum muß sie von der Absicht, etwas mitzuteilen, vom Sinn in sehr hohem Maße absehen und das Original ist ihr in diesem nur insofern wesentlich, als es der Mühe und Ordnung des Mitzuteilenden den Übersetzer und sein Werk enthoben hat.[52]

---

50 J.-M. Palmier, Walter Benjamin. Lumpensammler, Engel und bucklicht Männlein. Ästhetik und Politik bei Walter Benjamin (Frankfurt a. M. 2009) 697–699. Damit hat sich Benjamin diametral zu Cornelius positioniert.
51 W. Benjamin, Die Aufgabe des Übersetzers, in: GS IV,1 (wie Anm. 18) 9–21.
52 Benjamin spielt hier auf die kabbalistische Sprachkonzeption des ›Tikkun‹ an (Benjamin, Die Aufgabe des Übersetzers [wie Anm. 51] 18). Gershom Scholem – Benjamins Gewährsmann für Kabbalistica – beschreibt den Prozess der Sprache: »Wir haben im Herzen der Kabbala einen Mythos der Tora als eines unendlichen Symbols, in dem alle Bilder und Namen auf den Prozess hinweisen, in dem Gott sich selber mitteilt.« (G. Scholem, Zur Kabbala und ihrer Symbolik [Frankfurt a. M. 1973] 128). Für die Kabbalisten der Lurianischen Schule bilden zwei mythische Bilder den Kernpunkt der Theosophie: die Lehre von der sogenannten Schebirath ha-Kelim (dem Bruch der Gefäße) und die vom Tikkun, der Lehre von der Heilung oder Restitution des durch den Bruch geschaffenen Makels. »Die Lehre vom Bruch der Gefäße besagt, dass das göttliche Licht, als es in den Urraum strömte, aus dem der dreidimensionale Raum sich erst am Ende des Prozesses entwickelte, sich auf den verschiedensten Stufen entfaltete und unter den verschiedensten Aspekten erscheint.« (G. Scholem, Die jüdische Mystik in ihren Hauptströmungen [Frankfurt a. M. ³1988] 291 ff.) Ziel der Kabbalisten und späterer Chassidim war es, diese versprengten Funken »einzusammeln« und dereinst das Gefäß, in dessen Urraum der Urmensch Adam Kadmon entstanden ist, zusammensetzen zu können, um die Welt zu erlösen.

In der Einleitung zum ›Trauerspielbuch‹ hat er das erkenntnistheoretischer formuliert. Doch den Gedanken, auf das sinnliche Moment der Wahrnehmung in der Form einer »reinen Sprache« hinzuweisen, hat er nicht aufgegeben. Was im ›Sprach-‹ und ›Übersetzeraufsatz‹ einem religiösen Sprachkonzept folgt, ist nunmehr auf eine philosophischere Basis gestellt worden. Waren es dort die »Bruchstücke des zerbrochenen Gefäßes«, die zusammengesetzt dereinst die reine Sprache hervorbringen, geht es jetzt um die grundsätzliche Darstellung der Wahrheit durch Kunst. Hier mischt sich in die philosophischen Überlegungen aber auch die Kritik an der Schulphilosophie. Der ursprüngliche Antagonismus der Sprache von »Wort« und »Begriff« transformiert sich im Kontext der Erkenntnisphilosophie zu der Opposition von »Wahrheit« und »Wissen« und führt damit eine wissenschaftspolitische Kritik mit sich: Denn Benjamin glaubt nicht, dass die Schulphilosophie noch der Wahrheit verpflichtet sei.[53] Er hat deshalb auch das ursprüngliche Motto, das er der Arbeit vorangestellt hatte: »Über Stock und über Steine / Aber brich Dir nicht die Beine«[54] durch ein Zitat aus Goethes Farbenlehre ersetzt:

> Da im Wissen sowohl als in der Reflexion kein Ganzes zusammengebracht werden kann, weil jenem das Innere, dieser das Äußere fehlt, so müssen wir uns die Wissenschaft notwendig als Kunst denken, wenn wir von ihr irgend eine Art von Ganzheit erwarten. Und zwar haben wir diese nicht im Allgemeinen, im Überschwänglichen zu suchen, sondern, wie die Kunst sich immer ganz in jedem einzelnen Kunstwerk darstellt, so sollte die Wissenschaft sich auch jedesmal ganz in jedem einzelnen Behandelten erweisen.[55]

Wahrheit und Schönheit gehören zusammen. Auch darin folgt er Platon. Denn diese Auffassung ist nicht nur ein Anliegen jedes kunstphilosophischen Denkens, sondern für die Bestimmung des Wahrheitsbegriffs selbst unersetzlich. »In der Wahrheit ist jenes darstellende Moment das Refugium der Schönheit überhaupt.«[56] Nicht um eine Anleitung oder um das Vermitteln von Erkenntnis geht es ihm, sondern darum, die »Idee« *in der Form* offenzulegen.

Im zweiten Teil der ›Vorrede‹ hat Benjamin die in Erkenntnistheorie übertragene Sprachphilosophie dem Begriff des Trauerspiels zugrunde gelegt. Er will über das Wesen des

---

53 »Die Ferne zur akademischen Ordnung des Geistes, in die nur ausnahmsweise und nur unter mächtigster Protektion auch der aufgenommen wird, der sich ihr nicht fügt, hat Benjamin nie verloren. Zu der geistigen Verkrüppelung, die entsteht, wenn die Wissenschaft bloßes Mittel der akademischen Karriere wird, war Benjamin nicht fähig; ihm, der unmittelbar zum Geist stand, waren die empirischen Bedingungen, mit denen es die Träger des Geistes, die denkenden Subjekte, zu tun bekommen, unwesentlich, und eine blinde Zuversicht erfüllte ihn bis zum Ende seines Studiums, dass diese empirische Seite seines Lebens sich von alleine regeln müsse.« (Tiedemann – Gödde – Lonitz, Walter Benjamin 1892 – 1940 [wie Anm. 17] 52).
54 Das ist eine Zeile aus dem Kinderlied ›Hopp, hopp, hopp‹ von Carl Hahn (Text) und Carl Gottlieb Hering (Melodie). Über die Ersetzung des vorangestellten Mottos berichtet er Scholem am 19. 2. 1925 (Benjamin, Gesammelte Briefe. Band 3 [wie Anm. 19] 13 – 18, hier: 14).
55 Benjamin, Erkenntniskritische Vorrede (wie Anm. 25) 207 – 237, hier: 207.
56 Benjamin, Erkenntniskritische Vorrede (wie Anm. 25) 207 – 237, hier: 211.

Trauerspiels schreiben und keine Literatur- oder Motivgeschichte vorlegen. Es ist immer noch Sprachphilosophie aus dem Geiste Platons. Er nimmt daher ein »Phänomen« Trauerspiel an – womit er die Formen oder Möglichkeiten der Gestaltung des Trauerspiels meint –, um darüber die eigentliche »Idee« des Trauerspiels zu rekonstruieren. Auf eine Formel gebracht ließe sich Benjamins Methodik als Rekonstruktion der Idee (Trauerspiel) aus den polymorphen Phänomenen (Trauerspiel) beschreiben.

> Das Trauerspiel im Sinn der kunstphilosophischen Abhandlung ist eine Idee. […] Diese Stellungnahme ist soweit sie gegen die Hypostasierung von Allgemeinbegriffen geht – nicht in allen Fassungen gehören die Universalien zu denen – in ihrem Recht evident. Aber sie versagt gänzlich vor den Fragen einer platonisch auf Darstellung der Wesenheiten gerichteten Wissenschaftstheorie, deren Notwendigkeit sie verkennt. Einzig und allein diese vermag die Sprachform der wissenschaftlichen Darlegungen, wie sie sich außerhalb des Mathematischen bewegen, vor der grenzenlosen und jede noch so subtile Induktionsmethodik zuletzt in ihren Strudel ziehende Skepsis zu bewahren […]. Was aber solche Namen als Begriffe nicht vermögen, leisten sie als Idee, in denen nicht das Gleichartige zur Deckung, wohl aber das Extreme zur Synthese gelangt.[57]

Während »Begriff« und »Erkenntnis« für Benjamin Reduktion und Oberflächlichkeit bedeuten, implizieren »Name« und »Idee« Vielheit. Statt Rückführung auf einen Ursprung, will er vielmehr mittels des Vergleichs einzelner Repräsentanten der Trauerspiele seine Regeln und Gesetze offenlegen, um in der Totalität der gestaltgewordenen Idee die »reine« Form selbst zu erschließen. Weder Form noch Idee sind demnach a priori gegeben, sondern die Form wird aus der konstruierenden Ideenvielfalt erschlossen. Form und Inhalt stehen in einem Wechselverhältnis und bedingen einander. Die Form der Idee des Trauerspiels ist eine Entwicklung der Formensprache in der *geschichtlichen Welt*. Die Erkenntnis über das Wesen des Trauerspiels soll sich gleichsam in ihrem geschichtlichen Prozess »offenbaren«.

Benjamin kommt damit Goethes Formbegriff, wie er ihn in den naturgeschichtlichen Betrachtungen beschrieben hat, nahe. Dass die wechselnden Einzelmomente, die vielfältigen Erscheinungen trotz all ihrer Besonderheit und ungeachtet ihres Wechsels, einen Durchblick auf ihre dauernde Gestalt für uns freilassen, hatte Goethe in der ›Metamorphose der Pflanzen‹ beschrieben. Dass die Metamorphose der Mannigfaltigkeit der Formen Ausblick auf die Idee der Urform gibt bzw. diese überhaupt erst entstehen lässt, ist das Prinzip der Goetheschen Urpflanze bzw. des Urwortes. Goethe war noch auf der Italienreise davon ausgegangen, dass diese Urpflanze tatsächlich in der Wirklichkeit gefunden werden könne, und berichtet Herder über seine Suche nach ihr.[58] Erst in den späteren Jahren löst er sich von dieser Vorstellung und nimmt sie nurmehr als zu rekonstruierende Idealform an.

---

57 Benjamin, Erkenntniskritische Vorrede (wie Anm. 25) 207 – 237, hier: 219 ff.
58 Goethe schreibt in der ›Italienischen Reise‹: »Neapel zum 25. März <1787>: […] Herdern bitte ich zu sagen, daß ich mit der Urpflanze bald zu Stande bin, nur fürchte ich, daß niemand die übrige Pflanzenwelt

Benjamins Erben

Benjamins sprachphilosophische Überlegungen zur Tragödie und zum Trauerspiel, in denen er der »reinen Sprache« der Musik die »stumme Natur« und den »schweigenden Helden« der Tragödie gegenüberstellt, haben die akademische Welt damals nicht sonderlich interessiert. Als das ›Trauerspielbuch‹ als Buchausgabe 1928 im Rowohlt Verlag erscheint, findet es wenig Beachtung. Seine Freunde jedoch haben seine Ideen aufgegriffen und weitergedacht.

1. Gershom Scholem

Gershom Scholem hat Benjamins Überlegungen als Erster aufgenommen und sehr viel klarer als dieser selbst die theologischen sprachtheoretischen Aspekte im Kontext der jüdischen Mystik erklärt. Scholem übernimmt von Benjamin nicht nur die Unterscheidung der zwei Sprachaspekte: 1. Die Sprache ist Namen, insofern in ihr sich der geistige Gehalt der Dinge mitteilt; 2. Sprache ist zugleich aber Symbol des Nicht-Mitteilbaren[59], sondern auch ihre Funktion, wie Benjamin sie im ›Trauerspielbuch‹ beschrieben hat. Diese zwei Reiche der Sprache – das »des Offenbarten, Aussprechlichen, und das des Symbolisierten, Verschwiegenen«, das der Kabbala inhärent ist – fordern, so Scholem, folglich eine »*Sprache auf der Grenze*«. Und diese Grenze zwischen den beiden Sprachreichen zeigt sich für den frühen Scholem in der Klage und im Klagelied.

> Denn bedeutet jede Sprache sonst immer einen positiven Ausdruck eines Wesens, und liegt ihre Unendlichkeit in den zwei angrenzenden Ländern des Offenbarten und Verschwiegenen, dergestalt, dass sie über beide sich ausdehnt im eigentlichsten Sinn, so ist dies in dem Fall jener Sprache anders, die dadurch bezeichnet ist, dass sie *durchweg* auf der Grenze, genau auf der Grenze dieser beiden Reiche liegt. Sie offenbart nichts, denn das Wesen, das sich in ihr offenbart, hat keinen Gehalt (und darum zugleich kann man sagen, dass sie *alles* offenbart) und verschweigt nichts, denn ihr ganzes Dasein beruht auf der Revolution des Schweigens. Sie ist nicht symbolisch, sondern *deutet nur hin* aufs Symbol, sie ist nicht gegenständlich, sondern vernichtet den Gegenstand. Diese Sprache ist die Klage.[60] (Meine Hervorhebung)

---

darin wird erkennen wollen. Meine famose Lehre von den Kotyledonen ist so sublimiert, daß man schwerlich wird weiter gehen können.« (J.W. v. Goethe, Sämtliche Werke nach Epochen seines Schaffens [Münchner Ausgabe]. Band 15: Italienische Reise. Hrsg. v. A. Beyer u. N. Miller [München–Wien 1992] 277 f.).

59 Benjamin, Über Sprache überhaupt und über die Sprache des Menschen (wie Anm. 15) 156 f. Mitteilung meint hier nicht die kommunikative Funktion der Sprache.

60 G. Scholem, Über Klage und Klagelied, in: ders., Tagebücher. Nebst Aufsätzen und Entwürfen bis 1923. Hrsg. v. K. Gründer. Bd. 2: 1917 – 1923 (Frankfurt a. M. 2000) 128 – 133, hier: 128.

Die Sprache der Klage, sagt Scholem, hat als Gegenüber nicht die Menschensprache. Deshalb gibt es auch keine Antwort auf die Klage, sondern nur das Verstummen. Das Gegenteil der Sprache kann also nur die Offenbarung selber sein, »und darum kann sie auch auf keine andere Weise überwunden, transformiert werden als durch *Hinführung* auf die Offenbarung.«[61] (Meine Hervorhebung)

Etwa 50 Jahre später ersetzt Scholem in seinem Werk über die ›Jüdische Mystik‹, das er dem Andenken Walter Benjamins widmet, die Klage durch Kabbala. Allerdings argumentiert er jetzt aus der umgekehrten Richtung:

> Hier der Anfang als Geburt von Dichtung und Tradition aus einer Figur des Erlöschens, dort die Reflexion eines Endes, gegen das – als Rettung – die Dichter aufgeboten werden. Und während sich mit der Thematisierung der unmöglichen Antwort auf die Klage die Dichtungstheorie des Klagelieds *an* Gott adressiert, geht es in der Sprachtheorie der Kabbala um die Frage, ob der Nachhall des Namen Gottes, der sich aus der Sprache zurückgezogen hat, noch gehört, ob die Adressierung *durch ihn* noch vernommen wird, – ob in der Lektüre noch ein Echo der Stimme wirksam sei.[62]

Scholem hat den Boden, auf dem Benjamins sprachphilosophische Überlegungen entsprungen sind, im Unterschied zu diesem nicht nur konkret benannt, sondern vor dem Hintergrund der jüdischen Mystik auch angewendet. Benjamin hat diese Konkretheit immer abgelehnt. Das Verhältnis von Sprache und Wirklichkeit, Natur und Mensch wollte er allgemein verstehen und nicht auf die Wurzel einer Religion zurückführen. Seine Versuche, die hebräische Sprache zu lernen, wozu Scholem ihn immer wieder gedrängt hatte, fallen zwar in die Zeit der Abfassung des ›Trauerspielbuchs‹, doch Benjamin gibt seine Studien schon nach wenigen Wochen wieder auf, um nie mehr zu ihnen zurückzukehren.

In der Beschäftigung mit der Tragödie und dem Trauerspiel klärt Benjamin vor allem seinen philosophischen – und nicht wie Scholem seinen religiösen – Standort: Ausgehend von der Phänomenologie prägt sie sein Sprach- und damit verbunden auch sein Kunstverständnis. Gegen die Schulphilosophie sich stellend, untersucht er den Ort der Emotionalität in der Sprachordnung, womit er Stolbergs Übersetzungskonzept näher steht als dem Voß'schen. Im ›Trauerspielbuch‹ erweitert er erstmals die sprachphilosophisch-theologischen Überlegungen mit dem Paradigma der Geschichte, das – im Gegensatz zur Sprachphilosophie – bis zu seinem letzten Text, den ›Thesen über den Begriff der Geschichte‹, eine wichtige Konstante in seinem Werk bilden wird. Indem er scheinbar nur über das Tragische reflektiert, hat er zugleich seine grundsätzliche Ablehnung gegen den akademischen Betrieb und den herrschenden Wissenschaftsdiskurs formuliert, die er als politische Äußerung

---

61 Scholem, Über Klage und Klagelied (wie Anm. 60) 128.
62 S. Weigel, Scholems Gedichte und seine Dichtungstheorie: Klage, Adressierung, Gabe und das Problem einer biblischen Sprache in unserer Zeit, in: S. Mosès – S. Weigel (Hrsg.), Gershom Scholem. Literatur und Rhetorik (Köln–Weimar–Wien 2000) 16 – 47, hier: 32.

verstanden wissen will. Deutlicher nimmt er in den Texten aus den 30er Jahren Stellung zur Politik; doch der Blick auf die Kultur und Kulturpolitik ist im ›Trauerspielbuch‹ bereits angelegt. Das Verhältnis zwischen Wissen und Wahrheit, das er in der Vorrede diskutiert, erweist sich am Ende als Allegorie des gegenwärtigen wissenschaftlichen Diskurses, der sich nicht mehr der Wahrheit verpflichtet und dem politische Gesinnung über Wissen zu gehen scheint.[63] Seine Habilitationsschrift endet mit einer langen Abhandlung über die Melancholie.

2. Theodor W. Adorno

Während Scholem Benjamins theologische Sprachtheorie in seinen Arbeiten über die jüdische Mystik aufnimmt, folgt Theodor W. Adorno Benjamins Überlegungen, dass die Formen der Kunst die »Geschichte der Menschheit gerechter [verzeichnen] als die Dokumente.«[64] Im Unterschied zu Benjamin und Scholem, bei denen es noch immer um die Suche nach dem »reinen Sinn« geht, verschiebt sich bei Adorno die Aufmerksamkeit der Untersuchung über das Verhältnis Form-Inhalt zunehmend auf die Seite der Form, die er viel stärker als Benjamin als politische Ausdrucksgeste interpretiert.

Adorno, der in seiner zweiten Habilitationsschrift[65] explizit Benjamins Thesen aus dem Trauerspielbuch aufgenommen hat, legt 1948 eine ›Philosophie der neuen Musik‹ vor, die auf der These beruht, dass sich die Widersprüche in der Wirklichkeit als Formproblem im Kunstwerk niederschlagen, womit er an Benjamins Begriff der Allegorie anknüpft:

---

63 Hellsichtig hat Benjamin die Entwicklungen an den deutschen Universitäten gesehen: Die zunehmende Ablehnung der bürgerlich-liberalen Bildungswelt führte schon in den 20er Jahren dazu, dass der wissenschaftliche Nachwuchs sich nach anderen Erwerbsquellen umsah und keine Universitätskarriere anstrebte. Ab Mitte der 30er Jahre gab es einen erheblichen Nachwuchsmangel. Nach dem ersten großen Stühlerücken infolge der Entlassung politisch missliebiger Professoren und Dozenten durch das Gesetz zur Gleichstellung des Berufsbeamtentums von 1933 wird zwei Jahre später der Nationalsozialistische Deutsche Dozentenbund gegründet, der in den folgenden Jahren massiven Einfluss auf die Wiederbesetzungen der »freigewordenen« Lehrstühle genommen hat. Es folgte eine Zeit an den deutschen Hochschulen, in der die politische Einstellung höher bewertet wurde als die wissenschaftlichen Leistungen. »Der erzwungene Personalaustausch seit 1933 markierte somit einen ersten entscheidenden Schritt auf dem Weg zur nationalsozialistischen Umgestaltung der Hochschulen.« (A.C. Nagel, »Er ist der Schrecken überhaupt der Hochschule« – Der Nationalsozialistische Deutsche Dozentenbund in der Wissenschaftspolitik des Dritten Reichs, in: J. Scholtyseck – C. Studt [Hrsg.], Universitäten und Studenten im Dritten Reich. Bejahung, Anpassung, Widerstand. XIX. Königswinterer Tagung vom 17.–19. Februar 2006 [Berlin 2008] 115 – 132, hier: 118).
64 Th.W. Adorno, Gesammelte Schriften. Band 12: Philosophie der neuen Musik. Hrsg. v. R. Tiedemann (Frankfurt a. M. 1975) 47.
65 Die erste war ebenfalls von Cornelius abgelehnt worden, und man hatte auch Adorno nachdrücklich zum Rückzug des Habilitationsgesuchs aufgefordert. Siehe ausführlich dazu: Lindner, Habilitationsakte Benjamin (wie Anm. 16) 324 – 341, hier: 336 ff.

> Alle Formen der Musik, nicht erst die des Expressionismus, sind niedergeschlagene Inhalte. In ihnen überlebt was sonst vergessen ist und unmittelbar nicht mehr zu reden vermag. Was einmal Zuflucht suchte bei der Form, besteht namenlos in deren Dauer. Die Formen der Kunst verzeichnen die Geschichte der Menschheit gerechter als die Dokumente.[66]

Anhand einer Analyse der Schönbergschen und Strawinskyschen Musik weist Adorno jedoch auf die Gefahr der Moderne hin, dem Primat der Form ausschließlich zu folgen und auf die Identität von Gehalt und Erscheinung zu verzichten. Anhand Schönbergs Zwölftonmusik zeigt Adorno, wie sich ein totales System schließlich in ein totalitäres wandelt. Die Zwölftonmusik, zunächst als Ausdruck der Rationalität des komponierenden Subjekts entwickelt, erweist sich jedoch als »gefesselte Musik«, denn jeder Ton der gesamten Komposition ist durch die zuvor festgelegte Reihe determiniert, so dass es keine freie Note mehr gibt. Dieses Problem, Opfer seines eigenen Systems zu werden, hat Adorno beschäftigt.[67] »Das Subjekt gebietet über die Musik durchs rationale System, um selber dem rationalen System zu erliegen.«[68] Viel konkreter als Benjamin überträgt er das ästhetische Prinzip auf die moderne Gesellschaft.

> Die Zwölftontechnik hat gelehrt, mehrere unabhängige Stimmen gleichzeitig zu denken und ohne Akkordkrücken als Einheit zu organisieren. […] Das Maß ist einzig die Reihe.[69]

Die Einheit der Stimmen ergibt sich strikt aus der Verschiedenheit, ohne irgendwelche »bindende Verwandtschaft«[70]. Damit wird das Prinzip des Kontrastes so fordernd, dass keine Stimme zur anderen mehr frei hinzutreten kann, sondern nur noch aufgrund ihrer Ableitung.[71] Alles geht schließlich in der Variation auf, das Thema ist in der Reihe aufgelöst. Aufgrund dieser Methodik falle die eigentlich als Avantgarde angetretene Musik wieder in überwunden geglaubte mythische Zeiten zurück: Das Abhängig-Sein nämlich von übergeordneten Größen.[72]

So seziert Adorno mit der Abhandlung über die Musik der Gegenwart das Paradoxon der Moderne. Denn die Zwölftonmusik drücke musikalisch durch ihre Dissonanzen und ihre

---

66 Adorno, Philosophie der neuen Musik (wie Anm. 64) 47.
67 Thomas Mann hat dieselbe Problematik in ›Doktor Faustus‹ verarbeitet. Adorno hat ihn mit dem notwendigen musikalischen Hintergrundwissen versorgt. Die Kritik an dem System der Zwölftonmusik in Manns Roman hat Schönberg sehr wohl verstanden, weshalb es unmittelbar nach Erscheinen des Romans zum Bruch zwischen beiden kam. Siehe ausführlich dazu E.R. Schoenberg (Hrsg.), Apropos Doktor Faustus. Briefwechsel Arnold Schönberg – Thomas Mann, Tagebücher und Aufsätze 1930 – 1951 (Wien 2009).
68 Adorno, Philosophie der neuen Musik (wie Anm. 64) 68.
69 Adorno, Philosophie der neuen Musik (wie Anm. 64) 89 f.
70 Adorno, Philosophie der neuen Musik (wie Anm. 64) 91.
71 Das einheitliche Gewebe, das die Zwölftonmusik durch die Reihe erzeugt, ist so konzipiert, dass das Verhältnis der Stimmen zueinander den Verlauf des ganzen Stückes, d. h. seine Form erzeugt.
72 Adorno, Philosophie der neuen Musik (wie Anm. 64) 99.

extreme Polyphonie auch den gesellschaftlichen Zwang der radikalen Vereinzelung und Vereinsamung der Individuen aus. Der Zerfall des Ichs spiegelt sich musikalisch in den endlosen rhythmischen Wiederholungen.

> Die auf die Spitze getriebene Beziehungslosigkeit zwischen Subjekt und Objekt surrogiert die Beziehung. Gerade das Irre, Obsessive des Verfahrens, der krasse Gegensatz zum sich selbst organisierenden Kunstwerk, hat ohne Zweifel Ungezählte gelockt.[73]

An die Stelle des Sinns oder des Inhalts sei nun nur noch die Form getreten, die mit Strawinskys Radikalisierung des Rhythmus wie in ›Le Sacre du Printemps‹ nochmals eine Steigerung erfahren habe. »Mit der fortschreitenden Differenzierung der musikalischen Mittel um des Ausdrucks willen war stets die Steigerung des ›Effekts‹ verbunden.«[74] Die Gefahr, die Adorno anhand der Kompositionen Schönbergs und Strawinskys für die moderne Gesellschaft aufzeigt, ist, dass das Subjekt nur noch zu herrschen scheint, sich letztlich jedoch selbst abschafft. So werde das Individuum – ästhetisch gesehen – ein Opfer der Form.

> Nicht nur werden die zivilisatorischen Tabus über den Ausdruck in der als Medium bislang hinter der Zivilisation zurückgebliebenen Musik vollstreckt. Es wird zugleich Rechenschaft davon abgelegt, dass gesellschaftlich das Substrat des Ausdrucks, das Individuum, verurteilt ist, weil es selber das destruktive Grundprinzip jener Gesellschaft abgab, die heute an ihrem antagonistischen Wesen zugrunde geht.[75]

Durch die musikalische Formanalyse zeigt Adorno, dass der Anspruch auf Authentizität in der modernen Gesellschaft durch eine autoritäre Verhaltensweise ersetzt werde, die in Konformismus und letztlich in die Entmenschlichung führe.

> Während die Bürger die Schule Schönbergs verrückt schelten, weil sie nicht mitspielt, und Strawinsky witzig und normal finden, ist die Komplexion seiner Musik der Zwangsneurose und mehr noch deren psychotischer Steigerung, der Schizophrenie, abgelernt. Sie tritt als strenges, zeremoniell-unverletztes System auf, ohne dass die prätendierte Regelhaftigkeit in sich selbst durchsichtig, rational wäre kraft der Logik der Sache. Das ist der Habitus des Wahnsystems. Er erlaubt es zugleich, allem, was nicht vom System eingefangen ist, autoritär zu begegnen. So wird die Archaik zur Moderne.[76]

---

73 Adorno, Philosophie der neuen Musik (wie Anm. 64) 160.
74 Adorno, Philosophie der neuen Musik (wie Anm. 64) 159.
75 Adorno, Philosophie der neuen Musik (wie Anm. 64) 162.
76 Adorno, Philosophie der neuen Musik (wie Anm. 64) 155.

Das moderne Individuum fällt wieder auf die Stufe des Mythos zurück. Zwar hat es die mythische Gottheit ersetzt, doch folgen seine Ideen keiner göttlichen *Harmonie,* sondern einer mathematisch-rationalen *Variation.* So deutet Adorno die starke Hervorhebung des Rhythmischen bei Strawinsky nicht als Ausdruck einer gelungenen Überwindung des »Sinns«[77], sondern kritisiert den Verfall und beklagt das Ende des reflektierenden Subjekts:

> Bei gewissen Schizophrenen führt die Verselbständigung des motorischen Apparats nach dem Zerfall des Ichs zur endlosen Wiederholung von Gesten oder Worten; ähnliches kennt man bereits an vom Schock Ereilten. So steht Strawinskys Schockmusik unter Wiederholungszwang, und der Zwang lädiert weiter das Wiederholte.[78]

Strawinsky, der eigentlich die Authentizität in der Musik wieder herstellen wollte, in dem er vorführte, dass Bedeutungen nur noch ritualisiert, also leer sind, hatte den mythischen Gott durch einen Algorithmus ersetzt, in dessen Folge das Subjekt schließlich selbst ausgelöscht wurde, weil sogar seine Körperlichkeit nur noch eine »Illusion« ist.[79]

Aus Benjamins Kritik an der Wissenschaftspolitik der Zwanziger Jahre ist bei Adorno nach dem Zweiten Weltkrieg eine allgemeine Kritik an der Gesellschaft der Moderne geworden. Dass der Rückfall der Avantgarde ins Mythische den europäischen Faschismus vorbereitet hat, hatte Adorno zusammen mit Max Horkheimer noch im amerikanischen Exil 1944 in der ›Dialektik der Aufklärung‹ analysiert. In der ›Philosophie der neuen Musik‹ knüpft er jedoch deutlicher an Benjamins ästhetische Überlegungen zum Verhältnis von Form und Inhalt an. Die Behandlung der Form im Kunstwerk als Ausdruck der Wirklichkeitswahrnehmung hatte Benjamin im ›Trauerspielbuch‹ thematisiert. Die Disharmonie, unter der der tragische Held leidet, war aber bei Benjamin keiner politischen Ideologie geschuldet, sondern ein grundsätzliches Problem des modernen, der Natur entfremdeten Menschen. Adornos gesellschaftspolitischer Blickwinkel war für Benjamin nicht nur eine Einengung des Formproblems, die sich in dem Konflikt um die Publikation des ›Passagen-Werks‹ widerspiegelte[80], sondern gab damit auch den geschichtsphilosophischen Aspekt auf, der ihm so wichtig war. Umgekehrt ließe sich jedoch auch sagen, dass Adorno Benjamin konsequent zu Ende denkt: Wenn die Darstellung der Idee nur im Abschreiten der

---

77 In diesem Sinne hatten Diaghilev, der Impresario des Ballets Russes, und Vaclav Nijinskij, der Tänzer und Choreograph, für die Strawinsky ›Le Sacre du Printemps‹ 1913 komponiert hatte, das Werk als geniale Erneuerung der Musik und des Tanzes gefeiert.
78 Adorno, Philosophie der neuen Musik (wie Anm. 64) 163.
79 Nijinskij hat das durchaus in seiner Choreographie umgesetzt. Das feierliche Ritual, bei dem ein junges Mädchen sich zu Tode tanzt, choreographierte er mit einem Kreistanz in ungebrochener Bewegung, durch archaische Gesten, nach innen gedrehten Schritten, die scharf akzentuiert sind.
80 Horkheimer bat Benjamin 1935 zwecks Aufnahme in die Forschungsprojekte des Instituts für Sozialforschung um ein Exposé zum ›Passagen-Werk‹. Adorno hatte nämlich ziemlich schroff den Mangel an dialektischer Durcharbeitung kritisiert. Ihm fehlte die Herausarbeitung zwischen den aus dem Überbau herausgelösten Elementen und der kapitalistischen Basis des 19. Jahrhunderts. Vgl. dazu Benjamin, Gesammelte Briefe. Band 5 (wie Anm. 18) 138 ff.

Phänomene liegt, die sie in der Geschichtlichkeit annehmen, ist die Reihe ins Unendliche geöffnet. Wird dieser Gedanke der Offenheit jedoch durch das Prinzip der Reihenbestimmtheit begrenzt, wird die Idee (als unendlich ausdrückbar) selbst zerstört. Nicht nur muss zur Korrelation von Form und Inhalt die Geschichtlichkeit treten, diese selbst muss auch futurologisch (bei Benjamin »messianisch«) gedacht werden. Der Benjaminschen Grundstruktur über das Verhältnis von Form und Inhalt widerspricht Adorno nicht. Uneinig sind sie sich jedoch hinsichtlich ihrer Auffassung über die Moderne. Während sie für Benjamin buchstäblich einen Übergang, eine »Passage« der Geschichte darstellt, ist im modernen System für Adorno ihr eigener Verfall und das Ende der Humanität gerade durch ihren Geschichts- und Erfahrungsverlust angelegt. Der messianischen Hoffnung Benjamins vermag Adorno nicht zu folgen.

Erst mit Peter Szondi kehren die Benjaminschen Überlegungen, die er zur Tragödie vorgelegt hat, wieder ins Philologische zurück.

3. Peter Szondi

Peter Szondi knüpft mit seiner Habilitationsschrift ›Versuch über das Tragische‹ (1961) an eine ästhetische Diskussion an, die in Ungarn in den 30er Jahren über das »Tragicum« geführt worden ist und zu Beginn der 50er Jahre durch die ›Sozialgeschichte der Kunst und Literatur‹ des ungarischen Kunstsoziologen Arnold Hauser neubelebt worden war, der mitten im Kalten Krieg eine Brücke schlagen wollte zwischen der eher entpolitisierten ästhetischen westlichen Kunstauffassung und der gesellschaftsideologischen Betrachtung im Osten.[81] Die Überzeugung, dass die »innere Struktur« des Tragicums nicht nur im Ästhetischen aufzudecken sei, führt Szondi schließlich zu Adornos ›Philosophie der neuen Musik‹. Denn auch Szondi will zwischen der werkimmanenten Lesart und der gesellschaftlichen Bedingtheit von Kunst vermitteln. Am 11. 9. 1953 schreibt er daher an Bernhard Böschenstein:

> Die Form-Inhalt-Konzeption, die ich (mit Hegel als Ursprung) auf Grund der Adornoschen Musikphilosophie in die Dramaturgie einzuführen und auszuarbeiten versuchte, ist Ihnen noch nicht klar geworden. […] Sie schreiben: ›Die Form ist nicht aussagefähig, sie ist Realisierung der Aussage.‹ Gerade gegen diese Ansicht möchte ich ankämpfen. In Adornos Philosophie der neuen Musik heißt es einmal: […]: ›Was einmal Zuflucht suchte bei der Form, besteht namenlos in deren Dauer.‹ Das Wort ›Zuflucht‹ ist wohl eine Verdrehung aus heutiger Perspektive. Aber hier liegt der Kern meiner These: sowohl die Form wie der Inhalt haben Aussage. Die Form des Dramas sagt zwischenmenschlich Aktualität in ›formaler‹ Leerheit aus. Der Inhalt der einzelnen dramatischen Werke ist eine Aussage über eine bestimmte Problema-

---

[81] Siehe dazu u. a. das Radiogespräch mit Lukács, in: A. Hauser, Im Gespräch mit Georg Lukács (München 1978).

tik innerhalb des zwischenmenschlichen Geschehens. Die Form ist m. E. als Niederschlag tatsächlich Sekundäres.[82]

Szondi beginnt seine Abhandlung zwar mit einem kurzen diachronen Überblick: angefangen bei Schelling und Hölderlin über Hegel und Solgar bis hin zu Goethe und Schopenhauer, doch eigentlich will er – hierin Benjamin folgend – das »Wesen des Tragischen«, d. h. die »Form des Tragischen« herausarbeiten. Es sind die dualistischen Gegensätze des Idealismus: Körper vs. Geist und Mensch vs. Gott, die als tragisch empfunden werden und schließlich zum Untergang des Helden führen.

Szondi macht dabei durchaus unterschiedliche Formen des antagonistischen Kampfes aus. So ist beispielsweise bei Schelling der Schauplatz des tragischen Konflikts, dass die angestrebte Ununterscheidbarkeit von Freiheit und Notwendigkeit um den Preis der tragischen Dialektik erkauft wird, bei der am Ende der Besiegte Sieger und der Sieger der Besiegte ist. Das Tragische ist für Schelling diese Dialektik selbst.

> Schelling hatte freilich die mit dem Untergang erkaufte Behauptung der Freiheit im Blick, die Möglichkeit eines rein tragischen Vorgangs war ihm fremd. Doch sein alle philosophische Bemühung um das Problem des Tragischen begründender Satz […] läßt schon jenes dunkle Motiv erklingen, das später kein Bewußtsein vom Sieg des Erhabenen mehr übertönt: die Erkenntnis, dass ein Höchstes vernichtet ward, gerade wodurch es hätte gerettet werden sollen.[83]

Dagegen stehen sich bei Hölderlin zunächst Natur und Kunst unversöhnlich gegenüber. Hölderlin deutet die Tragödie als Opfer, das der Mensch der Natur bringt, um ihr dadurch zur Geltung zu verhelfen. Seine Tragik ist, dass er das nur durch seinen eigenen Tod erreichen kann. Während sich für den frühen Hölderlin die tragische Lösung in dem Gegensatz von Natur und Kunst bzw. Gott und Mensch ausdrückt, tendiert der spätere Hölderlin zu der Auffassung, dass der Mensch die Gegenwart Gottes erzwingen wolle und somit das grenzenlose Einswerden in grenzenloses Geschiedensein übergehe. Hegel hingegen habe die sittliche Natur als dialektische Struktur aufgezeigt.

> Doch im Gegensatz zu Schelling richtet Hegel sein Augenmerk nicht nur auf die Identität, sondern auch auf die ständige Auseinandersetzung der in ihrer Identität erfaßten Mächte, auf die ihrer Einheit immanente Bewegung, durch welche die Identität als reale erst möglich wird. Die Entgegensetzung von unorganischem Gesetz und lebendiger Individualität, Allgemeinem und Besonderem ist also nicht etwa ausgeschaltet, vielmehr im Inneren des Begriffs als

---

82 P. Szondi, Briefe. Hrsg. v. C. König u. T. Sparr (Frankfurt a. M. 1993) 28.
83 P. Szondi, Versuch über das Tragische, in: ders., Schriften. Band 1: Theorie des modernen Dramas (1800 – 1950). Versuch über das Tragische. Hölderlin-Studien. Mit einem Traktat über philologische Erkenntnis. Hrsg. v. J. Bollack u. H. Beese (Frankfurt a. M. 1978) 149 – 260, hier: 159.

dynamische aufgehoben. Diesen Prozeß faßt Hegel, wie später in der ›Phänomenologie des Geistes‹, als Selbstentzweiung.[84]

Die Tragik resultiere aus der Kollision Gott und Mensch bzw. Liebe und Gesetz. Der unversöhnliche Gegensatz und das Missverhältnis zwischen Sollen und Wollen sei auch für Goethes Begriff des Tragischen relevant. Und schließlich führe der Widerstreit des Willens mit sich selbst bei Schopenhauer zur Resignation oder zu der Selbstzerstörung und Selbstvernichtung des Willens.

Doch anders als Benjamin, der die Form des Tragischen als zu rekonstruierende ideale Form futurologisch aufgefasst hatte, will Szondi sie aus dem Gegebenen herausdestillieren. Dem fallen notwendigerweise gewisse dichterische Partikularitäten zum Opfer, so dass Kerényi, dem er sein Manuskript zur Lektüre schickt, denn auch kritisch anmerkt:

> Offensichtlich beschäftigt Dich die Theorie des Tragischen. Aber Du mußt wissen, *wo* Du stehst, wenn Du das Tragicum in dieser Weise darstellst. Nicht mehr in jenen konkret dichterischen Werken, auf die Du Dich berufst. Weil es schon, sobald Du sie addiert und kondensiert hast, nicht mehr die gleichen konkreten dichterischen Werke sind. Du konzipierst eine ideale Oidipus-Tragödie.[85]

Szondis Form des Tragischen hat ihren Ausgangspunkt in einer symmetrischen (Welt-)Ordnung, der im Kern ein juridisches Denken zugrunde liegt. Der Untergang des Helden ist deshalb tragisch, weil er aus der Einheit der Gegensätze, aus dem Umschlag der einen Seite in ihr Gegenteil erfolgt.

Den Erben Benjamins ist die Suche nach der Authentizität in der Kunst gemeinsam, die sie zu einem vertieften Formverständnis führt, das jedoch keineswegs formalistisch geprägt ist. Während Scholem Benjamins religionsphilosophische Überlegungen fortsetzt, und die Emotionalität in der »reinen« Sprachform sucht, legt Adorno seinen Fokus auf die gesellschaftlichen Diskrepanzen der Moderne bzw. genauer auf die faschistischen Grundstrukturen. Szondi hingegen schlägt in seinem ›Versuch über das Tragische‹ von Adorno ausgehend wieder einen Bogen zurück zu Benjamin. Er versucht über die Auseinandersetzung mit dem Tragischen eine hermeneutische Standortbestimmung zwischen ästhetischer Theorie und geschichtsbedingtem Kunstverständnis, die er in den folgenden Jahren mit den Hölderlin-Studien und den Fragmenten über Paul Celans Poetik fortsetzen wird.

Kerényi hat das verstanden, und er kommentiert Szondis Arbeit mit den Worten:

> ‹ich› habe Deine Arbeit als einen Beitrag aufgefaßt, der in ein größeres, theoretisches […] Werk über das Tragicum hineingehört. Auch scheint sich dieses lateinische Wort, das im Ungarischen gebräuchlich ist, als Ausgangspunkt einer Theorie besser zu eignen als die

---

84 Peter Szondi, Versuch über das Tragische (wie Anm. 83) 166.
85 Brief Kerényis an Szondi vom 31. Juli 1958, in: Szondi, Briefe (wie Anm. 82) 76 – 77, hier: 77.

außerhalb der Theorie schon allzu verbrauchte ›Tragik‹. […] Und von dem, was Struktur hat, kann man auch nicht mehr sagen – obwohl es nur für den Geist ›sichtbar‹ und ›greifbar‹ ist –, dass es nicht konkret wäre. Für mich ist das Tragicum insoweit konkret, als man sich darin einrichten kann. Da es aber nicht bloß ein ›Ort‹ ist, ist es unabhängig von aller Ortung auch irgendwo in der Welt der Abstraktionen gegenwärtig – und zwar nicht nur in der Ästhetik. Es ist schon […] im außerliterarischen Ursprung der Tragödie gegenwärtig […].[86]

---

86 Brief Kerényis an Szondi vom 23. August 1958, in: Szondi, Briefe (wie Anm. 82) 78 – 79, hier: 78 f.

ELISABETH STROBL

Staat und Individuum bei Euripides und Federico García Lorca
Welt und Gegenwelt: tragische Reaktion als Schaffensprinzip

Das Tragische in der euripideischen Tragödie kann vor dem soziokulturellen Kontext ihrer Entstehung nicht ohne Bezug zum sophistischen Relativismus behandelt werden. Dieser weist eine unmittelbare Verbindung zum *homo-mensura*-Grundsatz auf, der wiederum als Ergebnis einer Betrachtung des Menschen durch den Menschen gelten darf. Infolgedessen erscheint das Göttliche, in Bezug zu dem der Mensch sich bis dato ausschließlich maß, relativiert und die Frage nach sich selbst in den Fokus des Interesses gerückt. Dies macht ergo eine Hinwendung zur ›entgöttlichten‹ Realität bzw. dem Zeitgeschehen als neuer Konstante möglich und nötig, wodurch sich die Frage nach dessen Thematisierung in der Tragödie stellt; diese darf vor dem Hintergrund der bewegten Lebensumstände Lorcas ebenfalls aufgeworfen werden.[1]

Größter Dissens herrscht diesbezüglich bei der ›politischen Interpretation‹ der Schriften Lorcas,[2] welcher sich zum Teil durch die Entstehungszeit der Forschungsliteratur – die Diktatur Francos ging schließlich bis in die zweite Hälfte der siebziger Jahre – erklären lässt.[3]

---

1 Der vorgelegte Artikel entspricht dem geringfügig geänderten Kapitel 4 meiner Dissertation ›Die Geburt der Tragödie aus dem Geiste der Mutter: Euripides und Federico García Lorca. Eine komparatistische Studie zum griechischen und spanischen Drama‹, die 2016 im Verlag Dr. Kovač unter meinem Mädchennamen Knodel erschienen ist. Die Textbasis hierfür bilden vorrangig die ›Bakchen‹, ›Hippolytos‹ und die sophokleische ›Antigone‹ bzw. ›Bodas de sangre‹, ›Yerma‹ und ›La casa de Bernarda Alba‹. Als wesentliches *tertium comparationis* des griechischen und des lorquianischen Dramas darf die Frau gelten, die unter dionysischem Einfluss zur mörderischen Mutter wird.
2 L. Materna, Los códigos genéricos sexuales y la presentación de la mujer en el teatro de García Lorca, in: A.G. Loureiro (ed.), Estelas, laberintos, nuevas sendas. Unamuno. Valle-Inclán. García Lorca. La guerra civil (Barcelona 1988) 263 – 277, hier: 274 gibt einen umfangreichen Überblick über politische und apolitische Studien zu Lorca.
3 Vgl. Materna, Los códigos genéricos sexuales (wie Anm. 2) 263: »Con la caída del régimen franquista en España y la liberalización de su gobierno, la insistencia en la naturaleza apolítica del teatro de García Lorca ha sido virtualmente reemplazada por declaraciones acerca de su significación política e incluso revolucionaria. [...] Como resultado, este «significado» [sc. del texto literario] cambia diacrónicamente a través del tiempo, y sincrónicamente de lector a lector«. Ähnlich auch R. Anderson, Federico García Lorca (New York 1984) 131 f.
Was wiederum Lorcas politisches Umfeld betrifft, war er ebenfalls in eine sehr bewegte Zeit hineingeboren worden: Mit dem Verlust der letzten überseeischen Kolonien gegen Ende des 19. Jahrhunderts begann für die ehemalige Weltmacht Spanien eine Zeit der Instabilität; hier seien stichpunktartig etwa der Erste

Interessanterweise sind jedoch auch heute noch die Stimmen, die sich für eine apolitische Auslegung der lorquianischen Schriften entscheiden, in der Überzahl,[4] der jedoch Lorcas eigene (und meines Erachtens eindeutige) Aussagen gegenüberstehen.

So stellt für ihn das Theater bezeichnenderweise eine *escuela*[5] *de llanto y de risa y una tribuna libre donde los hombres pueden poner en evidenica morales viejas o equívocas*[6] (»eine Schule des Weinens und des Lachens und eine freie Tribüne, wo die Menschen alte und verkehrte Moralvorstellungen deutlich machen können«) dar, wobei ihm offenbar besonders an der Hervorhebung der edukativen Funktion gelegen war:

El público va con emoción a los espectáculos que considera superiores a él, a los espectáculos donde aprende, donde encuentra autoridad,[7]

Das Publikum geht voll Emotion zu den Schauspielen, die es für ihm überlegen hält, zu den Schauspielen, wo es lernt, wo es Autorität vorfindet,

Weltkrieg, die Diktatur Primo de Riveras und die Zweite Republik, welche schließlich aufgrund der Auseinandersetzungen von Links- und Rechtsparteien in den Spanischen Bürgerkrieg mündete, genannt. Kurz vor der Übernahme Granadas durch Franco fiel Lorca den Falangisten aufgrund seiner Homosexualität, seiner politischen Ansichten als Republikaner und seiner angeblich subversiven Werke zum Opfer und wurde am 19. August 1936 in der Nähe von Granada erschossen. Für einen guten Überblick über die Ereignisse in Spanien von der Restauration bis zum Bürgerkrieg siehe H. Rogmann – H.W. Wittscher, Landeskundliche Dossiers zur Romania. Dossier 5: García Lorca in seiner Zeit (Rheinfelden 1985) 12 ff.

4 Vehement verneinen etwa A. Josephs – J. Caballero (eds.), Federico García Lorca, La casa de Bernarda Alba (Madrid [29]2002) 85 eine politische Attitüde Lorcas: »Como está clarísimo, Lorca se considera anarquista, es decir, artista, apolítico, por encima de la política.«. A. Anderson, ¿De qué trata Bodas de sangre?, in: M. Ramond (ed.), Hommage à Federico García Lorca (Toulouse 1982) 53 – 64, erkennt eine soziopolitische Lesart Lorcas zwar an (vgl. ebd., 53), sieht darin jedoch eine zu oberflächliche Interpretation und den Wert von ›Bodas de sangre‹ vielmehr in seiner universellen Bedeutung »para la humanidad entera y en todos los siglos.« (ebd., 54). Auch Materna, Los códigos genéricos sexuales (wie Anm. 2) plädiert schließlich vorsichtig für eine apolitische Lesart der lorquianischen Tragödie, da sie dem Dichter sowohl den zeitlichen als auch den psychologisch-reellen Bezug seiner Protagonistinnen abspricht (vgl. ebd., 268). Ebenso negieren S. Bojahr, Gesellschaftskritische Tendenzen im dramatischen Werk García Lorcas am Beispiel von ›Bluthochzeit‹, ›Yerma‹ und ›Bernarda Albas Haus‹ (Magisterarbeit Lübeck 2007), und A. Carmona Vázquez, Coincidencias de lo trágico entre Eurípides y Federico García Lorca (Madrid 2003) eine mögliche politische Haltung des Dichters (vgl. ebd., 60 und 101). Carmona Vázquez spricht sich grundsätzlich für eine Affinität des lorquianischen Theaters zur Religion und eine primäre Verbindung der euripideischen Tragödie zur Politik aus, wobei dieser These erstens die grundsätzliche Verflechtung des griechischen Dramas von Staat und Gesellschaft, welche auch die Religion miteinschließt, und zweitens die eindeutig edukative Funktion von Lorcas Tragödien entgegengehalten werden muss. V. Varela Álvarez, El concepto de tragedia en la trilogía rural lorquiana, Stichomythia 9, 2009, 89 – 107, hier: 95, differenziert zwischen einer ethischen und einer politischen (im Sinne der griechischen Tragödie) Lesart Lorcas, wobei sie ihm letztere abspricht: »Efectivamente, Lorca no es un autor político y, por ende, no creemos que sea tampoco un autor trágico. […] Lorca no es un autor moral ni social, Lorca es un autor ético«.
5 Sämtliche Hervorhebungen und Übersetzungen stammen, soweit nicht anders angegeben, von der Verfasserin.
6 A. del Hoyo (ed.), Federico García Lorca, Obras completas (Madrid [16]1971) 150; im Folgenden als OC zitiert.
7 OC 142.

und:

[A]l público se le atrae, se le engaña, se le educa y se le da [...] no gato por liebre, sino oro por liebre. Pero sin perder de vista que el teatro es superior al público y no inferior, como ocurre con lamentable frecuencia.[8]

Das Publikum lockt man an, täuscht man, erzieht man und man macht ihm nicht ein X für ein U vor, sondern gibt ihm Gold für ein U. Aber ohne außer Acht zu lassen, dass das Theater dem Publikum überlegen und nicht unterlegen ist, wie es leider häufig der Fall ist.

Dem klassisch gebildeten Leser wird das subtile aristotelische Echo sicherlich nicht entgangen sein: Die erzieherische Funktion des lorquianischen Theaters ist sowohl an Weinen und Lachen bzw. Emotionen im Allgemeinen als auch an eine höhere Instanz im Sinne einer Überlegenheit des Dramas gegenüber dem Publikum gebunden.

Damit setzt sich der andalusische Dichter auch scharf gegenüber dem zeitgenössischen kommerziellen Theater[9] ab:

Es preciso que [sc. el teatro] apasione, como el clásico – receptor del latido de toda una época. En el teatro español actual no observo ninguna característica.[10]

Es ist notwendig, dass das Theater begeistert, wie das klassische – Empfänger des Herzschlages einer ganzen Epoche. Im zeitgenössischen spanischen Theater kann ich keinen solchen Zug entdecken.

Aus dieser Aussage spricht ein profundes Verständnis der edukativen Bedeutung der klassischen Tragödie,[11] bezeichnet er sie doch als *receptor*, gewissermaßen als Auffangbecken des Herzschlages einer ganzen Epoche, bzw. als *barómetro que marca su [sc. del pueblo] grandeza o su descenso*[12] (»Barometer, das die Größe des Volkes oder seinen Abstieg anzeigt«).

Soziopolitische Verhältnisse und tragisches Geschehen gehen Hand in Hand, wobei Lorca offensichtlich reale Verhältnisse zumindest als Ausgangsbasis für sein poetisches Schaffen dienen, was etwa der Vorspann von ›La casa de Bernarda Alba‹ deutlich zum Ausdruck bringt: *El poeta advierte que estos tres actos tienen la intención de un documental fotográfico* (CBA 138) (»Der Dichter weist darauf hin, dass diese drei Akte die Absicht einer photographischen Dokumentation haben«). Ohne zunächst genauer auf die Aussage einge-

---

8   OC 141.
9   Vgl. OC 151, wo Lorca die Abhängigkeit des zeitgenössischen Theaters von kommerziellen Geldgebern anprangert.
10 OC 1775.
11 Vgl. Varela Álvarez, El concepto de tragedia (wie Anm. 4) 95.
12 OC 150.

hen zu wollen, darf man doch den Begriff ›documental‹ nicht überlesen. Nach der Definition der *Real Academia Española* haben wir es in diesem Zusammenhang mit der Repräsentation von »hechos, escenas, experimentos, etc., tomados de la realidad«[13] (»Tatsachen, Szenen, Experimenten etc., die der Realität entnommen sind«), zu tun. Ganz klar liegt damit ein Bezug zur Wirklichkeit bzw. zu den gegebenen Lebensumständen vor.

Und tatsächlich fiel diese besondere Affinität des Werkes zur Realität bereits den ›ersten Hörern‹, d. h. den bei der ersten öffentlichen Lesung des Werkes am 24. Juni 1936 Anwesenden auf. So berichtet etwa García Posada:

> Así Carlos Morla [...] anota [...] que «esta vez se me antoja que Federico ha desterrado al poeta que lo habita para darse entero al pavoroso realismo de una verdad terrible»[14].[15]

> So vermerkt Carlos Morla [...]: «Diesmal habe ich das Gefühl, dass Federico den Dichter ans Licht geholt hat, der in ihm schlummert, um sich völlig dem furchtbaren Realismus einer schrecklichen Wahrheit hinzugeben».

Für ›Bodas de sangre‹[16] und ›Yerma‹ dürfen wir nach einer Aussage des Dichters dieselbe Authentizität veranschlagen: *De la realidad son fruto las dos obras. Reales son sus figuras; rigurosamente auténtico el tema de cada una de ellas*[17] (»Beide Werke sind Früchte der Realität. Real sind ihre Figuren; strikt authentisch das Thema eines jeden von ihnen«).

Diese enge Beziehung von Drama und realem Geschehen findet schließlich ihre explizite Bestätigung in der Forderung nach einer Rückkehr zur klassischen Tragödie: *El teatro tiene que volver por sus antiguos fueros con el respeto y la devoción que merecen*[18] (»Das Theater muss sich für seine alten Gesetze einsetzen mit dem Respekt und der Hingabe, die sie verdienen«). Damit dürfte im Umkehrschluss auch Lorcas eigenes soziopolitisches bzw. didaktisches Bestreben in seinen Tragödien nicht anzuzweifeln sein.[19]

---

13 Abrufbar unter: http://lema.rae.es/drae/?val=documental.
14 C. Morla, En España con Federico García Lorca (Páginas de un diario íntimo, 1928 – 1936) (Madrid ²1958) 488.
15 M. García Posada, Realidad y transfiguración artística en ›La casa de Bernarda Alba‹, in: R. Doménech (ed.), La casa de Bernarda Alba y el teatro de García Lorca (Madrid 1985) 149 – 170, hier: 151.
16 Bekanntermaßen basiert der Plot von ›Bodas de sangre‹ auf dem sogenannten ›Crimen de Níjar‹, einem mysteriösen, aber tatsächlich geschehenen Mord im Jahre 1928: Eine Braut war auf ihrer eigenen Hochzeit nicht erschienen, wurde jedoch kurz darauf einige Kilometer von ihrem Anwesen entfernt in der Nähe ihres blutüberströmten Cousins mit zerfetzten Kleidern gefunden. Nach eigenen Angaben sei die Frau, um den Bräutigam zu ärgern, mit ihrem Cousin geflohen, jedoch von einem Maskierten aufgehalten und schließlich Zeugin eines blutigen Mordes an ihrem Verwandten geworden (vgl. A. Josephs – J. Caballero [eds.], Federico García Lorca, Bodas de Sangre [Madrid ²²2010] 28 f.).
17 OC 1777.
18 OC 142. Lorca sah gerade seine Tragödien sogar als *misión* an (vgl. I. Gibson, «Caballo azul de mi locura». Lorca y el mundo gay [Barcelona 2009] 332).
19 Abgesehen vom typisch lorquianischen Konflikt von Autorität und Freiheit (vgl. Josephs – Caballero, Bodas de Sangre [wie Anm. 16] 19), welchen etwa Anderson, ¿De qué trata Bodas de sangre? (wie Anm. 4) 53 als politisches Statement wertet, finden sich bei Lorca durchaus auch direkte politische Äußerungen

Wie eng diese Problematik wiederum mit Lorcas eigener Lage verflochten war, zeigt folgende Aussage des Dichters in einem Interview zu ›Yerma‹, dass im Theater nur zwei Aspekte von Bedeutung seien: *el social y el sexual*.[20] Dies wiederum bestätigt die Notwendigkeit einer universellen u n d individuellen bzw. einer gesellschaftlichen u n d psychologischen Herangehensweise.

Für die hier vorliegenden griechischen Pendants darf eine ähnlich bewegte Zeit konstatiert werden: Während im fünften Jahrhundert vor Christus in Athen die »traditionsstürzenden Ideen der Sophistik«[21] allgemein für Furore sorgten, brachte das politische Umfeld des sich anbahnenden Peloponnesischen Krieges Figuren wie Perikles hervor, mit dem zusammen Sophokles das Strategenamt im Samischen Krieg innehatte.[22] Dennoch war Sophokles »kein Parteigänger des mächtigen Mannes. Im Gegenteil: Er nahm sich das Recht heraus, ihn durch Gestalten seiner Stücke wenn nicht zu kritisieren, so doch zu warnen. Dem Kreon der Antigone sind unverkennbare Züge eingezeichnet, die an Perikles erinnern sollen [...].«[23]

---

bzw. Aktionen; so gibt er in einem Interview zu ›Yerma‹ bekannt: *Estoy trabajando en otra tragedia. Una tragedia política [...]* (OC 1785). Neben eigenen gesellschaftskritischen Theateraufführungen mit ›La Barraca‹ (vgl. C. Rincón, Das Theater García Lorcas [Berlin 1975] 222) kann I. Gibson, Lorcas Tod (Frankfurt a. M. 1976) 54 auch des Dichters politisches Engagement nachweisen: »Es ist unbestreitbar, dass Lorca sich in den letzten Monaten vor dem Aufstand an Versammlungen beteiligte, die republikanische Gesinnungen demonstrierten und sich eindeutig gegen den Faschismus wandten«; des Weiteren führt Gibson Teilnahme an antifaschistischen Banketten (vgl. ebd., 54 – 56) und Unterzeichnungen von linksgerichteten Manifesten (vgl. ebd., 55) an. Jedoch können paradoxerweise auch antipolitische Worte aus Lorcas eigenem Munde angeführt werden (vgl. ebd., 56), weswegen ihm Gibson wohl zu Recht eine gewisse politische Naivität unterstellt (vgl. ebd., 57: Selbst freundschaftlicher Umgang mit dem Führer der *Falange*, José Antonio Primo de Rivera, lässt sich nachweisen). Nichtsdestotrotz bleiben davon soziopolitische Aussagen im Sinne der angesprochenen Erziehung des Volkes durch das Theater und Widerspiegelung sowohl von Universalproblematik als auch zeitbezogenem Geschehen unberührt.

20 Zitiert nach Gibson, «Caballo azul de mi locura» (wie Anm. 18) 335: *El Mercantil Valenciano*, Valencia, November 1935. Anders Varela Álvarez, El concepto de tragedia (wie Anm. 4) 95, unter Berufung auf Lázaro Carreter: »[...] el didactismo de Lorca no apunta ni a lo social ni a lo político«. Diese jedoch nachweisbare Sensibilität Lorcas für gesellschaftliche Probleme weiß auch sein Bruder Francisco in Federico y su mundo (Madrid 1980) zu bestätigen (vgl. ebd., 405). Mit der Affirmation der sozialen Komponente muss die Aussage Bojahrs, Gesellschaftskritische Tendenzen (wie Anm. 4), Lorcas Theater könne aufgrund des ländlichen Zielpublikums keine politische Motivation aufweisen (vgl. ebd., 74), zurückgewiesen werden. Im Übrigen dürfen wir auch den antiken Topos der Gegenüberstellung von Stadt und Land bei Lorca in gewisser Weise wiederaufgenommen sehen, da er einerseits in der Tradition der *Generación del 98* stand, welche sich durch eine antiindustrielle Attitüde bzw. eine Glorifizierung der Natur auszeichnete (vgl. L. Litvak, A Dream of Arcadia. Anti-Industrialism in Spanish Literature, 1895 – 1905 [Austin/TX-London 1975] passim), andererseits durch die horrende Schilderung des städtischen Lebens etwa in ›Poeta en Nueva York‹ (vgl. Bojahr, Gesellschaftskritische Tendenzen [wie Anm. 4] 15).
21 A. Lesky, Geschichte der griechischen Literatur (Bern 1957/1958) 263.
22 Vgl. H. Flashar, Sophokles. Dichter im demokratischen Athen (München 2000) 35.
23 S. Melchinger, Sophokles (Velber bei Hannover ³1974) 19. Ähnlich bestimmt drückt sich C. Meier, Die politische Kunst der griechischen Tragödie (München 1988) 216, aus: »Wie wenige andere Tragödien lehrt Sophokles' Antigone, worin das Politische der attischen Tragödie besteht«. Ähnlich Flashar, Sophokles (wie Anm. 22) 35: »Diejenige Tragödie des Sophokles, die am stärksten ‹politisch› gewirkt hat und immer wieder als Zeugnis politischen Widerstandes in Anspruch genommen wurde, ist in enger zeitlicher Nähe zu den offiziellen Aktivitäten des Sophokles im Dienst und im Interesse der Polis entstanden«.

Eine eindeutige Position hinsichtlich dieser Aussage kann nicht bezogen werden, obliegt dies doch letztlich der Interpretation des Lesers; nichtsdestotrotz muss für Sophokles aber eine rege eigene politische Aktivität konstatiert werden,[24] was wiederum bei Euripides offenbar nicht der Fall war.

Als deutlich spannungsreicher und problembeladener erweist sich dessen Werk,[25] wobei großer Dissens hinsichtlich seiner Wirkungsabsicht[26] und damit auch seiner Deklaration als Politiker, Philosoph oder Theologe herrscht.[27] Meines Erachtens ist diese Frage jedoch insofern falsch gestellt, als Euripides – ähnlich wie Lorca – sicherlich nicht einer einzigen dieser Sparten zugewiesen werden darf. Weniger Dogmatiker denn Reflektor re-agiert auch er auf die Instabilität seiner Zeit, die eben mit der besagten Vielzahl an politischen, philosophischen bzw. sozialen und theologischen Problemen verknüpft ist.[28]

---

24 Vgl. Flashar, Sophokles (wie Anm. 22) 34 ff.
25 Vgl. M. Hose, Euripides. Der Dichter der Leidenschaften (München 2008) 23: »Anders als der zehn Jahre ältere Sophokles, der prägende Einflüsse im aufstrebenden Athen nach den Perserkriegen (seit 480/79) unter der glücklichen Führung Kimons erfuhr, dürfte folglich für den jungen Euripides Planen nicht als gleich Erfolg, sondern eben auch als Möglichkeit des Scheiterns erlebt worden sein«.
26 Von Aristoteles werden wir zwar unterrichtet, dass Euripides die Menschen so darstelle, wie sie wirklich seien (vgl. ›Poetik‹ 25, 1460b 34), aber dennoch hat wohl kein anderer griechischer Denker die Forschung hinsichtlich seiner Intention so gespalten, was allein konträre Titel wie E.R. Dodds, Euripides the Irrationalist, The Classical Review 43, 1929, 97 – 104, und A.W. Verrall, Euripides the Rationalist. A Study in the History of Art and Religion (Cambridge 1895) verraten.
27 So spricht sich etwa E.M. Blaiklock, The Male Characters of Euripides. A Study in Realism (Wellington 1952), gegen einen didaktischen Anspruch Euripides' aus (vgl. ebd., 37). Ähnlich auch R. Schlesier, Der Stachel der Götter. Zum Problem des Wahnsinns in der Euripideischen Tragödie, Poetica 17, 1985, 1 – 45, die Euripides eine ethische Position ab- (ebd., 4) und vielmehr eine theologische Funktion (vgl. ebd., 5 f.) zuerkennt. Damit vollzieht sie ebenso wie Carmona Vázquez, Coincidencias de lo trágico (wie Anm. 4) eine unzulässige Trennung von Religion und Staat. Vorsichtiger formuliert A. Lesky, Die tragische Dichtung der Hellenen (Göttingen 1956), Euripides sei immer erst Dichter vor Denker gewesen, da er – ebenso wie Lorca – nie ein bestimmtes System übernommen habe (vgl. ebd., 208).
Dagegen findet sich eine Vielzahl politischer Interpretationen des Euripides, wie etwa für ›Hippolytos‹ und die ›Bakchen‹ bei B.M.W. Knox, The ›Hippolytus‹ of Euripides, in: E. Segal (Ed.), Euripides. A Collection of Critical Essays (Englewood Cliffs/NJ 1968) 90 – 114, hier: 102 ff., der in Phaidra und Hippolytos Repräsentanten der Aristokratie sieht. Ähnlich auch B. Zimmermann, Die griechische Tragödie. Eine Einführung (Düsseldorf–Zürich ²1995), über Hippolytos und Pentheus (vgl. ebd., 106), und C. Segal, The Menace of Dionysus: Sex Roles and Reversals in Euripides' ›Bacchae‹, in: J. Peradotto – J.P. Sullivan (Eds.), Women in the Ancient World. The Arethusa Papers (Albany 1984), 195 – 212, hier: 199, welcher Pentheus als Mitglied der »warrior-society« anführt.
28 Damit schließe ich mich der Meinung von W. Nicolai, Zur politischen Tendenz der Euripideischen Bakchen, Antike und Abendland 43, 1997, 109 – 123, hier: 111 bzw. E. Lefèvre, Euripides' ›Bakchai‹ und die politische Bedeutung seines Spätwerks, in: B. Zimmermann (Hrsg.), Griechisch-römische Komödie und Tragödie (Stuttgart 1995) 156 – 181, hier: 175, an, Euripides sei an der »Widerspiegelung der politischen Kräfte des ›untergehenden‹ Athen« gelegen. A.F.H. Bierl, Dionysos und die griechische Tragödie. Politische und ‚metatheatralische' Aspekte im Text (Tübingen 1991), erklärt Pentheus' Scheitern aus seinem Unvermögen, sein zweites Ich, d. h. Dionysos, in das politische System zu integrieren (vgl. ebd., 67 f.). Ähnlich über die politische Wirkungsabsicht von ›Hippolytos‹ und ›Bakchen‹ auch H. Merklin, Gott und Mensch im ›Hippolytos‹ und den ›Bakchen‹ des Euripides (Diss. Freiburg 1964) 166, mit der Meinung, »daß Euripides die dramatischen Spiele seiner Kunst notwendig von den Kräften bewegt sein ließ, von denen er auch die Welt in Wirklichkeit bewegt sah, und daß auf diese Weise seine ‚Welt-Anschauung' sehr wohl in seiner Dichtung ihre Spuren hinterlassen konnte, ja hinterlassen mußte?«. G. Murray, Euripides

So finden wir abgesehen von der politischen Thematik, welche mit einem Sittenverfall ähnlich der thukydideischen Anprangerung einhergeht,[29] auch Probleme sozialer Art, was etwa die Fragen nach der Attitüde gegenüber Ausländern[30] oder das Gefälle von Arm und Reich anbelangt.[31] Ebenso darf an dieser Stelle die sophistische Facette des euripideischen Werkes nicht unerwähnt bleiben, welche Aussagen wie etwa das folgende Fragment aus dem ›Hippolytos Kalyptomenos‹ deutlich machen:

φεῦ φεῦ, τὸ μὴ τὰ πράγματ' ἀνθρώποις ἔχειν
φωνήν, ἵν' ἦσαν μηδὲν οἱ δεινοὶ λέγειν.
Νῦν δ' εὐρόοισι στόμασι τἀληθέστατα
κλέπτουσιν, ὥστε μὴ δοκεῖν ἃ χρὴ δοκεῖν.
(›Hippolytos Kalyptomenos‹ Frg. 439 TrGF V/1)

Ach, dass für uns nicht die Dinge selbst reden können, damit die allzu gewandten Redner zunichte würden. Jetzt können sie die größten Wahrheiten mit geläufiger Zunge wegzaubern, so dass nicht mehr gilt, was eigentlich gelten sollte.[32]

Eine Art Mittelstellung zwischen gesellschaftlicher und sexueller Problematik nimmt ebenso wie bei Lorca die Frage nach der Darstellung der Frau ein, welche auf sozialer Ebene je nach Sicht des Interpreten als abschreckendes Verhaltensmuster oder als Opfer des Patriarchats figuriert.[33] Die in den vorliegenden Tragödien in auffallender Weise forcierte Differenz von

---

und seine Zeit (Darmstadt 1957), fordert zu Recht, dass Euripides »in seiner eigenen Atmosphäre« gelesen werden müsse (ebd., 5), bezeichnet ihn jedoch im Folgenden als »zusammen mit Platon de[n] ungestümste[n] der Rebellen« (ebd.) gegen die Tradition. Meines Erachtens ist dieses Urteil jedoch zu hart, da Euripides' Aussagen wie aufgezeigt breit interpretierbar sind und damit keine einzige bzw. ausschließliche Stoßrichtung aufweisen; damit muss für ihn dieselbe reaktive Attitüde wie für Lorca veranschlagt werden.

29 Vgl. M. Pohlenz, Griechische Freiheit. Wesen und Werden eines Lebensideals (Heidelberg 1955) 63; so auch B. Zimmermann, Die Krise der Polis im Spiegel der attischen Tragödie (Euripides, ›Orestes‹; Sophokles, ›Philoktetes‹), in: J.V. Bañuls et al. (eds.), El teatre clàssic al marc de la cultura griega i la seua pervivència dins la cultura occidental (Bari 1998) 369 – 380, hier: 375.
30 Vgl. W. Poole, Male Homosexuality in Euripides, in: A. Powell (Ed.), Euripides. Women and Sexuality (London–New York 1990) 108 – 150, hier: 117.
31 Vgl. L. Romero Mariscal, Eurípides crítico social, in: J. Campos Daroca et al. (eds.), Las personas de Eurípides (Amsterdam 2007) 39 – 83. Romero Mariscal sieht gerade in Euripides' realistischer Darstellung eine »alternativa eficaz de enseñanza« (ebd., 28 f.).
32 Übersetzung aus: Gustav Adolf Seeck (Hrsg.), Euripides, Sämtliche Tragödien und Fragmente. Griechisch-deutsch. Band 6: Fragmente. Der Kyklop. Rhesos. Fragmente übers. v. Gustav Adolf Seeck. Der Kyklop übers. v. Johann Jacob Christian Donner. Rhesos übers. v. Wilhelm Binder (München 1981).
33 Siehe Hose, Euripides (wie Anm. 25) 41, über die changierende Interpretation der ‚Frauendramen' ›Alkestis‹, ›Medea‹ und ›Hippolytos‹: »Am Ende der drei Stücke steht auf den ersten Blick eine Bestätigung des <patriarchalischen Protokolls>. [...] Doch dies ist nur eine Möglichkeit, die Stücke zu lesen. Alle drei Dramen bieten gegenüber dieser die gesellschaftlichen Normen bestätigenden Interpretation auch ein Potential für eine subversive Lektüre«. Zur Bestätigung des Patriarchats durch die enthemmte euripideische Heroine siehe J. Iwersen, Die Frau im Alten Griechenland. Religion, Kultur, Gesellschaft (Düsseldorf–Zürich 2002) 110: »Ihre Rollen [sc. Medeas, Phaidras und Klytaimnestras] zeigten den Athenern, wohin die entfesselten Leidenschaften von Frauen ihre Familien führen konnten und bestärkten sie dadurch in der

Mann und Frau[34] geht mit der psychologischen Beobachtung einher, dass gerade vor dem Hintergrund des Krieges Hypermaskulinität künstlich erzeugt wird, um die eigene Angst und Schwäche »in Richtung einer unverletzlichen Variante von Männlichkeit«[35] aufzulösen. Dieser Aspekt wird gerade in den ›Bakchen‹ subtil eingeführt, jedoch ohne einer umfassenden Wirkung zu entbehren:

> The *Bacchae* is about pleasure, and about resistance to pleasure. […] That drive for pleasure excites in the self, in the society, and in the authority-figures of the society a paradoxical resistance to pleasure.[36]

Als Zwischenfazit dürfen wir also insofern von einem reaktiven Verhältnis Euripides' und Lorcas zum Zeitgeschehen sprechen, als sie zwar keine direkte politische Position beziehen, jedoch die Instabilität ihres jeweiligen zeitlichen Hintergrundes realistisch[37] widerspiegeln: Der lorquianischen Auffassung des Theaters als *barómetro*[38] darf Hoses Konklusion zur euripideischen Tragödie gegenübergestellt werden:

> Die Dramen des Euripides gleichen […] Seismographen, die die Erschütterungen Athens aufzeichnen und in ihrer Sprache erörtern.[39]

Auffassung, dass ihr strenges patriarchales Regiment, das Frauen in jeder Hinsicht um emotionale Entfaltung bringen sollte, dem familiär-gesellschaftlichen Chaos vorbeugte«. Als willkommenes Opfer des Patriarchats sieht hingegen R. Padel, Women: Model for Possession by Greek Daemons, in: A. Cameron – A. Kuhrt (Eds.), Images of Women in Antiquity (London–Canberra 1983) 3 – 19, hier: 16, die tragische Protagonistin: »His [sc. the dramatist's] aim is […] to find a useful image of suffering: not so much imaginative sympathy with, as literary exploitation of, women's victimised position«. Blaiklock, The Male Characters of Euripides (wie Anm. 27) verknüpft die Problematik des Weiblichen mit der Ausländerproblematik, indem er auf ein etwa 450 v. Chr. in Athen eingeführtes Gesetz hinweist, welches nur den Abkömmlingen beiderseits athenischer Eltern das Bürgerrecht zuerkannte (vgl. ebd., 21).

34 Vgl. C.S. Castro Filho, »Eu mesma matei meu filho«: do filicídio materno como poética trágica em Eurípides, Goethe e García Lorca (Diss. Rio de Janeiro 2012) 196 f.: »Ao que parece, Lorca tenta aproximar o solapamento da mulher andaluza por um patriarcalismo arraigado ao análogo solapamento sofrido pelha mulher grega […]«.

35 G. Zipfel, Ausnahmezustand Krieg? Anmerkungen zu soldatischer Männlichkeit, sexueller Gewalt und militärischer Einhegung, in: I. Eschebach – R. Mühlhäuser (Hrsg.), Krieg und Geschlecht. Sexuelle Gewalt im Krieg und Sex-Zwangsarbeit in NS-Konzentrationslagern (Berlin 2008) 55 – 74, hier: 58. Zur Situation der Frau im Peloponnesischen Krieg während der Abwesenheit des Mannes siehe L. Radermacher, Die Stellung der Frau innerhalb der griechischen Kultur, Mitteilungen vom Verein der Freunde des Humanistischen Gymnasiums 27, 1929, 6 – 22, hier: 22: »Wahrscheinlich hat auch der lange und schwere Krieg zwischen Athen und Sparta im Ausgang des 5. Jh. viel dazu beigetragen, dass die Frauen größere Selbstständigkeit erlangten«.

36 C. Segal, Dionysiac Poetics and Euripides' ›Bacchae‹ (Princeton 1982) 9 f.

37 A.V. Rankin, Euripides' Hippolytus: A Psychopathological Hero, Arethusa 7/1, 1974, 71 – 94, hier: 71, bezeichnet Euripides als »the first realist in the drama«.

38 OC 150.

39 Hose, Euripides (wie Anm. 25) 241.

Zu kurz griffe diese Aussage jedoch, würde man in unseren Dichtern bloße Reflektoren des tatsächlichen Geschehens sehen. Vielmehr findet sich in beiden eine Symbiose von realen und irrealen Elementen, was Lorca in ›La imágen poética de Don Luis de Góngora‹ sogar explizit betont,[40] um diese Fusion schließlich auch für sein eigenes Werk als *lucha de la realidad con la fantasía [...] que existe en el fondo de toda criatura*[41] (»Auseinandersetzung der Realität mit der Phantasie [...], die im Innersten eines jeden Lebewesens existiert«) in Anspruch zu nehmen.

Diese Fusion von Realität und Phantasie wiederum bildet die Basis für bzw. den Schlüssel zum bekannten Symbolismus Lorcas, der ja der ›Generación del 27‹ angehörte: Ihre Affinität zu Symbolen und Metaphern diente gleichsam als Nährboden für vielfältige Auslegung und facettenreiche Dechiffrierung.[42] Neben der Teilhabe an realistischen Elementen weist dieser Symbolismus jedoch auch, wie aus dem obigen Zitat ersichtlich, phantastische Bestandteile auf, die eine dem Menschen nicht (ausschließlich) über seine Sinne zu erfahrende Ebene implizieren: »[The Symbolism] enabled Lorca to suggest the universal truths, forces and impulses that lie beneath the surface appearance of human existence.«[43]

Dieser Irrationalität entbehrt auch das griechische Pendant nicht, tritt uns doch gerade in Euripides' Werk ein perfektes Maß von Realität und Poesie entgegen, wodurch ein künstlerischer Begriff von Wirklichkeit[44] entsteht: Die Tragödie ist nicht mehr wie das Epos an den Mythos gleichsam als eine historische Wahrheit gebunden, »sondern spürt den Motiven des Geschehens nach im Handeln der Menschen.«[45] Die Realität dient gewissermaßen als Ausgangspunkt, in die jedoch zunehmend das Irrationale eindringt, welches gerade im ausgehenden fünften Jahrhundert vor Christus im Spannungsfeld von Gott und Mensch zu verorten ist.

Der Mensch – Maß aller Dinge?

> As Athena in the *Eumenides* represents the triumph of reason over violence, so the figure of Pentheus in the *Bacchae* demonstrates the inadequacy of reason in the presence of mystery and irrationality,[46]

---

40 *Naturalmente, Góngora no crea sus imágenes sobre la misma Naturaleza, sino que lleva el objeto, cosa o acto a la cámara oscura de su cerebro y de allí salen transformados para dar el gran salto sobre el otro mundo con que se funden. [...] Góngora tiene un mundo aparte, como todo gran poeta* (OC 73 f.).
41 OC 133.
42 Vgl. H. Rogmann, Federico García Lorcas Theater: Variationen e i n e s Themas, in: W. Floeck (Hrsg.), Spanisches Theater im 20. Jahrhundert. Gestalten und Tendenzen (Tübingen 1990) 135 – 153, hier: 135.
43 G. Edwards, Dramatists in Perspective: Spanish Theatre in the Twentieth Century (Cardiff 1985) 251.
44 Vgl. B. Snell, Die Entdeckung des Geistes. Studien zur Entstehung des europäischen Denkens bei den Griechen (Hamburg ³1955) 160.
45 Snell, Die Entdeckung des Geistes (wie Anm. 44) 155.
46 G.S. Duclos, Aeschylus' ›Eumenides‹ and Euripides' ›Bacchae‹ in the Context of Fifth Century Athens, The Classical Outlook 58, 1981, 100 – 102, hier: 100.

konstatiert Duclos zu Recht – doch: Was verbirgt sich hinter dem schillernden Begriff der Irrationalität?

Das Irrationale kennt bei Euripides, wie zu zeigen sein wird, vor allem drei Namen: θυμός, δαίμων und θεός. Bereits auf den ersten Blick wird die Problematik deutlich: Gott oder Mensch? Oder anders ausgedrückt: Gibt es noch Götter, die für Freud und Leid der tragischen Welt verantwortlich sind? Oder steht vielmehr konform mit den sophistischen Lehren der Mensch im Mittelpunkt als Urheber und Opfer seines Tuns? Bevor auf diese essentielle Frage näher eingegangen werden kann, ist zunächst eine Erfassung der jeweiligen Personenkonzeption von Nöten: Was zeichnet den Menschen in der euripideischen und lorquianischen Tragödie überhaupt aus?

Rasch kristallisiert sich bereits bei einer oberflächlichen Betrachtung der Tragödien eine durchgängige Schwäche der ›allzu realen‹ Protagonisten heraus. Wie ein Echo auf die Bewertung Euripides' durch Aristoteles muten auch Lorcas Figuren an:

> El teatro necesita que los personajes que aparezcan en la escena lleven un traje de poesía y al mismo tiempo que se les vean los huesos, la sangre. Han de ser tan humanos, tan horrorosamente trágicos y ligados a la vida [...].[47]

> Das Theater braucht Bühnenfiguren, die ein poetisches Kostüm tragen und bei denen man zugleich das Fleisch und Blut sieht. Sie müssen so menschlich, so entsetzlich tragisch und an das Leben gebunden sein [...].

Es ist dies genau die Mischung von Poesie und unbarmherziger Realität, welche auch der griechische Dichter seinen Personen angedeihen ließ:

> Come dà spazio nelle sue pagine all'esotismo, ma anche a un realismo attento anche allo squallore, così attinge i lati più grigi od oscuri dell'esistenza umana.[48]

> Da er auf seinen Seiten dem Exotismus Raum gibt, aber auch einem Realismus, der das Elend in den Blick nimmt, so gelangt er zu den düstersten oder dunkelsten Seiten der menschlichen Existenz.

Im Gegensatz zur Größe der aischyleischen und sophokleischen Figuren[49] steht dem euripideischen Menschen spätestens ab dem ›Hippolytos‹ seine eigene unbezähmbare

---

47 OC 1810.
48 U. Albini, Nel nome di Dioniso. Vita teatrale nell'Atene classica. Il testo, l'attore, l'apparato scenico, la recitazione, il pubblico. Il grande teatro classico rivisitato con occhio contemporaneo (Milano 1991) 299.
49 K. von Fritz, Antike und moderne Tragödie. Neun Abhandlungen (Berlin 1962), geht bei diesem Vergleich von einer Versöhnung am Ende der aischyleischen Trilogie aus, um den sophokleischen Helden, obgleich keine Lösung des tragischen Konflikts mehr, so doch immerhin eine Erhöhung aufgrund ihres festen Wesenskerns zu konstatieren (vgl. ebd., 16 f.); im Gegensatz dazu fehlen bei Euripides beide Komponenten

Leidenschaft und Regkraft, der θυμός, entgegen,[50] der sich wider die bessere, d. h. rationale Erkenntnis stellt und damit das sokratische Diktum, der Mensch würde nur mangels Unkenntnis des Rechten schlecht handeln,[51] aushebelt; dadurch gerät dieser gewissermaßen in einen ir-rationalen Realismus, welcher unausweichlich »attento allo squallore« bzw. »horrorosamente trágico« sein muss:

So gibt etwa Medea ihrem θυμός nach und fasst den Entschluss zum Mord an ihren Kindern: καὶ μανθάνω μὲν οἷα δρᾶν μέλλω κακά, / θυμὸς δὲ κρείσσων τῶν ἐμῶν βουλευμάτων (›Medea‹ vv. 1078 f.) (»Und ich erkenne, welche schlechten Dinge ich zu tun im Begriff bin, der θυμός aber ist mächtiger als meine Beschlüsse«). Im ›Hippolytos‹ wiederum führt zwar Phaidra nicht explizit ihren θυμός als Hindernis an, unterliegt aber trotzdem implizit einem irrationalen Affekt, wenn sie der Einsicht Schwächen wie ἀργία, ἡδονή und ›schlechte αἰδώς‹ (›Hippolytos‹ vv. 380 ff.)[52] gegenüberstellt.[53] Der eigene bzw. allgemein menschliche Defekte werden hier jedoch durch die ›Rahmengottheiten‹ Aphrodite und Artemis flankiert, wodurch sich eine Dichotomie von θυμός und θεός ergibt. Das wohl größte Augenmerk bei Euripides erfordern die ›Bakchen‹, da Pentheus' Schwäche, welche unter anderem in seiner Neugierde und sexuellen Erregbarkeit liegt,[54] erst aus dem Verlauf des Stückes bzw. in seinem göttlichen Antipoden Dionysos zu erkennen ist. In diesem Stück zeigt sich am deutlichsten, wie fließend bei Euripides die Grenzen zwischen Mensch bzw. zwischen θυμός, δαίμων und θεός geworden sind. Neben dem Abgesang der ›Bakchen‹, wo der Chor abwechselnd dem δαιμόνιον (›Bakchen‹ v. 1388)[55] und dem θεός (›Bakchen‹ v. 1389) die Schuld am Untergang Pentheus' zuweist, finden wir etwa in den ›Kretern‹ eine ähnlich zweigeteilte Aitiologie: Zunächst führt Pasiphae ihr Rasen auf das Einwirken eines Gottes zurück (›Kreter‹ Frg. 472e TrGF V/1, v. 9 ἐκ θεοῦ γὰρ προσβολῆς ἐμηνάμην), um dafür jedoch kurz darauf den δαίμων (›Kreter‹ Frg. 472e TrGF V/1, v. 21 δαίμων ὁ τοῦδε κἄμ' ἐ[νέπλησεν κα]κῶν) verantwortlich zu machen. Selbst Burkert kann offenbar die Positionierung des griechischen δαίμων nicht eindeutig festlegen, wenn er behauptet:

(vgl. ebd., 19 f.): »Insofern Euripides mit Vorliebe Charaktere, ›die sind wie wir‹, in den Mittelpunkt seiner Dramen stellt und ihre Leiden aus ihren moralischen Unvollkommenheiten hervorgehen lässt, kann man vielleicht sagen, dass er sich der modernen Dramatik nähert« (ebd., 370).
50 Vgl. M. Hose, Euripides als Anthropologe (München 2009) 41.
51 Vgl. Xenophon, ›Memorabilien‹ 3,9,5.
52 Zitiert nach: Euripidis fabulae, ed. J. Diggle. Tomus I: Insunt Cyclops, Alcestis, Medea, Heraclidae, Hippolytus, Andromacha, Hecuba (Oxford 1984).
53 Edwards' (Dramatists in Perspective [wie Anm. 43]) Bemerkung, Lorcas Tragödie sei t r o t z der primitiven Passionen »in its evocation of the helplessness and the smallness of human beings« (ebd., 106) essentieller Teil gerade unserer, d. h. der modernen Zeit, kann ich daher nicht teilen; die menschliche Schwäche manifestiert sich gerade in den euripideischen Tragödien bereits überdeutlich. Aufgrund Edwards' vorhergehender Aussage, welche »the sense of inevitability« (ebd.) als charakteristisch für die antike Welt sieht, schließe ich, dass hier generell von einer undifferenzierten Sicht auf die antike Tragödie ausgegangen wurde, wird doch dem Menschen etwa in der aischyleischen Tragödie die Möglichkeit zur Einsicht noch gewährt: πάθει μάθος.
54 Vgl. Hose, Euripides als Anthropologe (wie Anm. 50) 60.
55 Zitiert nach: Euripidis fabulae, ed. J. Diggle. Tomus III: Insunt Helena, Phoenissae, Orestes, Bacchae, Iphigenia Aulidensis, Rhesus (Oxford 1994).

Daímon bezeichnet offenbar nicht eine bestimmte Klasse göttlicher Wesen, sondern eine eigentümliche Wirkungsweise. Denn *daímon* und *theós* sind auch kaum je einfach austauschbar. [...] *Daímon* ist undurchschaute Macht, ein den Menschen Treibendes ohne benennbaren Urheber,[56]

um jedoch dem Terminus abschließend eine theologische Nuance zu verleihen: »*Daímon* ist gleichsam das verhüllte Gesicht göttlichen Wirkens.«[57]

Diese definitorischen Schwankungen innerhalb des euripideischen Werkes konfrontieren uns mit einer zweifachen Problematik: Erstens stimmen sie mit der realistischen Personenkonzeption insofern überein, als sie ein Spiegel der pessimistischen Grundhaltung des Tragikers sind, welche wiederum auf das zerrüttete Weltbild seiner Zeit zurückzuführen ist. Zweitens gerät mit dieser Ambiguität das Göttliche an sich ins Wanken, da es offenbar keinen bzw. keinen ausschließlichen Einfluss mehr darstellt und so einmal mehr auf den Menschen verweist:

Parallel zum zunehmend pessimistischen Duktus der *tresviri tragoediae* verlagert sich das Rätsel zunehmend vom Gott auf den Menschen,[58] wobei diese »anthropologische Konstante das Ziel einer Verbesserung des Menschen fragwürdig erscheinen lassen musste«,[59] zumal da damit auch erstmals die schwierige Beziehung der Menschen zueinander dargestellt wurde.[60] Ein wie oben dargestellt ähnlich kritischer Hintergrund scheint auch unseren spanischen Dichter zu derselben pessimistischen Personenkonzeption bewegt zu haben:

La trilogía lorquiana sigue [...] el esquema clásico y parece evidenciar el mismo propósito que animaba a los griegos. Pero lo que muestra Lorca no es el triunfo sino el fracaso de una concepción de la vida y del mundo, una sociedad que elimina a los culpables porque es más fuerte que el individuo [...].[61]

Die Trilogie Lorcas folgt [...] dem klassischen Schema und weist offenbar dieselbe Absicht auf, die die Griechen inspirierte. Aber das, was Lorca auf die Bühne bringt, ist nicht der Triumph, sondern das Scheitern eines Lebens- und Weltkonzepts, eine Gesellschaft, die die Schuldigen eliminiert, weil sie stärker ist als das Individuum [...].

---

56 W. Burkert, Griechische Religion der archaischen und klassischen Epoche (Stuttgart ²2011) 277.
57 Burkert, Griechische Religion (wie Anm. 56) 277.
58 Vgl. K. Reinhardt, Die Sinneskrise bei Euripides, Die neue Rundschau 68/1, 1957, 615 – 646, hier: 623.
59 M. Hose, Drama und Gesellschaft. Studien zur dramatischen Produktion in Athen am Ende des 5. Jahrhunderts (Stuttgart 1995) 189. Ähnlich konstatiert R. Doménech, García Lorca y la tragedia española (Madrid 2008) 60, in Bezug auf die lorquianische Personenkonzeption: »*Bodas de sangre y Yerma* plantean un debate moral al dar cuenta de un doble enfrentamiento: entre sociedad y naturaleza, entre individuo y sociedad. De esa naturaleza han desaparecido las huellas tangibles de los dioses, quedando en pie las grandes preguntas que las instituciones religiosas no logran contestar acerca del origen [...]«.
60 Vgl. Hose, Euripides als Anthropologe (wie Anm. 50) 7.
61 S. Degoy, En lo más oscuro del pozo. Figura y rol de la mujer en el teatro de García Lorca (Granada 1999) 138.

An erster Stelle sei bezüglich dieses Zitats angemerkt, dass im durch *pero* eingeleiteten Gegensatz ein häufig in der lorquianischen Sekundärliteratur anzutreffendes Missverständnis vorzuliegen scheint, welches an dieser Stelle ausgeräumt werden muss: So findet sich in der Forschung vielfach die Annahme, die griechische Tragödie sei einem Wirkprinzip ähnlich dem römischen *fatum*, wie es etwa in der ›Aeneis‹ neben dem göttlichen Willen vorzufinden ist, unterstellt:

La Fatalidad fue el elemento de unión entre lo griego y lo español,[62]

Der Schicksalsglaube war das verbindende Element zwischen dem Griechischen und dem Spanischen,

oder:

La fuerza misteriosa del destino es [...] una de las constantes más significativas del arte griego, cuyo misterio sedujo también a Lorca.[63]

Die geheimnisvolle Kraft des Schicksals ist [...] eine der bezeichnendsten Konstanten der griechischen Kunst, deren Geheimnis auch Lorca verführte.

Dagegen muss das scharfe Urteil Pohlenz' angeführt werden:

Der Aberglaube, die griechische Tragödie sei eine Schicksalstragödie, in der die Menschen als Marionetten von einer unsichtbaren Hand dirigiert werden, wird vermutlich nicht verstummen, solange Dilettanten auf Grund ihrer Primanerkenntnisse über griechische Dichtung reden.[64]

Abgesehen von der wohl etwas zu polemischen Formulierung muss Pohlenz insofern rechtgegeben werden, als der tragische Mensch zwar in der Tat mit konträren Mächten konfrontiert wird, er ihnen jedoch sein eigenes Ich entgegensetzen kann,[65] bzw. anders formuliert: Was wäre im aristotelischen Sinne an Tragischem in der Tragödie zu finden, wäre der Mensch ohnehin nur ein Spielball der Götter?

---

62 Degoy, En lo más oscuro del pozo (wie Anm. 61) 141. Ähnlich spricht etwa auch K: Wojtysiak-Wawrzyniak, Las inspiraciones griegas en la trilogía dramática de la tierra española de Federico García Lorca, Collectanea Philologica 16, 2013, 175 – 184, hier: 178 vom »*fatum*, un elemento imprescindible para la tragedia griega que Lorca utiliza también en su trilogía«.
63 L. Boscán de Lombardi, El fracaso de la libertad: García Lorca y la tragedia griega, in: Actas del XII congreso de la Asociación Internacional de Hispanistas (1995), Vol. IV (Birmingham 1998) 107 – 114, hier: 108.
64 Pohlenz, Griechische Freiheit (wie Anm. 29) 57.
65 A. Lesky, Zur Problematik des Psychologischen in der Tragödie des Euripides, Gymnasium 67, 1960, 10 – 26, hier: 11, spricht gewohnt treffend von einer »Bipolarität allen menschlichen Tuns«, welche bei den (klassischen) Griechen nie einen Fatalismus aufkommen ließ.

Der Grund für dieses Missverständnis scheint mir erstens in der generellen Pauschalisierung der Antike zu liegen[66] und zweitens in der mangelnden Unterscheidung der drei großen Tragiker.[67] Nur aus diesem Grunde lassen sich ›Folgefehler‹ wie etwa hinsichtlich eines angeblich versöhnlichen Endes der euripideischen Tragödie nachvollziehen:

> When Lope calls a play a ›tragicomedy‹ he means that it is a tragedy in which order and harmony are finally restored – as they are in an Aeschylean or in an Euripidean tragedy.[68]

Dem aischyleischen πάθει μάθος steht vielmehr die euripideische Auswegslosigkeit gegenüber, dem Gläubigen der ewig Suchende. In dieser Hinsicht gleicht Euripides tatsächlich vielmehr einem jüngeren Dramatiker, mit dem er und auch Lorca häufig verglichen wurden:

---

66   So nennt etwa Degoy, En lo más oscuro del pozo (wie Anm. 61) in einem Atemzug das spanische und das lateinische *fatum* mit der griechischen *moira* (vgl. ebd., 141).
67   Beispielsweise soll nach F. Rodríguez Adrados, Las tragedias de García Lorca y los griegos. Estudios Clásicos 96, 1989, 51 – 61, Aischylos Lorca am meisten beeinflusst haben, was er jedoch an eher oberflächlichen, d. h. hier austauschbaren Kriterien festmacht: So nennt er beispielsweise »efectos de intensificación del terror« (ebd., 56), »corales« (ebd., 57), »tema del sexo pervertido« (ebd., 59) oder »paz al final« (ebd.). Abgesehen davon, dass mit Ausnahme des letzten sämtliche Punkte auch für Sophokles und Euripides (hier insbesondere der des »sexo pervertido«) gelten, scheint mir die »paz final« für Lorca gerade nicht zu gelten (so auch Carmona Vázquez, Coincidencias de lo trágico [wie Anm. 4] 58). Mit ebenso wenig Trennschärfe geht B. Albardíaz Giménez, El teatro clásico en la tragedia de Lorca (Diss. Granada 2000), vor, wenn sie etwa sämtliche Zitate von ›alleinstehenden‹ Frauen in der griechischen Tragödie auflistet (vgl. ebd., 13 ff.); die Vergleichbarkeit mit den lorquianischen Stücken ist hier zwar unbestreitbar, jedoch aufgrund des sehr weit gefassten *tertium comparationis* fragwürdig.
68   D. Moir, The Classical Tradition in Spanish Dramatic Theory and Practice in the Seventeenth Century, in: M.J. Anderson (Ed.), Classical Drama and Its Influence. Essays Presented to Humphrey D. F. Kitto (London 1965) 191 – 228, hier: 219. Vielleicht mag Moir hierbei wegen des Begriffes der Tragikomödie an ›Alkestis‹ gedacht haben; dies wiederum würde jedoch ebenso zu einem Fehlurteil durch den gezogenen Vergleich mit dem aischyleischen Werke führen.
Eine ähnlich falschen Schluss zieht neben Rodríguez Adrados, Las tragedias de García Lorca (wie Anm. 67) 59 auch Albardíaz Giménez, El teatro clásico (wie Anm. 67), wenn sie der Mutter aus ›Bodas de sangre‹ einen abschließenden Frieden bescheinigt wie er in ›Sieben gegen Theben‹ der Stadt zuteil wird (vgl. ebd., 131): Der wiederhergestellten aischyleischen Ordnung steht ein höchst fragwürdiges lorquianisches Schweigen gegenüber, das vor dem Untergang des Hauses nicht weiter verwunderlich ist. Dagegen richtig Carmona Vázquez, Coincidencias de lo trágico (wie Anm. 4) 59: »[...] el tema de la paz final: en ninguno de los dos autores [sc. Eurípides y Lorca] hay conciliación«. Ähnlich auch M. Vílchez Díaz, Elementos rituales y formales en la trilogía inacabada de Federico García Lorca, Philologia hispalensis 7, 1992, 77 – 90, hier: 81.

Henrik Ibsen.[69] Dagegen wurden die fehlende Moralisierung bei Euripides[70] und die Individualisierung der Personen des Norwegers[71] angeführt. So vergleichbar manche Parameter wie etwa der gesellschaftskritische Realismus oder die Fokussierung der Frau auch sein mögen, sind die Gegenargumente bei genauerer Betrachtung des Euripides nicht von der Hand zu weisen: Zwar möchte ich in meinem Urteil auf keinen Fall so weit gehen, die euripideische Tragödie als zu bloßer Unterhaltung herabgesunken zu sehen,[72] doch lässt sich im Vergleich zur aischyleischen und sophokleischen Tragödie, aber auch zum Werke Ibsens eine Aporie respektive einer möglichen Lösung konstatieren.[73]

Nichts läge demnach ferner, als vor diesem Hintergrund von den Protagonisten des Euripides als Individuen zu sprechen. Konträre Meinungen der Forschungsliteratur[74] basieren – und hier schließt sich der Kreis zu Ibsen – meist auf einem unzulässigen Vergleich von antiker und moderner Psychologie: Als psychologisch erweist sich die euripideische Tragödie »nicht im Sinne einer psychologischen Entwicklung, aber eines psychologischen Phänomens.«[75] Euripides stellt keine unverwechselbaren Personen dar, sondern vielmehr

---

69 Für eine Vergleichbarkeit von Euripides spricht sich etwa von Wilamowitz-Moellendorff bei der Besprechung von Theodor Kocks ›Elektra in Delphi‹ (Deutsche Literaturzeitung 23/3, 1902, 184–188, hier: 187 f.) aus, wenn er behauptet: »[...] und Euripides wird in Ibsen eine verwandte Natur begrüßen, einen Tragiker, der auch darüber gegrübelt hat, ›woher des Menschenlebens Elend stammt‹«. Ausführlicher dazu H. Steiger, Euripides. Seine Dichtung und seine Persönlichkeit (Leipzig 1912), der als vergleichbare Parameter die Kritik an der unhinterfragten Konvention (vgl. ebd., 6 f.), »ihr künstlerisches Wirken als Missionstätigkeit« (ebd., 8), die Frauenthematik (vgl. ebd., 10 ff.) und das unbedingte Eintreten für die Wahrheit (vgl. ebd., 13) sieht.
Auf lorquianischer Seite finden sich: M. García Posada (ed.), Federico García Lorca, La casa de Bernarda Alba (Madrid 2010) 37 und H.J. Weigand, The Modern Ibsen. A Reconsideration (New York 1960) 50: »Lorca sigue a Ibsen como Ibsen siguió a los antiguos [...]«.
70 Vgl. von Fritz, Antike und moderne Tragödie (wie Anm. 49) 371 f. Ähnlich Lesky, Zur Problematik des Psychologischen (wie Anm. 65), der in Euripides aufgrund einer fehlenden Lösung keinen antiken Ibsen sieht (vgl. ebd., 26). W.M. Calder, The Riddle of Wilamowitz's Phaidrabild, Greek, Roman and Byzantine Studies 20, 1979, 219–236, hier: 230 ff. gibt einen Überblick über die kritische Reaktion (Friedrich, Reinhardt, Lloyd-Jones) auf Wilamowitz' Vergleich von Phaidra und Hedda Gabler, betont jedoch den tatsächlichen Einfluss Euripides' auf Ibsen (vgl. ebd., 234) und verteidigt Wilamowitz: »The Zeitgeist, not Ibsen, colored Wilamowitz's judgement, if colored it was« (ebd.).
71 Vgl. Reinhardt, Die Sinneskrise bei Euripides (wie Anm. 58) 625.
72 Vgl. W. Rösler, Polis und Tragödie. Funktionsgeschichtliche Betrachtungen zu einer antiken Literaturgattung (Konstanz 1980) 26.
73 Vgl. Hose, Drama und Gesellschaft (wie Anm. 59) 168.
74 Vgl. Snell, Die Entdeckung des Geistes (wie Anm. 44) 176, mit der Auffassung, dass durch die Psychologisierung ursprünglich göttlicher Mächte der Mensch im Vergleich »an innerem Eigenleben und geistiger Beweglichkeit [gewinnt], so dass man erst jetzt von Charakteren und Individuen in der Tragödie sprechen kann. Gestalten wie die Medea oder die Phaidra sind geradezu Lehrmodelle zur Aufhellung der menschlichen Psyche geworden«. Ähnlich M. Pohlenz, Die griechische Tragödie (Leipzig–Berlin 1930) 453: »Aber Euripides ist eben doch der erste Dichter, der in Gestalten wie Medea wirklich individuelle Charaktere darstellt«.
75 E. Howald, Die griechische Tragödie (München–Berlin 1930) 140. Pohlenz' (Die griechische Tragödie [wie Anm. 74]) und Howalds Standpunkte sind dem Überblick zur euripideischen Psychologisierung bei W. Zürcher, Die Darstellung des Menschen im Drama des Euripides (Basel 1947) 19 f. entnommen.

»allgemeine Seelenmächte«,[76] die aufgrund einer bestimmten sich einstellenden Situation[77] miteinander in Konflikt treten: θυμός vs. Βούλευμα.[78]

Dies darf uneingeschränkt in derselben Weise für Lorcas Protagonisten gelten:

La obra lorquiana es [...] una expresión magnífica del choque entre la pasión y la resistencia que esta halla en su camino. El contexto en que ese choque se produce es más individual, y por tanto universal, que específicamente nacional.[79]

Das Werk Lorcas stellt [...] einen großartigen Ausdruck des Zusammenpralls von Leidenschaft und Widerstand dar, den jene auf ihrem Weg findet. Der Kontext, in dem dieser Zusammenprall stattfindet, ist in erster Linie individueller und daher allgemeiner Art und nicht so sehr national.

Es ist dieser innere Kampf, der sich in den tragischen Protagonisten an einer schwerwiegenden Situation entzündet und ihnen aus diesem Kampf heraus scheinbare Individualität verleiht – doch in Wahrheit jeden von uns ebenso treffen könnte:

»Lesern wie Leserinnen, Zuschauern wie Zuschauerinnen [bleibt] bis heute die Frage nicht erspart, wie viel dieser Euripideischen Figuren auch ihnen eigen ist«,[80] bzw. ›lorquianisch‹ ausgedrückt:

[C]uando Lorca deja en desnudez el alma humana individual nos está mostrando [...] las fuerzas primitivas e instintivas del mundo natural del que ese hombre forma parte y es, a veces, víctima; esas raíces que están en todos nosotros [...].[81]

Wenn Lorca die individuelle menschliche Seele entblättert, zeigt er uns [...] die primitiven und instinktiven Mächte der natürlichen Welt, an der besagter Mensch Teil hat und deren Opfer er manchmal ist; diese Wurzeln, die in uns allen liegen [...].

---

76 Lesky, Die tragische Dichtung der Hellenen (wie Anm. 27) 165.
77 von Fritz, Antike und moderne Tragödie (wie Anm. 49) 15, bemerkt meines Erachtens richtig, dass in der griechischen Tragödie »die tragische Situation immer von außen kommt [...], d. h. dass sie nicht mit Notwendigkeit aus dem Charakter des Helden hervorgeht«.
78 Bemerkenswerterweise lässt sich dieser Konflikt bereits in der sophokleischen ›Antigone‹ nachweisen, als der Bote in seinem Schlusswort die ἀβουλία (›Antigone‹ vv. 1242 f.; zitiert nach: Sophoclis fabulae. Recognovit brevique adnotatione critica instruxit A.C. Pearson [Oxford [10]1964]) als der Menschen größtes Übel bezeichnet (vgl. Lesky, Zur Problematik des Psychologischen [wie Anm. 65] 18).
79 C. Feal, Eros y Lorca (Barcelona 1973) 263. Ähnlich Varela Álvarez, El concepto de tragedia (wie Anm. 4) 96, mit gleichzeitigem Verweis auf die Ohnmacht der lorquianischen Protagonisten: »Es Lorca el que no desea que los protagonistas alcancen una salida. La concepción sumamente individualista de Lorca es la que hace que sus planteamientos no puedan nunca hallar una reconciliación«.
80 Hose, Euripides (wie Anm. 25) 242.
81 G. Edwards, El teatro de Federico García Lorca (Madrid 1983) 10.

Hinsichtlich der euripideischen und lorquianischen Personen muss also dahingehend von einer relativ ›modernen‹ Konzeption ausgegangen werden, dass der Mensch neben dem Zwist mit seiner Umwelt ständig dem inneren Kampf von θυμός und βούλευμα ausgesetzt ist; diese Auseinandersetzung lässt ihn die »lati più oscuri« der menschlichen Existenz erfahren. Als Gegenspieler der Ratio wird unter dem Terminus des θυμός jegliches irrationale Element subsumiert, was etwa Emotionen, Triebe und Instinkte miteinschließt.

Jedoch stellt diese rein psychologische Betrachtung insofern offenbar nur einen Teil des irrationalen Elements dar, nach dessen Bedeutung zu Beginn dieses Abschnittes gefragt wurde, als wir in der euripideischen Tragödie neben ausschließlich menschlicher Motivation (θυμός) auch – zumindest den signifiants nach – göttliche Komponenten (δαίμων und θεός) nachweisen konnten:[82] ὦ δαῖμον, ὡς οὐκ ἔστ' ἀποστροφὴ βροτοῖς / τῶν ἐμφύτων τε καὶ θεηλάτων κακῶν (›Hippolytos Kalyptomenos‹ Frg. 444 TrGF V/1) (»Oh δαίμων, dass doch die Sterblichen weder vor den eingepflanzten noch vor den gottgesandten Übeln flüchten können!«).

Welche Rolle die Religiosität nun im Angesicht der zunehmend ›menschlicheren‹ Perspektive spielt bzw. ob überhaupt noch von ihrer tatsächlichen Existenz ausgegangen werden kann, muss die sich konsequenterweise anschließende Frage sein.

---

82 Hose, Euripides (wie Anm. 25) 240 spricht zu Recht vom Menschen als Protagonisten der euripideischen Tragödie; sein Urteil, dass daher Euripides' Dramen »keine theologischen, sondern [...] soziologische und psychologische Studien« seien, erscheint mir angesichts der Ambiguität des Irrationalen jedoch zu hart: Anstatt einem Entweder-Oder sehe ich hier vielmehr das Psychologische und das Theologische vermischt.

HERIBERT TOMMEK

Das Leerlaufen der Tragödie
Heiner Müllers Bearbeitung von Sophokles' ›Philoktet‹

Nach Aristoteles' ›Poetik‹ ist das Ziel der Tragödie die Katharsis. Um *eleos* und *phobos* bei den Zuschauern zu erzeugen, müssen bestimmte Regeln bei der Konzeption der Charaktere beachtet werden: So gibt Aristoteles im 13. Kapitel vor, dass weder makellose Männer einen Umschlag ihres Schicksals vom Glück ins Unglück erleiden sollen noch umgekehrt Schufte plötzlich einen glücklichen Zufall erleben dürfen. Denn dann sei die tragische Verkettung der Handlung weder schaudererregend noch jammervoll, sondern einfach nur »abscheulich«.[1] Es soll aber auch kein ganz schlechter Charakter sein, an dem sich ein Umschlag vom Glück ins Unglück vollzieht, denn auch auch in diesem Fall fehlt die für die Katharsis notwendige Ähnlichkeitsbeziehung zum Zuschauer. So ist der ideale tragische Held ein mittlerer Charakter: derjenige, der »nicht trotz seiner sittlichen Größe und seines hervorragenden Gerechtigkeitsstrebens, aber auch nicht wegen seiner Schlechtigkeit und Gemeinheit einen Umschlag ins Unglück erlebt, sondern wegen eines Fehlers«.[2] Die *hamartia*, der menschliche Fehler, bildet den Grund des tragischen Schicksals. Er beruht auf einem affektgeleiteten Versagen des Erkenntnisvermögens, auf einer mangelnden oder zu späten Einsicht. Der falschen Sicht auf den Ratschluss der Götter folgt die *Anagnorisis*, das Aufgehen der Augen, der Umschlag von Unkenntnis in Kenntnis. Für Aristoteles ist hierfür das Musterbeispiel Sophokles' ›König Oidipus‹.[3] Hier fallen Peripetie und Anagnorisis in eins und der Umschlag ins Unglück ist mit einer schmerzlichen Selbsterkenntnis verbunden.

Eine andere Figur mangelnder oder zu später Einsicht ist nun Philoktet. In der folgenden Darstellung soll dem ›Grund des Tragischen‹ anhand des Philoktet-Mythos in der Überlieferung von Sophokles und dann vor allem in der Bearbeitung von Heiner Müller nachgegangen werden. Dabei wird zu zeigen sein, wie die Tragödie ihren ›Grund‹ verliert, den tragischen Konflikt der zu späten Einsicht in den höheren Sinn aber als Hohlform beibehält und daher ›leerläuft‹. In einem Ausblick auf Müllers ›Hamletmaschine‹ geht es schließlich um das Erstarren des Tragischen in einer geschichtsphilosophischen Eiszeit.

---

1 Aristoteles, ›Poetik‹ 13, 1452b 34 – 36 (Übersetzung nach Aristoteles, ›Poetik‹. Griechisch/Deutsch. Übers. u. hrsg. v. M. Fuhrmann [Stuttgart 1991] 39).
2 Aristoteles, ›Poetik‹ 13, 1453a 8 – 10 (Übersetzung nach Fuhrmann [wie Anm. 1] 39).
3 Vgl. Aristoteles, ›Poetik‹ 11, 1452a 29 – 33 (Übersetzung nach Fuhrmann [wie Anm. 1] 35).

Der Philoktet-Stoff

Den Stoff des auf die Insel Lemnos ausgesetzten Philoktet haben sowohl Aischylos als auch Sophokles und Euripides verarbeitet, aber nur das 409 v. Chr. aufgeführte Stück von Sophokles ist erhalten geblieben. Die Rahmenhandlung der Philoktet-Geschichte sei zunächst knapp skizziert: Die Griechen lagern seit zehn Jahren vor Troja, die Stadt will aber nicht fallen, weil eine wesentliche Voraussetzung nicht erfüllt ist, wie das Orakel kundgibt: Für den Sieg wird der Feldherr Philoktet benötigt, dessen Bogen, den er einst von Herakles erhalten hat, unfehlbar ist. Die Griechen hatten aber Philoktet auf der Fahrt nach Troja auf die Insel Lemnos ausgesetzt, denn er war – während eines Opfers, das Poseidon für die Überfahrt versöhnlich stimmen sollte – von einer Schlange gebissen worden. Die Wunde begann zu eitern und unerträglich zu stinken, die qualvollen Schreie Philoktets störten die Ruhe der Götter, und so riet der listenreiche Odysseus dazu, den Leidenden auf der unbewohnten Insel auszusetzen. Erst nach jahrelangem, erfolglosem Kampf vor Troja erkannten die Griechen ihren Fehler. Weil sie ohne den Bogen des Philoktet nicht siegen können, ist es wiederum Odysseus, der den Auftrag erhält, Philoktet zum Heer zurückzuführen. Odysseus macht sich mit dem jungen Neoptolemos, dem Sohn des vor Troja gefallenen Achill, auf den Weg zur Insel Lemnos. Neoptolemos aber hasst Odysseus, da er ihm die Waffen und Rüstung des Vaters vorenthalten hat.

Dies ist die Vorgeschichte, die bei Sophokles textintern berichtet wird. Die Handlung selbst setzt dann mit der Ankunft der beiden Griechen auf der Insel Lemnos ein. Odysseus überredet Neoptolemos gegen dessen innere Überzeugung dazu, Philoktets Vertrauen zu gewinnen, indem er diesem vortäuscht, er – Neoptolemos – habe nach einem Streit mit Odysseus dem Schlachtfeld vor Troja den Rücken gekehrt, befinde sich nun auf der Heimfahrt nach Griechenland und sei bereit, ihn – Philoktet – mitzunehmen. Philoktet wünscht sich nichts sehnlicher als die Heimkehr. Er vertraut Neoptolemos so sehr, dass er ihm sogar den begehrten Bogen des Herakles anvertraut, als ihn ein heftiger Schmerzanfall heimsucht. Diese menschliche, aus dem Schmerz geborene Geste des Sich-Anvertrauens lässt Neoptolemos an seinem eigenen, listigen Handeln im Auftrag von Odysseus zweifeln. Er will nun die Lüge mit der Wahrheit beenden: Er klärt Philoktet über das geplante Komplott auf und will ihm den Bogen zurückgeben. Das weiß jedoch Odysseus zu verhindern, indem er Neoptolemos von Neuem von der Bedeutung ihres Auftrages für den Sieg der Griechen in Troja überzeugt. Philoktet lasse sich nicht durch die Wahrheit, sondern nur durch List zum Dienst für die höhere Sache gewinnen. Dieser bleibt aber uneinsichtig. Als beide nur den Bogen mitnehmen und den waffenlosen Philoktet zurücklassen wollen, befallen Neoptolemos abermals Zweifel an der Rechtmäßigkeit seines trügerischen Handelns und er ruft Philoktet, um diesem den Bogen auszuhändigen. Odysseus versucht noch einmal, ihn davon abzuhalten, aber er kommt zu spät. Als Philoktet daraufhin den Bogen auf seinen Erzfeind anlegt, hält ihn wiederum Neoptolemos davon ab. Vergeblich versucht er den ausgesetzten Krieger davon zu überzeugen, mitzukommen, um für die Griechen in Troja zu kämpfen. Als Neoptolemos schließlich Philoktets Wunsch erfüllen und ihn mit nach Griechenland – nicht nach Troja – mitnehmen möchte, schreitet Herakles, auf einer Wolke erscheinend, ein. Er mahnt Philoktet, sich dem Willen der Götter zu fügen und nach Troja zu gehen, um sich von seiner Wunde heilen zu lassen und daraufhin zusammen mit Neoptolemos in die Schlacht zu ziehen. Denn nur im vereinten Kampf wird Troja fallen. Herakles scheint Philoktet die Augen geöffnet zu haben, denn dieser fügt sich nun seinem Schicksal:

> Auf glückliche Fahrt,
> Wo Moira mich hin, die mächtige, führt
> Und der Freunde Rat und die Allgewalt
> Des Gottes, der solches vollendet.[4]

Wie Sophokles' Stücke ›Antigone‹ (442 v. Chr.) und ›Elektra‹ (413 v. Chr.) ist ›Philoktet‹ (409 v. Chr.) also eine Geschichte, in der es um den Konflikt zwischen den Ansprüchen der Gesellschaft und denen des Individuums geht. Sowohl der Chor als auch Neoptolemos fordern Philoktet mehrfach auf, seinen Affekt zu mäßigen und sich, d. h. seine ›Schickung‹ zu erkennen.[5] Philoktets *hamartia*, seine affektgesteuerte falsche Sicht, besteht aber in einem starrsinnigen Festhalten an seiner Not:

> NEOPTOLEMOS
> [...]
> Der Götter Schickung muß
> Der Mensch ertragen, aber wer wie du
> Freiwillig treu bleibt seiner Not, verdient
> Nicht Nachsicht und nicht Mitgefühl. Du bist
> Verbittert, weisest jeden Rat zurück.[6]

Der ›Grund‹ des auf Lemnos ausgesetzten Philoktet, sein Wesen, ist also das verletzte und trotzige Subjekt, das nicht bereit ist, das überindividuelle Ziel (den Sieg über Troja) zu sehen und sich seiner Pflicht unterzuordnen. Der Aufforderung zur Einsicht, die im Kern eine Aufforderung zur Mäßigung und Unterordnung ist, hält er seine eigene Sicht der Dinge entgegen, die geprägt ist von Demütigung, Schmerz und Verbitterung:

> PHILOKTET
> [...]
> Ihr Augen, alles saht ihr, was ich litt,
> Wie könnt ihr mich zusammen mit den Söhnen

---

4 Sophokles, ›Philoktet‹ vv. 1466–1468 (Übersetzung aus: Sophokles, ›Philoktet‹. Tragödie. Übers. u. mit einem Nachwort vers. v. W. Kuchenmüller [Stuttgart 2005] 59).
5 Vgl. E. Lefèvre, Philoktetes – Wandlungen der Sophokles-Tragödie im 20. Jahrhundert. 12 Dramen von André Gide bis Seamus Heaney (Freiburg i.Br. u. a. 2012) 15 f.
6 Sophokles, ›Philoktet‹ vv. 1316–1320 (Übersetzung nach Kuchenmüller [wie Anm. 4] 54).

Des Atreus sehn, die mich vernichteten,
Und mit dem ganz Verworfnen, mit Odysseus!
Nicht die vergangnen Leiden quälen mich,
Ich ahne nur, was ich von jenen noch
Muß dulden. Wem das Herz einmal das Böse
Gebar, den lehrt es neue böse Tat.[7]

Was Philoktet im Innersten beklagt, sind weniger die vergangenen Leiden als vielmehr die Wiederholung seiner Demütigung. Der Trotz des vom Schicksal geschlagenen Helden, der auf der Insel zur verwundbaren, recht- und staatenlosen Kreatur wurde, wofür später das Römische Recht den Begriff des *homo sacer*, des »nackten Menschen« prägte, wendet sich in erster Linie gegen die griechischen Heerführer, die Odysseus repräsentiert. Aber die Demütigung, die Ausgrenzung des mit einer unheilbaren, immer wieder aufreißenden Wunde Geschlagenen, wendet sich letztlich auch gegen den Götterbeschluss, denn Odysseus handelt im Namen des Orakels und der heiligen Pflicht. Erst der *Deus ex machina*, das Auftreten Herakles' als Waffenmeister des Philoktet, kann letzteren umstimmen.

Der ›Fehler‹ des Philoktet besteht darin, dass er selbstherrlich und unnachgiebig sein menschliches Maß über das göttliche stellt. Philoktets Verhalten wurde in der älteren Forschung als »Starrsinn« gegenüber den guten Absichten von Neoptolemos und als »Blindheit, Verharren im Schein, ja als Unzulänglichkeit« gegenüber dem Orakel und damit dem Willen der Götter bezeichnet.[8] Und doch gleicht die ›Allgewalt‹ des *Deus ex machina*, die dem göttlichen Maß wieder Gültigkeit verleiht, weniger der Durchsetzung einer höheren Einsicht (Anagnorisis) als vielmehr einem Machtwort, das den trotzigen Eigensinn des Subjekts bricht. Für einen modernen Leser erinnert Philoktet bereits an jenes trotzige Selbst, das der Philosoph Kierkegaard später, in der ›Krankheit zum Tode‹ (1849), als höchste Form der Verzweiflung anführt. *Trotz* ist hier die letzte Stufe der Verzweiflung, verzweifelt man selbst sein zu wollen. Er bedient sich des Ewigen als dämonischen Einwand gegen jede göttliche Hilfe:

Je mehr Bewußtsein aber in einem so Leidenden ist, der verzweifelt er selbst sein will, desto mehr potenziert sich auch die Verzweiflung und wird das Dämonische. Dessen Ursprung ist mit Vorliebe dieser: Ein Selbst, das verzweifelt es selbst sein will, windet sich vor Schmerzen in der einen oder anderen Pein, die sich nun einmal von seinem konkreten Selbst nicht wegnehmen oder abscheiden läßt. Gerade auf diese Qual wirft er seine ganze Leidenschaft, die zuletzt ein dämonisches Rasen wird; und wenn es auch geschähe, daß Gott im Himmel und alle Engel ihm anböten, ihm daraus zu helfen, nein, nun will er nicht, nun ist es zu spät, man ließ ihn warten, nun ist es vorüber, nun will er lieber gegen alles rasen, der von der ganzen Welt, vom Dasein ins Unrecht Gesetzte, dem es gerade von Wichtigkeit ist, aufzupassen, daß er seine

---

7 Sophokles, ›Philoktet‹ vv. 1354 – 1361 (Übersetzung nach Kuchenmüller [wie Anm. 4] 55).
8 Zitiert nach Lefèvre, Philoktetes (wie Anm. 5) 22.

Qual zur Hand hat, daß niemand sie von ihm nimmt – denn dann könnte er ja nicht beweisen und sich selbst überzeugen, daß er recht hat.[9]

Kierkegaard hat mit dieser höchsten Bewusstseinsform des verzweifelten Selbst auf den Nihilismus seiner Zeit reagiert und bereits den Weg vorgezeichnet, an dessen Ende das absurde Theater steht. Die irdische Qual des Menschen ist zur letzten Daseinsberechtigung vor dem Ewigen geworden: als ewiges Mahnmal für die fehlerhafte Schöpfung. Sicherlich, dies ist bereits eine existenzialistische Lesart, aber in der antiken Figur des uneinsichtigen Philoktet ist der Protest des nackten Menschen gegen den verpfuschten göttlichen Ratschluss bereits angelegt. Die Frage nach dem Preis, den der Einzelnen zu zahlen hat, damit sich die von den Göttern vorgesehene Geschichte erfüllt, wird bei Sophokles noch mit einem Machtwort abgewendet. Mit dem starrsinnigen Philoktet steht sie aber bereits im Raum. Ein Schritt weiter – und zwar mit dem Fuß der stinkenden Wunde – und wir befinden uns in der Moderne.

Der Schritt aus der antiken Tragödie in die absurde Moderne heißt aber, einen Zwischenschritt zu überspringen. Zuvor hatte Lessing die Figur des Philoktet in das bürgerliche Trauerspiel überführt. In seiner ›Laokoon‹-Schrift aus dem Jahre 1766 ›rettete‹ er den Ausdruck der menschlichen Schmerzen für die Kunst gegen den Vorwurf der zu rohen Natur und ihrer Disproportion zum Maß des menschenmöglichen Mitleides. Nach Lessings Lesart hatte bereits Sophokles der Maßlosigkeit der Schmerzen und deren zersetzender Wirkung beim Zuschauer vorgebaut:

> Dadurch nämlich, daß die Nebenpersonen ihr eigenes Interesse haben; daß der Eindruck, welchen das Schreien des Philoktet auf sie macht, nicht das einzige ist, was sie beschäftigt, und der Zuschauer daher nicht sowohl auf die Disproportion ihres Mitleids mit diesem Geschrei, als vielmehr auf die Veränderung Acht gibt, die in ihren eigenen Gesinnungen und Anschlägen durch das Mitleid, es sei so schwach oder so stark es will, entstehet, oder entstehen sollte. Neoptolem und der Chor haben den unglücklichen Philoktet hintergangen; sie erkennen, in welche Verzweiflung ihn ihr Betrug stürzen werde; nun bekömmt er seinen schrecklichen Zufall vor ihren Augen; kann dieser Zufall keine merkliche sympathetische Empfindung in ihnen erregen, so kann er sie doch antreiben, in sich zu gehen, gegen so viel Elend Achtung zu haben, und es durch Verräterei nicht häufen zu wollen. Dieses erwartet der Zuschauer, und seine Erwartung findet sich von dem edelmütigen Neoptolem nicht getäuscht. […] Philoktet, der ganz Natur ist, bringt auch den Neoptolem zu seiner Natur wieder zurück. Diese Umkehr ist vortrefflich, und um so viel rührender, da sie von der bloßen Menschlichkeit bewirkt wird.[10]

---

9 S. Kierkegaard, Werke. Band 4: ›Die Krankheit zum Tode‹ [1849]. Übers. u. mit Glossar, Bibliographie sowie einem Essay ›Zum Verständnis des Werkes‹ hrsg. v. L. Richter (Hamburg 1991) 70.
10 G.E. Lessing, LAOKOON: oder über die Grenzen der Malerei und Poesie [1766], in: ders., Werke. Band VI: Kunsttheoretische und kunsthistorische Schriften. Hrsg. v. H.G. Göpfert (München 1974; ND Darmstadt 1996) 7 – 187, hier: Kap. IV 38 f.

Die Darstellung menschlicher Schmerz-Natur und die Erregung des Mitleids werden also kanalisiert hin zu einer Bewusstseinsveränderung. Das bürgerliche Trauerspiel verbindet Sensibilität und moralischen Sinn. Schon bei Sophokles ist in der Figur des Neoptolemos das Mitleiden mit den Schmerzen Philoktets angelegt. Wenn hier jedoch das schwankende Wesen von Neoptolemos noch ambivalent gezeichnet wird, da Mitleid das überindividuelle Interesse zu unterlaufen droht, dient es bei Lessing der Bewusstwerdung des Menschseins. »Der mitleidige Mensch ist der beste Mensch« hatte Lessing bekanntlich im ›Briefwechsel über das Trauerspiel‹ (1756/57) erklärt. Er verschiebt damit den Fokus von Philoktet auf Neoptolemos und auf den affektgestützten, aber moralisch gelenkten Prozess der Selbstversicherung des Menschen, seiner überindividuellen moralischen Natur im Mensch-Sein.

Nach diesem Zwischenschritt der Einbindung der Schmerznatur in die Bewusstwerdung des Mensch-Seins qua Mitleid im bürgerlichen Trauerspiel können wir nun den nächsten Schritt in die Moderne wagen. Denn Philoktet kennzeichnet nicht nur den unerträglichen, zum Himmel stinkenden menschlichen Schmerz als vom Schicksal geschlagene Kreatur, sondern er ist zugleich Sinnbild für die Einsamkeit, für den Ausgestoßenen, Weggeworfenen, dessen sich die Menschen erst dann entsinnen, wenn sie ihn brauchen.[11] Diese gleichsam existenzielle Prägung des entfremdeten und von der Gesellschaft instrumentalisierten Menschen ist auch der Grund für eine Renaissance der Figur in der Moderne. So bot André Gide in seinem ›Philoctète‹-Stück von 1899 einen völlig neuen Zugang, indem er die Gestalt des leidenden Subjekts nicht mehr aus der Perspektive der Gesellschaft, sondern aus der des Individuums betrachtete. Die Aussetzung des Helden auf einer unbewohnten Insel wird hier nicht als Fluch, sondern als Segen verstanden: Gides Philoctète begreift die Einsamkeit als Chance zur Selbstwerdung als Individuum – und als Dichter.[12]

Die vielleicht eindrücklichste Neugestaltung stammt nun von Heiner Müller. Sie nähert sich in gewisser Weise wieder dem Mythos bzw. Sophokles' Stück an, indem sie den Konflikt zwischen den Ansprüchen der Gesellschaft und denen des Individuums neu verhandelt.

Heiner Müllers ›Philoktet‹-Stück

Heiner Müller schrieb an seinem ›Philoktet‹-Stück zwischen 1958 und 1964, zu einer Zeit, als sein Produktionsstück ›Die Umsiedlerin‹ von Seiten des Staats verboten wurde. Erst 1965

---

11 Vgl. Lefèvre, Philoktetes (wie Anm. 5) 9.
12 Diese Neuakzentuierung des Stoffes im Zeichen der Freiheit des Individuums initiierte zahlreiche Wandlungen der Sophokles-Tragödie im 20. Jahrhundert, denen Lefèvre in seiner Untersuchung von 2012 (wie Anm. 5) nachgegangen ist und die hier nur aufgelistet seien: André Gide: ›Philoctète ou le traité des trois morales‹ (1899), Rudolf Kassner: ›Philoktet oder der Traktat von den drei Arten der Tugend‹ (1904), Karl von Levetzow: ›Der Bogen des Philoktet‹ (1909), Rudolf Pannwitz: ›Philoktetes‹ (1913), Bernt von Heiseler: ›Philoktet‹ (1947), Heiner Müller: ›Philoktet‹ (1965), James Keir Baxter: ›The Sore-Footed Man‹ (1967), Tom Stoppard: ›Neutral Ground‹ (1968), Walter Jens: ›Der tödliche Schlag‹ (1974), Sydney Bernard Smith: ›Sherca‹ (1979), Oscar Mandel: ›The Summoning of Philoctetes‹ (1981), Seamus Heaney: ›The Cure at Troy‹ (1990).

wurde ›Philoktet‹ in der Zeitschrift ›Sinn und Form‹ veröffentlicht und 1968 im Residenztheater München uraufgeführt. Zu Müllers Beschäftigung mit dem Philoktet-Stoff gehören ein frühes Gedicht von 1950[13] und der spätere Entwurf eines Dramas mit Ballett (1979).[14] Vorlage für die Auseinandersetzung mit dem Philoktet-Stoff war ausschließlich Sophokles' Tragödie, in bewusster Umgehung der Deutung von Lessing, dessen Mitleidspoetik Müller nicht interessierte. Lessings Postulat, dass der mitleidige Mensch der beste Mensch sei, konnte spätestens seit Brecht nicht mehr Grundlage des Theaters sein.[15] Müller spitzte den Antagonismus und den Gewaltzusammenhang, in dem der ›gut‹ handelnde Mensch steht, weiter zu, wie noch zu zeigen sein wird.

Der Mythos interessierte Müller allgemein als Übergang von der archaischen zur historischen Zeit, vom ›Naturzustand‹ zur ›Politik‹ der Menschen. Als er sich in den sechziger Jahren mythischen Stoffen zuwandte, versuchte er über Brecht und den sozialistischen Realismus hinauszugehen. Für Müller stellten die mythischen Geschichten einen historischen Drehpunkt dar: den Übergang von der clanorientierten Gesellschaft zur Klassengesellschaft, vom Familienverbund zum Staat, vom Natur- zum Staatsrecht. Was aber Müller besonders interessierte, war der Mythos, in dem die Widersprüche nicht stillgestellt, sondern offengehalten werden. Im Anschluss an Horkheimer und Adorno sind diese Widersprüche dialektischer Art: Die Aufklärung, der Übergang vom Mythos in die Zivilisationsgeschichte, ist im Kern von Gewalt geprägt. In den Mittelpunkt des Theaters rückte die tragische Kollision des Einzelnen bei der Umwälzung der Gesellschaft. Welche Gesellschaftsumwälzung erfuhr aber Philoktet?

Gegenüber der Vorlage von Sophokles trägt Müllers Philoktet, der gleichsam an den Fels der Insel Lemnos gekettet ist, Züge eines ›angeketteten Prometheus‹, des Revolutionärs im Dienste des Menschengeschlechts, der für seine Freveltaten von den Göttern bzw. von der wiederhergestellten alten Machtordnung, der er selbst einst angehörte, bestraft wird.[16] Der von Geiern angefressenen und nachwachsenden Leber des Prometheus entspricht die immer wieder aufbrechende Fußwunde Philoktets.[17]

Neben der Allusion auf den bestraften Revolutionär Prometheus beruht Müllers Neugestaltung des Philoktet-Stückes vor allem auf zwei Weglassungen und auf einer entscheidenden Verschiebung: Abgeschafft wird erstens der Chor und zweitens jedes göttliche Orakel und jeder göttliche Eingriff. Es gibt keinen *Deus ex machina* bei Müller. Stattdessen wird der Knoten der starrsinnigen Weigerung Philoktets, mit nach Troja zu gehen, durch dessen

---

13 H. Müller, Werke. Band 1: Die Gedichte. Hrsg. v. F. Hörnigk (Frankfurt a. M. 1998) 15.
14 H. Müller, Werke. Band 5: Die Stücke 3. Hrsg. v. F. Hörnigk (Frankfurt a. M. 2002) 7 – 10.
15 Stücke wie ›Die heilige Johanna der Schlachthöfe‹ (1931) oder ›Der gute Mensch von Sezuan‹ (1938 – 1940) zeigen bekanntlich die Dialektik und gesellschaftliche Herrschaftsfunktion des Mitleids und des Gut-Seins.
16 Vgl. Müllers ›Prometheus‹-Stück (1967/1968), das Prometheus nicht als Feuerdieb und Menschenbildner, sondern seine Bestrafung, zu der er am Kaukasus angeschmiedet wurde, zeigt.
17 Vgl. Philoktet zu Neoptolemos: »Du hast ein Schwert, hau mir den Fuß ab, Kind. / Mein Schmerz kommt wieder, der großkrallige Vogel / Zieht seine Kreise wieder durch mein Fleisch / Mein kurzschlafender Gast steht auf, den Wert / Zu unterhalten mit dem eignen Schrei.« (H. Müller, ›Philoktet‹, in: ders., Werke. Band 3: Die Stücke 1. Hrsg. v. F. Hörnigk [Frankfurt a. M. 2000] 289 – 328, hier: 306).

Ermordung gelöst. Seine Leiche und sein Bogen werden mit nach Troja genommen und Odysseus wird dort die Lüge verkünden, die Trojaner hätten versucht, Philoktet für ihre Sache zu gewinnen und als dieser sich weigerte, sei er von ihnen auf Lemnos getötet worden. Man habe aber noch seine Leiche und den Bogen retten können.[18] Damit kann das übergeordnete politische Ziel – das bei Müller nicht mehr die Erfüllung des Orakelspruchs, sondern die Neumotivation der im Stellungskrieg vor Troja stehenden Mannschaften ist – erreicht werden.

Die zentrale Veränderung betrifft Neoptolemos. Denn es ist gerade der wahrheitsliebende und mitleidende Jüngling, der bei Sophokles noch zwischen dem starrsinnigen Philoktet und dem listig sich verstellenden Odysseus hin und her schwankt und bei Lessing zum eigentlichen Held avanciert, der nun den Mord an dem Uneinsichtigen begeht, und zwar: hinterrücks. Es ist dies sein erster Mord, den er zur Erfüllung seiner Pflicht gegenüber der ›Staatsräson‹ begeht. Seine Karriere als heroischer Krieger, der später listig ins Trojanische Pferd steigen und Priamos töten wird, beginnt daher mit einem »[t]rauige[n] Ruhm«, wie es im Text heißt.[19] Durch den Mord fällt die einstige moralische Instanz, in der der Mensch sein mitleidiges Mensch-Sein erkennt wie bei Lessing, aus. Neoptolemos tötet im Namen der höheren Sache bereits einen Toten, denn Philoktet war – wiederum im Namen der höheren Sache – zu lange schon von der Gesellschaft der Menschen ausgegrenzt.[20]

»Ein schneller Schüler bist du mir«, sagt daraufhin Odysseus in Müllers Stück.[21] Die Durchsetzung der ›Staatsräson‹ und die Instrumentalisierung von Philoktets Leichnam rücken ihn in den Mittelpunkt. Der listige Odysseus repräsentiert schon bei Sophokles den realpolitischen Heerführer, der im Dienste der Götter und des überindividuellen Zieles steht und für diesen höheren Zweck sich auch der Lüge bedienen darf. Ganz in der Linie von Adorno/Horkheimers ›Dialektik der Aufklärung‹ radikalisiert Müller diese List zum Grundprinzip der Geschichte der instrumentellen Vernunft. Bevor aber Odysseus zum Realpolitiker wurde, wurde er selbst Opfer der Pflicht, für die Griechen in den Krieg zu ziehen. Seine Disziplinierung ist in jener Vorgeschichte zugespitzt, in der der aristokratische Hausherr im Dienste des *oikos*, des Hauses, zum seefahrenden Krieger im Dienste des Staates wird:

ODYSSEUS [zu NEOPTOLEMOS]
In diesem Handel bist du nicht der erste
Der was er nicht will tut. Wir tatens vor dir.
[...]

---

18 Vgl. Müller, Philoktet (wie Anm. 17) 325 f.
19 Müller, Philoktet (wie Anm. 17) 323.
20 Neoptolemos: »Von meinen Toten bist der erste du / Den Ausgang in die untre Welt im Rücken. / Hätt eine andre Hand den aufgetan. / Trauriger Ruhm, zu töten einen Toten / 's ist seines Todes Leib, aus dem sein Blut geht / Lang vor dem unter seinem Fuß ging er. / Unsern und seinen Schaden ausgetan / Hab ich.« (Müller, Philoktet [wie Anm. 17] 323).
21 Müller, Philoktet (wie Anm. 17) 323.

Mich selber vorher fingen so die Fürsten
In ihren Krieg: als ich den Narren spielte
Salz streuend in die Furchen, hinterm Pflug
[...]

Rissen sie von den Brüsten meines Weibs
Den Sohn und warfen den mir vor den Pflug
Kaum hielt ich das Gespann [...]
So war ich überführt heilen Verstandes
Und hatte keinen Weg mehr aus der Pflicht.[22]

Odysseus ist – wie Müller es in einem Kommentar sagt – zum »politischen Tier« geworden.[23] Als Politiker vertritt er zwar die Staatsräson und als Krieger und Eroberer Trojas treibt er den Zivilisationsprozess der Menschheit voran. Der instrumentellen Vernunft als Grundlage der staatlichen Ordnung und der heroischen Subjektkonstitution steht aber die Gewaltausübung gegen das Subjekt als geistiges und körperliches Individuum gegenüber. Odysseus hat bereits verinnerlicht, was bei Philoktet noch Gegenstand einer ›offenen Wunde‹ ist: der Ausschluss des Anderen seiner Selbst, seines Naturrechts, als notwendiges *Opfer der Differenz*. Staatsrecht und die Legitimation zum Krieg gründen sich auf dieses Opfer. Erst Philoktets Opfer machte den Weg frei nach Troja. Umgekehrt gründet sich das heroische Subjekt auf dem gesellschaftlichen Machtverbund, der legitimiert ist, Opfer im Namen der höheren Sache zu bringen. Das Dilemma, in dem sich Müllers Philoktet befindet, besteht darin, dass sich seine Subjektkonstitution ganz und gar darauf gründet, was ihn selbst aus der Gemeinschaft der Menschen ausschloss: das Recht, im Dienst für die Sache das individuelle Recht zu unterjochen und zu töten:

NEOPTOLEMOS
Dein Haß zeigt an, du liebtest was dir wegnahm
Im Dienst und wiedergeben will jetzt der [= Odysseus].[24]

Müllers ›Philoktet‹ zeigt in dramatisch und sprachlich verdichteter Form einen nicht auflösbaren Widerspruch: Die ›Tragödie‹ der Zivilisation kann nicht mehr durch ein Opfer gesühnt und gelöst werden, weil die Bedingung der Möglichkeit des tragischen Konflikts – die Kollision zwischen dem Prinzip des heroischen, nach Freiheit strebenden Individuums und dem Prinzip der höheren Notwendigkeit des Gewaltzusammenhangs – unterlaufen

---

22 Müller, Philoktet (wie Anm. 17) 296 f.
23 H. Müller, Brief an den Regisseur der bulgarischen Erstaufführung von ›Philoktet‹ am Dramatischen Theater Sofia, in: Heiner Müller Material. Texte und Kommentare. Hrsg. v. F. Hörnigk (Leipzig 1989) 62 – 70, hier: 67.
24 Müller, Philoktet (wie Anm. 17) 320.

wird.[25] Der kriegerische Mythos, der in die Zivilisationsgeschichte übergeht, konstituiert erst das heroische Individuum in einem gegen sich selbst Gewalt anwendenden (Disziplinierungs-)Prozess, wie Philoktet schließlich einsehen muss:

PHILOKTET
[…]
Der Fuß, der Völker austritt in Gemeinschaft
Kann ohne Grund nicht gehen, was mich nicht braucht
Das Außen und das Eingeweid der Erde
Sehr brauch ich das und bin nicht ohne alles.
Hör, Mann auf Lemnos, Philoktet, mein Ohr
Ist voll von deinem Jammer, stopf dein Maul
Genug geschrien, gewartet lang genug
Beug deinen Nacken wieder, Gaul, ins Joch
Und lern das Leben neu, vor Troja schlachtend.
Steht auf.
Du wirst gebraucht, du bist ein Netz wert wieder.
Renn, Fisch, um deinen Platz in seinen Maschen.
[…]
Nimm deinen Platz ein unter seiner Sohle.
Leb für den nächsten Fußtritt. Süßes Leben
In der blutsaufenden Gemeinschaft wieder.[26]

Philoktet erkennt hier für einen Moment, dass er sich in das »Netz« der »blutsaufenden Gemeinschaft« einfügen muss, wenn er wieder zum heroischen Subjekt werden will, das seinerseits unterjochen darf. ›Töte dein Eigenrecht ab, damit du das Eigenrecht der Anderen töten darfst‹. Das marschierende Heer braucht die Füße, aber dem Heer geht es nicht um den einzelnen Fuß, der die Erde berührt. Dieser gerät schließlich selbst unter die Sohle des nächsten.

Die Selbsterkenntnis des zerrissenen Individuums gründet sich hier in der Einsicht in die Ersetzbarkeit des Einzelnen in der Kriegsmaschine, oder mit anderen Worten: in der Geschichte der instrumentellen Vernunft. So steckt in Philoktets Wunde einerseits das Modell eines Gewaltzusammenhangs, der den tragischen Konflikt leer ausgehen lässt, andererseits das Loch im Netz der Gewalt, wie Müller in einem programmatischen ›Brief‹ an den bulgarischen Regisseur Mitko Gotscheff erläutert hat:

[1.] Die Wunde kann als Waffe eingesetzt werden, weil der Fuß das Loch im Netz bezeichnet, die Lücke im System, den immer neu bedrohten und neu zu erobernden Freiraum zwischen

---

25 Dies ist im Stück von Beginn an durch den farceartigen Prolog, in dem ein Clown auftritt, markiert.
26 Müller, Philoktet (wie Anm. 17) 312 f.

Tier und Maschine, in dem die Utopie einer menschlichen Gemeinschaft aufscheint. Der hinkende Vogel verfremdet den Flug. [2.] Die Tragödie geht leer aus. Ihr Gang verwirft die Tröstung, die ein Aufschub ist. Er transportiert das Nichts, den möglichen Anfang.[27]

Versuchen wir, etwas Licht in den enigmatischen Kommentar zu bringen:
1. Das »System«, der Gewaltzusammenhang der Zivilisationsgeschichte, reicht vom »Tier« bis hin zur (Staats-)»Maschine«. Diese Pole der Menschheitsgeschichte, die im Stück der ausgesetzte Philoktet und Odysseus repräsentieren, stecken den Spielraum ab, in dem sich der Mensch bewegt. Die Wunde des Einzelnen ist der Fuß, durch die die Staatsmaschine die Erde berührt – daher steht sie für die Lücke im Netz und damit für die Möglichkeit der Aufhebung des Gewaltzusammenhangs und der Begründung einer neuen Menschengesellschaft.
2. Die Tragödie erscheint hier als herrschaftsstabilisierende Instanz. Sie repräsentiert die Tröstung, den Aufschub der Auflösung des Gewaltzusammenhangs, in der Anagnorisis, die immer schon zu spät kommt und den Beginn der Unterwerfung darstellt. Durch die nicht heilende Wunde geht aber für Müller die Tragödie ›leer‹ aus. Ihr Fortgang transportiere das Nichts, das Sinnlose. Philoktets Ermordung ist aus der Perspektive der Griechen zunächst sinnzerstörend, weil damit der Auftrag, ihn mit nach Troja zu bringen, nicht erfüllt werden kann. Mit der Wendung vom ›leeren tragischen Transport‹ spielt Müller auf die berühmte Stelle aus Hölderlins ›Anmerkungen zum Oedipus‹ an. Dort heißt es: »Der tragische *Transport* ist nemlich eigentlich leer [...].«[28] »Leer« ist der tragische Transport in der Tragödie, weil hier alles funktional ist und dem Ende zuarbeitet. Die einzelnen Vorstellungen von Leid erhalten ihren Sinn erst in ihrer Verkettung vom Ganzen und vom Ende her. Erst durch die Zäsur, in der gegenrhythmischen Bewegung der Lyrik, zeigte sich für Hölderlin der »tragische Transport« wieder in der Vorstellung selbst, im einzelnen, für sich stehenden Bild. Hier kann die Exegese dieses berühmten, enigmatischen Hölderlin-Wortes nicht weiter ausgeführt werden.[29] Müller nutzte es zur frei-assoziativen Neudeutung. So antwortete er auf die Frage nach der Zukunft der Kunst im wiedervereinigten Deutschland:

Am Gebäude der Deutschen Bank in München, Maximilianstraße, steht: ›Aus Ideen werden Märkte‹. Jetzt ist der Ideenhimmel verbraucht. Deutschland ist zu einem Markt unter vielen geworden, der weder Hintergründe noch metaphysische Reserven mehr besitzt. Deutschland ist ortlos. Es ist, was Hölderlin in den Anmerkungen zu ›Ödipus‹ und ›Antigone‹ einen ›leeren

---

27 Müller, Brief an den Regisseur (wie Anm. 23) 64. Vgl. zu diesem Zusammenhang ausführlich M. Ostheimer, »Mythologische Genauigkeit«. Heiner Müllers Poetik und Geschichtsphilosophie der Tragödie (Würzburg 2002) 96 – 101.
28 F. Hölderlin, ›Anmerkungen zum Oedipus‹, in: ders., Sämtliche Werke [Große Stuttgarter Ausgabe]. Band 5: Übersetzungen. Hrsg. v. F. Beißner (Stuttgart 1952) 193 – 202, hier: 196.
29 Vgl. hierzu ausführlich Ostheimer, »Mythologische Genauigkeit« (wie Anm. 27) 101 – 103.

Transport‹ nennt. ›Der tragische Transport ist recht eigentlich leer‹. Es gibt nur noch Märkte, und dadurch entsteht eine ungeheure Leere.[30]

Kehren wir zurück zum ›Philoktet‹-Stück: Das ›Leerlaufen‹ des tragischen Konfliktes ist für Müller konkret mit dem Auftreten des ›politischen Tieres‹ Odysseus verbunden. Mit ihm erfüllt sich der Mythos und zugleich nicht, denn die ›Bestimmung der Götter‹, die hier in die ›Staatsräson‹ übergegangen ist, erfüllt sich nicht mehr durch den handelnden Held, sondern durch die instrumentalisierte Leiche. Die göttliche Lösung des tragischen Konflikts durch die Anagnorisis hat sich zum Sprung der Menschheit in einen anderen Bewusstseinsstand gewandelt. Die Funktion von *Peripetie, Deus ex machina* und *Anagnorisis* nimmt nun der geistige Kunstgriff ein. Die von Menschen, den politischen Tieren gemachte Geschichte, kennt keine schicksalhaften Auswegslosigkeiten mehr, sondern nur noch lösbare Probleme. Der neue Bewusstseinsstand, den die Menschheit in ihrer Geschichte der instrumentellen Vernunft mit Odysseus erreicht, resultiert schließlich aus einem anderen Umgang mit den Toten.[31] Diese werden nicht mehr bestattet, sondern für politische Zwecke instrumentalisiert. Statt göttlich gelenkter Selbsterkenntnis herrschen nun das Wissen um die Manipulation des Menschen und der staatliche Griff nach den Toten. Aus »Erkenne dich selbst« wird gleichsam: »Wissen ist Macht«. Durch sein Wissen, wie die innere und die äußere Natur zu beherrschen ist, wird Odysseus

> eine Figur der Grenzüberschreitung. Mit ihm geht die Geschichte der Völker in der Politik der Macher auf, verliert das Schicksal sein Gesicht und wird die Maske der Manipulation. Dante hat den point of no return auf die Feuerwand seines INFERNO projiziert, das Scheitern des Odysseus in der Brandung von Atlantis:
>
> VOM NEUEN LAND HER EINES WIRBELS WEHEN
> […]
> BIS ÜBER UNS DAS MEER ZUSAMMENSCHLUG[32]

In Dantes ›Divina Comedia‹ ist Odysseus bekanntlich nicht mehr der Heimkehrer nach langer Irrfahrt, sondern er schmachtet im achten Höllenkreis. Odysseus ist der Eroberer, der die Grenzen der Welt erkunden wollte, seine Mannschaft mit listiger Rede für das Abenteuer gewann und schließlich bis in Sichtweite des Läuterungsberges, Atlantis, kam. Der Jubel über die neue Welt geht schnell über in ein Jammern:

---

30 H. Müller, Gesammelte Irrtümer. Band 3: Texte und Gespräche. Hrsg. v. G. Edelmann u. R. Ziemer (Frankfurt a. M. 1994) 217.
31 Vgl. Ostheimer, »Mythologische Genauigkeit« (wie Anm. 27) 122 – 124.
32 Müller, Brief an den Regisseur (wie Anm. 23) 64; vgl. hierzu Ostheimer, »Mythologische Genauigkeit« (wie Anm. 27) 115.

Denn wirbelnd ging vom neuen Land ein Sturm auf,
Der unser Fahrzeug traf am vordern Ende.
Dreimal schwang er's umher sammt den Gewässern,
Beim vierten warf empor das Hinterschiff er,
Den Schnabel senkend (also wollt's ein Andrer),
Bis über unserm Haupt sich schloss die Meerfluth.[33]

In Odysseus verdichtet sich also für Müller die Geschichte der instrumentellen Vernunft, der Forscher und Eroberer. Wie Jason in einer kryptischen Überlieferung wird auch Odysseus von seinem technischen Gefährt erschlagen, d. h. die technische Revolution der Eroberer ›frisst ihre Kinder‹. Im Inneren des durch den Fortschritt unendlich beschleunigten Zeit-Strudels der Grenzerweiterung erstarrt der Sinn der Geschichte. Diese ›Eiszeit‹, die Müller insbesondere nach dem Ende des Kalten Krieges und der alleinigen Hegemonie des Kapitalismus kommen sah, taucht im Schlussbild von Müllers ›Hamletmaschine‹ (1979) auf. In der ›Hamletmaschine‹ aber hatte Müller nach dem ›Leerlaufen‹ der Tragödie in ›Philoktet‹ ihr definitives Ende dargestellt, wie nun noch ein kurzer Ausblick zeigen soll.

Ausblick auf Müllers ›Hamletmaschine‹

Mit der auf neun Seiten gekürzten Fassung des Hamlet-Stoffes hatte Müller einen äußersten Punkt der Verdichtung einer Tragödie erreicht. Zugleich steht Hamlet für das Ende der Sinnhaftigkeit eines tragischen Gewaltzusammenhangs, da er sein Schicksal, die Rache an dem Mörder seines Vaters, verweigert. Bei Müller ist Shakespeares Stück wie in einem »Schrumpfkopf« auf fünf Bilder zusammengeschrumpft.[34] Die ›Hamletmaschine‹ reflektiert die Unmöglichkeit eines Kampfes für eine neue Ordnung in einer Zeit, in der alle Ideen von einer besseren Gesellschaft ihren Sinn verloren haben. Hamlet – der bei Müller zum schizophrenen Schauspieler der Revolution geworden ist – hat seinen Text vergessen und möchte verzweifelt aus seiner Rolle aussteigen, die ihn nur weiter in den sinnlosen Gewaltzusammenhang verstrickt.

Das Schlussbild der ›Hamletmaschine‹ trägt nun den Titel: »WILDHARREND / IN DER FURCHTBAREN RÜSTUNG / JAHRTAUSENDE«.[35] Damit ist nun wiederum ein Hölder-

---

33 Dante Alighieris ›Göttliche Comödie‹, metrisch übertragen ... von Philalethes [Johann, König von Sachsen]. Erster Theil: Die Hölle (Leipzig 1871) 201, Inferno 26. Gesang vss. 137 – 142.
34 Vgl. H. Müller, Krieg ohne Schlacht. Leben in zwei Diktaturen. Eine Autobiographie. Erweiterte Neuausgabe, mit einem Dossier von Dokumenten des Ministeriums für Staatssicherheit der ehemaligen DDR (Köln 2003) 294.
35 H. Müller, Die Hamletmaschine, in: ders., Werke. Band 4: Die Stücke 2. Hrsg. v. F. Hörnigk (Frankfurt a. M. 2001) 543 – 556, hier: 553.

lin-Fragment zitiert,[36] das sich in veränderter Form in Hölderlins Hymne ›Mnemosyne‹ wiederfinden lässt, wie ich nun abschließend ausführen möchte. Ich zitiere die zweite Fassung (ca. 1803):

[...]
Am Feigenbaum ist mein
Achilles mir gestorben,
Und Ajax liegt
An den Grotten, nahe der See,
An Bächen, benachbart dem Skamandros.
Vom Genius kühn ist bei Windessausen, nach
Der heimatlichen Salamis süßer
Gewohnheit, in der Fremd'
Ajax gestorben
Patroklos aber in des Königes Harnisch. Und es starben
Noch andere viel. Mit eigener Hand
Viel traurige, wilden Muts, doch göttlich
Gezwungen, zuletzt, die anderen aber
Im Geschicke stehend, im Feld. Unwillig nämlich
Sind Himmlische, wenn einer nicht die Seele schonend sich
Zusammengenommen, aber er muß doch; dem
Gleich fehlet die Trauer.

Die letzten Verse nehmen m. E. die Grundproblematik des Philoktet auf, das, was ihm widerfahren wäre, so wie den anderen Helden Achilles und Ajax, die ihren »wilden Mut« nicht zu zähmen wussten, und in ihrem Rasen sterben mussten, aber auch wie dem Freund Patroklos, der in Achilles' Rüstung starb: Sie alle werden von den Himmlischen auf dem Schlachtfeld, das ihr Schicksal ist (»Im Geschicke«) gezwungen, d. h. diszipliniert: »aber er muß doch«.

Die letzten zwei Verse stehen im krassen Kontrast zu Lessings Mitleidspoetik: »dem / Gleich fehlet die Trauer«: dem heroischen ›Gleichen‹, der den Verlust seines Freundes auf dem Kampffeld hinnehmen muss, fehlt die Trauer, wie sie die Grundlage einer Tragödie gewesen wäre. Was der Tragödie, der ihr übergeordneter Zweck entzogen ist, sei's Götterwille oder sei's geschichtsphilosophische Mission, bleibt, ist nicht mehr menschliche Trauer, sondern sind nur noch kalte, erstarrte Erinnerungsbilder: Die noch in der Schlacht stehen, sind unfähig zu trauern. Als tote Hohlform sind sie »[i]m Geschicke stehend, im Feld«. Hier sehe ich die direkte Verbindung zum Hölderlin-Vers, den Müller in seinem Abschlussbild

---

36 F. Hölderlin, Bruchstück, in: ders., Sämtliche Werke [Große Stuttgarter Ausgabe]. Band 2: Sämtliche Gedichte nach 1800. Erste Hälfte: Text. Hrsg. v. F. Beißner (Stuttgart 1951) 316.

der ›Hamletmaschine‹ zitiert: »WILDHARREND IN DER FURCHTBAREN RÜSTUNG JAHRTAUSENDE«.

Dieses stillgestellte Bild lässt sich als Prophezeiung für Philoktet lesen, wäre er in Müllers Neubearbeitung zurück nach Troja gekehrt. Oder anders gedeutet: Es ist der Popanz der instrumentalisierten Leiche, den Odysseus auf das Kriegsfeld vor Troja stellt, um die Mannschaften im Krieg zu halten. Am Ende der zur Hohlform oder zum Schrumpfkopf gewordenen Tragödie findet sich schließlich der Grund des Tragischen im wörtlichen Sinne: So lautet die Bühnenanweisung in der ›Hamletmaschine‹: »Tiefsee. Ophelia im Rollstuhl. Fische Trümmer Leichen und Leichenteile treiben vorbei«.[37] Ophelia steht wie Medea und Elektra für die Opfer der patriarchalischen, westlichen Kolonialisationsgeschichte. Für Müller hat sich der Ost-West-Konflikt erledigt. Utopisches Potential sieht er nicht mehr in den stinkenden Wunden der von der Revolution gefressenen Kinder, sondern in einem neuen Krieg zwischen den Metropolen der Welt und der kolonialisierten Völker, die einst Rache für die Zerstörung des Naturrechts nehmen werden:

> Hier spricht Elektra. Im Herzen der Finsternis. Unter der Sonne der Folter. An die Metropolen der Welt. Im Namen der Opfer. Ich stoße allen Samen aus, den ich empfangen habe. Ich verwandle die Milch meiner Brüste in tödliches Gift. Ich nehme die Welt zurück, die ich geboren habe. Ich ersticke die Welt, die ich geboren habe, zwischen meinen Schenkeln. Ich begrabe sie in meiner Scham. Nieder mit dem Glück der Unterwerfung. Es lebe der Haß, die Verachtung, der Aufstand, der Tod.[38]

Fazit

Bei Sophokles bändigt der *Deus ex machina* noch den trotzigen Einspruch des verletzten Menschen und seiner stinkenden Wunde, damit die Bestimmung, die Eroberung Trojas, und damit der Sinn seines Leidens, sich erfüllen. Bei Lessing wird der Schmerz des Menschen für die Bühne dienstbar gemacht, indem er über Mitleid-Reaktionen und Mensch-Sein-Reflexionen moralisch kanalisiert wird. Bei Müller läuft schließlich der tragische »Transport« »leer«, wie schon Hölderlin in der Rezeption der Stücke des Sophokles notierte, da die Peripetie nicht mehr die Einsicht in die höhere, göttlich verbürgte Notwendigkeit vermittelt, sondern im Geistesblitz der instrumentellen Vernunft besteht: Mit Odysseus betritt die Menschheit eine neue Bewusstseinsstufe der totalen Verwertbarkeit des Menschen bis hin zu seiner Leiche. Die leerlaufende Tragödie, deren Helden in ›wildharrender Rüstung‹ über Jahrhunderte im Feld stehen, erstarrt zunehmend. Hamlet, der die Fortsetzung der Rache verweigert, wird als Melancholiker handlungsunfähig. Die erstarrte Leerform der Tragödie nimmt bei Müller die Form des postdramatischen Theaters an, das nun noch aus extrem verdichteten

---

37 Müller, Die Hamletmaschine (wie Anm. 35) 553.
38 Müller, Die Hamletmaschine (wie Anm. 35) 554.

Bildern und Zitat-Montagen besteht. Die Helden haben hier ihre geschichtsverändernde Rolle verloren. Auf dem Grund der zur Hohlform erstarrten Tragödie – der Schrumpfkopf von *Hamlet/Hamletmaschine* – findet sich schließlich das Potenzial eines einst Rache nehmenden Naturrechts, in dem Müller, tief versenkt in die Tiefsee, den letzten Rest einer Utopie sah.

Bibliographische Abkürzungen

1. Antike Quellen

Griechische und lateinische Texte werden nicht abgekürzt, sondern ausgeschrieben zitiert. Biblische Texte werden in den Beiträgen von Jay und MacDonald wie folgt abgekürzt:

Exod	2. Buch Mose [Exodus] (Altes Testament)
Lev	3. Buch Mose [Levitikus] (Altes Testament)
Deut	5. Buch Mose [Deuteronomium] (Altes Testament)
2 Macc	2. Buch der Makkabäer (Altes Testament)
3 Macc	3. Buch der Makkabäer (apokryphes Buch des Alten Testaments)
4 Macc	4. Buch der Makkabäer (apokryphes Buch des Alten Testaments)
Psalm (LXX)	Psalmen in der griechischen Übersetzung der Septuaginta
Isa	Buch Jesaja [Isaias] (Altes Testament)
Lam	Klagelieder Jeremias [Lamentationes] (Altes Testament)
Hos	Buch Hosea (Altes Testament)
Jonah	Buch Jona (Altes Testament)
Matt	Evangelium nach Matthäus (Neues Testament)
Mark	Evangelium nach Markus (Neues Testament)
Luke	Evangelium nach Lukas (Neues Testament)
John	Evangelium nach Johannes (Neues Testament)
1 Cor	1. Brief des Paulus an die Korinther (Neues Testament)
Gal	Brief des Paulus an die Galater (Neues Testament)
1 Thess	1. Brief des Paulus an die Thessalonicher (Neues Testament)

2. Werkausgaben, Fragmentsammlungen, Lexika und Kommentare

Adler (Suda)	Ada Adler (Hrsg.), Suidae lexicon. 5 Bände, Lexicographi Graeci 1,1 – 5 (Leipzig 1928 – 1938).
Arnim	Hans von Arnim (Hrsg.), Stoicorum Veterum Fragmenta. 3 Bände (Leipzig 1903 – 1905). Mit einem Indices-Band von Maximilian Adler (Leipzig 1924).
Bollack – Judet de La Combe	Jean Bollack – Pierre Judet de La Combe (Éds.), L'›Agamemnon‹ d'Eschyle. Le texte et ses interpretations. Band 1,1 (Prologue, Parados anapestique, Parados lyrique I) u. 1,2 (Parados lyrique II-III, présentation du premier épisode, premier Stasimon, index) v. J. Bollack, Band 2 (Deuxième Stasimon, accueil d'Agamemnon, troisième Stasimon, dernier Stasimon) v. P. Judet de La Combe, Cahiers de Philologie 6 – 8 (Paris–Lille 1981 – 1982) [= Bollack – Judet de La Combe I / II]. Fortsetzung: Pierre Judet de La Combe (Éd.), L'›Agamemnon‹ d'Eschyle. Commentaire des dialogues. 2 Bände, Cahiers de Philologie 18/1 – 2 (Paris–Lille 2001) [= Bollack – Judet de La Combe III / IV].
CBA	Miguel García Posada (ed.), Federico García Lorca, La casa de Bernarda Alba (Madrid 2010).
DK	Die Fragmente der Vorsokratiker. Griechisch u. Deutsch v. Hermann Diels (Berlin 1903). Hrsg. v. Walther Kranz (Berlin [5]1934; [6]1952; zahlreiche Neuauflagen, u. a. Zürich–Hildesheim [18]1992). 1 = Orpheus; 7 = Pherekydes von Syros; 21 = Xenophanes; 22 = Heraklit; 28 = Parmenides; 44 = Philolaos; 59 = Anaxagoras; 68 = Demokrit; 84 = Prodikos; 88 = Kritias.

DNP	Der Neue Pauly. Enzyklopädie der Antike. Hrsg. v. Hubert Cancik u. Helmuth Schneider. 16 Bände (Stuttgart–Weimar 1996 – 2003) und Supplementbände (Stuttgart–Weimar 2004 ff.).
Doxographi Graeci	Doxographi Graeci. Collegit, recensuit, prolegomenis indicibusque instruxit Hermann Diels (Berlin 1879; ND ^{4}1976).
Etym. Magn.	Etymologicon Magnum seu verius Lexicon saepissime vocabulorum origines indagans ex pluribus lexicis scholiastis et grammaticis anonymi cuiusdam opera concinnatum. Ad codd. mss. recensuit et notis variorum instruxit Thomas Gaisford (Oxford 1848).
FGrHist	Felix Jacoby, Die Fragmente der griechischen Historiker. 3 von 6 geplanten Teilen erschienen (Berlin–Leiden 1923 – 1958; seit 1994 fortgesetzt, u. a. mit Teil 4 und Indices).
Fraenkel	Aeschylus, Agamemnon. Ed. with a Commentary by Eduard Fraenkel. 3 Volumes. Vol. I: Prolegomena, Text, Translation. Vol. II: Commentary on 1 – 1055. Vol. III: Commentary on 1056 – 1673, Appendixes (Oxford 1950).

GS	Walter Benjamin, Gesammelte Schriften. Unter Mitwirkung v. Theodor W. Adorno u. Gershom Scholem hrsg. v. Rolf Tiedemann u. Hermann Schweppenhäuser. Revidierte Ausgabe. Bände I–VII (Frankfurt a. M. 1991). Band I,1: Abhandlungen. Hrsg. v. R. Tiedemann u. H. Schweppenhäuser (Frankfurt a. M. 1991) [= GS I,1]. Band II,1: Aufsätze, Essays, Vorträge. Hrsg. v. R. Tiedemann u. H. Schweppenhäuser (Frankfurt a. M. 1991) [= GS II,1]. Band IV,1: Kleine Prosa, Baudelaire-Übertragungen. Hrsg. v. T. Rexroth (Frankfurt a. M. 1991) [= GS IV,1]. Bd. VI: Fragmente, autobiographische Schriften. Hrsg. v. R. Tiedemann u. H. Schweppenhäuser (Frankfurt a. M. 1991) [= GS VI]. Band VII,1: Nachträge. Hrsg. v. R. Tiedemann u. H. Schweppenhäuser (Frankfurt a. M. 1991) [= GS VII,1].
Harpokration	Harpocrationis Lexicon in decem oratores Atticos ex recensione Guilelmi Dindorfii. 2 Bände (Oxford 1853).
HSW	Friedrich Hölderlin, Sämtliche Werke und Briefe. Bände I–III. Hrsg. v. Michael Knaupp (München 1992 – 1993).
IG I^2	Friedrich Hiller von Gaertringen (ed.), Inscriptiones Graecae. Vol. I: Inscriptiones Atticae Euclidis anno (403/2) anteriores (Berlin ^{2}1924).
IG II	Ulrich Koehler (ed.), Inscriptiones Graecae. Vol. II: Inscriptiones Atticae aetatis quae est inter Euclidis annum et Augusti tempora (Berlin 1877 – 1895).
IG II^2	Johannes Kirchner (ed.), Inscriptiones Graecae. Vol. II et III: Inscriptiones Atticae Euclidis anno posteriores (Berlin ^{2}1913 – 1940).

Krumeich et al.	Ralf Krumeich – Nikolaus Pechstein – Bernd Seidensticker (Hrsg.), Das griechische Satyrspiel, Texte zur Forschung 72 (Darmstadt 1999).
Lex. Patm.	Lexicon Patmense, ed. Ioannes Sakkelion, Bulletin de Correspondence Hellénique 1, 1877, 10 – 16, 137 – 154; wieder in: Lexica Graeca Minora [= LGM]. Selegit Kurt Latte, disposuit et praefatus est Hartmut Erbse (Hildesheim 1965) 140 – 165.
Lex. Seg.	Immanuel Bekker, Anecdota Graeca. Band 1: Lexica Segueriana (Berlin 1814).
LSJ	A Greek-English Lexicon. Compiled by Henry George Liddell and Robert Scott. Revised and Augmented throughout by Henry Stuart Jones (Oxford ^{9}1940; Reprint with a Revised Supplement 1996).
Maehler	Herwig Maehler (ed.), Pindari carmina cum fragmentis. Pars II: Fragmenta, Indices (Leipzig ^{4}1975; Neuausgabe 1989).
OC	Arturo del Hoyo (ed.), Federico García Lorca, Obras completas (Madrid ^{16}1971).
PMG	Poetae Melici Graeci, ed. Denys Lionel Page (Oxford 1962).
RLAC	Reallexikon für Antike und Christentum. Sachwörterbuch zur Auseinandersetzung des Christentums mit der antiken Welt. Bislang 30 Bände. Hrsg. v. Theodor Klauser u. a. (Stuttgart 1950 ff.).
TGR	Paola Ciancio Rossetto – Giuseppina Pisani Sartorio (a cura di), Teatri greci e romani alle origini del linguaggio rappresentato. 3 Bände (Rom 1994).

TrGF	Tragicorum Graecorum Fragmenta. Bd. I: Didascaliae tragicae, catalogi tragicorum et tragoediarum, testimonia et fragmenta tragicorum minorum, ed. Bruno Snell (Göttingen 1971). Bd. II: Fragmenta adespota, testimonia volumini 1 addenda, indices ad volumina 1 et 2, ed. Richard Kannicht (Göttingen 1981). Bd. III: Aeschylus, ed. Stefan Radt (Göttingen 1985). Bd. IV: Sophocles, ed. Stefan Radt (Göttingen 1977). Bd. V/1: Euripides, pars prior, ed. Richard Kannicht (Göttingen 2004). Bd. V/2: Euripides, pars posterior, ed. Richard Kannicht (Göttingen 2004).
Voigt	Eva-Maria Voigt (ed.), Sappho et Alcaeus. Fragmenta (Amsterdam 1971).